영남의 고고학

영남의 고고학

영남고고학회

사회평론

영남문화재연구원 학술총서 13

영남의 고고학

2015년 11월 25일 초판 1쇄 인쇄
2015년 11월 30일 초판 1쇄 발행

지은이 영남고고학회
펴낸이 윤철호·김천희
펴낸곳 (주)사회평론아카데미

편 집 고인욱·고하영
본문·표지 디자인 김진운
마케팅 박소영

등록번호 2013-000247(2013년 8월 23일)
전화 02-2191-1133
팩스 02-32-1626
주소 03978 서울특별시 마포구 월드컵북로12길 17(1층)

ISBN 979-11-85617-60-2 93900

발간사

영남지역의 고고학적 연구는 그 자체는 물론 한반도와 동아시아 영역 연구에서 더없이 중요하다. 한반도의 신석기시대 시기구분의 기초적인 작업이 이루어졌을 뿐만 아니라, 국가 이전 단계에서 초기국가를 거쳐 신라와 가야라는 고대국가에 이르는 과정을 단절 없이 설명할 수 있는 많은 고고학적 성과가 축적된 곳도 이 지역이다.

그러한 성과는 남북한 통틀어 한반도에서 가장 많이 포진한 이 지역의 연구 인력에 힘입은 바 크다. 특히 이 지역에서 처음이면서 가장 많이 설립된 문화재조사기관이 활동한 지난 20년 동안 축적된 조사 성과는 실로 엄청난 것이라고 할 수 있다. 그럼에도 불구하고 이를 총체적이고도 체계적으로 정리하고 그것을 바탕으로 이 지역의 역사와 문화를 설명하고자 하는 노력은 상대적으로 미흡하였던 면이 있었다.

영남지역에 대한 고고학적 연구 성과가 정리되지 않는 상황에서는 기존의 연구자들은 물론 신진 학자들이 장래의 연구 주제를 올바로 택하고 그 방향을 가늠하기 어렵다. 그러한 이유로 이 책『영남의 고고학』이 기획되었다. 몇몇 연구자들이 모여서 집필할 수도 있었지만, 세분된 분야를 전문으로 하는 연구자들을 되도록 많이 참여시키자는 쪽으로 의견이 모아졌다. 그리고 그 시간적 범위는 원시 고대뿐만 아니라 중세와 근세까지 넓히기로 하였다.

그러나 실제 작업을 수행함에 의외로 보다 많은 논의가 이루어져야 했고, 원고 작성과 감수, 교정에 보다 많은 시간과 인력이 필요하였다. 무엇보다도 60명의 집필진을 뒷받침할 수 있는 능력이 부족하였던바, 결국은 14대 2년 회장 임기 내에 초고 원고를 수집하였고, 다음 작업은 후임 임원진에게 넘겨주게 되었다.

15대 안재호 회장을 비롯한 임원진에서 모집된 원고를 총괄하였고 새롭게 감수위원회를 선정하였다. 감수위원들의 의견에 따라 집필자들이 1차 교정을 마친 후 전체적인 체제를 통일하기 위해 감수위원이 직접 수정하였다. 그리고 별도의 교정 위원이 오탈자를 수정하였으며, 최종 단계에 운영위원회에서 표지 선정 등 마무리 작업을 진행하였는바, 이러한 모든 작업은 특히 이수홍 총무의 노력에 힘입은 바가 크다.

이러한 4년간의 노력 끝에 마침내 이 책을 발간하게 되었다. 원래 바라던 최고 의 수준은 아니지만, 우리나라의 지역고고학 연구에 한 획을 긋는 성과라고 할 수 있 겠다.

아무쪼록 많은 연구자들이 이를 적극 활용하여 영남지역은 물론 한국고고학 연구의 발전에 기여할 수 있기를 희망한다. 새로운 자료나 연구 성과가 알려진다면 개정판을 출간할 때 반영하도록 할 것이다. 아울러 멀지 않은 장래에 한층 정제된 지 역고고학 개설이 나오길 기대한다.

끝으로 책 발간과 관련한 재정적 지원을 해 준 영남문화재연구원에 감사드린다.

편집위원장 이청규·안재호

차례

청동기시대

초기철기·원삼국시대

삼국시대

통일신라시대

고려·조선시대

일러두기

- 이 책은 영남지역 연구자 60명의 원고 74편을 취합하여 간행한 것이다. 집필한 원고를 제15대 임원진의 감수위원회에서 수정·보완하였으며 오탈자는 별도의 교정위원이 수정하였다.
- 집필진과 전체 체제는 제14대 임원진의 집필위원회에서 8차의 회의를 거쳐 선정하였으며, 본문 체제의 마무리는 원고가 취합된 후 2회의 감수위원회에서 결정하였다.
- 표지 선정과 책의 전체적인 마무리는 운영위원회에서 결정하였다.
- 일부 도면과 사진 및 본문의 내용은 감수위원회의 결정에 따라 수정·첨삭하였다.
- 전체적인 체제를 통일하기 위해 약간의 수정은 있었으나 글의 내용은 필자의 의견을 존중하였다. 학계에서 견해가 대립되는 부분은 필자의 의견을 그대로 게재하였다. 각자가 집필한 부분 말미에 필자명을 명시하였다.
- 반구대암각화의 연대문제에 관해서는 원고 집필자의 의견을 존중하였다. 그에 따라 반구대암각화는 신석기시대와 청동기시대에 모두 언급되었다.
- 외국 지명은 중국의 경우 한자 발음으로 기재하였고, 일본의 경우 발음 그대로 기재하고 괄호 안에 한자를 병기하였다.
- 참고문헌은 시대별 말미에 최소한으로 한정하였으며, 찾아보기도 각 지역이나 연구자에 따라 다르게 사용하고 있는 고고학적 용어가 많기 때문에 혼란을 피하고자 유적명에 한정하여 정리하였다.

구석기시대

I 영남지역 구석기유적의 현황과 특징

우리가 석기라고 부르는 돌로 만든 도구는 '돌이 돌을 깰 수 있다'는 단순한 생각이자 위대한 생각에서 출발하였다. 인류의 조상들이 이러한 생각을 가지는 데 무려 200만 년 이상의 시간이 걸렸다. 인류는 돌 이외에도 나무나 뼈, 뿔 등의 다양한 재료를 활용해 도구를 만들어 사용하였으나 안타깝게도 이러한 증거는 거의 남아 있지 않다.

700만 년의 인류사 중에서 구석기시대는 제4기(第四紀, Quaternary) 갱신세 중 250만~1만 년 전의 시기에 해당한다. 고고학과 지질학을 구분하는 중요한 시간적인 기준은 인류의 출현이다. 구석기시대는 인류가 출현하여 도구를 만들어 사용하고 어떻게 살아남았는지를 말해 준다. 인류사를 탐구하는 분야는 매우 다양하다. 구석기시대도 이러한 학문들의 도움을 받아 더욱 여러 방식으로 연구가 진행되고 있다.

인류사에 있어 유인원과 인간은 공통점도 있지만 여러 면에서 차이가 있다(표 1). 인류는 최초의 사람(호미니드)으로 알려진 사헬란트로푸스 차덴시스가 약 700만 년 전에 등장하면서 출현연대가 올라간다. 인류가 완전하게 두 발 걷기가 가능했던 시기는 약 250만 년 전이지만, 손가락과 발가락의 형태가 길고 휘어져 있어 지상과 나무에서도 생활한 것으로 추정된다. 호모 에렉투스가 출현하여 처음으로 아프리카를 벗어나기 이전까지는 초기 인류 조상의 흔적은 세계에서 아프리카에서만 발견되었다(海部陽介 2005).

최초의 인류라고 알려진 아르디피테쿠스 라미두스가 약 440만 년 전에 출현하

내용	대형유인원	인간	비고
털	많음	적음(짧고 가늘어짐)	
팔과 다리	다리보다 팔이 길다	팔보다 다리가 길다	
걷기(보행방식)	네 발 –걷지만 오래 걸을 수는 없음. 손마디 걷기	두 발 –서서 걷고 뛰는 것	두 발 걷기: 신체구조가 다른 유인원에서는 볼 수 없는 것
얼굴과 이(송곳니)	큼 –송곳니가 커다란 U자 모양의 턱에 배치. 송곳니는 싸우거나 위협할 때 유용	작음 –우리는 무엇으로 싸우나?	
뇌	작음	몸집에 비해 뇌와 뇌용량이 큼	
언어	부분적 활용	사용(구사능력, 문법, 단어 등 월등) ex) 영화감상토론, 애인이야기, 칭찬, 토론 가능	상대적인 비교가 불가능
기술사용	작대기 이용(흰개미 잡기). 단순한 석기 제작	무한한 기술	
손	사람의 손과 닮았지만 엄지가 짧고 부자유스러움. 꽉 쥐기만 가능	엄지가 4개의 손가락과 각각 마주칠 수 있음. 정확한 쥐기 가능	손 모양이 비슷하지만 길고 자유롭게 움직이는 엄지는 사람의 가장 유용한 손가락
뼈와 치아의 수	사람과 동일	유인원과 동일	32개(각 16개)
발의 엄지	별도의 위치에 있음	일렬로 되어 있음	고릴라 발이 사람과 가장 유사
발바닥에 오목한 굴곡	없음	있음	있는 경우 장거리 보행 가능
손가락, 발가락 수	5개	5개	

표 1 유인원과 인간의 차이

였다. 약 230만 년 전에 도구를 처음 사용한 최초의 인류는 호모 하빌리스, 아프리카에 살았던 약 250만 년 전의 오스트랄로피테쿠스 가르히가 최초로 도구를 사용했다는 주장도 있다.

일반적으로 고고학자들은 에티오피아 고나(Gona)유적에서 발견된 260만~250만 년 전의 석기가 가장 오래되었다고 보고 있다. 가장 오래된 석기는 망치돌, 찍개, 격지 등이고 수렵을 위해 사용되었는지는 확실치 않다. 인류가 사냥을 직접 했다기보다는 죽은 동물을 해체하거나 골수를 빼기 위해 도구를 사용했을 가능성이 높다.

한편, 에티오피아 아파르(Afar)지역의 디키카(Dikika)유적에서 339만 년 전의 오스트랄로피테쿠스 아파렌시스 단계의 석기는 출토되지 않았지만, 석기사용으로 인한 해체흔이 남아 있는 뼈를 통해 석기가 사용되었음을 추정하기도 했다(McPherron et al. 2010). 그 결과 석기와 고기의 소비, 대형 포유류의 골수섭취 등이 기존에 알려진 석기사용의 시기보다 80만년 이상 소급되었다. 하지만 일부 연구자들은 다른 동물들에 의한 흔적이라는 주장도 하고 있다.

호모 에렉투스는 180만~10만 년 전에 생존하였는데, 아프리카를 떠난 최초의 인류이다. 히말라야를 넘어 아시아로 진출한 것으로 추정되는데 아프리카, 유라시아, 동남아시아에서 광범위하게 발견된다. 무엇보다 주먹도끼와 같은 정교한 석기를 만들고, 불을 사용할 줄 알았다. 세계적으로 불의 사용 시기는 약 80만 년 전으로 추정하고 있다. 인류가 불을 사용하게 됨으로써 다양한 생활의 변혁이 도래하게 되었다(표2).

아시아에서는 호모 에렉투스 단계의 인도네시아 자바, 중국의 원모원인(元謀猿人), 북경(北京) 원인이 잘 알려져 있다. 그러나 자바 원인은 석기가 함께 발견되지 않았다.

고인류학계에서는 아프리카에서 대륙으로의 확산경로에 대해 아시아로 향하던 인류는 모두 인도 등 남쪽 해안선을 따라 이동했다고 보고 있다. 또한 현생인류의 일부가 빙하기에 얼어붙은 강을 따라 북쪽 내륙으로 확산했을 가능성도 제기하였는데 지금의 메콩강과 양자강이 유력한 후보로 꼽힌다(이상희 2011). 반면 현생인류는 유물 양상이나 출현 시기 등을 고려할 때 유라시아대륙을 관통해서 중국, 한반도, 일본, 시베리아지역으로 확산되었을 가능성도 충분히 있다.

호모 사피엔스는 20만~15만 년 전 아프리카에서 발생하였다는 설이 우세하다. 10만 년 전 무렵에 서아시아에 출현하여 그 후 유럽으로 진출하였고, 2만 5000년 전을 전후한 시기에 전 세계에는 거의 현생인류만이 생존하게 되었다.

우리나라는 학자마다 다소의 견해 차이가 있으나, 4만 년 전에 후기구석기시대가 시작된다. 돌날기법은 후기구석기시대의 대표적인 석기제작기술이다. 일본의 현

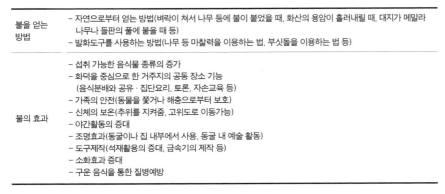

불을 얻는 방법	– 자연으로부터 얻는 방법(벼락이 쳐서 나무 등에 불이 붙었을 때, 화산의 용암이 흘러내릴 때, 대지가 메말라 나무나 들판의 풀에 불을 때 등) – 발화도구를 사용하는 방법(나무 등 마찰력을 이용하는 법, 부싯돌을 이용하는 법 등)
불의 효과	– 섭취 가능한 음식물 종류의 증가 – 화덕을 중심으로 한 거주지의 공동 장소 기능 　(음식분배와 공유 · 집단요리, 토론, 자손교육 등) – 가족의 안전(동물을 쫓거나 해충으로부터 보호) – 신체의 보온(추위를 지켜줌, 고위도로 이동가능) – 야간활동의 증대 – 조명효과(동굴이나 집 내부에서 사용, 동굴 내 예술 활동) – 도구제작(석재활용의 증대, 금속기의 제작 등) – 소화효과 증대 – 구운 음식을 통한 질병예방

표2 불을 얻는 방법과 효과

생인류는 한반도를 거쳐서 건너갔다. 현재까지 한반도루트를 제외하고는 현생인류의 확산을 설명할 수 없다.

현생인류는 추상적 사고, 우수한 계획능력, 행동이나 경제적 활동 그리고 기술에 있어 발명능력, 상징성을 지닌 행동을 할 수 있었다. 무엇보다 언어능력이 급격한 진화를 이끌었을 것으로 추정하고 있다(海部陽介 2005). 또한 다음과 같은 문화적 특징이 있다. 이전의 인류와 비교해 새로운 종류의 석재를 적극적으로 이용하고 석재 원산지를 발견하였다. 한정된 석재를 효과적으로 이용하기 위한 돌날기법과 좀돌날 기법을 개발하는 등 새로운 석기제작기술을 발명하였다. 이로 인해 대형 포유류의 멸종이 사람에 의한 대량 살상 때문이라는 주장도 있으나 확실치 않다. 현생인류는 식량으로 수산자원도 이용하였는데, 블롬보스(Blombos) 동굴유적에서는 14만~7만 5000년 전 무렵의 지층에서 물고기뼈가 발견되었다. 이로써 오래전부터 바다나 하천의 생물들이 중요한 식량자원이었음을 알 수 있다.

아프리카에서는 골각기를 무려 9만 년 전에 만들어 사용하였다. 그러나 본격적인 골각기의 등장은 4만 5000년 전 이후로 보고 있다. 특히 인류의 정신세계를 이해할 수 있는 스페인과 프랑스의 동굴벽화와 같은 예술품이나 악기도 출현하였다. 그들은 다양한 재료와 형태로 만든 개인용 장신구도 착용하였다. 무엇보다 죽은 사람을 땅속에 묻어 주기도 하였다. 현재까지 가장 오래된 매장 증거는 아프리카가 아닌 서아시아에서 발견된 카프제와 스쿨의 호모 사피엔스의 묘로 10만 년 전의 것이다.

남아프리카 남부에 위치한 블롬보스동굴유적에서는 7만 5000년 전의 지층에서 붉은색 철분이 풍부한 오커(ochre) 덩어리가 출토되었다. 이 오커에는 선이 새겨져 있는데, 인류가 추상적이고 상징적 행위를 했음을 말해 주는 세계에서 가장 오래된 유물이다(Henshilwood et al. 2003). 그중 두 점에는 분명히 사람이 새긴 기하학 모양의 선각 흔적이 확인되었고, 동일 지층에서 석기제작용 도구들과 오커 저장용 도구가 발견되었다. 이것들은 색소로 사용되고 피부가 그을리는 것을 막아 주며 상처를 깨끗하게 보호하기 위한 것으로 보기도 한다.

오커는 자연계에 존재하는 중요한 안료 중 하나이며, 선사시대의 중요한 그림도구였다. 출토 유물에는 분명한 패턴과 사각이 갈려져 있고, 오커라는 안료를 사용한 점으로 보아 사람이 만들었음은 분명하다. 7만 7000년 전의 에칭(etching, 아로새김)은 당시 인간의 상징적 행위로 현재까지 알려진 추상적인 사고의 가장 오래된 증

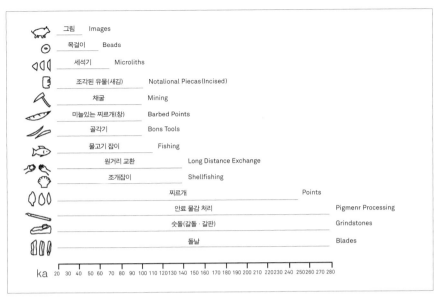

그림	Images			
목걸이	Beads			
세석기	Microliths			
조각된 유물(새김)	Notalional Piecas(Incised)			
채굴	Mining			
미늘있는 찌르개(창)	Barbed Points			
골각기	Bons Tools			
물고기 잡이	Fishing			
원거리 교환	Long Distance Exchange			
조개잡이	Shellfishing			
찌르개	Points			
안료 물감 처리	Pigmenr Processing			
숫돌(갈돌·갈판)	Grindstones			
돌날	Blades			

ka 20 30 40 50 60 70 80 90 100 110 120 130 140 150 160 170 180 190 200 210 220 230 240 250 260 270 280

그림 1 현생인류의 행위(Henshilwood et al, 2000을 수정)

거로 보고 있다. 이로 미루어 보아 후기구석기시대 사람들의 예술성이 한순간에 나타난 것은 아님을 알 수 있다.

그리고 최초의 마제석기, 즉 갈린 석기를 사용한 것은 신석기시대가 아닌 후기구석기시대이다. 일본과 호주에서 약 3만 년 전 이전에 제작된 관련 유물들이 발견되었다. 타제석기에서 마제석기의 또 다른 전환점, 즉 '돌이 돌을 갈 수 있다'는 단순할 수도 있는 이 생각은 도구 제작의 변혁을 가져온 획기적인 발상이었다. 아마도 출토되지는 않았지만 후기구석기시대 이전에 골각기 등을 갈아서 만들었다는 증거도 있어 마연기법은 훨씬 더 오래전에 출현했던 것으로 추정된다.

이러한 도구의 출현까지 걸린 시간은 감히 우리가 상상도 할 수 없는 어마어마하게 긴 시간이자, 인류역사의 99.9%가 넘는 시간이다. 우리의 조상은 이곳저곳 이동하면서 수렵채집생활을 하였다. 시점의 차이는 있겠지만, 야생동물과 물고기로부터 얻은 육식은 물론, 채식도 했을 것이다. 우리는 아주 짧은 시간에 인류의 문화 또는 문명이 발달되었다고 생각하지만, 새로운 문화의 적응에는 그보다 훨씬 더 오랜 시간이 필요하였다.

구석기시대는 고고학의 시대구분 중 인류의 가장 오래된 시기 및 긴 기간이다. 아프리카는 석기시대라는 명칭으로, 아메리카대륙은 구석기시대라는 용어보다

고인디언(Paleo-Indian)기를 사용하는 경우가 많다. 유럽에서는 구석기시대를 하부(lower), 중부(middle), 상부(upper)로 나눈다. 그리고 세계에서는 전기(early), 중기(middle), 후기(late)로 세분한다(舊石器文化談話會 2000). 우리나라는 전기, 중기, 후기구석기시대로 구분해 사용하고 있다.

우리나라에서 구석기가 처음 발견된 것은 1930년대에 한반도 동북부지역의 동관진이라는 견해와 경기도 문산이라는 견해가 있다(장용준 2010). 영남지역에서 구석기는 1969년 손보기가 경주에서 처음 발견하면서부터이다. 그 후 부산·경남에서는 구석기가 발견되지 않다가 1988년에 거창 천덕사지의 조사 과정에서 임불리유적이 최초로 발굴조사되었다. 정확힌 발굴보고서가 간행되지 않아 몇몇 논문을 통해 석기양상을 이해할 수 있는 정도이다(장용준 2007; 中山淸隆 1989).

영남지역 구석기유적은 지표조사를 통해 알려진 유적을 포함하여 모두 45곳이다(그림 2). 유적 수는 증가 추세에 있지만, 경기도·강원도·전라도와 비교해 턱없이 부족하다. 특히 45곳 중 발굴조사된 곳은 19곳에 불과하다. 영남지역은 신석기~삼국시대 유적이 한반도의 다른 어떤 지역보다 수와 출토유물에서 압도적이다. 그에 비해 구석기유적의 경우 유적과 출토유물의 수량이 다른 지역에 비해 적은 편이다. 이는 구석기유적이 영남지역에서 폭넓게 존재하지 않는 것이 아니라 연구자들의 관심부족과 구석기 전공자의 부재가 한 원인일 수 있다. 그리고 영남지역은 지형적으로 경기도나 전라도지역과 비교해 구석기유적을 찾아내기가 쉽지 않다. 또한 구석기를 돌과 비교하여 분간해 내는 것이 쉽지 않은 것도 한 이유이다.

영남지역 구석기유적의 특징과 과제를 정리하면 다음과 같다.

첫째, 전기~후기 구석기유적 중 명확한 전기구석기유적은 아직 발견되지 않았다. 발견된 유적 중 전기구석기로 주장되었던 곳은 상주 신상리유적이다. 하지만, 이곳은 그 연대에 대해 부정적인 견해가 많고, 석기군이 중기인 안동 마애리유적과 아주 유사하다. 석기의 기술적 특징으로 미루어 볼 때 전기로 보기는 어렵다. 현재까지 발굴된 조사 성과만으로 영남지역의 구석기유적 중에서 10만 년 전을 넘는 곳은 아직까지 없다. 중기구석기시대의 대표유적으로는 신상리, 마애리, 하동 정수리, 진주 압사리유적이 있다. 영남지역 구석기시대는 현 단계에서는 중기구석기부터 시작되지만, 전기구석기유적이 발견될 가능성은 충분히 있다.

인류의 유입은 중국 요령성지역을 경유하는 루트도 있지만, 서해가 빙하기에 해수면 하강으로 인해 육지가 되었고, 이때를 이용해 인류 이동이 이루어졌을 가능성도 있다. 북한학자들은 평양의 검은모루유적의 연대를 100만 년 전으로 올려 보기도 하지만, 그대로 신뢰하기는 힘들다. 석장리나 금굴유적의 최하층에 대해서도 전기구석기로 보는 데 부정적인 견해가 적지 않다. 우리나라에서는 청원 만수리유적(4지점) 최하부에 해당하는 유물포함층 5의 연대가 가장 빠른 곳 중 하나이다. 그 연대는 11만 년 이전, 50만 년 이전, 30만 년 이상, 35만~75만 년 전으로 연구자마다 견해 차이가 있다(김기룡 2011).

둘째, 영남지역 대부분의 구석기유적은 강이나 하천과 인접한 곳에 위치한다. 계절적으로 이동생활을 한 것으로 추정된다. 우리나라 구석기유적의 일반적인 입지 특성과 크게 다르지 않다. 일부 중·대하천과 원거리에 있기도 하지만, 대부분은 하천과 그리 멀지 않다.

셋째, 영남지역 석기군은

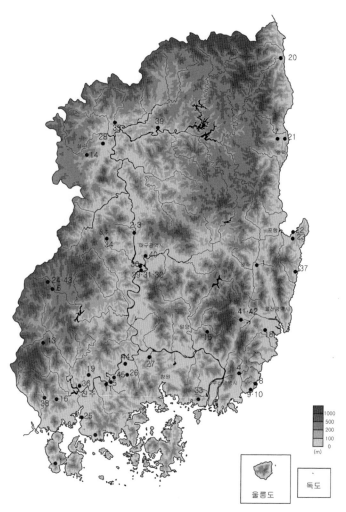

그림 2 영남지역의 구석기유적 분포
1: 경주시(지표), 2: 칠곡 중리(발굴 중 지표), 3: 칠곡 말구리일대(지표), 4: 부산 노포동(지표), 5: 진주 승내리(지표), 6: 거창 임불리(발굴), 7: 영덕 오천리(지표), 8: 부산 청사포(지표), 9: 부산 중동(발굴), 10: 부산 좌동(발굴), 11: 진주 마진리(지표), 12: 남해 평산리(지표), 13: 산청 옥산리(발굴), 14: 상주 청리(지표), 15: 밀양 고례리(발굴), 16: 진주 내촌리(발굴), 17: 사천 이금동(발굴), 18: 울산 옥현(발굴 중 지표), 19: 진주 집현(발굴), 20: 울진 석수동(지표), 21: 영덕 삼계리(지표), 22: 포항 임곡리(지표), 23: 포항 새터(지표), 24: 거창 정장리(발굴), 25: 사천 방지리(지표), 26: 함안 도항리(지표), 27: 함안 용산리(지표), 28: 상주 신상리(발굴), 29: 고령 상곡리(지표), 30: 고령 곽촌리(지표), 31: 고령 구곡리(지표), 32: 고령 반운리(지표), 33: 부산과학지방산업단지 D지구, 34: 성주 대황리(지표), 35: 문경 반곡리(지표), 36: 진주 평거 A지구(발굴), 37: 경주 대본리(시굴), 38: 하동 정수리(발굴 중 지표), 39: 안동 마애리(발굴), 40: 대구 월성동(발굴), 41: 울산역 역세권(발굴), 42: 울산역사 광장부지 내(발굴), 43: 거창 정장리 71-5번지(발굴), 44: 함안 우거리 17번지(발굴), 45: 진주 압사리(발굴)

석영계 몸돌석기군(주먹도끼류 석기군, 비주먹도끼류 석기군), 격지석기군, 돌날[石刃]석기군, 좀돌날[細石刃]석기군으로 분류할 수 있다. 우리나라 주먹도끼류 석기는 아프리카와 달리, 대부분의 출토품이 전기가 아닌 중기구석기시대에 해당한다. 그 연대는 대부분 10만 년 전을 넘지 않는다.

영남지역에서는 주먹도끼의 출토수량이 늘어나고 있다. 마애리유적 출토품은 임진·한탄강과 한강유역의 주먹도끼류 석기(주먹도끼, 주먹찌르개 등)처럼 규암을 활용해 타면조정 없이 자연면타면을 이용하여 직접타격으로 제작되었다. 후기구석기 유적에서는 돌날기법으로 생산한 돌날로 슴베찌르개를 제작했다. 후기구석기에는 착장방식의 찌르개 사용이 본격화되었다.

넷째, 영남지역 구석기유적의 표준 층위의 확립과 석기군의 편년작업이 시급하다. 발굴조사된 여러 유적들 중 그 연내와 석기군의 양상을 알 수 있는 곳은 많지 않다. 조사된 유적이 주로 단일 문화층인 예가 많아 석기군의 변화양상을 파악하기가 쉽지 않다. 중기와 후기구석기가 자연스럽게 발전하는 양상의 복합층위유적이 좀 더 발굴조사될 필요성이 있고, 현재는 절대연대를 알 수 있는 유적도 부족하다.

다섯째, 영남 동남부지역은 일본열도 쪽으로 인류가 건너갈 수 있는 최단거리에 위치한 지역이다. 고례리유적의 돌날기법과 슴베찌르개, 월성동·중동유적의 좀돌날기법이 일본 내 현생인류의 출현과 후기구석기문화의 성립과 발전에 간접적으로 영향을 미쳤다. 이러한 교류는 일회성이 아닌 빙하기의 기후 사이클에 맞춰 바뀐 대한해협의 해수면 변화에 따라 여러 차례의 접촉이나 이주가 있었던 것으로 추정된다.

여섯째, 후기구석기시대의 석재 중 흑요석은 대구 월성동, 진주 집현, 울산 옥현, 사천 이금동유적에서 발견되었다. 경기도나 강원도와 비교해 출토수량이나 발견된 유적 수는 적다. 월성동유적의 흑요석은 분석하였으나 정확한 원산지가 밝혀지지 않는데, 영남지역을 포함한 한반도 남부에서 흑요석 원산지는 알려진 곳이 없다. 월성동유적에서 출토된 흑요석은 백두산 지역이 원산지일 가능성이 높지만, 우리나라에 알려지지 않은 소규모 흑요석 원산지의 것을 이용했을 가능성도 배제할 수는 없다.

일곱째, 구석기시대의 생존증거를 알 수 있는 유구 중 석기제작지를 제외하면 주거지흔적, 화덕자리, 구덩이와 같은 유구들이 발견된 바가 없다. 이러한 문제점은 한반도 내에서 영남지역의 특수성을 이해하는 데 있어 걸림돌이 되고 있다. 영남지역 구석기시대 사람들의 생활방식을 이해하는 핵심적인 자료가 부족한 셈이다. 또한 구석기문화의 체계적인 이해와 구석기인들의 삶을 복원하기 위해 아직 영남지역에서 발견된 적이 없는 유기물 증거, 즉 인골, 동물화석, 골각기, 목기 등의 자료 확보가 무엇보다 시급한 실정이다.

II 영남지역의 자연환경과 유적 입지

1 자연환경

제4기는 46억 년 지구 역사에서 가장 최근의 지질시대이다. 그중 갱신세(Pleistocene)는 180만 6000 ^{14}C BP에 시작했으나, 지금은 연대가 소급되어 258만~1만

기	세	절	만 년 전	고고학적 시기
제4기	홀로세		0~1.17	구석기말~신석기
	갱신세(플라이스토세)	후기(타란토절)	1.17~12.6	중기, 후기구석기
		중기(이오니아절)	12.6~78.1	
		전기(칼라브리아절)	78.1~180.6	전기구석기
		전기(젤라절)	180.6~258.8	

표 3 국제지질학연합(IUGS)에 따른 제4기의 지질 시대 구분(2009년 7월 기준)

1700 ^{14}C BP이다. 그 이유는 본격적인 빙하기의 기후변동과 고고학의 시작을 구석기시대와 일치시키기 위해서이다(佐藤宏之 2010).

중기 갱신세가 약 78만~12만 6000년 전, 후기 갱신세가 12만 6000~1만 1000년 전이다. 후기 갱신세는 최종간빙기시대가 대략 12만~7만 년 전, 최종빙기가 대략 7만~1만 5000년 전으로, 빙기와 간빙기가 서로 번갈아가면서 찾아왔었다. 대륙의 형태는 현재와 크게 다르지 않았지만, 빙기와 간빙기를 거치면서 해수면의 변화에 따라 해안선의 위치가 자주 바뀌었다. 태평양의 코어 분석 내 유공충을 이용해 산소동위원소(Oxygen Isotope)변화를 연구한 결과 제4기 동안 약 22회의 기후변동 주기가 있었다는 것을 알게 되었다.

갱신세 후기는 리스빙기부터 리스-뷔름간빙기, 뷔름빙기로 변화한다. 이 기간

동안에는 우리가 잘 아는 맘모스, 털코뿔소, 동굴사자를 비롯한 거대동물들이 멸종하였다. 또한 지금의 우리 선조인 현생인류를 제외한 다른 인류도 모두 멸종했다. 최종빙기의 약 2만 5000~2만 년 전의 시기는 최후빙하극성기(LGM: Last Glacial Maximum)로 불리는 시기이다.

한반도와 일본열도 사이에는 대한해협(Korea Strait)이 있다. 구간의 길이는 약 230km이다. 이곳은 동중국해와 동해를 연결하는 좁은 대륙붕 해역으로 중앙에 위치한 수심 220m의 해곡(trough)을 제외하면 수심 약 130m 미만의 평탄한 지형이다. 쓰시마 주변의 깊은 수심을 제외하면 대부분이 100m 이내이다.

최후빙하극성기 동안 대한해협 해수면이 138~143m 정도 하강하여 바다가 육지가 되어 쿠로시오 해류(또는 쓰시마 난류)가 차단되었다는 견해와 최후빙하극성기에도 대한해협은 완전히 노출되지 않고 수로가 형성되어 중국의 황하와 양자강 그리고 한반도의 낙동강과 섬진강으로부터 유출된 담수와 함께 쿠로시오 해류가 동해로 유입되었다는 견해가 있다.

그러나 최후빙하극성기 동안에 대한해협은 120m까지 해수면이 내려갔다. 이로인해 해협의 폭은 약 12~15km, 수심은 10~30m의 좁은 물길이 150km 이상 형성되었다(町田 洋 외 2003). 이로 인해 한반도와 일본열도는 육교는 형성되지 않았지만, 해협을 건너는 것이 가능하였을 것이다. 또한 추운 기후로 인해 한시적으로 바다 혹은 강이 얼면서 만들어진 빙교(氷橋)가 있어 사람이나 동물의 왕래도 가능했을 수도 있다. 이 기간에 시베리아를 거쳐 베링해협을 넘어 아메리카대륙에 최초로 사람이 건너갔다. 이 기간을 지나면 소한랭기인 고드리아스기가 1만 4000~1만 2000년 전에 있었다. 그린란드 빙상코어 산소동위체비를 참조하면, 여러 차례 온난과 한랭을 반복하는 등의 기후변화가 있었고, 과거 약 265만 년 동안 약 37번의 기후변동이 있었다. 그러나 한국에서는 제3기와 제4기를 구분 짓는 퇴적층이 없다. 표지지층이 되는 퇴적층은 없지만, 해안단구, 하안단구처럼 주요한 기후변화에 따른 지형변화는 관찰된다(김주용 2006).

한반도는 물론, 영남지역은 구석기가 출토되는 토양이 주로 붉은색, 갈색, 적갈색 점토 등으로 이루어져 있다. 화산재층으로 인해 토양색깔이 비교적 다양한 일본과 달리 토양색깔만으로 유적 간의 층위를 비교할 수는 없다.

이에 후기구석기시대의 중요한 지질학적 현상을 참조해야만 한다. 최상부 토양쐐기(Last soil wedge), 일본의 아이라-탄자와(Aira-Tanzawa) 화산재(始良Tn: AT), 최후빙하극성기, 하인리히 이벤트(Heinrich events)이다. 최후빙하극성기는 2만 6500~1만 9000 cal BC, AT화산재는 2만 7000~2만 6000 cal BC, 최상부 토양쐐기는 2만 4000~2만 cal BC이다.

현재 후기구석기시대의 최상부 토양쐐기포함층을 제외하고는 기준 퇴적층이 없는 실정이다. 이를 보완하기 위해 유적 간의 절대연대 비교(동일한 층에서 연대폭이 심한 경우 주의 필요), 한반도 주변지역의 석기군과 비교하거나 특정 시기에 한정되어 출토되는 유물을 참조해야만 한다.

거창 정장리(71-5번지)유적은 고환경 복원을 위해 고토양분석을 하였다(경상문화재연구원 외 2011). 7만 3000±2000 ^{14}C BP에 현재의 기후와 비슷하거나 더 온난 습윤한 기후환경이었던 최종간빙기, 6만 6000±4000 ^{14}C BP와 구석기문화층인 2만 6300±300 ^{14}C BP 사이의 퇴적양상으로 볼 때 전반적으로 한랭한 기후조건에서 삼림이 형성된 것으로 파악되었다(목포대 고지질연구소 2011).

영남지역은 한반도라는 큰 기후변화 틀에서 움직이며, 현 단계에서 지역별 기후변화를 파악하는 것은 자연과학의 연구 성과가 수반되지 않으면 고고학계의 힘만으로 해결하기 어려운 과제로 남아 있다.

2 유적 입지

구석기유적은 한데유적과 동굴, 바위그늘[岩陰]유적으로 나눌 수 있다. 개활지 등에 위치한 한데유적은 주요 수계유역 내에 분포하거나 동해안을 따라 발달된 해안가 단구지역에 위치한다. 동굴 혹은 바위그늘처럼 자연적으로 생활이 용이한 곳에 유적이 형성되었다. 그러나 동굴유적은 충청도, 강원도의 석회암지대나 제주도의 현무암동굴에서 많이 발견된다. 영남지역에서는 아직 구석기시대 동굴유적이 발견되지 않았다.

영남지역 구석기유적은 모두 한데유적으로 하천 지류, 또는 하천과 그리 멀지 않은 곳에서 발견된다. 유적 주변 하천의 존재 유무와 거리, 지형조건에 따라 입지유형을 하천변유형, 하천인접유형, 비하천유형으로 나눌 수 있다.

하천변유형은 충적지나 구릉말단부에 해당한다. 이 유형은 하천과 가장 가까운 곳에 위치한다. 진주 평거동, 안동 마애리, 울주 신화리, 밀양 고례리, 부산 지사동, 고령 구곡리유적 등이 있다. 이 유적은 완만한 경사나 평지에 위치하고 있어 계절적으로는 물이 범람할 가능성도 있지만, 사람이 살기에 가장 좋은 위치이다. 당시의 유수량에 따라 구석기인들이 살았던 곳 바로 앞으로 물이 흘렀을 가능성도 있다. 이러한 충적대지는 현재 논이나 밭으로 주로 사용되고 있다. 해발은 100m 이하인 경우가 대부분이다.

하천인접유형은 충적대지·산록완사면·구릉사면에 입지한다. 이 유형은 하천변유형보다 하천으로부터 좀 더 먼 거리에 있다. 대구 월성동, 거창 정장리 71-5번지, 경산 신상리, 함안 우거리, 진주 압사리유석 등이다.

비하천유형은 산록완사면이나 곡부지형에 입지한다. 대표 유적으로 사천 이금동과 부산 중동·좌동, 하동 정수리유적이 있다. 영남지역의 구석기유적 중 하천을 끼지 않은 곳은 그리 많지 않지만, 큰 하천이 없는 해안가에 인접한 유적이 해당된다.

강이나 하천을 중심으로 구석기유적이 분포하는 것은 우리나라 구석기유적의 일반적인 특징 중 하나이다. 이는 거주의 용이성, 생존과 관련된 식수확보, 하천을 중심으로 한 이동의 용이성 등의 장점이 있다.

구석기유적들은 황강 본류와 위천이 합류하는 곳에 발달한 분지에 있는 정장리(71-5번지)유적을 제외하면, 해발 120m보다 낮은 곳에 위치한다. 특히 해발 50m를 전후한 곳에 위치하는 유적이 대부분이다. 이러한 사실은 구석기인들이 유적 입지로 평탄한 곳을 선호함은 물론, 하천과 밀접한 관계가 있음을 입증해 준다. 향후 일본의 사례처럼 후기구석기시대의 함정유구나 산지 내 캠프유적 등이 발견되면 유적의 입지양상에 대한 다양한 이해도 가능할 것이다.

구석기유적에서는 지층과 문화층의 구분이 중요하다. 흔히 구분해서 사용하는 지층과 문화층은 동일 개념이 아니다. 우리가 발굴하면서 서로 다른 지층이면서 두 지층이 만나는 접경지대에 유물이 위치하는 이른바 '유물중첩대'의 형성이 관찰된다면, 문화층의 구분은 좀 더 신중하게 설정되어야만 한다(장용준 2010). 구석기시대 문화층을 구분할 때는 단순히 지층이 문화층이 된다는 생각은 버려야만 한다.

III 영남지역의 구석기

1 구석기의 종류

한반도지역은 영남지역뿐만 아니라 석영을 이용해 석기를 제작하는 경우가 많다. 구릉지역이나 하천 등에서 석기를 발견해도 이것을 석기로 분별하기란 상당히 어렵다. 석기와 자연석(지질유물)의 분별은 기술적인 측면과 출토정황(맥락)으로 알 수 있다. 석기의 기술적인 측면은 박리와 조정의 규칙성, 석기의 형식적 정형성(패턴), 석기의 규격성이 있다. 기능적 측면은 석기가 사용되고 난 뒤의 사용흔과 파손흔이 있다. 그 외에도 육안으로 석기를 알아보기 힘들 때는 유적 내 석기의 출토정황을 잘 살펴 진위 여부를 분별하기도 한다. 출토정황은 석기들 간의 접합유물의 존재, 출토상황의 집중성, 특수한 석재의 반입 유무, 동일한 석재의 사용 유무 등이 있다.

주먹도끼 주먹찌르개 가로날도끼

찍개 다각면원구 돌날(석인) 슴베찌르개

밀개 새기개

인부마제석부 좀돌날(세석인) 화살촉

그림 3 우리나라 구석기시대의 대표 기종

우리나라에서 구석기시대 사람에 의해 공통된 형태와 제작기술로 만들어진 것으로 파악되는 도구들의 형식분류는 유럽과 미국의 연구 성과에 많은 영향을 받았다. 구석기 연구에 있어 형식분류는 가장 중요하면서도 기초적인 문제이다. 어떠한 멋진 이론을 설명하기 위한 가설이 정립되었다고 할지라도 원천 자료에 문제가 있다면 아무런 소용이 없다.

한반도 고유의 석기형식은 유적의 증가와 연구자들의 노력으로 조금씩 밝혀지고 있다. 형식분류된 석기들은 편년과 문화상을 파악하기 위해 제작기술, 유물 조합

기종	한자	영어	형태와 특징	추정되는 기능
격지(박편)석기				
슴베찌르개	剝片尖頭器 有莖尖頭器	Tanged point	돌날 혹은 종장(縱長)격지를 예비소재로 사용. 자루를 꽂을 수 있는 기부(슴베)를 만들고 반대쪽에 △모양으로 선단부를 만듦. 창의 소재가 됨.	찌르기, 자르기
나이프형 석기	刃器	Knife-shaped tool	돌날 혹은 일반 격지의 자연날 또는 잔손질하여 만듦. 일본의 나이프형 석기는 특수한 형식.	자르기, 찌르기
찌르개	尖頭器	Point	잔손질하여 선단부를 뾰족하게 한 것. 창의 기능을 포괄하는 석기명칭. 슴베찌르개, 양면조정찌르개, 각추상석기 등을 포함	자르기, 찌르기
각추상석기 (추형찌르개)	角錐狀石器	Bilateral point	일반 격지나 종장격지를 소재로 선단부와 신부(身部, 몸체)를 잔손질하여 제작. 특히 거치연조정이 특징. 일본에서 많이 출토.	찌르기, 긁기
밀개	搔器	End scraper	선단, 신부의 일부 또는 전체에 잔손질하여 날을 만든 석기. 잔손질은 주로 배면에서 등면으로 베풂.	긁기, 무두질
긁개	削器	Side scraper	돌날 또는 격지에 주로 측면을 잔손질하여 만든 석기. 구석기시대에 가징 흔한 식기.	긁기, 자르기
새기개	彫器	Burin	격지의 모서리나 끝부분에 새기개 제작을 위한 특별한 박리가 가해진 석기.	긁기, 홈내기
뚜르개	石錐	Borer, awl, drill	격지를 잔손질하여 특정 부분을 뾰족하게 만든 것.	구멍내기
톱니날석기	鋸齒緣石器	Denticulate	돌날이나 격지의 특정 부분을 톱니날처럼 거칠게 연속적으로 잔손질하여 날을 만든 것.	긁기, 자르기
제형석기	梯形, 臺形石器	Trapeze, Trapezoid	주로 석영으로 만든 2cm 내외의 소형 석기. 소형 격지를 부러뜨려 만든 것.	자르기, 찌르기
돌날	石刃	Blade	길이와 폭의 비율이 2:1이상이며, 날과 등면의 능선이 나란한 것. 도구의 소재로 주로 사용.	예비소재, 자르기 등
돌날몸돌	石刃石核	Blade core	돌날을 떼기 위한 예비소재 또는 떼고 남은 것.	소재
세석인, 좀돌날	細石刃	Microblade	좀돌날기법을 이용하여 만든 소형 돌날로 여러 개를 이어 날을 만드는 조합식 석기(植刃器)에 사용되는 석기.	찌르기, 자르기
세석핵, 좀돌날몸돌	細石核, 細石刃核	Microblade core	좀돌날을 생산하기 위해 만든 예비몸돌 또는 그 흔적이 있는 석기.	긁기?
격지	剝片	Flake	몸돌에서 떨어진 편으로 잔손질이 되지 않은 것. 인위적인 가공 없이 사용되기도 함.	예비소재, 긁기, 자르기 등
인부마제석기 (인부마제석부)	刃部磨製石器 (刃部磨製石斧, 局部磨製石斧)	Edge-polished tool(Edge-polished axe)	소형 격지나 원석을 잔손질하여 가공한 뒤 날부분을 중심으로 간 석기.	자르기, 무두질
몸돌(석핵)석기				
주먹도끼	握斧	Handaxe	대형 격지 또는 자갈돌 원석을 소재로 하여 직접 타격으로 한면 또는 양면을 조정하여 만든 것. 창끝형, 행인형(杏仁形), 타원형, 심장형 등 다양한 형태가 있음.	해체, 찍기, 자르기 등
찍개 (한면조정 찍개, 양면조정 찍개)	單面器, 兩面器	Chopper, chopping tool	자갈돌의 한면 가공(한면 조정 찍개) 또는 박리를 엇갈리게 하는 교호박리를 통해 날을 양면에 만든 것(양면조정 찍개).	찍기, 깨기 등
주먹찌르개	·	Pick	주먹도끼와 형태가 유사하나, 선단부가 더 뾰족함. 대형의 두터운 격지나 원석을 소재로 한 쪽 끝을 뾰족하게 만든 석기.	해체, 찍기, 깨기 등
가로날도끼	橫刃石斧		격지 내지 자갈돌 원석을 이용하여 선단부를 뾰족하지 않고 사선으로 날을 형성하는 것.	해체, 찍기 등
다각면원구 (여러면석기)	多角面圓球	Spheroid	공 모양처럼 둥글거나 그와 유사한 형태의 석기로, 자갈돌 또는 둥근 몸돌을 이용해서 만들어짐. 표면에 찍힌 흔적도 자주 관찰됨.	사냥, 찍기 등
자갈돌석기				
자갈돌석기	礫器	Pebble tool	원석의 일부를 깨뜨려서 날을 만든 것. 또는 가공 없이 그 자체로 사용한 것.	자르기, 찍기, 깨기

갈린돌	磨石	Grinding stone	표면에 매끈매끈하게 갈린 면이 있으며, 찍힌 흔적도 함께 확인되기도 함. 돌 또는 식물을 으깨거나 무두질을 할 때 사용.	갈기 등
망치돌	敲石	hammer stone	석기를 만들 때 사용하는 도구.	때려서 깨기
모룻돌	臺石	Anvil	몸돌에서 격지를 박리할 때나 도구를 만들 때 올려놓는 돌.	올려놓기

표 4 구석기의 종류

상, 출토지점 등을 함께 검토하여야만 한다.

석기는 크게 격지[剝片]석기와 몸돌[石核]석기, 자갈돌석기가 있다(표 4). 격지석기는 후기구석기시대에 더욱 발달하였고, 기능이 전문화되었다. 후기구석기시대는 슴베찌르개로 만든 찌르개와 좀돌날로 만든 조합식 찌르개가 있다. 영남지역에서는 집현유적의 방사성탄소연대를 참조하면 2만 4812~2만 421 cal BC(IntCal 13)부터 인부마제석기를 사용하였다. 이러한 석기는 목재가공구, 동물 해체나 짐승털 제거, 물고기가죽 제작 등에 사용되었을 것으로 추정된다.

2 구석기의 제작방법

석기를 만들기 위한 암석, 즉 석재는 일정한 힘이 가해지게 되면 그 내부에서 동심원이 퍼져 나가듯 힘이 전달되면서 부서지게 된다. 우리는 석기를 관찰하기 위해서는 가장 기본적인 균열흔과 동심원을 찾아내고 이해해야만 한다. 이것들은 석기 제작에 대한 중요한 정보를 담고 있기 때문이다.

석기제작은 직접떼기, 대석(臺石)떼기, 양극(兩極)떼기, 던져떼기, 간접떼기, 눌러떼기가 있다(그림 4). 그중 가장 기본적인 방법은 직접떼기이다. 다른 제작방식을 사용할지라도 직접떼기가 함께 사용되지 않는 경우는 거의 없다. 직접떼기는 시기를 불문하고 석기를 만들기 위한 가장 기초적인 떼기라 할 수 있다. 석기를 제작하는 데 있어 각각의 방식이 독립적으로 사용되는 경우는 직접떼기를 제외하고는 없다. 대부분 여러 떼기가 상황에 따라 복합적으로 적용 또는 사용되었다.

직접떼기는 한 손에 망치(경질망치, 연질망치)를 들고 다른 원석을 때려서 석기를 만드는 방법이다. 망치돌 형태는 타원형, 제형(梯形), 원형, 방형, 부정형 등 다양하다. 망치돌은 주로 하천에서 쉽게 구할 수 있으며, 매끈하고 둥근 자갈돌을 골랐다. 이것의 평균길이는 고례리(10점) 93.7mm, 정장리(24점) 96.8mm인데 이것으로 미루어 볼

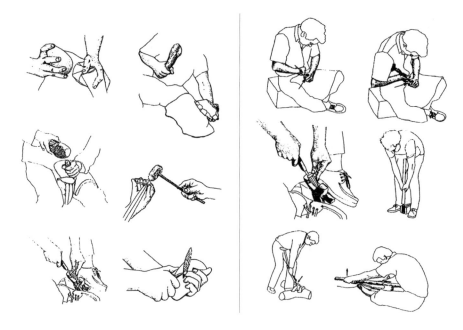

그림 4 직접떼기(좌)와 눌러떼기(우)

때 손에 쥐기 쉬운 크기인 10cm 정도의 둥근 자갈돌을 선호하였다(장용준 2010). 망치돌의 선택은 원석이나 몸돌의 크기에 따라 다르게 선택되었다.

구석기인들은 원석을 이용해 원하는 석기를 바로 만든다. 때로는 눌러떼기를 위한 예비몸돌을 미리 제작하기도 한다. 직접떼기의 타각은 70~80도일 때가 가장 적합하다. 타격할 때 타각이나 박리각이 둔각을 이룰 경우 원하는 격지를 얻지 못하거나, 박리실패로 인해 원석의 소비율은 떨어지게 된다. 직접떼기는 청동기시대까지도 사용되었다. 직접떼기의 소멸은 석기문화의 소멸을 의미한다.

간접떼기는 돌(망치돌)과 돌(원석)을 직접 부딪쳐서 떼어내는 것이 아니라 나무와 녹각·뼈·금속 등으로 만들어진 쐐기를 활용하는 것이다. 미국 소수민족의 쐐기(punch)가 실물자료로 알려져 있지만, 구석기시대의 쐐기는 실물로 발견된 적이 없고, 이것의 실제 존재 여부는 불확실하다.

눌러떼기는 우리나라에서 약 2만 8000 cal BC 이후부터 출현하는 좀돌날기법과 깊은 관계가 있다. 눌러떼기는 손으로 쥐고 좀돌날몸돌이라는 예비몸돌을 이용해 좀돌날을 생산한다. 고정도구로 예비몸돌을 고정시킨 후 누름도구로 떼어 내었다. 이러한 기법으로 만들어진 석기는 좀돌날과 좀돌날몸돌, 새기개, 양면조정찌르개, 화살촉 등이 있다.

양극떼기에는 망치돌과 함께 대석이 필요하다. 떼고자 하는 원석이나 몸돌, 혹은 격지를 대석 위에 올려놓은 뒤 망치돌로 가격해서 원하는 격지를 얻거나 소재를 획득한다. 정교한 석기를 만들기에는 적합하지 않다.

한편, 원석이나 격지를 가공하여 특정한 형태로 만든 몸돌을 활용해 격지 등을 얻는 방식이 있다. 여기에는 르발루와(Levallois)기법, 돌날기법, 좀돌날기법이 있다. 르발루와기법은 중국 동북 3성 지역은 물론, 우리나라에서도 확인된 바 없다. 르발루와 찌르개를 획득하기 위해 사전 조정하고 이 과정에서 돌날을 얻기도 한다. 그러나 이 때 발생하는 돌날은 후기구석기시대의 돌날과는 도구 활용의 개념에서 차이가 있다.

석기를 만드는 과정에서 생기는 격지나 부스러기가 주변으로 날아가는 비산범위는 유물분포사례로 볼 때 작업자를 중심으로 직경 1~8m 정도이다(Hiscock 2005). 타격은 제작자의 전면에서 이루어지는 전방타격(frontal knapping)과 제작자의 뒤쪽 방향을 향해 이루어지는 후방타격(reverse knapping)이 있다(그림 5). 그리고 이러한 타격 후에는 석기가 남는 작업장의 모습에 차이가 있다(그림 6). 석기는 제작자가 바로 앞에서 보면서 만드는 것이 가장 효율적이기에 주로 전방타격으로 작업이

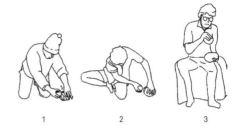

그림 5 1·2: 후방타격, 3: 전방타격(Hiscock 2005)

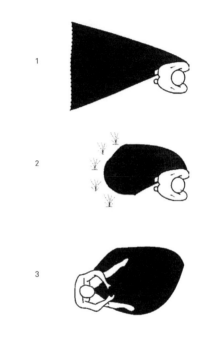

그림 6 1·2: 후방타격으로 생긴 작업면의 형태,
3: 전방타격으로 생긴 작업면의 형태
(Hiscock 2005)

이루어졌다. 그러나 우리는 전방타격만을 생각했으나 후방타격을 실제 사용하는 사례도 있어 두 가지 방식을 함께 고려해야 석기제작공정을 정확히 복원할 수 있다.

석기를 제작하고 난 뒤의 작업공간은 작업 종료 후에 흙으로 덮여 최종적으로 남게 된다. 그런데 우리가 알고 있는 퇴적층은 흙의 퇴적, 안정, 침식 및 삭박(削剝) 등의 영향을 받는다. 과거 당시에 인류가 살았던 생활 지표면에는 생활면 또는 거주면(occupation level)이었던 흔적이 남아 있다. 지표면에는 여러 활동, 특히 석기제작 등에 의한 폐기·유기·방치 과정을 통해 다양한 유적이 형성된다. 이러한 과정을 통해 만

들어진 생활면은 차츰 시간이 지나면서 기후환경이나 퇴적여건에 따라 흙속에 묻히는 매몰과정을 거친다. 그러나 이러한 매몰 후에는 여러 지질적·인위적·생물적 요인에 의해 정상상태가 아닌 불균형의 상태, 즉 유물의 원래 위치를 벗어나 다른 곳으로 이동되는 교란(disturbance)이 일어나기도 한다. 대부분의 경우 이동의 정도 차이는 있을 수 있지만 이러한 교란이 생김을 감안하여야 한다.

석기가 출토되는 양상은 모두 폐기로 판단하지 않도록 해야 한다. 발굴과정에서 출토양상은 유기·방치·폐기처럼 좀 더 신중하게 판단할 필요가 있다. 유기·방치·폐기의 내용을 정리하면 다음과 같다(장용준 2010).

- 방치: 유기·폐기와 달리 버려진다는 개념이 빠진 것, 사용 가능한 물건도 포함된다.
- 폐기: 폐쇄된 공간, 즉 주거지와 같이 일정 공간을 보유하고 있던 집단에서 그 공간 밖으로 물건을 처리하면서 더욱 잘 나타난다. 이것은 필요없는 것만 모여진 장소에 버리고 가는 것으로 폐기 블록(block)의 특색은 유물 분포가 중앙에 모이거나 주변에 산재하는 경향을 보인다. 대체로 석기 기종이 풍부하고 몸돌, 격지, 부스러기가 많다. 또한 출토유물과 달리 석기제작행위로 공간이 만들어지는 것이 아니라 이차적인 공간이동만 있을 뿐이다.
- 유기: 제작, 사용 장소에 둔 채 떠나는 것으로 특히 부스러기가 많을 때이다.

석기가 출토되는 공간은 단순히 석기를 만들고 난 뒤의 흔적의 의미뿐만 아니라 다양한 인류행위가 반영된 의미 있는 유구임을 유념해야 한다.

3 영남지역 주요 석기군의 특징과 변천

영남지역은 한반도지역의 석기군과 기본적으로 동일한 양상을 보인다. 주먹도끼 석기군과 비주먹도끼류 석기군으로 나뉘는 몸돌석기군, 돌날석기군, 좀돌날석기군으로 구분할 수 있다(그림 7).

우리나라는 주먹도끼에 대한 통일된 분류기준이 마련되어 있지 않다. 주먹도끼, 주먹찌르개와 같은 석기를 포괄하여 주먹도끼류 석기로 부를 수 있다. 영남지역에서는 경산 신상리, 하동 정수리, 안동 마애리, 울진 석수동유적의 출토품을 주먹도끼로 볼 수 있다. 이것들은 다각면원구와 찍개와 같이 출토되었다.

마애리유적 출토 주먹도끼류 석기들은 OSL연대측정 결과, 상부 토양쐐기층에서 BC 5만 6400~5만 8900, 하부 사질층에서 BC 6만 4700으로 확인되었다. 영남지역에서 주먹도끼는 아직까지 중기구석기시대인 6만 년 전 이후의 자료만 확인되었다. 정수리유적도 거의 비슷한 시기로 생각된다. 주먹도끼류 석기들의 형태나 제작

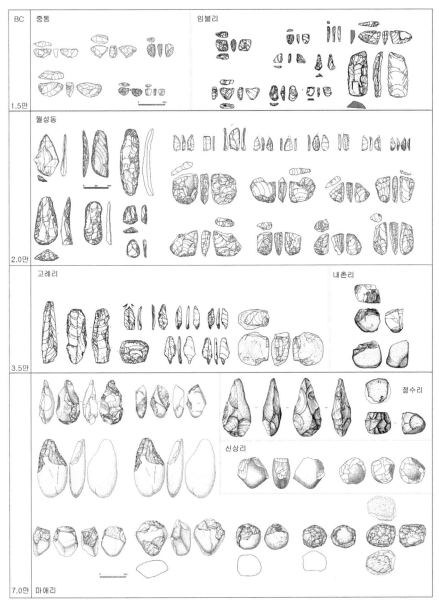

그림 7 영남지역 석기군의 편년

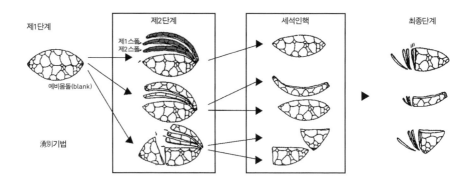

그림 8 좀돌날기법 중 유우베츠(湧別)기법의 모식도

기법은 다른 지역의 주먹도끼와 비교해 기본적으로 동일하다. 특히 김포 장기동유적에서 마애리유적 출토품과 아주 유사한 석기가 출토되었다. 영남지역에서는 다각면원구도 다수 출토되었다. 이것은 후기구석기시대에 접어들면서 급격히 소멸된다.

비주먹도끼류 석기군은 중기부터 후기구석기시대까지 확인된다. 주먹도끼류 석기가 공반되지 않으며, 경주 옥산리, 진주 내촌리, 사천 이금동, 거창 정장리유적 등이 있다. 주로 석영이나 규암을 이용해 석기를 제작하였다. 필요한 석재는 주로 유적 주변의 하천 등에서 채집하여 사용하였다. 몸돌석기의 비율이 낮아지고 격지석기의 활용률이 높아진다.

돌날석기군은 밀양 고례리, 울주 신화리, 부산 지사동유적에서 출토되었다. 영남지역에서 돌날기법은 약 3만 년 전에 출현하여 2만 년 전까지 발달하였다. 고례리유적에서는 돌날기법의 제작특징과 공정을 복원할 수 있는 중요한 자료가 출토되었다. 영남지역에서 좀돌날이 공반되지 않는 순수한 돌날만 출토된 유적은 10곳 정도이다.

울주 신화리의 울산역 역세권 1단계 4구역 내 유적(울산발전연구원 2010, 2011)은 도구가 별로 없다. 망치돌, 옆날긁개, 외날찍개, 부리형석기, 격지, 부스러기, 몸돌이 대부분이다. 돌날몸돌을 이용한 소형몸돌도 존재한다. 석재는 이암과 석영 등이 사용되

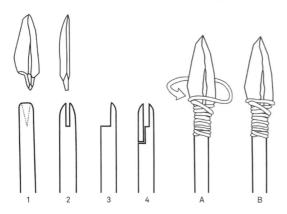

그림 9 슴베찌르개의 장착방법(슴베찌르개는 고례리 출토품)

었다. 신화리 B구역과 바로 인접한 곳으로 두 유적의 유물성격은 거의 동일하다. 하지만 슴베찌르개는 출토되지 않았다. 부산지사유적의 돌날기법은 정확한 보고서가 나와야 그 양상을 자세히 이해할 수 있을 것이다.

좀돌날석기군은 진주 집현, 대구 월성동, 부산 중동, 거창 임불리, 상주 청리유적에서 출토되었다. 영남지역에서 좀돌날기법은 2만 4000 cal BC 이후에 출현한다. 1만 5000 cal BC를 기준으로 전반기와 후반기로 나눌 수 있다. 영남지역의 좀돌날몸돌은 주로 이암, 혈암, 응회암 등으로 만들어진다.

전반기의 경우 양면조정된 예비소재를 이용해 스폴(spall)을 떼어 내어 좀돌날을 박리하는 이른바 넓은 의미의 유우베츠(湧別)기법(그림 8)이 주로 이용되었다. 집현, 월성동유적 출토품이 이에 해당한다. 집현유적에서는 슴베찌르개가 출토되지는 않았다. 대신 다양한 모양의 밀개가 다수 출토되었다. 월성동유적에서는 다량의 좀돌날몸돌과 함께 많은 양의 새기개가 출토되어 현지에서 조합식 찌르개(그림 9)를 제작했을 가능성도 있다.

후반기가 되면 좀돌날몸돌은 양면조정된 예비소재의 비율이 줄어들거나 쇠퇴하는데, 중동, 임불리유적이 대표적이다.

영남지역의 구석기시대 석기군은 일본의 구석기문화 출현에 직접적인 연관이 있을 가능성이 높다. 몸돌석기는 물론, 돌날기법과 슴베찌르개, 좀돌날기법과 조합식 찌르개 등 다양한 구석기시대의 석기 제작정보와 생존방식을 두 지역이 교류하였던 것으로 추측된다.

그리고 좀돌날석기군 단계의 가장 중요한 사실은 흑요석을 통한 교류 네트워크가 있었다는 점이다. 월성동, 이금동유적 등에서 출토된 흑요석 산지는 분명하지 않으나 지금까지 연구된 자료를 통해 이 시기에 흑요석을 석기제작에 중요한 석재로 사용하였던 전통이 있었음은 분명하다.

현재까지 영남지역의 구석기시대 종말기의 양상을 알 수 있는 유적은 분명하지 않다. 신석기시대와 어떠한 전이과정을 거쳤는지도 분명하지 않다. 이에 대해서는 추가적인 발굴 성과를 기다려 보아야 할 것 같다.

[장용준]

그림 10 좀돌날이 부착된 조합식 찌르개

참고문헌

慶南考古學研究所, 2002, 『泗川 梨琴洞 舊石器遺蹟』.

慶南發展研究院 歷史文化센터, 2003, 『사천 방지리유적 발굴조사 약보고서』.

_____, 2003, 『漆原 龍山里 440·425·427番地 文化財地表調查報告書』.

_____, 2004, 『居昌 正莊里 遺蹟I(舊石器時代)』.

慶南發展研究院 歷史文化센터·한국토지주택공사, 2011, 『진주 평거 3-1지구 유적』.

경상대학교박물관, 1998, 『서부경남의 선사와 고대』, 경상대학교 개교50주년기념 특별전도록.

경상문화재연구원·거창군, 2011, 『居昌 正莊里 遺蹟—거창 정장리 일반공업지역 공장 조성부지 내 발굴
조사』.

경상북도문화재연구원, 2011, 『안동 마애리 구석기유적』.

舊石器文化談話會, 2000, 『舊石器考古學事典』.

김기룡, 2011, 「청원 만수리 구석기유적의 석기공작 비교연구」, 『한국구석기학보』 제24호, pp. 3-20.

김주용, 2006, 「제4기 지질학의 이해와 선사 고고유적 층위 해석에의 응용」, 『한국 매장문화재 조사연구
방법론 2』, 국립문화재연구소, pp. 41-126.

東亞大學校博物館, 2004, 『釜山科學地方産業團地 文化遺蹟 發掘調査 槪要』.

목포대 고지질연구소, 2011, 「거창 정장리 공장농지 조성사업구간 내 문화재 발굴지에 대한 자연과학분
석」, 『居昌 正莊里 遺蹟—거창 정장리 일반공업지역 공장 조성부지 내 발굴조사』, 경상문화재연구
원·거창군, pp. 258-276.

文栢成·金東憲, 2009, 『河洞 正水里遺蹟』, 東西文化財研究院·河東郡.

박영철·이상길·서영남, 2000, 「경남 울산 무거동 옥현유적의 구석기시대 유물 검토」, 『영남고고학』 26,
영남고고학회.

裵基同·林榮玉, 1999, 『晋州 內村里 住居址 및 舊石器遺蹟』, 경상남도·한양대학교박물관·문화인류학과.

부산광역시립박물관, 2001, 『해운대신시가지 조성지역 내 佐洞·中洞 舊石器遺蹟』.

울산발전연구원, 2010, 『경부고속철도 울산역 역세권 1단계 2구역 내 유적 발굴조사 2차 지도위원회 자
료(B6-1지구 구석기유적)』.

_____, 2011, 『경부고속철도 울산역 역세권 1단계 4구역 내 유적 발굴조사 지도위원회 자료』.

이상희, 2011, 「다시 쓰는 인류의 진화」, 『과학동아』 303권, pp. 97-101.

李在景, 2008, 『大邱 月城洞 777-2番地 遺蹟(I)—舊石器—』, 慶尙北道文化財研究院.

장용준, 2007, 『韓國 後期 舊石器의 製作技法과 編年研究』, 學研文化社, pp. 4-385.

_____, 2010, 「한국 최초의 구석기에 대한 시론—橫山將三朗 자료를 중심으로—」, 『漢江流域 先史遺物—
橫山將三朗 採集資料—』, 國立中央博物館, pp. 158-178.

_____, 2010, 「接合石器의 距離와 分布로 본 作業空間」, 『釜山大學校 考古學科 創設20週年 記念論文集』,
釜山大學校 考古學科, pp. 19-40.

한국문물연구원, 2010, 『울주 경부고속철도 울산역사 광장부지 내 유적 발굴조사 자문회의 자료(B구
역)』.

韓國文化財保護財團, 1998, 『尙州 靑里遺蹟』.

홍미영·한선정·소동영, 2011, 『경주 대본리 유적』, 경상북도문화재연구원.

町田 洋·新井房夫, 2003, 『新編 火山灰アトラス-日本列島とその周邊』, 東京大學出版會.
佐藤宏之(安齊正人編), 2004, 「舊石器時代」, 『現代考古學事典』, 同成社, pp. 71-77.
佐藤宏之, 2010, 「舊石器時代の北東アジアと日本列島」, 『考古學ジャ―ナル』 605, pp. 6-9.
中山淸隆, 1989, 「韓國居昌壬佛里遺蹟晩期舊石器について」, 『舊石器考古學』 39, pp. 43-46.
海部陽介, 2005, 『人類がたどってきた道』, 日本放送出版協會.

Henshilwood, C.S. & Marean, C.W., 2003, The origin of modern human behaviour: A review and critique of models and test implications, *Current Anthropology* 44 (5), pp. 627–651.

Henshilwood, C.S., d'Errico, F., Yates, R., Jacobs, Z., Tribolo, C., Duller, G.A.T., McBrearty, Sally, & Brooks, Alison S., 2000, The revolution that wasn't: a new interpretation of the origin of modern human behavior, *Journal of Human Evolution* 39 (5), pp. 453–563.

Hiscock, Peter, 2005, *Reverse Knapping in the Antipodes: The Spatial Implications of Alternate Approaches to Knapping*, Lithic Toolkits in Ethnoarchaeological Contexts, edited by Xavier Terradas, pp. 35-39.

McPherron, S.P., Alemseged, Z., Marean, C.W., Wynn, J.G., Reed, D., Geraads, D., Bobe, R., Béarat, H.A., 2010, Evidence for stone-tool-assisted consumption of animal tissues before 3.39 million years ago at Dikika, Ethiopia, *Nature* 466(7308), pp. 857-860.

신석기시대

I 총설

일반적으로 신석기시대는 대략 1만 2000년 전부터 청동기시대가 시작되는 3500년 전까지의 시기에 해당하는 것으로 알려져 있다. 이 시기는 지질학적으로는 마지막 빙하기인 뷔름(Würm) 빙기의 종말과 함께 홍적세[更新世, Pleistocene Epoch]가 끝나면서 현 충적세[完新世, Holocene Epoch]에 이르는 시기이다.

홍적세에는 기후 변동이 심해 빙하기와 간빙기가 되풀이되었고, 그에 따른 해수면의 변동과 동식물의 분포 변동이 잦았다. 그러다가 약 1만 년 전 후빙기가 시작되면서 이러한 기후의 극한 변동은 대체로 끝나게 되었다. 그리고 기온이 올라감에 따라 양극지방의 두꺼운 얼음이 서서히 녹으면서, 툰드라지역이었던 곳은 삼림지대로 바뀌었고 기후는 전반적으로 보다 온난다습해졌다. 일반적으로 신석기시대라 하면, 바로 이 후빙기의 새로운 자연환경 속에서 인류가 처음으로 원시농경과 목축에 의한 식량생산을 하게 되어, 그 배경으로 인류문화가 비약적으로 발전하게 된 시기를 말한다.

아주 오랜 기간 구석기시대의 수렵·채집경제를 벗어나, 농경이나 목축을 기반으로 안정된 정착생활을 영위하면서 토기 및 간석기를 사용하고 직물기술을 개발하는 등, 새로운 문화특성을 지니게 된 것은 실로 인류 문화발달사상 새로운 전기를 이룩한 것이었다. 하지만 후빙기 이후의 세계 모든 지역에서 똑같은 농경을 기반으로 한 문화들이 전개된 것은 아니다. 동북아시아의 경우 중국에서는 장강유역을 중심으로 신석기문화 초기에 이미 야생벼를 개량한 벼농사가 시작되었던 것으로 알려져 있으며, 동북지방 신석기유적에서는 초기부터 조와 기장이 출토되고 있어 유럽이나 서아시아지역과는 구별되는 농경이 출현하였음을 확인할 수 있다.

우리나라의 경우에도 환경변화에 수반하여 식물성자원의 비중이 높아져 수혈 주거지와 저장혈, 조리용 집석유구 등을 수반한 정착생활과 토기의 사용이 시작된 단계였으며, 패총의 출현을 통하여 패류 등의 바다자원을 적극적으로 활용한 시기였음을 알 수 있다. 패총에서 출토되는 각종 토우나 반구대와 같은 암각화는 이러한 정착생활 과정에서 종교와 의례행위가 행해졌음을 보여 주는 사례로 볼 수 있다. 한편 조기로 편년되는 융기문토기 단계의 토기에서 기장의 압흔이 확인되는 등 갈돌이나 갈판, 기경구(굴지구) 등을 통해 초기 농업이 시작되었을 가능성이 점차 높아지고 있다. 따라서 우리나라의 신석기시대도 이러한 재배작물의 도입과 함께 토기 출현과 어로·수렵·채집에 의해 전개된 토기문화를 포괄하는 개념으로 정의할 수 있을 것이다.

토기의 출현은 구석기시대와 신석기시대를 구분하는 가장 중요한 요소 중의 하나로 인식되어 왔을 뿐만 아니라 토기의 제작과정과 문양의 종류는 각 지역, 각 시기의 문화나 사회적 배경의 변화를 민감하게 반영하므로, 신석기시대 편년규명에도 중요한 지표가 되고 있다. 그런데 1993년에 공개된 역년교정곡선 IntCal93을 비롯하여 지속적으로 새 버전이 공개되면서 가속기질량분석법(AMS)에 의한 사례의 증가와 함께 보정연대를 통한 토기의 발생 시기는 극동의 3개 지역군을 중심으로 비약적으로 상향되는 추세에 있다.

이 중 일본열도의 경우, 1990년대까지 1만 2000년 전이 죠몽문화 초창기 단계의 성립으로 알려졌으나, 최근에는 1만 3000 ^{14}C BP 이전의 연대치를 나타내는 탄소연대 사례가 무려 10여 개소에 이르렀고, 보정연대 적용에 따라 오-다이야마모토(大平山元 4층 1만 3780±170 ^{14}C BP 등)유적을 비롯하여 죠몽 초창기의 개시기를 1만 6000년 이전으로 올려보고 있다.

이러한 오랜 연대치 자료는 러시아의 아무르강유역에서도 유사하게 나타나는데, 가장 이른 시기의 탄소연대는 중류역에 위치하는 그로마투화(Gromatukha)유적 출토 토기에서 확인된 1만 4510±240 ^{14}C BP를 비롯하여, 2건의 1만 3000 ^{14}C BP 이전의 연대치와 함께 인근의 노보페트로프카(Novopetrovka)유적에서도 1건이 확인되었다. 하류의 경우는 훔미(Khummi)유적 출토 토기 탄착물에서 확인된 1만 3260±100 ^{14}C BP(1만 6250~1만 5600 cal BC) 사례가 있기 때문에 이 지역 역시 1만 6000년 전에 이미 토기가 발생한 것으로 나타나고 있다.

　마지막으로 중국의 경우, 가장 이른 시기의 토기를 동반하는 유적들은 모두 남부지역의 양자강유역 일대에 위치하고 있다. 이 중 1만 3000 ^{14}C BP 이전의 연대를 나타내는 유적으로는 선인동(仙人洞)유적을 비롯하여 바로 인근에 위치하는 조통환(弔桶環), 그리고 리어취(鯉魚嘴), 묘암(廟岩), 옥섬암(玉蟾岩), 독석자(獨石仔), 주옥암(朱屋岩)유적 등이다. 이 중 선인동유적의 경우 1만 6165~1만 8520 ^{14}C BP, 조통환유적의 경우 1만 5090±210 ^{14}C BP, 리어취유적이 1만 8560±300 ^{14}C BP, 묘암유적이 1만 5220±260 ^{14}C BP, 옥섬암유적이 1만 4610~1만 4975 ^{14}C BP, 독석자유적이 1만 6680±570 ^{14}C BP, 주옥암유적이 1만 3680~1만 4835 ^{14}C BP의 연대를 각각 나타내고 있다.

　최근의 고고학적 추세를 감안한다면 동북아시아의 경우, 홍적세 말기에 이미 토기가 출현하면서 세계에서도 가장 이른 시기에 발생한 것으로 확인되고 있으며, 이러한 증거는 향후 더욱 증가할 것으로 예상된다. 그중에서도 중국의 선인동유적이나 리어취유적의 경우, 보정연대를 적용하면 무려 2만 년 전에 이미 인류가 토기를 사용한 것으로 확인되어, 2012년 세계 10대 고고학적 발견으로 선정되기도 하였다. 이 시기는 최후빙하극성기로 알려져 있으며, 향후 이들의 성격에 대한 전반적인 검토가 이루어져야겠지만, 기존에 알려졌던 토기 발생=신석기문화로 본다면 향후 신석기문화 전반에 대한 대폭적인 수정과 검토가 필요하다는 과제를 남기고 있다.

　우리나라의 경우 신석기시대 초창기 단계에 해당하는 것으로는 제주지역의 고산리 일대에 분포하는 고산리식토기가 있는데, 이는 유물 포함층 상부를 덮은 화산재의 TL 연대측정 결과 지층연대가 1만 180±65 ^{14}C BP로 확인된 바 있다. 고산리식토기는 후기 구석기시대의 전통을 가진 세석인과 첨두기 등의 유물과 함께 발견되고 평저의 무문양토기 태토에 식물성 섬유를 혼입한 것이 특징이다. 이 외에도 자돌점열문과 지자문, 융기문토기가 일부 공반되는 것으로 알려져 있지만 상호 관계에 대해서는 다소 불명확한 실정이다. 한편 이와 동일한 특징이나 태토를 가진 것들이 아무르강유역이나 일본 죠몽문화 초창기 토기 중에서도 확인되기 때문에 동북아시아를 연결하는 1만 년 이전 단계의 토기 확산과정에서 우리나라도 포함되어 있음은 명확시되지만 아직 육지에서는 구체적인 자료가 확인된 바 없다. 한반도를 둘러싼 인근지역의 사례를 감안한다면 향후 이 시기를 나타내는 자료의 발견 가능성은 매우 높다고 할 수 있다.

한반도의 조기 단계유적은 주로 해안과 인접한 동해안과 남해안지역을 중심으로 확인되며, 전기 단계부터 동·서·남해안의 세 지역을 중심으로 내륙지역으로 점차 확대되는 경향이 강해지고 중·후기 단계를 거쳐 각 지역마다 뚜렷한 전통을 지니게 된다. 조기 단계까지는 저부가 편평한 평저토기가 기본을 이루면서 남해안지역에서는 융기문토기 중심의 각종 토기들이 나타나고, 동해안지역에서는 오산리 하층식토기로 불리는 적색압날문계 토기나 무문양 또는 조흔문토기가 나타나 지역에 따른 특징이 확인된다.

신석기인들은 이전의 지상식 캠프 형태의 주거공간을 형성하였던 구석기시대와는 달리 물가의 평평한 충적지 또는 물가와 가까운 산 경사면에 땅을 파고 들어간 수혈주거지에서 생활하였다. 주거지의 평면 형태는 원형과 방형 또는 장방형으로 구분이 되고, 시기와 지역 특성에 따른 차이점도 나타나고 있다. 동해안지역의 경우 조기 단계에는 방형 또는 원형의 수혈주거지에서 생활하였으며, 석촉이나 작살, 마제석부 등 다양한 마제석기가 나타나 이 시기 한반도 주변지역과 비교하여 매우 발달된 양상을 보여 준다. 한편 이 시기 무덤들은 남해안 패총유적을 중심으로 확인되는데 얕은 수혈구조에 결상이식이나 각종 옥기류와 토기 등을 매납하였던 것을 알 수 있으며 부산 가덕도 장항유적의 경우에는 40여 기 이상의 집단매장유구가 확인되기도 하였다.

전기 단계는 평저토기 위주에서 한반도 신석기문화를 특징짓는 원저 또는 첨저토기가 남해안지역에서 출현한다. 이후 중기 단계가 되면 포탄형의 첨저토기는 한반도 북부지역을 제외한 대부분의 지역에서 신석기문화가 끝나는 시기까지 기본형으로 자리 잡게 된다. 또한 중기 단계에서는 동해안지역을 포함하여 거의 공통적인 문양과 기형이 형성되고 세부 문양에 따라 서해안식과 남해안식으로 크게 구분된다. 이 단계의 이른 시기로 편년되는 서해안 봉산 지탑리유적의 경우를 참고하면 조기 단계의 발달된 마제석기 전통이 지속적으로 이어지면서 농경구의 하나로 중요한 지표가 되는 보습으로 불리는, 기경구와 갈돌 및 갈판이 전체적으로 확산되는 양상이 나타나는 것으로 보아 제일성을 보이는 토기문화의 배경에는 농경문화의 확산과 관련 있는 것으로 판단된다. 또 후·말기 단계에 이르면 중기 단계의 전통을 이어감과 동시에 지역성이 보다 뚜렷해지는 경향이 나타나고, 말기 단계의 경우 중서부지역과 동해안지역의 성격이 불확실한 면이 많다.

영남지역은 제주도를 제외한 우리나라에서 가장 이른 시기의 유적이 확인되고 있다. 평저 융기문토기를 중심으로 하는 조기 단계부터 압인문토기를 특징으로 하는 전기, 새김무늬를 특징으로 저부까지 문양이 시문되는 중기의 수가리1식토기, 그리고 저부 문양이 생략되는 해안지역의 수가리1식토기와 함께 내륙지역의 봉계리식토기를 특징으로 하는 후기, 그리고 이중구연토기를 특징으로 통합되는 말기로 편년되고 있다.

상한 연대는 여수 안도패총에서 확인된 7430±60 ^{14}C BP(6435~6210 Cal BC[94.0%])를 참고할 수 있으며, 이는 대략 8000년 전 약간 이전부터 신석기인의 한반도 거주 흔적이 나타나는 셈이다. 지역별 특징은 동해안에 위치한 울진 죽변리식토기와 울산 세죽리식토기, 그리고 남해안식 융기문토기로 대별되며, 공통적으로 무문양토기가 일정한 비율로 나타나고 있다. 울산 세죽리유적의 토기는 탄착물에서 측정된 탄소연대는 6740±30 ^{14}C BP~6110±80 ^{14}C BP이고, 굵은 점토띠에 각목을 새긴 기하학적 융기문토기를 바탕으로 굵은 두립문토기, 문양대가 연속되지 않는 것들이 많으며, 이 외에도 평행자돌문과 융기점열문, 1열로 구성된 자돌압날문토기, 단도토기 등이 공반되고 있다.

그리고 죽변리식토기는 6920±60 ^{14}C BP~6140 ^{14}C BP의 연대가 확인되며, 붉은 채색문양이나 구연부가 안으로 급하게 내만하는 기형을 바탕으로 파수부가 부착되는 특징이 나타난다. 여기에 세죽리식 융기대문이나 두립문이 나타나고, 융기된 연속 N자상의 문양이나 1열의 융기점열문이나 자돌문 등과 함께 단도토기와 기하문의 채문토기 등이 확인된다.

남해안지역의 경우 기하학적 문양을 가진 세선침선융기문토기를 바탕으로 점토띠에 각목이나 자돌된 융기대문이 결합되어 나타나는데, 특히 전형적인 특징을 나타내는 대마도 고시타카(越高)유적의 경우 6860±120 ^{14}C BP~6440±140 ^{14}C BP, 창녕 비봉리 3패총의 경우 6270±60 ^{14}C BP 등으로 확인되어, 이러한 각 지역의 특징들은 서로 결합되거나 공반되기도 하는 등 거의 동시기적인 지역특징을 보이는 것으로 짐작할 수 있다.

조기말~전기 단계에는 말기 융기문토기와 함께 지두문토기와 영선동식 압인문토기 등이 나타나며, 점차 융기문토기의 소멸과 함께 압인문토기가 중심을 이루는 것으로 확인되고 있다. 기형은 원저 또는 첨저형으로 바뀌고 말기 단계까지 중심기형으로 성립되어 한반도 주변지역과는 구별되는 특징적인 기형으로 자리 잡게 된다.

주거지의 경우, 조기 단계에는 아직 구체적으로 확인된 바 없기 때문에 그 성격은 매우 불명확하다. 다만 충청북도 상시3동굴유적에서 융기문토기가 출토된 점을 고려한다면 동굴주거 생활의 흔적은 확인할 수 있지만, 패총유적에서 출토 유물이 매우 많지만 주거흔적이 확인되지 않았다는 점은 아이러니라 하지 않을 수 없다. 이러한 현상은 지금까지의 조사가 유물이 풍부한 패총 중심의 편파적인 조사에 기인한 것으로 향후 문화 복합체 규명을 위한 패총 주변지역에 대한 계획발굴이 절실히 요구된다 하겠다.

전기 신석기인의 주거지가 발굴조사된 것도 그다지 많지 않은데, 동삼동 3호 주거지와 김천 송죽리 9호 주거지, 남해안의 돌산 송도에서 발견된 주거지 정도이다. 이들은 강안 또는 해안의 사질퇴적층이나 강안에 면한 경사면을 6cm 이상 파서 만든 움집에서 생활하였던 것으로 확인되고 있다. 수혈 주거지의 평면은 방형과 원형이 있으며, 대규모 집락형태는 이루지 않았던 것으로 보인다. 본격적인 집락의 형성은 중기 이후부터 후기까지 내륙지역을 중심으로 나타나고 있다. 그리고 말기 단계에 이르면서 점차 내륙지역의 유적은 거의 소멸하고 바닷가의 소규모 패총이나 그 인근 지역으로 옮겨지면서 적석유구의 형태로 확인되는 등 분포양상에 있어 이전과는 크게 구별된다. 이러한 전반적인 양상은 아마 자연환경의 급격한 변화와 관련될 가능성이 높아 보인다. 이 외에도 일상적 생활이 이루어진 취락과 달리 해안변의 야영지 또는 부산 금곡동 율리암음유적과 같은 은거지로 분류할 수 있는 유적들도 확인되고 있으며 이들은 생업이나 제사 관련 유구로 추정된다.

신석기시대의 무덤은 시신을 묻는 방법이나 장소, 매장양상 등에 따라 토광묘, 동굴묘, 옹관묘, 집단묘, 세골장 등으로 구분되며, 이 중 동굴묘를 제외한 묘제들이 영남지역에서 확인되고 있다. 토광묘로서 신전장한 경우는 통영 연대도패총, 욕지도패총, 상노대도 산등패총, 가덕도 장항유적, 울산 처용리유적을 비롯하여 여수 안도패총 등이 있으며, 굴신장은 부산 범방패총을 비롯하여 가덕도 장항유적에서 확인된다. 이밖에 부산 동삼동패총과 진주 상촌리유적에서는 옹관묘로 보고된 사례가 있고, 울진 후포리유적에서는 하나의 구덩이 안에 많은 사람의 뼈가 중첩된 상태로 출토되어 집단 세골장으로 보고되는 등 다양한 매장방식이 사용되었다. 부장유물은 각종 토기류를 비롯하여 석기와 장신구류가 있으며, 장신구 중에서는 조개팔찌가 가장 많고, 그 외 수식(垂飾)과 발찌, 결상이식(玦狀耳飾), 관옥 등이 부장되기도 한다.

신석기인들의 생업은 이미 기술하였던 농경 관련 자료의 지속적인 증가가 주목되지만, 기본적으로는 남해안지역 패총유적에서 출토되는 수골류와 각종 어패류, 그리고 각종 도토리류를 통하여 수렵과 어로 및 채집활동이 중심이었던 것으로 판단된다.

이와 함께 지역 특성상 일본열도, 특히 북부 규슈지역과의 교류는 제주도 고산리유적의 흑요석을 통하여 초창기 단계부터 있어 왔던 것으로 확인된다. 이를 바탕으로 조기 단계 이후, 많은 수의 패총유적에서 흑요석이 출토된다는 점에서 본격적인 교역이 이루어졌던 것으로 볼 수 있으며, 이 과정에서 토기와 장신구, 생업 관련 기술들이 공유되기도 하였다. 이 중 결합식 조침과 같은 경우는 일본 규슈지역까지 확산되어 남해안을 낀 공통적인 생업체계를 형성하였고, 특히 후·만기 단계에는 일본의 아다카(阿高)식토기, 난부쿠지(南福寺)식토기나, 키타쿠네야마(北久根山式)식, 니시비라(西平)식토기 등 규슈지역 토기가 많이 출토되는 점이 주목된다. 그리고 이러한 신석기시대의 교류관계는 죠몽 후기 후반의 미만다(三万田)식토기를 끝으로 해협을 낀 양안 간의 신석기시대 교류관계는 종말을 고하게 된다.

이 외에도 결상이식과 같은 경우는 한반도를 중심으로 연해주지역과 일본열도와 중국 동북지역 및 중원과 하남지역까지 공통적인 분포 양상을 보인다는 점에서 매우 폭넓은 교류 현상과 함께 독특한 형태에서 내포되어 있는 사상의 공유까지 영유하였을 가능성도 유추할 수 있다.

영남지역을 중심으로 하는 남해안지역의 경우, 다른 지역과 달리 편년적인 변화가 뚜렷하지만 각 단계별 원류와 전환의 동인, 내륙지역과의 유기적인 관계, 환경이나 생업과 관련한 물질문화의 변화, 그리고 한반도 지역 간의 교류양상이나 말기단계 주거유적의 급격한 몰락현상 등이 향후 과제로 남아 있어, 아직 해명해야 할 문제가 적지 않다. 이를 위해서는 향후 더욱 정밀한 학술조사에 의한 기본 자료 축적과함께 인접 과학분야와의 협력이 절실히 요구되며, 이를 통하여 한국 신석기문화의 내용은 보다 폭넓고 깊게 밝혀질 것으로 전망된다.   [이동주]

II 자연환경과 동식물상

1 자연환경

신석기시대는 지질학상으로 신생대 제4기의 마지막 부분인 충적세에 해당한다. 연대상으로 구석기시대가 끝나는 1만 2000년 전부터 청동기시대가 시작되는 3500년 전까지에 해당하며, 마지막 빙하기(Würm)가 끝나면서 급속한 온난화 과정을 거쳐 현재와 같은 기후 단계에 적응하는 시기이기도 하다. 무려 8500년이라는 긴 기간에 해당되기 때문에 신석기시대의 기후는 빙하기 이후의 온난화과정에서 많은 변화과정을 겪었던 것으로 확인되고 있다.

이러한 환경변동은 크게 지구 대기의 온도가 지속적으로 낮아지는 한랭화와 그 반대로 따뜻해지는 온난화 과정으로 구분되는데, 태양을 중심으로 하는 지구 공전궤도의 변화나 지축의 세차운동, 지각 내부의 활동 등 다양한 현상에 따른 것으로 설명되고 있다.

우리가 사는 지구 내부에는 많은 양의 물이 고체 상태인 눈과 얼음의 형태로 고산지대나 북극과 남극의 극지에 저장되어 있다. 만일 고체 상태로 저장된 육지의 물이 모두 녹는다면 바닷물은 현재보다 무려 60m 이상 상승하는 것으로 알려져 있다. 따라서 대기 환경변화에 따라 히말라야 산맥과 같은 고산지대에 저장된 만년설의 설선(雪線) 변화나 극지에 저장된 얼음의 증감에 따라 해수면의 변동은 필연적으로 나타날 수밖에 없는 것이다. 북극의 경우는 그린란드를 제외한 대부분이 바다로 이루어져 있기 때문에 사실상의 해수면 변동은 대륙 내 만년설에 저장된 설선의 변화와 함께 남극대륙 빙하 변동이 직접적으로 관련성을 가진다고 할 수 있다. 역사적으로 구석기시대의 종말과 함께 빙하기도 끝이 나기 때문에 그 이후의 신석기시대 환경은 급격한 해수면 상승현상이 나타나게 되는데, 이러한 기후 변동은 빙하기 이후의 급격한 지구 온난화의 과정에서 나타나게 된 것이다. 그러나 해수면 상승이 이루어진 후빙기에도 소규모의 한랭화와 온난화가 반복되는 과정에서 국지적인 해진이나 해퇴현상과 함께 신석기시대의 다양한 환경변화가 나타나는데 이에 따라 여러 단계로 획기를 구분할 수 있다.

이러한 대기의 기온 변화에 따라 해수면 변동과 함께 가장 민감한 식물체를 중

시기구분(^{14}C BP)	기후구분	추정기후
10,250~9,450	프리보리얼(Pre Boreal)	따뜻함(대륙성)
9,450~8,150	보리얼(Boreal)	따뜻함(대륙성)
8,150~5,250	아틀랜틱(Atalantic)	매우 따뜻함(해양성)
5,250~2,250	서브 보리얼(Sub Boreal)	대륙성
2,250~이후	서브 아틀랜틱(Sub Atalantic)	해양성

표 1 후빙기의 기후구분(신숙정 1992)

심으로 한 식생대는 심각한 영향을 받을 수밖에 없다. 이러한 현상은 최근 언론에 보도되고 있는 온난화현상에 따른 식생대의 북상과정에 의해서도 충분히 이해할 수 있다. 사과의 경우를 예로 들면, 불과 얼마 전까지만 해도 대구를 중심으로 하는 경북지역이 사과의 주산지였지만 지금은 정선과 포천 등 강원도지역으로 바뀌었고, 대구·경북지역은 복숭아 등으로 전작한 사실에서 약간의 온난화 과정에서도 식생대의 변화는 매우 민감하다는 사실을 확인할 수 있다. 따라서 각각의 환경에 맞는 종의 확산과 적응하지 못하는 종의 소멸과정에서 식생대에 변화가 나타나게 되며, 이 경우 초본류를 주식으로 하는 초식동물의 이동과 이를 식용하는 육식동물의 이동이 연쇄적으로 이어지면서 전체적인 식생대의 변화가 수반되어 나타나게 된다.

2 동물상

마지막 빙하기가 끝나고 후빙기에 접어들면서 한반도는 새로워진 환경 질서에 따라 다양한 동·식물상들이 나타나게 된다. 동물의 종류는 주로 패총유적에서 나타나는 수골류에 의하여 확인되며, 대부분 인간의 수렵활동 과정에서 포획된 것들이라 할 수 있다. 근세까지 우리가 확인할 수 있는 대부분의 종류들이 나타나고 있지만, 그 중에는 현재 확인할 수 없는 멸종된 종들도 있다. 예를 들면 평안남도 운하리 궁산유적이나 부산 동삼동패총, 하동 목도패총, 경주 황성동유적 등에서 출토된 물소뼈나 치아와 같은 것들이다. 비슷한 시기의 중국 하남성 하왕강(下王崗)유적에서는 코뿔소·코끼리·물소뼈 등이 출토된 바 있으며, 중국 절강성 하모도(河姆渡)유적에서는 코끼리·코뿔소·붉은 얼굴 원숭이 등 전형적인 남방 동물들이 출토된 경우도 있어 지금보다도 온난한 시기에 해안을 따라 한반도까지 서식했음을 짐작할 수 있다.

동물은 육지동물과 바다동물, 그리고 조류로 구분할 수 있다. 현재까지 확인된 육지동물들은 맹금류인 호랑이나 표범, 곰 등을 비롯하여, 소와 물소, 말, 각종 사슴과 노루 종류, 멧돼지, 여우와 너구리, 살쾡이, 승냥이, 오소리, 고양이, 산달과 수달, 메토끼, 개와 늑대, 그 외에도 등줄쥐, 집쥐나 뱀 등이 있다. 대부분 북방형 대륙 동물상이며 연해주나 중국 동북지방의 짐승상과 같은 종 또는 가까운 아종으로 되어 있다. 출토 양상으로 보아 동북지방과 서부지방의 지형에 따른 차이가 확인되는데, 서부 저평지대에서는 사슴, 고라니(복작노루) 등이 많고 동북부 산악지대에서는 메짐승의 비율이 높다고 한다. 고라니는 한반도 동북부지방에서는 나타나지 않아 북에서 남으로 이어지는 낭림산맥 등을 경계로 하고, 그 외에는 대체로 남북한이 유시한 양상을 보이고 있다. 대부분의 유적에서 사슴과 동물과 멧돼지의 비율이 가장 높으며, 다른 종류들은 전체 개체수 중 차지하는 비율이 매우 낮기 때문에 수렵의 주체가 사슴과 동물과 멧돼지였음을 짐작할 수 있다.

바다동물은 돌고래나 혹등고래, 수염고래 등 고래 종류와 바다사자, 바다거북, 강치, 바다표범, 물개 등이 있으며, 주로 동북해안과 동삼동을 비롯한 남해안의 각종 패총유적에서 확인되고 있다. 이에 비해 서해안에서는 노래섬을 제외한 대부분의 유적에서 바다동물 뼈는 확인되지 않는 것으로 보아 서식환경이 적합하지 않았던 것으로 판단된다. 고래 종류는 내만과 외해 섬 지역까지 폭넓게 확인되지만, 바다사자나 바다표범, 강치, 물개 등은 동삼동이나 경남 통영 상노대도패총과 같이 암초 해안이 잘 발달되면서 외해로 이어지거나 수심이 깊은 지역에 집중되는 경향이 보인다. 이 중 골주 반구대 암각화에서는 보다 구체적인 신석기시대의 동물상이 잘 표현되고 있어 주목된다. 반구대 암각화의 시기에 대한 논의가 있지만, 최근 울산 황성동유적에서 골촉이 박힌 귀신고래의 견갑골이 출토되었을 뿐만 아니라, 부산 동삼동패총에서 출토된 사슴선각문토기나 창녕 비봉리유적의 멧돼지 선각문토기 등 시문기법상의 유사성을 통하여 신석기시대로 보는 것이 타당할 것이다. 반면 청동기시대의 고래 식육에 대한 증거는 나타나지 않는다. 암각화에서는 모두 146점의 동물이 묘사되어 있는데, 그중 북방긴수염고래, 혹등고래, 참고래, 귀신고래, 향유고래 등 각종 고래 종류의 특징이 잘 묘사되어 있기 때문에 여러 유적에서 확인된 것보다 더욱 구체적인 성격을 파악할 수 있다. 그 외에도 우수리사슴, 백두산사슴, 사향사슴, 노루, 호랑이, 표범, 늑대, 여우, 너구리, 멧돼지, 바다거북, 물개 등이 묘사되어 있다.

조류는 겨울철 한반도에 머무는 독수리, 솔개, 황오리(혹부리오리)와 가마우지, 검둥오리, 농병아리, 바다쇠오리, 기러기류와 같은 철새가 대부분을 차지하며, 그 외에도 매, 꿩, 슴새와 같은 텃새 종류도 있다. 조류는 동삼동패총에서 유난히 많은 개체수를 나타내며, 그 외 유적에서는 매우 미미한 편이다.

3 식물상

신석기시대 식물상에 대해서는 주로 지층이나 주거지 내에서 확인되는 종자나 화분분석, 규소체분석, 지방산분석 등에 의거하여 그 내용이 밝혀지고 있으며, 주로 고환경이나 농경과 식생 등과 관련한 생태학적 목적으로 연구되고 있다. 환경 변화에 따른 식생대의 변화는 안정된 지층을 가진 지점의 층서에서 추출된 화분분석을 통하여 확인할 수 있는데, 식물은 종류가 매우 많기 때문에 이들을 모두 열거하기는 어렵고, 다만 목적에 따라 적합한 수종이나 종류들을 선택적으로 검토할 수 있다.

일반적으로 환경 지표를 나타내는 수종은 따뜻한 기후에 적합한 참나무 중심의 활엽수종과 한랭한 기후에 잘 자라는 소나무 중심의 침엽수종으로 구분되며, 거시적 지표는 시기별 지층에 나타나는 양자의 비율에 의하여 결정된다. 또한 활엽수종은 온대림에 속하는 참나무 종류의 낙엽활엽수, 그리고 난대림에 속하는 동백나무와 같은 상록활엽수로 구분되는데, 오리나무와 같이 습한 환경에서 잘 자라는 종류들을 통하여 당시의 환경을 보다 구체적으로 유추할 수 있다.

우리나라는 대부분 냉온대의 낙엽활엽수림대에 속하지만, 남북으로 긴 반도의 특성상 위도 차에 따른 식생대의 변화가 다양한 편이다.

북한의 북동부는 아한대에 속하며, 이곳은 상록침엽수림대를 형성하고 있다. 상록침엽수는 추운 겨울과 짧은 생육기간에 적합한 식물로 가문비나무, 분비나무, 구상나무, 눈잣나무 등이 대표적인 수종이며, 북반구의 북부에 널리 분포한다.

그리고 북한의 비교적 낮은 구릉지대와 저지, 그리고 남한의 대부분 산지의 자연림은 낙엽활엽수림이 우세하지만, 남쪽으로 내려갈수록 식생의 구성은 점차 변해서 온대계의 수종이 섞이게 된다. 예를 들면 느티나무, 팽나무, 서나무, 곰솔, 참대 같은 것이 나타나고 대신 한대성 식물은 점점 줄어든다.

이 중 상록활엽수림대는 우리나라 제주도와 남해안지역을 중심으로 붉가시나무, 녹나무, 후박나무, 동백나무, 구실잣밤나무, 사철나무 등이 있으며, 이들은 잎이 두껍고, 잎 표면에 큐티클층이 잘 발달해서 광택이 나기 때문에 조엽수림(照葉樹林)이라고 한다. 이런 형의 삼림은 한국의 남부, 일본, 중국의 중·남부를 거쳐 중앙히말라야까지 퍼져 있으므로, 이 지역의 원시문화를 조엽수림문화의 일환으로 취급하기도 한다.

이러한 현재의 식생대는 마지막 빙하기 당시에는 한대성 상록침엽수가 우점하였지만 신석기시대에 이르면서 급격한 기후 변화와 함께 참나무 중심의 낙엽활엽수를 바탕으로 여러 번의 국지적인 변화를 거쳤던 것으로 알려지고 있다.

약 1만 2000~1만 년 전에는 급격한 기후 온난화와 함께 동해인으로 대마난류가 유입되던 시기로 일본의 경우에도 너도밤나무나 졸참나무와 함께 느티나무와 단풍나무 등 낙엽수림대와 혼합림을 이룬 것으로 알려지고 있다. 우리나라의 경우, 1만 년 전쯤에는 충북 청원군 옥산면 소로리의 조사결과 소나무속, 개암나무속, 참나무속, 느릅나무속, 느티나무속, 자작나무속 등으로 이루어진 혼합림이 발달하였던 것으로 나타나고 있다.

1만~8000 ^{14}C BP 사이는 우리나라의 구체적인 자료를 확인하기 어렵지만, 중국의 경우는 보난점기(普蘭店期)기에 들어서면서 이전보다 따뜻해졌으나지금보다는 2~4도 정도 더 춥고 건조한 것으로 알려져 있고, 일본의 경우에도 온난화 과정에서 상록활엽수가 규슈 남부지역에서 북상을 시작하여 산지로 확대되기 시작하였다. 우리나라의 경우 속초 영랑호 일대나 포항과 군산 일대의 자료를 참고하면 대체로 참나무속이 우점하던 시기로, 그 외에 활엽수종인 오리나무, 구실잣밤나무, 호두나무, 굴피나무, 밤나무, 그리고 적은 비율의 소나무 등이 서식하였던 것으로 판단된다.

그 이후 경북 영양군 영양읍 삼지리의 조사에서는 약 7000년 전에 일시적으로 소나무속이 우점하였으며, 6740±30 ^{14}C BP~6040±80 ^{14}C BP의 연대가 확인된 울산 세죽유적3층의 경우에는 참나무속 졸참나무 및 상수리나무를 중심으로 서어나무속, 팽나무속, 물푸레나무속, 오리나무속과 같은 낙엽활엽수와 소나무속 등이 확인되어 지금과 유사한 기후환경이었던 것으로 추정된다. 그리고 전북 익산시 황등면의 조사에서 6000~5000 ^{14}C BP 사이에는 오리나무 화분이 가장 많으며, 참나무가 그 다음으로 나타나 따뜻하고 습한 기후였던 것으로 확인된다. 또한 소나무의 비율은 적지만 지속적으로 나타나고 있다.

경기도 김포시 고촌면 신곡리의 조사에서 5000~4000 ^{14}C BP 사이는 오리나무속이 크게 우점하였고, 주변 구릉지에서는 참나무속이 번성하였던 것으로 나타나지만, 충북 청원군 옥산면 소로리의 경우, 4820 ^{14}C BP경에는 소나무속, 가문비나무속, 전나무속이 나타나는 것으로 보아 일시적으로 한랭한 시기가 있었던 것으로 추정된다. 서해안 일산에서 조사한 4200~2300 ^{14}C BP 사이는 오리나무속이 크게 줄면서 소나무속이 증가하고 자작나무, 개암나무속, 밤나무속이 이전보다 많아지는 것으로 나타나며, 4060±120 ^{14}C BP의 충남 부여군 월함지에서는 참나무속, 소나무속, 서어나무속이 많았다. 또 동해안 영랑호에서 4000년 전에는 소나무속, 참나무속, 오리나무속, 개암나무속 등 목본류와 함께 쑥속, 벼과 등의 초본류가 흔했던 것으로 나타나 신석기시대에는 초창기를 제외하고 대체로 현재와 같거나 따뜻했고, 이후 청동기시대에 이르면서 이전보다 기후가 하강한 것으로 추정된다. [이동주]

III 생활시설

1 생산과 소비시설

인간이 안정적인 사회생활 영위에 소요되는 여러 가지 물자를 만들거나 획득하는 것을 생산이라고 한다면, 생산시설을 통해 획득된 물자를 인간의 욕구 충족에 이용하거나 소모하는 일을 소비라고 할 수 있다. 한국의 신석기시대 유적에서 확인되는 대표적인 생산시설로는 토기를 제작한 토기가마를 비롯하여 각종 석제 도구를 만들었던 석기제작장, 식료를 갈무리했던 저장시설 등이 있다.

토기가마는 신석기문화를 대표하는 각종 토기를 구웠던 유구로서 과거에는 땅을 약간 파낸 구덩이나 평지에 특별한 구조나 시설을 갖추지 않고 단순히 토기와 땔감을 함께 쌓아 굽는 이른바 노천요로 추정해 왔다. 그러나 근년에 들어 토기가마로 추정되는 새로운 유구가 조사되고 있는데, 영남지역의 경우 내륙에 해당하는 김천의 송죽리유적과 지좌리유적에서 확인된 바 있다. 송죽리유적에서는 토기가마로 추정되는 5기의 유구가 조사되었는데, 깊이 20~30cm, 지름 3~5m 정도의 원형 수혈 바닥에 둥글게 돌을 깔아 돌린 형태로 모두 신석기시대 중기로 편년되고 있다. 기본

그림 1 김천 송죽리유적 토기가마 추정유구

그림 2 김천 지좌리유적
토기가마 추정유구

적으로 노천요의 범주에 속하는 형태라고 할 수 있으며 사방에서 연료와 산소의 공급이 원활하게 이루어질 수 있는 구조이다. 수혈 내부에는 두텁게 재층이 퇴적되어 있어 여러 차례 반복적으로 사용된 것으로 보이며, 주거지로부터 약간 이격된 곳에 위치한다는 점은 화재로부터 취락을 보호하려는 의도로 해석된다.

한편, 송죽리유적에서 감천을 따라 약 10km 정도 상류에 있는 지좌리유적에서도 토기가마로 추정되는 5기의 수혈유구가 조사되었는데 모두 신석기시대 후기로 편년되고 있다. 이들은 길이 3.6~8.9m, 너비 1.2~1.8m, 최대 깊이 65cm 정도의 구상요(溝狀窯) 형태로서 송죽리유적의 것과는 전혀 다른 구조와 형태를 가지고 있다. 조사자는 이처럼 세장한 수혈 구조를 갖춘 것은 양측에서 연료공급과 화도조절을 쉽게 하기 위한 것으로 파악했고, 장축이 계곡과 직교하는 방향으로 배치된 점도 골바람의 영향을 고려한 것으로 보았다. 수혈의 바닥과 벽면을 따라 목탄과 재가 두텁게 채워져 있었고 역시 주거지로부터 어느 정도 이격된 곳에 입지한다. 아무튼 송죽리유적과 지좌리유적에서 토기가마로 보고된 유구는 형태와 구조의 현격한 차이가 있으나 그 규모와 분포적 특징으로 볼 때 취락 구성원들의 협업에 의한 것으로 이해된다. 다만 신석기시대 중기에서 후기로의 전환에 있어서 토기소성 기술상의 변화도 함께 수반되었는지에 대해서는 향후 보다 많은 자료의 축적을 기다려야 할 것으로 생각되며, 특히 지좌리유적에서 각각 길이가 다른 두 개의 수혈이 일직선상에 나란히 배치되는 특이한 구조를 보이는 것도 앞으로 밝혀야 할 과제라 할 것이다. 또한 비교적 규모가 큰 야외노지 성격의 집석유구를 토기가마로 파악하는 경우가 있는데좀 더 신중한 검토와 보다 명확한 자료의 증가를 기다려야 할 것으로 생각된다.

신석기시대에는 토기의 생산뿐만 아니라 다양한 석기의 제작도 활발히 이루어졌으나 유적조사에서 석기 생산시설이 확인된 예는 많지 않다. 신석기시대 사람들이 사용한 도구는 목제와 골각패제

그림 3 김천 송죽리유적 석기제작장

또는 식물의 줄기나 섬유소로 만든 것도 있었을 터이지만 유적에서 찾아지는 것은 대부분 석기들이다. 다양한 석기를 제작하기 위해서는 오랜 경험을 바탕으로 전승된 기술이 필요하며, 용도와 기능에 따라 특정한 암질의 석재를 선택해야 한다. 예컨대 날카로운 날을 필요로 하는 인기(刃器)나 첨두기는 흑요석이나 혼펠스와 같이 경도가 높고 조직이 치밀한 석재를 주로 사용했고, 반면에 낚시바늘 축이나 숫돌 등은 비교적 갈기 쉽고 무른 세일이나 사암 등을 이용하였다.

석기제작장은 주로 주거지 주변에서 확인되며 특별한 구조나 시설이 없이 원석을 가공하기 위한 모룻돌과 함께 박편이 흩어져 있는 양상이다. 또한 주거지 내부에서 모룻돌과 함께 동일 암질의 박편이 집중되어 나타나는 경우도 석기제작을 상정할 수 있다. 간혹 유적지 주변에서는 구할 수 없는 원석이 출토되기도 하는, 이는 멀리 떨어진 원석 산지로부터 채취해 왔거나 다른 집단과의 교역을 통해 획득한 것으로 이해된다. 일반적으로 석기제작장은 윗면이 평평하고 큼직한 모룻돌을 중심으로 크고 작은 박편들이 흩어져 있는 양상이며 손에 쥐고 내려치기에 적합한 망치돌이 함께 발견되기도 한다. 망치돌은 대체로 둥글고 길쭉한 냇돌을 그대로 이용하는데 양단에 마모된 타격 흔적이 남아 있다. 또 모룻돌 주변에 흩어진 박편끼리의 접합관계는 석기제작 기술을 복원하는 데 중요한 자료가 된다. 이밖에도 제작 과정에서 실패하여 부러진 것이나 미완성품도 있다. 그리고 사암제의 숫돌은 잔손질까지 마친 석기의 날 부분을 마연하는 데 주로 사용된 것으로서 석기의 모양에 따라 마모면의 형태도 다양하다. 김천 송죽리유적에서 확인된 석기제작장은 반경 5m 정도의 범위에 길

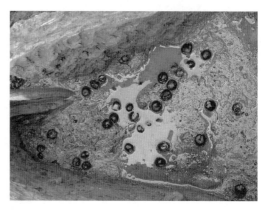

그림 4 창녕 비봉리패총 도토리 저장시설   그림 5 창녕 비봉리패총 도토리 저장시설

이 40~70cm 정도의 큼직한 모룻돌 5개와 혼펠스 원석, 미완성석기, 박편 등이 흩어진 양상을 보인다. 미완성석기 가운데 거칠게 가공된 돌보습, 석창, 석촉 등의 형태도 있다. 아무튼 이렇게 생산된 각종 석기는 생업에 요긴하게 이용되었을 것이지만, 골각기나 목기와 같은 또 다른 생활도구를 제작하는 데 사용되기도 했을 것이다.

신석기시대의 저장시설은 주로 식료를 저장하기 위한 것으로서 생산과 소비의 중간 단계에 해당하는 시설이다. 신석기시대 사람들은 여러 가지 식료를 토기에 담아 조리하거나 보관하였다. 저장용 토기는 보통 주거지 바닥에 토기를 세워 묻은 형태로 확인되며 주거지 주변에서 발견되는 크고 작은 구덩이도 대부분 저장시설로 파악된다. 하지만 유적에서 확인되는 저장시설은 많지 않은 편이며 무엇을 어떻게 저장하였는지 구체적인 내용을 알 수 있는 경우도 많지 않다. 다행히 근래에 비교적 성격이 분명한 저장시설이 밝혀지고 있는데, 그것은 주로 구덩이의 형태로 존재하는 도토리 저장시설이다.

도토리 저장시설은 김천 송죽리유적과 울산 황성동 세죽유적, 창녕 비봉리패총 등에서 확인되었는데 송죽리유적의 경우는 주거지와 1:1의 세트 관계를 보여 주목된다. 이것들은 지름 120~360cm, 깊이 13~58cm 정도 규모의 둥근 저장구덩이가 주거지에 부속된 양상으로 2~3m 떨어져 하나씩 위치하는데, 이 가운데 네 곳에서 토기편과 함께 탄화된 도토리가 출토되었다. 그리고 울산 세죽유적의 경우는 현재의 해수면보다 30~150cm 낮은 위치에서 도토리 껍질과 식물줄기가 층을 이루는 저장구덩이가 확인되었다. 이들은 열을 지어 군집하는 양상이며 일부는 돌을 쌓아 구덩이 상부를 덮은 것도 확인되었다. 보다 명확한 도토리 저장시설은 창녕 비봉리 패총에서 밝혀졌다. 비봉리패총의 저장시설은 단면이 플라스크형인 것과 U자형인 것으로 구분된다. 전자는 후자에 비해 입구가 좁고 밑으로 갈수록 넓어지는 형태이기 때문에 냉암소 보관의 효과가 클 뿐만 아니라 드나드는 물에 의한 도토리의 유실을 막는 데 유리한 구조이다. 그리고 구덩이 입구를 돌이나 나뭇가지로 덮은 것이 있다. 구덩이의 내부에는 도토리가 차 있거나 파쇄한 도토리의 껍질이 남아 있으며, 갈돌과 갈판 등의 조리 도구까지 출토되어 저장시설 주변에서 식료의 가공까지 이루어졌던 것으로 파악된다. 이처럼 본격적인 도토리 저장시설들이 확인된다는 점에서 신석기시대의 식료는 도토리가 차지하는 비중이 매우 높았음을 시사하고 있다. 그런데 도토리를 식용하기 위해서는 떫은맛을 내는 타닌 성분을 우려내야 한다. 때문에 대체로 생활공간 주변에서 물을 쉽게 이용할 수 있는 물가나 저습지에 구덩이를 파고 가을에 채취한 도토리를 이듬해 봄까지 보관하여 식료로 사용한 것으로 추정된다. 이러한 저장시설은 신석기시대 조기부터 본격적인 농경사회로 진입하기까지 식료 확보에 있어서 채집활동에 대한 의존도가 높았음을 시사하고 있다.

한편 신석기시대의 소비시설로는 어패류를 채취하여 식료로 활용하고 그 잔해를 버린 패총과, 식료의 조리에 주로 사용한 야외노지 등이 있다. 우리나라의 패총은 패류가 서식하기 좋은 환경을 갖춘 남해안과 서해안에 많이 형성되었다. 지금까지 파악된 한국의 신석기시대 패총은 모두 322개소 정도로 대부분 지표조사를 통해 확인된 것이다. 대체로 서해안의 패총은 규모가 작고 주로 굴 껍질로 구성되며 포함된 유물도 비교적 적은 반면에 남해안의 패총은 규모도 크며 각종 유물과 함께 다양한 동물유체가 많이 포함되어 있고, 때로는 주거지와 무덤, 집석유구 등이 함께 발견되고 있다. 따라서 서해안의 패총은 어로나 패류채취를 위해 일시적으로 거주한 한정 행위 장소로 파악되는 데 반해 남해안 지역의 패총은 장기간에 걸쳐 반복적으로 사용된 생활근거지로서의 성격을 보여 주고 있다.

영남지역 남해안의 대표적인 신석기시대 패총으로는 부산의 동삼동을 비롯하여 범방, 김해 수가리, 통영 연대도 및 욕지도, 상노대도패총 등이 있다. 이는 전라남도 여수 송도와 안도, 완도 여서도패총 등과 내용이 유사하여 동일한 어로문화권을 형성하고 있었던 것으로 보인다. 패총의 구성에서 가장 많은 양을 차지하는 것은 당연히 패류이며 남해안 지역의 각 패총에서는 보통 30~40종 이상의 패류가 확인된

그림 6 부산 범방패총

다. 어패류 외에도 고래와 돌고래, 강치, 물개, 바다사자 등의 바다짐승과 사슴, 멧돼지, 고라니, 오소리, 삵괭이, 너구리, 수달, 개, 여우, 노루 등의 육지동물들의 뼈도 출토되어 어로와 함께 다양한 수렵활동도 이루어졌음을 알 수 있다. 또한 각종 토기와 석기 외에도 돌과 뼈로 만든 결합식조침과 작살, 어망추 등 어로도구를 비롯하여 조개팔찌[貝釧]와 목걸이, 귀걸이,

발찌 등의 장신구가 출토되기도 한다. 특히 투박조개로 만든 조개팔찌는 동삼동패총에서 대량으로 제작되어 일본 규슈지역과의 교역품이 되었던 것으로 파악되고 있다. 그 증거로 동삼동패총을 비롯한 남해안 각 패총에서 출토되는 흑요석 및 사누카이트로 만든 석기나 죠몽(繩文)토기 등을 들 수 있다.

이와 같은 패총의 구성 요소는 패총이 생활근거지로부터 그다지 멀지 않았음을 보여 주며 패총 주변에서 생산과 소비가 함께 이루어졌음을 말해 준다고 할 수 있다. 즉 포획한 어패류와 동물의 사체를 해체하고 가공하는 생업의 현장이면서 동시에 폐기물을 투기하는 공간이었고, 패각과 짐승 뼈를 이용하여 각종 장신구를 제작하고 때에 따라서는 무덤을 조성하는 매장공간으로 사용되는 등 다양한 기능의 생활공간이었다. 때문에 신석기시대 문화 연구에 있어서 패총이 차지하는 비중은 매우 크며 각종 동식물의 유체와 인공물로부터 얻어지는 정보로 당시의 식생활과 자연환경을 복원하는 데 중요한 자료가 된다. 예컨대 패류채집 활동의 계절적 변화를 보여 주는 백합조개의 성장선 분석이나 패총의 형성시기와 휴지기를 알려 주는 미소권패류 분석 등이 이루어지고 있다.

신석기시대의 초기부터 지역에 관계없이 공통적으로 발견되고 있는 생활시설의 하나로서 집석유구(集石遺構)가 있다. 집석유구는 야외노지, 적석노지, 야외화덕시설, 불땐자리, 돌무지시설, 적석시설, 집석시설, 부석시설, 할석유구 등 조사자와 연구자에 따라 다양한 이름으로 불리고 있다. 그런데 이 가운데 야외노지, 적석노지, 야외화덕시설, 불땐자리 등은 그 명칭상 불과 관련된 노지의 성격으로 파악된다. 노지는 집석의 유무와 관계없이 숯이나 재, 소토 등이 포함되어 있거나 구덩이 표면이

나 집석에 열을 받은 흔적이 있어서 불을 이용한 시설로 판단되는 것을 말한다. 즉 야외노지란 주거지 밖의 공간에서 조리나 난방, 조명 등을 위해 고정적으로 불을 지핀 흔적이 분명한 경우를 말하며 소비시설의 하나로 파악할 수 있다.

야외노지는 신석기시대의 가장 특징적인 생활시설로서 패총이나 주거지 주변에서 많이 발견되지만 때로는 주거지와 관계없이 단독으로 분포하기도 한다. 또 해안과 내륙의 구분이 없이 다양한 장소에서 발견된다. 집석이 없는 간단한 구덩이의 형태도 있지만 일반적으로 집석의 형태가 많은 편이다. 집석된 야외노지는 둥글고 얕게 움을 판 다음 돌을 한두 번 깐 형태로서 단면이 편평한 것, 오목한 것, 집석 아래에 목탄이 있는 것, 집석 위에 목탄이 있는 것 등 다양한 양상으로 나타나고 있다. 이러한 형태의 차이는 동물성이나 식물성 식료를 조리함에 있어 그 대상에 따라 굽거나 찌는 등 조리 방법상의 차이에 기인하는 것으로 보인다. 야외노지의 평면 형태는 대부분 원형이지만 타원형이나 부정형도 있고, 규모는 지름 40~50cm 정도의 작은 것에서부터 5m에 이르기까지 다양하지만 대체로 1~2m 정도가 가장 많은 편이다. 집석에 사용되는 돌은 주변에서 쉽게 구할 수 있는 지름 10cm 내외의 할석이나 강돌을 많이 이용한다. 야외노지는 취사나 식료의 가공, 난방과 조명 등 여러 용도로 사용된 것으로 보고 있지만 여러 유적에서 갈돌, 갈판 등 조리기구가 함께 출토되고 있어 주로 식료의 조리나 가공시설로 보는 견해가 많다.

영남 남해안지역에서 집석유구 형태의 야외노지가 확인되는 대표적인 유적은 부산 동삼동패총을 비롯하여 부산 범방·가덕도 장항, 통영 산등, 하동 목도리유적 등이 있고, 내륙지역에서도 김천 송죽리·지좌리, 합천 봉계리, 창녕 비봉리, 진주 상촌리유적 등에서 확인되었다. 특히 최근 조사된 가덕도 장항패총에서는 지름 70~300cm, 깊이 8~46cm 정도 규모의 야외노지 75기가 확인되었다. 평면 형태는 대부분 원형과 타원형이며 상하로 중복되어 있기도 하고 2~5기가 연접하여 분포하기도 한다. 형태도 매우 다양하여 작은 할석으로만 2~3단 집석한 것, 구덩이 바닥에 판

그림 7 김천 송죽리유적 야외노지

석을 깔고 그 위에 할석을 채운 것, 큰 돌을 중앙부에 시설하고 그 위에 할석을 채운 것, 20~30cm 정도의 할석을 한 단만 채운 형태 그리고 구덩이의 가장자리를 따라 길이 20cm 내외의 판석을 기대어 세운 다음 그 내부에 돌을 채운 형태 등이 있다. 내륙지역인 김천 송죽리유적에서는 지름 51~110cm에 이르는 18기의 야외노지가 확인되었는데, 지면 위에 설치한 지상식과 구덩이를 파고 설치한 지하식으로 구분된다. 지하식으로 분류되는 12기의 구덩이 깊이는 대체로 11~35cm 정도이며 내부에 채워진 집석은 오랫동안 열을 받아 적색과 흑색으로 변색되었거나 갈라 터진 돌이 많다. 이처럼 주로 집석유구의 형태를 보이는 야외노지는 주거지 주변에 위치하여 주거생활과 밀접한 관련이 있는 것으로 파악되는 것이 있는가 하면, 패총 주변에 위치하여 각종 식료의 가공과 관련된 것으로 보이는 것도 있다. 하지만 예외적으로 단독으로 존재하는 경우도 있어 그 기능과 용도가 단순하지 않았음을 알 수 있다.

2 주거와 취락

주거지는 인간이 안정된 생활을 영위하기 위해서 필요한 기본적 시설을 구축한 장소를 말하며 주거지에 구축된 가옥과 주변 생활시설의 집합을 취락이라 한다. 신석기시대의 주거지는 보통 원형이나 방형으로 땅을 파고 그 위에 나무기둥을 결구하여 초목으로 지붕을 덮은 수혈주거지로 파악되고 있다. 우리나라 신석기시대 주거지의 지역적 특징에 따른 분류는 대체로 동북지역, 서북지역, 대동강 및 황해도지역, 중부내륙지역, 중부서해안지역, 중부동해안지역, 충청내륙지역, 남부내륙지역, 남해안지역 등 9개 지역권역으로 구분된다. 이 가운데 남부내륙지역과 남해안지역권의 동반부가 영남지역에 해당한다.

남부내륙지역은 소백산맥과 노령산맥 이남의 경상도와 전라도지역으로서 해안과 도서지역을 제외한 지역이다. 대체로 큰 하천이나 그 지류의 충적대지에서 신석기시대 주거지가 확인되고 있으나 아직 조기나 전기에 해당하는 주거지는 확인되지 않는다. 지금까지 김천 송죽리·지좌리, 진주 상촌리·평거동, 합천 봉계리, 거창 임불리, 밀양 금천리, 산청 소남리유적과 대구지역의 유천동·서변동·대봉동·대천동유적에서 신석기시대 주거지가 조사되었다. 이 가운데 중기로 편년되는 김천 송죽리, 진주 상촌리유적에서는 길이가 7~10m 정도 되는 장방형주거의 취락이 조사되어 김천 지좌리, 진주 평거동유적 등과 함께 신석기시대 중기 취락연구에 중요한 자료가 된다. 그리고 이들은 충청내륙지역에서 조사된 주거지와도 밀접한 관련성을 보이는 것으로 파악된다.

특히 김천 송죽리유적은 주거지와 함께 야외 저장시설과 토기요지, 야외노지, 석기제작장, 집석유구, 수혈 등 취락의 구성요건을 두루 갖추고 있어 남부내륙지역의 신석기문화 연구에 좋은 자료가 되고 있다. 후기에 해당하는 합천 봉계리유적과 거창 임불리유적의 경우 비교적 규모가 작은 지름 3~5m 정도의 원형주거지가 주를 이룬다.

한편 남해안지역은 경상도와 전라도에 걸쳐 있는 해안 및 도서지역에 해당한다. 이 지역은 비교적 일찍부터 신석기시대 유적이 조사되었지만 대부분 패총유적이며 주거유적은 드문 편이다. 일부 조사된 주거지도 패총유적의 포함층에서 확인된 것으로 부산 동삼동유적과 하동 목도리유적 등이 있다. 이 가운데 동삼동유적에서 조사된 주거지는 3기의 주거지가 서로 중복관계를 보이고 있어 남해안지역 주거지의 구조 및 특징을 파악하는 데 좋은 자료가 되고 있다. 영선동식토기 단계의 3호 주거지를 파괴하고 들어선 태선문 빗살무늬토기 단계의 1, 2호 주거지는 원형 또는 말각방형이며 벽을 따라 2중의 기둥구멍이 설치되어 있다. 이는 남부내륙지역에서 보이는 중기단계의 주거지와 다른 형태이다. 이 밖에 경주 봉길리유적은 남부동해안지역의 해안 사구에서 조사된 유일한 주거유적으로 주목받고 있다.

신석기시대에는 일상적인 취락과 달리 어떤 목적을 위해 특정한 시기에 단기적으로 사용된 유적이 있다. 그러한 행위가 일정한 시차를 두고 반복적으로 이루어졌다 하더라도 주거지에서의 생활과는 분명히 구분된다. 이처럼 단기간 거주하며 소기의 목적을 달성하기 위해 사용된 이른바 한정행위 장소는 취락의 주거지 시설과 차이를 보이는데, 이러한 임시적 거처는 야영지 또는 은거지로 분류할 수 있다. 야영지는 보통 서해안의 패총유적에서 주로 확인되며 앞서 살펴본 집석유구 또는 야외노지와 함께 분포하기도 한다. 영남지역에서는 하동 목도리유적 등 남해안에서 일부 확인되고 있다. 야영지의 구조는 단순하여 경사면에 구덩이나 구멍을 간단히 파고 기둥을 세운 정도이며 간혹 구덩이 가장자리에 돌을 돌려놓은 경우도 있다. 또한 일반적인 취락처럼 다수가 한곳에 집중된 예는 거의 없기 때문에 패류의 채취나 어로작업 등 계절에 따른 식료 확보와 관련된 임시거처로 이해되고 있다.

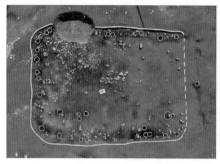

그림 8 김천 송죽리유적 주거지(좌:6호, 우:7호)

이밖에 동굴이나 바위그늘과 같은 자연적인 지형을 이용하여 간단한 시설을 더한 은거지도 있다. 규모가 큰 경우는 한두 세대 정도가 충분히 주거생활을 할 수 있는 조건이 되기도 하지만, 규모가 작거나 주변 환경과 입지상으로 볼 때 일상적 주거생활이 어려운 경우는 임시로 사용한 은거지로 파악된다. 주로 석회암지대나 용암지대의 동굴을 이용한 유적이 많지만 화강암이나 퇴적암 지대에서 풍화작용으로 인해 형성된 바위그늘에 입지하기도 한다. 영남지방에서는 부산 금곡동 율리패총과 청도 오진리, 김천 송죽리유적 등이 알려져 있는데, 이들은 취락으로부터 일정하게 이격된 주변 산지에 접하여 입지한다. 따라서 성인식이나 질병 등으로 인한 별도의 격리시설 또는 의례공간으로 활용되었을 가능성이 있으며 특정 동물의 수렵이나 계절성 식료의 채집을 위해 한시적으로 이용한 시설로 볼 수도 있다.

3 무덤

지금까지 남한지역에서 조사된 신석기시대 매장유적은 12개소 정도인데 이 가운데 고성 문암리유적과 춘천 교동유적을 제외하면 모두 영남지역의 남해안과 동해안에 분포하고 있다. 다만 여수 안도패총의 경우 영남 남해안지역에 포함하여 보아도 무리가 없을 것이다. 신석기시대의 무덤은 대부분 구덩이를 얕게 파고 시신을 펴 묻은 신전장이며 주로 패총유적에서 확인되고 있다. 이처럼 구덩이를 파고 시신을 바로 묻기도 하지만 육탈한 유골을 수습하여 다시 땅에 묻거나 토기에 담아 매장하는 경우도 있다. 이처럼 신석기시대 무덤은 시신을 묻는 방법이나 장소, 매장양상 등

그림 9 울진 후포리유적   그림 10 통영 연대도 대롱옥 출토상황

에 따라 토광묘, 동굴묘, 옹관묘, 집단묘, 세골장 등으로 구분할 수 있다.

　토광묘 가운데 통영 연대도 및 욕지도, 상노대도 산등패총을 비롯하여 여수 안
도패총 등에서는 신전장이었으나 부산 범방패총에서는 굴신장이 확인되었다. 다만
가덕도 장항유적은 일부 신전장도 있지만 이른바 '가덕도식굴장'으로 불리는 강굴
된 굴신장이 주를 이룬다는 점이 특징이다. 또 인골이 검출되지는 않았지만 울산 처
용리유적도 묘광의 규모로 보아 신전장으로 판단된다. 이 밖에 부산 동삼동패총과
진주 상촌리유적에서는 옹관묘로 보고된 사례가 있고, 울진 후포리유적에서는 하나
의 구덩이 안에 많은 사람의 뼈가 중첩된 상태를 보여 집단 세골장으로 보고되는 등
다양한 매장방식이 확인되고 있다. 대부분의 토광묘는 단독장을 기본으로 하지만
연대도패총에서는 성인과 신생아 등 3인이, 욕지도와 안도패총에서는 남녀 2인이
합장된 경우도 있다. 그리고 15기의 무덤에서 13개체의 인골이 확인된 연대도패총
과 48개체의 인골이 출토된 장항유적, 40여 기의 묘광이 조사된 처용리유적, 40개체
이상의 인골이 확인된 후포리유적 등은 모두 집단묘라고 할 수 있다. 아무튼 우리나
라 신석기시대의 무덤은 시기와 집단에 따라 다양한 형태로 존재했으며 특히 집단
묘의 존재는 매장을 위한 공간이 별도로 설정되어 있었음을 시사한다.

　무덤의 부장품은 그다지 많지 않은 편이며 특히 장신구류는 피장자가 평소 착
용한 것인지 매장의례를 통해 부장의 의미로 들어간 것인지 구분하기 힘들다. 대부
분의 부장품은 토기와 석기이며 간혹 발찌, 수식(垂飾), 결상이식(玦狀耳飾), 조개팔찌
등이 착장된 상태로 출토되기도 한다. 상노대도 산등패총과 통영 안도패총, 부산 장
항유적 등에서는 조개팔찌를, 연대도패총에서는 멧돼지 이빨로 만든 발찌를 착용한

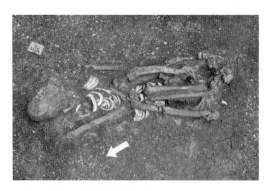

그림 11 가덕도 장항유적 인골(41호)　　　　　　　　그림 12 가덕도 장항유적 인골(45, 46호)

인골이 확인되었다. 울진 후포리유적은 동-서 4.5m 남-북 3.5m 정도 되는 장타원형의 구덩이에서 40개체 이상의 인골과 함께 180여 점에 이르는 장대형석부가 출토되었다. 이 장대형석부들은 대부분 사지골과 평행한 방향으로 가지런히 놓여 있었는데 인골을 덮었던 것으로 추정된다. 이 밖에도 길이 5cm 내외의 소형석부 여러 점과 옥석제 수식 2점, 관옥 2점, 소형석봉 등이 함께 출토되었다. 이 가운데 수식과 관옥은 구멍이 있는 장신구로서 피장자의 패용을 가정한다면 세골장이 아닐 수도 있음을 의심하게 하는 부장품이다. 가덕도 장항유적에서 출토된 부장품의 양상은 토기, 석기, 패제품, 골제품, 옥제품 등 비교적 다양한 편이다. 41호 인골은 양쪽 팔목에 각각 3개의 조개팔찌를 차고 있었으며 가슴에도 20여 개의 조개로 된 목걸이형 장신구가 놓여 있었다. 또 2호 인골은 사슴의 다리뼈를 가공하여 만든 수식이 함께 출토되었고, 16호 인골 옆에서는 길이 70cm 정도의 고래 늑골이 부장되어 있었다. 옥제품도 모두 6점이 출토되었는데 그 가운데 7호 인골은 가슴부분에서 대롱옥 모양의 옥제 수식이 출토되기도 하였다. 울산 처용리유적에서는 소형 호형토기를 비롯한 토기편과 연옥제 결상이식, 석부, 흑요석제 석촉, 작살, 지석, 석착 등의 옥제품과 다양한 석기류가 출토되었다.

　　한편 부장품은 아니지만 매장과 관련된 시설로서 토기편이나 조개껍질을 의도적으로 덮은 경우가 있다. 장항유적의 8호, 17호, 19호, 36호 인골은 모두 부서진 토기편으로 인골을 덮었으며, 17호 무덤은 바닥에 토기편을 깔고 매장한 것으로 확인되었다. 그리고 27호와 38호 인골은 상부에 20~50cm 크기의 할석을 올려놓았다. 특히 46호 인골은 구멍을 뚫은 피조개 13점을 머리에서 발까지 줄지어 덮어 놓았는데

이러한 경우 단순한 매장 관련 시설이라기보다는 모종의 매장의례가 수반되었던 것
으로 보인다.   [신종환]

IV 토기

1 즐문토기의 출현과 편년

신석기시대를 대표하는 유물 중의 하나인 즐문토기는 빗살무늬토기, 유문(有
文)토기, 기하문토기, 즐목문(櫛目文)토기, 새김무늬토기 등으로도 불린다. 좁은 의미
로 선이나 점 등으로 기하학적 문양을 장식한 빗살무늬토기만을 가리키며, 일반적
으로 융기문이나 자돌·압인문토기 등을 포함한 신석기시대 모든 토기를 지칭한다.

한반도에서 즐문토기가 언제부터 출현하고, 성립과 전개과정이 어떠하였는지
는 불투명한 점이 많지만, 최근 발굴된 제주지역의 고산리식토기와 일본 및 동북아
시아의 초창기 토기문화의 양상으로 보아 기원전 1만년 전후한 시기에는 즐문토기
가 출현하여 한반도 각 지역으로 확산해 간 것으로 추정되고 있다.

즐문토기는 시기와 지역에 따라 다양한 형식과 기종이 있으며 영남지역을 중
심으로 한 남부지역의 경우는 고산리식, 오진리식, 죽변리식, 영선동식, 수가리식, 봉
계리식, 율리식, 북촌리식토기가 존재하며, 중서부지역과 중부 동해안지역에는 암사
동식, 금강식, 금탄리식, 시도식, 오산리식토기 등이 있다.

이들 즐문토기는 토기조성과 문양의 형식적인 특징에 따라 지역성을 가지며
자체적인 변화과정을 거친다. 즐문토기의 전체적인 변천과정과 편년은 아직 불투명
한 점이 많지만, 지역에 따라 토기의 형식 변화를 기초로 3~6기로 구분하기도 한다.

영남지역 즐문토기는 시문형태와 문양의 형식적인 특징에 따라 조기의 융기문
(隆起文)토기, 자돌·압인문(刺突·押引文)토기를 중심으로 하는 전기의 영선동식토기,
태선침선문(太線沈線文)을 기본 문양 형태로 하는 중기의 수가리I식토기, 문양이 퇴
화하고 축소된 시문 부위를 갖는 후기의 수가리II식과 봉계리식토기, 이중구연(二重
口緣)과 단사선문(短斜線文)을 특징으로 하는 말기의 율리식토기로 대별된다. 여기에
제주도를 중심으로 출토되는 식물성 섬유질이 혼입된 고산리식의 무문양토기와 압

날(押捺)점열문토기, 청도 오진리유적의 4층 토기를 조기에 선행하는 즐문토기로 초창기로 편입한다면 영남지역의 즐문토기는 크게 6기로 편년할 수 있다.

2 초창기

현재까지 한반도에서 발견된 신석기시대 토기 중 가장 고식은 제주도지역에서만 확인되고 있는 고산리식토기이다. 태토 속에 식물성 섬유질이 다량 혼입되어 있는 무문양토기와 시문구를 굴려 기하학적 압날점열문을 시문한 고산리식토기는 아

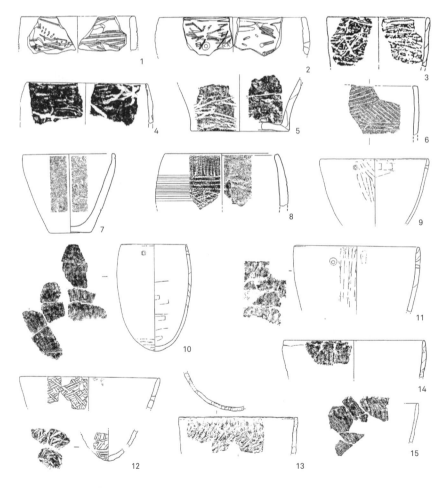

그림 13 초창기 즐문토기(축척부동)
1~5: 제주 고산리유적, 6~8: 제주 삼화지구유적, 9~15: 청도 오진리유적

직 구체적인 절대연대 자료는 없지만, 공반되는 석기의 형식이 종말기 구석기의 특징을 보이고 있는 점으로 보아 조기의 융기문토기보다 선행하는 고식의 즐문토기임은 분명하다고 할 수 있다. 또한 고산리식의 압날점열문토기와 공반되는 석촉이 남부지역에서 출토되고 있는 것으로 보아 조기에 앞서는 고산리식 즐문토기가 영남지역에서도 확인될 것으로 기대된다.

이와 함께 오진리유적의 4층에서 출토되는 오진리식토기도 즐문토기 가운데 가장 이른 토기 중의 하나로 추정되고 있다. 오진리식토기로 불리는 일군의 토기는 현재 오진리유적에서만 확인되며, 다른 지역에서는 발견되지 않는 형식이다. 토기조성과 문양형태, 시문수법 등 형식적인 특징이 불분명한 점도 있으나 봉상 시문구에 의한 격자문과 찰과상의 침선문을 시문하고 기면 조정 시에 생긴 조흔상(條痕狀)의 정면흔을 남기는 것이 특징이다.

오진리식토기의 성격에 대해서는 앞으로 구체적인 검토와 논의가 필요하지만 층위적으로 융기문토기를 포함하는 3층보다 아래층에서 출토되고 형식적으로 융기문계토기와는 구별된다는 점에서 영남지역 조기 즐문토기보다 선행하는 것은 분명하다고 할 수 있다.

3 조기

조기 즐문토기는 융기문토기, 점열문토기, 지두문(指頭文)토기, 세침선문(細沈線文)토기, 두립문(豆粒文)토기, 구순각목토기, 단도마연토기, 채색토기, 무문양토기 등 다양한 종류와 기종들로 구성되어 있다. 이 중 조기 즐문토기를 대표하는 것은 토기의 표면에 가는 점토띠를 붙여 여러 가지 문양을 기하학적으로 장식한 융기문토기이다.

융기문토기는 한반도 중·남부지역의 내륙과 해안지역에 분포하나 주분포 지역은 남해안지역이다. 이 밖에 일본의 죠몽시대 초창기와 연해주 및 아무르강 중류지역에도 융기문토기가 있으나 한반도 토기와는 기형이나 시문형태 등에서 차이가 난다. 대표적인 유적으로는 부산 동삼동, 부산 범방, 울주 신암리, 울산 우봉리, 울산 세죽, 울산 죽변, 통영 연대도, 통영 욕지도유적 등이 있다.

융기문토기는 일반적으로 시문형태를 기준으로 융기문에 시문구 혹은 지두로

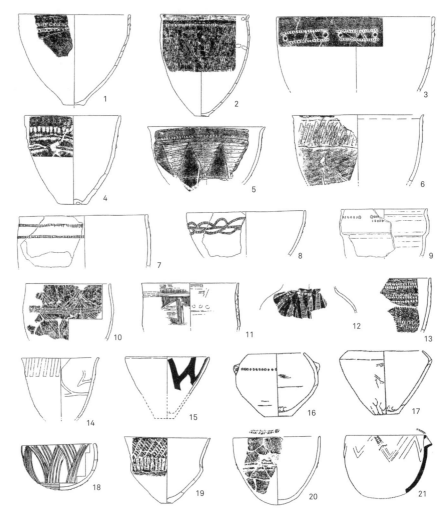

그림 14 조기 즐문토기(축척부동)

1~4 · 13: 동삼동패총, 5 · 6 · 12: 범방유적, 7~9: 세죽유적, 10: 선진리유적, 11: 비봉리유적, 14 · 18 · 20: 연대도유적, 15~17: 죽변유적, 19: 신암리유적, 21: 영선동패총

각목을 새긴 융(기)대문토기와 융기문에 각목을 새기지 않은 융(기)선문토기로 구분되지만, 점토띠를 부착하지 않고 토기의 기면을 손으로 집거나 시문구로 엇갈리게 눌러 융기문 효과를 내는 유사융기문토기도 있다. 이 밖에 일부 연구자는 콩알이나 쌀알 정도 크기의 작은 점토 알갱이를 토기 표면에 규칙적으로 붙인 융기점열문 혹은 두립문토기도 융기문토기에 포함시키기도 한다.

　　융선문토기는 점토띠의 굵기에 따라 태선융기문토기와 세선융기문토기로 구분되며, 문양 형태는 굵기가 일정한 점토띠를 여러 줄로 붙인 평행집선, 평행사선, 평행호선, 능형문 등이 있다. 이들 문양은 단독으로 시문되기도 하나 침선문, 융대문, 자돌점열문과 함께 결합하여 복합문을 구성하기도 하며, 일부 토기는 문양대 사이에 붉은 단을 발라 채색하기도 한다.

융대문토기의 문양은 주로 구연부를 따라 수평으로 한 줄 혹은 일정한 간격으로 몇 줄씩 시문되며, 이때 융기대문 사이의 공간에 거치상 혹은 삼각집선, 평행사선 등의 융대문을 충전하는 경우도 있다. 점토띠 위의 각목은 대체로 일정한 간격으로 정연하게 새기는데, 장식적 효과뿐만 아니라 점토띠의 기면 접착을 강화하는 효과가 있다. 각목 기법은 엄지손가락으로 누르거나 시문구로 눌러 찍는 경우로 나눌 수 있다. 융대문은 융선문과 마찬가지로 단독문과 침선문, 융기선문, 점열문, 두립문과 결합하는 복합문으로 구분된다. 토기의 기종은 호형, 발형, 완형 등이 있으나 발형이 주류를 이룬다. 저부는 밑이 둥근 일반적인 즐문토기와 달리 평저가 대부분을 차지한다.

융기문토기 이외에 조기 즐문토기를 구성하는 토기로는 점열문토기, 지두문토기, 세침선문토기, 두립문토기, 구순각목토기, 단도마연토기, 채색토기, 무문양토기 등이 있으나 유적에서 차지하는 비율은 적다.

이 중 두립문토기는 융기문토기와 함께 조기 즐문토기를 구성하는 대표적인 형식으로 주로 동남해안지역에서 출토되는데, 동삼동과 세죽, 죽변유적 출토품이 대표적이다. 문양은 콩알이나 쌀알 정도의 작은 점토 알갱이를 토기 표면에 붙여 시문하는데, 두립문의 모양과 크기, 타 문양과의 복합형태에 따라 다양한 종류가 있다. 타 문양과의 복합은 주로 융대문과 이루어지며, 일부지만 점열문, 침선문과도 결합되기도 한다.

융기문토기의 성립과 기원, 세부 편년에 대해 다양한 의견이 존재한다. 융기문토기의 문화적 계통은 일반적으로 아무르강 하류역의 토기문화에서 구하고 있으나 (정징원 1985) 최근에는 양 지역 사이에 융기문토기문화가 보이지 않고, 토기의 형식적인 차이가 존재한다는 점에서 북방설을 부정하고 남해안지역 발생 가능성을 주장하는 연구자도 있다 (하인수 2011). 융기문토기의 편년은 문양의 형식적인 특징과 시문기법의 변화에 따라 여러 단계로 구분되고 있다. 존속 시기는 기원전 6000년에서 기원전 4500년에 걸치는 것으로 생각되며, 중심 연대는 기원전 5000년 전후로 추정된다.

4 전기

융기문토기 다음으로 등장하는 전기 즐문토기의 대표적인 토기는 영선동패총에서 출토한 일군의 토기를 표식으로 하는 영선동식토기이다. 1930년대 영선동패총의 조사로 처음 확인되었으며, 이후 독특한 시문수법과 문양형태, 일본 규슈의 쇼바다(曽畑)식토기와의 유사성에서 한일 연구자로부터 주목받았다.

영선동식토기는 동삼동, 범방, 연대도, 욕지도, 목도패총 등 주로 영남 해안지역에 분포하고 있으나 최근 내륙의 송죽리, 황성동, 살내, 비봉리, 도항리유적에서도 확인되어 그 분포범위가 점차 확대되고 있다. 서해안과 동해안의 일부 지역에서도 확인되지만, 수량은 적은 편이며 중부와 북한지역에서는 발견되지 않는다.

전기 즐문토기는 관련 유적과 출토량이 적어 다른 시기에 비해 토기 조성관계와 세부 편년 등 전체적인 양상이 불투명한 점이 많다.

영선동식토기는 끝이 뾰족하거나 둥근 도구 등을 사용하여 자돌·압인(압날)기법으로 다양한 문양대를 시문하는 것이 특징이다. 시문수법과 문양의 형식적인 특징에 따라 자돌문토기, 압인문토기, 압날문(押捺文)토기, 조압문(爪押文)토기, 세침선문토기, 세단사선문(細短斜線文)토기, 구순각목토기, 지두문토기 등으로 나누어지며, 문양은 시문구의 형태와 종류, 시문수법, 문양구성 등에 따라 여러 종류로 구분된다.

이 밖에 살내와 황성동267유적에서 출토되는 이중구연토기도 전기 즐문토기의 한 종류로 볼 수 있다. 전기의 이중구연토기는 구연 아래에 압날단사선문이 시문되거나 무문양이며, 이중구연 접합방법과 형태 등에서 볼 때 후·말기의 것과는 차이가 있다.

일반적으로 문양 형태는 자돌·압인 기법과 침선으로 시문한 점열문, 횡주어골문, 사선문, 삼각집선문, 격자문, 조압문 등이 단독문 혹은 상호 결합한 복합문을 이룬다. 특히 시문수법, 구연부 문양대, 다양한 복합문, 구순각목문은 영선동식토기가 다른 즐문토기와 차별화되는 특징이라고 할 수 있다.

문양의 시문 형태는 전기 전반대에 구연부에 한정되는 소위 구연부 문양대를 이루지만, 시기가 내려오면서 시문 범위가 동체까지 확대되기도 한다. 기형은 조기의 융기문계토기와 달리 원저의 발형을 기본으로 호형, 옹형, 주구형토기 등이 주요 기종을 이룬다.

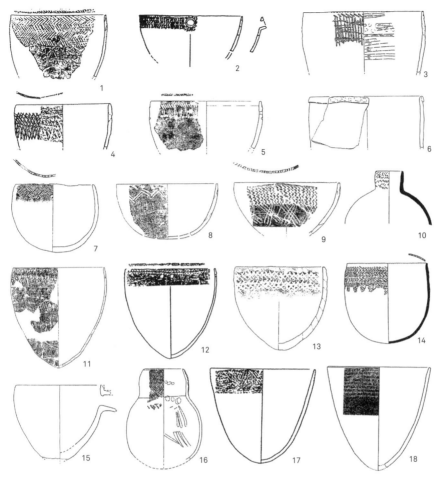

그림 15 전기 즐문토기(축척부동)

1·5·12: 연대도유적, 2·10·14: 영선동패총, 3: 비봉리유적, 4: 조도패총, 6: 황성동267유적, 7~9·11·13·18: 동삼동패총, 15: 황성동유적, 16: 목도패총, 17: 욕지도유적

　　영선동식토기의 성립과 계통 문제는 기존에는 한반도 동북지방의 자돌문계 토기문화의 영향으로 성립한 것으로 인식되어 왔으나 최근 발굴·연구 성과로 보아 조기와 전기의 문화가 점진적으로 연속되고, 영선동식토기 속에 조기의 융기문토기 요소가 병존하고 있는 점으로 보아 영남지역의 재지 토기문화 속에서 자체적으로 출현한 것으로 추정된다.

　　영선동식토기의 시간적 범위는 동삼동패총 3호 주거지, 밀양 살내유적, 목도패총 4층의 절대연대와 중기즐문토기의 상한 연대를 감안한다면 기원전 4500~3500

년 무렵으로 추정된다.

5 중기

영선동식토기 다음으로 출현하는 중기의 즐문토기는 수가리I식토기이다. 수가리I식토기는 김해 수가리패총의 I기층(5·6층)에서 출토된 침선문토기를 중심으로 설정된 토기형식이며 영남지역뿐만 아니라 남부지역을 대표하는 중기 즐문토기이다.

수가리I식토기는 태선침선문과 압인(날)단사선문을 특징으로 다양한 기하학적 문양을 가지며, 중서부지역의 즐문토기와 구분하여 남해안식 태선침선문토기로도 불린다. 대표적인 유적으로 부산 동삼동III문화층·범방, 울산 신암리, 경주 봉길리, 진주 상촌리, 김천 송죽리, 밀양 신안, 통영 욕지도유적 등이 있다.

수가리I식토기의 가장 큰 형식적인 특징은 문양형태와 문양대 구성, 시문수법, 기형을 들 수가 있다. 특히 봉상의 도구로 시문 시 침선의 어느 한쪽이나 양단에 힘을 가함으로써 깊은 홈이 생기게 하는 독특한 태선시문 수법이 특징이다. 시문 범위는 보통 구연에서 저부까지 전면적으로 이루어지는데, 늦은 시기가 되면 전면 시문에서 동체 상부에 한정되는 문양대로 변화한다.

수가리I식토기를 구성하는 문양 형태는 다양하지만 대표적인 것으로는 압인단사선문 삼각집선문, 구획집선문, 능형집선문, 방형집선문, 평행집선문, 횡주어골문, 사격자문, 파상선문, 죽관문, 자돌점열문 등이 있다. 이들 문양은 상호 결합되어 복합문 혹은 단독문 형태로 시문되며, 시문 위치에 따라 구연부 문양대, 동상부 문양대, 동하부 문양대로 구분된다. 또 일부 문양은 주문양대에 부가되면서 종속문 형태로도 시문된다.

복합문은 전면 시문하는 경우와 동상부만 부분 시문하는 형태로 나누어지는데, 시문 범위에 관계없이 동상부 문양대에는 압인단사선문, 삼각집선문, 구획집선문, 능형집선문, 방형집선문, 평행집선문, 파상선문이 시문된다. 동하부 문양대로는 횡주어골문, 삼각집선문, 사격자문 등이 시문되는데, 횡주어골문이 주류를 이룬다.

단독문은 타 문양과의 결합 없이 특정 문양만 단독으로 전면 혹은 동상부만 시문되는데, 이 경우 주요 문양은 횡주어골문, 삼각집선문, 능형집선문, 압인단사집선문, 사격자문, 구획집선문, 죽관문 등이다.

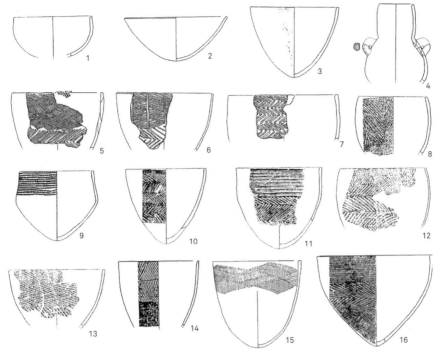

그림 16 중기 즐문토기(축척부동)

1~7 · 9 · 15: 수가리패총, 8 · 10 · 11 · 13 · 16: 동삼동패총, 12: 범방패총, 14: 상촌리유적

　　기형은 발형(심발형, 천발형), 완형, 호형 등이 있으나, 발형이 주류를 이룬다. 기
종구성은 앞 시기에 비해 다양한 편이며 대형토기가 많다. 저부 형태는 대부분 밑이
둥글거나 뾰족한 첨저를 이루며, 일부이지만 밑이 납작한 평저도 존재한다. 이밖에
기면에 붉은 단을 바른 단도마연토기와 이형의 깔때기형토기, 사슴 선각문토기 등
도 있다.

　　단도마연토기는 조기의 단도기법을 계승한 토기이며, 깔때기형토기는 주구(注
口)를 갖는 것으로 기면을 정면하지 않고 점토띠 접합흔을 남기는 등 조잡하게 성형
한 것이 특징이다. 동삼동패총과 진주 상촌리, 제주도 성읍리유적에서 출토되고 있
다. 사슴 선각문토기는 발형토기의 구연 아래에 사슴 형상을 음각으로 새긴 형태로
기면 내외는 붉은 단이 발라져 있다.

　　수가리I식토기는 문양의 시문 범위와 형태적인 속성 변화로 볼 때 전면시문의
복합문이 중심을 이루는 것에서 전면시문의 규범이 붕괴되면서 동체 하부 문양대가
사라지는 형식으로 변하는 것으로 추정된다.

중기 즐문토기의 계통과 성립문제를 포함하여 세부적인 변천과정에 대해서는 다양한 의견이 있으며, 일반적으로 전기 영선동식토기의 전통하에 중서부지역에서 유입되는 암사동식토기 문화의 영향으로 성립한 것으로 추정되고 있다.

존속 시기는 동삼동패총 1호 주거지를 비롯한 관련 유적의 절대연대 자료를 참고할 때 기원전 3500~3000년 전후한 시기로 추정된다.

6 후기

중기의 수가리I식토기에 이어 출현하는 후기의 즐문토기는 수가리II식토기와 봉계리식토기이다. 후기 즐문토기는 기존에는 중기의 수가리I식의 태선침선문토기가 퇴화하면서 출현하고 형식적인 특징이 단순한 것으로 이해되어 왔으나 최근 신자료가 발굴됨으로써 다양한 토기조성과 문양을 갖는 형식으로 구성되어 있음이 밝혀지고 있다. 따라서 후기 즐문토기는 수가리I식 문양의 간략화와 단순화, 복합문 및 압인단사집선문의 소멸, 정형화된 문양대를 갖는 봉계리식 옹형토기와 초기 이중구연토기의 출현을 특징으로 한다고 할 수 있다.

수가리II식토기는 수가리패총의 II기층(3·4층) 출토 토기를 중심으로 설정된 토기형식이며, 퇴화침선문토기로 불리기도 한다. 수가리I식토기 태선침선문이 퇴화·단순화하고 문양대가 간략화되면서 중기의 특징적인 압인단사집선문이 시문되지 않는 것이 가장 큰 형식적인 특징이다. 대표적인 유적으로는 동삼동, 범방, 욕지도, 상촌리, 대야리, 임불리, 송죽리, 서변동, 지좌리유적 등이 있으며, 분포 범위는 영남해안지역을 중심으로 서해안과 남부 내륙지역까지 미치고 있다.

수가리II식토기를 구성하는 기종은 발형, 완형, 호형, 파수부토기 등이 있으나 기본적으로 원저 내지 첨저의 발형을 기본으로 하며, 외반구연 옹형을 특징으로 봉계리식토기와는 차이가 있다. 시문기법은 중기의 태선기법과는 달리 끝이 뾰족한 도구를 사용하여 찰과상의 세선기법으로 얇게 시문하는 것이 특징이다.

문양은 주로 찰과상의 퇴화된 침선문을 중심으로 동체 상부에 시문되며 주로 단독 문양대를 구성한다. 문양의 형태는 삼각집선문, 능형집선문, 다선거치문의 집선문과 사격자문, 장사선문, 거치문, 능형문 등의 단선문으로 구분된다.

사격자문은 수가리II식토기의 대표적인 문양으로 후기 즐문토기에 가장 많이

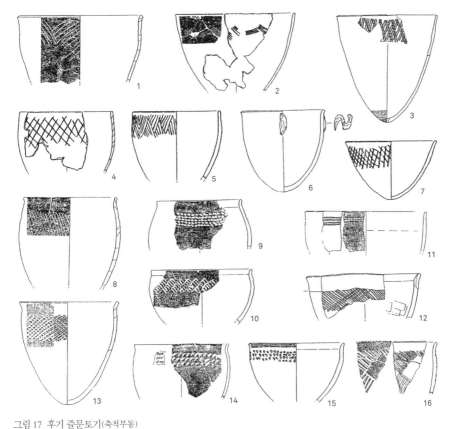

그림 17 후기 즐문토기(축척부동)
1·8~10: 동삼동패총, 2·4~7: 수가리패총, 3·12: 오진리유적, 11·13·16: 봉계리유적, 14: 산등패총, 15: 대야리유적

시문되는 형태이다. 시문은 보통 단치구로 이루어지나 2조의 다치구로 시문함으로써 사격자문이 이중으로 중복되는 효과를 갖는 것도 있다. 수가리II식의 문양은 동시기의 봉계리식에 비해 단순하고 형태도 수가리I식에 비해 조잡하거나 정연성이 떨어지는 경향이 있다.

봉계리식토기는 합천 봉계리유적에서 출토된 일군의 토기를 중심으로 설정된 토기 형식이며, 외반구연 옹형토기를 기본으로 구연부에 일정한 여백을 두고 그 아래에 다양한 문양대를 시문한 것이 특징이다. 출토 유적으로는 봉계리유적을 비롯하여 상촌리, 임불리, 동삼동IV문화층, 하동 목도, 상노대도 산등, 사천 늑도 A지구 패총 등이 있다.

분포 범위는 제주도를 포함하여 남부지역 전역에 미치고 있으나 주 분포권은 남해안과 영남 내륙지역이라고 할 수 있다. 기존에는 봉계리식토기를 분포상의 특징으로 영남 내륙의 토기 형식으로 인식되어 왔으나 최근 남해안과 제주지역에서 봉계리식토기가 다량으로 출토되고 형식적으로 제일성을 띠고 있음이 밝혀지고 있다. 이러한 양상은 어느 특정지역을 봉계리식토기의 발생과 중심지라고 단정할 수 없음을 보여 준다. 앞으로 이에 대한 논의가 필요할 것으로 생각된다.

봉계리식토기의 기형은 유문양의 외반구연 옹형토기를 지표로 하지만, 옹형 이외에 봉계리식 문양을 시문한 발형토기와 무문양의 외반구연 옹형토기도 있다. 이밖에 이중구연 발형토기도 봉계리식토기를 구성하는 기종 중의 하나라고 할 수 있다.

문양 형태는 시문기법에 따라 자돌문, 압인문, 압날문, 침선문, 죽관문 등으로 구분되지만 주류를 이루는 것은 단치 또는 다치구로 자돌기법의 문양을 시문하는 것이다. 특히 단치구에 의한 자돌점열문과 세격자문이 주요 문양형태를 이룬다. 이밖에 수량은 많지 않지만 여러 형태의 다치구로 시문한 즐상(櫛狀)점열문, 유충(幼蟲) 문 등도 보인다. 이들 문양은 극히 일부를 제외하고 거의 단독문을 이루고 있다.

후기 즐문토기는 기본적으로 수가리I식토기의 전통에서 성립되고 자체적인 변화 과정을 거치면서 전개하지만, 봉계리식토기의 발생 문제와 수가리II식토기와의 관계, 세부 편년 등에서 불투명한 점이 많다. 그러나 전반적으로 보면 수가리I식의 문양과 기형을 계승한 집선문계토기와 정형화된 세격자문과 평행점열문을 주요 문양으로 하는 봉계리식토기에서 수가리II식과 봉계리식 문양이 정형성을 잃어버리고 퇴조하는 경향으로 변하는 것으로 생각된다.

후기 즐문토기의 출현시기와 하한 연대는 명확하지 않지만 중심 시기는 진안 갈머리, 상촌리, 수가리, 동삼동패총의 방사성탄소연대측정치를 통해 볼 때 기원전 2500년 전후로 추정된다.

7 말기

말기 즐문토기는 구연에 점토띠를 이중으로 덧대어 만든 이중구연토기(겹아가리토기)와 구연부 아래에 짧은 사선을 1열 내지 수열 시문한 단사선문토기를 중심으로 구성되며, 대표적인 유적명을 따라 율리식토기 혹은 수가리III식토기로도 불린다.

이중구연토기는 앞에서도 언급한 바와 같이 전기 유적에서도 출토되고 있으나 토기의 형식적인 측면에서 볼 때 말기 것과는 구분된다. 일부 연구자는 청동기시대 이중구연토기를 계통적으로 신석기 말기의 이중구연토기와 관련성을 제기하고 있으나 기형과 이중구연의 형태, 절대연대상에서 양자를 연결시키기에는 어려움이 있다.

율리식토기는 남부지역 즐문토기 중에서 가장 늦은 형식에 속하며, 사질성 태토, 이중구연, 단사선문을 형식적인 특징으로 한다. 이밖에 이중구연토기와 공존 내지 병행하는 평(홑)구연에 자돌문, 단사선문, 파상문, 퇴화침선문, 조압문 등이 시문되는 토기류도 율리식토기의 범주에 포함된다. 대표적인 유적으로 부산 동삼동·율리·범방, 김해 농소리·화목동, 사천 구평리, 밀양 금천리, 청도 오진리, 진주 상촌리, 세종 청라리유적 등이 있다.

분포범위는 남해안을 포함, 남부내륙과 제주, 서해안의 인천지역까지 미치고 있으나 분포 양상과 유물의 집중도를 통해 볼 때 중심권역은 영남 해안지역으로 추정된다. 기종은 단순한 편이며, 대부분 원저 내지 첨저의 발형토기를 기본으로 한다. 또 일부이지만 파수가 부착된 말각평저토기와 사천 구평리, 동삼동·범방패총의 출토품에서 보는 바와 같이 고배형토기도 존재한다.

율리식토기는 1차적으로 이중구연의 유무에 따라 이중구연토기와 평(홑)구연토기로 나누어지고 문양의 시문 여부에 따라 유문 이중구연토기, 무문 이중구연토기, 유문 평구연토기, 무문 평구연토기로 세분할 수 있다. 이들 기종은 문양의 조합에 따라 다양한 변이와 변화를 갖는 것으로 생각되며 특히 이중구연부의 제작기법과 형태, 시문되는 문양의 속성에 따라 여러 형식으로 세분하기도 한다.

문양은 시문기법에 따라 침선문계, 자돌계, 압날(압인)계로 구분되며, 이중구연토기의 경우 구연부와 동체 상부에 자돌문, 죽관문, 거치문, 조압문, 사격자문, 단사선문, 장사선문, 집선문, 파상문, 어골문, 죽관문 등이 시문된다. 이들 문양은 대부분 단독문을 이루며 복합문은 적다.

평구연토기에는 단·장사선문, 횡단사선문, 거치문, 사격자문 등 침선계계 문양이 많으며 일부 자돌점열문이 시문되는 정도이다. 그러나 주류를 이루는 것은 단사선문이다. 이들 문양은 대부분 단독문으로 시문되지만, 일부는 자돌점열문과 격자문이 결합되어 복합문을 이루는 경우도 있다.

말기 즐문토기의 성립과 계통 혹은 발생 문제에 대해서는 다양한 견해가 있으며, 크게 외부 토기문화 기원설과 남부지역 자생설로 나누어진다. 외부 기원설은 타

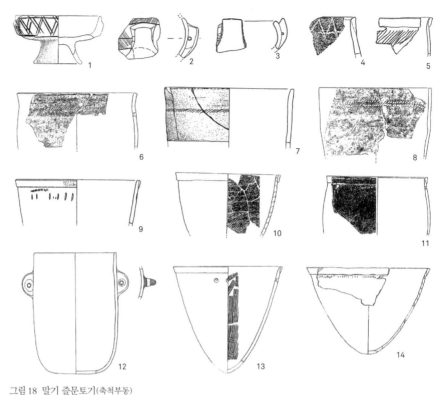

그림 18 말기 즐문토기(축척부동)

1·7: 구평리패총, 2·6·8: 범방패총, 3·4·10~12: 동삼동패총, 5·14: 수가리패총, 9·13: 율리패총

지역 토기문화의 유입 내지 영향으로 이중구연토기가 출현한 것으로 보는 견해로 각형토기 영향설과 압록강 및 요동지역의 이중구연토기 관련설이 있다.

자생설은 이중구연토기가 특정 토기형식 내지 재지의 토기문화에서 변화 발생한 것으로 보는 견해인데, 지두문토기설, 봉계리식토기설, 퇴화침선문토기설 등으로 구분된다. 자생설은 또한 이중구연토기의 발생지를 영남 내륙으로 보는 견해와 남해안에 기원을 두는 경우로 나누어진다.

말기 이중구연토기는 계통적으로 후기의 이중구연토기와 연결되고 토기 형식의 다양성과 분포양상을 통해 볼 때 남부지역 특히 영남 해안지역에서 자체적으로 발생했을 가능성이 높다고 추정된다. 존속 시기는 아직 분명하지 않으나 중심 연대는 방사성탄소연대측정치를 참고할 때 기원전 2000년 전후한 시기로 볼 수 있으며, 하한 연대는 다소 내려올 것으로 생각된다. [하인수]

V 생업과 도구

1 수렵

수렵활동은 인류가 지구에 나타나면서 채집과 함께 가장 처음 시작한 생업활동이며, 신석기시대가 되면서 지구의 환경변화에 따라 동물상과 그 대상물에도 변화가 나타나고 수렵방법에 있어서도 많은 차이를 보였을 것으로 추정된다.

2 수렵대상 및 방법

신석기시대 수렵대상은 크게 육상동물과 조류로 구분되며, 지금까지 우리나라 신석기시대 유적에서 출토된 포유류는 육상동물 30여 종, 해서동물 8여 종, 조류 18여 종이 알려져 있다. 영남지역에서도 유사한 양상을 보이고 있다. 수렵대상의 종은 중기를 중심으로 변화를 보인다. 즉, 이른 시기에는 고기·가죽·뿔·뼈·견치 등 사용 가치가 많은 사슴과와 멧돼지가 중심이다. 중기 이후에도 여전히 사슴과와 멧돼지의 출토량은 많지만, 너구리·족제비·수달 등이 처음 출토한다. 이 동물들에 대해서는 고기가 목적이 아닌 털과 이빨 등에 그 목적이 있었을 것으로 판단된다. 이렇게 수렵활동은 수렵대상의 다양화를 통해 그 목적이 변화해 가는 것을 알 수 있다.

육상동물로는 사슴과와 멧돼지가 일반적으로 가장 많고 각 유적에서도 고른 분포를 보이고 있다. 그 외에는 호랑이·곰·늑대·여우·너구리·수달 등이 있으나, 그 비중은 매우 낮다.

육상동물 중 가장 많고 고른 분포를 보이는 사슴과 동물과 멧돼지는 고기·뼈·가죽·뿔·견치 등 사용 가치가 많아 식용뿐 아니라 골각기·장식품 등의 재료 확보 목적 등으로 일찍부터 주된 수렵대상이 되었던 것으로 보인다. 또 상완골·대퇴골·경골 등은 골수가 다량 함유되어 있어 골수식의 대상으로도 많이 이용되었을 것으로 추정된다.

너구리·수달·산달·오소리 등은 비교적 늦은 시기에 출토하는 경향을 보이고 있고, 식용 가능한 고기의 양이 적어 식량원으로서의 가치는 떨어지는 종이다. 그러나 수렵이 용이해 가죽과 털 등을 이용하기에는 적합한 동물로 사슴과 동물과 멧돼지와는 다른 목적으로 수렵이 행해졌을 것으로 판단된다.

호랑이·곰 등은 수렵 자체가 용이하지 않고 출토 빈도도 낮은 것으로 보아 위두 종류의 동물과는 다른 양상, 즉 식용이 목적이 아닌 종교 또는 권위의 상징 등 특수한 목적을 가지고 수렵행위가 있었을 것으로 판단된다.

그리고 특이한 점은 부산 동삼동패총, 창녕 비봉리유적, 김해 수가리, 하동 목도패총에서 출토한 소와 물소이다. 소는 수가리패총의 지표에서 확인되었으나, 최근 동삼동패총과 비봉리유적 등지에 출토 예가 증가하고 있는 실정이다. 또 물소는 보통 덥고 습한 지역에서 서식하는 종으로 우리나라 신석기시대 환경에 적합하지 않는 것으로 판단되기도 한다. 그러나 평안남도에 위치하는 용강 궁산유적에서도 2마리분이 출토되었고 목도패총과 비봉리유적에서도 출토되는 것으로 볼 때 기후 온난화에 의한 서식을 추정할 수 있다. 단, 물소 동물 이외에는 온난화의 근거로 볼 수 있는 근거가 희박하다. 따라서 소와 물소의 서식 문제와 수렵의 대상 문제는 현 시점에서는 명확하게 알 수 없다.

또 부산 영선동패총과 통영 연대도패총 등지에서 출토한 말은 출토 위치가 불분명하고 교란층에서 확인되기 때문에 말의 서식과 수렵대상의 문제도 소와 물소의 문제와 같이 금후의 연구과제이다.

마지막으로 사육의 문제이다. 가축으로는 개와 돼지를 들 수 있는데, 돼지의 경우는 우리나라 동북지방에서 신석기시대 늦은 시기에 확인되고 있으며, 원시적인 사육 단계로 추정된다. 그러나 중국 동북지방(특히 요동반도)에서는 돼지의 사육이 빠른 시기부터 확인되는 것으로 보아 우리나라 서북지방과 동북지방에서는 그 기원이 올라갈 가능성도 배제할 수 없다. 그러나 영남지방에서는 사육의 예는 없는 실정이다.

개의 경우는 이른 시기부터 확인되는데 일반적으로 애완·식용·수렵 등의 목적으로 사육되었던 것으로 판단된다. 우리나라 개 유체에 대한 연구를 진행한 김건수의 보고에 의하면, 신석기시대 동북지방 개는 중대형인 반면 남부지방 개는 중소형으로 형질적인 차이를 보이고 있으며, 출토 양상에서 사천 늑도유적과 같은 매장의 예가 없고 한 개체를 이루지 못하고 산발적으로 출토되는 것에서 폐기의 원인은 식용의 가능성이 높다고 판단하고 있다.

조류는 철새(여름, 겨울)와 텃새(꿩, 까마귀 등)가 있으며, 그 획득 방법에 대해서는 정확한 양상을 알 수 없다. 그러나 수렵이 용이하기 때문에 선호 대상이었을 가능성이 많다. 또 철새의 경우 여름철새(매와 슴새)와 겨울철새(가마우지, 오리류, 기러기류 등)가 있어 계절성을 파악하는 데 좋은 자료가 된다.

수렵방법은 민족지고고학의 연구 결과를 토대로 보면, 도구나 방법에 따라 활·창·그물·동물(개와 매)을 이용하는 직접적인 방법과 덫이나 함정 등을 이용하는 방법, 섶을 태워 연기를 피워 잡는 섶사냥 등이 있다. 신석기시대의 수렵대상은 각 유

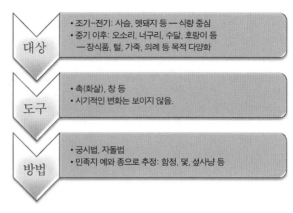

표 2 수렵활동 양상

적에서 출토하는 동물 유체의 종과 양이 다양하고 많은 반면, 사용되었던 도구는 석촉·석창·자돌구 등으로 단순해 구체적인 양상을 이해하기에는 부족함이 많다.

현재까지의 고고학적 조사를 바탕으로 보면, 수렵방법으로는 활과 창 등을 이용한 것 이외에는 불분명하다. 그러나 너구리·오소리 등이 출토하는 것에서 섶사냥을 추정할 수 있다. 또 함정과 덫사냥은 야생 동물의 습성을 이용한 것이다. 이들의 이동 경로는 대체로 동일한 동선을 이용하기 때문에 이동 경로를 알면 위험성 없이 손쉽게 사냥할 수 있는 방법이다. 그러나 아직 우리나라에서는 신석기시대 함정은 확인되지 않고 있으나, 청동기시대 이른 시기나 일본 죠몽시대에 확인되는 것으로 보아 함정과 덫을 이용한 사냥법도 존재했을 것으로 판단된다. 한편, 반구대 암각화에서는 그물을 이용해 호랑이(맹수류)를 포획하는 그림이 있다.

위와 같이 수렵은 맹수류 (호랑이·곰 등)를 포함하여 사슴·멧돼지·너구리 등의 포유류와 조류 등으로 당시 서식했던 동물의 대부분이 그 대상이 되었음을 알 수 있다. 수렵방법에 있어서는 구체적인 양상은 알 수 없으나, 그 대상에 따라 다른 방법을 이용했던 것으로 판단된다. 그리고 영남지방뿐 아니라 우리나라 신석기시대 유적에서 두개골의 출토 예가 적은 것이 특징이다. 도서 지방에서는 육지에서 사냥을 행한 후 필요한 부분만을 가져왔다는 의견도 있다. 그러나 동물유체가 확인된 대부분의 유적이 패총이기 때문에 제의행위에 사용되었을 가능성이 많은 두개골은 그 출토 예가 적을 가능성이 많다. 또 수렵에 있어 여러 집단의 공동수렵에 의한 공동분배의 가능성도 배제할 수 없다. 그러므로 구체적인 수렵방법에 대해서는 정확하게

알 수 없다.

한편, 수렵구는 촉·창·자돌구 등으로 단순하다. 촉과 창은 제작방법에 따라 타제와 마제로 구분되며, 경부의 유무에 따라 유경식과 무경식으로 분류된다. 촉의 경우 타제는 이른 시기와 해안에서, 마제는 중기 이후에 주로 내륙지역에서 많이 출토한다. 창은 대부분 타제이며, 마제의 경우는 무경식만 확인되는데, 세죽유적의 것이 대표적이다. 자돌구의 경우 대부분 동물의 사지골이나 사슴의 뿔을 이용하여 제작한 것으로 촉과 창과 같이 수렵뿐 아니라 어로구로서도 이용되었을 것으로 판단된다.

3 어로

우리나라에서 어로활동은 후빙기의 시작과 함께 기후가 온난해지고 해수면의 상승 등 자연환경의 변화와 함께 신석기시대에 처음으로 행해지는 생업이다. 특히 영남 해안지역에서는 다양한 종의 어류 유체와 어로에 관련된 도구가 가장 많이 출토된다. 이러한 현상은 지형적인 요건과 해류의 영향으로 판단된다. 영남지방의 해안을 살펴보면, 구릉성 산지가 침강에 의해 복잡한 리아스식 해안을 형성해 반도와 만이 발달하고 동시에 다도해를 이루고 있다. 또 해류는 여름에는 동지나해에서 북상한 쿠로시오해류가 제주도 근해에서 갈라져 황해까지 올라가며, 다른 한 지류는 남해안을 통과하여 동북해안까지 올라간다. 겨울에는 리만해류가 동해안을 경유해 부산 부근의 동남해안까지 남하한다. 따라서 영남지방과 동북지방은 난류인 쿠로시오와 한류인 리만해류가 만나 조목(潮目)이 형성되어 양호한 어장이 된다. 따라서 어로는 신석기인들의 주된 생업활동이었다고 판단된다.

4 어로대상 및 방법

어로대상으로는 해서동물(고래·강치·바다사자·물개 등)과 어류가 있다.

해서동물 중 가장 많은 출토량을 보이고 있는 종류는 고래목의 고래류와 기각목의 강치이다. 주체를 점하는 고래류와 기각목의 강치를 비롯한 바다사자·물개 등은 우리나라에서는 남해안과 동북해안에 입지한 유적에서 주로 출토한다. 이와 같은 양상은 앞 동물들의 서식환경과 관련이 있다.

고래의 경우 많은 유체가 부산 동삼동패총, 울산 황성동 신석기유적 등지에서 확인되지만, 편이 많고 현생표본이 적어 종의 동정이 어려운 실정이다. 현재까지 종이 동정된 고래는 동삼동패총의 흑동고래·대왕고래와 황성동 신석기유적의 귀신고래가 있다. 고래잡이에 대해서는 아직 이론이 많아 단언하기 힘들지만, 황성동 신석기유적에서 출토한 하악골을 비롯하여 두개골·늑골 등에서 확인되는 자상(刺傷)의 흔적과 함께 위 두 유적에서는 고래의 모든 부위가 출토한 것으로 보아 고래잡이는 행해졌을 가능성이 많다고 판단된다. 또 반구대 암각화의 내용에서도 추정 가능할 것으로 보인다.

어류는 서식지를 중심으로 살펴보면 기수(잉어), 기수~내만(숭어·가숭어·감성돔), 기수~근해(농어·양태 등), 근해~외양(참돔·다랑어·방어·상어류 등)으로 구분할 수 있다. 그리고 그 주체 종은 당연한 결과이지만, 외해에 입지한 유적은 근해~외양에 서식하는 참돔이며, 내만에 입지하는 유적은 기수~근해에 서식하는 농어이다. 내륙지역에서는 기수에 서식하는 어류를 많이 이용하였을 것으로 판단되지만, 유적 대부분이 집락 유적으로 유체가 남지 않는 환경의 결과로 판단된다. 또 어류의 경우 여름에는 난류인 쿠로시오해류와 함께 참돔·상어·다랑어·방어 등이, 겨울에는 한류인 리만해류와 함께 강치 등의 해서동물과 대구 등이 영남지방 연안으로 회유해 어로의 계절성을 파악하는 데 좋은 자료가 된다.

어로방법으로는 출토하는 어로구로 보면, 어망어법(석추와 패추)·자돌어법(작살과 찌르개)·낚시어법(결합식조침과 역T자조침)·궁시어법(활과 화살) 등이 있다. 그 외로는 독초어법이 있다. 독초어법은 주로 내륙지역에서 사용되었을 가능성이 많다. 실제로 창녕 비봉리, 울산 세죽유적에서는 때죽나무가 출토하였다. 때죽나무는 식용은 아니지만, 마취성분이 있어 독초어법 중 하나로 판단된다.

현재까지 조사 결과에 의하면 영남지방뿐만 아니라 우리나라 연안에 위치하는 유적에서는 어망추의 출토가 적은 것이 특징이다. 이것은 어종에서 볼 수 있듯이 참돔·상어류·다랑어·대구 등 큰 어종과 외해성 어종이 주체를 점하고 있는 것에서 주로 낚시어법과 자돌어법이 사용되었다는 것을 알 수 있다. 또 강치를 비롯한 고래류·돌고래 등의 해서동물 또한 작살과 찌르개 등으로 포획했을 가능성이 많다. 그렇기 때문에 어망추의 출토가 적은 것이 아닌가 한다. 어법은 시간적인 변화를 보여,

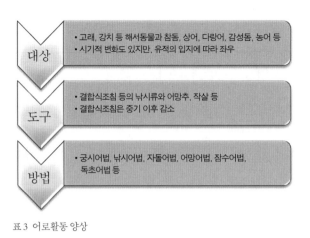

대상	• 고래, 강치 등 해서동물과 참돔, 상어, 다랑어, 감성돔, 농어 등 • 시기적 변화도 있지만, 유적의 입지에 따라 좌우
도구	• 결합식조침 등의 낚시류와 어망추, 작살 등 • 결합식조침은 중기 이후 감소
방법	• 궁시어법, 낚시어법, 자돌어법, 어망어법, 잠수어법, 독초어법 등

표 3 어로활동 양상

이른 시기에는 결합식조침을 이용한 낚시 어법이 유행하지만, 중기 이후에는 그 출토가 감소한다. 이러한 양상으로 보아 영남지방의 어업은 외양성 어업에서 외양성+내만성 어업으로 변화된 것으로 볼 수 있다.

이상과 같이 어로활동은 신석기시대부터 시작되는 생업이지만, 다양한 어로구와 유체 등으로 보아 이른 시기부터 활발한 활동이 추정되나, 중기 이후부터는 결합식조침의 감소와 내만성 어업의 추가 등의 변화를 보이며 전체적으로 쇠퇴하는 경향을 확인할 수 있다.

한편, 어로구는 결합식조침을 비롯해 단식조침, 작살, 어망추 등으로 수렵구에 비해 다양한 편이다. 결합식조침은 대부분 축부는 석제, 침부는 골제로 제작되지만, 축부가 골제인 경우도 확인된다. 형태로 보아 'J'자형과 'I'자형으로 분류되는데 'J'자형은 오산리형으로 불리며 주로 동해안에 분포하고, 'I'자형은 남해안에 주로 분포한다. 또 축부와 침부의 결합방식 차에 따라 정면결합식과 측면결합식, 하면결합식으로 분류하기도 한다. 단식조침은 'J'자형과 'I'자형으로 구분되는데 남해안에서는 'I'자형만 출토하며, 전체적으로 단식조침의 출토 예는 적은 편이다. 작살은 석제와 골제로 구분된다. 석제의 경우 타제와 마제로 세분되며, 남해안에서는 주로 타제가 출토한다. 타제작살은 구조에 의해 결합식과 단식으로 구분되며, 단식작살이 많다. 골제는 장착부, 신부, 섬두로 구성되어 있는 고정식과 섬두, 중병(中柄), 작살대, 줄로 구성된 회전식으로 구분된다. 회전식작살은 섬두가 포획대상물의 체내에 직각으로 회전하여 이탈할 수 없는 구조로 일본과 연해주 등에서 확인된다. 어망추는 석제와 패제가 있으며, 석제가 많은 편이다. 어망추의 경우 내륙지역은 3~5cm로 작고 가벼우나, 해안지역은 10cm 전후로 크고 무거운 것이 많아 내륙지역과 해안지역의 차이가 확실히 나타난다.

5 채집과 농경

채집활동은 수렵활동과 같이 구석기시대부터 행해진 생업활동으로 활발한 활동이 추정되나, 식물유체의 경우 출토의 한계가 있어 정확한 양상을 이해하기에는 부족함이 많다. 그러나 조개 채집의 경우는 영남연안에 위치하는 패총에서 그 활발함을 알 수 있다.

영남지방뿐만 아니라 우리나라 신석기시대 패총에서 확인되는 조개 종류는 다양하지만, 그 주체 종은 시기와 지역에 관계없이 굴류이다. 단, 외양성 패총에서는 전복·소라·홍합 등의 비중이 높다.

굴류가 주체가 되는 것은 영남연안에 양호한 서식지(조간대 암초)가 형성되었음은 물론 다른 조개류에 비해 채집이 용이하고 조갯살이 풍부하기 때문일 것이다. 굴은 암초에 고착되어 있기 때문에 쉽게 떼어 낼 수 없다. 따라서 망치돌이나 석부와 같은 도구를 이용해 암초에서 떼어 낸 것으로 추정된다.

전복과 소라 등 잠수를 통해 획득할 수 있는 종류도 있다. 잠수법은 통영 연대도·욕지도유적에서 잠수병의 일종인 외이도골종(外耳道骨腫)이 남녀 구분 없이 확인되는 것에서도 알 수 있으며, 해저에 서식하는 가오리·넙치 등과 바다거북 등의 출토에서도 활발히 행해졌음을 알 수 있다. 도구로는 빗창이 있는데, 유적에서 출토하는 빗창은 현재 해녀들이 사용하고 있는 것과 형태상 유사한 것으로 보아 추정이 가능하다. 또 전복과 소라의 야행성 습성을 이용해 야간에 조간대로 올라온 것들을 채집했을 가능성도 있다.

사니질·니질(沙泥質·泥質)에 서식하는 조개류도 있으나, 영남 연안에는 크게 발달되지 않아 그 종류와 양에 있어서 서해안과 남서부지방에 비해 적은 편이다. 채취 도구로는 타제석부 등 굴지구가 이용되었을 것으로 판단된다.

한편, 조개의 산란기에는 조갯살이 줄어들고 굴과 같은 경우에는 독성이 있어 채집이 이루어지지 않는다. 따라서 조개 채집은 주로 늦가을부터 초봄까지 이루어진다.

조개 채집의 도구로는 빗창이 있다. 빗창은 굴이나 전복 등 암초성 패류를 채취할 때 사용하는 도구로 크기는 20cm 전후이다.

육상식물에 대한 채집도 성행했을 것으로 판단되지만, 그 유체의 잔존이 드물어 정확한 양상은 알 수 없다. 현재까지 탄화된 유체나 화분분석에 의하면 비봉리·세죽·동삼동·상촌리유적 등에서 견과류(도토리·가래·호두·때죽나무속)와 육질과 과실류(생강나무속·벗속·산딸기속·머루속 등)·구근류(달래속)·잡초류(기장속·보리족·명아주속·마디풀속 등)가 출토하였다. 그리고 현재 영남지방의 식물대는 도서·해안·내만지역이 난대림, 내륙지역이 남부·중부온대림에 속해 도토리·산딸기·죽순·밤·보리수열매 등 식물자원이 풍부한 편이며 앞 유적에서 출토한 식물유체와 대동소이하다. 또 비봉리·세죽유적에서는 다량의 도토리 저장공이 확인되어 적극적인 채집이 행해졌음을 알 수 있다.

채집과 관련된 도구로는 굴지구가 있으며, 식물 가공구인 갈돌·갈판·공이 등이 굴지구와 함께 이른 시기부터 출토하는 것은 채집활동의 단면을 잘 보여 준다고 할 수 있다.

이와 같이 조개 채집은 시기적인 변천보다는 유적의 입지에 따라 다른 양상을 보이고 있으며, 수렵과 어로활동의 보조적인 생업수단으로 꾸준한 활동을 보인다고 할 수 있다. 식물 채집활동은 견과류를 중심으로 채집과 식량 저장과 함께 정주생활의 좋은 예를 보여 준다. 한편 유체의 잔존은 극히 드물지만, 굴지구의 존재로 구근류에 대한 채집도 활발했을 것으로 판단된다.

농경활동을 알 수 있는 고고자료로는 농경활동에 수반되는 경기구(보습·팽이·삽 등), 수확구(낫·원반형 석기·타제석도 등), 조리구(棒狀갈돌, 안형마구)와 곡물, 전답 등이 있다. 최근 강원도 문암리유적에서 신석기시대 밭이 확인되어 주목받고 있으나, 아직 영남지방에서는 전답의 발견 예가 없는 실정이다.

영남지방에서 농경의 시작은 도구 조성과 곡물 출토의 결과로 보면, 중기부터이다. 그러나 비봉리유적에서 전기에 조, 동삼동유적 토기의 압흔 분석 결과 조기~전기에 조와 기장이 확인되었다. 그렇지만 동반된 도구 조성을 보면 농경구로 판단되는 것은 거의 없고 대부분 수렵·어로구이다. 따라서 두 유적에서 확인된 곡물 자료는 영남지방 농경의 시작, 나아가서는 우리나라 신석기시대 농경 개시에 있어 신중하게 다루어져야 할 것으로 판단된다.

농경활동의 흔적을 잘 나타내고 있는 내륙지역(진주 상촌리, 김천 송죽리유적) 예를 보면, 두 유적 모두 농경에 적합한 강안 충적대지에 입지하고 있으며, 농경구가 세트로 출토되는 것, 특히 상촌리유적에서는 곡물(조·기장)이 출토되는 것 등에서 농경활동 여부를 알 수 있다. 농경구를 제외하면 수렵·어로구 등의 출토량은 매우 적다. 따라서 내륙지역에서의 농경활동은 중기부터 상당한 비중을 차지하였다는 것을 알 수 있다. 농경활동은 후기 이후가 되어도 진주 어은 1지구, 평거 3지구 유적에서도 기장과 조가 출토하는 것으로 볼 때 지속적으로 행해졌다는 것을 알 수 있다.

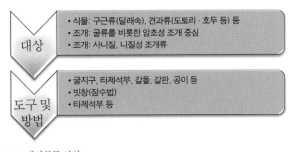

표 4 채집활동 양상

한편, 해안지역에서는 동삼동유적에서 조기와 전기 토기편에서 조와 기장의 압흔이 발견되고 중기(1호 주거지)에 조와 기장이 출토되는 등 농경의 흔적이 확인되고 있다. 그러나 농경구는 세트로 출토하지 않는데, 후기에 가서야 세트로 확인된다. 또 중기는 동삼동유적에서 어로활동이 가장 활발한 양상을 보이며, 패천 제작과 유통의 중심지로 타 문화권의 요소가 많이 확인되는 등 앞 시기와는 다른 성격을 보이고 있다. 또 내만지역의 범방유적을 보면 중기부터 수렵·어로구는 감소하는 반면, 농경구가 세트로 출토하는 등 동삼동유적과는 다른 양상을 보이고 있다. 다른 해안 또는 도서지역의 유적에서도 농경활동의 흔적은 확인할 수 없다. 따라서 동삼동유적에서 출토한 곡물은 내륙 또는 내만지역과의 교류 결과로 이해해도 무방할 것으로 판단된다.

영남지방에서의 농경활동은 중기가 되면서 내륙지역으로의 유적 확산을 비롯해 유적 입지 변화와 도구 조성 변화 등에서 내륙지역부터 시작되며, 점차 내만과 해안 유적까지 확산된 것으로 판단된다. 그리고 생업경제에 있어 농경은 내륙과 내만지역에서는 상당한 비중을 차지했을 것으로 판단된다. 하지만 해안·도서지역에서는 시기적으로 내륙지역보다는 늦은 후기부터 나타나며, 수렵·어로·채집활동의 보조적인 역할에 머물러 그 비중도 낮았을 것으로 추정된다.

한편, 식물채집과 농경에 이용되는 도구로는 굴지구(타제석부·곰배괭이 등), 수확구(낫·원반형석기 등), 조리구(갈판·갈돌·고석 등) 등이 있다. 굴지구 중 타제석부는 따비형과 괭이형이 있고, 삽과 같은 곰배괭이는 북부지역에 주로 분포하며 남부지방에서도 소량 확인되고 있다. 수확구는 낫과 원반형석기가 있는데, 낫은 영남지방에서는 아직 확인된 예는 없지만, 송죽리유적에서 유사한 형태의 석기가 확인된 적이 있

유적 명	시기	출토 유체		유적 성격	유적 입지
		곡물	곡물 외		
영남지방 동삼동	조기-말기	조기 기장(압흔) 전기 조(압흔) 중기 기장, 조 후기, 말기 기장(압흔)	기장속, 명아주속, 마디풀속 등	패총, 주거지	구릉경사면
비봉리	소기-말기	전기, 중기 조	도토리, 가래, 산딸기, 살구 등	패총, 저습지	구릉경사면
세죽리	조기-전기		도토리, 명아주속, 다래나무속, 산딸기속 등	저습지	구릉경사면
상촌리	중기 이후	조, 기장	도토리, 호두 등	주거지	강안충적대지
평거3-1지구	중기 이후	조, 기장, 두류		주거지	강안충적대지
어은1지구	후기 이후	조, 기장		주거지	강안충적대지
봉계리	후기 이후		도토리, 호두	주거지	강안충적대지
농소리	후기 이후	벼의 Plant-opal		패총	강안충적대지

표 5 영남지방 유적 출토 식물유체

다. 원반형석기는 아직 그 용도가 명확하지 않지만 내륙지역을 중심으로 출토되며, 활석이나 점판암 등을 타제기법으로 둥글게 성형한 후 가장자리에 인부를 만든 것으로, 수확구로 사용되었을 가능성이 많다. 조리구는 갈판과 갈돌이 있고 시기에 따라 그 형태가 다른데 이른 시기의 갈판과 갈돌은 원형이며, 전기 이후가 되면, 갈판은 장방형, 갈돌은 봉상으로 변화한다. 고석은 망치돌로 이용한 것으로 가장 많이 출토되는 신석기시대 석기이기도 하다. 주로 견과류와 패류의 껍질을 깨거나 도구제작에 사용된 것으로 판단된다.

6 조리와 저장

먹거리를 획득한 후 음식으로 만드는 과정을 조리라 하며, 조리 과정을 거쳐 음식으로 완성된 것을 요리라 한다. 고고학에서 선사시대 음식물을 복원하기에는 많은 어려움이 있을 것으로 판단된다. 역사시대와 같이 문헌이나 그림 등을 통해 알 수 있는 것도 아니며, 음식물 자체가 남아 있는 경우도 거의 없다. 따라서 유적에서 출토하는 자연유물과 인공유물을 토대로 복원하여야 한다.

생업활동에서 살펴보았듯이 먹거리 종류는 고기·생선·조개를 비롯해 식물자원 등으로 현재와 거의 동일하다. 따라서 먹거리를 가공해 요리를 만드는 과정도 유사했을 것으로 판단된다. 일반적으로 요리를 하기 위해서는 먹거리를 획득한 후 해체과정을 거쳐 씻고 벗기고 끓이고 데치거나 찌고 삶고 굽는 조리 과정을 거친다. 따라서 그 행위에 사용된 도구를 통해 일련의 행위를 복원할 수 있을 것으로 생각된다.

조리방법에 가장 큰 영향을 준 것은 불의 발명과 토기의 등장이라 할 수 있을 것이다. 불은 식문화뿐 아니라 조명·난방·사냥 등에서도 매우 큰 역할을 하였을 것으로 판단되며, 특히 식문화에서는 날것을 먹는 단계에서 익혀 먹는 단계로의 변화를 초래했다. 이로 인해 먹거리 종류의 증가를 통한 조리법의 다양화를 가져다주게 되며, 이를 통해 하악골의 축소 등 인류의 형질 변화에도 큰 영향을 주게 된다. 또 토기는 용기의 하나이며, 용도로는 자비기·저장기·공선기로 구분할 수 있다. 따라서 토기를 이용한 다양한 조리방법이 나타났을 것이며, 더불어 먹거리 종류도 풍부해졌을 것으로 추정된다. 토기 중 자비기는 삶고 끓이는 과정을 통해 소화를 돕고 살균의 효과도 낳았을 것으로 판단된다.

불을 이용한 조리방법의 고고학 자료로는 주거지 내부의 노지나 야외노지를 들 수 있다. 특히 야외노지의 경우 단순한 형태를 보이는 것에서 복잡한 형태를 보이는 것까지 다양하다. 돌 전체가 불을 맞은 경우도 있는데, 유적 출토 동물 뼈 중에 불을 직접 맞은 것은 전무한 상태이다. 이것은 고기만을 돌에 얹어 굽거나, 민족지 예에서도 알 수 있듯이 내장을 빼고 뱃속에 불에 달군 돌을 넣어 바비큐와 같은 형태로 조리하였을 가능성이 많다.

토기를 이용한 조리에는 주로 물이 사용되었을 것으로 판단된다. 신석기시대에 주된 먹거리로 이용된 견과류와 근경류의 경우, 자비(煮沸)는 견과류의 떫은맛을 없애 주고, 근경류의 전분질 소화를 도와 준다. 또 고기류를 삶거나 끓이는 등 많은 조리방법이 있었을 것으로 판단된다. 신석기시대 토기를 이용한 조리방법은 시루가 존재하지 않았으므로 찌는 방법 외에는 전부 가능했을 것이며, 그 증거가 유적에서 출토된 토기 표면이나 내부의 탄화된 유기물이다.

그 외 조리방법을 유추할 수 있는 유물로는 갈돌과 갈판, 공이 등이 있다. 따라서 식물을 제분한 후 여러 가지 조리를 행하였을 것으로 판단된다. 그리고 유적에서 확인된 도토리 저장공은 물이 들어오는 낮은 지대에 위치하는 것으로 볼 때 떫은맛을 제거하는 과정도 숙지하고 있었을 것으로 판단된다.

마지막으로 저장은 식량 저장으로 인해 수렵채집민들의 정주생활과도 관련 있어 사회상을 연구하는 데 중요한 요소로 판단된다. 고고학 자료로 확인되는 것은 비봉리, 세죽유적의 도토리 저장시설과 주거지 내부의 저장혈 등 유구와 저장용기인 토기이다. 또 일본 죠몽시대의 가고시마현(鹿兒島県) 우에노하라(上野原)유적에서 확인된 연혈토갱(連穴土抗)은 수혈 두 개가 지하로 연결되어 있어 한쪽에서는 불을 피우고 다른 한쪽에는 고기 등을 매달아 훈제하는 시설은 지금의 포와 같은 음식을 만드는 설비이다. 아직 우리나라에서 확인된 예는 없지만, 유사한 형태의 시설을 통해 저장식을 만드는 행위가 있었을 것으로 판단된다. [최종혁]

VI 의례와 장신구

1 의례구

자연의 변화에 좌우되는 환경에서 살아온 신석기인은 사고방식과 생활 자체가 종교적이고 의례적인 측면이 강했다. 자연에 대한 두려움과 생업활동의 안전·풍요·다산 등을 종교적인 신앙이나 각종 의례행위를 통해 해결하였으며, 이를 위해 일부 자연물과 동식물을 신격화하거나 형상화하여 숭배의 대상으로 삼았을 것으로 추정된다. 그 밖에 산과 바다, 나무와 우주 만물에 영혼이 있다고 믿는 애니미즘이나 샤머니즘 신앙도 존재했을 것으로 추정되나 고고학적으로 확인이 쉽지 않다.

신석기인의 정신세계와 사유의 흔적을 보여 주는 각종 의례활동은 무형적인 행위이기 때문에 그 실체를 파악하기 힘들지만, 반구대암각화와 무덤, 각종 의례구를 통해 어느 정도 형태를 짐작할 수 있다.

지금까지 청동기시대로 인식되어 온 반구대암각화는 조성시기와 성격에 대해 연구자에 따라 시각차가 크고 논란도 있지만, 최근 발굴과 연구 성과에 따르면 암각화에 표현된 다양한 동물과 물상, 이들 간에 연계된 내용 등 전체적인 맥락에서 본다면 신석기인의 주요 생업기반이었던 수렵·어로활동에 대한 다양한 행위를 기원하기 위해 생업의례의 일환으로 조성되고 집단 공동체의 신성한 의례 공간으로 기능했을 것으로 추정된다(하인수 2012).

　무덤 유적으로는 부산 범방·가덕도 장항, 통영 연대도·욕지도, 울진 후포리유적 등이 있는데, 장항유적의 48여 기 분묘와 여기에 묻힌 사람들의 굴장, 신전장, 측와장 등 다양한 매장 자세는 신석기인의 매장의례와 사후 세계에 대한 관념을 잘 보여 준다. 40여 구의 인골이 매장된 후포리유적의 집단묘지는 신석기유적에서 유례를 찾아볼 수 없는 특이한 매장 형태로 동해안지역에 거주했던 신석기인의 장제와 습속을 이해하는 데 중요한 정보를 제공해 준다.

　의례행위와 관련된 의례구로 추정되는 것으로는 조개가면과 흙을 빚어 만든 토우 등이 있다. 동삼동패총에서 출토된 조개가면은 국자가리비의 각정부와 복연부 가까이에 눈과 입을 형상화한 구멍을 뚫은 형태로, 조개가 갖는 다양한 상징성으로 보아 집단의 공동의식이나 혹은 벽사적 행위와 관련한 주술구로 이용되었을 것으로 추정된다.

　토우는 주로 해안지역의 유적에서 출토되며, 형상물의 대상에 따라 크게 인물상과 동물상으로 나누어진다. 욕지도와 동삼동패총, 울산 세죽유적에서 출토된 멧돼지, 곰, 물개모양의 토우는 동물형 토우의 전형적인 모습을 보여 준다. 이들 자료는 특정 동물을 신격화하여 숭배하는 토테미즘의 표현물일 가능성도 있다.

　특히 곰모양토우는 신석기인의 곰에 대한 인식을 엿볼 수 있는 중요한 자료이며, 동해안의 양양 오산리유적에서도 확인된다. 동물형 토우는 수렵 및 어로 등 생업활동의 안전과 생산의 풍요를 기원하는 의미에서 제작된 주술적이고 의례적인 기물로 추정된다.

　김해 수가리, 울산 신암리, 세죽, 경주 봉길리, 부산 범방·율리유적에서도 각종 인물상 토우와 남녀 성기를 표현한 토우가 출토되었다. 이들 인물형 토우는 성별에 따라 남성과 여성으로 구분되며, 대표적인 것이 신암리유적 출토품이다.

　신암리유적의 인물형 토우는 크기가 3.6cm 정도인 소형의 여성 좌상(坐像)이며, 수가리패총 출토품은 머리와 손, 발을 아주 간략하게 표현한 허수아비 모양 입상(立像)이다. 이러한 인물형 토우는 완도 여서도패총에서도 출토되고 있다. 인물형 토우는 그 성격이 자세하지 않으나 원시 신앙이나 의례와 관련된 유물로 추정된다. 이 밖

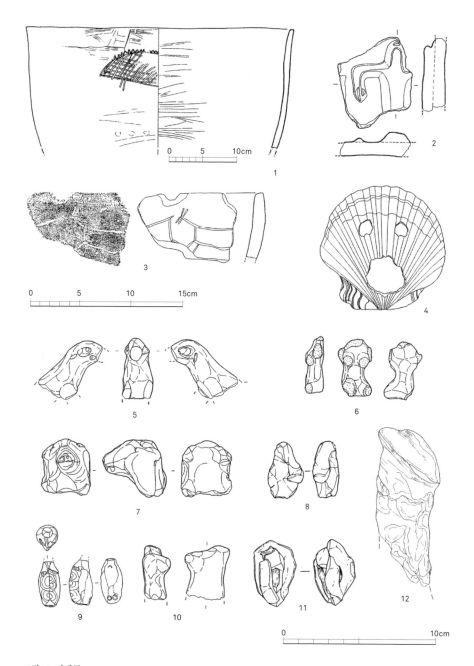

그림 19 의례구

1: 비봉리유적, 2~4 · 7: 동삼동패총, 5 · 10: 세죽유적, 6: 신암리유적, 8: 수가리패총, 9: 욕지도유적, 11: 율리패총, 12: 봉길리유적

에 봉길리, 율리, 범방패총에서 출토한 남녀 성기를 표현한 토제품은 풍요와 다산을

기원한 기물로 추정된다.

토기의 기면에 동물 형상을 음각으로 새기거나 토우를 부착한 장식토기도 신앙이나 의례와 관련된 도구로 생각되는데, 비봉리유적과 동삼동패총의 선각문(線刻文)토기, 죽변유적의 인면형(人面形) 파수부(把手附)토기가 대표적이다.

특히 동삼동패총에서 출토된 사슴선각문토기는 일상용기와 구분되는 단도마연토기에 사슴의 형상을 별다른 수식 없이 간략하게 묘사한 형태로, 양식적으로 반구대 암각화의 사슴 그림과 동일하다.

사슴선각문토기는 신석기인의 주요 수렵 대상인 사슴 사냥에 대한 기원과 이와 관련된 의식을 행할 때 사용한 특수한 용기로 추정되며, 시기는 신석기 중기(기원전 3000년 전후)에 속한다.

2 장신구

몸을 치장하는 장신은 신체를 가공, 변형하거나 문신, 페인팅 등을 통해서도 이루어지지만 고고학적으로는 보통 머리, 귀, 목, 가슴, 허리, 발 등 신체 각 부위에 장신구를 착용하여 치장하는 것을 의미한다. 장신의 역사는 현재까지 발굴 성과로 보아 후기 구석기시대(기원전 4만~1만 5000년)까지 올라가며, 기원은 동물의 이빨이나 뼈, 조개, 옥 등을 가공한 주물(呪物)을 몸에 붙이는 것에서 시작한 것으로 추정된다. 그러나 사회·문화적 가치와 미의식이 결부되면서 다양한 형태의 장신구가 만들어지고 발전하게 되는 것은 신석기시대부터이다.

신석기인은 어로와 수렵중심의 생활을 영위하면서 일상 활동을 통해 쉽게 구할 수 있는 조개·동물뼈·돌·흙 등의 재료를 가공하거나 타 지역으로부터 입수한 옥과 같은 재료를 이용하여 장신구를 제작하였다.

신석기시대 장신의 모습은 무덤이나 주거지, 패총 등의 유적에서 출토되는 장신구의 형태를 통해 추정할 수 있으며, 장신구 종류는 머리 장식용인 뒤꽂이, 목이나 가슴을 장식한 수식(垂飾), 귀걸이, 팔찌, 발찌 등이 있다.

뒤꽂이는 주로 동물뼈를 가공하여 제작하는데, 형태가 명확하지 않을 경우에는 일반 골각기와 구분하기 어려운 점도 있다. 동삼동, 연대도, 범방패총 등의 유적에서 출토되며, 완도 여서도패총 출토품과 같이 몸체에 기하학적 점열문이 장식되

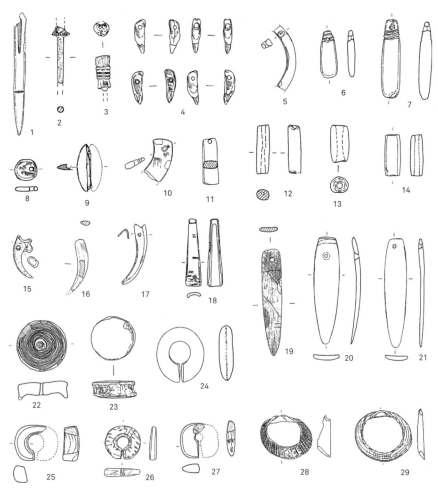

그림 20 장신구

1·8·10·11: 범방유적, 2~4·12·16·19: 연대도패총, 5·15·17·18·22·25·28·29: 동삼동패총, 9: 율리패총, 6·7·14: 가덕도 장항유적, 13·20·21: 후포리유적, 23: 봉길리유적, 24: 선진리유적, 26: 처용리유적, 27: 사촌리유적

어 있는 것도 있다. 모양과 크기가 일정하지 않은 것으로 보아 형태에 따라 사용방법이 다양했던 것으로 추정된다.

수식은 동물의 이빨, 뼈, 발톱 등을 이용하기도 하고, 조개, 옥석을 가공하여 한 점 내지 수 점씩 끈으로 엮어 목이나 가슴을 장식하는 것인데, 재질에 따라 골제수식, 옥석제수식, 패제수식 등으로 구분된다.

골제수식은 멧돼지나 고라니 이빨, 사슴 뼈, 조류 뼈, 상어 척추뼈를, 패제수식은 가리비, 소라, 피뿔고둥 등을 소재로 이용하여 가공한다. 석제수식은 활석, 연옥,

돌을 이용하여 다양한 형태로 만들며, 모양에 따라 판상형, 관옥형, 어망추형, 곡옥형 등으로 나누어진다.

특히 관옥은 주로 분묘의 부장품으로 출토되는데, 울진 후포리와 통영 연대도, 가덕도 장항유적 출토품이 대표적이다. 형태는 대부분 말각 장방형을 이루고 몸체가 약간 둥글게 처리되어 있는 것이 특징이다. 관옥은 대부분 연옥제이며, 출현 시기는 명확하지 않으나 연대도와 장항유적의 시기로 보아 조기(기원전 5000년 전후)까지 올라가는 것으로 추정된다.

팔찌는 대부분 투박조개(밤색무늬조개)나 피조개, 새꼬막을 가공하여 사용하지만, 연대도패총 14호 분묘의 출토 사례로 보아 연옥제 관옥을 이용하기도 한다. 조개팔찌는 신석기인이 가장 애용했던 장신구 중 하나이며, 분포와 출토 양상으로 보아 해안지역의 어로민이 주로 착용하였던 것으로 추정된다.

상노대도 산등패총과 장항유적의 인골 착장 예로 보아 수 개씩 팔목에 끼어 착용하였으며, 제작방법과 테두리 형태에 따라 여러 형식으로 구분된다. 조개팔찌의 착장 풍습은 남해안지역을 중심으로 조기에 출현하여 중기~말기(기원전 3000~2000년)에 유행한 것으로 추정된다.

귀걸이는 착장 방식에 따라 결상이식(玦狀耳飾)과 이전(耳栓)의 2종류가 있으며, 중국, 일본, 연해주 등 동아시아의 넓은 지역에 분포한다. 결상이식은 중국 고대 옥기인 결(玦)과 유사하다는 데서 붙여진 명칭으로 이전과 달리 옥석을 둥글게 가공하여 귓불에 구멍을 뚫어 거는 고리형의 귀걸이다. 형태는 대부분 원형이며, 크기는 직경 3~4cm 정도이다. 청도 사촌리, 사천 선진리, 부산 동삼동, 울산 처용리, 제주도 고산리, 고성 문암리, 여수 안도패총에서 출토되며, 출현 시기는 분명치 않으나 선진리와 문암리유적 출토품의 예로 보아 신석기 조기 무렵부터 사용된 것으로 보인다.

이전은 결상이식과 달리 귓불에 구멍을 뚫어 삽입하여 귀를 장식하는 형식이며 모두 흙을 구워 만든 토제품이다. 형태는 원반형을 이루며, 측면에는 착장하기 위한 홈이 마련되어 있다. 표면에는 가장자리를 따라 점열문과 동심원문을 시문하여 장식하기도 한다. 크기는 직경 4~9cm 정도이다. 동삼동, 김해 수가리, 울주 신암리, 경주 봉길리유적에서 출토되며, 출현 시기는 확실하지 않으나 출토 양상으로 보아 전기 이후 중기(기원전 3000년 전후)에 결상이식을 대신하여 유행했던 것으로 추정된다.

발찌는 연대도패총 7호무덤 남성 인골의 발목에서 출토된 것이 유일한 예이며,

신석기인이 머리나 손, 가슴장식 이외에 발목에도 장식했음을 보여 주는 중요한 자료이다. 연대도 발찌는 돌고래, 수달, 너구리의 이빨 124개를 연결하여 만든 형태인데, 같은 종류의 동물 치아를 이용하지 않고 서로 다른 종류의 동물뼈를 혼합한 것이 특징이다.

이상에서 살펴본 장신구 중에는 재지에서 산출되지 않는 재료로 만든 것이 존재하는데, 대표적인 것이 투박조개로 만든 조개팔찌와 연옥제 수식, 이식이다. 최근의 연구 성과에 의하면 조개팔찌는 국내의 내륙지역과 서해안지역뿐만 아니라 일본 대마도지역까지 교역품으로 이용되었음이 밝혀지고 있다. 특히 동삼동패총에서 출토된 대량의 조개팔찌는 신석기시대 생산과 유통 문제를 이해하는 데 중요한 정보를 제공해 준다. 이 밖에 범방패총과 장항유적의 연옥제 수식, 선진리유적의 결상이식도 타 지역에서 유입된 외래품으로 추정된다(하인수 2013).

신석기시대 장신구는 집단 성원의 개성의 표현으로 착용되었을 가능성도 있지만, 소재의 희소성과 출토 양상 등으로 보아 사회적으로 혹은 집단 내에서 특정한 신분이나 역할을 담당한 사람들이 착용하였을 것으로 생각된다. 가덕도 장항유적에서 출토된 48기의 무덤 중에서 조개팔찌를 착용한 인골이 2기에 지나지 않는다는 것은 피장자의 성격을 이해하는 데 시사하는 바가 크다고 할 수 있다.   [하인수]

VII 교류활동

시기와 지역을 불문하고 복수의 인간 집단이 존재하는 곳에서는 정도의 차이는 있지만 교류는 항상 존재하기 마련이다. 교류는 다양한 원인—정치·사회·경제·이념적—에 기인하는 집단 상호 간의 필요성에 의해 일어나는 것이며, 그 결과로 교류망(exchange network)에 포함된 집단들의 물질문화를 변용시키기도 한다. 교류 연구는 고고학적 자료를 통해 교류활동 자체를 인지하고, 그 것이 일어나게 된 구체적인 과정이나 배경을 밝히는 작업이 될 것이다. 이를 위해서는 고고학적 방법론뿐만 아니라 구체적 증거를 확인할 수 있는 자연과학적 분석이 뒤따라야 함은 물론이다. 교류가 인간 집단의 유지에 필수적인 활동 중 하나이고, 그 과정 및 결과가 해당 사회의 변화를 가져올 수 있다면, 인간 집단의 존재 양태와 변화 및 원인을 규명하고자

하는 고고학에서 교류 관련 연구는 매우 중요한 축을 담당할 수 있을 것이다.

　'교류'란 일반적으로는 집단 또는 개인 간의 직·간접적인 접촉을 통한 관계설정 또는 영향관계를 의미하는 것으로, 구체적인 재화나 용역을 주고받는 의미가 강한 '교환'보다는 광범위한 의미로 사용되는 경향이 있다. 예를 들어 석기, 석재 또는 장신구 등의 구체적 재화는 집단 또는 개인 간의 '교류' 과정을 통해 '교환'된다. '교류'는 꼭 재화의 '교환'을 목적으로 이루어질 필요는 없는 반면 '교환'은 교류를 전제로 하지 않으면 사실상 이루어지기 어렵다. 물질적 재화는 교환의 구체적 대상이 되고 특정 시공간에 고고학적 자료로 남을 수 있다.

　교환물에 대한 분석과 연구는 지역 또는 집단 간 생업, 사회, 이념적 측면의 변동과 관련된 교류 연구로 심화될 수 있다. 한반도 남해안에서 확인되는 흑요석은 산지 분석을 통해 일본 규슈산임이 확인된 바 있는데, 구체적 재화의 교환에 대한 고고학적 확인은 해당 교환망에 참여한 지역 집단의 생업 및 이념 등 여러 요소의 비교를 가능하게 하고, 나아가 지역 내 문화변동 설명에 많은 도움을 줄 수 있다.

　이제까지 신석기시대 지역 간 교류 연구는 직접적 증거인 교환(매개)물의 확인, 구체적 교류방식 추론, 사회경제적 배경 검토 등을 중심주제로 하여 이루어졌다. 지역적으로는 집단들 간 물질문화가 현저하게 차이가 나서 외래 기원 유물 식별이 상대적으로 용이한 남해안과 일본 규슈지역 간 대외교류 연구가 중심을 이루고 있고, 한반도 내 집단 간 교류 문제는 거의 논의되지 않고 있다. 토기를 대상으로 대한해협 양안지역(兩岸地域) 관련성을 소략하게 언급하고 계보관계를 검토하는 정도에 그친 초기 연구를 지나, 현재는 작살, 결합식조침 등 외양성(外洋性) 어로도구, 흑요석이나 사누카이트 등의 석재, 조개팔찌 등 장신구나 의례도구와 같은 실질 교환물 자료의 축적이 이루어짐에 따라 교류의 성격과 배경에 대한 검토도 진행되기 시작하였다(宮本一夫 2004).

　교류의 구체적 방식에 대한 고고학적 검토는 매우 어려운 작업이다. 예를 들어 중국의 산동반도와 요동반도 간 교류는 양 지역을 점점이 연결하는 묘도(廟島) 열도라는 섬들을 건너는 방식으로 이루어졌을 것으로 보는 것이 일반적인데, 한반도 남부와 일본 규슈지역의 경우도 마찬가지로 지리적 위치나 해류 등을 고려하여 대마도를 매개로 하거나 직접 상대지역으로 도항하였을 것이라는 상식적 수준에서의 논의가 이루어지고 있다.

교류의 배경은 정치·사회·경제·이념적 요인 등 다양할 수 있다. 그러나 신석기시대의 교류 배경에 대해서는 생업 경제적 측면을 중심으로 검토되는 경향이 뚜렷하다. 예를 들어 대한해협 양안지역의 경우, 바다라는 생업환경을 공유하는 양 지역 어로민의 외양성 어로활동이 배경이 되었을 것으로 보는 것이 일반적이다(정징원·하인수 1998). 매우 개연성이 높은 지적이지만 생업환경과 기술의 공유는 교류의 기회를 제공해 주는 것이지 배경이 되는 것은 아니다.

교류는 기본적으로 대상집단 또는 개인 서로 간의 필요에 의해 발생한다고 볼 수 있으므로, 해당 집단들 내부의 사회경제적 상황 및 변화를 살피면 교류 발생의 배경에 대해 추적해 볼 수 있을 것이다.

1 대내교류

현재까지 확인되는 대내교류 관련 자료는 다음의 〈표 6〉 및 〈그림 21, 22〉와 같다. 자료가 많지 않아 영남 이외의 자료도 포함시켰다. 토기를 제외하면 흑요석과 조개팔찌 등 외부기원 물질문화임을 쉽게 알 수 있는 극히 일부 자료만이 알려져 있다. 실제 교류의 흔적은 이보다 훨씬 많았겠지만 산지 분석 등 자연과학적 검토가 뒷받침되지 못해 확인하지 못하는 실정이다. 예를 들어 중서부지역에 많은 활석 혼입 토기들의 경우 비짐 물질인 활석의 획득 및 유통과 관련된 연구는 거의 전무한 상태이며, 옥제 장신구나 남부지역 석부의 유통 문제 등도 육안 관찰 이외에는 자료적 뒷받침이 부족한 상황이다.

토기로 본 사례는 조기 단계에 해당하는 단양 상시3동굴의 융기문토기, 춘천 교동의 오산리식토기, 고성 문암리의 보이스만문화 토기, 거창 임불리의 융기문토기, 울산 세죽의 죽변식토기, 중기의 암사동식토기 및 서해안·동해안에서 확인되는 금탄리1식토기 등이 있다. 이 사례들은 모두 해당 토기 양식의 중심 분포 지역을 벗어나서 확인된 것들이다.

그러나 이 모두를 교류의 결과로 해석할 수 있는지는 논란의 여지가 있다. 예를 들어 교동의 오산리식토기나 임불리의 융기문토기 등은 동시기 해당지역 재지토기를 확인할 수 없다는 점에서 일회적 집단이동의 흔적인지 교류의 결과인지 해석하기 어려운 것이다. 그러나 세죽의 죽변식토기나 암사동의 금탄리1식토기 등은 재지

교환물 유적	토기	석기 및 기타	시기
단양 상시3동굴	융기대문 토기	조개팔찌	조기
춘천 교동	오산리식 토기	결합식낚시 축부	조~전기
거창 임불리	융기문토기		조기
울산 세죽	죽변식 토기		조기
동삼동패총	죽변식토기		조기
고성 문암리	보이스만 토기		조기
밀양 살내	영선동식 토기		전기
동삼동패총	단사선문토기		전기
범방패총	단사선문토기		전기
비봉리유적	단사선문토기		전기
오진리유적	단사선문토기		전기
서울 암사동	금탄리1식 토기		중기
영종도 는들(젓개마을)	금탄리1식 토기		중기
양양 용호동	금탄리1식 토기		중기
군산 가도 A패총	금탄리1식 토기		중기
군산 노래섬	금탄리1식 토기		중기
연당 쌍굴		조개팔찌	
양양 오산리		흑요석 원석	조기
영종도 는들		흑요석편	후기
오이도 안말		흑요석편	후기?

표 6 대내교류 주요 관련 자료

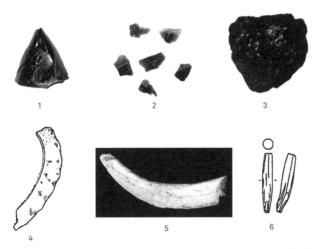

1: 오이도 안말, 2: 영종도 는들, 3: 오산리유적,
4: 단양 상시3동굴, 5: 연당 쌍굴, 6: 춘천 교동

그림 21 대내교류 관련 자료―석기, 석재 및 장신구(축척부동)

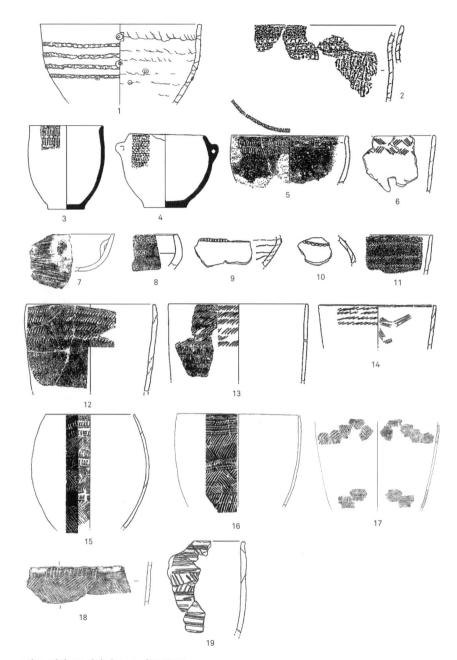

그림 22 대내교류 관련 자료―토기(축척부동)

1: 단양 상시3동굴, 2: 거창 임불리, 3 · 4: 춘천 교동, 5: 제천 점말동굴, 6: 밀양 살내, 7 · 8 · 12: 부산 동삼동, 9 · 10: 울산 세죽, 11: 부산 범방유적, 13: 청도 오진리, 14: 창녕 비봉리, 15: 서울 암사동, 16: 군산 노래섬, 17: 군산 가도, 18: 양양 용호동, 19: 영종도 눈들(젓개마을)

토기와 섞여 매우 소량씩 출토되고 있어 인근 지역과의 교류과정에서 파생된 것으로 이해할 수 있다. 이와는 달리 밀양 살내유적의 예는 재지의 영선동식토기와는 구분되는 중서부계통의 토기가 중심이 되고 있어 집단의 이동에 따른 결과일 가능성이 높다. 이렇게 본다면 살내유적에서 소량 확인되는 영선동식토기나 남해안에서 소량 확인되는 전기 후반의 단사선문토기는 이미 남부지역에 진출한 중서부계통 집단과 남부지역 재지집단 간 교류 흔적으로 이해할 수 있다.

토기 이외의 자료로는 단양 상시3동굴과 연당 쌍굴의 조개팔찌, 양양 오산리의 흑요석 원석, 춘천 교동의 결합식조침의 축부, 오이도 안말이나 영종도 는들의 흑요석과 같이 재지에서 구할 수 없는 것이 확실한 사례들이 주종을 이룬다. 이외에 남해안에서 확인되는 전면 마연의 양인석부 중 일부는 석재로 볼 때 주변 지역과의 교류 결과 이입된 것으로 보는 견해가 있다.

위 사례들을 종합할 때, 대내교류의 특징은 다음과 같이 요약할 수 있다.

첫째, 교류방식과 관련하여 볼 때 원거리 교류의 예는 드물다는 점이다. 암사동의 금탄리1식토기, 살내유적의 영선동식토기, 세죽유적의 죽변식토기 등 인근 집단 간의 접촉을 보여 주는 사례들이 주류를 이루고 있다. 서해안이나 동해안의 흑요석과 같이 원산지에서 멀리 떨어진 석재의 경우도 직접 원거리 교역을 했을 가능성은 적다. 출토량이 미미하기 때문에 주변 집단과의 교류 연쇄를 통해 원재료를 입수했을 가능성이 높다. 동삼동 등 흑요석이 다량 출토되는 일부 유적을 제외한 남해안 대부분 유적에서 확인되는 소량의 흑요석 역시 마찬가지였을 것이다. 상시동굴이나 연당 쌍굴의 조개팔찌, 융기문토기 등도 마찬가지인데, 이와 같은 원거리 물품들의 교류는 지속적이라기보다는 일회적인 성격이 강하다.

둘째, 토기를 제외하면 장신구와 흑요석 등 재지에서 구할 수 없는 재료들이 주종이라 아래에서 볼 대외교류의 물품들과도 일맥상통하는데, 이는 상식적 수준에서 생각할 수 있는 교류의 내용이다. 다만 현재 남아 있지 않은 유기물(가죽, 기름, 향신료, 식료 등) 등을 고려해야 하므로 교류 대상 물품을 이러한 부류에 한정짓는 것은 위험하다.

2 대외교류

　　현재까지 확인되는 한반도 남해안과 일본열도 규슈지역 간의 교류 관련 자료를 정리하면 다음 〈표 7〉 및 〈그림 23~25〉와 같다. 전 시기를 통해 한반도 남해안에서는 토기를 제외할 경우 흑요석 등의 원석, 낚시바늘이나 석제도구 등 생업과 직접 관련된 물품이 주로 반입된 반면, 서북규슈에서는 조개팔찌, 수식 등 장신구의 예가 많다. 흑요석은 많은 유적에서 확인되고 있지만 모두 규슈와의 직접교류 산물로 보기는 어렵다. 동삼동 등 교류를 담당했을 거점집단에 의해 반입된 원석이 재유통된 사례가 많을 것이다.

　　한반도 남해안지역에서 보이는 석제 혹은 골제 작살, 결합식 작살(石鋸) 등 외양성 어로도구는 서북규슈와의 교류의 산물로 간주되고 있지만, 해양에 적응한 집단의 필수 도구를 모두 교환에 의존했다고 보는 것은 무리이다. 이보다는 양 지역에서 장기간에 걸쳐 유사한 생업방식을 전개해 나가는 가운데 필연적으로 기종을 공유한 것으로 이해하는 편이 더 타당하다. 특히 결합식 작살의 경우는 문암리에서 서북규슈보다 이른 조기 단계의 것이 확인되었고, 남해안에서의 출토 예도 늘어나고 있어 이러한 점을 뒷받침해 준다. 물론 한반도 남해안에서 발견된 서북규슈형 낚시바늘이나 석시(石匙), 규슈 오오야(大矢)유적 등에서 발견된 오산리형 조침의 축부와 같이 분포가 한정적인 유물들은 직접 교환물로 볼 수 있다. 그러나 생업활동에 충당하기에는 매우 적은 수량이 출토된다는 점에서 생업 경제적 측면만으로 이 유물들의 출토 상황을 설명하기는 어려울 것이다.

　　이런 점에서 양 지역 집단들은 해양 환경에 적응하는 가운데 작살이나 낚시 등 생업도구, 장신구나 토우 등의 비실용품 등 생활 전반과 관련한 필수물품 조성에서 유사성을 갖으면서, 흑요석 원석, 조개팔찌나 수식 등 필요하지만 자체 조달할 수 없는 물품들을 교환했던 것으로 이해할 수 있다. 교환 대상물의 내용과 성격, 교류의 구조는 시기에 따라 변화하는 모습을 보인다.

　　대한해협 양안지역의 교류 관련 유적(그림 27)은 서로 가장 근접한 해안, 도서지역인 한반도 동남해안과 일본 대마도 서안, 규슈의 서북부에 집중 분포되어 있다. 반면 내륙에서는 교류 관련 자료가 거의 확인되지 않는다. 분포도는 해안 집단들이 양 지역 교류의 주체라는 점을 잘 보여 준다. 한반도에 반입된 교환물이 주로 도구 제작

유적		교류, 교환물 토 기	석기, 골각기 및 장신구	해당시기
한국 남해안	우봉리		흑요석	
	세죽		흑요석, 사누카이트	
	신암리	도도로키(轟)B계(굴곡형), 프로토소바다(曾畑), 아다카계(阿高系)	흑요석(III지구)	전기, 중기
	황성동		흑요석	
	동삼동	轟B, 소바다(曾畑), 후나모토(船元)III, 사토기(里木), 난부쿠지(南福寺), 이즈미(出水)	흑요석(원석포함), 사누카이트	전~후기
	범방패총	轟B계(굴곡형), 轟C,D계, 船元系	흑요석(원석포함)	전기, 중기
	범방유적		흑요석, 사누카이트	
	북정		흑요석	
	가덕도 장항		흑요석	조~전기
	조도	압형문?	흑요석	조기
	다대포		흑요석	
	수가리		흑요석	말기
	화목동		흑요석	
	거제도 대포I	轟B, 카스가(春日)	흑요석	전기, 중기
	거제도 근포		흑요석	?
	공수C		흑요석	
	대항패총		흑요석	
	진주 귀곡동		흑요석	
	산등		흑요석	
	상노대도	轟B, 나카즈(中津), 南福寺	흑요석, 서북구주형 조침	전기, 후기
	연대도	轟B, 春日	흑요석(원석포함), 석시, 사누카이트	전기, 중기
	욕지도	미타라이(御手洗)A	흑요석, 사누카이트	후기
	비진도		흑요석	?
	안도 가	轟B	흑요석	전기
	안도	쿠바마(苦浜)식? 轟A식?	흑요석(원석 포함), 석시	조~전기
	송도		흑요석	
	경도		흑요석	
	흑산제도	프로토曾畑		전기
일본 쓰시마섬	코시타카(越高)	융기문		조기
	코시타카오자키(越高尾崎)	융기문		조기
	묘우토이시(夫婦石)	영선동식, 태선문, 퇴화침선문		전~후기
	카이진진쟈(海神神社)	침선문(확인)		
	사가(佐賀)패총	주칠단사선문	조개팔찌, 고라니 견치 수식	중기, 말기
	누카시(ヌカシ)	영선동식, 침선문, 파수부호, 이중구연		전기~말기?

표 7 대외교류 관련 자료(한반도 남해안 및 일본 규슈)

	키자카카이진쟈(木板海神社)	침선문		중기, 후기
	요시다(吉田)	이중구연		말기
	마츠자키(松崎)	서당진식, 태선문?		전기, 중기
	츠쿠메노하나(つぐめのはな)	융기문, 영선동식		조~전기
	히메진쟈(姫神社)	영선동식?, 침선문		전기?, 후기?
	이키리키(伊木力)	영선동식		전기
	후카보리(深掘)	영선동식		전기
	노쿠비(野首)	융기문,영선동식		조기, 전기
	카시라가지마시로하마(頭ヶ島白浜)	주칠토기		조기
	아카마츠(赤松)해안	융기문, 태선문, 퇴화침선문		조기, 중, 후기
일 본 규 슈	오가와시마(小川島)패층	파수부호		후기? 말기?
	니시카라츠(西唐津)海底	영선동식		전기
	나바타케(菜畑)	영선동식		전기
	쿠와바루히쿠지(桑原飛櫛)패층	파수부토기		후기?
	도도로키식(轟貝塚)	융기문, 영선동식		조~전기
	소바다(曾畑)패층	영선동식		전기
	와키미사키(脇岬)	영선동식		전기
	시로헤비야먀(白蛇山)岩陰	융기문		조기
	누숫토(盗人)岩陰	영선동식		전기
	텐진야마(天神山)	융기문		조기, 후기
	오오야(大矢)		오산리형 낚시축부	?
	후투오(一尾)		오산리형 낚시축부, 바늘(貝製)	

* 정징원·하인수 1998; 甲元眞之 外 2002; 河仁秀 2004를 기초로 재작성

표 7 대외교류 관련 자료(계속)

에 필요한 석재(흑요석, 사누카이트)인 반면, 규슈지역 집단이 입수한 교환물은 토기를 제외하면 주로 장신구라는 점에서 재지에서 구하기 어려운 물품들이 주요 교환 대상임을 알 수 있다. 더불어 유적 분포의 특징을 통해 해안 집단들이 내륙으로의 재유통을 염두에 두고 교환행위를 한 것은 아니라는 점도 알 수 있다.

대마도에는 한반도 남해안계 유물이 중심이 되는 유적들(越高, 越高尾崎, 夫婦石)이 존재한다. 이를 근거로 대마도는 교류를 위한 중간기착지 또는 중개지로 해석되고 있다(하인수 2004). 그러나 즐문토기가 중심이 되는 유적의 존재는 일정 기간 이상의 생활이 이루어졌음을 시사하는 것으로 볼 수 있다. 따라서 정확히 본다면 이 현상은—적어도 중기 태선문토기 단계 이전까지는—대마도가 양안지역 교류의 주요 접촉지대(frontier area)로 기능했음을 보여 주는 것이다. 반면 즐문 후기 이후에는 대마

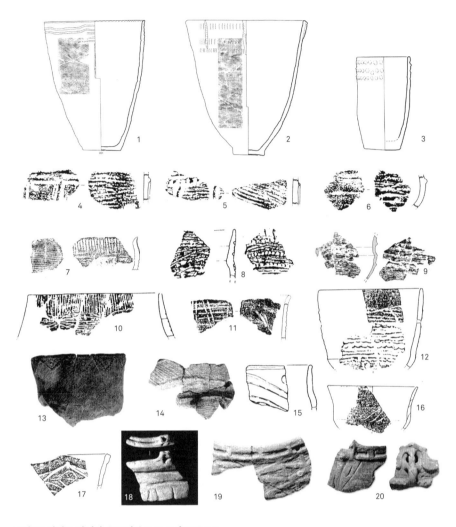

그림 23 한반도 남해안 출토 일본 죠몽 토기(축척부동)

1~3: 안도, 4~6 · 11 · 13 · 18~20: 동삼동, 7 · 17 : 상노대도, 8 · 9 · 14: 연대도, 10 · 15: 신암리, 12 · 16 : 범방

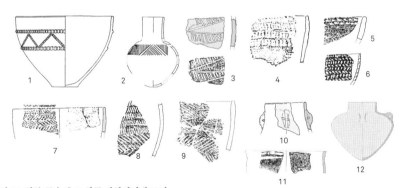

그림 24 일본 규슈 출토 한국 신석기시대 토기

1 · 2: 코시타카(越高), 3: 카시라가지마시로하마(頭ケ島白浜), 4: 니시카라츠해저(西唐津海底), 5: 도도로키식(轟貝塚), 6: 후카보리(深掘),
7: 나바타케(菜畑), 8 · 9: 묘우토이시(夫婦石), 10: 쿠와바루히쿠지패총(桑原飛櫛貝塚), 11 · 12: 누카시(ヌカシ)

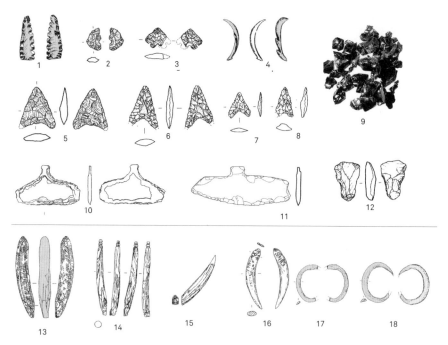

그림 25 대한해협 양안지역 출토 교류 관련 유물—석기 및 기타(축척부동)
(상: 한국 남해안 출토 일본 죠몽계 석기와 골각기, 下: 일본 규슈 출토 한국 신석기시대 석기와 골각기)
1·4: 상노대도, 2·3·5·9: 동삼동, 6~8·10: 연대도, 11: 안도, 12: 욕지도, 13: 오오야(大矢), 14·15: 후토오(一尾), 16~18: 사가패총(佐賀貝塚)

도에서 이러한 즐문계 집단의 존재를 상정할 수 없기 때문에 양안 집단의 주 접촉지대가 바뀌는 것으로 보인다. 죠몽 후기 전반의 토기들이 남해안 유적에서 다수 확인되는 것으로 보아 적어도 즐문 말기(죠몽 후기 전·중엽)에는 한반도 남해안지역이 주요 접촉지대가 되었을 가능성이 높다. 이와 같은 주요 접촉지대의 이동은 양안 집단 각각의 내부에서 발생한 변화와 관련될 것이다.

한반도 남부와 일본 규슈지역 간 교류 강도는 시기에 따라 증감 현상을 보인다. 교류 역시 생업활동의 일환이라는 점에서, 그 변화 양상은 각 집단 내부의 사회·경제적 변화와 관련하여 이해할 필요가 있다. 한반도 남부지역 신석기시대는 사회·경제적 변화의 측면에서 2~3회 정도의 획기를 설정할 수 있다. 첫 번째 획기는 중기로 설정 가능하다. 남해안 중기가 되면 중서부 전통의 토기문화 영향을 강하게 받은 태선침선문 토기문화의 성립, 중서부에서 유래한 조·기장 중심의 초기농경 확산 및 식물성 식량 자원 의존도 증가, 수혈 주거 취락의 확립, 외해도서지역 점유의 감소 등 매우 큰 변화가 보인다.

남해안지역의 두 번째 획기는 말기로 설정 가능하다. 말기에는 안정된 취락이 거의 보이지 않고 소규모의 패총이나 산포지, 수혈, 집석 등만이 확인된다는 점에서 중기 이후 확립되었던 수렵채집어로+초기농경이라고 하는 생업체계의 안정성이 감소되어 상대적으로 이동성이 증가하고, 집단의 소규모화가 가속화된다(安承模 2005, 임상택 2006). 중기에서 후기로의 변화 양상은 위의 두 획기에 비하면 상대적으로 크지 않지만, 취락규모의 축소, 소규모 취락의 내륙 확산, 남부지역 토기문화의 삼남 내륙 확산, 해안 도서지역의 활발한 재점유 등을 특징으로 들 수 있다.

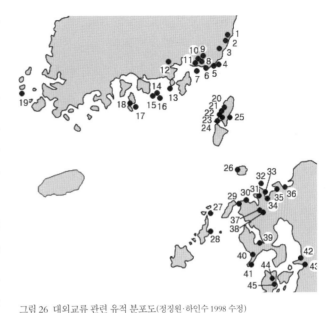

그림 26 대외교류 관련 유적 분포도(정징원·하인수 1998 수정)

1: 우봉리, 2: 신암리, 3: 공수, 4: 조도, 5: 동삼동, 6: 다대포, 7: 대항패총, 8: 수가리, 9: 북정, 10: 범방, 11: 화목동, 12: 대촌, 13: 연대도, 14: 상노대도상리, 15: 산등, 16: 욕지도, 17: 안도, 18: 송도, 19: 흑산도, 20: 코시타카(越高)·코시타카오자키(越高尾崎), 21: 묘우토이시(夫婦石), 22: 키자카카이진쟈(木板海神社), 23: 요시다(吉田), 24: 누카시(ヌカシ), 25: 사가패총(佐賀貝塚), 26: 마츠자키(松崎), 27: 노쿠비(野首), 28: 카시라가지마시로하마(頭ケ島白浜), 29: 츠쿠메노하나(つぐめのはな), 30: 히메진쟈(姫神社), 31: 아카마츠해안(赤松海岸), 32: 오가와시마(小川島), 33: 니시카라츠해저(西唐津海底), 34: 나바타케(菜畑), 35: 텐진야마(天神山), 36: 쿠와바루히쿠지(桑原飛櫛), 37: 시로헤비야마(白蛇山), 38: 누숫토(盗人岩), 39: 이키리니(伊木力), 40: 후카보리(深掘), 41: 와키미사키(脇岬), 42: 소바다패총(曾畑貝塚), 43: 도도로키식(轟貝塚), 44: 후토오(一尾), 45: 오오야(大矢)

규슈 죠몽시대의 획기는 조기와 전기 사이, 중기와 후기 사이에 각각 두어질 수 있다. 가고시마 카카이(鬼界) 칼데라 분출에 의한 아카호야 화산재의 퇴적을 기준으로 조기와 구분되는 전기의 유적은 저구릉이나 평야로 입지 이동, 수혈주거 등장, 패총으로 대표되는 해양자원 이용의 본격화 등을 특징으로 한다. 토기 역시 조기와 큰 차이를 보여 전반은 도도로키B식(轟B式), 후반은 소바다식(曾畑式)토기로 대표된다. 도도로키B식토기는 규슈는 물론 산인(山陰) 지방까지 분포가 확인되는 대표적인 규슈 재지계 토기양식이다. 소바다식토기 단계에는 전반과 달리 서일본지역과의 교류보다는 규슈 남부 및 류큐열도 지역으로 문화가 확산된다. 두 번째 획기인 규슈 죠몽 후기가 되면 서일본 죠몽문화가 규슈에 대거 등장한다. 마소죠몽토기(磨消繩文土器), 타제석부, 토우, 석봉(石棒) 등의 특징적인 유물, 발치풍습 등이 그것이다. 이와 함께 조합식작살[石鋸]로 대표되는 '서북규슈형' 어로문화의 완비, 수혈주거 및 패총의 급격한 증가, 굴지구인 '편평타제석부'로 대표되는 도구상의 변화 등이 나타난다.

양 지역 교류 양상의 변화는 크게 세 단계로 나누어 볼 수 있는데, 변화의 획기는 사회·경제적 변화로 본 획기인 남해안 중기와 말기 단계에 각각 대응한다. 남해안 전기 영선동식토기 문화가 규슈 토기 문화에 큰 영향을 미치고 있는 점에서 알 수 있듯이 조기~전기(특히 전기)는 양 지역 교류 관계가 매우 활성화되었던 때이다. 이 시기는 남해안에 해양성이 강한 지역집단이 존재하고 있었고, 규슈지역에서도 전기에 해양자원에 대한 이용도가 증가하는 특징이 있어 해양자원을 매개로 한 교류의 활성화를 생각해 볼 수 있다.

반면, 중기가 되면 남해안에는 초기 농경으로 대표되는 식물성 식량 의존도 증가와 내륙 점유 증가, 외해 도서지역 점유 감소가 연동하여 나타나며, 규슈에서도 소바다식토기 단계의 교류의 흐름은 남쪽으로 치우쳐 있다. 즉 양 지역 모두 대한해협이라는 해양을 매개로 한 기존의 활발한 교류 관계가 감소될 수 있는 환경이 조성된 것이다. 이는 중기 단계 양 지역에 교류 관련 유물이 적어지는 것으로 반영되어 나타난다. 그러나 대마도 묘토이시(夫婦石)유적에서 보듯이 앞 시기와 마찬가지로 쓰시마섬이 양 지역의 접촉 지대로 기능하고 있다.

교류 관련 자료는 다시 남해안 말기 단계가 되면 크게 증가한다. 이 시기는 남해안과 규슈지역 모두 커다란 변동이 확인되는 시기이다. 남해안은 기존의 생업-주거 체계 안정성이 약화되는 양상인 반면, 규슈지역에서는 수혈주거 취락 증가로 상징되는 인구증가와 안정성 제고 양상이 현저하며 동일본적 죠몽문화 유입, 장신구, 의례유물 성행 등의 특징을 보인다. 아마도 규슈지역의 이러한 변화는 수식이나 팔찌와 같은 장신구의 수요를 증가시켰을 것이다. 조개팔찌나 옥제 목걸이 등 주요 장신구들은 양 지역 모두에서 전체 매장 유구 중 일부에서만 확인되는 것으로 보아 누구나 착용할 수 있었던 것은 아니다. 재지에서 구할 수 없는 재료로 만든 장신구—외래기원 장신구—는 이와 같은 사회적 지위나 위상을 표현하는 데 매우 좋은 수단이 되었을 것이다. 규슈 죠몽 사회의 변화와 이에 따른 장신구에 대한 사회적 요구의 증대는 죠몽 후기 전중반(남해안 말기) 단계에 규슈 죠몽인이 남해안지역으로 적극적인 교류활동에 나서게 된 하나의 이유가 될 수 있다. 이러한 교류 성격 변화로 인해 양 지역 집단의 주요 접촉지대가 한반도 동남해안지역으로 이동하는 현상이 나타나게 되는 것이다. 서일본 죠몽문화의 서진(西進)과 규슈 죠몽 후기 사회의 변동, 대한해협을 매개로 한 양 지역 교류 관계의 내용과 성격 변화 및 접촉지대 변화라고 하는 일련의 현상이 연동하여 나타나게 되는 것이다. [임상택]

참고문헌

岡田憲一·하인수, 2009, 「한반도 남부 종말기 즐문토기와 繩文土器의 연대적 병행관계 검토」, 『한국신석기연구』7.

강창화, 2006, 『제주 고산리 신석기문화 연구』, 영남대학교 박사학위논문.

_____, 2012, 「제주도지역의 토기문화」, 『한국 신석기문화 개론』, 서경문화사.

계명대학교 행소박물관, 2012, 『대구·경북신석기문화 그 시작과 끝』.

고동순, 2009, 「동해안지역의 신석기문화」, 『한반도 신석기시대 지역문화론』, 동삼동패총전시관.

공우석, 2010, 「고대의 기후와 생태」, 『한국고대의 수전농업과 수리시설』, 서경문화사.

구자진, 2009, 「중부내륙지역의 신석기문화」, 『한반도 신석기시대 지역문화론』, 동삼동패총전시관.

국립문화재연구소, 2012, 『한국고고학전문사전─신석기시대편─』.

_____, 2012, 『한국고고학전문사전 신석기시대편』.

김건수, 2011, 「우리나라 유적 출토 개 유체 고찰」, 『호남고고학보』37.

김상현, 2012, 「남해안 신석기시대 전기 매장의례 시론─부산 가덕도 장항유적─」, 『생산과 유통』, 영남고고학회·구주고고학회 제10회 합동고고학대회.

김연옥, 1985, 『한국의 기후와 문화』, 이화여대 출판부.

김원용, 1982, 「한국 선사시대의 신상에 대하여」, 『역사학보』94 · 95, 국사편찬위원회.

김재현·신석원·김상현, 2011, 「가덕도 장항유적 신석기시대 인골에 대한 소견」, 『신석기시대 패총문화』, 한국신석기학회.

김지현·지영배·김민정, 2010, 「울산 처용리유적」, 『동해안지역의 신석기문화』, 한국신석기학회.

김희찬, 1995, 「신석기시대 식량획득과 저장성」, 『아세아고문화』, 학연문화사.

동국대학교 매장문화재연구소, 2007, 『울산세죽유적I』.

박수진, 2010, 「한반도의 지형특성과 전통수리시설의 입지」, 『한국고대의 수전농업과 수리시설』, 서경문화사.

배성혁, 2007, 「신석기시대 취락의 공간배치구조」, 『한국신석기연구』13, 한국신석기학회.

부산대학교박물관, 1981, 『김해수가리패총』.

송은숙, 2012, 「중부지역의 토기문화」, 『한국 신석기문화 개론』, 서경문화사.

스즈키 기미오(이준정·김성남 역), 2007, 『패총의 고고학』, 일조각.

신숙정, 1992, 「우리나라 신석기시대의 자연환경」, 『한국상고사학보』10.

_____, 1994, 『우리나라 남해안지방의 신석기문화 연구』, 학연문화사.

_____, 2013, 「신석기개념과 토기의 발생에 대한 최근의 논의」, 『한국신석기연구』26.

안승모, 2005, 「한국 남부지방 신석기시대 농경 연구의 현상과 과제」, 『한국신석기연구』제10호.

양성혁, 2012, 「매장과 의례」, 『한국 신석기문화 개론』, 서경문화사.

이경아, 2008, 「비봉리유적 출토 식물유체 약보고」, 『飛鳳里』, 국립김해박물관 학술조사보고 6책.

이동영·김주용·양동윤, 1995, 「제4기 지질 및 자연지형조사」, 『서해안건설구간(안산-안중간)유적발굴보고서(1)』, pp. 17-95.

이동주, 2006, 『한국 신석기문화의 원류와 전개』, 세종출판사.

_____, 2006, 「동삼동유적에서 새롭게 확인된 환경변동의 흔적에 대한 검토」, 『호남고고학보』 24.

_____, 2009, 「영남내륙지역의 신석기문화」, 『한반도 신석기시대 지역문화론』, 동삼동패총전시관.

_____, 2012, 「남부지역의 토기문화」, 『한국 신석기문화 개론』, 서경문화사.

_____, 2013, 「울산 세죽유적에서 나타난 해수면 상승의 성격에 대하여」, 『신석기학보』 26.

_____, 2013, 「울산 세죽유적 일대에서 확인되는 해수면 상승흔적과 그 성격에 대하여」, 『한국 신석기연구』 26.

이영덕, 2011, 「생업과 도구」, 『한국 신석기문화 개론』, 중앙문화재연구원 학술총서 3.

_____, 2011, 「생업유형」, 『한국신석기문화개론』, 서경출판사.

임상택, 2006, 『중서부지역 빗살무늬토기문화 변동과정 연구』, 서울대학교 박사학위논문.

_____, 2006, 『한국 중서부지역 빗살무늬토기문화 변동과정 연구』, 서울대학교 박사학위논문.

_____, 2008, 「신석기시대 대한해협 양안지역 교류에 대한 재검토」, 『영남고고학』 47.

_____, 2012, 「동·남해안 지역의 신석기시대 조기양식」, 『한국신석기연구』 24.

임학종, 2008, 「신석기시대의 무덤」, 『한국신석기연구』 15, 한국신석기학회.

장은혜, 2013, 「남부지역 조·전기토기 전환과정 연구」, 부산대학교 석사학위논문.

정징원, 1982, 「남해안지방의 즐문토기연구」, 『부대사학』 6.

_____, 1985, 「남해안지방 융기문토기에 대한 연구」, 『부대사학』 9.

정징원·하인수, 1998, 「남해안지방과 구주지방의 신석기시대 문화교류 연구」, 『한국민족문화』 12, 부산대학교 한국민족문화연구소.

조화룡, 1987, 『한국의 충적평야』.

중앙문화재연구원(편), 2011, 『한국 신석기문화 개론』.

최복규, 1978, 「한국 선사시대 예술과 그에 나타난 신앙의식」, 『백산학보』 24, 백산학회.

최삼용 외, 1986, 「우리나라 신석기시대 짐승잡이의 예」, 『박물관기요』 2.

최종혁, 2005, 「한반도 남부지방 농경에 관한 연구」, 『한국신석기연구』 제10호.

_____, 2009, 「동삼동 패총인의 생업」, 『한국신석기연구』 제18호.

하인수, 2003, 「신석기시대 토우」, 『우리 인형』, 부산박물관 특별전도록.

_____, 2004, 「新石器時代 韓日文化交流와 黑曜石」, 『韓日交流의 考古學』, 嶺南-九州 考古學會 第6回 合同考古學大會 資料集, 嶺南考古學會, 九州考古學會.

_____, 2006, 「신석기시대 패제품의 이용과 종류」, 『석헌정징원교수정년퇴임기념논총』.

_____, 2006, 「영남 해안지역의 신석기문화 연구」, 부산대학교 박사학위논문.

_____, 2006, 『한반도 남부지역 즐문토기 연구』, 민족문화.

_____, 2009, 「신석기시대 남해안지역의 골각기문화에 대한 고찰」, 『고문화』 73, 한국대학박물관협회.

_____, 2011, 「동해안지역 융기문토기의 검토」, 『한국고고학보』 79, 한국고고학회.

_____, 2012, 「남해안지역 융기문토기의 편년」, 『한국 신석기문화의 양상과 전개』, 서경출판사.

_____, 2012, 「반구대암각화의 조성시기론」, 『한국신석기연구』 23, 한국신석기학회.

_____, 2013, 「신석기시대 옥기의 기초적 검토」, 『한국 선사고대의 옥문화 연구』, 복천박물관.

하인수·안성희, 2009, 「남해안지역의 신석기문화」, 『한반도 신석기시대 지역문화론』, 동삼동패총전시관.

하인수 외, 2011, 「동삼동패총 즐문토기 압흔분석과 곡물」, 『신석기시대 패총문화』, 2011년 한국신석기학회 학술대회 발표 자료집.

한국문물연구원, 2014, 『부산 가덕도 장항유적』.

한영희, 1997, 「신석기시대의 생업과 사회—의식·신앙 및 예술」, 『한국사』 2, 국사편찬위원회.

황상일·윤순옥, 2002, 「울산시 황성동 세죽해안의 Holocene 중기 환경변화와 인간생활」, 『한국고고학
　　　보』 48, 한국고고학회.

황용혼, 1983, 「예술과 신앙」, 『한국사론』 12, 국사편찬위원회.

甲元眞之 外, 2002, 「先史時代の日韓交流試論」, 『靑丘學術論集』 第20集, 韓國文化研究振興財團.

京都文化博物館, 1989, 『海を渡って來た人と文化』, 日本.

工藤雄一郎, 2013, 「繩文時代のはじまりと環境變動」, 『韓·日新石器文化比較研究』, 韓國新石器學會·九
　　　州繩文研究會, 第10回 韓日新石器時代 共同學術大會 發表 資料集.

宮本一夫, 2004, 「北部九州と朝鮮半島南海岸地域の先史時代交流再考」.

藤井昭二, 1986, 「埋沒林と海水準變動」, 『季刊考古學』 15, pp. 21-24.

_____, 1990, 「日本沿岸の更新世以降の古環境の變動」, 『第四紀研究』 29, 日本第四紀學會.

麻生優·白石浩之, 1986, 『繩文土器の知識』 I, 考古學シリーズ 14, pp. 31.

木村幾多郎, 1993, 「海面下25mの繩文時代遺蹟の諸問題」, 『第7回 釜山-九州考古學合同研究會發表資料』.

_____, 1997, 「交易のはじまり」, 『考古學による日本歷史』 10, 雄山閣.

山崎純男, 2001, 「海人の面」, 『久保和士君追悼考古論文集』, 久保和士君追悼考古論文集刊行會.

三本愛三, 1994, 「鷹島海底遺蹟の自然科學的な調査」, 『鷹島海底遺蹟II』, pp. 75-98.

小谷凱宣, 1984, 「アラスカ·アリューシャン」, 『日本の舊石器文化』 4, pp. 285-337.

小林謙一, 2014, 「東アジアにおける土器出現期の年代研究の現狀課題」, 『史學』 59.

小野有五, 1990, 「北の陸橋」, 『第四紀研究』 29, 日本第四紀學會.

松島義章·前田保夫, 1985, 『先史時代の自然環境』繩文時代の文化史, 考古學シリーズ 21, 東京美術.

水ノ江和同, 1992, 「九州の玦狀耳飾」, 『考古學と生活文化』, 同志社大學考古學シリーズV, 同志社大學.

安承模, 2004, 「韓國における農耕, 定住生活のはじまりと社會變化」, 『文化の多樣性と21C考古學』, 考古學
　　　研究會50周年記念資料集.

梁成赫, 2009, 「韓半島の新石器時代の造形物に關する試論」, 『新彌生時代のはじまり』 第4卷, 雄山閣.

原田昌行, 1995, 「土偶」, 『日本の美術』, 至文堂.

長崎縣·鷹島町·敎育委員會, 1994, 『鷹島海底遺蹟II』, pp. 119.

町田洋 外, 2003, 『日本の地形7 九州·南西諸島』, 東京大學出版會.

春成秀爾, 1997, 「고대의 装い」, 『歷史發掘』 4, 講談社.

戶澤充則, 1989, 『繩文人と貝塚』, 六興出版, 東京.

Hopkins, David M., 1967, The Cenozonic history of Beringgia …… A synthesis, In *Bering Landbridge*, D.
　　　M. Hopkins (ed), pp. 451-484.

Jordan, P. and M. Zvelebil, 2010, Ex Oriente Lux: The prehistory of hunter-agtherer ceramic dispersals,
　　　Ceramics before Farming.

Xiaohong, Wu, Chi Zang, paul Goldberg, David Cohen, Yan Pan, Trina Arpin and Ofer Bar-Yosef, 2012, Early Pottery at 20,000 Years Ago in Xianrendong Cave, China, *SCIENCE* Vol. 336, pp. 1696-1700.

Yaroslav, V., Kuzmin and Lyubov A. Orlova, Jun, 2000, The Neolithization of Siberia and Russian Far East: radiocarbon evidence, *ANTIQUITY* Vol. 74, pp. 359.

청동기시대

I 총설

한반도의 청동기시대는 수렵채집경제가 중심이었던 신석기문화를 기반으로 기원전 20~15세기에 중국 요동지방에서 유입한 농경문화로 시작되었다. 이 농경문화는 이주민과 토착민과의 다양한 관계를 통하여 지역단위 또는 집단단위의 다양한 문화와 생계 형태가 나타나면서 확산되었다. 그런데 청동기시대의 농경문화는 주로 강가의 범람원을 이용한 대규모의 밭농사를 통하여 농경사회를 형성하고, 또 기념물로서 대형의 건축물과 무덤이 축조되면서 계층화사회로 발전하게 되었다.

청동기시대의 전반기에는 기후가 현재보다 훨씬 온난하였지만, 점차 기온이 낮아져서 송국리문화 단계에서는 현재보다 다소 추운 한랭한 기후로 변하였다. 기후의 변화는 식생의 변화를 불러오고, 이로 인하여 주거·생계·도구의 변화와 함께 사회의 구조에도 변혁을 초래하였다.

1 시기구분

한반도에서 청동기시대의 시기구분은 조기-전기-후기로도 나누어지고, 혹은 조기와 전기를 합치거나, 후기 이후의 점토대토기 단계를 후기로 설정하여 (조기)전기-중기-후기의 3~4단계로 나누기도 한다. 그런데 고고학적 문화라는 것은 일련의 양식으로서 유구와 유물의 조합에 해당하는 것이며, 단계로서의 시기는 한반도 내에서 그러한 양식이 가장 먼저 나타나는 지역의 연대를 기준으로 삼아야만 하기 때문에 문화가 곧 시기일 수는 없다. 예를 들어 청동기시대의 농경문화가 북한을 경유하여 중부지역과 남부지역으로 확산되었다면, 문화 단계를 통한 시기구분은 선진지역인 북한이 중심이 되어야 한다. 그렇다면 영남 남부지역의 경우는 전기에도 조기문화는 남아 있을 수 있다. 영남지역에서 조기문화는 진주 대평리유적과 평거동유적 등이 분포하는 남강유역에서 다수가 확인되는데, ^{14}C연대를 기준으로 산정한 결과 전기에 해당하는 기원전 12세기인 것이 밝혀졌다. 그러므로 절대연대를 기준으로 삼는 시기구분에 따른다면 전기의 조기문화와 전기문화가 공존하는 셈이 되며, 청동기시대 농경문화의 시작 시점에는 그 이전의 신석기문화도 부분적으로는 공존하였던 시기가 있었을 것이다.

영남지역에서의 청동기시대 조기는 아직 이중구연을 표지로 삼는 소위 율리식토기의 신석기문화가 존속하고 있었는지도 모른다. 남강유역이나 김천 송죽리유적, 경주 충효동유적 등의 조기문화는 모두 전기 전반에 해당하며, 그 물질자료의 특징은 미사리유형에 속한다. 시기구분에서의 조기는 요동지방의 청동기시대 토기가 유입하여 전파된 시기라는 것에 반하여, 전기는 가락동식·역삼동식·흔암리식토기라는 한반도화한 무문토기가 형성되고 정착된 시기라고 할 수 있다.

전기는 전반과 후반으로 나누는데, 전기 전반은 가락동유형이, 후반에는 흔암리유형이 우세한 것은 한반도 남한 전역의 공통된 양상이다. 그리고 무덤이 조영되고 재생산적 기능을 가지는 것은 전기 후반의 특징이다. 기존 전기 말이라고 편년되던 유적이 있는데, 이 시기에는 주거지의 규격화와 소형화, 논·환호·구획묘·비파형동검·적색마연소형호 등의 출현과 제작이 이루어지는 시점으로서 모두 송국리문화적인 요소에 해당한다. 그러므로 전기 말은 다음의 후기 전반에 포함시켜도 좋을 것이다.

후기(혹은 중기)로 불리는 송국리문화 단계에는 태백산맥을 경계로 포항-경주-울산으로 대표되는 동남해안권과 그 서쪽의 내륙지역으로 나뉘며, 후자는 송국리유형, 전자는 검단리유형의 분포권에 해당한다. 송국리유형분포권은 다시 무문토기의 문양과 적색마연토기의 기형에 따라서 대구권, 황강권, 남강권, 함안-김해권으로도 나누어진다. 특히 후기 전반은 전기의 요소도 내포하고 있어서 선송국리유형이라고도 하며, 후기 후반을 송국리유형으로 분리하여 설명하는 경우도 있다.

점토대토기 단계에는 수석리식토기(원형점토대토기)가 신창동식 혹은 늑도식토기라고 명명된 삼각형점토대토기보다 이른 시기에 출현한다. 그런데 원형점토대토기 유적으로는 청도 사촌리유적, 합천 영창리유적, 사천 방지리유적 등 소수만이 확인되었지만, 중서부지역처럼 송국리유형의 토기와 공반되는 경우는 없고, 역으로 남강유역의 대규모 취락인 진주 대평리유적 등과 같은 송국리유형의 취락에서도 점토대토기가 출토한 바는 없다. 다만, 검단리유형에서는 원형점토대토기 단계의 석창과 유구석부가 확인되고, 김해 율하리유적 석관묘에서 출토된 세형동검과 대평리유적의 이중환호 등은 점토대토기 단계의 요소로서 점토대토기문화와의 관련성이 엿보일 뿐이다. 아마도 영남지역에서의 원형점토대토기의 출현은 중서부지역보다도 늦으며, 그 출현기도 삼각형점토대토기와 공반하는 예가 많은 상황으로서, 후기 후반의 송국리유형과는 계기적인 관계가 아니라 단절적이며 대립적인 양상으로 추측된다.

2 취락과 사회상

영남지역에서 조기문화의 김천 송죽리유적과 진주 남강의 여러 취락에서는 6~10동의 주거지가 강을 따라 나열된 것이 특징인데, 동시기의 주거는 아마도 2~3동에 불과하며 친족 혹은 씨족단위의 소규모 취락이었다. 돌대문계토기는 출토되지 않지만 전기 전반의 이중구연토기를 반출하는 유적인 대구 시지동, 울산 구영리, 진주 상촌리유적 등에서도 주로 단독 혹은 소수만의 주거가 확인된다. 전기 전반의 취락으로는 중서부지역이 대표적인데, 1~3동의 주거로 구성된 소규모 취락이 낮은 구릉상에 입지하는 것에 반하여, 영남지역은 여전히 조기문화의 주거 입지와 같이 충적지가 많은 듯하다.

전기의 가장 큰 특징은 조기와 같이 복합가족 또는 대가족체로 구성되는 대형주거지와 거석의 지석묘를 묘제로 채택한 점이다. 특히 지석묘는 동북아시아에서는 한반도가 가장 높은 밀집도를 보이는데, 전기 후반의 대규모 취락이 형성되면서 또는 지역공동체 의식이 형성되면서, 많은 인력을 동원할 수 있었으므로 지석묘의 조영이 가능하였을 것이다.

전기 후반 취락의 특징은 대규모 취락이 평지에만 국한되지 않고 구릉과 산지 등에서도 등장한 것이다. 평지형 취락은 진주 대평리 어은유적, 구릉형 취락은 울산 신화리·천곡동유적, 산지형 취락은 경주 어일리유적, 고지성 취락으로는 김해 어방동유적이 대표적이다. 즉 이 시기가 되면서 다양한 입지를 차지하며, 다양한 성격과 기능을 가진 사회의 다변화가 이루어지게 된 것이다. 특히 대규모 취락은 장기간 지속하는 형태로서 거점취락의 요건을 갖추게 되어, 주변의 소규모 취락과의 연계망을 형성하였을 가능성이 높다. 이렇게 하여 전기 전반까지의 단위취락의 농경공동체에서 벗어난 지역공동체가 형성되었을 것이다. 이 시기에 본격적으로 조영되기 시작하는 무덤은 지역공동체의 다양한 구성원을 결집하기 위한 구심점으로서 의례를 통한 공동체의식의 고양과 조상숭배의 사상적 통일을 꾀하였던 장소로 활용되었을 것이다.

전기 말 혹은 후기가 되면서 큰 사회변화가 일어난다. 이 시점은 기온이 하강하는데 이때의 사회변화는 한랭화한 기후와 깊은 관련이 있다. 우선 식료 획득에 큰 문제가 나타났을 것인데, 조기와 전기에는 온난한 환경 속에서의 화전과 수렵채집활동을 포함한 다양한 생계 방식이 가능했지만, 후기에는 식료 생산이 제한적이었을 것이다. 그래서 밭농사에 주력하면서 오히려 논농사도 수용하게 되었다고 판단된다. 그리고 지역마다 확실한 식료 획득 방법에 매달리게 되고, 동남해안지역의 경우는 농경보다는 오히려 산지와 바다를 이용한 수렵과 어로의 비중을 높이는 결과를 가져왔을 것이다. 취락은 전기에 비하여 다소 낮은 구릉과 평지에 자리하고 있는데, 한랭한 기후는 해수면과 하천의 수위를 낮추었으므로 평지의 가경지가 늘어났던 원인도 있었을 것이다.

사회의 변화로는 대규모 장기존속 취락인 거점취락이 출현하면서, 주변취락과의 네트워크를 통하여 지역공동체를 형성하고 관리자, 조정자 혹은 통치자로서의 수장이 등장하였다. 이 시기부터 전기의 혈연중심적인 대형 주거의 복합가족체는 분화하여, 핵가족 중심의 주거로서 소형화와 규격화가 이루어지고 주거 위치의 규제도 이루어지게 되었다. 그리고 지역공동체 간의 경쟁을 통한 지역 재편성이 일어나고, 이러한 사회 분위기는 방어적 기능으로서 환호의 설치를 촉발시켰다고 생각된다. 이러한 수장의 지역공동체 재편성은 각 지역공동체의 정체성을 찾게 되고, 그결과로서 무문토기 문양·마제석검의 형태와 의례용의 적색마연호 등에서 지역색을 띠게 되었다.

후기에는 전문농업인이 이미 등장하였고, 비파형동검을 중심으로 한 청동기와 옥(진주 대평리유적)·석검(고령 운수리유적)의 전문제작자가 등장하였으며, 중서부지역에서는 토기제작의 전문화(보령 관창리유적)가 시작되었을 가능성도 있다. 취락 내에도 의례를 위한 대형의 고상식건물(사천 이금동유적)이 조영되고, 광장(울산 천상리유적)과 환호(울산 검단리유적)도 나타나고 있다. 이러한 여러가지 양상은 적어도 농경과 의례 분야에서는 전문화된 장인이 등장하였음을 시사한다.

계층을 나타내는 중요한 자료는 바로 전기 말 혹은 후기부터 조영되기 시작한 수장층의 묘제인 구획묘(묘역지석묘)라고 불리는 무덤이다. 이 구획묘는 기존의 지석묘에서 보이는 거대한 상석이 상징이 아니라 피장자 개별 묘역의 평면적을 중시하는 신개념의 무덤이라고 할 수 있다. 후기사회는 하나의 취락 내에서 각 주거의 면적이 피라미드형으로 대·중·소형의 격차가 있는데, 이 구획묘도 이와 같은 양상을 띤다. 특히 군집하여 조영되는 구획묘의 묘역은 지역공동체의 공동묘지이며, 지역공동체 내부 여러 취락 출신의 유력한 선조들을 공동으로 모시면서 지역공동체의 결집력을 높이는 재생산적 기능도 가지고 있었다. 그리고 각 취락에서 최초로 축조되는 묘는 시조묘에 해당하는 것으로서 가장 규모가 큰 것이 특징이다. 구획묘는 세부적인 형태와 구조 그리고 규모 등이 다양한데, 이것은 그 당시 사회의 구조나 구성원의 신분 등이 매우 다양하며 복합적인 점을 시사한다. 아마도 고조선 사회는 청동기시대 후기의 사회상과 매우 닮았을 것이라고 추정된다.

이상으로 청동기시대 후기의 사회상은 계층화와 분업, 잉여생산물, 거점취락 간의 원거리교역, 조상숭배의 사상, 수장권의 계승 등 정치·경제·종교사상적인 체계를 갖춘 사회라고 상정할 수 있다. 이런 의미에서 청동기시대 후기는 세계사적인 청동기시대의 개념에 매우 근접한 시기라고 할 수 있다. 이에 대해서 전기와 조기는 그런 문화의 태동기와 전개기로서 이해할 수 있다. 전기 말의 시작은 ^{14}C연대에 따른다면 대략 기원전 10세기경이 되는데, 일본 야요이시대의 시작을 촉진시킨 송국리문화의 농경민은 경남지역에서 도항하여 이주한 것이며, 제주도의 송국리문화도 전남지역의 이주민에 의해 전파된 것이다. 즉 후기의 기후 악화는 내적으로는 수장사회로서 한 단계 발달할 수 있었던 요인이 되었고, 외적으로는 한반도의 농경문화가 확산되어 나갔던 계기가 되었다고 할 수 있겠다.

뒤이은 점토대토기사회는 후기의 양상과는 매우 다른 문화를 가지고 있다. 먼저 대규모취락이 존재하지 않는다는 점과 매장주체부만 조영되는 소형화된 무덤, 그리고 비정형의 주거지 등이 있고, 토기의 기형과 규격 그리고 제작에서도 차이를 보이고 있다. 또한 중부지역에서는 고지성 취락이 많고, 제의적 성격이 짙은 이중환호의 내부면적이 좁은 점 등이 특징이다. 점토대토기문화인은 이미 중국 동북지방에서 철기문화와 발달한 사회체계를 경험한 집단으로서, 남하하는 과정에서 토착민인 후기청동기시대인과의 대립과 동화의 역학관계를 통하여 다종다양한 형태의 유적과 유물을 남겼으리라 추측된다.

[안재호]

II 토기

1 무문토기 개괄

청동기시대의 토기는 신석기시대의 빗살무늬토기에 비해 표면에 무늬가 적거나 없는 것이 많아 '무문토기(無文土器)' 혹은 '민무늬토기'로 불리기 시작하였지만, 구연부(口緣部) 주위에는 여러 가지 무늬가 새겨진 토기도 많다. 그러므로 무문토기란 무늬가 없는 토기를 의미한다기보다는 청동기시대의 토기 전체를 가리키는 명칭이라고 할 수 있다. 토기의 태토는 석영이나 장석 등의 비교적 굵은 입자를 포함하고 있어 표면이 거친 느낌을 주며, 전체적인 색조는 주로 적갈색 혹은 황갈색을 띤다.

이러한 무문토기는 다시 무늬·모양·표면처리 방식 등에 의해 세부적으로 구분된다. 먼저 구연부에 새겨지는 무늬의 종류에 따라 돌대문(突帶文)·이중구연(二重口緣)·거치문(鋸齒文)·공렬문(孔列文)·구순각목문(口脣刻目文)·단사선문(短斜線文)·횡선문(橫線文)토기 등으로 불린다. 모양에 따른 구분으로는 저부에서 동체 및 구연부까지 크게 꺾이지 않고 곧바로 연결된 발형토기(鉢形土器), 뚜렷한 목이 있는 호형토기(壺形土器), 목이 없이 구연부에서 좁혀졌다 곧바로 벌어지는 옹형토기(甕形土器) 등이 대표적이다. 이 밖에 굽이 달린 대부토기(臺附土器)와 손잡이가 있는 파수부토기(把手附土器)가 있다. 또 토기의 표면을 매끄럽게 마연한 마연토기도 있는데, 적색마연토기(赤色磨硏土器)가 대표적이다.

그리고 토기의 용도에 따라 크게 생활용과 제사·의례용으로 구분된다. 생활용토기는 주거지를 비롯한 일상 생활공간에서 출토되는 것으로 취사나 저장 등에 사용되는데, 실제로 토기 속에 곡물이 든 채로 출토되거나 표면에 그을음이나 이물질이 묻은 채로 출토되기도 한다. 제사·의례용 토기는 무덤에서 출토되는 장송의례용과 주거지나 하천 등에서 출토되는 생활의례용으로 나누어진다. 종류로는 적색마연토기와 채문토기(彩文土器)를 비롯하여 굽이 달리거나 바닥에 구멍이 뚫린 것 등이 대표적이며, 완형(完形)이 아닌 파편으로 출토되는 경우도 많다.

　무문토기는 종종 무늬나 모양에 따라 대표유적의 이름을 붙여 지칭되기도 하며, 이를 통해 해당 토기의 분포 지역이나 시기를 알 수 있다. 미사리식토기는 각목돌대문토기를 비롯한 청동기시대 조기의 토기를 가리킨다. 청동기시대 전기의 토기로는 이중구연과 단사선문(혹은 각목문)이 복합된 가락동식토기, 공렬문과 구순각목문 및 두 무늬가 복합된 역삼동식토기, 그리고 가락동식과 역삼동식의 요소가 복합된 흔암리식토기가 있다. 이러한 전기 무문토기는 전국 각지에서 확인되며 가락동식토기는 금강유역에 집중되는 경향이 있다. 한편, 역삼동식토기의 경우 일부 지역에서는 후기에도 사용되었다. 후기의 토기로는 송국리식토기와 검단리식토기가 대표적이다. 송국리식토기는 동체 중앙부가 부풀고 구연부가 밖으로 짧게 벌어진 모양이며, 호서·호남지역과 서부경남 일대에 분포한다. 검단리식토기는 단사선문·공렬문·낟알문·횡선문 등이 단독으로 시문된 토기로서 울산·경주·포항지역을 중심으로 한 동남해안지역에 분포하며, 북한강유역에도 후기에 공렬문토기가 출토된다.

[배진성]

2 무문토기의 등장

　조기의 대표적인 무문토기는 돌대문토기와 이중구연토기이다. 영남지역 중에서 조기의 무문토기 양상을 가장 잘 살필 수 있는 지역은 남강유역을 중심으로 하는 서부경남지역이다. 상대적으로 태화강유역의 울산 및 형산강유역의 경주, 포항을 중심으로 하는 동남해안지역과 낙동강 중류역의 경북 내륙지역은 서부경남지역에 비해 조기의 무문토기가 뚜렷하지 않은 편이지만, 최근 조사에서 남강유역이나 중부지역 한강유역과 동일한 양상이 확인되고 있다.

1) 남강유역

남강유역의 조기 무문토기 양상을 살펴보면, 돌대문토기는 진주 대평리 옥방 5

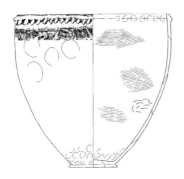

상촌리 D지구 B-2호 주거지 돌대문토기(1/5)

소남리 85호 주거지 돌대문토기

그림 1 남강유역 출토 돌대문토기

지구 D-1·2호 장방형주거지, 상촌리 D지구 B-2·10호 주거지, 평거동 3-1지구 10·12호, 평거동 4-1지구 1·2·3호 주거지 등에서 출토되었고, 상세한 보고는 되어 있지 않지만, 산청 소남리 85호, 진주 대평리 어은 1지구 107·118호 주거지에서도 출토되었다. 이중구연토기는 진주 상촌리 시굴조사 주거지와 평거동 3-1지구 5·6호, 가호동 1호 주거지에서 출토되었다. 돌대문토기와 이중구연토기가 함께 출토된 유적은 사천 본촌리 나-3호 주거지, 진주 대평리 옥방5지구 C-3호, 평거동 3-1지구 2·3·4·7·11호, 평거동 4-1지구 5호, 가호동 2호 주거지 등을 들 수 있으며, 상세한 보고는 되어 있지 않지만, 대평리 어은 1지구 77·95호 주거지에서도 양 토기가 함께 출토되었다.

돌대문토기의 돌대는 구연단에서 아래쪽으로 돌대 너비 정도 떨어져 부착되거나 구연단 외측에 바로 부착되며, 돌대 부착 형태에 따라 한 바퀴를 돌려(一周) 부착하는 것과 일정 간격을 두고 띄엄띄엄 부착하는 것(節狀), 혹 모양으로 부착하는 것(瘤狀) 등으로 나누어진다. 부착된 돌대의 단면 형태는 제형(梯形)·삼각형·반원형(타원형)을 띤다. 일주하는 돌대문과 절상돌대문토기의 경우 돌대 상면에 각목을 시문한 각목돌대문토기가 대부분이며, 무각목돌대문토기(옥방 5지구 C-3호, 평거동 3-1지구 2·3·4·12호)는 극히 소량이다. 반면 유상돌대문토기의 경우 각목이 없는 경우가 대부분이며, 옥방 5지구 C-3호 주거지에서만 돌대 상면에 단사선문이 시문된 유상돌대문토기편이 2점 출토되었다. 돌대문토기는 모두 심발에서만 확인되며, 각목+돌대, 돌대의 요소만이 있는 돌대문토기가 대부분이다. 다른 문양이 함께 시문된 돌대문토기는 절상돌대문토기에 구순각목이 시문되어 있는 것(대평리 어은 1지구 77호), 돌대와 구연단 사이의 공백부에 거치문을 시문한 것(상촌리 D지구 B-10), 돌대 아래에 사격자문+횡침선문을 시문한 것(평거동 3-1지구 7호)이 있는데, 그 수가 매우 적다. 남강유역에서 확인되는 돌대문토기는 청동기시대에 들어 새로이 등장하는 기종으로 요동지역에서 압록강유역에 이르는 한반도 서북부지역에서 유입된 외래계 유물로 보고 있다.

이중구연토기는 구연단 외측에 점토띠를 덧붙이거나 구연단을 살짝 접어 넘겨

구연부를 보강한 토기이다. 돌대문토기의 경우 부착된 돌대의 상하면을 물손질 등으로 정면하여 부착흔적을 모두 지운 반면, 이중구연토기는 점토띠를 덧붙여 상면은 구연단으로 활용하고, 하면은 부착흔적을 지우지 않고, 단이 지는 형태를 그대로 둔 점에서 차이점을 보인다. 이중구연토기는 구연부 외측에 부착하는 점토띠의 너비가 좁고 불규칙한 것과 평평하면서 넓은 것으로 구분할 수 있다. 무문의 이중구연토기가 높은 비율을 차지하지만, 이중구연부에 거치문(어은 1지구 77호, 가호동 1호, 평거동 3-1지구 5호), 거치문+점열문(어은 1지구 95호), 단선문(평거동 3-1지구 3·5·6·7호, 본촌리 나3호)이 시문된 것, 이중구연부 하단에 단선문을 시문한 것(평거동 4-1지구 5호, 가호동 1호), 이중구연부에 단선문과 더불어 이중구연 아래에 별도로 가는 침선의 사격자문과 구연단 내측에 구순각목이 시문된 것(평거동 3-1지구 7호), 이중구연부에 단사선문과 공렬문이 시문된 것(옥방 5지구 C-3호), 이중구연에 구순각목문과 공렬문이 시문된 것(평거동 4-1지구 5호) 등 다양한 형태의 문양이 복합되기도 한다. 이러한 이중구연토기 중에서 이중구연부가 넓고 평평한 무문양의 토기를 상촌리식토기로 부르고 있고, 이중구연부에 거치문이나 거치문+점열문이 시문된 토기와 함께 신석기시대 말기의 율리식토기에서 이어지는 재지계 토기로 보기도 한다.

돌대문토기와 이중구연토기가 출현하는 청동기시대 조기의 무문토기 기종은 심발이 압도적으로 많은 비중을 차지하며, 호와 천발, 대부발 등의 기종과 마연토기가 함께 출토한다. 남강유역을 중심으로 하는 서부경남지역에서는 돌대문토기와 이중구연토기는 심발에서만 확인된다. 마연토기 중 (적색)마연평저장경호는 소남리유적과 본촌리 나3호 주거지에서 출토되며, 적색마연대부발과 소형발은 대평리 어은 1지구에서 출토된다.

한편 돌대문토기와 이중구연토기 외에도 구순각목문토기, 공렬문(밖→안으로 투공 내지 반투공)토기, 구순각목문+공렬문토기, 공렬문+단사선문토기, 돌류문(안→밖으로 반투공)토기 등 다른 문양이 시문된 토기가 함께 출토되기도 하며, 본촌리 나3호

상촌리 시굴조사 주거지
상촌리식 이중구연토기(1/5)

평거동 3-1지구 7호 주거지
이중구연단선문토기(1/6)

소남리 142호 주거지
적색마연평저장경호

그림 2 남강유적 조기 무문토기

돌대문토기와 가호동 1호의 거치문토기 및 무문양토기에는 내면에 볼록한 혹(四耳)이 부착된 이형토기도 확인된다. 이러한 토기는 대부분 심발에서 확인되는데, 평거동 4-1지구 2호 주거지에서만 호에 구순각목문이 시문되어 있다.

　　청동기시대 조기의 토기 내용에 대해서는 연구자들마다 약간의 이견이 있다. 이중구연토기를 포함하여 타문양토기가 공반되지 않고 돌대문토기가 단독으로 출토되는 양상만을 조기로 설정한 연구도 있고, 돌대문단독기의 돌대문토기의 특징이 돌대가 일주하고 구연단에서 떨어져 부착되어 있기 때문에 이러한 돌대문토기를 조기 전반 단계, 절상돌대와 뉴상돌대이거나 구연단 외측에 부착된 돌대문토기를 조기 후반 단계로 설정하는 연구도 있다. 남강유역의 조기에 해당되는 유적에서 돌대문토기 단독기의 유물상을 확실히 보여 주는 사례는 아직 보고되어 있지 않고, 돌대문토기가 많이 출토된 평거동유적의 경우 돌대문토기의 여러 형식이 이중구연토기와 함께 출토되며, 돌류문, 구순각목문, 거치문 등의 다양한 문양의 토기도 함께 공반된다.

[김병섭]

2) 동남해안지역

　　최근 형산강유역의 경주 충효동유적에서 석상위석식노지(石床圍石式爐址)가 있는 평면 방형의 주거지가 조사되었고, 여기서 각목돌대문토기·절상돌대문토기·사이부토기(四耳附土器)·이중구연토기·무경식석촉 등이 출토되었다(그림 3-1~7).

　　그리고 태화강유역의 울산지역의 경우 아직 각목돌대문토기는 출토되지 않았지만, 구영리 V-1지구 28호 주거지에서 출토된 이중구연토기가 주목된다(그림 3-9·10). 이 토기는 신석기시대 말기의 이중구연토기와도 유사하고 함께 출토된 적색마연토기와 양날의 반월형석도 및 주거지 평면 형태에서도 조기로 편년될 가능성이 높다. 이 주거지에서 검출된 목탄시료로 방사성탄소연대를 측정한 결과 3010±60, 3020±50, 2940±50, 2940±60 ^{14}C BP라는 연대가 나왔다. 이것은 다른 지역 조기의 연대보다는 다소 낮은 편이다. 목탄시료의 불안정 때문인지, 울산지역의 조기가 남강유역 등에 비해 늦게 시작되었던 것인지, 아니면 조기 중에서도 비교적 늦은 단계의 유적인지는 단정하기 어렵다. 청동기시대의 울산과 경주지역은 같은 토기문화권으로 이해되기 때문에 앞으로 울산지역에서도 돌대문토기가 출토될 가능성은 배제할 수 없다.

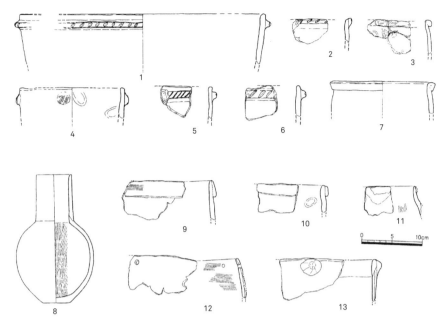

그림 3 경주 충효동 2·23호(1~7), 울산 구영리 Ⅴ-1지구 28호(8~13) 주거지 출토 토기

이와 같은 조기의 돌대문토기와 이중구연토기로 인해 울산·경주 등의 동남해안지역에서도 청동기시대의 개시기라고 할 수 있는 조기가 조금씩 밝혀지고 있다.

남한 조기 무문토기의 계통에 대해서는 압록강유역의 서북계통설과 두만강유역의 동북계통설이 있으며, 서북계통설이 많은 지지를 받고 있다. 동남해안지역의 조기 무문토기 역시 서북계라는 큰 흐름에 포함되는데, 구영리유적의 이중구연토기는 신석기시대 말기 이중구연토기의 영향을 고려하여 재지적 전통의 계승이라는 관점에서도 고려되어야 할 것이다.

3) 경북 내륙지역

경북 내륙지역은 동남해안지역에 비해 조기의 양상이 불투명하다. 대구 시지동유적에서 진주 상촌리유적 출토품과 유사한 이중구연토기가 출토되어 조기로 편년된 바 있고(그림 4), 밀양 금천리유적에서 조기의 문화층이 언급되는 정도이다. 정확한 시기는 알 수 없지만, 대구 월성동 777-2유적의 수혈유구와 상주 복룡동 130유적의 유물포함층에서 돌대문토기가 출토되기도 하였다. 이로 보아 앞으로

그림 4 대구 시지동 출토 이중구연토기

경북 내륙지역에서 조기의 돌대문토기의 양상도 분명해질 가능성이 높다. 　[배진성]

3 전기 무문토기의 전개

1) 서부경남지역

　　경남 서북부지역인 황강유역의 경우 합천댐 수몰지구에 대한 발굴조사에서 저포 E지구 2·5호 주거지, 산포 1호 주거지, 봉계리 적석유구에서 공렬계문과 구순각목문 등 역삼동식토기가 출토되어 역삼동식토기가 주류를 이루는 지역양상의 하나로 알려져 왔다. 그러나 최근 조사된 거창 양평리유적에서 6·7호 주거지에서 구순각목토기, 2호 주거지에서 이중구연+단사선문토기가 출토되어 황강유역에도 역삼동식토기와 더불어 가락동식토기도 혼재하고 있었던 것으로 밝혀졌다.

　　남강유역의 경우 산청 사월리, 진주 귀곡동 대촌·상촌리(E지구)·대평리(옥방 1·2·4·5·8지구, 어은 1·2지구)·초전동·이곡리, 사천 본촌리유적 등에서 전기의 무문토기가 출토되었다. 공렬계문양의 토기 중 공렬문토기는 초전동유적에서만 일부 확인되며, 다른 유적에서는 모두 돌류문토기가 출토된다. 남강유역에서는 돌류문토기를 비롯하여 구순각목문토기, 구순각목문+돌류문토기 등 역삼동식토기의 출토 비율이 흔암리식토기와 가락동식토기에 비해 압도적으로 높다. 역삼동식토기 내에서는 구순각목문토기보다는 돌류문토기와 구순각목문+돌류문토기의 출토 비율이 높다. 흔암리식토기는 사월리 3·11호 주거지, 옥방 1지구 1호 주거지, 4지구 1·10호 주거지, 5지구 C-4호 주거지, 어은 2지구 2호 주거지에서 각 1점씩, 가락동식토기는 사월리 3·11호 주거지, 대촌 7호 주거지, 옥방 4-8호 주거지에서 각 1점씩, 초전동 42·43호 주거지에서 2~3점씩 출토되었다.

　　사월리유적에서는 역삼동·흔암리·가락동식토기가 혼재되어 있고, 본촌리, 대평리·상촌리유적의 경우 역삼동식토기가 주류를 이룬다. 초전동유적에서는 공렬토기와 가락동식토기가 주류를 이루고 있다.

　　남강유역의 역삼동식토기·가락동식토기·흔암리식토기는 대부분 심발에서 확인되며, 구순각목문호(귀곡동 대촌 7호 주거지, 옥방 1지구 1호 주거지·13호 수혈, 이곡리 2호 구), 돌류문호(옥방 1지구 35호 폐기장, 옥방 4지구 10호 주거지) 등 호에서 일부 역삼동식토기의 요소가 확인된다.

전기 무문토기에는 심발과 호, 천발, 마연토기 등의 기종이 함께 출토된다. 마연토기의 경우 조기의 적색마연평저장경호는 형식 변화하여 그대로 이어지며, 새롭게 채문호·천발이 등장한다. 적색마연토기 중 조기에 보이던 대부토기와 소형심발은 사라진다. 새롭게 등장하는 마연토기 천발의 경우 단면이 두껍고 삼각형을 띠는 이중구연천발의 형태로 등장한다. 이중구연천발의 경우 대평리유적을 비롯하여 산청 하촌리, 의령 마쌍리, 상촌리·이곡리유적 등 남강 중·상류역에서만 확인된다. 다른 지역에서는 확인되지 않고 서부경남지역만의 지역성이 강하기 때문에 대표적인 유적명을 채용하여 대평리식이중구연토기라고 불리기도 한다. 채문호의 경우 섬진강수계권의 보성강유역, 남강유역, 고흥반도에서 낙동강 하류역에 이르는 남해안지역에서 주로 출토한다. 세 지역 중에서 남강유역에서의 출토비율(61%)이 매우 높기 때문에 이 또한 남강유역을 중심으로 하는 전기 토기문화의 특징 중 하나라고 할 수 있다. 채문호와 이중구연천발은 옥방 5지구 C-4호, 옥방 4지구 8호, 대평리 1호 주거지 등에서는 함께 세트로 출토된다.

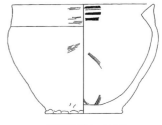

대평리 옥방4지구 C-4호 주거지
대평리식 이중구연토기(1/5)

대평리 옥방8지구 7호 석관묘
채문 마연호(1/5)

그림 5 옥방유적 전기토기

전기는 크게 전반과 후반으로 구분할 수 있는데, 전반에는 가락동식토기가 주로 확인되며, 후반에는 가락동식토기는 사라지고 역삼동식토기·흔암리식토기가 중심이 된다. 가락동식토기와 흔암리식토기의 이중구연은 조기의 이중구연토기처럼 별도의 점토 띠를 덧붙이거나 접어 넘겨 이중구연을 만든 것이 아니라, 구연부 성형 시 점토판을 단상(段狀)으로 접합시켜 이중구연의 효과를 내는 유사(퇴화)이중구연이다.

전기 말에는 흔암리식토기의 특징인 유사이중구연과 단사선문도 정연하지 못하고, 불규칙하게 시문되거나 사라진다. 반면 돌류문과 구순각목문, 돌류문+구순각목문의 역삼동식토기가 주류를 이룬다. 이후 역삼동식토기는 양주혈 없이 중앙수혈만이 확인되는 하촌리식주거지가 중심이 되는 후기로 전환되는 단계까지 확인된다.

[김병섭]

2) 동남해안지역 및 낙동강 중류역

　　동남해안지역과 경북 내륙지역의 전기 무문토기는 남한의 여타 지역과 마찬가지로 복합무늬가 시문되는 것이 가장 큰 특징이며, 주로 장방형 및 세장방형주거지에서 출토된다. 무늬의 종류로는 이중구연·단사선문·공렬문·구순각목문 등이 단독 혹은 서로 복합되어 시문된다. 이러한 무늬는 다시 세분되기도 하는데 이중구연은 폭이 좁은 것과 넓은 것, 단사선문은 짧은 것과 긴 것으로 구분되며 주로 이중구연과 복합되는 경우가 많다. 공렬문은 안에서 밖으로 반관통된 것, 밖에서 안으로 반관통된 것, 관통된 것이 있으며, 안에서 밖으로 반관통된 것을 돌류문으로 부르기도 한다. 청동기시대 전기는 이러한 무늬들의 구성 양상과 변화를 기준으로 다시 세분된다.

　　동남해안지역의 전기 무문토기를 크게 두 단계로 구분하면 다음과 같다. 먼저 청동기시대 유적이 가장 많이 조사된 울산지역의 경우 전기 전반에는 주로 이중구연·이중구연 + 단사선문·이중구연 + 거치문·공렬문 등이 새겨진다. 이중구연은 폭

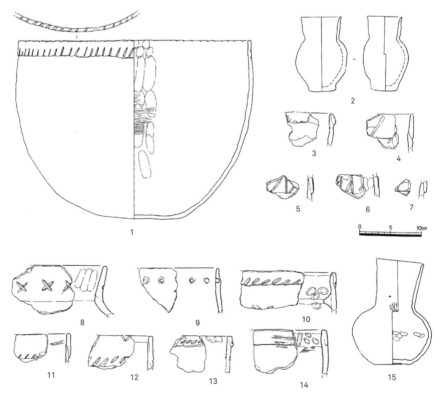

그림 6　울산 천곡동 나지구 1호(1~7), 3호(8~15) 주거지 토기

이 좁은 것과 넓은 것이 모두 있으며, 울산 천곡동 나지구 1호와 3호 주거지 출토 토기가 대표적이다(그림 6). 전기 후반에는 이중구연+단사선문+공렬문+구순각목문·이중구연+단사선문+공렬문·이중구연+단사선문·이중구연+공렬문·공렬문+구순각목문 등의 복합무늬가 새겨지며, 이중구연은 대부분 폭이 넓다. 공렬문과 구순각목문으로 구성된 역삼동식토기와 여기에 이중구연 및 단사선문이 결합되는 흔암리식토기가 함께 출토된다(그림 7). 대표적인 유적으로는 울산 교동리 192-37 및 남천유적 등이 있으며, 흔암리식토기가 다수를 이룬다. 전기 후반에서도 늦은 시점이 되면 이중구연+단사선문이 쇠퇴하고, 공렬문 및 공렬문+구순각목문의 역삼동식토기 위주로 변화한다.

경주와 포항지역의 전기 무문토기는 전기 후반의 자료가 중심을 이룬다. 전기 전반의 경우 경주 금장리유적에서 출토된 각목돌대문토기 등이 고려될 수 있겠지만, 아직 전기 전반의 토기는 뚜렷하지 않은 편이다. 두 지역 모두 전기 후반의 이른 시점에는 흔암리식토기가 확인되며, 전기 후반의 늦은 시점이 되면 공렬문+단사선문토기 및 공렬문토기 위주로 변화한다. 한편, 동남해안지역에서는 호서지역 무문토기의 영향을 받아 횡대구획문토기도 출토된다.

그리고 적색마연토기는 호형토기와 대부소호에서 확인된다. 적색마연 호형토

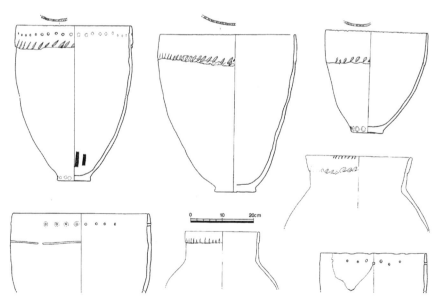

그림 7 울산 교동리 192-37유적 9호 주거지 토기

기는 목이 짧은 단경호와 목이 긴 장경호가 있으며, 동체에서 외반구연으로 바로 이어지는 옹도 있다. 적색마연토기의 주요한 기종은 장경호이며, 저부는 평저와 원저가 모두 보인다. 이러한 적색마연장경호는 울산 구영리유적 출토품처럼 평저이며 목이 구연까지 직립하는 형태를 시초로 하여(그림 3-8), 전기에는 구연부가 밖으로 벌어지고 원저도 나타난다. 울산 천곡동 나지구 3호 주거지 출토 적색마연장경호는 이 지역에서 가장 이른 전기의 적색마연토기라 할 수 있다(그림 6-15).

경북 내륙지역의 전기 무문토기의 무늬는 주로 이중구연·단사선문·공렬문·구순각목문이며, 일부 거치문이나 X자문도 있다(그림 8). 이 무늬들은 서로 복합되거나 단독으로 시문되는데, 이 가운데 단사선문은 주로 복합무늬에서만 확인된다. 동남해안지역과 마찬가지로 전기 전반에는 이중구연이 포함된 무늬가 성행하였고, 전기 후반에는 이중구연이 퇴화 및 소멸되고 공렬문과 구순각목문 위주로 변화하였다.

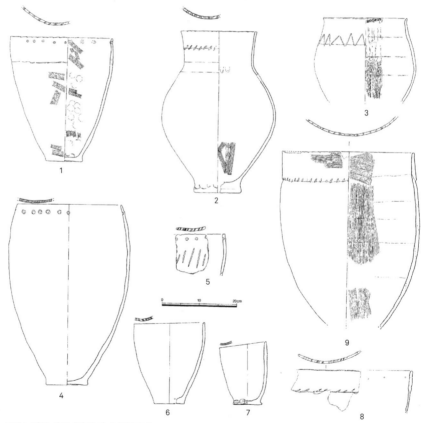

그림 8 경북 내륙지역의 전기 무문토기
1~3: 대구 대봉동, 4~7: 경산 옥곡동, 8·9: 대구 상인동 123-1

이중구연+구순각목문이 전기 전반부터 출토되는 점은 다른 지역과 구별되는 특징이다. 한편, 김천 교동유적의 이중구연파수부토기에는 호서지역에서 유행하였던 여러 단(段)의 횡대구획문이 있어(그림 11), 양 지역의 관련성을 생각하게 한다.

그리고 경북 내륙에서는 전기의 돌대문토기도 출토된다. 김천 송죽리유적의 각목돌대문토기(그림 10), 대구 대천동과 봉무동 및 청도 신당리유적의 절상돌대문토기 등인데, 이 토기들은 조기보다는 전기 전반에 해당될 가능성이 높다. 따라서 전기의 돌대문토기는 남강유역을 중심으로 한 서부경남지역과 마찬가지로 경북 내륙지역과 동남해안지역에서도 확인되고 있어, 영남지역 전체에 공통된다고 할 수 있다.

적색마연토기는 장경호의 출토 비율이 높은 편이며 저부는 평저를 이룬다. 한편, 대구 상동유적과 밀양 전(傳) 사포리유적에서는 가지무늬가 있는 장경호가 출토되었다. 채문토기(가지무늬토기)는 일반적으로 남강유역을 중심으로 한 서부경남지역의 특징적인 토기로서, 목이 짧은 단경호이며 적색마연보다는 주로 갈색을 띠는

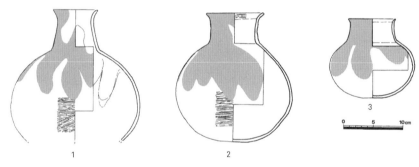

그림 9 대구 상동유적의 적색마연 가지무늬토기

그림 10 김천 송죽리 출토 돌대문토기

그림 11 김천 교동 출토 토기

토기이다. 반면, 경북 내륙지역에서는 적색마연토기에 가지무늬가 채용되며 기형도 장경호인 점에서 서부경남지역과는 차이가 있다(그림 9).

[배진성]

4 후기 무문토기의 지역색

1) 서부경남지역의 후기 무문토기

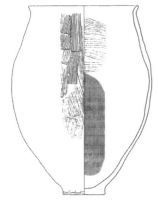

대평리 옥방1지구 619호 구상요
송국리식호(1/8)

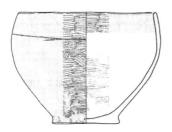

대평리 옥방9지구 5호 수혈
횡침선마연토기(1/5)

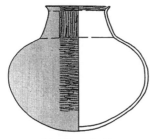

함안 도항리 도동 바호 지석묘
함안식적색마연호(1/4)

그림 12 서부경남지역의 후기 무문토기

청동기시대 후기의 송국리문화가 전개되는 지역에서는 대부분의 토기에 전기의 문양요소가 사라지고 무문화되는 것이 일반적이다. 차이는 있지만 전기의 문양요소가 그대로 남거나 퇴화되어 남아 있는 지역도 있다. 남강유역을 중심으로 하는 서부경남지역에서는 전기의 무문토기 중 돌류문토기가 후기의 유적에도 출토되는 것으로 연구되어 왔고, 남강 하류의 함안천 주변에서는 구순각목토기가 후기 전반까지 이어지는 것으로 연구되어 왔다.

남강유역에서 후기로 전환되는 단계의 하촌리식주거지(하촌리 1-15호)에서 완형의 돌류문토기가 출토된 바 있지만, 송국리식주거지에서 돌류문토기가 완형으로 출토된 사례가 없다. 남강유역 후기의 대표적인 토기인 무문양의 발형토기는 완형으로 출토된 양이 상당하지만, 돌류문토기는 대부분 파편으로만 확인되어 돌류문토기가 후기까지 이어진다고 단정하기는 어렵다. 반면 송국리식 말각방형주거지인 옥방 2지구 27호에서 거의 완형인 구순각목문심발과 호편이 송국리식호와 함께 일괄유물로서 출토되었기 때문에, 구순각목문토기는 후기까지 이어진다고 할 수 있다.

후기 토기의 기종구성은 심발, 천발, 호, 마연토기 등인데, 여전히 심발이 중심이 된다. 호의 경우 전기에서 이어지는 직립하는 경부를 가진 호가 계속 출토되지만, 새로이 경부가 짧게 외반하는 송국리식호가 등장한다. 송국리식호는 후기 후반에 남강유역 전역과 남해안지역으로 확산된다.

마연토기는 후기가 되면 다양한 변화가 일어난다. 평저장경호가 사라지고, 적색마연소옹과 적색마연원저호가 새로이 등장하며, 다양한 기종에서 적색마연기법이 채용된다. 채문호의 경우 후기가 되면 적색마연채문호로 변화된다. 전기의 이중구연천발은 후기가 되면 이중구연부가 퇴화되고, 그 자리에 횡침선문이 시문되는 횡침선문천발로 바뀌게 된다. 이중구연천발이 남강 중·상류역에서만 확인되는 점과 달리 횡침선문천발은 남강 중·상류역을 중심으로 하여 북쪽으로는 황강유역, 남쪽으로는 사천만 주변지역, 동쪽으로는 남강 하류역의 함안천유역까지 출토되는 범위가 넓어진다. 이는 남강유역과 주변지역과의 교류의 결과로 나타난 현상으로 파악되고 있다.

한편 후기에 새롭게 등장한 적색마연원저호는 형식 차이에 따른 지역성이 확인된다. 남강 중·상류역에서는 전기 채문호의 특징을 이어받은 경부와 동체부의 경계부가 뚜렷하고 직립하는 경부를 가지는 적색마연원저호도 있지만, 경부와 동부의 경계가 희미해지면서 경부가 'C'자상으로 외반하는 단경의 적색마연원저호가 높은 비중을 차지한다. 또한 경부가 'C'자상으로 외반하는 장경의 대형 적색마연원저호도 등장한다. 이와는 별도로 남강 하류역과 함안천 주변지역에서는 경부가 내경하다가 구연단에서 외반하는 단경의 적색마연호가 새롭게 등장한다. 이러한 형태의 적색마연호를 함안식적색마연호라고 부르며, 동체가 타원형을 띠는 전형과 그렇지 않은 변형으로 구분하기도 한다. 함안식적색마연호는 의령 석곡리, 함안 도동·가마실, 김해 율하리, 양산 소토리, 창원 진동·망곡리유적, 상남지석묘군 등 낙동강 이서의 경상남도 중남부지역에 주로 분포하며, 전형의 함안식적색마연호는 주로 의령·함안지역에서 확인된다. 함안식적색마연호가 출토되는 분묘가 송국리식 원형주거지와 환호 등을 파괴하며 조성되는 경우가 있어 후기의 늦은 단계로 편년된다.

[김병섭]

2) 검단리식토기의 분포와 전개

남한 후기 무문토기의 표지 토기는 외반구연을 특징으로 하는 송국리식토기인데, 이것은 주로 호서·호남 및 서부경남지역에 분포한다. 이에 비해 송국리식토기가 분포하지 않는 울산·경주·포항을 중심으로 한 동남해안지역의 후기 무문토기는 이른바 검단리식토기로 불린다.

울산 검단리유적을 비롯한 동남해안지역 후기의 유적에서는 공렬문이나 단사선문이 있는 심발형토기가 많고, 양쪽에 손잡이가 붙기도 한다. 후기의 토기에 새겨

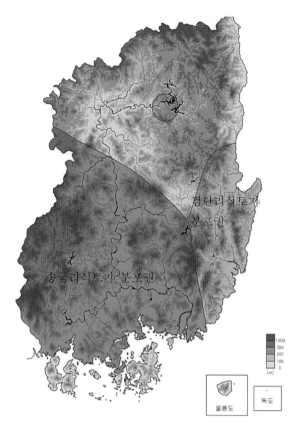

그림 13 검단리식토기 분포권

지는 무늬 자체는 이전부터 있었던 것이지만, 전기 무문토기에 보였던 복합무늬가 사라지고 주로 한 가지 무늬만 새겨진다. 또 공렬문은 전기에 비해 깊이가 얕고 도구로 누른 후 약간 끌어당기는 수법으로 새겨지며, 단사선문도 길이가 짧고 폭이 넓어져서 낟알문이라고 부르는 모양의 것으로 변화된다. 이러한 무늬가 새겨진 토기를 대표 유적의 이름을 따서 검단리식토기라고 하며, 낟알문만 있는 심발형토기로 한정해서 이해하기도 한다.

이와 함께 무늬가 없는 호·심발·천발형토기도 적지 않게 출토된다. 적색마연토기는 전기와 마찬가지로 원저의 장경호가 많고, 구연이 짧게 외반하는 소형의 옹도 있다. 여기에 외부돌출구가 있는 울산식주거지와 동북형석도 등이 함께 조합되는 고고학적 양상을 검단리유형이라고 부른다.

검단리식토기가 분포하는 범위는 울산·경주·포항 중심의 동남해안지역이며, 안동을 비롯한 경북 내륙지역과 부산지역에도 일부 확인된다(그림 13). 전기의 흔암리유형이나 후기의 송국리유형은 분포 범위가 광역적인데 비해, 검단리유형은 동남해안지역이라는 특정 지역이 중심이어서 청동기시대 후기의 독특한 지역문화로서의 성격을 보인다.

후기 중에서도 이른 시기의 유적으로는 복합무늬가 남아 있는 울산 천상리유적을 들 수 있으며, 검단리유적은 후기의 이른 시기부터 늦은 시기까지 비교적 오랜 기간 존속하였다. 그리고 무늬가 없는 토기만으로 이루어진 울산 신정동유적 등은 후기에서도 가장 늦은 시기에 해당한다.

검단리식토기는 동남해안지역 청동기시대 후기의 시작을 알려 주는 지표로서, 전기에 유행하였던 복합무늬가 소멸되는 과정에서 개별 무늬도 변화하면서 나타난

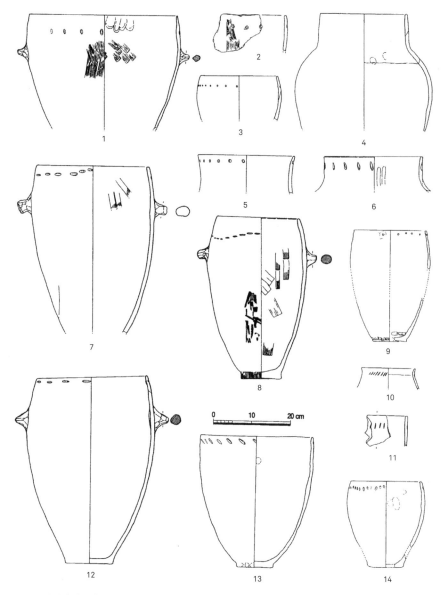

그림 14 검단리식토기
1: 신평, 2 · 9 · 14: 방기리, 3 · 6 · 8 · 11 · 12: 검단리, 4 · 13: 교동리, 5 · 7 · 10: 연암동

것으로 인식되고 있다. 따라서 검단리식토기의 발생에 대해서는 외부요소의 영향이
라기보다는 재지적 요소의 변화와 계승이라는 관점에서 이해할 수 있을 것이다.

[배진성]

III 도구와 생업

1 도구

청동기시대 영남지역에서 사용되었던 도구는 재질을 기준으로 분류할 때 청동기, 석기, 장신구, 목기, 토제도구로 나눌 수 있다. 그리고 영남지역의 시기별 도구의 종류와 특성과 지역상을 보다 더 잘 이해하기 위해서는 주변 지역과 비교할 필요가 있다.

청동기시대의 구분은 청동기시대 조기(돌대문토기 단계 등), 전기(가락동, 흔암리, 역삼동 단계 등), 후기(송국리, 검단리 단계)에 근거하고자 한다.

도구의 연구는 도구의 기능, 도구의 형식과 기원, 도구의 구성, 도구 제작기술과 제작·사용과정으로서의 작업연쇄(chaine operatoire), 도구의 상징성과 사회적 맥락 등과 같이 관점과 연구주제 그리고 연구방법의 차이에 따라 연구분야가 다양할 수 있다. 또 서로 다른 각각의 연구관점이나 주제 그리고 연구방법은 서로 상호보완적이어서 청동기시대의 도구에 대한 이해를 더 깊고 풍부하게 할 수 있다.

1) 청동기

동아시아 청동기시대의 청동기는 무기(劍, 矛, 戈, 鏃), 공구(斧, 鉈, 鑿), 무구(팔주령, 쌍두령, 간두령, 조합쌍두령), 장엄구(방패형동기, 검파형동기, 나팔형동기, 원개형동기), 위세품(동경), 마구(마면, 재갈), 거마구(일산살대, 거형구), 장식품(동탁, 대구, 단추장식, 기타) 등으로 분류될 수 있다. 비파형동검은 검신과 병부를 별도로 제작하는 별주식이며 등대가

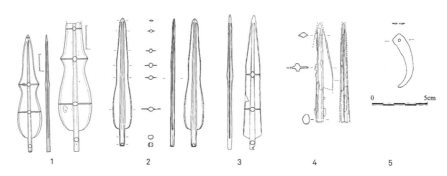

그림 15 영남지역 출토 주요 청동기(축척부동)

1: 전 청도 예전동 출토 비파형동검(김종철 1987: 394), 2: 김천 송죽리 출토 비파형동검(김권구 외 2007: 189), 3: 창원 진동리(심봉근 1990: 31), 4: 사천 이금동 C-10호묘(경남고고학연구소 2003: 248), 5: 진주 대평리 옥방 5지구(이형구 2001: 608)

있다는 점에서 한국식동검으로 전통이 이어지며 검신과 검병을 함께 주조하는 중원의 도씨검이나 오르도스검과 구분된다. 이 장에서는 초기철기시대의 다양한 청동기는 제외되며 영남지역에서 출토된 청동기시대 청동기가 중점적으로 검토되었다.

청동기시대 전기에 속하는 것으로 추정되는 영남지역의 청동기로는 전(傳) 예전동 출토 비파형동검 2점, 전 상주 출토 비파형동검 3점, 김천 송죽리유적 출토 비파형동검 1점, 전 경주 출토 서주식양익(西周式兩翼)동촉 1점 등이 있다. 청동기시대 후기에 속하는 청동기로는 경주 봉길리 13-1번지유적 출토 비파형동검, 전 창원 진동리 석관묘 출토 비파형동검, 창원 덕천리 3호 지석묘 출토 비파형동검, 김해 신문리 청동기시대 3호묘 출토 비파형동검, 사천 이금동 C-10호묘 출토 비파형동검, 전선산 출토 비파형동검, 김천 송죽리 1호 지석묘 출토 추정 물미 또는 동모편, 진주 대평리 옥방 5지구 출토 곡옥형 청동제장식 등이 있다.

영남지역 출토 청동기시대 후기의 비파형동검은 돌기부와 척돌(脊突)이 약화되며 형태가 재가공된 비파형동검이 많은 것이 특징인데 이러한 특징은 돌기부가 뚜렷하고 봉부는 예리하고 인부의 곡선도 잘 발달되어 있으며 경부는 비교적 긴 특성을 보이는 청동기시대 전기의 비파형동검의 특징과 대비된다.

영남지역 출토 비파형동검 등 청동기의 종류와 특성을 분류한 것이 〈표 1〉이다.

청동기시대 조기의 청동기는 아직 영남지역에서 확인된 바 없으며 청동기시대 전기가 되어야만 청동기가 무기류를 중심으로 출현하게 된다. 영남지역의 경우 가장 이른 시기에 속하는 청동기로는 전 청도 예전동 출토 비파형동검을 들 수 있고 전 경주 출토 서주 말-춘추 초 동촉도 그에 버금가게 상한 연대가 올라가는 청동기이다. 출토되는 청동기의 종류는 주로 비파형동검이나 추정 물미 내지 동모와 같은 무기류가 대부분이다.

비파형동검의 경우 전 청도 예전동 출토 비파형동검이나 전 상주 출토 비파형동검, 송죽리유적 출토 비파형동검의 경우와 같이 1차로 들어오는 비파형동검문화가 있고 창원 덕천리 지석묘 출토 비파형동검, 창원 진동리 비파형동검 등의 경우와 같이 청동기시대 후기에 걸쳐 2차로 비파형동검문화가 파급되어 들어오는 경우가 있다. 비파형동검의 경우에도 경부에 홈이 있거나 구멍이 있는 한반도에서 토착화된 요서-요동지역의 비파형동검에서 찾아볼 수 없는 특성을 가진 비파형동검이 출토되는 것이 특징적이라고 할 수 있다. 영남지역 청동기문화의 지역성은 무기류중

유적명 및 유구의 종류	출토 청동기	특성	공반 유물 또는 출토상태	시기
1	전(傳) 청도 예전동	비파형동검 2점	척돌과 돌기부 뚜렷하고 경부에 홈이 없음	너덜겅에서 출토되었다 함	전기
2	전 경주	동촉 2점	서주 말이나 춘추 초의 중국식 이단경촉	오쿠라(小倉) 컬렉션	전기
3	전 상주	비파형동검 3점	척돌과 돌기부 뚜렷하고 경부에 홈이 있음	알려진 바 없음	전기
4	김천 송죽리 4호 지석묘 주변	비파형동검 1점	경부에 홈이 아니라 구멍이 나 있음	송죽리 4호 지석묘 인근의 지표에 박힌 채로 출토됨	전기
5	김천 송죽리 1호 지석묘	추정 물미 혹은 동모(?)	물미와 유사한 소형청동기로 봉부, 신부, 착부의 일부가 결실되었음	1호 지석묘 적석기단부 출토(?), 유구석부, 주상석부, 무경식석촉	후기
6	전 선산	비파형동검 1점	척돌이 뚜렷하지 않고 돌기부도 희미하며 경부에 홈이 없음	알려진 바 없음	후기
7	창원 진동리 석관묘	비파형동검 1점	척돌이 뚜렷하고 경부에 홈이 있고, 동검의 형태는 변형됨	유병식마제석검, 세장형 유경식석촉	후기
8	김해 무계리 추정 지석묘	동촉	부식이 심함	일단병식 마제석검 1점, 유경식석촉	후기
9	창원 덕천리 지석묘	비파형동검 1점	등대는 잘 남아 있고 경부에는 홈이나 구멍이 보이지 않으며 기부의 양편에 구멍 있음		후기
10	사천 이금동 C-10호묘	비파형동검 1점	돌기부가 없으며 등대에 척돌도 확인할 수 없음	C-10호묘 동벽의 북쪽 모서리 부분에서 출토됨	후기
11	김해 장유 관광유통단지조성 부지 3구역 3호 지석묘	비파형동검 1점	척돌은 뚜렷하지는 않고 홈 혹은 구멍이 경부에 남아 있음	3구역 청동기시대 3호묘	후기
12	진주 대평리 옥방 5지구	곡옥형 청동제장식	두께 0.1cm로 얇고 편평하면서 밑으로 가면서 호(弧)를 그리며 좁아짐	D구역 4호 공방형주거지(휴암리형 집자리 추정) 인근의 생활면에서 출토	후기
13	전 진주	비파형동검 1점	등대와 경부 부분만 잔존, 경부에 홈이 있음	알려진 바 없음	후기
14	경주 봉길리 13-1유적	추정 비파형동검 재가공품 1점	신부의 대부분이 결실되고, 기부 한편에 원형의 투공이 있음	교란층에서 수습됨	후기

표 1 영남지역 출토 청동기시대 주요 청동유물

심의 청동기가 주종을 이루고 호남-호서지역의 경우와 유사하게 경부에 홈이 있는 한반도에서 토착화된 비파형동검이 출토되고 있다는 것이다. 또 대체로 비파형동검이 1점씩 지석묘 또는 석관묘에서 출토되는 양상이며 재가공하여 형태가 변형된 비파형동검이 많이 발견되는 것도 특징이라고 할 수 있다. 경남의 남해안 연안지역을 중심으로 집중 분포되는 경부에 홈이 있는 비파형동검은 호남지역에서 파급된 비파형동검문화 요소로 보이며 청동기시대 후기에 유행한다. 그리고 호남-호서지역에서 보이는 동부, 동시, 동착 등의 공구류가 아직 확인되지 않은 것이 청동기시대 후기까지의 특징이다. 현재까지의 영남지역 출토 비파형동검 등 청동기의 양상을 종합적으로 검토할 때 청동기용범이 아직 없는 점, 재가공한 비파형동검이 많은 점 등은 청동기시대 전기와 후기 모두 영남지역에서 청동기가 자체 생산되었을 가능성이 낮은 것으로 보게 한다.

전 청도 예전동 출토 계명대 행소박물관 소장 비파형동검의 등대는 단면이 서로 어긋나 있는데 이는 합범이 어긋나게 묶여서 만들어진 것이며 많은 기포가 있고 잘못 만들어진 부분을 수리한 부분도 보여 제작과정에 기술적 난점이 있었음도 암시된다. 영남지역에서 발굴되거나 출토된 것으로 알려진 청동기를 시대적으로 분류한 것이 〈표 2〉이다.

	조기	전기	후기	비고
무기류		전 청도 예전동 출토 비파형동검, 전 상주 출토 비파형동검, 김천 송죽리 4호 지석묘 출토 비파형동검, 전 경주 출토 동촉	김천 송죽리 1호 지석묘 출토 추정 물미, 창원 덕천리 출토 비파형동검, 경주 봉길리유적 출토 비파형동검, 전 선산 출토 비파형동검	
공구류				
장신구류			진주 대평 옥방 5지구 D구역 출토 곡옥형 청동제장식	

표 2 영남지역 청동기시대 청동기의 종류와 출현 시기

청동기시대 영남지역 출토 비파형동검은 농경정착사회의 전개라는 당시의 사회·경제적 여건 속에서 유력자의 권력이나 권위를 상징하는 위세품으로 사용되었으며 비파형동검의 생산과 소비는 직간접적인 유통망이나 관계망(network)을 통하여 이루어졌으며 그 과정에서 점차 지역적 규모의 정치체도 출현하게 되었던 것으로 보인다.

2) 목기

목기의 종류도 여러 기준으로 나눌 수 있겠으나 일상생활용구(절굿공이, 마제석검자루, 말목, 주거지 바닥을 까는 판목, 나무쐐기, 수라, 목제우물용 판목, 배), 경작도구(괭이, 따비, 고무래), 수렵도구(화살, 활, 창 등), 제의도구(새 모양 목기)와 기타 도끼자루 등으로 나눌 수 있다. 그러나 영남지역에서 출토된 청동기시대 목기는 괭이, 고무래. 절굿공이, 석부자루, 말목, 새 모양 목기 등으로 그 종류가 제한되어 있다.

목기가 없더라도 벌채에 사용되는 합인석부, 나무를 벌채하거나 다듬는 데 사용되는 유구석부, 편평편인석부 등의 목재벌채 및 가공용 석기의 존재도 목기를 만들었음을 보여 주는 간접자료가 될 수 있다.

번호	목기명칭	출토유적	시기
1	괭이	김천 송죽리유적 25호 주거지	전기
2	괭이	울산 교동리 192-37유적 8호 주거지	전기
3	고무래	대구 매천동유적 구하도 C구간	후기
4	절굿공이 2점	대구 매천동유적 구하도 D구간	후기
5	도끼자루 5점	대구 매천동유적 구하도 C구간, D구간	후기
6	목주 13점	대구 매천동유적 구하도 C구간, D구간	후기
7	가공목 1점	대구 매촌동유적 구하도 D구간	후기
8	절굿공이	안동 저전리유적 저목장	후기
9	말목	안동 저전리유적 저목장	후기
10	추정 따비(?)	안동 저전리유적 저목장	후기
11	조형목제품	안동 저전리유적 저목장	후기
12	괭이	안동 저전리유적 저목장	후기
13	추정 건축부재	안동 저전리유적 저목장	후기
14	괭이	대구 서변동유적 구하도	후기
15	도끼자루	대구 서변동유적 구하도	후기
16	추정 건축부재(말뚝형 판재, 송판형목재 등)	대구 동천동유적 구하도	후기

표 3 청동기시대 영남지역 출토 주요 목기의 종류

괭이는 김천 송죽리, 울산 교동리 192-37, 대구 서변동유적 등에서 출토되었는데 대체로 참나무를 소재로 만들며 농경과 관련된 굴지구의 하나로 추정된다. 송죽리유적 출토 괭이와 교동리 192-37유적 출토 괭이는 청동기시대 전기로 추정되며 서변동유적 출토 괭이는 청동기시대 후기로 추정된다. 대구 매천동유적에서 출토된 고무래는 영남지역에서 출토된 가장 오래된 고무래로서 청동기시대 후기로 추정된다. 또 청동기시대 후기의 목기로 추정되는 절굿공이가 매천동유적과 안동 저전리유적에서 출토되었다. 매천동유적과 서변동유적에서는 청동기시대 후기에 속하는 것으로 보이는 도끼자루가 출토되었으며 논산 마전리 출토 도끼자루와 형태상 유사점이 보여 주목을 끈다.

저전리유적 출토 추정 따비는 아직 따비 여부에 대해 이견은 있으나 주목해야 할 자료로 생각되며 청동기시대 후기의 원시적 형태의 따비가 존재했을 가능성은 바로 뒷시대의 유물인 전 대전 출토 농경문청동기의 쌍날 따비 그림과 유사한 시기의 유적인 일본 규슈 사가현 하부유적(土生遺蹟)에서 출토된 목제 실물 따비의 존재에서도 암시된다. 또 밀양 금천리 7호 주거지에서 출토된 따비의 날과 유사하게 생긴 석기는 청동기시대에 이미 따비라는 농경구가 존재하였을 가능성을 암시하여 청동기시대 목제 따비의 존재 가능성도 추정할 수 있게 한다.

그 이외에도 매천동유적과 저전리유적에서 목주 또는 말목으로 추정되는 목기가 다수 확인되었으며 대구 동천동유적에서도 건축부재로 보이는 목재가 출토되었다.

송죽리유적을 포함한 청동기시대 마을유적에서 자주 발견되는 합인석부는 나무를 벌채하는 데 쓰고 대패(石鑝), 돌끌(石鑿) 등은 나무를 가공하는 도구이므로 이들의 존재는 목기제작의 간접적 증거라고 할 수 있다. 또 이와는 다른 관점에서 석촉, 석창과 작살, 석부의 존재는 석촉대, 석창자루와 작살자루, 석부자루를 목재로 만들었을 가능성을 암시한다. 석촉의 존재는 이와 아울러 활의 존재를 암시하는데 활의 대는 아마도 나무로 만들었을 것으로 추정된다. 성형(星形)석부나 환상(環狀)석

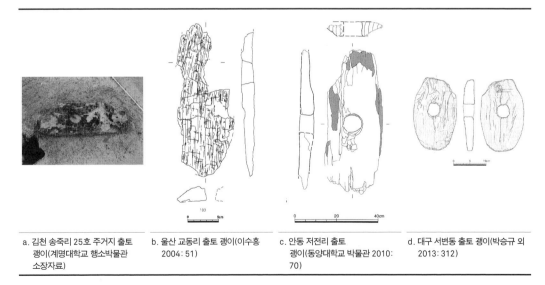

a. 김천 송죽리 25호 주거지 출토 괭이(계명대학교 행소박물관 소장자료)

b. 울산 교동리 출토 괭이(이수홍 2004: 51)

c. 안동 저전리 출토 괭이(동양대학교 박물관 2010: 70)

d. 대구 서변동 출토 괭이(박승규 외 2013: 312)

그림 16 영남지역 출토 괭이류

부 등도 역시 자루는 나무였을 것으로 추정된다.

	조기	전기	후기
경작도구		괭이	괭이, 고무래
수렵도구/무기류			
생활도구(제분구 등)			절굿공이
자루			도끼자루
건축부재/시설부재			추정 건축부재, 말목
의구			조형목제품

표 4 청동기시대 영남지역 출토 목기의 종류와 시기별 출토양상

　　대평리 옥방유적 등에서 확인된 환호 속의 목책열도 원목이나 판목을 사용한 목책의 존재를 알려 주는 간접적인 자료이다. 어망추를 사용한 어망 손잡이도 경우에 따라서는 나무를 사용하였을 가능성이 크다. 그리고 토기의 표면을 정면하거나 시문할 때 필요시 목제도구를 사용한 것으로 추정되는데 이것은 무문토기의 표면에 나타난 정면흔적을 통하여 암시된다. 반월형석도 등의 제작 시 석도에 구멍을 뚫기 위하여 사용했을 것으로 생각되는 활비비에도 나무대 등 목기가 사용되었을 것으로 추정된다. 지석묘의 상석 채석 시 바위에 박았을 것으로 추정되는 나무쐐기와 지석묘의 상석을 운반하는 데에도 여러 방법이 있을 수 있겠지만 상석운반을 위하여 수라(修羅)라는 목기를 사용하였을 것으로 추정된다.

　　영남지역에서 출토된 목기는 청동기시대 전기에 속하는 것으로 괭이가 있으며 청동기시대 후기에 속하는 것으로서 괭이, 고무래, 절굿공이, 도끼자루, 조형목제품 등이 있다. 그 내용을 정리한 것이 〈표 4〉이다. 발굴된 목기류는 주로 경작도구와 제분도구 그리고 도끼자루이며 청동기시대 전기에서 후기로 갈수록 종류가 늘어나는 양상이다. 청동기시대 전기에는 밭농사와 관련

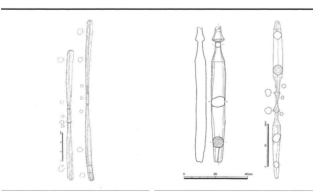

a. 대구 매천동 출토 절굿공이(이제동 외 2010: 239)

b. 안동 저전리 출토 절굿공이(동양대학교박물관 2010: 70, 77)

그림 17 영남지역 출토 절굿공이

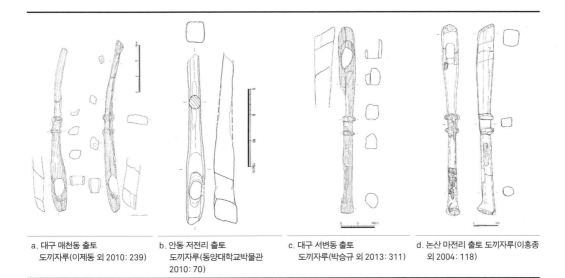

a. 대구 매천동 출토
도끼자루(이제동 외 2010: 239)

b. 안동 저전리 출토
도끼자루(동양대학교박물관
2010: 70)

c. 대구 서변동 출토
도끼자루(박승규 외 2013: 311)

d. 논산 마전리 출토 도끼자루(이홍종
외 2004: 118)

그림 18 영남지역·호서지역 출토 도끼자루

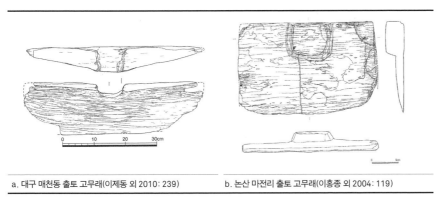

a. 대구 매천동 출토 고무래(이제동 외 2010: 239)

b. 논산 마전리 출토 고무래(이홍종 외 2004: 119)

그림 19 영남지역·호서지역 출토 고무래

된 괭이가 출토되었고 벼농사가 확산되는 청동기시대 후기에는 괭이와 더불어 논을
편평하게 고르는 도구인 고무래가 출토되는 양상이다. 그리고 청동기시대 후기에는
절굿공이와 도끼자루도 출토되는 양상이다. 이러한 양상은 호서지역이나 호남지역
도 유사하다.

목기의 제작은 마을 근처의 구 하도나 보(洑) 인근에서 이루어졌음이 매천동유
적과 저전리유적에서 확인되었다. 목재를 물에 담가 놓는 저목장(貯木場)으로 활용
하기 좋은 장소에서 목기제작이 이루어졌음을 암시한다.　　　　　　　　[김권구]

3) 석기

    청동기시대에는 이전 시기보다 기술적인 면에서 좀 더 발전하여 다양하고 정형화된 석기가 제작되었다. 청동기시대 석기문화의 특징은 마연기법의 보편화, 종류의 다양화, 석기와 옥제 장신구의 부장, 석기의 지역성, 본격적인 무기류의 등장, 석기제작 기술집단의 존재, 교역을 위한 생산 등을 들 수 있다. 특히, 농경지 확보를 위한 벌채용 석부와 수확구, 가공구 등의 석기가 다수 출토되는 것은 이 시기에 농경이 본격화되었음을 말해 준다.

    청동기시대 석기는 용도에 따라 무기류, 농구류, 벌채용, 가공구, 어로구 등으로 구분된다. 무기류는 석검, 석촉, 석창 등이 있다. 석검은 지석묘와 석관묘에 부장되기도 하며, 실생활용구로도 사용되었다. 석검은 자루[柄部]의 유무를 기준으로 유병식과 유경식으로 구분되며, 유병식은 자루 형태에 따라 이단병식, 일단병식으로 세분된다. 이단병식은 병부 형태에 따라 유단식, 유구식, 유절식의 세분도 가능하다. 일단병식은 석검 형식 중 가장 많이 출토되었다. 청도 진라리유적 출토품은 길이가 67cm로 남부지역에서 가장 긴 것이고, 김해 무계리 지석묘 출토품은 길이가 52cm이다. 김해 무계리 지석묘와 부산 괴정동유적 출토품과 같이 자루 끝이 옆으로 길게 뻗어 장식성이 강조된 것은 무덤 부장용으로 특별하게 제작된 것이다. 유경식은 자루 장착을 위한 슴베가 있다. 슴베의 길이에 따라 단경식과 장경식으로 분류하며, 단경식은 석검, 장경식은 석창으로 구분하기도 한다. 부여 송국리유적에서는 나무자루[木柄]가 부착된 석검이 출토되었고, 안동 지례리 지석묘에서도 유경식 석검과 함께 자루가 출토되었다. 슴베 끝이 좌우로 돌출된 형태의 소형 석검은 '송국리형석검'으로 불린다.

    석촉은 혈암, 이암, 편암, 판암, 혼펠스 등 다양한 재료로 제작되었다. 석촉은 경부의 유무에 따라 무경식과 유경식으로 구분되며, 유경식은 일단경식과 이단경식으로 세분된다. 또한 신부의 단면 형태에 따라 편평형과 능형으로 구분된다. 신부가 세장한 특징을 보이는 장릉형석촉은 대개 무덤 부장품으로 출토되는데, 부여 송국리, 거창 산포, 청도 진라리, 산청 사월리, 함안 도항리유적 등에서 출토되었다. 도항리유적 '바'호 지석묘 출토품은 길이 23.9cm의 초대형 석촉이다. 대구 월성동유적에서는 미완성 석촉 여러 점이 무문토기발 안에 담긴 상태로 출토되었고, 춘천 천전리유적 47호 주거지에서는 화살촉과 화살대가 함께 출토되었다.

석창은 수렵도구 중 가장 살상력이 높은 도구로 타제와 마제로 구분된다. 울산 신현동유적 출토 타제석창은 장착흔이 남아 있다. 천상리유적 출토 마제석창은 슴베 부분에 미늘이 있는 것으로 석창과 자루를 더욱 견고히 결박하는 역할을 한 것으로 볼 수 있다.

　석부는 용도 및 형태에 따라서 벌채용인 합인석부와 목제가공구인 편평편인석부·주상편인석부·유구석부·유단석부로 구분된다. 합인석부는 양쪽에서 날을 다듬은 조갯날 형태로, 논산 마전리유적에서 출토된 목제 도끼자루는 합인석부에 끼웠던 것으로 보인다. 편평편인석부는 대팻날과 같은 형태[片刃]로 나무를 깎거나 다듬을 때 사용했다. 주상편인석부는 단면 형태가 장방형 또는 제형으로 두께가 두껍고, 끌과 같은 용도로 사용되었다. 대구 서변동유적 출토 목제 도끼자루는 주상편인석부에 사용된 것으로 보인다. 유단석부는 머리 부분의 단과 아래쪽 날을 다듬은 면을 반대편에 위치시켜 자귀의 용도로 사용하였다. 서북지방에서 팽이형토기와 함께 출토되며 대동강유역에 집중적으로 분포한다. 유구석부는 머리와 날 부분 사이에 홈을 판 형태로 주상편인석부가 소형화되면서 장착 부위의 후면 형태가 변화한 것으로 보인다. 유구석부는 송국리문화 단계에서 일반화되는 것으로 이해된다. 소위 요동형벌채석부는 신부 중간에 단이 져 있는 형태로, 요동반도에서 출발하여 한반도는 물론 연해주지역에까지 분포하며, 한반도 남부지역에서 다수 확인된다.

　농구류로는 반월형석도, 석겸, 갈돌, 갈판, 보습 등이 있다. 반월형석도와 석겸은 수확구, 갈돌과 갈판은 제분구, 보습은 굴지구이다. 반월형석도는 지역과 시기에 따라 매우 다양하며, 날 부분에는 사용에 의한 홈이 생기거나 신부에 광택이 관찰된다. 석재는 점판암, 규암, 편암, 천매암, 사암 등이 이용되었다. 인부는 직인류(直刃類)와 호인류(弧刃類)로 구분되며, 단면 형태에 따라 양인(兩刃)과 편인(片刃)으로 세분된다. 장방형과 제형은 직배직인형(直背直刃形)으로 두만강유역과 북한지역에서 확인된다. 즐형(櫛形)은 호배직인(弧背直刃)으로 서북한지역의 압록강, 청천강유역에서 출토된다. 어형(魚形)은 호배호인(弧背弧刃)으로 단면 형태는 대부분 편인이다. 주형(舟形)은 가장 일반적인 형태로, 영남지역에서는 주형석도가 가장 많이 출토된다. 삼각형석도는 송국리문화를 대표하는 석기로 일본 규슈지역에도 출토된다. 직배직인으로 2개의 인부가 상반되게 교인(交刃)을 이루는 형태이다. 구멍수는 대개 2공인데 영남지역에서는 1공으로 제작된 것이 타 지역에 비해 많은 것이 특징이다.

동북형석도는 한쪽에만 날이 있어 '도(刀)'로 분류되며, 자르거나 베는 용도로 추정된다. 날과 자루를 끼우는 슴베가 명확하게 구분되는 실생활용구이다. 주걱칼, 'ㄱ'자형석도, 이형석기 등으로도 불린다. 동북형석도는 두만강유역과 길림성의 송화호 주변, 연해주 남부를 중심으로 한 동북지역에 주로 분포하며, 포항 인덕동, 경주 황성동, 울산 검단리유적 등 주로 동해안에 인접한 한반도 남부지역에서 확인된다. 한편, 부리형석기는 진주 평거동유적에서 돌대문토기와 함께 다수 출토되었는데, 형태와 제작방법에서 두만강유역의 부리형석기와 유사하다. 동북형석도와 부리형석기는 한반도 남부지역의 청동기문화 형성에 동북지방과 영남지역의 밀접한 관련성을 엿볼 수 있게 한다.

이 외 성형석부는 원형 석기 둘레에 별 모양과 같은 돌기를 만든 것으로 황해북도 석탄리, 강계 공귀리, 춘천 신매리, 울산 신정동, 대구 서변동유적에서 출토되었다. 서변동유적 출토 톱니바퀴형 성형석부는 공귀리유적 출토 예와 유사하다. 환상석부는 바퀴날도끼라고도 부르며, 날 부분은 얇고 예리하게 제작하였고 중앙으로 가면서 두터워진다. 한반도 서북지방에서 많이 출토되며 서변동유적을 비롯한 영남지역에서 가장 많은 수가 출토되었다. 어로구인 석제어망추는 납작하고 편평한 돌의 양 끝을 타격하여 홈을 낸 형태가 대부분이며, 일부 장방형으로 형태를 만들고 중앙이나 상단에 구멍을 뚫은 형태도 있다. 석제방추차는 원반 모양으로 중앙에 구멍이 뚫려 있다.

영남지역의 청동기시대 조기는 돌대문토기문화와 신석기시대 문화 전통이 혼재되어 새로운 석기문화가 형성되었다. 석기 조합상은 석부, 석촉, 반월형석도, 지석 등으로 구성된다. 석부는 압록강유역의 벌채석부와 유사하고, 신암리 I기를 비롯한 압록강 하류역의 석촉이 주로 무경식인 점으로 볼 때, 서북한지역 석기의 영향을 받은 것으로 보인다.

청동기시대 전기 석기문화의 가장 큰 특색은 석검의 등장이다. 석검은 주로 이단병식석검이 제작되고 병부의 형태에서 지역색이 나타난다. 이단병식 중 병부의 아랫부분에 반원형 장

그림 20 석기 제작 관련 주거지(진주 대평리 어은 2지구 37호, 43호 주거지)

식이 수반되거나 병부의 한쪽 면에 원형의 홈을 새
긴 것이 있는데, 이는 모두 영남지역에서만 출토된
다. 석촉은 무경식과 이단경식이 주로 출토된다. 석
부는 벌채용의 합인석부와 편평편인석부에 주상편
인석부가 새로 추가되어 공구세트를 이룬다. 횡단
면 방형의 소위 사릉부(四稜部)는 흑색 현무암제로
제작되어 일반 석부와는 구별된다. 보령 관산리, 사
천 본촌리, 대구 송현동유적 등에서 출토된다. 장주
형(長舟形)과 장어형(長魚形)의 반월형석도, 석겸, 동
북형석도, 환상석부 등도 이 시기에 보편적으로 나
타난다.

　　청동기시대 후기에는 취락 내에서 석기를 제
작했던 흔적이 진주 대평리유적을 비롯하여 여러
유적에서 확인되며, 개별석기의 제작기술이 발전
하면서 지역색이 뚜렷해지는 단계이다. 석촉과 석

그림 21 대구 월성동유적(토기 내부에서 출토된 미완성 석촉)

겸은 일단경촉과 일단병식석겸이 주체이고, 유구석부와 삼각형석도에 의해 전기와
뚜렷하게 구별된다. 유구석부의 등장으로 청동기시대의 공구세트가 완성되며, 한
국 중남부지역과 일본 규슈지역에 국한되어 출토된다. 일단병식석겸은 점차 자루가
의기화되어 김해 무계리유적과 부산 괴정동유적 출토품과 같이 대형 석겸이 제작되
어, 석겸의 의기성이 더욱 분명해진다. 석촉은 일단경식이 대부분이며 장릉형석촉도
다수 출토된다. 삼각형석도는 송국리유형문화권에서만 확인되며, 강원도지역이나
동남해안지역의 검단리문화권에서는 확인되지 않는다. 또한 석겸, 동북형석도, 환
상석부 등도 계속해서 사용되었다.

4) 기타

　　청동기시대의 장신구는 옥을 가공하여 만든 옥제장신구가 대표적이다. 옥제장
신구는 벽옥과 천하석을 이용하여 제작하였으며 주로 무덤에 부장되었다. 형태에
따라 관옥, 환옥, 곡옥, 반달옥 등으로 구분된다. 진주 대평리유적에서는 주거지에서
옥을 제작했던 흔적이 확인되는데, 옥 원석과 부스러기, 옥을 가공한 지석, 투공구

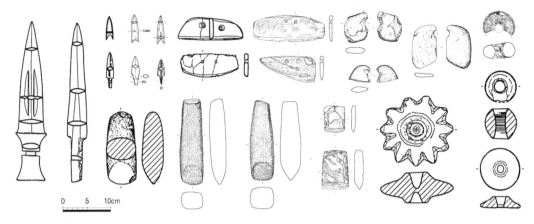

그림 22 청동기시대 전기의 석기

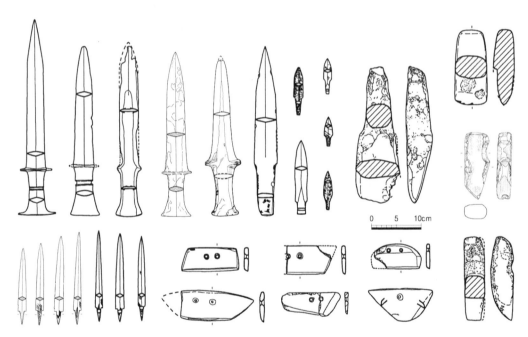

그림 23 청동기시대 후기의 석기

등이 다수 출토되었다.

옥제장신구는 하남 미사리유적 A-1호 주거지에서 돌대문토기와 공반된 곡옥으로 보아 청동기시대 조기부터 제작된 것으로 볼 수 있다. 전기의 옥제장신구는 대구 송현동, 경주 월산리유적 등에서 관옥이 출토되고, 진주 남강유역의 여러 유적에서는 관옥과 환옥 등이 다수 출토된다. 후기에는 주로 지석묘나 석관묘 등의 무덤에서 다수 출토되며, 산청 묵곡리유적과 같이 의례 관련 유구에서도 다수 확인된다. 옥제장신구의 성격은 초기에는 취락 구성원의 공유물이었지만, 후기에 이르러 농경과 수공업 생산이 본격화되는 사회변화에 맞춰 청동기, 석검, 적색마연토기와 더불어 사회적 신분이나 지위의 상징물로 본격적으로 대두된 것으로 볼 수 있다.

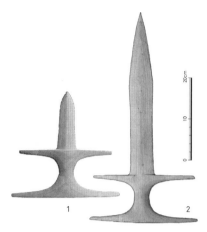

그림 24 석검의 의기화
1: 부산 괴정동, 2: 김해 무계리

청동기시대 토제도구로는 어망추와 방추차가 있다.

어망추의 형태는 단추형, 구슬형, 원통형이 있는데, 대부분 단추형이다. 원통형어망추는 포항-경주-울산-양산을 잇는 동남해안지역에서 확인되는 독특한 형태이다. 청동기시대 전 시기에 걸쳐 영남지역 전 지역에서 어망추가 출토되어 어로활동이 지속적으로 이루어졌음을 알 수 있다.

방추차는 방직구로 형태는 원반형, 원추형, 톱니바퀴형 등이 있으며, 원반형이 다수를 차지한다. 원추형방추차는 주로 두만강유역에서 출토되는 것으로, 동북형석도, 부리형석기와 함께 동북지역과 영남지역의 밀접한 관련성을 시사한다. 울산 교동리 192-37유적 출토 토제방추차는 톱니바퀴형으로 원형의 토제품 둘레에 톱니가 형

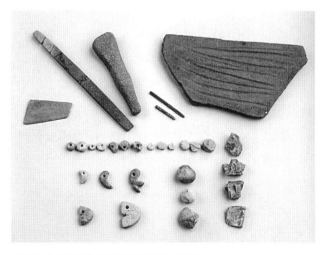

그림 25 옥 가공품 및 생산 관련 유물(진주 대평리유적)

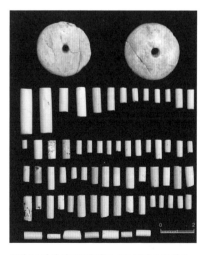

그림 26 사천 이금동유적 B-6호 무덤 출토 식옥

성되어 있다.

2 생업

청동기시대의 대규모 취락은 하천변의 충적지 혹은 구릉지와 상관없이 다양한 생계활동에 적합한 곳에 위치하여 식량생산과 공급의 안정성 확보를 가능하게 하였다. 청동기시대 생업은 취락의 입지에 따라 세부적인 방식에는 차이가 있지만 대개는 농경, 수렵, 어로, 채집 등의 생계활동이었다.

생업 관련 도구는 농경구, 수렵도구, 어로도구 등으로 분류된다. 그러나 무기류가 수렵도구로 쓰일 수도 있고, 농경구가 가공구일 가능성도 있어 뚜렷하게 구분하기는 어렵다. 이러한 생업도구는 각 지역별, 시대별로 다양한 출토양상을 나타내며 도구의 출토비율을 통해 생업형태를 파악할 수 있다.

청동기시대 전기에 낙동강 중류역과 울산, 동해안지역은 농경구에 비해 무기류와 가공구의 출토량이 많은 것으로 보아 취락의 입지와 관련하여 농경지 개척이 중요했던 것으로 이해된다. 이에 반해 낙동강 하류역과 남해안지역은 가공구의 비중이 높고, 남강유역은 농경구의 비중이 높게 나타난다. 청동기시대 후기에는 농경구와 가공구의 석기 구성 비중은 지역별로 다소 차이는 있지만 전기와 유사한데 반해 무기류가 큰 비중을 차지한다. 이는 청동기시대 영남 각 지역 취락의 자연적 입지 여건과 사회적 여건이 석기의 비중에 큰 영향을 준 것으로 볼 수 있다. 농경구의 비중이 큰 남강유역을 제외하고 영남지역 대부분에서는 전체적으로 무기류의 출토량이 많아 청동기시대 후기에 환호취락의 등장과 함께 사회적 긴장관계가 고조되었음을 보여 준다. 한편, 진주 대평리유적에서는 주거지 내에서 석기를 가공했던 흔적이 다수 확인되는데, 후기에 석기 가공구가 증가하는 양상은 송국리문화의 등장에 의한 논농사의 활성화와 잘 부합된다. 또한 석기 가공구의 증가는 석기의 생산활동이 증대되었음을 의미하며, 자급자족을 넘어 교역을 위한 생산이 이루어졌을 가능성을 말해 준다.

1) 농경
농경은 신석기시대에 개시된 이후 청동기시대가 되면서 가장 중요한 생계형태가 되었고, 이로 인해 청동기시대를 '농경사회'라 부르기도 한다. 청동기시대의 농경형태와 기술 정도는 농구류와 경작지를 통해서 알 수 있다. 농구류에는 굴지구, 경작구, 수확구, 조리구 등이 있다. 굴지구와 경작구는 보습·괭이·삽·호미 등, 수확구에는 석검, 반월형석도 등, 곡물을 가공하는 조리구에는 갈판·갈돌 등이 있다. 영남지역의 청동기시대 취락 내 주거지에서 농구류가 다수 출토되어 대부분의 취락에서 농경이 이루어졌음을 알 수 있다.

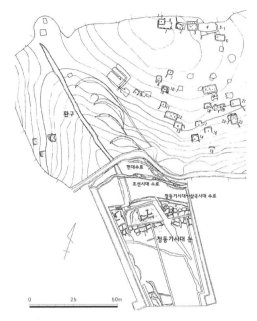

그림 27 울산 옥현유적 청동기시대 논

청동기시대 전기의 농경은 소규모의 논과 밭을 이용하여 곡물을 재배하는 자급자족 형태였던 것으로 보인다. 논은 구릉 사면 말단부와 개석곡저, 범람원의 배후 습지에서 확인되며, 계단식과 소구획 형태로 경작되었다. 대표적인 유적은 울산 야

그림 28 진주 대평리유적 청동기시대 밭(도면)

그림 29 진주 평거동유적 청동기시대 논과 밭

음동유적과 밀양 금천리유적이 있고, 관개시설은 수로가 확인된다. 밭은 주로 화전 경작에 의한 것으로 규모는 소규모의 텃밭 형태이다. 대표적인 유적은 청도 송읍리 유적이 있다. 밭에서 출토된 곡물은 쌀, 조, 기장, 보리, 밀, 콩, 팥 등이 있다.

청동기시대 후기에 들어서면서 농경지는 빠른 속도로 확대되어 논의 입지는 구릉 사면 말단부 개석곡 저, 곡간평야, 중소 하천 범람원의 배후습지 등 전기보다 다양해진다. 대부분 소규모이지만 진주 평거동유적과 같이 넓은 범위로 나타나기도 한다. 관개시설이 다양화되고, 생산량이 증가

그림 30 청동기시대 곡물자료

하여 자급자족의 식량생산 체계를 넘어서 잉여곡물을 생산하게 된다. 대표적인 유적은 울산 옥현유적, 진주 평거동유적이 있다. 밭경작은 논경작과 비슷한 양상으로 확대되면서, 주거지와 인접해 배치되거나 별도의 공간에 경작지가 조성된다. 대평리유적이나 평거동유적과 같이 자연제방의 경사면에 대규모로 밭이 조성되기도 한다. 밭의 대규모화는 주거지 수가 증가하면서 취락의 규모가 확대되어 인구의 증가와 함께 식량확보가 중요한 문제가 되었기 때문이다. 특히, 하천의 충적지에 입지한 대규모 취락은 식량확보 및 잉여곡물의 생산을 위해 경작지를 확대해 나간 것으로 볼 수 있다.

2) 수렵

청동기시대에는 농경과 더불어 여전히 수렵, 어로, 채집활동이 생계에서 중요한 역할을 하였고, 이는 돌과 나무, 뼈로 만든 도구를 통해 알 수 있다. 수렵도구는 석촉, 석창, 골각기 등이 있다. 석촉과 석창은 주거지에서 출토되며, 골각기는 주로 패총유적에서 출토된다. 골각기의 주 재료로 사슴뼈가 많이 이용되었고, 복골 제작에 멧돼지뼈와 사슴뼈가 주로 이용된 점으로 볼 때, 청동기시대 주된 수렵대상은 사슴과 멧돼지였던 것을 알 수 있다. 포항 인덕산유적의 청동기시대 10호 주거지에서도 8개체의 멧돼지 머리뼈가 출토되었다.

수렵의 형태는 석촉을 이용한 활수렵, 석창을 이용한 창수렵, 함정유구를 이용한 함정수렵이 있다. 함정유구는 울산 옥동·입암리, 진주 평거동·가호동유적 등 청동기시대 취락유적에서 다수 확인되었다. 울산 입암리유적과 진주 평거동유적에서

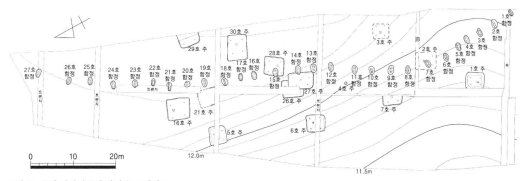

그림 31 울산 입암리유적 함정유구 배치도

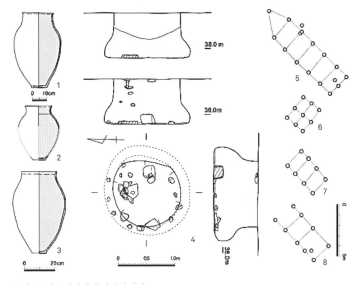

그림 32 청동기시대 후기 저장시설
1~3: 대형호, 4: 저장혈, 5~8: 고상창고

는 주거군과 농경지 사이에 일정한 간격으로 수십 개의 함정유구가 열을 지어 확인되었다. 함정유구의 구조와 형태는 입지에 따라 다르게 나타나기도 하지만, 대체로 평면 (장)타원형, 단면 'Y'자상이며, 바닥에는 목창을 꽂았던 흔적이 남아 있다. 청동기시대에 함정수렵이 확산된 이유는 농경의 비중이 높아지고 농경에 투입되는 노동력이 증가하면서 노동력을 절감할 수 있는 함정수렵의 형태로 변화한 것으로 볼 수 있다.

3) 어로

청동기시대에는 신석기시대에 다수 확인되었던 패총이 드물게 나타나는데, 이러한 어로상의 변화는 유적의 입지조건 및 농경의 본격화에 기인하는 것이다. 청동기시대 어로는 주로 어망추를 이용한 망어법이 성행하였으며, 망어법은 집단적인 협동을 필요로 하는 공동작업이다. 망어구를 구성하는 어망추는 대구 서변동, 밀양 살내, 진주 대평리, 포항 대련리, 울산 검단리유적 등에서 출토되어 영남지역 전 지역에서 어로활동이 생업의 하나로 이루어졌음을 나타낸다. 또한 어망추가 주로 내륙부에서 출토되는 점으로 볼 때, 청동기시대 어로형태는 농경사회에 적합한 내수면 어로가 본격화된 것으로 볼 수 있다.

특히, 원통형어망추는 포항-경주-울산-양산을 잇는 동남해안지역에서 출토되는 독특한 형태로, 무게가 20~50g에 달한다. 이는 대형 어종인 연어를 잡기 위한 것으로 다른 지역에 비해 어로활동이 성행한 지역이라고 할 수 있다. 울산 무거동·야음동, 대평리·평거동유적에서도 어망추가 출토되어 농경활동과 함께 어로활동이 지속적으로 이루어졌음을 보여 준다.

4) 채집

채집은 주로 식물성 식료가 대상으로 이러한 식생은 기후와 밀접한 관련이 있다. 청동기시대에는 신석기시대에 비해 기온이 다소 하강하였던 것으로 알려져 있지만, 기본적인 식생은 신석기시대 이래로 오늘날까지 크게 다르지 않다. 유적에서 확인되는 채집과 관련된 자료는 탄화된 식물유체와 견과류의 가공에 이용된 갈돌과 갈판을 들 수 있다.

청동기시대 조기와 전기에는 주거지 내부에 구덩이를 파거나 저장용 항아리를 이용하였고, 후기에는 주거지 주변에 구덩이를 파서 별도의 저장시설을 만들거나 취락과 떨어진 별도의 공간에 다수의 저장시설을 마련하였다. 청동기시대 후기에는 전기에 비해 주거면적당 저장량이 8~20배 증가한 것으로 보기도 하는데, 이처럼 확대된 저장공간에는 채집한 식물성식료도 저장하였던 것으로 볼 수 있다. 청동기시대 후기에 저장시설의 확대는 수도작이 확산되면서 농경 잉여물의 축적, 함정을 이용한 수렵, 식물성식료의 채집량이 증가한 것과 관련된 것으로 볼 수 있다.

청동기시대 후기에는 송국리형문화의 비약적 발전과 발달된 농경기술을 바탕으로 식량생산 체계가 보다 안정적으로 되고, 이로 인한 잉여생산물이 증가한 것으로 볼 수 있다. 또한 수공업 생산품의 생산과 유통 등 집단 간의 교류도 활발히 이루어져서 취락 간에 일정한 네트워크가 형성되어 있었음을 알 수 있다.　　　　[고민정]

IV 주거와 취락

영남지역의 청동기시대 취락연구는 발굴조사가 많이 증가하기 시작한 1990년대를 기점으로 연구경향이 변모한다. 대규모 토목공사에 수반하여 취락의 전모가 드러난 유적의 확인 예가 증가하면서, 이제 개별 주거지나 무덤의 연구에서 취락을 대상으로 하는 연구가 활성화되기 시작하였다.

현재까지의 조사결과를 참고할 때, 영남지역의 주거와 취락 역시 다른 지역과 같이 남강, 낙동강, 태화강, 동천강, 형산강 등 수계 주변에 밀집 분포하는 특징을 보이는데, 인간생활에 필수적인 요소가 물인 점과 수계 주변의 비옥한 충적지를 활용할 수 있다는 점, 활발한 각종 어자원, 교통로로서의 이점 등을 고려하면 각 수계 주

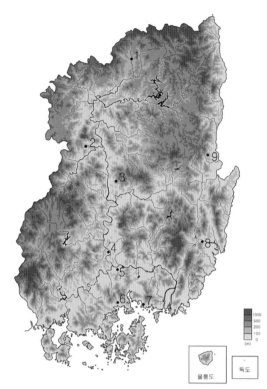

그림 33 영남지역 청동기시대 주요 유적
1: 영주 가흥동, 2: 김천 지좌동, 3: 대구 동천동, 4: 진주 대평리, 5: 진주 평거동,
6: 사천 이금동, 7: 마산 진동, 8: 울산 천상리, 9: 포항 초곡리

변이 취락입지의 최적지로서 선정되었던 것은 당연한 결과라 할 수 있다.

주거지는 조기~후기까지 나타나지만, 조기는 남강유역에 집중되며, 경주와 대구분지, 동해안 일대에서도 부분적으로 확인된다. 전기는 영남 전역에서 조사되고 있고, 후기가 되면 낙동강 이서지역은 송국리문화권, 이동의 동남해안지역은 검단리문화권으로 지역색이 확연히 차이가 드러난다. 주거지와 각종 부속시설이 결합한 취락은 조기와 전기 전반에는 소수에 불과하나, 전기 후반에 늘어나기 시작한 취락의 규모는 후기가 되면 대규모 취락이 급속히 증가하면서 앞 시기와는 다른 새로운 양상으로 발전한다.

1 조기

영남지역 조기의 주거지는 방형계 주거지가 주류를 이룬다. 이중구연토기와 각목돌대문토기가 출토되는 주거지를 포함할 수 있겠으나, 북한지역이나 중부지역의 조기문화와는 시기적인 차이가 있다. 남강유역의 진주 대평리·평거동, 경주 충효동, 김천 송죽리유적 등에서 조기의 주거지가 확인되었다. 조기의 주거지는 평면 장방형 또는 방형, 석상위석식·토광위석식, 초석, 단 시설, 주혈배치가 정형성을 보이는 특징이 있다.

대평리 옥방 5지구·평거동, 대구 시지동·충효동, 포항 월포리유적에서는 석상위석식노지와 함께 각목돌대문토기, 전형이중구연토기 등이 출토되므로 가장 이른 시기의 노지 형태라 할 수 있다. 기둥시설은 초석이 있는 것과 지면을 파서 기둥을 세운 것으로 구분된다. 초석이 있는 것은 조기 및 전기 이른 시기에 해당하는 주거지에서 확인되며, 주거지의 형태는 폭이 넓은 장방형의 중대형이 대부분이다. 초석의 배치는 장벽 가장자리를 따라 2열 대칭으로 설치되는 것이 일반적이며 중서부지역에서 보이는 1열 중앙배치는 확인되지 않는다. 영남지역에서 초석이 있는 주거지는 남강유역에 집중되는 양상이며 나머지 지역에서는 몇 기 이내에서만 확인된다.

단 시설은 양장벽 혹은 사방으로 주거지 바닥보다 5~10cm 정도 높게 조성되어 있으며 단의 끝 부분에 초석이나 주혈이 배치된다. 평거동·어은 1지구, 밀양 금천리유적 등에서 확인되는데, 생활공간과 구분되는 완충공간으로 파악되며, 단 시설이 있는 곳에 저장공이 조성되어 있다.

조기의 주거지는 낙동강 중상류역은 대구분지를 중심으로, 낙동강 하류역은 남강유역에 집중되며, 영남 동남부지역인 경주·울산·포항지역에서도 적은 숫자지만 조기의 주거지가 확인되고 있다. 조기의 주거지는 돌대문토기와 전형이중구연토기가 출토하고, 위석식노지가 설치된 평면 정방형 또는 (장)방형의 미사리식주거지이다. 낙동강 중상류역의 대구 월성동유적, 낙동강 하류역의 진주 대평리 어은 1지구·옥방 5지구·상촌리 B·D지구·평거동 3-1·2지구유적과 동남부지역의 울산 구영리·상안동, 경주 충효동유적 등에서 확인되며 모두 평면 방형 또는 장방형의 중대형 주거지로 공통하는 점이 있다.

영남지역 조기의 취락은 개별 주거지 몇 기에 의해 구성된 것이 대부분이어서 개별 주거군이나 단위 취락의 실체가 분명하지 않다. 취락의 입지는 대부분 하천 주변의 충적대지에서 확인되며, 대형 주거지 1기 또는 2~3기 이내의 주거지가 모여 하나의 세대공동체를 이루는 정도로만 파악된다. 굴립주건물, 수혈, 환호, 경작유구, 무덤과 같은 주거지 외 개별 구조물은 확인되지 않는다. 주거지의 배치는 점상배치로 파악할 수 있겠다.

조기의 취락구조를 구체적으로 살펴볼 만한 자료가 부족하지만, 현재까지 확인된 취락의 사회구조는 유단사회와 분절사회의 중간에 해당한다 하겠다.

2 전기

전기의 주거지는 평면 형태가 방형, 장방형, 세장방형이며 토광위석식 또는 수혈식노지를 채용한다. 노지는 전기 전반은 조기와 같은 위석식이지만 수혈을 파서 조성한 점에서 차이가 있으며 전기 후반이 되면 수혈식노지로 대체된다. 노지는 주거지의 규모에 비례해 복수로 설치되기도 한다. 전기의 주거지는 남강유역의 진주 평거동·가호동유적, 낙동강 하류역의 밀양 금천리·희곡리유적, 낙동강 중류역의 대구분지 내 다수의 유적, 낙동강 상류역의 영주 가흥동유적, 태화강유역의 울산 외광리·구영리유적 등 영남 전역으로 확산한다. 또한 전기 전반은 단, 중심주혈, 초석 및 주혈배치의 정연성, 저장공 등 조기의 전통이 유지되었는데 후기 후반이 되면 조기의 전통이 보이지 않는다.

　　방형주거지의 경우 세부 형식과 그 기능을 달리하며 후기 전반까지 사용되기도 하고 대구 상동유적을 본다면 전기의 전 기간 취락의 주된 주거형식으로 유지되기도 한다. 장방형주거지는 전기의 전 기간 사용되다 후기에 이르면 대부분 사라지고 취락 내에서 소수의 주거지로 남는다. 세장방형주거지는 전기의 이른 시기에는 확인되지 않고 전기 후반에 주로 사용되나 후기에 이르면 확인되지 않는다.

　　전기의 주거지는 그 형식에서 위석식노지와 가락동식토기가 출토되는 평면 장방형(광폭)의 둔산식주거지와 평면 세장한 형태의 용암식주거지, 세장방형의 평면 형태에 토광식(평지식)노지가 설치되고 초석 없이 주혈만 있는 관산리식주거지, 복수의 수혈식노지가 있는 장방형의 흔암리식주거지가 있다.

　　낙동강 중상류역은 미사리식주거지와 둔산식주거지가 확인되나 그 사례가 많지 않다. 그러나 둔산식의 변화형이라 할 만한 용암식주거지는 대구분지를 중심으로 다수 확인된다. 관산리식과 흔암리식의 주거지도 그 사례가 많으나 호서지역과 같이 관산리식주거지로만 구성된 취락은 없고, 취락 내 소수의 주거지로만 확인된다. 금호강유역은 지리적으로 추풍령을 통해 금강 상류지역과 쉽게 교통이 가능한 곳이다. 최근 금호강 하류역인 대구 월성동유적과 경북 내륙지역인 영주 가흥동유적에서 전형적인 둔산식주거지가 조사되었다.

　　낙동강 하류역은 남강유역을 중심으로 미사리식주거지와 둔산식주거지가 확인되며, 광폭의 대형 장방형 주거지의 사례가 많다. 평면 장방형, 판석 또는 위석식노지와 초석열, 단시설, 저장공을 특징으로 하는 남강유역의 둔산식주거지는 수혈식노지가 채용되는 관산리, 흔암리식주거지로 변화하기까지 계속 사용되며, 호서지역이나 대구지역과 같이 위석식(+수혈식)노지를 갖춘 세장한 형태의 용암식주거지의 사례가 적다.

　　영남 동남부지역인 경주·울산·포항지역 또한 조기부터 전기 후반까지 주거지의 변화상은 같은 축으로 진행된다. 대형 방형의 미사리식주거지(울산 구영리 V-1지구유적, 경주 충효동유적과 광폭의 장방형인 둔산식주거지인 울산 달천 5호) 및 세장방형의 관산리식주거지(서부리 비석골유적, 교동리 192-37유적)와 복수의 수혈식노지가 있는 장방형의 흔암리식주거지가 확인된다.

주거지의 변화상은 다른 지역과 크게 다르지 않음을 알 수 있는데 큰 틀에서 보면 미사리식→둔산식·용암식→관산리식·흔암리식 순서의 변화과정을 거치는 것으로 이해된다. 다만 금호강유역은 둔산식에서 용암식으로의 전환이 빠르게 진행되고, 남강유역은 둔산식이 오랫동안 지속하며, 형산강·태화강유역은 변형 둔산식이 나타나는 등 지역적으로 세부적인 차이가 나타난다. 이는 영남지역이 한반도 남쪽에 위치하여, 중국 동북 또는 서북한지역의 위석식노지 주거지가 한반도 남부지방으로 전파되어 정착하는 과정에서 발생한 지역별 시간적 차이라고 판단된다.

취락에 부속된 생산시설로서는 밀양 금천리유적에서 관개시설이 완비된 전기의 논이 조사되었으며 울산 야음동유적에서는 논이 폐기된 이후에 울산식주거지가 조성된 것으로 밝혀져 후기 이전에 논이 조성된 것으로 보고 있다. 이에 따라 수도작의 도입시점이 소급될 가능성이 높아지고 있으나 쌀과 관련된 자료는 진주 대평리·

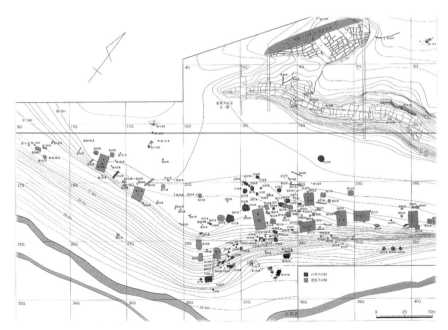

그림 34 진주 평거동유적 조기 및 전기 취락

평거동·가호동, 울산 옥현유적 등 후기에 집중된다는 점에서 수도작의 확산은 후기에 본격적으로 이루어졌을 가능성이 높다. 그리고 진주 상촌리유적에서는 전기의 야외노지군이 조사되었는데, 수혈 내부에 자갈을 깔아 열전도율을 높였다.

전기의 취락은 이른 시기에 위치 지을 수 있는 평거3-1유적의 예에서 자연제방 상면의 가장자리를 따라 일정한 간격으로 조성되었는데, 개별 주거지 2~3기가 나란하게 배치되고 대형, 중형, 소형이 혼재한다. 개별 주거지는 각각의 공간을 점유하면서 등 간격으로 배치되므로 주거군의 형성은 미약하다 볼 수 있다.

전기 전반 이후가 되면 취락의 입지 또한 평지에서 구릉과 산지로 확대되고, 주거지의 수가 늘어나 3~5기의 주거지로 구성된 주거군 여러 개가 모여 취락을 구성하는데, 포항 초곡리유적의 예에서 보면 보통 15기 내외가 일반적인 취락의 경관이었던 것으로 추측된다. 그러나 지역에 따라 수십 기 이상의 취락도 확인된다(청도 진라리, 경산 옥곡동, 김천 지좌리, 대구 월배지구, 김해 어방동, 진주 평거동유적 등).

평지취락은 대구 서변동유적이나 진주 어은 2지구유적의 사례를 보면, 병렬적으로 배치된 주거군이 선상으로 나열된 모습이나, 구릉지역 취락은 구릉 평탄면을 중심으로 초보적인 중심지(공백지)의 존재가 확인되고 있다. 낙동강 중류역의 대구 송현동유적과 낙동강 하류역의 김해 어방동 유적, 태화강유역의 울산 무거동유적에서 초보적인 중심지가 확인되었다. 이는 개별 주거군 사이에 형성된 공백지가 취락 내 초보적인 중심지의 역할을 하였을 것으로 판단되며, 이 공백지는 울산 천상리유적의 취락배치에 의해 본다면 점차 취락 전체의 광장으로 발전하였을 것이다. 취락의 배치가 선상에서 면상으로, 다시 구심 배열로 변화하는 것으로 보아 취락의 구조화가 심화되고 있는 것을 알 수 있다.

전기 후반이 되면 남부지방 전역에서 취락의 대규모화가 진행되며 농경은 기존의 충적지의 전작(田作)과 산지의 화전(火田)을 비롯하여 곡간저지에 수전(水田)이 조영되고, 지석묘가 축조되기 시작한다. 주거지 외 개별 구조물인 굴립주건물이나 공공의 수혈유구 등이 활발하게 조성되고 주거군 내 중대형 주거지를 보유한 특정 주거군이 취락의 운영을 주도하였다고 판단된다. 그러나 이 시기 취락구조에서 유력개인(수장)의 실체가 확인되지 않으므로, 어떤 취락이 다른 취락보다 우월하지 않은 복수의 공동체 사회로서 서구의 사회분류로 본다면 분절사회(segmentary societies)로 볼 수 있을 것이다.

3 후기

후기의 주거지는 태백산맥 이서와 이동의 지역색이 분명해진다. 먼저 태백산맥 이서인 남강유역과 낙동강유역은 송국리식주거지인데 비해 이동의 태화강·동천강유역은 울산식주거지가 채용된다. 후기가 되면 주거지 규모가 축소되고, 규격화되는데, 이는 가족공동체 혹은 세대공동체에서 핵가족화·계층화됨을 의미한다.

송국리식주거지는 중앙수혈과 중앙수혈 내외의 주혈배치형태, 중앙수혈 없이 주혈만 있는 것 등 다양한 양상으로 확인되어 세분하기도 한다(오곡리식, 동천동식, 대평리식, 하촌리식). 대략 평면 형태가 방형인 것을 휴암리식주거지, 원형인 것을 송국리식주거지로 구분하지만, 구조에서 주거지 중앙부의 수혈 양측에 주혈이 배치된다는 점에서 같다. 양 주거지의 선후관계는 다수의 유적에서 주거지 간 중복 관계상 방형이 원형보다 앞선 것으로 파악되며, 방형주거지로 구성된 취락과 원형주거지로 구성된 취락의 변화과정도 확인되므로(청도 진라리, 진주 대평 옥방 1-7지구 유적) 방형의 출현이 먼저라고 할 수 있을 것이다. 그러나 방형과 원형이 혼재된 단위주거군(대구 서변동유적), 방형과 원형의 중복관계가 역전된 유적(산청 사월리유적), 진주 대평리 옥방 1

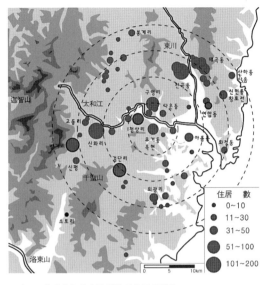

그림 35 태화강유역의 중심취락과 주변취락

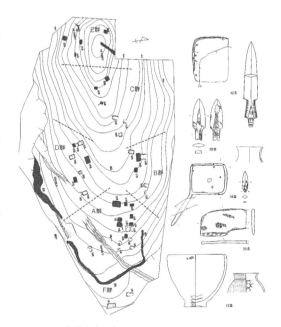

그림 36 울산 천상리유적

지구 1호 주거지, 옥방 2지구 22·27호 주거지 등에서 외반구연토기와 삼각형석도, 유구석부가 공반되며 원형주거지 중에서도 후기 전반까지 웃도는 경우도 있어 평면 형태에 따른 일률적인 편년안 제시는 어려운 것으로 보는 견해도 있다. 송국리식주거지의 중앙수혈 내에서는 지석, 석기박편, 미완성 옥제품, 돌가루 등이 출토되어 작업공으로 보는 것이 일반적이나 노지가 없다는 점에서 다른 시각으로 파악하는 경우도 있다. 한편 평면형태가 방형인 진주 대평리 옥방 1지구 1·9호 주거지, 옥방 4지구 13·14호 주거지 등 비교적 규모가 큰 주거지는 벽면의 저장공에서 해안지역과의 교역품으로 추정되는 꼬막이 다량 출토되었다. 또한 주거지 폐기 시에는 중앙수혈 상부를 석재, 토기편, 석기편 등으로 의도적으로 폐기한 예가 나타나는데, 이는 울산식주거지의 집석폐기와 비교 가능하다.

울산식주거지는 방형, 장방형의 평면 형태에 외부돌출구, 벽구, 벽주, 편재노지, 주혈배치의 정연성 등을 특징으로 한다. 특히 외부돌출구는 벽구와 연결되어 경사면 하단으로 진행되기 때문에 배수구일 가능성이 높다. 외부돌출구는 있는 것과 없는 것이 동일 유적에서 공존하지만, 없는 것이 수적으로 우세하다. 한편 벽구는 한벽~네 벽 모두를 두른 형태 등 다양하게 나타난다. 벽체를 세우기 위한 기초구, 배수구, 벽체 기초구 및 배수구의 병행으로 해석되나 아직 명확한 결론에 이르지 못하고 있다. 노지는 수혈식 구조로서 규모가 작은 방형주거지는 주로 중앙부, 장방형주거지는 단벽 쪽에 편재되는 특징을 보인다. 그리고 외부돌출구가 설치된 울산식주거지의 외곽에 주구를 두른 형태를 연암동식주거지로 분류하기도 하지만, 큰 틀에서는 울산식주거지와 같다. 현재까지 울산 연암동·구수리유적 등 울산지역에서만 확인되는 유형으로 연암동유적을 참고할 때, 주거지의 외부돌출구가 조성되고 난 후 마지막 단계에 외곽 주구를 조성한 것으로 밝혀졌다. 외곽 주구의 성격은 개별 주거지의 구획 및 집수시설로 추정된다.

취락의 부속시설 중 생산시설은 논·밭 등 식량 생산시설과 토기·석기 등의 도

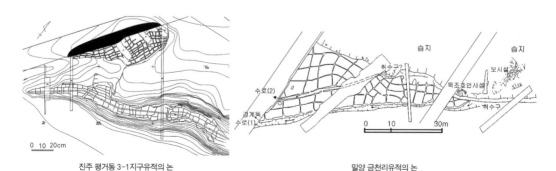

진주 평거동 3-1지구유적의 논   밀양 금천리유적의 논

그림 37 청동기시대의 논

구 생산시설, 옥 등 장신구 생산시설로 구분된다. 후기가 되면 구릉 사면부 말단을 개석한 곡저와 하천변의 충적지에서 논·밭이 조사되는 경우가 증가하고 있다. 논은 형태에 따라 두 종류로 대별되는데, 진주 평거동, 울산 야음동·화정동유적은 계단식의 단 구획인데 비해 울산 옥현·발리·서부리 남천·굴화리 생기들유적은 바둑판식으로 둑을 구획하였다. 밭은 대부분 강변의 충적지에 입지하며 고랑과 두둑의 유무, 평면 형태에 따라 세분되기도 한다. 대평리·평거동·가호동유적 등 남강유역에 집중되는데, 주거역과는 공간적으로 분리되며 강이나 등고선과 직교하는 방향으로 이랑을 조성하고, 경계구로서 구획하고 있다. 진주 평거동유적의 식물유체분석 결과, 밀, 팥, 완두 등이 재배되었으며 진주 대평리 옥방 1·9지구에서는 쌀, 기장, 조, 콩, 들깨 등이 검출되었다. 이처럼 대규모 밭의 조성과 다작물 농경체계의 원활한 운영을 위해서는 집단적 노동력을 관리하는 구성원의 존재가 상정되어 복합사회의 계층화를 시사하는 것으로 추정되고 있다.

한편 토기가마는 진주 대평리 옥방 1지구·이곡리유적, 울산 화정동유적처럼 세장한 구의 형태를 띠는 경우와 대평리 옥방 1지구와 산청 하촌리유적과 같은 원형수혈로 구분된다. 이들 유구는 규모에 비해 다량의 토기가 출토되나 소결상태 및 표면의 잔존상태가 불량한 토기들이 많다. 또한 화기에 노출된 돌 및 숯, 소토가 다량 출토되며 바닥이나 벽면이 소결된 특징이 있다. 그리고 산청 묵곡리·옥산리·하촌리, 진주 대평리유적에서는 옥 및 석기제작과 관련된 옥의 원석·박편·미완성품·완성품, 지석, 천공구 등과 함께 석기박편, 돌가루, 미완성석기 등이 주거지 중앙 수혈에서 다량 출토되어 석기 및 옥의 제작이 주거지 내에서 이루어졌음을 알 수 있다. 대구 매천동유적의 하도에서 확인된 다량의 목기와 미완성목기는 목기생산이 이루어졌음을 알 수 있게 해 준다.

저장시설은 주거지 내에 저장공을 마련하거나 대형 토기에 저장하는 경우와 취락 내에 저장공과 고상창고를 별도로 만들어 저장하는 경우로 구분된다. 전자는 주로 전기의 주거지에서 나타나는 특징이며 후자는 후기에 나타나는 특징으로서 대평리 옥방 1지구에서 플라스크형 저장공이 조사되었다. 고상창고는 후기에 본격적으로 등장하며, 중심취락이라 할 만한 유적에서는 대부분 갖추고 있다. 특히 영남지역은 전국에서 가장 많은 수의 고상창고가 분포하는데, 송국리문화권에서는 기본적인 취락의 구성요소로 갖춰지는데 비해, 검단리문화권에서는 울산 산하동유적에서만 조사되어 차이를 보인다. 고상창고의 칸 구조는 1×1칸~2×11칸 등 다양한데, 특히 1×4칸 이상의 세장방형 고상창고는 진주 대평리·평거동·가호동·초전동·이곡리, 사천 이금동, 창원 용잠리, 대구 동천동·월성동유적 등 송국리문화권에서만 나타나는 특징으로서 계속된 증축을 통해 면적을 확장한 것으로 이해된다. 특히 남강유역과 대구분지의 대규모 취락들은 고상창고와 함께 환호, 경작지 등을 수반하고 있다는 점에서 고상창고는 기존의 저장공이 갖는 한계성을 극복하고, 잉여물의 비축을 대량화시켜 사회적 통제를 실현할 수 있는 유력자의 출현을 뒷받침할 수 있는 경제적 동인이 된 것으로 볼 수 있다.

의례시설은 분묘, 제단, 신전, 환호 등을 들 수 있다. 이 중 지석묘는 농경사회의 기념물로서 한 공간을 점유하면서 장기적인 의례의 수행이 반복된 다면적·누층적 의미의 상징물이다. 제단은 지석묘의 묘역과 같지만, 내부에 매장주체부가 없다는 점에서 차이가 있다. 진주 이곡리, 밀양 신안·살내, 경주 화곡리, 대구 진천동유적 등에서 조사되었다. 이 중 이곡리유적의 제단은 환호의 출입구와 구릉 쪽에 조성된 분묘군 사이에 위치하여 의례적 측면이 강한 것으로 추정되고 있다. 신전은 각종 의례를 통하여 집단의 정체성을 강화하고, 단결시키는 경배·삶·교역·통치의 중심지로서 제사유구와 유물이 공반되는 대형 건물이다. 신전으로 추정되는 건물로는 사천 이금동유적 61호 고상건물을 들 수 있는데, 정면 19칸, 측면 2칸의 구조로서 총 60여 개의 주혈이 동서방향으로 3열 배치되어 있다. 보조주혈을 포함한 전체 규모는 길이 32m, 너비 12m, 면적 384㎡에 달하는 초대형 건물로서 전방에 배치된 구획묘의 방향과 열을 같이하며 주거군과 분묘군의 접점에 위치한다. 지석묘 내에서는 동검, 동촉 등 위세품이 출토되었을 뿐만 아니라 건물의 규모도 월등하다는 점에서 많은 사람이 모일 수 있는 공간인 신전일 가능성이 높다.

환호 중에서 경계 등 의례적 성격으로 조성된 예는 산청 사월리, 진주 이곡리, 울산 연암동유적 등에서 보인다. 사월리유적은 구가 분묘군을 감싸듯이 진행하며 중간의 출입구를 통해 주거군에서 분묘군으로 이동이 가능하다는 점에서 생과 사를 구분가 짓는 시설로 가시화된 것으로 추정된다. 또한 이곡리유적의 환호는 평면 형태 말각방형으로서 총연장 176m, 내부면적 약 4100㎡에 달하며 북서쪽과 남동쪽에 대칭되게 2개소의 출입구가 설치되었다. 출입구와 주변 유구와의 관계를 통해 볼 때, 남동쪽의 출입구는 구릉에 조성된 묘역과 제단으로 출입하는 관념적인 시설이라면 북서쪽 출입구는 주거역에서 신성한 공간인 환호로의 출입을 위한 시설로 추정된다. 환호 내에는 삼각구도로 배치된 3동의 주거지만 조성되었는데, 환호 외의 주거지 면적이 12~15m²인데 비해 환호 내의 주거지는 9m² 이하의 소형으로서 진주 대평리 옥방 1지구의 내호 내에 조성된 주거지의 규모가 큰 것과는 차이가 있다. 보통 환호와 같은 차별화된 공간에 배치된 주거지는 규모가 커야 하지만, 이에 반한다는 점에서 상시적인 거주를 목적으로 한 것이 아니라 특수신분의 소수자에게 한시적 행위를 위한 임시 거주공간으로 제한되었을 가능성이 있다. 이와 같은 공간배치는 울산 연암동 환호유적에서도 나타나는데, 다중환호의 동·서 양방향에 대칭되게 2개소의 출입구를 두었으나 환호 내에는 중앙부에 주거지 1동만 조성되었다. 환호의 규모는 내호가 총연장 260m, 너비 5.4~8.5m, 깊이 1.4~3.7m, 외호가 총연장 약 360m, 너비 5.5~8m, 깊이 1.4~2.8m인 국내 최대규모임에도 불구하고 주거지의 면적은 19.5m²로 수장이 거주한 것으로 보기에는 주변 취락의 주거지와 규모상 차별성이 엿보이지 않는다. 따라서 환호 내의 주거지 구성원만으로는 환호를 굴착하고 유지·보수했다고는 생각하기 어렵기 때문에 의례 등 특수목적하에 조성되었을 가능성이 높다.

방어시설로는 환호, 목책, 토루, 망루, 함정 등 직접적인 방어를 노리는 것과 봉화와 같은 간접적이고 대비적인 것이 있다. 이 중 환호와 목책이 조합된 진주 대평리 옥방 1지구, 환호와 토루·망루가 조합된 울산 검단리유적, 고지에 입지하고 환호와 망루가 조합된 창원 남산유적이 대표적인 방어취락이라고 할 수 있다. 그리고 함정은 수렵과 관련된 시설로 보는 것이 일반적이지만, 농경지의 작물 또는 수확한 작물을 지키거나 취락 내의 거주민이나 가축을 보호하는 목적으로 조성되었음을 가정한다면 방어시설로 상정하는 것도 가능하다. 진주 대평리 옥방 1지구·가호동·평거동·초전동, 울산 옥동·입암리·구영리유적 등에서 조사되었는데, 대평리 옥방 1지구·초전동유적은 주거군 내에 산재하나 그 외 유적은 대부분 열상 또는 호상으로 배치되었다. 평면 형태는 타원형, 장타원형,

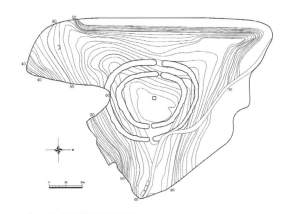

그림 38 울산 연암동 환호유적

세장타원형으로 구분되는데, 평지인 충적지에 설치된 함정은 대부분 타원형임에 비해 구릉에 설치된 함정은 (세)장타원형으로 차이가 있다. 단면 형태는 'Y'자상과 'V'자상으로 구분되며 바닥에는 목창을 1~8개 정도 박아 넣었다. 후기 취락의 가장 늦은 단계에 나타나는 특징으로 가호동유적은 환호, 평거동유적은 경작지, 울산 입암리유적은 주거지 상부에 후축되었다.

그 외 공동시설로는 광장, 집회소, 야외노지 등이 있다. 광장은 공공의 이익을 위한 공용지로서 취락 구성원의 규제가 존재하여 의식적·무의식적으로 다른 시설이 설치되지 않는다. 사천 이금동, 울산 천상리·매곡동·옥현, 대구 송현동유적에서 조사되었는데, 이 중 천상리유적은 환호 내 중앙부에 광장을 배치하였으며 매곡동유적은 2개소의 구릉 중 한 곳에만 광장을 배치하였다. 특히 검단리문화권의 상기 유적들은 구릉이라는 입지조건의 불리함 속에서도 광장을 조성한 것은 취락 구성원들에게 꼭 필요한 시설로 인지되었기 때문이다. 구릉을 따라 열상 배치된 주거지보다는 광장 주위에 환상으로 배치된 주거지가 취락의 중심세력일 가능성이 큰 것으로 볼 수 있다.

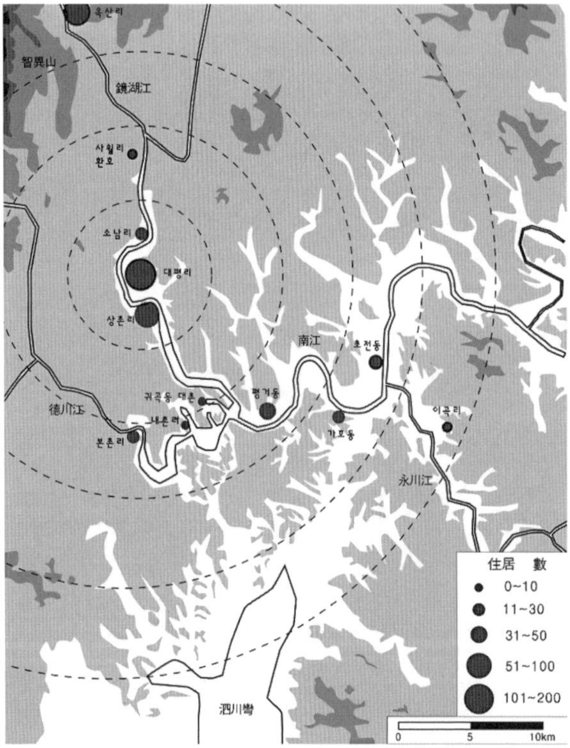

집회소는 전체 취락 구성원이 운집하는 광장과는 달리 원로 등 소수의 구성원을 대상으로 하는 시설이다. 사천 이금동유적 60호 건물은 3개 주거군의 중앙부에 위치하는 점에서 갈등발생 시 해소창구의 역할과 위험에 대한 공동대처 등 구심적인 임무를 수행한 것으로 상정된다.

상기와 같은 시설들을 갖춘 대규모 취락은 현재까지의 조사 성과를 참고할 때, 후기에 집중된다. 취락의 입지는 평지와 구릉으로 크게 나뉘는데, 이 중 평지인 충적지는 대규모 취락의 입지로 선호되었다. 특히 충적지 취락은 어로와 전작 및 수전도작을 통해 대량으로 식료를 확보

그림 39 남강유역의 중심취락과 주변취락

住居 數
● 0~10
● 11~30
● 31~50
● 51~100
● 101~200

할 수 있다는 이점이 있으나 하천의 범람이나 홍수의 피해를 받기 쉬운 입지조건을 가지고 있다. 남강유역의 대평리·상촌리·평거동·가호동·초전동·이곡리유적은 곡류하는 하천변 또는 활주사면부의 하천변 미고지 내지는 평탄지에 대부분 위치하는데, 대규모화, 거점화, 유적분포의 고밀화, 유사한 생업구조 등의 특징을 보인다.

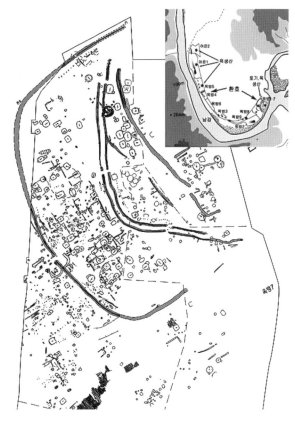

그림 40 진주 대평리유적

이에 비해 주변의 하천과 농경지를 관망할 수 있는 산사면의 낮은 구릉 위에 입지하는 취락은 태화강·동천강유역의 취락 입지 중 대부분을 차지하며 시기적인 폭도 크다. 평지보다 생업활동의 폭은 좁지만, 구릉이라는 입지적 특성상 자연재해가 적다는 장점이 있다.

취락의 형태를 결정하는 분류기준 중 하나로 환호의 여부를 들 수 있다. 후기 취락에서는 다수의 환호가 조사되었는데, 남강유역과 태화강·동천강유역은 입지조건, 주거지 형태 등에 있어 명확한 차이를 보이지만, 환호가 설치되었다는 점에서는 같다. 이 중 남강유역은 우리나라에서 가장 많은 수의 환호취락이 분포하는 지역으로 상류의 산청 옥산리유적에서 하류의 진주 이곡리유적에 이르기까지 30여 개소의 청동기시대 취락이 분포한다. 환호는 산청 옥산리·사월리, 진주 대평리·초전동·가호동·이곡리유적 등에서 조사되었는데, 산청 사월리 환호유적을 제외하면 모두 평지인 충적지에 입지하고 있다. 충적지에 입지하는 취락은 구릉에 입지하는 취락보다 주거지 수가 월등히 많으며 환호의 규모도 크다.

대평리유적은 방형의 송국리식주거지 단계에 2개소의 환호취락 및 대규모 경작지 등을 조성하여 전성기를 구가하였으나 원형의 송국리식주거지 단계에는 하류쪽에만 취락이 조성되어 취락의 규모가 상당히 축소된다. 그리고 남강유역의 산청 사월리유적과 낙동강유역의 마산 망곡리유적, 창원 남산유적은 원형의 송국리식주거지 단계에 환호가 축조되었다.

남강유역의 대규모 취락은 평지인 충적지에 입지하며 구릉에 입지하는 사월리유적과 귀곡동 대촌유적은 5동 미만의 소규모 취락이다. 주거지 수가 많다는 것은 곧 인구수가 많다는 것을 의미하며 이는 취락의 규모가 크다는 점을 반영하기도 한다. 대평리유적은 약 2km의 직선 거리에 2개소의 환호취락이 존재하는 쌍채취락이다. 두 취락 환호의 공통점은 방형의 평면 형태를 띠는 복수환호, 환호의 출입구 설치, 환호 내외 주거지의 분리, 경작지 조성 등을 들 수 있으나 잔존양상으로 볼 때 취락의 규모는 동쪽의 옥방 1지구의 취락이 더 컸던 것으로 추정된다.

남강유역의 중심취락은 유적의 입지, 형태, 규모 등을 고려할 때, 산청 옥산리유적과 진주 대평리·초전동유적으로 설정 가능한데, 옥산리유적과 초전동유적은 제한적인 발굴조사에 그쳐 취락의 전모 파악은 불가능하지만, 단위면적당 주거지의 밀집도가 높으며 환호, 고상건물의 축조 등 전체적인 양상이 대평리유적과 유사하다. 대평리유적은 옥산리유적에서 약 18km, 초전동유적은 대평리유적에서 약 15km 떨어져 있으나 강을 통한 이동이라는 특수성을 고려하면 비교적 근거리에 해당한다.

이에 비해 울산식주거지 분포권인 태화강·동천강유역은 울산 서부리 남천·입암리유적을 제외하고는 대부분 구릉에 입지한다. 옥현·야음동·화봉동유적에서는 구릉 사면이나 정상부는 주거역, 비교적 평탄한 곡간과 저지대에는 논이 형성되어 있다. 이는 자연조건의 제약하에 있는 경지의 공간적 한정성 때문에 주거역과 생산역의 입지가 달라진 것으로 생각된다. 취락의 형태는 남강유역과 동일하게 특징적인 시설인 환호를 중심으로 환호취락과 비환호취락으로 대별된다. 전자는 울산 검단리·천상리·연암동 환호유적 등으로서 남강유역의 환호취락에 비해 규모가 작다. 환호는 남강유역과 같게 중첩 수에 따라 단수환호와 다중환호로 나눌 수 있는데, 연암동 환호유적을 제외하고는 모두 단수환호이다. 환호취락의 입지는 모두 주위의 조망에 유리한 돌출된 단독 구릉에 위치하고, 구릉 주변에는 넓은 평야와 강이 흐르는 지형적 특징을 보인다. 또한 환호 내부에 주거지가 없거나 소수에 불과하고 모두 출입구가 설치되었다.

태화강유역의 환호취락은 비환호취락보다 주거지 수가 적다는 점에서 남강유역의 환호취락과는 차이가 있다. 고상창고, 대규모 분묘군, 위세품의 출토가 전혀 없다시피 한 검단리문화권에서는 남강유역과 달리 환호취락과 이들 취락이 가시권에 포함되는 취락의 복합체를 중심취락으로 상정이 가능하다. 이를 참고할 때 태화강과 회야강유역의 신화리·검단리·구영리·옥현유적, 동천강유역의 매곡동·천곡동유적 등을 중심취락으로 설정할 수 있으며, 주변에는 중·소규모의 취락이 배치되는 특징을 보인다. 태화강유역의 중심취락은 대체로 5~10km 범위마다 1개소씩 분포하는데, 남강유역과는 달리 중심취락 간의 거리가 좁은 편이며 이 중심취락들 간에는 사회·경제적 네트워크가 형성된 것으로 추정된다.

낙동강 중류역의 대구 동천동 환호유적은 중형의 주거지 1기와 주변 공지가 마을의 중심지 역할을 하고 주변에는 6개소의 소구역으로 구분된 주거군이 배치된 취락이다. 하천으로 연결되는 자연하도를 이

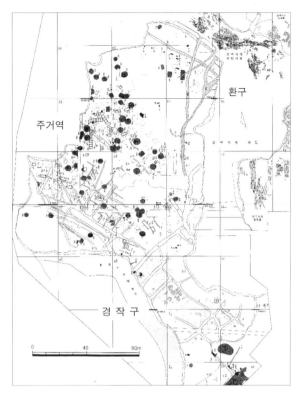

그림 41 대구 동천동유적(금호강유역 중심취락)

용한 관개시설 및 가경지의 활용, 취락을 감싼 환호의 설치 등 정주생활을 통해 농경문화를 영위한 전형적인 마을 모습을 나타낸다고 할 수 있으며 취락의 운영과정에서 벌어진 가경지의 확대, 공동저장시설의 집중화, 수변제사 등은 하나의 취락으로서 완결된 형태를 갖추고 있는 전형적인 후기 취락의 모델이라 하겠다.

또 하나 주목할 만한 유적이 대구 대천동 511-2번지 유적이다. 이 유적은 100여 기 이상의 매장유구를 감싸는 환호가 있고, 환호 내부에는 10기 이내의 한정된 원형의 송국리식주거지가 조성되었다. 이 무덤군은 단일 취락민의 묘소로 보기에는 무덤의 수가 너무 많아 주변취락과 연계한 공동체 전체를 위한 묘소일 가능성이 높고, 환호는 이를 감싸는 신성한 경계의 의미, 환호 내부의 주거지는 신성한 의례(매장)공간을 관리하는 특수목적의 취락으로 파악할 수 있을 것이다.

이상에서 살펴본 청동기시대 후기의 취락은 주거군으로만 구성된 취락도 있지만, 여타 개별 구조물 및 생산, 분묘유구와 결합한 형태의 취락이 많다. 취락구성의

복합도에 의해 취락 간 위계를 파악하기도 하는데, 위에서 살펴본 남강유역의 많은 취락유적의 분석으로 주거공간과 분묘, 의례, 생산공간(농경생산 및 수공업생산)을 모두 갖추고 있는 대평리취락이 상위취락에 해당하며, 주거공간과 분묘, 의례공간만 가지거나, 주거공간과 분묘, 생산공간을 가지는 사월리취락이나 가호동취락, 초전동취락이 중위취락, 주거공간만 가지거나 주거공간, 분묘공간을 가지는 귀곡동 대촌취락, 본촌리취락 등이 하위취락으로 분류되고 있다.

또한 기능적 측면을 강조하여 개별취락의 성격을 논하기도 한다. 취락 내 주거지를 비롯한 생활유구의 수와 비교하면 무덤의 수가 더 많고, 의례장소로 추정되는 제단시설을 가진 이곡리유적을 장의중심취락, 비교적 넓은 면적을 발굴조사한 평거 3지구 취락의 경우 주거지의 수에 비해 논과 밭의 경작지가 매우 크며, 환호가 설치되지 않음으로 해서 이 유적을 경작중심취락, 완성된 석도가 많고 미완성품을 포함한 석재가 적은 것을 통해 산청 배양유적을 석기제작취락으로 보는 등 취락의 분업화를 논의하기도 한다.

금호강유역의 경우 서변동유적의 목제도끼자루는 동일한 형식의 것이 대구 매천동유적에서 확인되며, 매천동유적에서 출토된 목제절굿공이와 유사한 안동 저전리유적의 하도 출토품 등의 예로 본다면 목기의 생산과 유통과 관련한 연계망도 형성되었을 것이다.

고령 봉평리의 석기제작장 유적과 인접한 곳에 있는 의봉산 주변 일대의 석기산지 유적의 분포정형이나, 석기생산장(유구석부)으로 파악된 대구 연암산유적의 사례에서 농경과 관련한 석기의 대량생산과 유통, 석기생산 전문공인집단을 상정할 수 있고 생산된 석기의 분배와 교환을 주도한 취락(중심취락)의 존재 또한 추정할 수 있다. 후기에 이르러 이러한 취락들은 이전과는 달리 한층 넓은 지역에 통합력을 발휘하는 수준의 사회구조(읍락사회)를 발전시켰을 것이다.

전기 말부터 확인되기 시작하는 경작유구와 목제 농경구 및 석부, 석도, 석착 등 농경 관련 석기가 이 시기에 많이 증가하는 현상으로 본다면 이 시기 이후 농경기술의 확대 및 보급, 기술의 진전에 따른 가경지의 확대, 동일 가경지로부터 더 많은 식량자원 획득 등 식량생산의 집약화(잉여생산물의 증가) 과정을 거치면서 주변취락과 구분되는 중심취락의 등장이 촉발되었을 것으로 판단된다.

이 시기는 대형 장방형주거지에서 소형의 방형·원형주거지로의 변화와 함께 지석묘, 농경지 등을 수반한 취락이 각지에서 등장하며, 입석과 같은 기념물의 조성, 환호(구)취락의 조성 등 취락분포정형이 복잡해져 이전 시기보다 발전된 사회구조, 즉 군장사회(chiefdom)라 할 수 있겠다.

이 시기는 취락 간의 협업으로 입석과 지석묘와 같은 거석기념물이 본격적으로 조영되므로 단위취락들이 자기 완결적으로 존재하기보다는 중심취락과 주변취락의 관계속에서 긴밀한 연계망을 통해 복합적인 사회구조로 진전되고 있음을 알 수 있다.

[배덕환·하진호]

V 무덤

청동기시대는 고인돌사회로 알려져 있다. 그만큼 지석묘는 청동기시대의 일반적인 묘제로 인식되고 있는 것이다. 하지만 청동기시대에는 실제 지석묘 외에도 석관묘, 토광묘, 옹관묘, 주구묘 등 다양한 무덤이 존재한다. 지석묘와 주구묘 역시 매장주체부는 상형석관이나 석축형석관이 대부분이고 일부는 토광이다. 따라서 지석묘나 주구묘를 다른 무덤과 별개로 생각할 수 없고 같은 관점에서 검토하여야 한다.

이 절에서는 영남지역 청동기시대 무덤의 종류, 시기별 변화, 지역상, 출토유물에 대해 간략하게 살펴보겠다.

1 무덤의 종류와 구조

영남지역 청동기시대 무덤은 지석묘와 주구묘, 석관묘, 토광묘, 목관묘, 옹관묘 등 다양하다. 지석묘와 주구묘는 매장주체부뿐만 아니라 매장주체부의 상부와 주변부의 구조나 시설을 감안한 명칭이다. 반면 석관묘와 토광묘, 목관묘, 옹관묘는 매장주체부의 구조나 재질에 관련된 명칭이다. 단독으로 발견된 석관묘의 경우 축조 당시 상석의 유무에 대한 이론이 있기도 하였고 상석은 있지만 지석이 없는 지석묘가 대부분이기 때문에 용어의 혼란이나 분류의 어려움이 많은 것 같다.

지석묘라는 용어는 말 그대로 지석(괸돌)이 상석을 받치는 무덤을 말한다. 고전적인 의미의 지석묘는 상석+지석+매장주체부+(포석)로 구성되는데 각 구성요소마다 지석묘라는 용어를 적용하는 데 문제가 있다. 특히 영남지역에서 확인되는 대부분의 지석묘에는 지석이 없는 실정이다. 전통적인 지석묘의 분류기준인 탁자식, 기반식, 개석식이라는 3분류안(탁자식, 기반식, 개석식, 위석식의 4분류안과 탁자식, 기반식, 개석식, 용담식 혹은 제주식의 4분류안도 있음)이 한반도 전체에서는 유효하다고 하더라도 영남지역에서는 이와 같은 기준으로 분류할 수 없다.

탁자식은 거창 내오리 지석묘 단 1기만 알려져 있는데, 이 무덤은 경사지에 축조되었고 경사지 위쪽의 상석은 거의 지표면에 닿아 있다. 매장주체부인 석관은 절반 이상이 지하에 묻혀 있는데 원지형의 침식을 감안한다면 지하식일 가능성이 높아 탁자식이라고 단정할 수 없다.

기반식지석묘는 창녕 유리지석묘, 김해 구지봉 정상의 지석묘, 상남지석묘 등 몇 예만 알려져 있다. 덕천리 1호 무덤을 기반식으로 인식하는 연구자도 있으나 전통적인 기반식의 구조와는 차이가 있다. 기반식의 가장 큰 특징은 지석이 있어야 하고 이 지석에 의해 상석과 매장주체부가 상하로 분리되어야 한다는 점이다. 매장주체부의 개석 위에 흙이나 돌을 쌓고 상석을 놓을 경우 상석이 안정적으로 놓이게 하기 위해 상석 아래에 크고 작은 돌을 괴는데 우리가 인식하는 지석으로 인정할 수 있을지 명확하게 구분되지 않기 때문이다. 영남지역에서 확인되는 전형적인 기반식지석묘는 현재 10기 내외이다.

개석식지석묘는 용어의 개념을 어떻게 정의하느냐에 따라 그 범주에 들어가는 무덤이 확연히 달라진다. 말 그대로 '상석이 개석의 역할을 하는 무덤'이라고 정의한다면 그 수는 현격하게 줄어들며 여기에 매장주체부가 지하에 있는 것으로 한정한다면 대구 시지동지석묘군 Ⅰ-3호 지석묘, 진주 귀곡동 대촌유적 3호 지석묘 등 영남지역에는 그 수가 현저히 적다. 매장주체부가 지상에 설치된 것(지상식 개석식지석묘)을 포함한다면 합천 저포 E지구 5호묘 등 몇 예가 더 있다. 그렇다 하더라도 상석이 개석의 역할을 하는 무덤으로 정의한다면 영남지역의 개석식지석묘는 현재까지 20기 내외라고 할 수 있겠다. 단 매장주체부가 정연하게 축조되지 않은 지상식위석형지석묘와는 구별되어야 할 것이다. 지석의 유무를 기준으로 매장주체부 위에 상석이 있는 무덤 중 지석이 없는 무덤을 개석식으로 정의하는 연구자도 있다. 이런 개념이라면 영남지역 대부분의 지석묘는 개석식지석묘에 해당된다고 할 수 있다.

묘역을 갖춘 무덤 중에서도 상석이 존재하지 않는 무덤이 더 많은 것을 고려한

다면 앞으로 지석묘의 정의와 범위에 대한 재검토가 필요할 것이다.

영남지역의 경우 지석묘를 분류한다면 매장주체부가 석관묘(상형석관·석축형석관)인 것과 위석형(유사석곽형)으로 구분하고 석관묘는 매장주체부의 위치가 지상에 있는 것과 지하에 있는 것으로 구분하면 지역권이나 시간적인 변화와 연동할 수 있을 것이다.

또 매장주체부의 주위에 구를 굴착한 주구묘가 있다. 주구묘는 포석형지석묘와 함께 구획묘의 범주에 포함시켜 살펴보겠다. 구를 굴착하거나 돌을 깔아 일정 범위의 묘역을 구획하였다는 점에서 모두 구획묘에 속한다는 견해이다. 즉 구획묘는 구를 굴착한 주구묘와 돌을 이용한 포석형지석묘로 구분할 수 있다. 영남지역 주구묘의 평면 형태는 주거지의 평면 형태 변화와 같이 세장방형에서 방형으로 변화한다. 주구묘의 매장주체부는 상형석관, 석축형석관, 토광묘이다. 최근에는 동남해안 지역에서 많이 확인되는 주구형유구가 주구묘라는 견해도 있다.

지석묘와 주구묘의 매장주체부는 대부분 석관, 토광인데 이와 별도로 단독으로 독립된 석관묘, 토광묘, 목관묘, 옹관묘가 있다.

석관묘는 판석을 세워 축조한 상형석관과 할석을 쌓아 축조한 석축형석관으로 구분할 수 있다. 상형석관과 석축형석관을 각각 석관묘, 석곽묘라는 용어를 사용하는 연구자도 있지만 '곽(槨)'의 의미에는 내부에 관이 존재해야 하고 유물이 다량으로 매납된다는 점을 내포한다면 청동기시대에 곽이라는 용어를 사용하는 것보다는 석관이라는 용어를 사용하고 그 형태에 따라 상형석관(판석형석관), 석축형석관(할석형석관)이라는 용어가 보다 적확하다고 할 수 있다.

토광묘는 청동기시대 전기부터 출현하여 후기까지 지속적으로 축조된 무덤의 형태이다. 토광묘 중에는 실제 목관이 존재하였는데 부식되어 잔존하지 않아 단순 토광묘로 인식된 경우도 있었을 것이다. 그러나 현장에서 아무 시설이 확인되지 않고 토층에서도 함몰양상이 확인되지 않는다면 단순토광묘로 파악할 수밖에 없다.

목관묘는 최근 조사 사례가 증가하고 있다. 실제 진주 대평 옥방 1지구 640호에서는 바닥에서 뚜렷하게 ㅍ자형 목관의 부식흔적이 확인되었다. 뿐만 아니라 김해 율하리유적에서는 토광묘가 지석묘의 하부구조로도 채택되었던 것이 확인되었다. 조사가 증가한다면 전기의 목관묘가 확인될 가능성도 있다. 청동기시대에 목관묘가 존재하였다 하더라도 상형석관묘의 재질이 목재로 바뀌었을 뿐 축조방법은 석관묘와 동일하다. 즉 원삼국시대의 목관묘는 시신을 안치한 목관을 묘광 내부에 넣는 방식인데 청동기시대의 목관묘는 묘광 내부에 목관을 설치하고 시신을 안치하는 방식이기 때문에 원삼국시대의 목관묘와는 차이가 있다.

옹관묘는 대부분 단옹식이며 수혈을 굴착한 후 토기를 수직으로 안치하고 납작한 돌을 뚜껑으로 사용한 것이 가장 일반적인 형태이다. 토기의 저부에는 둥근 구멍이 뚫린 예가 많다. 호서지역에는 토기를 비스듬히 안치하는 예도 있다. 두 기 이상의 토기가 합구되어 옆으로 횡치하는 방법이 유행하는 초기철기시대·원삼국시대의 옹관묘와는 차이가 있다.

2 무덤의 변천과 후기의 지역상

그동안 많은 연구자가 청동기시대 무덤을 형식분류하고 그 결과로 편년을 시도하였지만 자료가 증가할수록 매장주체부의 구조나 위치에 따른 시기변화가 오히려 크지 않다는 사실이 밝혀지고 있다. 무덤 출현기에 보이는 어떤 속성이 점차 다른 형태로 변화하는 것이 아니라 이른 시기의 속성이 청동기시대 후기 후반까지 계속 이어지고 그 중간에 새로운 속성이 나타나 이 속성 또한 후기 후반까지 이어지는 경우가 많기 때문이다(표 5 참조). 따라서 매장주체부의 구조를 통해 전기와 후기를 구분하는 것은 어렵고 군집상태, 출토유물과 구조를 종합적으로 분석해 구분할 수밖에 없다.

무덤에서 출토되는 유물은 대체로 적색마연토기와 채문토기, 석검, 석촉이다. 전기의 표지적인 유물인 이단병식석검과 무경식석촉은 후기의 이른 단계에도 출토되는 것이 자연스럽기 때문에 반드시 이러한 유물이 출토된다고 해서 전기에 축조되었다고 할 수는 없다.

속성		전기	후기전반	후기후반
	a			
	b			
	c			

표 5 무덤의 일부 속성과 시간의 상관관계

1) 전기 무덤의 특징과 기원

현재까지 영남지역에서 전기로 판단되는 무덤은 20여 유적에서 조사되었다. 청동기시대 전기의 어느 시점에 무덤이 출현하였는지는 연구자마다 이론이 있지만 출현기부터 매장주체부의 형태가 다양하였다는 데는 이견이 없는 것 같다. 전기의 무덤 중에서도 토광묘와 석관묘가 상대적으로 이른 시기에 출현하였다는 견해가 있다.

전기 무덤의 특징은 우선 후기에 비해 무덤의 숫자가 확연히 적다는 점이다. 즉 무덤을 많이 축조할 만큼 농경사회가 성숙되지 않았다고 할 수 있다. 또 군집해서 분포하지 않고 1~3기씩 독립적으로 분포한다. 전기 말에는 지석묘와 주구묘가 군집하는 예가 확인된다.

전기의 무덤에서 확인되는 속성은 〈표 5〉와 같이 대부분 후기 후반까지 이어진다. 김현의 연구에 의하면 〈표 5〉의 속성 a에 해당되는 것은 채문토기의 부장공간이

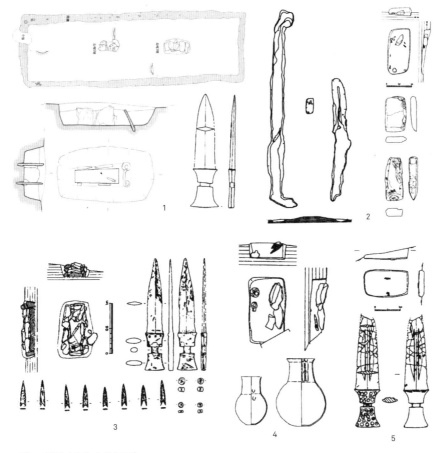

그림 42 청동기시대 전기의 무덤
1: 대평 옥방 8지구 3호 주구묘, 2: 울산 중산동 약수유적 주구묘, 3: 경주 월산리 137-1호 석관묘, 4: 포항 삼정1리 1호 토광묘, 5: 울산 굴화리 II-1호 토광묘

따로 마련되는 점, 개석의 높이가 묘광의 어깨선 높이보다 높거나 같은 점, 한 겹의 개석, 상석의 위치가 매장주체부의 직상에 있다.

포항 인비동유적 지석묘의 상석에는 이단병식석검이 새겨져 있어 전기에 이미 지석묘가 출현하였다고 할 수 있다. 인비동유적 지석묘는 발굴조사가 이루어지지는 않았지만 주변의 포항, 경주 일대의 지석묘를 참고로 할 때 매장주체부가 지상에 있는 위석식지석묘로 판단된다.

주구묘는 포항 호동, 울산 중산동 약수, 천곡동 가재골유적III, 진주 대평 옥방8지구 등에서 확인되었다. 전기 주구묘의 매장주체부는 토광이나 석축형석란이다. 주구묘의 평면 형태가 주거지의 평면 형태와 연동한다는 견해에 의한다면 평면 형태가 세장방형인 주구묘는 전기에 속한다고 할 수 있다.

무덤의 기원에 관해서는 연구가 미진한 편이다. 주구묘는 한반도 남부의 내적 발전이 원인이라는 설이 있다. 지석묘에 대해서는 요령지역의 무덤+재지의 제단지 석묘의 결합이라는 견해가 있다. 매장주체부인 석관이나 토광의 기원에 대해서는 대부분 중국 동북지역을 염두에 두고 있는 듯하다.

지석묘 중 매장주체부가 위석형인 지상식지석묘는 전남지역이 원류이며 토광 묘는 신석기시대 재래의 전통이 이어진다는 견해도 있다. 석관묘의 기원이 중국 동북지역이라는 데는 이견이 없는 것 같고 토광묘, 위석형지석묘의 원류에 대해서는 연구자마다 약간의 차이가 있다.

2) 후기 무덤의 특징과 지역상

한반도 남부지역에서 청동기시대 후기는 송국리문화의 발생과 확산이 가장 큰 특징이며 편년의 기준이 되었다. 하지만 송국리문화는 한반도 전체에 분포하는 것이 아니라 경기남부와 동남해안지역을 호상으로 연결하는 선의 남서쪽에만 분포한다. 영남지역 역시 송국리문화분포권과 비분포권은 구분되며 주거지, 무덤, 토기 등 고고학적으로도 뚜렷한 차이가 간취된다.

청동기시대 전기의 무덤은 영남지역에서 지역색이 간취되지 않는다. 송국리문화의 특징이 수도작의 확산이라고 한다면 이에 연동하여 무덤의 양상도 청동기시대 전기에 비해 일변하며, 또 송국리문화가 분포하지 않는 곳과 차이가 있을 것이다. 송국리문화가 분포하지 않는 곳은 대체로 전기의 전통이 계승된다고 할 수 있다.

(1) 송국리문화분포권

우선 후기가 되면 무덤의 숫자가 폭발적으로 늘어난다. 지석묘가 농경사회의 기념물이라는 견해를 따른다면 청동기시대 후기에 본격적으로 수도작이 확산되어 안정적인 정착생활을 영위하였다는 것을 방증한다.

후기 무덤의 가장 큰 특징은 군집화하여 공동묘지화하는 것이다. 이단병식석검과 이른 시기의 적색마연토기가 출토되어 전기로 보고된 합천 저포 E지구 5호와 8

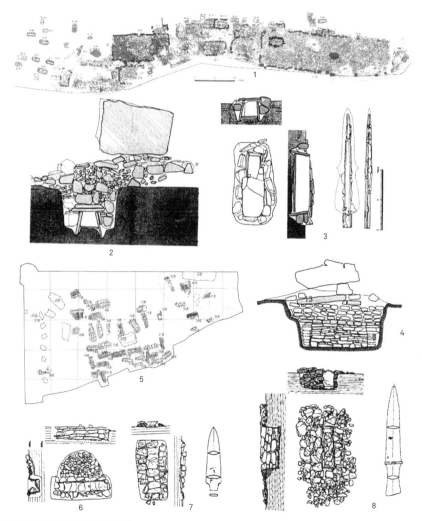

그림 43 송국리문화분포권의 무덤

1: 이금동유적, 2: 同 A-1호 지석묘, 3: 同 D-4호 석관묘, 4: 창원 상남 지석묘, 5: 대구 상동유적, 6: 同 I-1호 석관묘, 7: 同 I-6호 석관묘, 8: 대구 욱수동 134유적 2호 석관묘

호, 진주 이곡리 30호는 군집해서 분포하기 때문에 오히려 후기의 이른 시기에 축조되었을 가능성이 높다. 모두 포석형지석묘인데 매장주체부의 위치가 완전한 지상식이거나 최하단석만 지표면보다 아래에 위치하는 석축형석관이다. 석축형석관의 보강을 위해 석관 최상단과 같은 높이까지 부석을 쌓은 것을 알 수 있는데 이른 시기 지석묘의 한 특징이라고 할 수 있겠다.

지석묘의 형태도 다양해진다. 대규모 무덤군이 등장하고 묘역을 갖춘 지석묘가 증가하는데 사천 이금동유적과 같이 묘역이 부가되어 연접되게 축조되는 경우도 있고 거창 산포유적과 같이 묘역이 독립되어 열상으로 축조되는 경우도 있다. 구획묘가 아닌 단독묘일지라도 2~5열의 복열로 배치되어 무덤축조에 강제성, 기획성이 있었음을 알 수 있다.

사천 이금동, 마산 진동, 김해 율하리유적 등 남해안을 따라 대규모의 무덤군이 축조되며 거대한 묘역을 가진 무덤군이 출현한다. 율하리유적과 창원 덕천리유적과 같이 묘역이 극대화되는 무덤이 출현하며 묘광이 다단으로 굴착되어 깊어지고 개석이 다중으로 덮혀지는 경우도 있다. 진동유적과 같이 즙석되어 마치 삼국시대의 고분과 같은 효과를 보이는 유구도 있다. 또 대구 대봉동 지석묘와 같이 상석이 매장주체부의 직상에 놓이지 않고 여러 기의 무덤에 걸치는 것도 있으며 이금동 A-1호와 같이 매장주체부에서 약간 옆으로 비켜나 상석이 놓이는 경우도 있다. 포석형지석묘에서 매장주체부와는 상관없이 가장 높은 곳에 상석을 놓아 무덤이 더 돋보이도록 하는 효과를 나타낸 것으로 추정된다.

매장주체부가 지상에 있는 지상식지석묘는 매장주체부가 석축형이 다수를 차지한다. 송국리문화비분포권에 비해 위석형지석묘의 비율은 낮은 편이다. 밀양 살내유적 2호, 산청 매촌리유적 1호, 6호, 7호와 같이 상석 아래에 매장주체부가 없이 포석만 정연하게 축조된 유구의 조사 사례도 증가하는데 제단이나 묘표석의 기능이라고 판단된다.

전기에 출현한 석관묘는 보다 다양해지는데 후기의 늦은 단계가 되면 유물부장공간을 별도로 마련하지 않는다. 토광묘는 석개토광, 이단토광, 벽석의 일부가 돌로 채워져 있는 토광 등 그 형태가 다양해진다. 또 옹관묘가 새롭게 출현한다.

(2) 검단리문화분포권

이 지역의 가장 큰 특징은 무덤의 숫자가 확연히 적다는 점과 대규모 무덤군이 확인되지 않는다는 점이다. 이 지역에서는 지상에 위석형으로 매장주체부를 돌리고 상석을 얹은 지상식 지석묘, 소형 판석석관묘가 축조되었다. 또 동남해안지역에서 많이 확인되는 주구형유구를 매장주체부가 지상화되어 삭평된 주구묘라는 견해가 있다. 현재까지의 자료로 볼 때 포석형지석묘는 울산 길천리유적에서만 확인되었고 석축내에 판석석관을 설치한 무덤은 경주 석장동유

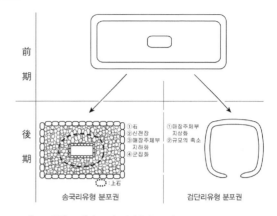

그림 44 구획묘 변화 모식도(이수홍 2012)

적에서 1기가 확인되었을 뿐이다. 구획묘의 관점에서 볼 때 구로 구획한 전기의 주구묘가 송국리문화분포권에서는 ① 묘역에 본격적으로 돌이 주재료로 이용, ② 지하에 위치하는 매장주체부, ③ 신전장, ④ 군집하는 포석형지석묘로 발전한 반면 검단리문화분포권에서는 화장이나 세골장과 같은 이차장을 채택하는 소형 주구묘로 이어진 것으로 생각된다.

유병록은 포항 호동유적, 경주 천군동유적의 주거지에서 인골이 출토된 점을 들어 주거지 폐기 후 무덤으로 전용되었다고 한다. 또 안재호는 동남해안지역에서 많이 조사된 연암동형주거지가 주거지 폐기 후에 무덤으로 전용되었다고 한다. 이 외에도 동남해안지역에서 많이 확인되는 내부에 적석된 주거지는 무덤으로 전용되었다는 견해도 있다. 세 가지 견해의 공통점은 주거지가 무덤으로 전용되었으며 매장방법은 화장이라는 것이다. 위석형지석묘와 소형 판석석관묘 역시 신전장이 불가능한 매장방법이라면 화장이나 세골장과 같은 이차장의 매장법이 이용되었을 것이다.

검단리문화분포권의 무덤 특징은 ① 매장주체부의 지상화(동남해안지역의 주구묘, 지상식지석묘), ② 소형석관묘의 유행, ③ 주거지 폐기 후의 가옥장의 유행 등으로 요약할 수 있다. 전기 사회의 다양한 매장법에서 송국리문화분포권은 신전장의 비율이 높아지고 검단리문화분포권은 화장이나 세골장과 같은 이차장의 비율이 높아진다.

[이수홍]

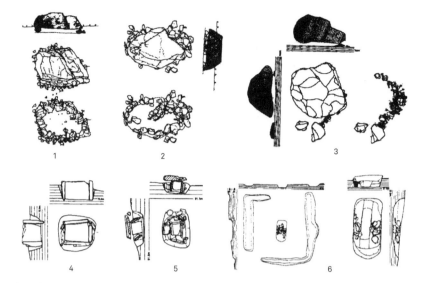

그림 45 검단리문화분포권의 무덤
1: 안동 지례리 1호 지석묘, 2: 同 2호 지석묘, 3: 울산 중산동 715-1유적 지석묘, 4: 울산 신현동 황토전유적 2호 석관묘, 5: 同 6호 석관묘,
6: 울산 동천동유적 주구묘

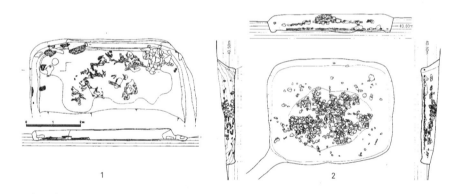

그림 46 가옥장 사례와 적석된 주거지
1: 포항 호동 II-29호 주거지, 2: 울산 천곡동 가재골유적III 3호 주거지

3 부장유물

　　청동기시대 무덤에서 출토되는 유물은 석기류와 토기류, 청동기류, 장신구류
등이 있다. 석기류는 석검, 석촉이 대부분인데 석부, 석착 등이 출토되기도 한다. 토
기류는 적색마연호와 채문토기가 대표적인데, 매장주체부 주변 포석에서는 무문토
기가 확인되기도 한다. 청동기류는 비파형동검과 동촉이다. 장신구류는 대롱옥과

원반형옥이 대부분이고, 간혹 곡옥이 출토되기도 한다.

1) 부장유물
(1) 석검과 석촉

석검은 한반도 전역을 포함하여 연해주와 일본 규슈지역에만 한정하여 발견되고 있어 우리나라의 고유한 석기유물이라고 할 수 있다. 석검의 기원에 대해서는 비파형동검을 모방하였다는 설, 중국식동검을 기원으로 한다는 설, 오르도스 청동문화에 기원이 있다는 설 등 다양한 견해가 있다. 석검의 재질은 퇴적암 계통의 셰일, 슬레이트, 니암 등이 주로 사용된다. 대체로 길이가 30cm 내외이지만 15cm 정도로 짧거나 40cm 이상으로 긴 것도 있다. 청도 진라리유적 3호 지석묘에서 출토된 석검은 길이가 66.7cm인데 우리나라에서 출토된 석검 중 가장 길다.

석검은 검신의 형태, 검신 피홈[血溝]의 유무, 손잡이[柄部]의 유무와 형태, 검코의 형태, 슴베의 길이와 형태 등에 따라 분류하고 있지만 대개는 손잡이의 형태에 따라 이단병식(二段柄式), 유절식(有節式), 일단병식(一段柄式), 손잡이가 없고 슴베(莖部)가 있는 유경식(有莖式)으로 분류하는 것이 일반적이다.

석촉은 화살대 끝에 붙여서 활과 시위의 팽창력을 이용하여 원거리에 있는 사냥물을 잡는 수렵도구이다. 타제석촉은 구석기시대 후기에 나타나지만, 돌을 갈아서 만든 마제석촉은 신석기시대부터 출현하지만 청동기시대에 가장 활발하게 사용되었다. 청동기시대 석촉의 기원은 청동촉을 모방하여 발생하였다는 설과 신석기시대의 석촉이 점진적으로 발전하였다는 설 등이 있다.

석촉은 화살대와 결합하는 부위인 슴베의 유무에 따라 슴베가 있는 유경식과 슴베가 없는 무경식으로 구분된다. 강원도지역에는 슴베가 있지만 몸통[身部]과 구분이 없는 유엽형(일체형석촉)이 청동기시대 후기에 많이 사용된다. 유경식은 슴베의 형태에 따라 일단경식과 이단경식으로 구분된다. 일단경식은 슴베 부분에 한 개의 단이 지는 것으로 석촉 몸통의 단면은 편육각형, 원형, 장방형 등이 있다. 대체로 무경식석촉이 청동기시대 전기에 사용되고 후기가 되면 일단경식이 많이 사용된다. 이단경식은 전기와 후기에 모두 사용되었지만 점차 일단경식이 많이 사용된다.

(2) 적색마연토기와 채문토기

적색마연토기는 토기의 성형이 완성된 후 토기의 표면에 산화철의 액체를 바르고 매끄러운 도구로써 문질러서 소성한 토기로서 표면의 색조가 붉은 색을 띤다. 토기의 소성 시 산화철은 고온에서 붉은색으로 발색되며, 도구를 사용한 문지르기 기법을 통하여 토기의 표면이 광택을 띠게 된다.

적색마연토기는 청동기시대 무덤의 대표적인 부장품이다. 일반적으로 의례용 토기라고 알려져 있지만, 조리용이라는 견해도 있다. 영남지역에서 출토되는 적색마연토기는 대부분 원저 또는 말각평저의 단경호이다. 동체부는 최대경이 동하위에 있거나 동중위에 있고 경부는 짧게 외반하거나 직립하는 형태이다. 대부분 1기의 무덤에 1점이 석검 혹은 석촉과 부장되는데 간혹 2점씩 부장되기도 한다.

채문토기는 토기의 동체부 상단에 가지 모양의 흑색반점이 새겨진 토기를 일컫는다. 적색마연토기처럼 정선된 태토를 사용하여 마연기법으로 제작되었다. 가지무늬 모양의 흑색반점은 토기의 소성이 끝난 후 가열된 토기의 표면에 유기물질을 붙이거나 목탄 등으로 문질러 탄소를 토기 표면에 흡착시켜 제작하는 것으로 알려져 있다. 주로 청동기시대 전기의 무덤에서 출토되지만 최근에는 후기의 무덤에서도 많이 출토되고 있다.

이외에 지석묘의 매장주체부 주변 부석시설에서 무문토기가 파쇄된 채 파편으로 출토되기도 한다. 지석묘 축조 때 행해지는 의례행위와 관련이 있을 것이다.

(3) 장신구

지석묘에서 출토되는 장신구는 옥이 대부분인데, 곡옥과 관옥 그리고 원반형옥 등이다. 곡옥은 일반적으로 C자형으로 굽은 몸체의 한 쪽 끝에 구멍을 뚫어서 매달 수 있는 장신구이다. 재질은 대부분 천하석(天河石)제이다. 원반형옥은 평면 형태가 원형이며 중앙부에 구멍을 뚫어 매달 수 있게 제작한 것이다. 관옥은 대롱형태인데 역시 중앙에 구멍이 있다. 재질은 벽옥제(碧玉製)가 많다. 곡옥이나 원반형옥은 한 점 정도 부장되는 것이 일반적이지만, 관옥은 이와는 달리 수십 점이 한꺼번에 출토되기도 한다. 사천 이금동유적 C-9호 석관묘에서는 관옥 208점이 마치 뿌려진 채로 출토되기도 하였다.

산청 묵곡리유적과 진주 대평리유적에서는 곡옥의 제작지로 추정되는 유구가 확인되기도 하였다.

(4) 청동기

현재까지 무덤에서 청동기가 출토된 유적은 영남지역에서 약 30여 곳에 이른다. 대부분 경남지역인데, 김해, 창원, 거제, 사천, 산청 등 주로 해안지역을 따라 분포한다. 해안선을 따라 집단 간의 교류가 성행했다는 것을 알 수 있다. 최근에는 내륙인 김천 송죽리유적에서 비파형동검이 출토되었다.

청동기시대 무덤에서 출토되는 청동유물은 비파형동검이 대부분이고 간혹 동촉이 출토되기도 한다. 영남지역에서 출토된 비파형동검은 대부분 재가공품이거나 형태를 통해서 볼 때 아주 늦은 시기에 해당한다는 공통점이 있다.

김해 무계리유적에서 동촉 3점이 이단병식석검, 단도마연토기, 유경석촉, 관옥 등과 함께 공반되어 출토되었다. 거제 아주동 13호 지석묘에서는 동촉 1점이 일단병식석검, 유경석촉과 함께 공반되었다. 또 산청 매촌리유적 32호 석관묘에서 청동촉이 한 점 출토되었으며 김해 연지리 지석묘에서는 청동제 원형 검파두식 1점이 출토되기도 하였다.

2) 부장방법

청동기시대 무덤에서 유물이 부장되는 위치는 매장주체부 내에 부장하는 관내부장과 매장주체부 바깥에 부장하는 관외부장으로 구분할 수 있다.

(1) 관내부장

영남지역뿐 아니라 한반도 전역에서 가장 보편적으로 나타나는 유물 부장방법으로 매장주체부를 축조한 다음, 시신을 매납하고, 시신 주변 바닥에 유물을 부장하는 방법이다. 마제석검의 경우 시신의 방향과 나란하게 배치하는 경우가 많다. 그리고 마제석검이나 마제석촉을 의도적으로 부러뜨려 이등분 또는 삼등분하여 매납하거나 석검의 슴베 부분 한쪽을 절단하여 매납하는 경우도 종종 확인된다.

관내부장은 양 단벽쪽에 부장하는 방법과 한쪽 단벽쪽에 부장하는 방법, 중앙부에 부장하는 방법 등으로 구분 할 수 있는데, 이는 부장되는 유물의 종류에 따라 차이가 있다. 석검과 석촉은 매장주체부 중앙에서 출토되는 것으로 볼 때 안치자의 몸에 착장되었을 것이다. 토기는 단벽쪽에서 출토되는 예가 많지만 간혹 중앙부 장벽쪽에서 출토되기도 한다.

(2) 관외부장

관외부장은 매장주체부 상단부에 별도의 유물 부장공간을 만든 경우이다. 산청 매촌리유적 5호 석관묘에서는 매장주체부 상단부에 돌을 돌려 유물을 보호하듯이 만든 예가 알려져 있다. 김해 율하리 C-2호묘 역시 단벽쪽 상단부에 역시 돌을 돌려 부장공간을 마련하고 적색마연호 1점을 부장하였다. 이 밖에 할석형석관을 축조하면서 벽석 조성과정에 의례용으로 매납한 것도 확인된다.

또 지석묘의 묘역시설인 포석이나 부석에서 무문토기나 각종 석기가 출토되는 경우가 있는데 매납의 의미라기보다는 무덤 축조과정 중의 의례행위의 산물일 것이다. 관내에 부장되는 적색마연토기나 석검, 석촉 등의 유물도 있지만 무문토기, 석부, 지석 등 일상용품도 포함된다.   [김광명]

VI 청동기시대 암각화 및 의례

영남지역에서는 청동기시대에 농경에 기반한 마을이 빠른 속도로 성장하면서, 그에 따라 농경사회에 걸맞은 다양한 의례활동이 이루어졌다. 벼농사와 밭농사를 주요한 생업경제로 채택한 이 시기에 울산식주거지의 등장과 같이 각 지역은 빠르게 농경위주의 공동체들이 마을을 이루어 토지를 점유하기 시작했다. 영남지역의 청동기시대 각 공동체 주민들은 서로 협력하여 노동을 하였다. 이러한 사회발달에 맞추어서 의례와 의식들이 등장하기 시작했다. 물질자료에 기반하는 고고학의 특성상 이러한 의례는 물질자료가 남아 있는 경우에만 밝힐 수 있으며, 구체적인 의례의 과정을 추정하는 데에도 한계가 있다. 고고학으로 밝힐 수 있는 의례와 관련된 자료는 유구의 특성에 따라 주거지 관련 의례, 매장 관련 유구, 매납유구, 거석유구, 생산 관련 유구, 그리고 암각화 등으로 세분된다.

1 관련 유구

1) 주거지 관련 의례

이 경우는 환호취락과 같이 마을의 주거구역에서 의례와 관련된 자료들이 출토되는 것이다. 이는 구체적으로 의례수혈이라고 하는 흔적으로 남겨진다(복천박물관 2006).

주거지 내부의 매납시설인 지진구의 풍습이 있다. 진주 대평리 어은 1지구가 그좋은 예로 주거지 안에 조그만 수혈이나 감(龕)을 파고 토기편들을 묻은 경우가 있는데, 이런 경우는 집을 지을 때에 건물의 평안을 위한 습관인 지진구의 일종으로 볼수 있다. 사천 이금동 60호 대형 건물지에서는 주혈의 밑에 반파된 홍도나 발형토기가 발견되었다. 이는 수혈을 재건축하면서 더 이상 쓰지 않는 주혈을 메우면서 토기를 묻고 의례를 지낸 흔적이다. 이는 지신의 숭배와 관련이 있거나 주거지 내에 신을섬기는 풍습의 발현이다. 또한 동물뼈를 묻은 경우도 있다. 포항 호동 쓰레기장 부지의 인덕산 10호 주거지에서는 사슴 하악골 6기, 멧돼지 1개체분, 개 1개체분이 주거지의 바닥에서 토기편들과 함께 출토되었다. 이러한 수골매납은 연해주, 중국 동북지역, 일본 등에서도 발견된다. 중국의 신석기시대에는 돼지턱뼈, 연해주 청동기시대 유적인 시니가이 유적에서는 사슴뼈를 주거지 내부에 묻은 예가 확인되었다. 또한 일본의 야요이시대 주거지에서는 돼지뼈를 걸어 둔 예가 있다. 또 다른 의례적인행위로는 폐기된 주거지에 시신을 투기(投棄)하는 것이다. 포항 호동 29호 주거지의경우 화재 입은 주거지 안에서 인골 2개체분이 부정형으로 발견되었다. 비슷하게 시신을 주거지에 투기한 경우는 나진 초도에서도 발견된 바 있다. 이런 투기행위는 화재로 사망한 사람들을 방기한 것으로 보기도 하며, 출토 유물이 거의 없다는 점을 들어서 전염병과 같은 이유로 사망한 인골을 두었을 가능성도 있다.

이밖에 주거지 안에 작은 구덩이를 파고 반파된 토기를 묻은 경우(대구 매호동 979-4 유적)나 주거지 안에 적석을 하고 폐기시킨 경우(울산 천곡동 가재골유적 12호 주거지) 등도 주거지와 관련된 의례의 흔적이라고 볼 수 있다.

2) 매장 관련 의례유구

지석묘와 석관묘와 같이 청동기시대의 무덤은 죽은 사람을 위한 매장시설인 동시에 장송의례를 하던 의례유적이라고 할 수 있다. 또한 무덤이 축조된 이후에 그 주변에서 반복적으로 의례행위를 한 흔적들도 확인되는데, 이는 마을의 지배자가 묻힌 곳에서 의례를 행하며 마을 전체의 결속을 강화한 증거이다. 무덤 관련 의례의 흔적은 크게 무덤 축조과정과 무덤 축조 후의 것으로 나뉜다. 매장시설 내부의 벽에 감을 설치하고 홍도를 매장한 경우, 석촉 등을 부러뜨려서 묻은 경우, 그리고 매장주체부와 개석, 적석 등 사이사이에서 발견되는 유물 등은 무덤을 만드는 과정에서 의례를 행한 결과이다. 한편 무덤 주변의 묘역과 적석에 흩어진 토기편들이나 석기들이 발견된 예는 직접적인 매장과 관계없이 무덤이 축조된 이후에 주변에서 반복적으로 의례가 이루어지면서 남겨진 결과이다. 마산 진동유적의 예처럼 묘역식지석묘의 적석과 도랑유구 주변에서는 대량의 무문토기편들이 발견되며, 그것들은 그 주변에서 고의로 파쇄된 것이다.

한편 김천 송죽리 4호 지석묘 앞에는 비파형동검이 날을 밑으로 향하여 꽂혀있는 채 발견된 바가 있다. 이와 같이 동검을 꽂는 의례는 멀리는 스키타이에서 동검을 군신으로 숭배하며, 흉노가 검을 숭배하는 것과도 일맥상통하여 유라시아 전역에 퍼져 있는 무기숭배의 일환이라고 할 수 있다. 또한 전주 오림동이나 포항 인비동과 같이 지석묘에 석검이 새겨진 것도 비슷한 맥락이다.

3) 매납유구

매납유구는 주변에 구체적인 생활이나 매장유구와 관련이 없이 제기로 추정되는 유물들이 묻혀 있는 것을 의미한다. 크게 퇴장유적과 구상유구 등으로 나타난다. 이 중에서도 특히 청도 예전동유적은 청동기를 제작한 장인들의 매납유구로 생각된다. 예전동유적은 주변에 청동기시대 유적이 전혀 없는 산비탈의 적석 속에서 사용을 하지 않은 동검 2점이 발견된 대표적인 청동기 매납유적이다. 이 동검은 전 성주 출토 동검(숭실대 소장품)과 함께 비실용적인 성격이 강해서 매납용으로 따로 만들었던 것으로 생각된다. 예전동과 전 성주 출토 동검의 검날 두께는 0.2cm 내외로 매우 얇으며, 등날도 매우 가늘고 얇아서 실제 사용할 경우 제대로 하중을 견디기 어려울 것이다. 예전동과 전 상주 출토의 동검에는 제작과정에서 생긴 마연흔은 있으나 사용 중에 다시 마연한 흔적이 없기 때문에 제작과 관련된 집단의 의례와 관련하여 남겨진 것으로 추정된다. 비슷한 매납유적은 요령성 대련 근처 노철산(老鐵山)에 위치한 곽가둔(郭家屯)유적에서도 발견되었다. 곽가둔유적은 노철산의 구릉 사면의 돌무더기에서 15점의 동검이 날을 위로 한 채로 발견되었다. 노철산 출토의 동검도 예전동유적과 비슷하게 아주 얇게 매납용으로 주조한 것이다. 다만 예전동과 달리 주조한 후에 마무리를 하지 않은 채 매납한 것이다. 약간의 차이는 있지만, 비파형동검을 제작하던 장인들이 자신들의 주조행위와 관련한 의례를 하고 매납한 증거이다. 아울러 이러한 청동기 제작집단의 청동기 매납행위는 기원전 20세기경 유라시아에 동검을 중심으로 하는 발달된 청동기를 제작했던 세이마-투르비노(Seima-Turbino) 이후 유라시아 청동기 제작집단들의 매납전통과 일맥상통한다.

4) 거석의례유구

이는 매장유구와 관련없이 큰 돌을 입지조건이 좋은 곳에 세운 것을 말한다. 주요 유적으로 김해 구관동, 대구 진천동 입석 등이 있다. 김해 구관동은 옛 김해만과 율하천을 조망하기 좋은 구릉 정상부에 위치한 큰 바위로 근대까지 신앙의 대상이었다. 이 바위의 전면에는 청동기시대에 주로 사용하던 이중의 동심원문이 새겨졌으며, 유적의 일대에서 주거와 관계없는 구상유구가 발견되고 그 내부에서 홍도 2개체와 봉부가 깨진 마제석창(또는 석검) 등이 발견되어서 청동기시대 이래 성소(聖所)였음이 밝혀졌다. 부산 다대동 봉화산에서도 산 정상부에서 청동기시대 석부와 지석이 출토된 바, 비슷한 맥락으로 생각된다.

대구 진천동유적은 대표적인 선돌유적으로 높이 2.1m, 너비 1.15m의 선돌이 세워졌으며 그 위에는 동심원문의 암각화가 새겨졌다. 선돌의 주변은 25×20m 크기의 적석된 기단이 설치되었다. 주변에는 5개의 석관이 있으며, 발굴결과 무문토기 저부편, 홍도, 석기 등이 출토되었다. 전반적인 구조는 묘역식지석묘와도 일면 유사하다. 창원 상남 선사유적지에서 발견된 성혈이 새겨진 큰 바위도 비슷한 유구로 생각된다.

5) 생산유구 관련 의례유구

논과 밭 근처의 의례유구로 산청 묵곡리, 안동 저전리, 진주 대평 옥방지구·평거동, 창원 상남유적 등이 있다. 이 유적들은 공통적으로 강가의 하안대지 주변의 생활유적과는 떨어진 곳에 위치한다. 단, 저전리유적은 예외적으로 저수지 유구로, 특히 2호 주거지에서는 저수지의 출수구와 수로에서 무문토기 수백 개체분이 발견되었다. 이것들은 물의 공급과 관련된 의례를 행한 증거로 보인다. 평거동유적은 남강 하류의 충적지와 배후 구릉이 맞닿는 대형 생산유구로 자연제방 남쪽에 토기와 함께 목탄들이 집중적으로 발견된바, 생산활동을 하면서 집중적으로 의례행위를 한 것으로 추정된다. 묵곡리유적의 구상제사 유구 역시 남강의 지류인 경호강변의 하안단구에서도 발견되었는데, 농경과 관련된 제사유구의 일종이다.

6) 암각화

암각화는 돌에 구체적인 형상을 새겨서 의례를 지낸 곳으로, 남한 전역에서 25곳이 확인되었다. 그중 21곳이 영남지역에 분포하여 이 지역이 한반도 암각화의 중심지라고 할 수 있다. 영남지역의 암각화는 부산 1곳(복천동 고분), 경남(함안 도항리, 밀양 살내, 밀양 신안, 의령 마쌍리, 사천 본촌리, 남해 양아리), 경북 및 울산에는 반구대와 천전리를 비롯하여 대구지역(진천동, 천내리), 포항(인비동, 칠포리), 고령(양전동, 안화리, 봉평리, 지산동 30호), 안동 수곡리, 영주 가흥동 등에서 발견되었다. 일부 삼국시대 고분에서 확인된 바 있지만, 이전 것을 재사용한 것으로 사실상 대부분의 암각화는 청동기시대에 만들어진 것이다. 이 중 대표적인 반구대와 천전리의 암각화는 강가의 바위에 만들어진 대형의 암각화인 반면에 다른 암각화들은 고인돌의 거석 또는 적석의 일부이거나 입석에 새겨진 것이다.

반구대 암각화는 1970년에 발견되었는데, 다양한 형태의 고래, 고래잡이하는 어부를 비롯하여 물고기, 사슴, 호랑이, 멧돼지, 곰, 토끼 등 육지동물들도 사실적으로 표현되어 있다. 고래의 경우 다양한 종과 사냥하는 장면이 묘사되어 당시 반구대 암각화를 새긴 주민들은 주업으로 고래잡이를 했음이 밝혀졌다. 그 외에도 호랑이나 인물 등은 매우 사실적인 표현으로 시베리아나 몽골 스키타이시대 암각화의 표현기법에서 유사한 점이 있다. 주변 지역의 암각화와 비교하면 대체로 청동기시대에 해당한다고 보이지만, 고래문양과 몇 가지 요소에서는 신석기시대의 특징이 더 많다는 주장도 대두되어 있다.

천전리 암각화는 너비 9.5m, 높이 2.7m의 암벽에 각종 기하학무늬와 인물상 등이 새겨졌다. 모든 암각화는 쪼기 기법으로 만들어졌고, 기하학적 무늬가 압도적으로 많다. 주로 마름모꼴, 운형, 물결문, 십자문 등이 서로 겹쳐지며 복잡하게 새겨졌다. 이렇게 기하학적 문양이 주를 이루는 예는 시베리아나 몽골의 암각화에서는 찾아볼 수 없는 이 지역만의 특징이다.

한편, 지석묘에 표현된 문양으로는 기하학적 문양 이외에 석검이나 석촉과 같은 당시 제사에 사용된 무기류와 함께 검파형문양이 주목된다. 검파형문양은 알타이지역 암각화의 예와 비교한다면 의례를 주재하던 샤먼의 모습이 도식화되어 표현된 것으로 추정된다.

암각화는 다른 고고학적 유물과 달리 그 편년이 어렵고 논란도 많은 편이지만, 표현기법이나 주변 지역과의 교차편년을 한다면 대체로 유라시아 고고학의 편년으로는 스키토-시베리아문화 시기와 병행하며, 절대연대는 기원전 1000년기 정도가 된다. 또한 한반도 자체적으로 암각화를 만드는 전통이 없었다는 점을 감안하면, 한반도 암각화의 기원은 주변 지역, 특히 시베리아 아무르강유역 몽골의 암각화에서 먼 계보를 찾는 것이 옳을 듯하다. 직접적인 루트를 파악하기는 어려우나, 대체로 동심원과 같은 기하학적 문양은 사카치 알리안으로 대표되는 극동 아무르지역의 암각화에서 많이 보이며 표범, 무릎을 굽힌 인물, 사슴, 배 등은 알타이-몽골 일대의 암각화에서 많이 보인다. 즉, 적어도 2가지의 암각화 계통이 한국에서 확인되는 셈이지만, 고래사냥의 경우 러시아 북극해 주변의 추코트카 반도의 페벡시 근처 페크트이멜(Pegtymel) 이외에는 동아시아에서 찾을 수 없는 모티브이며 세부적인 표현에서 많이 다르다는 점에서 일원적인 계통론으로 암각화의 기원을 설명하기는 어렵다.

2 유물

유물의 경우 크게 일상용 물건과 제의용 물건으로 나뉜다. 일상용이라 함은 특별히 제기용으로 만들지 않았으나 의례용으로 사용된 것을 말한다. 이 경우는 실제 사용과는 다르게 일부러 깨거나 부러뜨려서 매납하는 식으로 훼기된 채 발견되는 경우가 많다. 대구 동천동 20호의 의례용 수혈에서 발견된 석검은 일부러 날의 절반을 부러뜨렸고 손잡이의 격과 병단 부분에 선을 그어서 매납품임을 표현했다. 또한 토기의 경우 소성 후 저부에 구멍을 뚫어서 묻거나 토기를 깨서 흐트러뜨려 묻은 경우도 이에 해당한다. 산청 묵곡리유적에서는 바닥에 구멍을 뚫은 저부편이 다량으로 출토된 바 있다. 이와 같은 훼기의 풍습은 멀리 연해주의 청동기시대와 초기 철기시대인 얀콥스키문화(기원전 8~3세기)에서도 확인된다. 또한 마산 진동유적의 예와 같이 묘역식지석묘나 적석묘의 적석 주변에서는 깨진 토기편들이 대량으로 발견되는데, 이들은 제작방법이나 기형에서 실생활 토기와 큰 차이가 없는데, 역시 일상용 물건이 제의용으로 재사용된 것으로 생각된다.

제기용 유물은 처음 제작 시부터 제사를 위해 만들어진 것이다. 토기류로는 명기류(冥器類)나 소성 전에 바닥에 구멍을 뚫은 토기 등이 이에 속한다. 묵곡리유적에서는 다양한 기형으로 2~7cm의 토기가 대량으로 출토되었는데, 명기의 일종으로 보인다. 석기류로는 부리형석기(매부리형석기)가 제기용 유물에 속한다고 볼 수 있다. 부리형석기의 경우 동북한이나 연해주지역에서는 실제 석기로 사용되었으나 영남지역에서는 많이 변형된 채로 경작지 주변의 수혈에서 대량으로 출토되는 예가 많이 있어서 농경과 관련된 의례에 사용된 것으로 생각된다. 이를 돼지의 형상과 연관시키기도 한다. 또한 석검 중에서 석질 자체의 특징을 잘 이용해서 마연하여 물결무늬를 만들고, 검격(劍格)과 병단(柄端)을 지나치게 과장되게 만들어서 지석묘에 부장한 예(김해무계리)나 의창 평성리와 같은 소위 장식석검도 의례용으로 특수제작된 것이다.

한편 청동기로는 세형동검 시기에는 다양한 청동의기들이 등장하나 청동기시대에 본격적인 제기용 청동기는 발견된 바 없다. 다만, 예전동과 전 성주 출토 비파형동검은 실용성이 다소 떨어진다는 점에서 제기용 청동기에 포함시킬 여지가 있다.

3 청동기시대 의례의 의의

영남지역 청동기시대 의례행위는 농사에 기반을 둔 노동집약적인 생산경제가 등장하고 마을이 형성되면서 본격적으로 발달했다. 유라시아와 달리 대형 암각화 유적은 그리 많지 않으나 생활유적과 무덤유적에서 다양한 맥락의 의례가 확인되고 있다. 이후 초기철기시대가 되면서 샤먼들의 청동의기가 대량으로 출토되며 본격적인 샤먼 지배자가 등장하는 배경이 되었다고 볼 수 있다. 특히 반구대 암각화의 경우 독특한 암각화의 표현과 입지조건을 볼 때 기존의 농경집단과는 이질적인 어로경제를 영위했을 가능성이 크다. 그 표현기법은 몽골, 시베리아 등지의 유라시아지역 암각화와 유사점도 있지만 직접적인 교류 내지는 주민의 이동을 상정하기에는 자료가 부족하다. 암각화의 표현 전통은 반구대와 같은 단독적인 암각화 유적보다는 지석묘 유적에서 많이 발견되는 양상으로 볼 때에 암각화의 전통은 빠르게 토착화되어 무덤과 의례의 기능을 같이하는 지석묘 축조와 결합된 것으로 보인다. 또한 예전동 유적의 청동기매납유구는 청동기를 제작하던 요동지방에서 유입된 장인과 관련된 유적이다. 이와 같이 의례는 청동기시대의 정신문화뿐만 아니라 주변지역과의 관계 및 당시 생계경제를 파악하는 데에 중요한 자료가 된다.   [강인욱]

VII 다른 지역과의 관계

1 중국 동북지역과의 관계

한반도 청동기시대 형성기의 중국 동북지방과의 관계를 논하기 위해서는 병행 관계가 어느정도 확립되어야 한다. 〈표 6〉·〈표 7〉에 대표 견해를 제시해 두었는데, 전기 전반의 병행관계가 쌍타자3기이냐 다음의 상마석상층 단계이냐에 차이가 있지만, 청동기시대 조기와 전기가 마성자문화, 쌍타자3기문화~상마석상층기까지 병행하는 점은 동일하다.

한반도 청동기시대 중국 동북지방과의 관련은 비파형동검, 세형동검, 점토대 토기를 통해 더 이상 언급하지 않아도 확실하다. 반면 한반도 청동기시대 형성기에 초점을 맞춰 보면 상황이 간단하지 않다. 현재 청동기시대 조전기 돌대문과 이중구 연요소를 통해 중국 동북지방과의 관련성을 논하지만, 이들 요소는 요동반도의 신석기시대 후기인 편보유형(偏堡類型)·소주산상층기(小株山上層期)부터 청동기시대 전기에 걸쳐 공존하므로 한반도 각지와 어느 지역이 직접적으로 관련되는지 분명하지 않으며, 관련성의 배경과 의미 파악에도 어려움이 있다.

다만 관련 유무와 관련 요소에 집중하자면, 청동기시대 조기에는 압록강 중상류의 공귀리·심귀리유적, 압록강 하류의 신암리유적, 남한지역 돌대문토기처럼 쌍타자문화 혹은 마성자문화 주민이 특정지역으로 이주하여 직접적인 문화유입이 이루어진 것으로 평가할 수 있다.

이후 청동기시대 전기에는 중국 동북지방과 개체 혹은 특정지역과의 직접적 관련성보다는 한반도 재지 지역성이 두드러지면서 가락동식·역삼동식·흔암리식토기 가운데 무문토기요소로서 돌대문토기, 이중구연토기, 횡대구획문, 대부옹, 마제석검 등의 중국 동북지방 요소가 약간 변형 및 재지화되어 나타난다.

청동기시대 조기에 마성자문화의 직접적 영향이 미치는 곳은 압록강 중상류로 공귀리·심귀리유적에서 마성자계이중구연이 확인되고, 종상이(縱狀耳)가 부착된 대형 호형토기의 공통성이 지적된 바 있다. 장방형석도와 압도적인 석부류의 존재를 통해서도 마성자문화와의 관련성은 확실해 보인다. 다만, 종상이부착 호형토기는 종상이 상부에 반이(盤耳)라고 불리는 파수가 결합되는데, 마성자문화에서 찾아볼 수 없고 오히려 요북지역의 고대산문화에서 흔히 확인되는 요소여서 주의를 요한다. 압록강 하류역에서는 신암리유적이 중요한데, 신암리I기 호의 돌대문 사이의 침선문 시문방식이나 신암리II기 마성자계이중구연토기, 무경식석촉의 제작기법에서 마성자문화와 관련된다고 여겨진다. 반면, 신암리II기의 4조 현문 상하에 시문된 횡주자돌문 등은 요동반도(대취자3기)에 유래가 확인되므로 쌍타자문화와의 관련성도 엿볼 수 있다.

한편, 남한지역의 경우 한강유역 미사리유적과 남강유역 어은 1지구, 옥방 5지구의 발굴조사를 통해 돌대문토기 중심의 조기가 설정되면서 신암리II기와의 관계, 병행관계상 쌍타자3기와의 관련성이 일찍부터 주목받아 왔다. 그러나 정작 돌대문이 쌍타자3기에 없고, 오히려 마성자문화에서 다수 확인되는 점이 지적되면서 한반도 무문토기문화가 마성자문화와의 직간접적 관계로 형성되었을 가능성이 제기되었다.

요동산지	요동반도	압록강하류	압록강상류	청천강유역	대동강유역	남한			연대
마성자1기		신석기시대							
마성자2기	대취자1기	신암리 I 기	신석기시대	신석기시대		신석기시대			3585-19C전엽
마성자3기	?	신암리IIa기	심귀리 I 기	세죽리II1기	신석기시대	1군	일주돌대문 절상돌대문	미사리기	3300-16C전반
	대취자2기		공귀리고기			2군	계관돌대문	구영리기	조기 3042-14C후반
마성자4기	대취자3기	신암리IIb기	심귀리III기 공귀리중기	세죽리II2기		3군	뉴상, 변형돌대문		
·	상마석상층 고단계	미송리형토기기	공귀리신기 묵방형토기기	세죽리II3기	팽이형 토기	4군	가락동식 구순각목	둔산기 백석동기	전기 2912-12C후엽 2885-11C말

표 6 청동기시대 조·전기 중국 동북지방과 한반도의 병행관계1(安在晧 2010 수정 게재)

요동반도	압록강하류역	압록강중류역	청천강유역	남한
쌍타자1	신암리 I	신석기시대	신석기시대	신석기시대
쌍타자2	신암리3지점 1문화층		당산상층	
쌍타자3기	신암리II 고 / 신	심귀리·공귀리 I	세죽리II1·구룡강 I	조기 / 전기전반
상마석상층기	신암리III 4·5호 / 1·3호, 미송리II1	심귀리·공귀리II ?	세죽리II2, 구룡강II1(9호), 구룡강II2(20·6호)	전기후반

표 7 청동기시대 조·전기 중국 동북지방과 한반도의 병행관계2(배진성 2009·2012 수정 게재)

또한 최근에 돌대문토기와 공반하는 이중구연토기가 확인되면서 시기구분과 그 내용에 대해 많은 혼란이 초래되고 있다. 미사리유적에서 돌대문토기와 이중구연토기의 공반사실이 확인된 이래, 돌대문과의 구별이 애매하고 이중구연부가 짧은 예들이 연기 대평리, 청원 대율리, 홍천 외삼포리, 진주 평거동, 울산 구영리유적 등에서 확인되었다. 이들 요소를 전기의 대표적인 가락동식토기로 보느냐 별개로 구별하느냐에 따라 청동기시대 조기설정 내용이 달라진다. 최근에는 조기의 돌대문과 공반되는 이중구연부가 짧은 이중구연토기를 상마석계이중구연, 요동계이중구연, 이중구연, B형 이중구연 등으로 부르며 가락동식 이중구연토기와 구별짓고, 중국 동북지방의 직접적 유입으로 이해하며, 가락동식토기는 남한화한 전기의 이중구연토기로 파악하려는 경향이 크다. 그러나 돌대문과 중국 동북지방 계통의 이중구연 존재를 통해 중국 동북지방에서 직접적인 한반도 남부로의 유입을 상정하기보다 돌대문이 중심을 이루는 주거지와 토기상, 석기상, 취락의 입지 등을 고려할 때, 한반도 북부 청동기문화를 거쳐 한반도 남부로 파급된 것으로 보는 것이 타당할 것이다.

전기에 들어서면서 중국 동북지방 요소는 더욱 다양하게 나타난다. 가장 먼저 주목받은 것이 횡대구획문으로 쌍타자3기부터 상마석상층기까지 존재한다. 한반도에서는 대전 신대동, 진천 사양리유적을 비롯하여 중서부지역 출토 예가 많지만, 영남지역에서도 김천 교동, 울산 매곡동 신기, 경주 갑산리·월산리, 사천 본촌리, 김해 어방동유적에서 확인된 바 있다. 중국 동북지방 횡대구획문은 돌대로 구획하는 것에서 침선구획으로 변화한다고 알려져 있는데, 한반도에서는 모두 횡침선으로 구획한다는 공통점이 있으며, 횡침선구획 내에 삼각집선문·압날문·사선문·파상문·거치문 등이 시문된다. 특히 중서부지방은 횡대구획문이 대부발(옹)에 시문되는 예가 많

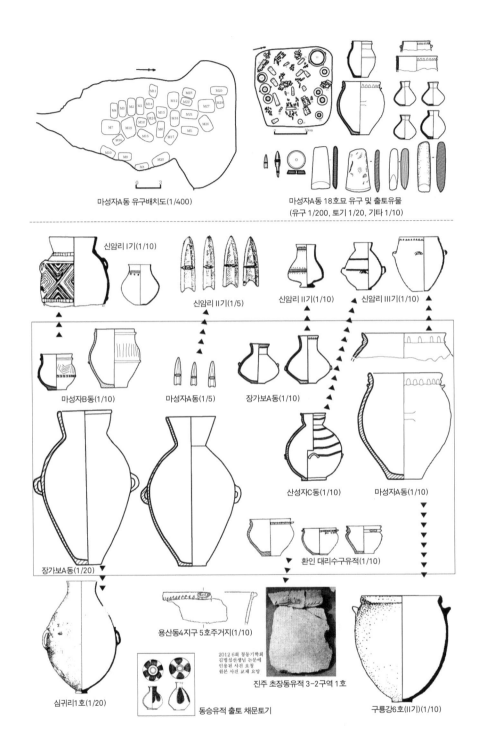

마성자A동 유구배치도(1/400)

마성자A동 18호묘 유구 및 출토유물
(유구 1/200, 토기 1/20, 기타 1/10)

신암리 I기(1/10)

신암리 II기(1/5)

신암리 II기(1/10)

신암리 III기(1/10)

마성자B동(1/10)

마성자A동(1/5)

장가보A동(1/10)

산성자C동(1/10)

마성자A동(1/10)

장가보A동(1/20)

환인 대리수구유적(1/10)

용산동4지구 5호주거지(1/10)

심귀리1호(1/20)

동승유적 출토 채문토기

진주 초장동유적 3-2구역 1호

구룡강6호(II기)(1/10)

그림 47 한반도 청동기시대 관련 마성자문화 자료(천선행·장순자 2012 수정 게재)

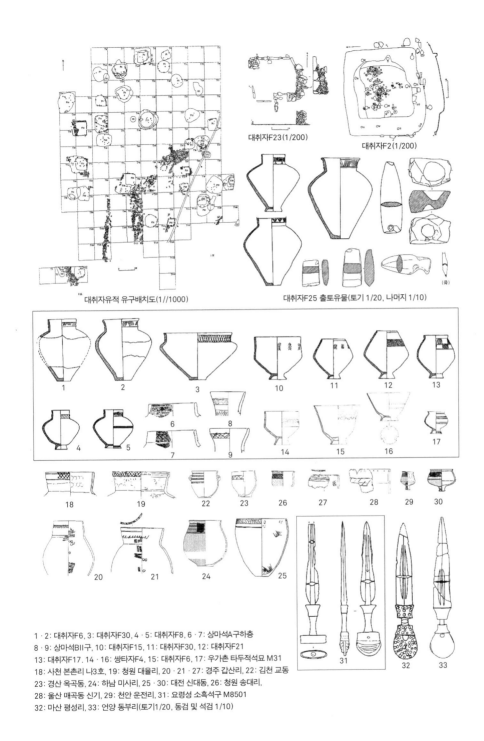

대취자F23(1/200)

대취자F2(1/200)

대취자유적 유구배치도(1//1000)

대취자F25 출토유물(토기 1/20, 나머지 1/10)

1 · 2: 대취자F6, 3: 대취자F30, 4 · 5: 대취자F8, 6 · 7: 상마석A구하층
8 · 9: 상마석BII구, 10: 대취자F15, 11: 대취자F30, 12: 대취자F21
13: 대취자F17, 14 · 16: 쌍타자F4, 15: 대취자F6, 17: 우가촌 타두적석묘 M31
18: 사천 본촌리 나3호, 19: 청원 대율리, 20 · 21 · 27: 경주 갑산리, 22: 김천 교동
23: 경산 옥곡동, 24: 하남 미사리, 25 · 30: 대전 신대동, 26: 청원 송대리,
28: 울산 매곡동 신기, 29: 천안 운전리, 31: 요령성 소흑석구 M8501
32: 마산 평성리, 33: 언양 동부리(토기1/20, 동검 및 석검 1/10)

그림 48 한반도 청동기시대 관련 쌍타자문화 자료

은 반면, 영남지방의 남강유역에서는 호형토기에, 동남해안지역에서는 심발에 시문되는 예가 많다. 이를 통해 중국 동북지방의 외래계 요소가 중서부지역으로 먼저 유입된 후, 영남지역으로 확산되면서 재지화된 것으로 보기도 한다.

횡대구획문이 시문되는 대부옹과 더불어 전기에 한반도 남부 전역에서 확인되는 대부토기는 일찍부터 외래계 토기로 여겨져 왔는데, 쌍타자3기문화에 확인되는 궤(簋)에서 기원하여 압록강유역, 두만강유역을 거쳐 한반도 남부로 파급된 것으로 파악된다. 최근의 연구 성과에 따르면 대부토기를 단각·통형·편구옹대부토기로 분류하고, 단각대부토기는 요동지방에 기원하여 한반도 북부지역을 거쳐 유입되었다고 볼 수 있지만, 통형대부토기는 유사 예가 없어 기원지가 확실치 않으며, 단각대부토기에서 자체 발생할 가능성도 지적되었다. 그리고 편구옹대부토기는 요동반도 영향인 편구옹에 재지의 단각대부토기가 결합하여 출현한다고 보기도 한다. 뿐만 아니라, 돌대문과 관련하여 이중구연상에 절상돌대문이 부착된 예가 대전 용산동 4지구 5호 주거지, 연기 보통리유적에서 출토되었으며, 최근에는 영남지역 진주 초장동유적에서도 확인된 바 있다. 이러한 형태는 마성자문화 분포권 외곽에 위치하는 환인(桓仁) 대리수구(大梨樹溝) 출토품과 유사하다고 지적되었는데, 엄밀히 말하면 대리수구 출토품은 일주하는 돌대문상에 절상돌대문이 부가된 것으로 한반도의 것과 차이가 있다. 그러나 두 요소가 결합되었다는 점에서 상통하므로, 한반도내 출토 예가 극히 적어 중국 동북지방으로부터 도입과정에서 변형되어 나타난다고 볼 수 있다. 또한 청동기시대 전기 후반에 등장하는 채문토기가 마성자문화 동승(東升)유적 출토품과 관련될 가능성이 제시되었고, 마성자 C동에서도 확인된 바 있어 장래 관련 가능성을 타진할 필요가 있다.

이상의 토기와 달리 전기에 확인되는 유혈구이단병식 마제석검의 기원은 예전부터 오르도스식동검·중국식동검·비파형동검·석창·골기기원설 등 다양하게 제시된 바 있다. 최근에는 마산 평성리유적이나 울산 동부리유적 출토 마제석검 형태와 동일한 비파형동검이 주목받으면서 요서지역 영성현(寧城縣) 소흑석구(小黑石溝) 8501호묘 출토 일주식(一鑄式) 동검을 기원으로 보는 설이 지지를 얻고 있다. 그러나 요서지역 비파형동검 출현시점이 기원전 9세기를 상회할 수 없으며, 마제석검이 직인인 점을 고려할 때, 골각기에 석인을 끼운 식인식단검(植刃式短劍)을 조형으로 보는 견해도 제기되었다. 이처럼 마제석검이 특정 기물을 모방하여 제작된 것으로 보는 데에는 대체로 의견이 일치한다. 하지만 비파형동검의 기원문제, 연대문제 등의 해결과 마제석검 등장과정에 대한 총제적인 검토를 통해 중국 동북지방 관련 지역과 어떤 과정과 경로로 한반도에 마제석검이 등장하는지를 다각적으로 검토할 필요가 있다.

이상으로 한반도 청동기시대는 중국 동북지방 청동기시대 문화파급과 더불어 시작되고, 한반도에 농경을 기반으로 한 생업경제의 정착과 맥을 같이한다. 그리고 중국 동북지방의 영향은 한시적인 것이 아니라, 청동기시대 전 시기에 걸쳐 지속되며, 양 지역 간 관련 양상과 경로 등은 시기별로 상이할 것이기에 추후에도 지속적인 검토가 이루어져야 한다.

2 한반도 내 다른 지역과의 관계

1) 한강유역

영남지방은 소지역에 따라 영남 내륙지역(대구지역), 동남해안지역, 남강유역으로 구별된다. 영남 내륙지역은 주거지와 토기문양에서 호서지역과의 관련성이 뚜렷한 반면, 한강유역과의 구체적인 교류관계를 보여 주는 자료가 풍부하지 않다. 다만, 한강유역과 영남지방은 조전기의 돌대문토기와 역삼동식토기, 흔암리식식토기가 공존하는 지역이므로 이를 통해 약간의 관련성을 추론할 수 있다.

현재 돌대문토기 유적은 북한강유역(홍천 외삼포리·철정리, 가평 연하리유적 등), 남한강유역(중부리, 정선 아우라지·천동리, 영월 주천리유적 등)에 집중분포하며, 다음으로 남강유역(산청 소남리, 진주 옥방 5지구·어은 1지구·상촌리D지구·평거동, 사천 본촌리유적 등)에 집중분포한다. 물론 남강유역의 돌대문토기 주거지에서 확인되는 단시설이 한강유역에서는 확인되지 않는 등 세세한 차이가 있지만, 정선 아우라지유적처럼 주거형태와 석기구성, 토기상은 매우 유사하다. 게다가 주거지 입지도 하천의 자연제방 상에 위치하는 공통성이 확인되므로 돌대문토기 사용 주민집단은 전통적으로 충적지를 생활기반으로 한 하천어로와 수렵, 전작을 기반으로 한 복합적 생업경제를 영위한 것으로 볼 수 있다. 돌대문토기 제작사용 집단은 하천의 중상류를 따라 북에서 남으로 파급되는데, 한강유역, 특히 강원 영서지방의 북한강과 남한강을 거쳐 금강, 남강 중상류로 들어와 정착하여 남강유역 돌대문토기문화를 형성시킨 것으로 볼 수 있다. 그러나 여기에 쌍방의 교류는 확인할 수 없는데, 돌대문토기 전통을 소유한 집단의 북에서 남으로의 일방적 이주로 인한 문화유입만 확인된다.

　　남강유역 이외에도 돌대문토기는 영남 내륙지역의 대구 삼덕동·월성동 566번지, 금릉 송죽리유적, 동남해안지역의 경주 충효동·금장리유적 등에서 확인된다. 이들 지역의 돌대문토기는 그 수가 적고 유적이 산발적으로 확인되므로, 돌대문토기 문화의 남강유역 유입과 더불어 남강유역 주변으로 파급되었다고 생각된다.

　　다음으로 전기의 문양구성으로 보면, 영남 내륙지역은「구순각목+이중구연+사선문」, 남강유역은「구순각목+돌류문+이중구연+사선문」, 동남해안지역은「돌류문+이중구연+사선문」,「구순각목+이중구연+사선문」의 비중이 높아 문양구성에도 지역차가 있다. 영남 내륙지역의「구순각목+이중구연+사선문」은 호서지역과 관련되고, 남강유역의「구순각목+돌류문+이중구연+사선문」은 경기 남부와 중서해안지역에서 확인된다. 동남해안지역의「돌류문+이중구연+사선문」은 한강유역권에서 확인되며,「구순각목+이중구연+사선문」은 호서지역과의 직접적인 관련성보다 대구지역과의 지역관계로 나타난다고 생각된다. 즉 영남지방은 지리적 경계에 따라 지역성이 확인되고 남강유역과 동남해안지역의 일부 전기문화는 돌대문토기의 파급경로와 동일하게 한강유역을 포함한 중서부지역의 문양구성이 확인되는 점이 주목된다. 이들 문양구성의 유사성이 집단 간 교류의 척도가 되지 않겠지만, 적어도 문화요소의 흐름이라는 측면에서 이해할 수 있다.

　　문양구성과 더불어 주목되는 것이 대부토기이다. 호형·발형·옹형 신부를 가진 대부토기는 대각과 신부형태에 따라 지역성이 두드러진다. 단각은 강원 영동과 북한강유역, 단각과 통형은 남한강유역에, 통형은 한강 하류역에 집중하며, 단각중심이고 편구옹 신부를 가진 것이 중서부지방에 집중 분포한다. 대부토기는 어은 1지구, 경주 월산리·황성동, 울산 매곡동·사연리 늠네·신천동 냉천, 포항 대련리유적 등에서 출토되었는데, 대체로 동남해안권에 밀집하고 단각과 통형이 모두 확인된다. 특히 대련리 4-2호 출토품은 통형대부토기와 유사하고, 신천동 냉천유적 출토품은 속초 조양동유적에 대비된다. 그러나 영남지방 출토품은 결실로 신부형태가 불분명하고 단각이라고 하여도 대각 내부의 공부가 깊어 통형 가운데 약간 짧다. 어떻든 영남지방의 통형과 단각의 공존을 고려할 때, 한강 하류역―남한강유역의 하천을 따라 영남지역으로 파급되는 양상이 확인된다. 이는 상기한 돌대문토기와 전기 무문토기 문양구성의 파급경로와도 유사하며 특정 재화를 주고받는 쌍방적 교류보다 주민의 이동 혹은 접변과 전파로 인한 문화유입의 측면이 강하다.

2) 영동지방

영동지방과 영남지방의 교류양상은 신석기시대 융기문토기, 자돌압인문토기 단계부터 나타나는데, 경주·포항·울산을 포괄하는 동남해안지역과의 관련성이 두드러진다.

무문토기는 영동지방과의 관련성을 논할 자료가 극히 미약한 반면, 동북형석도와 부리형석기(매부리형석기, 猪形器)와 같은 석기를 통한 교류관계가 많이 확인되

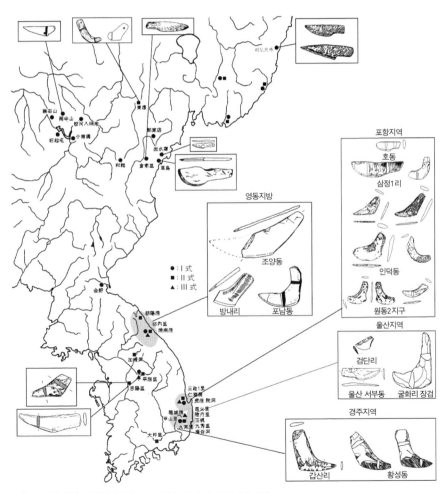

그림 49 동북형석도 관련 자료(유물1/10)(배진성 2007b·2010 수정 개재)

다. 예를 들면, 영동지역 양양 포월리 1호 출토 석창이 동남해안지역의 천상리 42호 출토품과 유사하고, 방내리 2호와 조양동 7호 출토 동북형석도와 유사한 것이 경주 황성동·갑산리, 울산 검단리, 포항 인덕동·호동·삼정1리 유적에서도 출토되었다. 뿐만 아니라, 울산 신정동유적에서 출토된 성형석부가 두만강유역 출토품과 대비되는 등 두만강유역에 계보를 둔 동북형석도(유경식석도)와 석기상은 동해안을 따라 영남지역, 특히 동남해안지역으로 파급되었음이 확실하다(그림 49).

부리형석기는 두만강유역의 회령 오동유적에서 대량으로 확인되었는데, 둥근 원력의 한쪽 면을 쳐내어 홈을 만든 것으로 그 형상이 매부리와 유사하다고 하여 붙여진 이름이다. 유사한 형태로 호곡에서는 멧돼지 형상을 본뜬 토제품이 확인된다.

남강유역 발굴조사를 통해 대평리유적에서 부리형석기와 유사한 유물들이 확인되었고, 대구 동호동, 포항 인덕동유적에서도 출토된 바가 있다(그림 50). 동북지방과 달리, 영남지방 출토품은 반원형의 하반부 전체를 타격하여 다듬기 때문에 양자 간에는 기능이나 용도차가 있을 것이다. 그리고 영남지방 출토품은 석제품만이 아니라, 토기편을 재가공한 것이 많고 크기도 매우 다양하므로 공구로만 파악하기 어렵다. 이러한 영남지역 출토 부리형석기의 기능에 대해 소형을 의례용으로 보거나, 부리형석기 자체를 수확구로 보는 견해가 제기된 바 있다. 특히 의례와 관련하여 농경문화와 관련된다는 지적, 멧돼지 토제품의 간결화에 초점을 맞추어 저형기로 부르고, 앵가령상층, 두만강유역, 동해안루트를 타고 영남지역으로 유입되었는데, 이

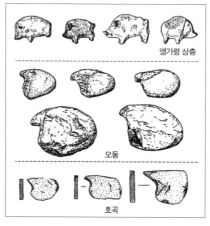
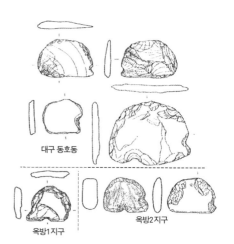

그림 50 부리형석기 관련 자료(1/6)

를 동북형석도의 전파와 공반된 것으로 보는 견해도 있다. 그러나 영동지방에서 부리형석기가 출토된 예가 없고, 영남 내륙과 남강유역에 분포하는 점으로 보아 영동지방을 경유하지 않고 내륙을 통해 두만강유역 문화가 전파되었다고 보기도 한다. 한편 부리형석기의 유입시기에 대해 돌대문토기와 함께 두만강유역에서 유입된 것으로 보는 견해도 있지만, 영남지역에서 부리형석기는 청동기시대 전기 말에서 중기에 걸쳐 출토 예가 증가하고 저형기가 동북형석도와 함께 유입된다고 보는 견해처럼, 부리형석기의 용어와 기능·용도 차이 그리고 관련 시점이 언제인가라는 문제는 좀 더 검토할 필요가 있다.

이상으로 영남지방과 영동지방의 관련성은 토기보다 석기상에서 유사성이 많고, 특히 전기 후반에 동남해안지역과의 관련성이 돋보인다. 또한 영동지방과 더불어 송국리문화비분포권이다. 이러한 영동지방과 영남지방 간의 교류관계는 모두 동해라는 동일한 자연환경에 둘러싸인 동질적 생업환경을 기반한 결과로 이해해야 한다. 그리고 주변지역과 영남지역의 교류관계는 다양한 요소들이 제각기 동해안뿐만 아니라, 내륙을 관통하는 다양한 경로를 통해 지속적으로 유입됨을 간과해선 안 된다.

[천선행]

3) 호서지역

청동기시대 전 시대에 걸쳐 영남지역에 가장 많은 영향을 끼쳤던 곳은 단연 호서지역이라고 할 수 있다. 조기부터 후기까지 지속적으로 영향을 받은 것으로 보이는데, 이는 하천을 중심으로 한 지리적 접근성이 가장 큰 원인이었을 것이다. 호서지역 중 특히 금강 상류지역과 영남의 낙동강 중류(대구지역 중심)와 연결되는 지류인 황강과 감천이나 낙동강 하류와 연결되는 남강 상류가 서로 근접하기 때문이다. 전기나 후기의 문화가 영남지역으로 유입되는 호서지역 중 특히 금강 상류는 금강 중하류의 전·후기 문화를 호남의 보성강유역이나 영남의 낙동강과 남강유역으로 연결하는 교차로의 역할을 한 것으로 추정된다. 조기의 대표적인 문화유형인 미사리식(돌대문토기)과 전기의 가락동식·역삼동식·흔암리식에 속하는 각종 토기와 주거형이 한강유역에서 호서지역을 거쳐 영남지역으로 유입되었기 때문이다.

먼저, 조기의 대표적인 유물인 돌대문토기(이중구연토기 공반)에 판석을 바닥에 깔고 돌을 돌린(石床圍石式) 노지를 가진 방형의 주거지(미사리형)는 남·북한강유역에서 주로 확인된다. 영남지역에서도 남강유역을 중심으로 한 서부지역에 다수의 유적이 확인되는데 주거지의 형태만 장방형(대평리형)으로 바뀌었을 뿐 기본적인 양상이 동일하다. 이에 비해 상대적으로 이 시기의 유적 숫자가 적은 대구를 중심으로 한 낙동강유역과 경주, 울산을 중심으로 한 동남부지역에서도 방형이나 장방형의 주거지에 돌대문토기와 이중구연토기가 출토되고 있어 지역에 따른 영향력의 강약이 확인된다.

물론 문화의 전파 경로가 단순히 한 곳으로만 이루어지는 것은 아닌데, 그 예로 전기에 영동지역의 문화상이 동해안을 거쳐 영남지역 내부로 유입되면서 지역차를 보이기도 한다. 예를 든다면 호서지역의 금강유역으로부터 유입된 것으로 보이는 가락동식문화의 위석식노지나 이중구연토기는 영동지방의 영향을 강하게 받았던 것으로 보이는 동해안지역(포항, 경주, 울산)에는 아예 없거나 적다. 이에 비해 영동지방의 특징이라고 할 수 있는 단사선문토기는 낙동강유역 서쪽에는 상대적으로 희소하다는 점 등이다. 그 결과인지 동해안지역의 단사선문은 전기 말에 낟알공렬문이나 횡선문이라는 이 지역만의 재지적인 대표 문양으로 자리잡기에 이른다.

이러한 양상은 후기의 송국리형주거지로 대표되는 송국리문화의 양상에 있어서도 그대로 유지되는데 역시 영남지역이 호서지역으로부터 송국리문화를 받아들였다는 설이 압도적으로 지지받고 있다. 송국리문화는 영남지역에서 낙동강과 그 지류에까지만 확인되고 낙동강과 연결이 되지 않는 동해안쪽 동남부지역은 송국리문화의 요소들이 확인되지 않는다는 점에서 전기부터의 문화적 양상이 지속적으로 유지되어 왔던 것 같다.

그런데 영남지역내 송국리문화의 전개과정을 살펴보면 지역에 따라 차이가 보이고 있어 이런 현상이 외부로부터 수용과정에서의 문제인지, 아니면 동시다발적 발생과정에서의 차이를 대변하는 것인지를 살펴볼 필요가 있다. 다수의 송국리형 유적이 확인되는 남강유역은 방형의 송국리형주거지가 다수를 차지하고 있다. 이에 비해 낙동강 중류역과 하류역에서는 방형계보다는 원형계 송국리형주거지가 압도적이라는 점에서 확연한 차이가 있다. 호서지역으로부터의 영향을 주장하는 쪽에서는 금강유역으로부터의 문화수용과정에서 전기의 장방형계주거가 방형으로 변화된 것으로 판단하고 있다. 상대적으로 문화수용이 영남 내륙보다 빨랐던 남강유역의 양상은 호서지역의 휴암리와 같은 양상을 보인다는 점에서 시사하는 바가 크다.

남강유역도 후기 후반이 되면 평면 형태가 점차 원형으로 변화되면서 영남 내륙의 낙동강유역과 동일한 양상을 보이게 된다.

이와 같이 영남지역이 북쪽으로는 영동과 영서, 서쪽으로는 호서와 호남지역과 접하고 있기 때문에 근접한 타 지역과의 영향력에 따라 나타나는 문화적 양상에서 차이가 날수 밖에 없었을 것이다.

3 일본 야요이시대와의 관련성

일본 야요이시대는 농경으로 대표되는 야요이문화의 시대로서 벼를 위주로 한 곡물 생산에 의해서 초기 농경사회가 형성, 발전된 시대이다. 이런 농경문화는 대륙에서 계보를 구할 수 있는데 야요이문화 성립의 계기가 된 기술혁신과 사회변화는 논농사의 보급과 더불어 새로운 집단관계를 성립하게 하였고, 농작물(쌀)의 저축으로 얻어진 부(富)는 사회의 계층화와 분쟁을 초래하여 계급사회를 성립시켰다. 이렇게 일본 야요이시대 발흥의 계기는 죠몽시대 후기부터 유입된 한반도의 선진문물의 영향 덕분이었다. 일본열도에서 최초로 논농사가 정착한 곳은 사가(佐賀) 가라츠(唐津) 평야에서 후쿠오카(福岡)의 후쿠오카평야에 이르는 현해탄 연안지역이다. 이 지역이 공교롭게도 한반도 영남지역과 가장 근접한 곳이라는 점에 주목할 필요가 있다.

사실 청동기시대 전기와 후기의 문화요소가 상당수 일본 규슈지역을 중심으로 한 서일본지역에서 확인되고 있었다. 전기 문화요소 중 죠몽시대 만기에 각목돌대문토기나 이중구연토기, 공렬문토기 등의 토기류와 대륙계 마제석기류 중 석도 등이 그러한 것들인데, 일본 연구자들과의 견해차가 있는 부분이 있으나 이러한 유물들은 한반도 남부지역, 특히 영남지역과 관련성이 있는 것으로 알려져 있다.

후기는 송국리문화의 문화요소들이 대부분 포함되는데 그 핵심적 요소인 송국리형주거지를 비롯하여 야요이문화의 결정적 발흥요인인 논농사와 환호, 지석묘, 석개토광묘, 목관묘와 같은 유구와 단도마연토기와 삼각형석도, 결입식유경식석검, 유구석부, 송국리형토기 등 전기보다 유구와 유물이 다종다양하게 같이 확인된다는 점에서 주목된다. 송국리형취락이 일본 야요이 조기의 대표적 유적인 에쯔지(江辻) 유적과 같은 북부규슈지역을 비롯한 일본열도 내에서 유사한 양상으로 나타나고 있을 뿐 아니라 나아가 송국리문화가 일본 야요이문화의 실질적인 발흥의 핵심이었다는 것은 한일 양국 연구자들의 견해가 어느 정도 일치하고 있다.

송국리문화의 핵심요소 2가지는 논농사와 송국리형주거지이다. 따라서 일본 내에서 이 두 핵심요소가 어떻게 수용되고 내재화되었는지를 살펴보는 것이 한반도와 일본 두 지역 간의 관계를 이해하는 데 도움을 준다.

먼저 논농사의 경우, 사실 한반도 내에서의 송국리문화는 논농사 문화로서 주목되었지만 송국리형취락 내에 논유적이 조사된 예가 희박하고, 오히려 송국리문화권의 외곽이라고 할 수 있는 영남 동남해안의 울산지역에서 소구획의 논(무거동 옥현유적)을 비롯한 다수의 논유적이 조사되었다. 영남지방 송국리문화권에서는 오히려 논농사보다는 밭농사가 더 많은 비중을 차지했을 것으로 추정되는데, 이는 한반도 남부의 남해안지대만이 조엽수림대이고 대부분의 하천 경사면이 완만하여 충적지에 이르는 관개수전의 진출이 어려운 조건을 갖고 있다. 이에 비해 서일본 전체가 조엽수림대이면서 지형적으로 관개수전 개발을 쉽게 이룰 수 있는 조건을 갖추고 있었기에 논농경이 일본에 전해지자마자 급속히 전파될 수 있었다.

다음으로 송국리형주거지인데 청동기시대 후기 영남지역에서 전반은 방형계, 후반은 원형계가 주류를 점하는 경향이 보인다. 이 중 일본으로 전해진 것은 원형계로서, 유독 이 원형계의 송국리형주거지만이 서일본지역에 야요이시대 조기부터 후기까지 지속해서 축조되었음이 확인된다(그림 52). 그리고, 송국리형주거지는 북부 규슈의 현해탄지역에서 점차 남쪽의 사가(佐賀)평야는 물론 동쪽의 옹가가와(遠賀川) 유역을 거쳐 츄코쿠(中國)지역과 시코큐(四國)로, 그리고 동쪽의 긴키(近畿)지역까지도 확인되는 등 서일본의 대부분 지역이 송국리문화의 영향을 받았다고 할 수 있다.

다만 송국리형주거지의 변화과정에서 한반도의 양상과 차이가 있다면 시간이 흐를수록 주거지 내부의 기둥이 점차 많아지면서 그 규모가 커진다는 사실이다. 더불어 규슈지역의 경우 송국리형주거지가 주류를 점하는 유적의 비율이 야요이 전 시기에 걸쳐 지속해서 유지된다는 점이 중요한데, 이렇게 일본 야요이시대에 노지가 있는 재지적인 방형계 주거형이 존재하고 있었음에도 불구하고 노지가 없는 외래주거형이 그렇게 오랫동안 일본 사회에서 유지될 수 있었던 것은 앞서 송국리문화의 핵심적인 요소의 하나로 언급하였던 수도작의 강력한 영향력 때문으로 추정된다. 앞선 시대와는 전혀 다른 사회로 전환케 한 수도작을 가진 외래주민의 핵심적인 문화요소로서 송국리형주거지가 야요이사회에서 선진문물의 상징적 위치에 있었음

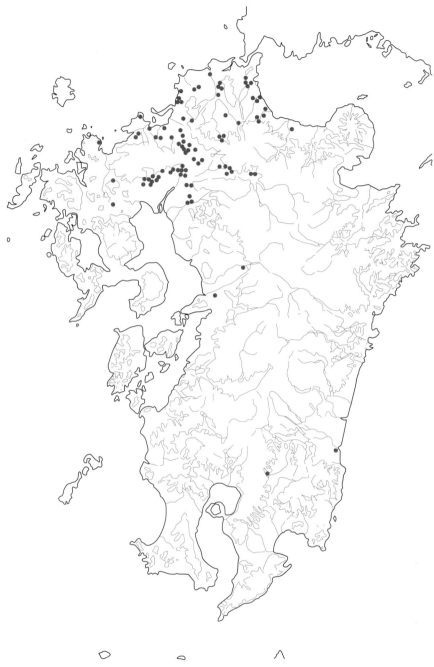

그림 51 규슈지방 송국리형주거지 출토유적 분포도(유병록 2010)

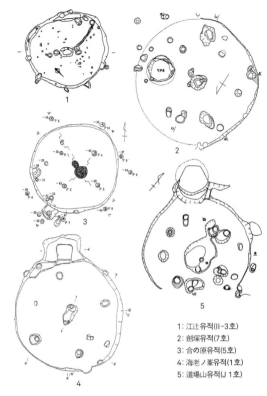

그림 52 일본 규슈지역 송국리형주거지(유병록 2010)

1: 江辻유적(II-3호)
2: 劍塚유적(7호)
3: 合の原유적(5호)
4: 海老ノ峯유적(1호)
5: 道場山유적(J 1호)

을 대변한다.

위의 핵심적인 두 가지 요소 외에도 무덤 부장양상에서도 나타난다. 한반도 남부지역의 부장풍습이 거의 그대로 전해지는 석개토광묘나 목관묘 내부에 마제석검이나 석촉 같은 석기 유물 외에 단도마연토기, 관옥도 부장된다.

일본 야요이문화의 개시 전후에 한반도의 전기와 후기의 다양한 문화요소들이 일본열도, 특히 서쪽 지역에 집중적으로 나타나고 있다는 점에서 영남지역과의 관련성이 제기되었다. 우선 이 문화요소들이 영남지역에서 전해졌다는 전제에서 전파경로는 전기의 경우 영남 동해안과 남해안으로, 후기는 사천에서 김해에 이르는 전 남해안에서의 전파가 이루어졌다고 추정되고 있다. 그런데 이러한 문화요소들이 단순히 일방적인 전파를 통한 것인지, 아니면 두 지역 간 교류과정에서의 결과인지 살펴볼 필요가 있다.

일본열도에서 발견되는 전기 문화요소의 경우 대부분 토기 위주인 데다가 영남지역 중심의 전파지가 상정되는 데 비해 서일본의 전달지에서 토기문양의 종류에 따라 각기 다르다는 점이 주목되는데, 이중구연토기는 일본 츄코쿠의 산음(山陰)지역에서, 공렬문토기는 산음지역 및 남규슈지역과 북규슈지역에서 집중적으로 확인된다.

이해 비해 송국리문화로 대표되는 후기의 문화요소들은 유구와 유물이 함께 규슈지역에 전파되었다. 기원지는 전기와 후기 모두 영남지역이지만 전기에 비해 후기는 전달지가 상대적으로 일부 지역에 집중된다는 점에서 시기별로 전파 방식에 차이가 있었던 것으로 보인다. 즉, 두 시기 모두 사람에 의한 전파가 이루어졌지만, 전기의 경우 아주 소수의 난파나 조류에 의해 의도적이지 않은 전파일 가능성이 높다는 점이다. 이는 전기의 토기들이 서일본지역의 넓은 범위에서 산발적으로 확인된다는 점에서도 대변된다. 후기에는 전기보다는 다수의 이주민이 분명한 이주의 의

도를 가지고 일본열도에 정착하였다. 이들은 특별히 한반도의 생산기술과 문화요소들을 전해 줌으로써 야요이시대라는 새로운 시대를 여는 밑거름이 되었다.

이렇게 전기나 후기 모두 영남지역의 문화요소가 일본열도에서 확인되는 반면, 일본 고유의 문화요소가 같은 시기 한반도 및 영남지역에서 거의 확인되지 않는다는 점에서 두 지역 간에 상호 교류관계가 존재하였는지는 의문이다. 현재까지의 증거로만 보았을 때는 한반도에서 일본열도로의 거의 일방적인 문화전파였으며, 두 지역 간 본격적인 교류관계가 성립되는 것은 한반도에서 청동기시대를 종식시킨 점토대토기로 대표되는 세형동검과 철제무기를 가진 집단이 등장한 초기철기시대부터이다. 이때부터 양 지역의 문화요소들이 서로의 지역에서 확인된다.　　　　[유병록]

참고문헌

강인욱, 2005, 「한반도 출토 비파형동검의 등장과 지역성에 대하여」, 『한국상고사학보』 49호.

_____, 2003, 「遼寧地方 太子河上流지역 신발견 彩文土器에 대하여」, 『고고학』 제2권 제2호.

_____, 2011, 「동북아시아적 관점에 본 북한 청동기시대의 형성과 전개」, 『동북아역사논총』 33호.

경북대학교박물관, 2000, 『진천동 월성동 선사유적』.

경상북도문화재연구원, 2008, 『포항 호동유적 II』.

高旻廷, 2003, 「南江流域 無文土器文化의 變遷」, 慶北大學校大學院 碩士學位論文.

_____, 2009, 「남강유역 각목돌대문토기문화와 북한지역과의 병행관계—무문토기 조·전기를 중심으로」, 제2회 한국청동기학회 학술분과 발표회.

_____, 2013, 「남강유역 청동기시대 후기 취락구조와 성격」, 『嶺南考古學』 54, 嶺南考古學會.

국립대구박물관, 2005, 『사람과 돌—머나먼 진화의 여정—』.

국립중앙박물관, 2006, 『한국 선사유적 출토 곡물자료 집성』.

_____, 2010, 『청동기시대 마을 풍경』, 2010년 특별전 도록.

김권구, 2005, 『청동기시대 영남지역의 농경사회』, 학연문화사.

_____, 2008, 「한반도 청동기시대의 목기에 대한 고찰—남한지역의 목기를 중심으로」, 『韓國考古學報』 67輯, 40-71.

金廣明, 2003, 「嶺南地方의 支石墓社會 豫察」, 『嶺南考古學』 33, 嶺南考古學會.

金度憲, 2010, 「嶺南地域의 原始·古代 農耕 研究」, 釜山大學校大學院 博士學位論文.

김미영, 2011, 「嶺南地域 頸部內頃赤色磨研器 研究」, 『慶南研究』 5집, 경남발전연구원 역사문화센터.

金炳燮, 2009, 「남한지역 조·전기 무문토기 편년 및 북한지역과의 병행관계」, 『韓國靑銅器學報』 第4號, 韓國靑銅器學會.

_____, 2011, 「南江流域 下村里型住居址에 대한 一考察」, 『慶南研究』 4집, 경남발전연구원 역사문화센터.

_____, 2012, 「남강유역 조기-전기 편년」, 『청동기시대 광역편년을 위한 조기~전기문화 편년』, 제6회 한국청동기학회 학술대회.

金壯錫, 2002, 「이주와 전파의 고고학적 구분: 시험적 모델의 제시」, 『韓國上古史學報』 제38집.

_____, 2008, 「송국리단계 저장시설의 사회경제적 의미」, 『韓國考古學報』 67, 韓國考古學會.

金材胤, 2003, 「韓半島 刻目突帶文土器의 編年과 系譜」, 釜山大學校大學院 碩士學位論文.

김지현, 2010, 「청동기시대 전기의 대부토기에 대한 검토—대부토기의 기원을 중심으로—」, 『고고학』 9-2호.

金賢, 2006, 「慶南地域 靑銅器時代 무덤의 展開樣相에 대한 考察」, 『嶺南考古學』 39, 嶺南考古學會.

金賢植, 2006, 『蔚山式 住居址 研究』, 釜山大學校大學院 考古學科 碩士學位論文.

端野晉平, 2010, 「수작농경 개시 전후 한일교류론의 諸問題—송국리문화와 야요이문화의 형성—」, 『嶺南考古學』 52, 嶺南考古學會.

동진숙, 2004, 「영남지방 청동기시대 문화의 변천」, 경북대학교대학원 석사학위논문.

미야자토 오사무, 2010, 『한반도 청동기의 기원과 전개』, 사회평론.

朴宣暎, 2004, 「南韓 出土 有柄式石劍 研究」, 경북대학교대학원 석사학위논문.

박영구, 2009, 「남부동해안지역 무문토기문화 전개양상」, 『영남고고학』 51, 영남고고학회.

배덕환, 2005, 「南江·太和江流域의 靑銅器時代 據點聚落」, 『文物研究』 9, (財)동아시아문물연구학술재단.

_____, 2005, 「청동시시대 영남지역의 주거와 마을」, 『영남의 청동기시대 문화』, 제14회 嶺南考古學會 學術發表會, 嶺南考古學會.

_____, 2008, 「嶺南 南部地域 靑銅器時代 住居址研究」, 東亞大學校大學院 博士學位論文.

裴眞晟, 2003, 「無文土器의 成立과 系統」, 『嶺南考古學』 32, 嶺南考古學會.

_____, 2007a, 「東北型石刀에 대한 小拷 : 東海文化圈의 設定을 겸하여」, 『嶺南考古學』 40, 嶺南考古學會.

_____, 2007b, 「無文土器文化의 成立과 階層社會」, 釜山大學校大學院 博士學位論文.

_____, 2010, 「靑銅器時代의 蔚山과 豆滿江유역」, 『靑銅器時代의 蔚山太和江文化』, 蔚山文化財研究院 開院 10周年 紀念論文集.

복천박물관, 2006, 『선사·고대의 제사―풍요와 안녕의 기원』.

孫晙鎬, 2006, 「韓半島 靑銅器時代 磨製石器 研究」, 고려대학교대학원 박사학위논문.

송영진, 2006, 「韓半島 南部地域의 赤色磨硏土器 研究」, 『嶺南考古學』 38, 嶺南考古學會.

_____, 2012, 「南江流域 磨硏土器의 變化와 時期區分」, 『嶺南考古學』 60, 嶺南考古學會.

신숙정, 2001, 「우리나라 청동기시대의 생업경제」, 『韓國上古史學報』 35, 韓國上古史學會.

沈奉謹, 1990, 『韓國 靑銅器時代 文化의 理解』, 東亞大學校出版部.

_____, 1999, 「晋州 上村里出土 無文土器 新例」, 『文物研究』 第3號.

安在晧, 1996, 「無文土器時代 聚落의 變遷」, 『碩晤尹容鎭教授停年退任紀念論叢』.

_____, 2000, 「韓國 農耕社會의 成立」, 『韓國考古學報』 43, 韓國考古學會.

_____, 2002, 「赤色磨硏土器의 出現과 松菊里式土器」, 『韓國農耕文化의 形成』.

_____, 2006, 「靑銅器時代 聚落研究」, 釜山大學校大學院 博士學位論文.

_____, 2009, 「南韓 靑銅器時代 研究의 成果와 課題」, 『동북아 청동기문화 조사연구의 성과와 과제』, 학연문화사.

_____, 2010, 「韓半島 靑銅器時代의 時期區分」, 『考古學誌』 第16輯.

울산문화재연구원, 2010, 『울산 太和江文化』, 울산문화재연구원 개원10주년 기념도록.

울산암각화박물관, 2011, 『한국의 암각화 부산 경남 전라 제주편』.

_____, 2012, 『한국의 암각화 II 대구 경북편』.

兪炳琭, 2006, 「一名 '부리형석기' 用途에 대한 小考」, 『石軒鄭澄元敎授停年退任紀念論叢』.

_____, 2010, 「堅穴建物 廢棄行爲 研究1―家屋葬―」, 『釜山大學校 考古學科 創設20周年 記念論文集』, 釜山大學校 考古學科.

_____, 2010, 「日本 九州地方 松菊里文化 研究―松菊里型住居址를 中心으로―」, 釜山大學校大學院 碩士學位論文.

尹容鎭 외, 2011, 「大邱 燕岩山遺蹟 出土 石斧」, 『考古學論叢』, 경북대학교출판부.

尹昊弼, 2009, 「청동기시대의 무덤 및 매장주체부 재검토」, 『韓國靑銅器學報』 5, 韓國靑銅器學會.

_____, 2013, 「축조와 의례로 본 지석묘사회 연구」, 木浦大學校大學院 博士學位論文.

이상길, 1998, 「無文土器時代의 生活儀禮」, 『환호취락과 농경사회의 형성』, 영남고고학회·구주고고학회 제3회 합동고고학대회.

_____, 2000, 「靑銅器時代 儀禮에 관한 考古學的 硏究」, 대구효성가톨릭대학교대학원 박사학위논문.

_____, 2002, 「裝身具를 통해 본 細形銅劍文化期의 特徵」, 『細形銅劍文化의 諸問題』, 九州考古學會·嶺南考古學會 第5回 合同考古學大會.

이상목, 2004, 「울산 대곡리 반구대 선사유적의 동물그림—생태적 특성과 계절성을 중심으로—」, 『한국고고학보』 52집.

李盛周, 1998, 「韓國의 環濠聚落」, 『環濠聚落과 農耕社會의 成立』, 嶺南考古學會·九州考古學會 第3回 合同考古學大會, 嶺南考古學會·九州考古學會.

李秀鴻, 2006, 「嶺南地域 地上式支石墓에 대하여」, 『石軒 鄭澄元敎授 停年退任紀念論叢』, 釜山考古學硏究會 論叢刊行委員會.

_____, 2012, 「靑銅器時代 檢丹里類型의 考古學的 硏究」, 釜山大學校大學院 博士學位論文.

李榮文, 2002, 『韓國 支石墓 社會 硏究』, 學硏文化社.

이청규, 1988, 「남한지방 무문토기문화의 전개와 공렬토기문화의 위치」, 『한국상고사학보』 창간호, 한국상고사학회.

_____, 1997, 「嶺南지방 靑銅器文化의 전개」, 『嶺南考古學』 第21輯, 29-78.

_____, 2011, 「요동과 한반도 청동기시대 무덤 연구의 과제」, 『무덤을 통해 본 청동기시대 사회와 문화』, 제5회 한국청동기학회 학술대회 발표요지, 한국청동기학회.

李亨源, 2007, 「남한지역 청동기시대 전기의 상한과 하한」, 『한국 청동기시대의 시기구분』, 제1회 한국청동기학회 학술대회.

庄田愼矢, 2007, 『南韓 靑銅器時代의 生産活動과 社會』, 학연문화사.

정지선, 2010, 「南江流域 突帶文土器의 編年」, 慶尙大學校 大學院 碩士學位論文.

鄭漢德, 1995, 「東아시아의 環濠聚落」, 『蔚山檢丹里마을遺蹟』, 釜山大學校博物館.

趙賢庭, 2001, 「蔚山型 住居址에 대한 硏究」, 慶南大學校大學院 碩士學位論文.

中村大介, 2008, 「靑銅器時代와 初期鐵器時代의 編年과 年代」, 『한국고고학보』 68, 한국고고학회, 38-87.

千羨幸, 2005, 「한반도 돌대문토기의 형성과 전개」, 『韓國考古學報』 57, 韓國考古學會.

_____, 2006, 「영남지방 무문토기시대 중기로의 문양구성 변화」, 『石軒鄭澄元敎授停年退任記念論叢』.

_____, 2007, 「無文土器時代의 早期設定과 時間的 範圍」, 『韓國靑銅器學報』 創刊號, 韓國靑銅器學會.

_____, 2009, 「無文土器時代 韓日間 地域關係變遷」, 『古文化』 제73집, 한국대학박물관협회.

콜린 렌프류·폴 반 (이희준 역), 2006, 『현대고고학의 이해』, 사회평론.

平郡達哉, 2012, 「무덤資料로 본 南韓地域 靑銅器時代 社會 硏究」, 釜山大學校大學院 博士學位論文.

河仁秀, 1989, 「嶺南地方 丹塗磨硏土器에 대한 新考察」, 釜山大學校大學院 碩士學位論文.

河眞鎬, 2013, 「洛東江中流域 靑銅器時代 聚落의 變遷」, 『韓日聚落硏究』, 서경문화사.

한국고고학회, 2010, 『한국 고고학 강의』 개정신판, 사회평론.

한국청동기학회, 2008, 『청동기시대 생계와 사회경제』, 제2회 한국청동기학회 학술대회.

황창한, 2013, 「대구지역 청동기시대 석기생산 시스템 연구」, 『嶺南考古學』 67, 嶺南考古學會.

金鍾徹, 1987, 「慶尙北道淸道郡禮田洞出土의 遼寧式銅劍」, 『東アジアの考古と歷史(上)』, 岡崎敬先生退官記念事業會, 京都: 株式會社 同朋舍出版, 387-399.

端野晉平, 2008, 「松菊里型住居の傳播とその背景」, 『九州と東アジアの考古學』, 九州大學考古學研究室
　　50周年記念論文集.

山崎賴人 外, 2008, 「松菊里型住居の變容過程―筑紫平野北部三國丘陵における住居動態」, 『古文化談叢』
　　第59集, 九州古文化研究會.

小澤佳憲, 2006, 「玄界灘沿岸地域の弥生時代前半期集落の様相」, 『弥生集落の成立と展開』第55回埋藏文
　　化財研究集會 發表要旨集, 埋藏文化財研究會.

春城秀爾, 2006, 「弥生時代の始まり」, 『弥生時代の新年代』, 新弥生時代の始まり第Ｘ卷, 雄山客.

出原惠三, 2000, 「弥生文化成立期の集落とその遺構」, 『弥生文化の成立』第47會 埋藏文化財研究集會 發
　　表要旨集.

片岡宏二, 1999, 『弥生時代 渡來人と土器・青銅器』, 雄山閣.

＿＿＿, 2006, 『弥生時代 渡來人から倭人社會へ』, 雄山閣.

초기철기·원삼국시대

I 총설

1 연구의 진전

한국고고학의 시대 구분에서 초기철기시대와 원삼국시대는 기원전 300년부터 기원후 300년까지에 해당되며 영남지방에도 같이 적용될 수 있다. 시기를 좀 더 세분하면 기원전 300년부터 200년 동안을 초기철기시대, 기원전 100년부터 400년간을 원삼국시대로 하며, 후자는 다시 기원후 150년을 기준으로 그 이전을 전기, 이후를 후기로 구분한다.

초기철기시대와 원삼국시대는 일제강점기를 거쳐 해방 직후까지도 금석병용기로 불려졌다. 한국의 선사시대는 석기시대의 정체기였고 한 군현의 설치로 인해 청동기와 철기를 석기와 함께 쓰는 금석병용시대에 이른다는 생각에서 정의된 시대였다. 1957년 북한의 고고학자 정백운은 당시까지 출토된 초기 금속유물 자료를 총괄 정리하여 기존의 해석들을 전반적으로 재검토하였다. 얼마 뒤 북한의 도유호에 의해 청동기시대가 설정되고 지석묘, 무문토기, 마제석기류를 중심으로 이 시대의 유물복합체가 정의되면서 이어지는 철기시대의 구분도 가능해졌다. 이와 같은 북한 학계의 한발 앞선 고고학적 성과는 제삼국을 우회하여 조금 늦게 남한 학계에 전해지고 중북 동북지역의 유적과 청동유물군의 성격과 연대에 대한 정보도 알려지게 되었다.

중국 동북지방과 북한의 연구 성과를 토대로 오늘날과 같은 시대구분의 골격을 제안한 이는 김원룡이다. 1973년에 발간된 그의 저서 『한국고고학개설』에는 청동기시대와 초기철기시대가 구분되고 김해패총의 유물군을 표지로 하는 원삼국시대가 명명되었다. 초기철기시대라 해도 한반도 서북지방까지만 철기가 들어오기 때문에 당시 남한지역에서는 철기 사용기로 볼 수 있는 자료가 없었다. 그럼에도 위만조선의 영역으로 보이는 요동과 서북한에서 철기가 사용되었다 하여 초기철기시대를 설정할 수 있다고 본 것이다. 이후 부여 합송리, 장수 남양리유적 등과 같이 금강유역의 세형동검 부장묘로부터 전국계 주조철기가 출토됨으로써 초기철기시대의 설정은 훨씬 자연스럽게 되었다.

영남지방에도 원형점토대토기와 유구석부를 중심으로 한 벌채용석부가 동반되는 유적이 곳곳에서 확인되어 초기철기시대의 존재를 인식하기는 어렵지 않다. 하지만 충청과 호남지역에서 보는 것과 같이 세형동검유물군이 나오는 수장묘는 잘 파악되지 않고 있다. 그러나 1980년대부터는 경주 조양동, 창원 다호리, 대구 팔달동유적 등의 분묘군에서는 이른 시기 목관묘 자료가 조사되어 초기철기시대와 원삼국시대의 경계를 어떻게 긋는가 하는 문제를 적극적으로 논의할 수 있게 되었다. 판상철부와 같은 철제품이 동반되는 삼각형점토대토기 단계의 사천 늑도유적과 원형점토대토기가 나오는 사천 방지리유적이 발굴되면서 취락유적을 중심으로 영남지방 초기철기시대의 문화상은 어느 정도 파악되는 편이다. 최근 20년여 동안 점토대토기와 청동유물군이 동반되는 목관묘들이 김천 문당동, 대구 월성동, 경주 하구리, 울산 교동리유적 등의 분묘유적에서 확인되고 그중에는 전국계 철기가 동반된 유구도 적지 않다.

영남의 고고학 연구 성과가 단연 중요한 역할을 한 분야는 원삼국시대라 할 수 있다. 특히 1980년대 초에 제안된 와질토기론이 원삼국시대의 문화적인 실체를 규명하고 편년을 체계화하는 데 결정적인 공헌을 한 것이다. 사실 그 이전까지만 해도 원삼국시대의 주거나 분묘, 혹은 토기나 철기가 무엇인가를 명확히 정의하지도 못하였던 것이 사실이다. 타날문토기가 나오는 패총의 유물을 뭉뚱그려 원삼국문화를 정의하는 정도였다. 그러던 가운데 와질토기의 기종과 기형의 변천을 파악하게 되면서 이 시대 물질문화의 양상과 변화를 차츰 이해하게 된 것이다. 이후 영남지방에서는 원삼국시대 전 기간에 해당하는 분묘 자료가 체계적으로 조사되었고 전기의 목관묘에서 후기의 목곽묘로 발전함이 확인되었다. 아울러 분묘 부장품으로 파악되는 일괄유물에 대한 형식 분류와 배열을 통해 고고학 자료의 편년체계가 잘 정돈될 수 있었다. 이와 같은 성과는 영남지방을 넘어 남한 전체의 원삼국시대 편년에도 커다란 도움을 주고 있다.

2 역사적 배경

초기철기시대 및 원삼국시대의 성격을 여러 가지 관점에서 정의할 수 있겠지만 무엇보다 원사시대라는 점에 큰 의미를 두어야 할 것 같다. 중원문명과 접촉하게 되면서 한반도와 그 일원의 종족과 문화가 역사기록으로 남겨지기 시작했다는 것이다. 우선『사기』조선전의 기록을 통해 초기철기시대에 요동과 서북한지역을 중심으로 위만조선이 존속했음을 알 수 있지만 실은 낙랑이 설치된 이후부터 동이(東夷) 지역의 사정이 소상히 파악되기 시작한다. 또한 3세기 말에 편찬된『삼국지』에는 원삼국시대 동안 동이의 제 종족과 그들이 세운 정치체, 그리고 풍습과 역사적 사건들에 대해 비교적 상세한 기록을 볼 수 있게 된다. 4세기부터는 삼국이 차례로 자체적 역사기록을 남겼으며『삼국사기』가 제공하는 역사상에 큰 의문을 제기하지는 않으므로 역사시대로 접어들었다고 보아야 한다.

원삼국시대에 영남지방에는 진변한의 24개 소국이 산재해 있었다고 한다.『삼국지』동이전 변진조에는 각 소국의 이름과 대략적인 인구규모, 수장들의 직함 및 서열과 같은 것이 기록되어 있다. 초기철기시대와 원삼국시대의 고고학은 당시의 역사적 실체인 소국의 존재와 양상을 파악하는 것을 중요한 연구과제로 삼고 있다. 그렇다면 진변한 소국의 위치와 규모 그리고 내부조직을 복원하고 그 변동을 설명하고자 한다면 어떤 종류의 고고학 자료에 주목해야 할까? 이에 대해 영남의 연구자들은 수장묘를 포함한 중심고분군과 거점취락과 같이 정치권력 중심지로 볼 수 있는 유적의 시기와 분포에 주목해 왔다. 특히 여러 분지로 구성된 지리적 조건을 가진 영남지방에서는 일정 분지지역을 통합하는 중심고분군의 형성시기와 분포를 통해 소국의 존재가 거론되어 왔다. 특히 지역단위의 연구를 통해 소국이 어떻게 발전하다가 초기국가 신라에 통합되거나 가야의 한 세력으로 발전하는가 하는 설명은 흥미로운 연구 주제일 것이다.

3 초기철기시대의 시작

영남지방 초기철기시대의 개시기에 나타나는 변화 중에는 외부로부터 유입된 요소에 의한 것이 있는가 하면 내재적인 변동으로 보아야 할 것도 있다. 새로 유입된 문화요소로는 점토대토기, 세형동검유물군, 전국계 철기, 그리고 외줄고래를 가진 주거지 등을 들 수 있다. 이제까지 조사된 자료로 보았을 때, 그와 같은 새로운 문화요소들은 일거에 들어와서 영남 전역으로 퍼져 나간 것은 아닌 듯하다. 오히려 문화요소별로 살피면 그 유입의 시기가 다르고 확산되는 과정도 다르게 나타난다. 그래서 초기철기 문화요소들의 유입경로나 그 근원지가 다를 수 있고 영남지방 안에서도 지역에 따라 수용의 양상도 상이했으리라는 추론이 가능하다. 이 시대의 개막과 함께 새로 유입되는 문화요소로는 점토대토기유물군이 있다. 이 문화요소는 영남의 일부 지역에만 먼저 유입되고 거기서부터 점진적으로 영남 전역에 퍼져 나간 것 같다. 그러나 그 외의 문화요소들은 그보다 훨씬 늦은 시기에 영남지방으로 유입되며 새로운 문화요소이긴 하지만 초기철기시대의 시작과는 관계없다.

그동안 우리는 외부에서 수용된 문화요소에 더 큰 중요성을 부여해 왔으나 실은 내부적인 변화상도 주의 깊게 살펴야 한다. 내부적 변동으로는 거대취락의 해체와 이를 대체하는 소규모 취락의 등장을 꼽을 수 있다. 청동기시대 송국리문화 단계가 되면 영남지방에서도 구릉지와 충적대지의 취락들이 전반적으로 규모가 커지는 양상을 살필 수 있다. 그중에는 진주 대평리유적의 취락처럼 이중의 환호로 둘러싸인 공간 안에 대규모 집주가 이루어지는 것도 있다. 뿐만 아니라 취락 인근에는 넓은 범위로 밀집된 지석묘군도 축조되어 기념물적인 석축물이 경관을 지배하는 모습을 보여 주기도 한다. 하지만 이러한 대규모 취락과 지석묘군은 송국리문화 말기가 되면 폐절된다. 물론 거제 아주동 4호 지석묘나 김해 내동 지석묘처럼 초기철기시대에 속하는 유물이 지석묘에서 출토된 경우도 있으나 이미 거대취락과 지석묘군은 해체된 이후라고 보는 것이 옳을 듯하다. 이처럼 갑작스런 주거유형의 변동은 전 시대의 사회를 유지해 온 시스템이 무너졌음을 의미한다고 할 수 있으며 이러한 질서의 붕괴 이후 초기철기시대가 시작되는 셈이다.

4 초기철기시대 물질문화의 유입양상

남한지역의 초기철기시대를 대표하는 유물은 점토대토기와 세형동검유물군인데 새로운 토기유물군이 먼저 확산되고 뒤에 청동유물군이 유입된다. 한반도 전체에서 보면 점토대토기가 처음 나타나는 유적은 중서부지방이라 할 수 있다. 우선 이 지역의 토기형식이 가장 이르고 방사성탄소연대도 상대적으로 이르게 나오기 때문이다. 주지하다시피 남한의 초기철기시대 토기는 단면원형에서 단면삼각형의 점토대토기로 변해 간다. 영남지방에 처음 유입된 점토대토기도 당연히 단면원형의 것이지만 동반되는 두형토기나 파수부옹 등은 이미 중서부지방에서 여러 단계를 거친 형식에 속한다. 영남지방에서 이른 단계의 점토대토기는 사천 방지리유적과 같이 해안에 면한 구릉지 취락에서 출토되므로 일단 해로를 따라 파급되었다고 볼 수 있다. 하지만 상주 병성동유적에서도 비슷한 형식이 나오기 때문에 중서부지방에서 내륙의 교통로를 통해 영남지방에 들어오기도 했을 것이다.

영남지방에서 세형동검유물군이 등장하는 시점은 점토대토기의 유입보다 훨씬 늦은 편이다. 초기철기시대의 세형동검유물군은 크게 3 단계에 걸쳐 발전하였는데 영남지방에 정착하는 것은 마지막 시기에 해당된다. 제I기는 충청지역에서 다뉴조문경과 이형청동기류가 발전했던 단계이고 제II기는 주로 호남지방에서 다뉴세문경과 동령구들이 유행했던 시기이다. 영남지방에서 무기류를 중심으로 한 세형동검유물군이 정착하는 시기는 제일 늦은 제III단계에 해당되고 다른 지역에서는 이 무렵 청동기 생산이 쇠퇴하게 된다. 제III기보다 앞선 시기의 청동유물 및 관련 유구는 영남의 도처에서 발견되므로 세형동검유물군이 처음으로 나타나는 단계부터 이 지역에도 청동유물이 유입되었던 것은 사실이다. 분묘나 제사유구에서 발견되는 청동유물과는 달리 제III기부터는 발달된 청동무기류와 함께 전국계 주조철기도 동반된다. 따라서 이 단계를 원삼국시대의 범주에 포함시키려는 관점도 있지만 그 시작을 초기철기시대로 올려 보는 견해도 많다.

제III기에 속하는 영남지방형 세형동검유물군은 대구와 경주, 그리고 김해를 연결하는 동남부지역의 수장무덤에 집중 부장된다. 제I기와 제II기의 충청 및 호남지역과 비교하면 청동기의 기종은 달라도 청동기 사용의 맥락은 유사하다. 하지만 영남지방에서는 합천 영창리유적이나 마산 가포동유적에서와 같이 의례적인 의도로 매납되는 양상도 확인되는데 초기철기시대 영남 이외의 지역에서는 볼 수 없다. 이러한 청동기 의례는 오히려 이전 시기인 비파형동검 단계에서 찾아볼 필요가 있다. 즉 초기철기시대 영남지방은 점토대토기문화가 확산되어 있었으나 사회문화적인 맥락은 전 시대의 연장선에서 파악되어야 할 측면이 있다는 것이다.

5 원삼국시대의 문화변동

영남지방의 물질문화상은 무기를 위주로 한 영남 특유의 청동유물군이 구성되는 시기를 전후해 커다란 변화를 맞이한다. 이 시기를 전후로 하여 전국계 철기가 유입되고, 주거지의 옥내시설로 외줄고래가 등장하게 된다. 지배집단의 목관묘가 집단화되어 몇 백 년 이상 지속적으로 구축된 분묘군이 시작되는 것도 이 무렵이다. 인구유입의 요인이 전혀 없는 사천 늑도와 같은 작은 섬에 인구가 집중되어 대외교역의 거점이 구축되기 시작한다. 이 섬에서 출토되는 토기의 주종이 그러하듯 이 물질문화의 커다란 변동은 삼각형점토대토기 단계에 시작된다. 이 연대를 연구자에 따르면 2세기 후반으로 보기도 하고 낙랑설치(BC 108) 직후에 해당된다고 볼 수 있다. 요컨대 이 변동의 시작을 원삼국시대의 개시(BC 100)보다 훨씬 이르다고 볼 이유는 없다.

영남지방 고고학 자료의 편년은 다른 어느 지역에 비해서도 잘 정립되어 있는 편이다. 특히 목관묘와 목곽묘의 구조변화, 와질토기를 중심으로 한 부장유물의 변천은 체계적으로 배열되어 있다. 토기유물군의 변천은 원삼국 초기의 삼각형점토대토기군에서 전기의 고식와질토기군으로, 그리고 후기의 신식와질토기군의 순서로 배열된다. 토기유물군에서 나타나는 최초의 변화는 새로운 토기제작기술인 타날법과 환원소성법이 점토대토기에 적용되어 고식와질토기가 발생한 데서 찾을 수 있다. AD 2세기 중엽경 고식와질토기의 기종은 서서히 소멸하고 신식와질토기로 대체되는데 특히 경주와 울산 일대에서는 다양한 부장용 기종이 개발되어 정치한 신식와질토기들이 발전한다. 사실 영남지방 토기제작기술의 발전에서 당연히 주목해야 할 것은 도질토기 생산시스템의 성립이라 할 것이다. 고도의 숙련된 타날기법과 물레질 기술, 그리고 고온소성법을 토대로 원삼국시대 말 성립된 도질토기 생산체계는 한국에 처음 등장하는 대량생산의 수공업체계였다.

토기 생산도 크게 발전했지만 원삼국시대 개시기를 전후해 도입된 철 생산시스템 역시 놀라울 정도의 빠른 속도로 성장을 거듭했다. 철 생산기술이 처음 도입된 지역에서는 보통 일정기간을 두고 철제 생산도구가 기존의 석제품을 서서히 대체해 가는 법이다. 그러나 원삼국시대 초기에 영남지방에 성립한 철 생산체계로부터 철기의 보급 속도는 대단히 빠른 것이어서 초기철기시대까지 꾸준히 사용되어 오던 석제품들을 아주 짧은 기간 내에 급속히 대체해 버렸다. 이후 수장묘에 나타나는 철기의 부장양상은 철 생산과 지배권력 사이의 관계에 많은 암시를 준다. 가령 경주 사라리 130호묘에서 철소재로 짐작되는 70여 매의 판상철부가 출토되었고 포항 옥성리 78호묘에서 자루를 뺀 철모가 100여 점 이상 부장된 현상은 결코 예사로 지나쳐 볼 수 없을 것이다.

　　이와 같은 토기와 철기 생산의 기술혁신과 생산체계의 발전은 아무래도 사회의 위계화나 지역 정치체 각각의 통합과정과 깊은 관련을 맺고 진행되었을 것으로 생각된다. 특히 목곽묘 단계 지배집단 분묘군들과 각 분묘군 내부의 목곽묘 사이에는 위계적인 분화가 뚜렷하게 살펴진다. 이처럼 분묘의 규모 및 부장양상에 나타나는 위계화는 마한이나 다른 지역에서 볼 수 없는 진변한의 역사적 과정을 반영하고 있는 것이라 여겨진다. 그렇기 때문에 일정 지역집단마다 그 내부에서 위계화가 패턴화된 양상을 보이기 때문에 그것을 진변한 개별 소국의 통합이라고 보아도 좋을 듯하다. 청동기시대에 기초가 마련된 영남의 지역 정치체들은 초기철기 및 원삼국 두 시대를 거치면서 복합사회로 발전하고 5세기에 접어들면 신라가 초기국가로 등장하게 된다.

　　원삼국시대는 또한 초기철기시대부터 형성되기 시작한 동북아 광역에 걸친 지역집단들의 관계망을 통해 긴밀한 지역 간의 상호작용이 이루어졌던 시기이기도 하다. 중원의 문명 중심지와 주변 제 지역집단들 사이의 경제적, 정치적, 혹은 이념적인 상호작용의 거점으로서 역할을 담당했던 것은 한제국이 동이족의 영역 깊숙이 설치한 낙랑 및 대방과 같은 변군이었다. 이러한 상호작용의 관계망을 따라 기술과 정보, 권위 상징물도 들어왔을 것이며 새로운 세계관과 함께 문자와 그 사용법도 영남지방에 실어다 주었을 것이다. 아울러 이를 통해 토착사회의 지배이념이 변화되어 간 것은 이 지역 복합사회로의 진화과정에서 중요한 역할을 했을 것이다.　　[이성주]

II 취락과 주거지

1 초기철기시대

영남지방 초기철기시대 취락과 주거지는 크게 두 시기로 나누어 볼 수 있는데, 그 지표가 되는 것이 원형과 삼각형점토대토기이다.

원형점토대토기 단계의 취락유적으로는 대구 각산동 912-6번지, 합천 영창리, 사천 방지리, 거제 대금리, 경주 화천리 산251-1번지, 김해 구산동유적(동의대)이 대표적이다. 취락의 입지는 내륙이나 해안가의 주변을 조망하기 좋은 구릉지에 주로 분포하고 있으며, 이러한 입지적 특징을 이주집단이 주변 재지집단과의 마찰을 피하거나 영역확장 등의 목적으로 고지에 취락을 형성한 것으로 보았다. 그러나 최근 고지성 취락이 의례와 관련된 제장(祭場)이라는 주장이 제기되었고, 고령 소도읍 육성사업 도로개설구간유적과 최근에 조사된 범서~입암 국도 24호선 도로부지 내 유적처럼 충적지에 형성된 취락도 확인됨에 따라 입지와 등장요인 등에 대한 다각도의 검토가 필요하다.

이 시기 취락의 특징은 청동기시대 대형 취락의 해체와 함께 규모가 축소되며, 존속 시기 또한 길지 않았던 것으로 보인다. 다만 사천 방지리취락은 주거지와 패총 등에서 확인된 물질자료를 통해 삼각형점토대토기 단계까지 장기간 지속되었음을 알 수 있는데, 이를 두고 당시 사천 일대의 점토대토기 집단들이 취락 내 자원을 다양한 교역루트를 통해 획득함으로써 안정적인 생계경제를 유지하였던 것으로 보는

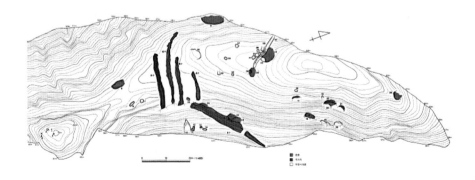

그림 1 합천 영창리유적 배치도

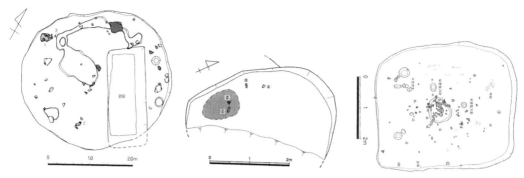

그림 2 원형점토대토기 단계의 주거지
좌: 사천 방지리 6호, 중: 합천 영창리 25호, 우: 김해 구산동 2호

견해가 있다. 또한 이 시기 취락 내부에는 방지리유적처럼 경계나 방어의 용도로 추정되는 환호가 설치되거나 영창리, 화천리 산251-1번지 유적, 그리고 경산 임당동 마을 유적처럼 구릉 능선이나 정상부에 의례와 관련되는 환호, 환구, 제단시설 등이 설치되어 있는 것이 특징이다.

　　주거지의 평면 형태는 청동기시대 주거형태와 유사한 방형계이거나 원형계가 확인되나 대부분 부정형이 많다. 김해 구산동과 거제 대금리유적에서는 원형점토대토기 단계의 주거지와 송국리유형 주거지가 공존하고 또 송국리유형 주거지 내부에서 원형점토대토기가 출토되었는데, 이러한 양상을 양 문화가 공존하면서 나타난 문화접변의 현상으로 해석하기도 한다.

　　내부시설은 주거지 바닥 중앙이나 벽가에 인접해서 불을 지핀 무시설식 화덕이 확인되며, 기둥 구멍은 대부분 확인되지 않거나 불규칙적으로 배치된 양상이다. 벽구(壁溝)는 경사면의 높은 쪽에 일부만 설치되었는데, 주로 구릉지에 입지하는 대구 각산동 912-6번지 유적과 사천 방지리유적 등에서 확인되었다.

　　이후 삼각형점토대토기 단계의 취락은 확인된 사례가 적어 명확하진 않지만 늑도유적과 구산동유적 등에서 대규모 취락의 양상이 확인된다. 늑도유적은 조그마한 섬 전체에 삼각형점토대토기 단계부터 삼국시대에 걸쳐 형성된 대규모 유적으로, 취락 안에는 주거지, 분묘, 패총 등이 밀도 높게 분포하고 있다. 또한 많은 양의 삼각형점토대토기 단계의 표지적인 유물과 함께 야요이토기, 낙랑토기, 중국 화폐 등의 외래계 유물들도 출토되어 당시 활발했던 교류의 일면을 보여 준다. 구산동유적 역시 방형계의 주거지 91동이 확인된 대규모 취락으로 주거지에서 원형과 삼각

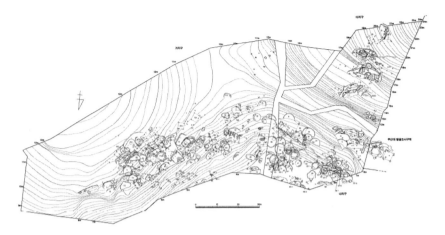

그림 3 사천 늑도유적 A지구 유구 배치도

형점토대토기와 함께 많은 양의 야요이계 토기가 출토되어 당시 일본지역과의 관련성을 엿볼 수 있다.

　　이 시기 취락의 입지는 여전히 구릉지가 많지만 창원 가술리유적과 대구 칠곡 3 택지 유적처럼 충적지에 형성된 사례도 있다. 주거지의 평면 형태는 방형계가 주류지만, 여전히 부정형이 많다. 화덕시설은 주로 무시설식이 많은 편이나 가술리와 구산동유적처럼 수혈 벽면 가까이에 벽부식노지가 확인되기도 한다. 이러한 벽부식노지는 중부지방의 점토대토기 단계의 취락인 보령 교성리, 안성 반제리, 고성 송현

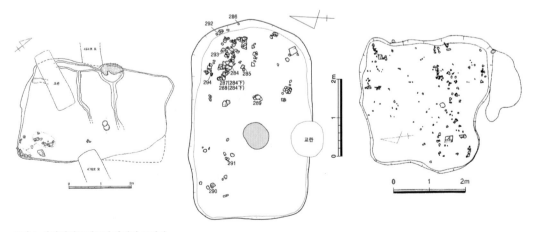

그림 4 삼각형점토대토기 단계의 주거지
좌: 김해 구산동 759호, 중: 울산 중산동 약쉬II-5호, 우: 대구 칠곡 3택지 2호

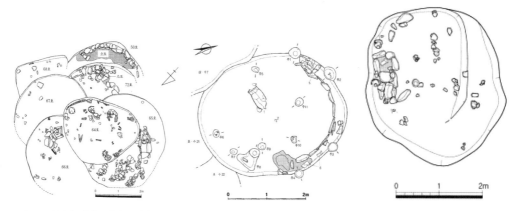

그림 5 초기철기·원삼국시대 주거지
좌: 사천 늑도 A가-50 · 64~68 · 72호, 중: 대구 달성 평촌리 1호, 우: 울산 교동리 10-1호

리유적과 중국의 신민현 후산유적(新民縣 后山遺蹟) 등에서도 확인된 것으로 부뚜막의 시원적 형태로 추정된다. 기둥 형태는 대구 칠곡 3택지 유적에서 벽면을 따라 기둥이 배치된 벽주식이 확인되었으나, 대부분 기둥 구멍이 확인되지 않거나 정형성이 없다.

한편 초기철기시대와 원삼국시대의 전환기 유적으로 추정되는 사천 늑도, 울산 교동리·달천, 대구 달성 평촌리 등의 유적에서는 주거지와 취락의 변화를 확인할 수 있다. 특히 주거지 내부시설에 있어서 전 시기에는 보이지 않았던 부뚜막에 외줄의 고래가 연결된 쪽구들이 출현한다. 이러한 형태의 난방시설은 현대 구들장과는 달리 복사열로 주거지 내부의 공기를 따뜻하게 하는 구조이다. 고래의 구조는 판석(板石)이나 천석(川石)을 이용해 수혈 벽의 가장자리를 따라 터널형으로 만들었으며, 단면은 'ㄱ'자형이나 'ㄇ'자형의 형태를 띤다. 고래를 통과한 연기는 굴뚝으로 배출되는데, 달성 평촌리유적에서는 고래가 끝나는 부분에서 굴뚝으로 추정되는 연통부가 확인되었다. 주거지의 평면 형태에 있어서도 점차 방형계에서 원형계로 변해 간다.

취락에 있어서는 전 시기보다 안정되고 정착된 양상을 보이는데, 울산 교동리 유적이 당시 취락의 일면을 잘 보여 준다. 이 유적은 주변을 조망하기 좋은 평평한 구릉 능선부에 입지하고 있으며, 취락 내 주거역과 묘역, 그리고 의례 장소 등이 일정한 공간을 구성하며 분포하고 있는 것이 특징이다. 또한 교동리유적을 포함한 교동리와 신화리 일대는 남북 1.5km, 동서 2km에 이르는 하나의 커다란 구릉으로 연결되어 있는데, 이곳에서 동시기로 추정되는 환호, 주거지, 무덤 등이 확인되는 것으로 보아 당시 중심취락을 이루고 있었던 것으로 보인다.

2 원삼국시대

영남지방에 와질토기문화가 본격적으로 성행하는 원삼국시대는 문화 변동 양상에 따라 크게 전기와 후기로 구분되며 역시 취락과 주거의 양상도 구분되어진다.

전기는 고식와질토기를 지표로 하며, 실생활 토기로는 주로 무문토기와 연질토기가 사용되었다. 전기에 해당하는 유적으로는 울산의 사연리 늠네, 명산리 314-1번지, 장현동, 부산 기장 두명리, 경주 황성동, 대구 봉무동, 양산 산막동유적 등이 있는데, 주로 와질토기문화권에 집중되어 있고, 태화강과 낙동강유역 등의 수계를 중심으로 하는 울산, 경주, 대구 등에서 확인되었다.

전기 취락들은 대부분 취락의 일부분만 확인되어 전반적인 취락의 구조와 양상 등을 파악하는 데 어려움이 있다. 다만 경주 황성동유적과 대구 봉무동유적 등에서 확인된 주거군과 대구 팔달동, 창원 다호리, 그리고 경주 조양동유적 등에서 확인된 분묘군을 통해서 대·소규모의 취락을 형성하였음을 알 수 있다.

취락의 입지는 여전히 구릉지의 비율이 높지만, 경주와 대구지역에서 확인된 취락은 주로 충적지에 분포하고 있다. 주거지의 분포는 한 자리에서 여러 동이 심한 중복현상을 보이는 사천 늑도유적을 제외하면, 대체로 경주 황성동유적과 대구 성평촌리유적처럼 주거지 간 중복 없이 소규모 공지를 두고 배치된 양상이다.

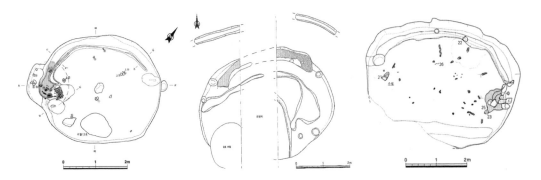

그림 6 원삼국시대 전기 주거지
좌: 부산 기장 두명리 2호, 중: 울산 명산리 314-1번지 3호, 우: 울산 사연리 늠네 5호

주거지의 평면 형태는 원형, 타원형, 방형, 장방형 등이 확인되지만 원형계가 주류를 이룬다. 동남부지역에서 원형계 주거지는 신식와질토기가 등장하기 전까지 주류를 이루다가 점차 방형으로 변해 가는 반면, 서부경남지역은 원삼국시대에 이어 삼국시대까지 원형계 주거지가 주류를 이루는 것이 특징이다. 면적은 대체로 10~24m² 미만의 중·소형 주거지가 다수를 차지한다.

원형의 평면 형태와 함께 이 시기 주거지의 또 다른 특징은 부뚜막과 구들시설이 확산되어 보급되었다는 것이다. 부뚜막과 구들의 재료는 늑도유적처럼 널돌이나 냇돌[川石] 등의 돌이 이용되다가 점차 점토의 비율이 높아진다. 쪽구들의 형태는 주거지의 평면형에 따라 '一'자형이나 호상(弧狀)의 모양을 가지게 된다. 모든 주거지에서 부뚜막과 구들시설이 설치된 것은 아닌데, 이는 입지, 기능, 성격, 기후, 계절 등에 따라 영향을 받았을 것으로 보인다.

원삼국시대 전기 주거지의 기둥 형태는 일부 주거지에서 벽주식과 외주식이 확인되나 대부분은 주혈이 확인되지 않거나 정형한 배치를 보이지 않는다. 대체로 땅위에 구멍을 파지 않고 기둥을 세웠거나 벽체시설로 상부구조를 지탱한 무주식이 주류를 이루었을 것으로 보인다. 벽구시설은 평지보다 구릉지의 유적에서 주로 확인되며, 주거지 안의 벽을 따라 일부만 만들어진 경우가 많다. 이 벽구시설과 연결하여 주로 배수와 관련된 시설로 추정되는 외부 돌출구를 만들기도 하는데, 기장 두명리 1호 주거지에서 확인되었다. 울산 명산리 314-1번지 유적과 장현동유적에서는 주거지의 경사면 위쪽으로 호상의 외곽 주구가 발견되었는데, 주거지의 높은 쪽에 만들어진 것으로 보아 이 역시 배수와 관련된 시설로 추정된다.

영남지방의 후기 취락은 전기에서 보이지 않는 변화가 나타나는데, 전반적으로 취락의 규모가 확대되며, 각지에 대규모 중심취락과 함께 전문적인 생산, 방어, 교역 등을 위해 특수기능 취락들이 형성되는 것이 특징이다.

경산 임당동유적은 초기철기에서 삼국시대에 이르는 주거지, 분묘, 지상식건물지, 저습지, 환호 등이 대규모로 확인된 복합유적으로 당시 압독국의 중심읍락으로 추정되고 있다. 울산 교동리유적 역시 대규모 중심취락으로 추정되는데, 구릉 능선 평지에 3세기 후엽으로 추정되는 대규모 지상식 건물지군과 잔존하는 길이만 40m가 넘는 대형 건물지, 그리고 경계의 용도로 추정되는 구와 목책열 등이 확인되었다. 경주 황성동유적과 울산 중산동유적에서는 주거지, 분묘와 함께 철 생산과 관련된

그림 7 경산 임당동유적 I지구 배치도

단야로, 제련로, 용해로, 폐기장 등이 확인되었다. 이는 당시 전문적인 철 생산을 위해 형성되었던 특수기능 취락으로 추정된다.

한편 창원 성산·남산·내동, 김해 회현리·봉황대, 고성 동외동패총 등 주로 남해안지역을 중심으로 패총 유적이 급증하는데, 주로 평지보다는 독립구릉의 정상부나 사면부에 입지하고 있는 것이 특징이다.

취락은 여전히 구릉지의 비율이 높지만, 유적의 기능과 성격에 따라 입지가 다양화된다는 것이 전기와의 차이점이다. 이를테면, 취락 안에 환호나 목책이 설치되어 있는 양산 평산리, 창원 남산유적 등은 취락의 방어나 외부와의 경계 등을 위해 구릉 정상부를 중심으로 입지하고 있으며, 철 생산 취락인 경주 황성동유적과 울산 중산동유적은 연료의 공급과 교통문제 등에 용이한 충적대지 상에 입지하고 있다.

또한 후기 취락유적의 주거지 간 복잡한 중복현상이 포항 호동, 창원 가음정동·남산·창곡동유적 등에서 보이는데, 일정한 공간을 중심으로 적게는 2동에서 많게는 10동 이상으로 나타난다. 이러한 중복현상은 기존 주거지의 인식 여부에 따라서 증·개축이나 신축 등의 의미로 파악되는데, 그 원인으로는 계절에 따른 선택적 주거사용, 전쟁이나 자연재해 등으로 인한 폐기, 화재로 인한 소실, 전염병이나 질병으로 인한 의도적 폐기, 건축 부재의 부식으로 인한 증·개축 등 다양하게 해석된다.

원삼국시대 후기에는 주거문화의 지역성을 확인할 수 있는데, 수계에 따라 크게 세 권역으로 나누어진다. 지역권은 낙동강유역을 중심으로 한 동남부지역권, 남해안지역권, 그리고 황강과 남강유역을 중심으로 한 서부내륙지역권으로 구분된다. 특히 와질토기문화의 파급이 상대적으로 미약했던 서부내륙지역권에서는 이 시기에 해당하는 유적이 적은데, 주로 도질토기가 발생하는 시기의 유적들에 집중된다.

한편 울진 오산리 931번지 유적과 상주 양범리 314 유적의 주거지에서는 중부지방에서 주로 나오는 경질무문계통의 토기가 출토되었는데, 주거지에서 와질토기와 연질토기가 출토되는 영남지방의 유적들과는 이질적인 양상을 보인다. 또한 주거지의 구조에 있어서도 동남부지역과 강릉, 여주 등에서 보이는 주거지 형태가 혼합되어 나타난다. 이 지역들은 인접 지역권의 문화요소가 복합적으로 나타나는 곳으로 파악되며, 이를 통해 영남지방의 후기 주거문화권의 범위를 짐작해 볼 수 있다.

주거지의 평면 형태 역시 각 지역권에 따라 차이를 보이기 시작한다. 동남부지역권은 원형계와 방형계 주거지가 공존하는데, 주류를 이루는 것은 방형계이다. 확실히 삼국시대에 들어서면 동남부지역은 대부분 방형계 주거지로 변해 가는데, 이러한 양상을 잘 보여 주는 유적으로는 경주 황성동유적과 경산 임당동유적이 있다. 서부내륙지역권에서는 원형계 주거지가 주류를 이루는데, 이는 삼국시대에도 지속되는 주거형태이다. 동남부지역과 서부내륙지역 사이에 위치하는 남해안지역권에서는 인접 지역권의 주거문화의 요소가 고르게 나타나는 것으로 보아 문화적 점이지대로 파악된다.

이 시기 주거지의 가장 큰 변화는 수혈주거의 지상화 현상과 부뚜막과 구들시설의 성행과 발달이라 할 수 있다. 이러한 변화양상은 원형계 주거지보다 동남부지역의 방형계 주거지에서 뚜렷하게 나타난다. 포항 호동유적과 포항 성곡리유적의 방형계 주거지 안에서는 목탄, 짚, 잔가지 등이 섞인 소토나 점토들이 일정한 범위를 가지고 다량으로 폐기되었는데, 이것은 토벽이 무너진 양상으로 추정된다. 이러한 벽체 가구재의 흔적을 통해서 당시 주거지의 벽체가 기둥과 함께 지붕의 무게를 지탱했던 내력벽이었음을 알 수 있다. 벽체가 발달하면서 구들 또한 변화하는데, 위치

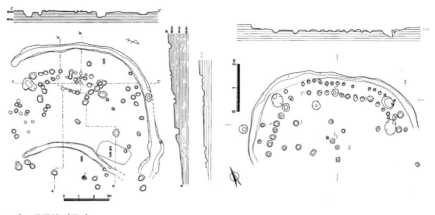

그림 8 주구부 건물지
좌: 경산 임당 F-56호, 우: 포항 호동 14호

는 수혈벽에서 벽체 안쪽으로 이동하게 되고, 평면 형태 또한 'ㄷ'자·'ㅁ'자·'S'자형 등 구조적으로도 다양해진다. 이처럼 토벽과 난방시설의 발달은 주거지 내부의 열효율을 높이는 큰 요인으로 작용했을 것이다.

방형계 주거지의 기둥형태는 기존의 기둥형태에서 새로이 4주식이 출현하지만, 주로 삼국시대에 성행하므로 여전히 무주식과 벽주식이 주류를 이룬다 할 수 있다.

한편 경산 임당동유적 F지구에서는 주구부 건물지가 조사되었는데, 구조는 경사면 위쪽에 호형 주구를 설치한 다음, 안쪽으로 호형이나 방형으로 벽주 기둥을 배치한 형태이다. 이러한 건물지 형태는 바닥이 지면에 있는 지상식건물지로 주 용도는 주거용으로 보고 있는데, 경산 임당동, 포항 호동, 김천 모암동유적 등 주로 동남해안지역에 소수로 분포하고 있다.

서부내륙과 남해안지역에서 확인되고 있는 원형계 주거지의 특징은 여전히 바닥의 높이가 지면보다 깊은 반수혈식이며, 주거지 내부에는 주로 수혈 벽면 가까이에 점토로 만든 부뚜막과 구들시설이 설치되었다. 기둥형태는 전기 주거지에서 보이는 무주식과 벽주식이 주로 확인되는데, 주로 무주식이 주류를 이룬다. 원형 주거지는 장축의 길이가 점차 길어지는데, 삼국시대의 주거지에서 이러한 경향이 뚜렷하게 나타난다.

후기 주거지의 규모는 취락마다 차이는 있지만 대체로 중·소형이 일반적이나, 40~50㎡ 이상의 대형과 초대형의 주거지가 확인되기도 한다. 경산 임당동 I지구 35

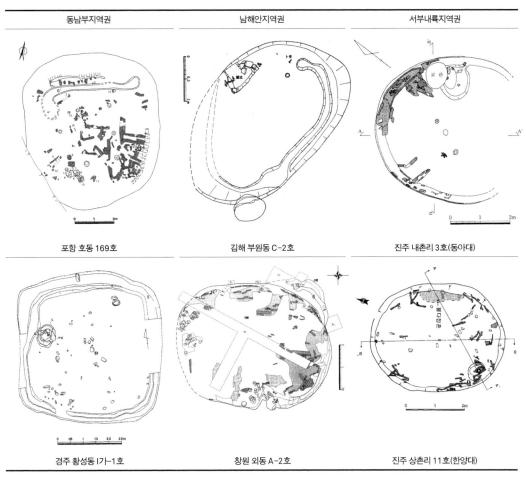

동남부지역권	남해안지역권	서부내륙지역권
포항 호동 169호	김해 부원동 C-2호	진주 내촌리 3호(동아대)
경주 황성동 I가-1호	창원 외동 A-2호	진주 상촌리 11호(한양대)

그림 9 원삼국시대 후기 각 지역권별 주거지 양상

호 주거지는 면적이 112m²에 달하는 초대형 주거지로 내부에서 노형토기, 4족토기, 파수부호 등 많은 양의 유물이 출토되었는데, 규모와 유물 등을 통해서 신분이 높은 수장층과 관련된 가옥으로 보고 있다. [김나영]

III 무덤

1 초기철기시대

초기철기시대에는 청동기시대에 사용된 무덤이 계속해서 잔존하면서, 목관묘가 확산되고 새롭게 합구식 옹관묘가 나타난다. 그러나 자료의 수가 적고 부장유물이 적어 시기를 알 수 없는 경우가 많다. 또 대규모로 군집을 이루는 예가 적으며, 많아야 수 기 정도가 모여 있는 정도이다.

1) 지석묘

청동기시대에 유행한 무덤의 유형이지만 초기철기시대에 들어서면서 급격히 쇠퇴하였고, 일부 지역에서 부분적으로 잔존하였다. 거제 아주동 4호 지석묘는 상석이 유실된 상태였지만, 판석을 세워서 관을 만들었고, 내부에서 원형점토대토기편과 관옥이 출토되었다. 김해 내동 2호와 3호 지석묘는 전형적인 남방식지석묘로서 지하에 할석을 쌓아 석관을 만들고, 뚜껑돌 위에 여러 겹으로 돌을 쌓은 후 상석을 올린 형태이다. 내부에서 일본의 야요이시대 전기 말 또는 중기로 추정되는 돌대문토기가 출토되었다. 창원 덕천리 4호 지석묘의 상석 아래에서도 삼각형점토대토기가 출토되었다. 아직까지 자료가 많지는 않지만, 지석묘가 점토대토기 단계까지 사용되었음을 알 수 있는 자료이다.

2) 석관묘

지석묘와 함께 청동기시대에 주된 무덤으로 사용되었지만, 초기철기시대는 물론 원삼국시대 이후까지 지속적으로 사용되었다.

합천 영창리유적은 원형점토대토기를 표지로 하는 같은 시기의 주거지와 무덤이 같은 구릉에 위치를 달리하여 입지하고 있다. 환호 바깥의 남쪽에 토광묘 3기와 석관묘 4기가 조영되어 있었다. 석관묘는 납작한 판석을 바닥에 깔고 할석으로 네 벽을 쌓은 다음 납작한 판석으로 뚜껑을 덮었다. 12호 석관묘에서는 벽옥제 관옥 28점과 천하석제 환옥 1점이 출토되었고, 뚜껑돌 상부에서 무문토기 저부편과 흑도장경호편, 원형점토대토기편이 출토되었다.

사천 방지리유적에서도 주거지와는 떨어진 환호 바깥에 6기의 석관묘와 옹관묘 1기가 조성되어 있었다. 길이가 100cm 이하인 소형 4기와 160cm 이상의 대형 2기로 구분된다. 소형은 환호를 따라 열을 지어 배열되었다. 판석과 할석을 세워 쌓아 석관을 만들고, 판석으로 2~3겹 뚜껑을 덮었다. 바닥은 판석을 깐 것과 생토 바닥을 그대로 사용한 것이 있다. 출토유물이 없어 정확한 시기를 단정할 수 없지만 원형점토대토기 단계의 석관묘로 추정되고 있다.

부산 두구동 임석유적의 석관묘는 할석을 쌓아 석관을 만들었다. 바닥에는 3~4cm 크기의 자갈을 깔았고, 뚜껑은 나무와 돌을 함께 이용한 것으로 추정된다. 내부에서 석창과 두형토기가 출토되었고, 주변에서 원형점토대토기 파편과 유구석부가 채집되었다.

김해 율하 B-9호 석관묘는 할석을 쌓아 석관을 만들었고, 12매의 뚜껑돌을 덮었다. 측벽의 축조상태가 엉성한 점으로 보아 목관을 사용하고 바깥에 할석을 채운 무덤일 가능성도 있다. 바닥의 중앙부에서 한국식동검 파편과 응회암질 검파두식이 출토되었다.

영양 신원리유적 석관묘는 할석으로 석관을 쌓고, 바닥에는 판석을 깔았으며,

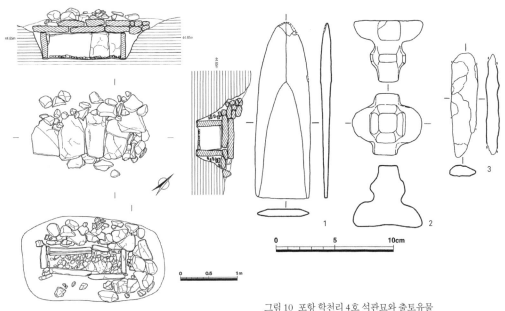

그림 10 포항 학천리 4호 석관묘와 출토유물

239

2매의 판석으로 뚜껑을 덮고 적석을 한 적석석관묘이다. 석관의 내부에서 흑도장경호와 삼각형석촉이 출토되었다.

포항 학천리유적에서는 구릉의 능선부를 중심으로 5기의 석관묘가 분포하고 있다. 판석을 이용해 관과 뚜껑을 구성하고, 관의 외부와 뚜껑 상부에는 할석을 채웠다. 바닥에는 판석을 깐 것과 자갈을 깐 것, 아무런 시설이 없이 암반 바닥을 그대로 이용한 것이 있다. 4호 석관묘의 내부에서 석검과 검파두식, 석착이 출토되었고, 5호 석관묘에서도 철광석제 검파두식이 출토되어 초기철기시대에 해당할 것으로 추정된다.

달성 평촌리유적 25호 석관묘는 길이 230cm, 너비 163cm, 깊이 60cm의 묘광을 판 후 바닥에 판석 2매를 깔고 석관의 벽면을 만들었다. 장벽은 할석을 2~4단으로 쌓은 후 최상단에 판석을 한 벌 깔았고, 단벽은 판석 1매를 세워 만들었다. 뚜껑은 판석을 2겹으로 덮은 후 할석과 판석을 쌓아 마무리하였다. 석관의 내부에서는 석검 1점과 마제석촉 9점, 인골의 치아와 다리뼈가 출토되었다. 뚜껑돌 위의 적석 내부에서 삼각형점토대토기편과 무문토기 저부편이 출토되었다. 석관의 모양이나 내부 출토품은 전형적인 청동기시대의 무덤 양상을 보이나 적석부에서 삼각형점토대토기편이 출토되었고, 중복관계에서도 삼각형점토대토기를 중심으로 하는 24호 수혈을 파괴하고 설치된 점으로 보아 청동기시대의 문화내용을 보여 주는 석관묘가 초기철기시대까지 지속되었음을 말해 주는 자료라 할 수 있다.

사천 늑도유적의 10호 석관묘는 기다란 괴석 2매를 놓아 장벽을 만들고, 단벽은 작은 돌로 간단히 막아 만들었다. 석관은 길이 46cm, 너비 16cm로 내부에서는 유아로 추정되는 인골편이 출토되었다. 출토유물이 없지만 삼각형점토대토기 단계의 석관묘로 추정된다.

고성 송천리 솔섬에서는 10기의 석관묘가 발굴되었는데, 여러 매의 얇은 판석을 세워서 장벽을 만들었고, 단벽은 1매의 판석을 세워서 만들었다. 뚜껑돌의 유무와 바닥에 돌을 깔았는지의 여부는 무덤에 따라 약간의 차이가 있다. 석관의 길이는 107~180cm에 이르고, 높이와 너비는 20~35cm 내외이다. 유물은 빈약한 편인데, 2호와 5호, 6호에서는 한쪽 단벽 부근에 무문토기 호나 주머니호를 부장하였고, 9호 석관묘의 내부에서는 철제단검 1점이 출토되었다. 석관묘가 원삼국시대까지 지속되는 양상을 보여 주는 자료이다.

3) 토광묘

가장 간단한 형태의 무덤으로 특별한 시설이 없이 시신을 묻은 무덤을 말한다. 영남지역에서는 신석기시대부터 주된 무덤으로 사용되었다. 이후 청동기시대와 초기철기시대에도 많이 사용되었을 것으로 추정되지만 출토유물이 없어 시기를 알기 어려운 경우가 많다.

대표적인 토광묘 유적은 사천 늑도유적이다. 무덤은 주거지가 없는 곡부의 빈 공간에서 패총과 함께 검출되었다. 이 유적에서는 피장자의 인골이 잘 남아 있어 연령이나 매장 자세를 분명하게 알 수 있다. 토광묘는 성인과 소아, 유아 모두의 무덤으로 사용되었다. 아무런 시설이 없는 것과 바닥에 토기나 판석을 깐 것, 피장자의 주위나 상부를 토기편이나 판석으로 돌리거나 덮은 것도 있다. 성인은 대체로 신전장이었으나 유아와 소아는 신전장과 굴장의 두 형태가 있다. 성인의 무덤이라도 아무런 부장품이 없는 것도 있으나 동검이나 구슬류, 토기류, 석기나 철기, 골각기류를 부장한 것도 있다. A지구 100호묘는 패총 속에 2기의 인골이 겹쳐진 상태로 확인되었는데, 아래의 것은 20세 전후의 여성인골이고, 위의 것은 30~40대의 남성인골이다. 여성인골의 옆에서는 동검 1점과 철사 1점, 골각기 1점이 출토되었다. 동검이 출토된 무덤임에도 불구하고 다른 무덤과 규모나 시설에서 차이가 없다.

합천 영창리유적에서도 3기의 토광묘가 확인되었는데, 길이 176~241cm, 너비 53~80cm의 장방형 구덩이를 파고 목관이 없이 시신을 묻은 것으로 추정된다. 부장품은 없다.

창원 다호리유적의 41호, 77호, 81호, 90호 무덤도 토광묘인데, 무문토기와 칠기, 철기 등을 부장하였다.

4) 목관묘

땅에 구덩이를 파고 나무관에 시신을 담아 묻은 무덤을 말한다. 목관묘는 청동기시대부터 사용되었지만 초기철기시대부터 그 수가 점차 증가한다.

이 시기의 대표적인 목관묘로는 김천 문당동 II지구 1호 목관묘가 있다. 이 무덤은 낮은 구릉에 단독으로 조성되었는데, 주축방향은 N-63°-W이며 등고선과 직교방향이다. 묘광은 길이 215cm, 너비 70cm, 깊이 55cm인데, 목관 흔적과 탄화된 뚜껑의 흔적이 잘 남아 있다. 목관 및 뚜껑의 잔존상태와 함몰토의 상태를 통해 목관

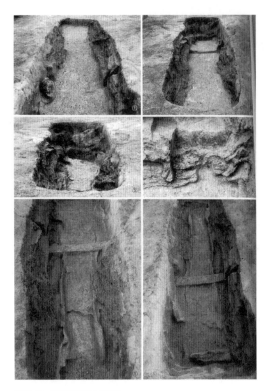

그림 11 김천 문당동 목관묘

묘의 구조를 복원한 결과, 묘광 내에 목관을 설치하고 충전토와 채움토[實土]없이 묘광 내부를 빈 공간으로 둔 채 묘광의 어깨선 위에 나무뚜껑을 덮었다고 한다. 뚜껑 위에서는 흑도장경호와 원형점토대토기를, 목관 내부에는 동검(변형요령식동검)을 부장하였다.

사천 월성리유적에서는 낮은 구릉의 정상부에 청동기시대~초기철기시대의 무덤 5기가 무리를 이루어 조영되어 있었다. 그중 1호 무덤의 내부에서는 다뉴세문경과 동사 파편이 출토되었는데, 목관묘 또는 위석식 토광묘일 것으로 추정하고 있다. 4호와 5호 무덤도 할석을 엉성하게 돌리고 판석으로 뚜껑을 덮었다. 목관이나 유기질의 관재를 사용했을 것으로 추정하고 있다.

경산 임당동 조영 IB-7호 목관묘는 양쪽 끝이 파괴되어 전체 길이는 알 수 없지만, 너비 55~60cm의 목관을 사용한 것으로 추정된다. 바닥에는 길이 85cm, 너비 27cm, 깊이 13cm의 요갱을 설치하고 한국식동검을 부장하였다. 목관 외부의 충전토에는 토기와 석촉, 숫돌, 방추차 등을 부장하였다. 한국식동검과 석촉, 점토대토기 등 초기철기시대의 문화양상을 보이며, 현재의 자료로서는 가장 이른 시기의 요갱을 가진 목관묘로 볼 수 있다.

경산 임당 FII-34호 목관묘는 묘광 내에 목관의 바닥판 흔적이 남아 있었다. 바닥은 너비 10cm 내외의 판재 4매로 구성되었고, 충전토와 목관 위에서 무문토기 3점, 철기 3점이 출토되었다. 여기서 출토된 주조철부는 공부(銎部)에 2조의 돌대를 가진 소위 세죽리-연화보 유형의 철기이고, 철착이 공반되는 점으로 보아 전국식 철기로 볼 수 있다. 파수부장경호도 원형점토대토기와 공반되는 장경호 계통으로 기원전 2세기대로 편년이 가능하다. 이외에 임당 FI-42호 목관묘도 대부분 삭평되어 파괴되었으나 남아 있는 깊이 5cm의 내부토에서 목관의 범위로 추정되는 충전토가 확인되었다. 또 유견동부와 동사가 남동쪽 단벽 부근에서 출토되었다. 화순 대곡리 출토품과 유사한 것으로 보아 기원전 2세기대로 편년할 수 있다.

칠곡 심천리유적 목관묘도 목관의 흔적은 뚜렷하지 않으나 원형점토대토기와 흑도장경호가 부장되어 있었다.

대구 월성동유적은 선상지의 선단부에서 19기의 목관묘가 발굴되었다. 삼각형점토대토기와 흑도장경호, 파수부호 등과 철검, 판상철부, 철착, 철사 등을 부장하였다.

경주 하구리유적은 해발 50m 내외의 낮은 구릉에 20여 기의 목관묘가 조성되었는데, 목관의 형태는 통나무관과 판재관 두 종류가 있다. 부장품의 양상은 대구 월성동유적과 유사하다. 비슷한 양상을 보이는 유적으로는 대구 팔달동유적 이른 시기의 목관묘와 경주 북토리유적 등이 있는데, 기원전 100년을 전후한 시기로 편년되고 있다.

울산 교동리유적의 목관묘는 낮은 구릉의 능선부에 조성되었는데, 1호 목관묘만 단독으로 독립되어 조성되었고, 2~8호 목관묘와 옹관묘는 서로 군집을 이루고 있었다. 1호 목관묘는 묘광을 2단으로 굴착하였고, 통나무 목관을 사용하였다. 목관 내부에서는 유리구슬 1점과 직물흔적만 확인되었다. 부장품은 충전토 내부에서 금동개궁모와 동과, 동모, 동검, 원통형동기 등의 청동기와 환두도, 철모, 주조철부 등의 철기류, 그리고 주칠 뚜껑과 원통형칠기, 칠기호 등의 칠기류와 소형 편구호 등의 토기가 출토되었다. 봉토에서는 삼각형점토대토기 옹과 파수부호, 두형토기, 뚜껑 등의 토기류가 출토되었다. 토기는 전부 무문토기 질이지만 금동개궁모와 환두도의 존재로 보아 기원전 100년을 전후한 시기로 볼 수 있다.

5) 옹관묘

대체로 3세 이하의 유아 무덤으로 사용되었다. 한 개의 옹을 세워서 묻은 것은 신석기시대부터 사용되어 초기철기시대까지 사용되었다. 사천 방지리유적 63-1호 옹관묘는 높이 30cm, 구경 15.5cm의 원형점토대토기 옹을 세워서 묻고 2매의 판석으로 뚜껑을 덮었다.

2개 또는 3개의 토기를 이어서 만든 이음식 옹관묘는 초기철기시대에 들어서서 새로이 채용한 무덤 형태이다. 김해 회현리패총에서는 일본의 야요이시대 전기 말로 편년되는 이다즈케(板付) II식 토기를 사용한 옹관묘 3기가 확인되었다. 모두 2

개의 토기를 서로 맞대 눕혀 묻은 것으로 3호 옹관에서는 동검 2점과 동사 10여 점이 출토되어 원형점토대토기 단계에 해당함을 알 수 있다.

사천 늑도유적에서는 다양한 형태의 옹관묘 61기가 발굴되었다. 토기 1개를 옹관으로 사용한 것과 2개를 사용한 것으로 구분된다. 1개를 사용한 것은 토기를 눕혀서 묻고, 입구는 토기 저부나 뚜껑, 돌 등으로 막았다. 토기 2개를 사용한 것은 같은 크기의 토기 구연을 서로 맞대 묻은 것과 큰 토기의 구연에 작은 토기를 넣어 막은 것이 있다. 인골이 비교적 잘 남아 있어 3세 이하의 유아무덤으로 사용된 것을 알 수 있다.

경주 하구리유적에서는 삼각형점토대토기와 파수부호를 표지로 하는 옹관묘 13기가 발굴되었다. 1기는 토기 1개를 눕혀 묻었고, 나머지는 토기 2개의 아가리를 맞대 묻었다. 직선거리로 약 400m 떨어진 인근지역에서 같은 시기의 목관묘 20여 기가 발견되었는데, 성인무덤과는 위치를 달리하여 유아용의 옹관묘역을 조성하였다.

양산 신평유적에서도 구릉의 사면에서 옹관묘만 6기가 확인되었는데, 주거지나 다른 성인의 무덤과는 위치를 달리한 것으로 추정된다. 단옹식 2기와 이음식 3기가 있다. 그중 다호 옹관묘는 대형 호에 작은 발을 끼워 넣어 막았고, 이음새 부분에는 시루를 반으로 쪼개 덮었다. 또 작은 발을 부장품으로 옹관 곁에 두었다.

울산 교동리유적에서도 옹관묘 22기가 발굴되었다. 목관묘와 같은 구역에 혼재하여 조성되었다. 1호 옹관묘는 원형점토대토기를 눕혀 묻은 단옹식이고, 나머지는 대부분 삼각형점토대토기 단계의 이음식이다.

창원 다호리유적의 78호와 84호 옹관묘는 무문토기 호와 삼각형점토대토기 옹을 맞대어 옹관으로 사용하였다. 특히 84호는 옹관 속에 무문토기의 주머니호와 두형토기, 유개발(합)을 부장하였다.

점토대토기 단계의 옹관묘에는 무문토기의 옹이나 호, 시루 등 일상생활용 토기를 옹관으로 사용하는 경우가 많았다. 그리고 부장품은 없는 경우가 대부분이며, 부장품이 적고 성인묘와 위치를 달리하여 조성된 것이 특징이라 할 수 있다.

2 원삼국시대

1) 목관묘

원삼국시대가 되면 목관묘의 수가 급격히 증가하는데, 대체로 낮은 구릉이나 충적대지에 무리를 이루어 공동묘지의 형태를 띠는 경우가 많다. 그러나 일부에서는 여전히 석관묘나 토광묘를 사용한 경우도 있다. 주요 목관묘 유적으로는 성주 백전리·예산리, 대구 팔달동·신서동, 영천 용전리, 경산 임당동·신대리, 경주 조양동·황성동·사라리, 포항 성곡리, 울산 신화리, 부산 방곡리, 김해 양동리·대성동, 창원 다호리, 밀양 교동, 함안 도항리, 진주 창촌리, 합천 저포리·삼가유적 등 영남의 전역에서 확인되고 있다.

그림 12 다호리 1호 목관묘와 목관

창원 다호리유적은 낮은 구릉의 말단부에 100여 기의 목관묘와 옹관묘가 확인되었다. 일부는 초기철기시대까지 연대가 소급될 수 있는 것도 있으나 대체로 원삼국시대에 해당한다. 1호 목관묘에서는 완전한 상태로 남은 통나무 목관과 많은 부장품이 출토되었다. 이 무덤은 길이 278cm, 너비 136cm, 깊이 205cm의 묘광을 파고, 길이 240cm, 너비 85cm, 높이 65cm의 통나무 관을 묻었다. 관은 수령 350년의 참나무를 반으로 쪼개고, 내부를 구유 모양으로 파내 몸통과 뚜껑으로 사용하였다. 관의 양 끝에는 동아줄을 걸 수 있도록 홈과 구멍을 내었는데, 운구에 사용된 것으로 추정된다. 또 목관의 고정을 위해 양 끝에 구멍을 파고 긴 나무쐐기를 땅에까지 박았다. 목관 아래에는 요갱을 파고 네모난 바구니 속에 동검과 성운문경, 오수전, 대구, 동모, 판상철부, 붓 등 중요 유물을 담아 묻었다. 묘광의 바닥에는 철제 농공구류와 무기류, 칠기류, 밤과 나뭇잎 등을, 충전토 상에는 칠기와 판상철부 등을 부장하였다. 목관의 내부는 도굴로 인해 교란되었으나 10점의 판상철부가 출토되었다. 목관의 상부에서도 칠기와 활, 철과 등이 출토되었다.

경주 조양동유적도 낮은 구릉의 경사면에 원삼국시대의 목관묘와 목곽묘, 옹관묘 등이 밀집되어 조성되어 있다. 발굴된 목관묘는 24기로 그중 5호는 봉토의 상부에 돌을 덮은 적석목관묘이다. 묘광은 2단으로 팠는데, 상단은 원형에 가깝고 하단은 장방형이다. 부장품은 목관 내부와 하단 묘광을 메우고 봉토를 조성하면서 상단 묘광의 바닥에 부장한 것으로 추정된다. 토기는 조합우각형파수부 장경호 3점과 주머니호, 두형토기, 파수부호 등이 출토되었는데, 모두 무문토기질이다. 소형의 다뉴무문경과 한식(漢式)의 소동탁과 함께 철과, 판상철부, 주조철부, 철모, 소환두도 등과 함께 출토되었다. 기원전 1세기 전엽으로 편년되고 있다. 38호 목관묘는 요갱이 있는 목관묘인데, 4점의 완전한 전한경과 전한경 가공품 1점, 고식의 와질 조합우각형파수부 장경호, 주머니호, 판상철부, 철검, 철착 등이 출토되었다. 전한경을 통해 기원전 1세기 중·후엽으로 편년되고 있다.

경주 사라리유적의 목관묘도 낮은 구릉위에 조성되어 있는데 목관묘 7기가 발굴되었다. 그중 130호는 길이 332cm, 너비 230cm, 깊이 100cm의 묘광을 파고, 길이 205cm, 너비 80cm의 목관을 설치하였는데, 다른 목관묘에 비해 묘광이 매우 크다. 목관에는 판상철부 61매를 바닥에 깔았고, 칠초동검과 호형대구, 동병철도(銅柄鐵刀), 방제경, 청동검파부철검 등을 부장하였다. 목관과 묘광 벽 사이의 바닥에는 다량의 칠기류를 주머니호와 조합우각형파수부호, 소옹 등의 토기류와 판상철부, 철겸, 철부 등의 철기류, 방제경과 유문동기 등의 청동기류와 함께 부장하였다. 봉토에도 철제 마구류와 철모, 토기류 등을 부장하였다. 원삼국시대의 목관은 형태에 따라 통나무 목관과 판재 목관묘로 구분되고, 또 봉토나 목관 외주에 돌을 사용한 적석식과 위석식으로 구분하기도 한다. 통나무 목관은 대구 팔달동·신서동, 경산 신대리, 밀양 교동 등 여러 유적에서 토층 상태를 통해 확인되었다.

판재목관은 포항 성곡리 I-4호, 경주 탑동, 김해 대성동 주변 III-1호 등에서 확인되었다. 바닥은 두 매 또는 세 매의 판재를 깔고, 장벽판 사이에 단벽판을 끼워 'ㅁ' 또는 'ㅍ'자상으로 결구한 경우가 많다.

목관의 외부에 돌과 흙을 섞어 채운 위석식 목관묘는 대구 팔달동 86호, 88호, 99호, 포항 옥성리 가-67호, 경주 황성동유적 등에서 확인되었다. 목관 상부에 돌을 섞어 채운 적석 목관묘는 경주 조양동

그림 13 성곡리 4호 목관묘

5호, 대구 팔달동 30호, 45호, 90호 등이다.

목관 아래에 구덩이(요갱)를 파고 기물을 부장하는 경우도 있다. 창원 다호리 1호가 가장 대표적이지만, 구덩이 속에 부장품이 없는 경우도 많다. 경산 임당·신대리, 영천 용전리, 경주 사라리, 포항 성곡리, 울산 중산동·신화리, 창원 다호리, 김해 양동리유적 등지에서 확인되었다.

묘광은 1단이 대부분이지만, 2단으로 판 것도 있다. 두향은 동쪽이 많고, 대부분 군집을 이룬다. 무덤의 크기나 부장품의 차이에 따른 입지의 차이는 없다. 묘광의 바깥에는 방형 또는 눈썹 모양의 도랑을 판 경우도 있다.

목관묘의 기물 부장은 목관 내부, 목관

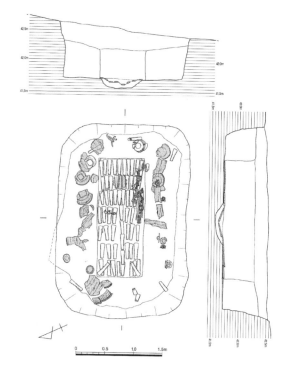

그림 14 경주 사라리 130호 목관묘

아래, 목관 외부의 충전토, 목관 상부, 봉토 내부 등으로 구분된다. 대체로 청동기나 장식품 등 중요 유물은 목관 내부나 아래의 요갱에 묻는 경우가 많고, 판상철부는 목관 아래 또는 바닥에 까는 경우가 많다. 토기와 칠기는 목관 외부의 충전토나 목관 위에 부장하였다.

목관묘에 대한 연구로는 구조와 원류, 축조공정과 제의, 계층문제, 부장품의 배치와 의미 등에 대한 연구가 있다. 구조에 대해서는 목관 위를 흙으로 채웠는가 여부를 두고 이견이 있다. 김천 문당동유적 목관묘와 성주 예산리유적 목관묘의 발굴결과를 근거로 목관 바깥과 위를 빈 공간으로 두고 어깨선에 나무 뚜껑을 덮고 그 위에 봉토를 만들었다는 견해가 제시되었다. 이러한 견해는 일찍이 조양동 5호 목관묘의 발굴 결과로 제기된 적이 있지만, 이후 경주박물관에서 발간한 정식 보고서에서는 그것을 부정하고 있다. 대부분의 경우는 목관 바깥과 위를 흙으로 채운 후 봉토를 올린 구조가 많지만, 함몰 토층을 볼 때 목관 위를 빈 공간으로 둔 채 어깨선에 뚜껑을 걸치고 봉토를 올린 구조로 복원할 수 있는 경우도 있다.

목관묘의 원류와 관련하여 위석식 또는 적석 목관묘는 중국 동북지역과 북한

지역의 무덤형태가 남부지역으로 전래되었다고 보는 것이 대체적인 견해이다. 그리고 판재 목관묘는 청동기시대부터 존재했다는 견해도 있고, 고조선 유민의 남하와 관련시키는 견해도 있다. 통나무 목관이나 요갱은 중국 동북지역이나 고조선지역에서는 볼 수 없는 요소이고, 오히려 중국의 남서부지역과 관련될 가능성을 제시한 연구도 있다. 그리고 한반도 내에서는 통나무 목관의 원류를 화순 대곡리유적의 목관에서 구하기도 하지만, 그것을 목관으로 볼 수 없다는 견해도 제시된 바 있다. 그리고 통나무 목관을 운구형, 판재 목관을 비운구용의 현지 조립형으로 차이를 구분한 견해도 있지만, 판재 목관묘 전부를 운구용이 아닌 현지 조립용으로 단정하기에는 관련 자료가 적다. 또한 통나무와 판재 목관묘의 차이를 이주민과 토착민의 관계로 보는 견해도 있다. 그러나 같은 집단의 무덤 내에서 통나무와 판재 목관이 공존하는 상황을 고려하면, 그러한 차이가 과연 출자 및 상장 의례가 다른 차이라고 해석할 수 있을지는 의문스럽다.

목관묘에서의 부장품 배치는 시기 또는 유적에 따라 특징적인 양상을 나타낸다는 연구도 있다. 그리고 그것을 통해 목관묘의 부장습속에는 낙랑문화의 영향이 그다지 크지 않다는 견해도 있는 반면에 기원전 1세기의 무덤은 낙랑과의 관련성이 크다는 견해도 있다. 또 목관묘의 축조와 유물부장의 과정을 복원하여 2~7단계의 매장과 관련한 제의가 이루어졌다고 설명하는 연구도 있다.

목관묘를 통해 당시 사회의 계층구조를 설명한 연구도 많다. 부장품이나 배치 상태를 통해 유력한 개인 또는 집단의 등장을 상정하기도 하고, 3~6개의 사회 계층을 상정하기도 한다. 또 목관묘의 군집화 현상에 대해 '국'형성의 일단을 가리키는 것이라 의미부여를 한 경우도 있다. 반면에 목관묘 단계에서는 부장품의 양에서는 개인 간에 차이가 많지만, 무덤의 입지와 규모, 노동력의 투입 등에서는 구성원 간에 큰 차이가 없는 점으로 보아 여전히 공동체적 요소가 강하고 권력의 기반이 세습되는 데에는 한계가 있다고 평가하기도 한다. 또 목관묘 자료를 통해 취락-읍락-국읍 간의 계층관계를 상정하기도 한다.

목관묘에는 이전 시기에 비해 토기와 칠기, 청동기, 철기 등 많은 기물을 부장한 것이 큰 변화이다. 부장품 중에서 토기는 주머니호, 조합우각형파수부호, 단경호, 원저옹 등이 주된 기종을 차지한다. 대부분 기대 위에 올릴 수 있도록 바닥이 둥근 형태가 많고, 일부는 기대와 접합한 경우도 있다. 청동 단추나 방제경 등에는 태양문양을 장식하고, 동모나 동과는 장대화하거나 장식을 가미한 것이 많다. 그리고 말이나 수레 부속품을 부장한 경우가 많은데, 이러한 기물은 현실세계에서의 우월한 사회적 지위를 드러내는 물품이기도 하지만, 영혼의 승천에 사용하는 장의도구의 의미도 갖는다. 또 새의 깃털로 만든 부채를 피장자 얼굴에 덮거나 부장한 경우 있다. 『삼국지』위서 동이전 변진조에는 "큰 새의 깃털을 사용하여 장사를 지내는데 그것은 죽은 사람이 새처럼 날아다니라는 뜻이다"라는 기록이 있는 것처럼 새는 영혼을 인도하는 중요한 매개체로 간주되었다. 때문에 새와 말, 수레, 태양문양 등은 영혼의 승천을 기원하는 의미를 갖는다고 볼 수 있다. 이와 같이 기원전 1세기 무렵부터 유행하는 목관묘는 앞 시기와는 다른 새로운 형태의 장례습속이 시행되었다고 할 수 있다. 이러한 변화의 배경에는 고조선이나 낙랑, 중원지역 등 주변지역의 장례습속이나 내세관이 일정한 영향을 미쳤을 수 있다. 그러나 당시 중원지역이나 낙랑의 장례습속과는 큰 차이가 있어 직접적인 영향이라기보다는 관념의 전래나 주변지역을 통한 간접적인 영향 정도일 것이다.

2) 목곽묘

시신을 담은 관의 바깥에 관이나 부장품을 보호하기 위해 만든 목곽(외관)이 있는 무덤을 말한다. 목곽묘는 관과 곽을 모두 갖춘 것이 전형적인 형태이지만, 부식으로 인해 관과 곽을 구분하기 어려운 경우가 많고, 목관이 없이 목곽만 있는 경우도 있다. 목곽묘는 규모가 통상의 목관묘보다 크다. 규모가 크고 기물을 부장하기 위해 일정한 칸 또는 공간을 마련한 경우에는 목곽묘라 할 수 있지만, 소형 목곽묘의 경우는 목관묘와 구분하기 힘든 경우도 있다. 더구나 영남지역은 토질의 특성상 나무가 쉽게 썩어 없어지기 때문에 그 구조를 알기 어려운 경우가 많다. 때문에 1970년대까지는 주로 토광묘라 불리었고, 1976년 김해 예안리유적의 발굴을 계기로 비로소 목곽의 존재를 인식하게 되었다.

원삼국시대 전기에는 주로 목관묘가 사용되었지만, 1세기 무렵부터는 대구 신서동유적의 경우에서와 같이 이중관형태의 목곽묘가 일부에서 사용되기도 했다. 그러다가 2세기 무렵부터 대형 목곽묘가 상위계층에서 사용되었고, 중하위계층에서는 중·소형 목곽묘가 보편적으로 사용되었다.

주요 유적은 포항 옥성리, 경주 황성동·조양동·덕천리, 대구 팔달동, 경산 임당

I층: 회황갈색토-점성이 적다.
II층: 황갈색토-소량의 소토가 포함됨.
III층: 갈색토-다량의 암반을 포함하며 점성이 적다.
III-1층: 황갈색토-III+V층이다.
IV층: 소토+목탄층-소량의 소토가 확인되며, 목탄(상단)이 넓게 확인됨.
V층: 보강토-다량의 암반알갱이를 포함한 황갈색토, 점성이 적다.

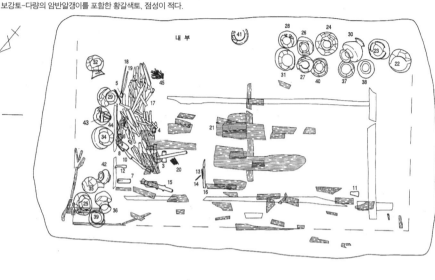

그림 15 포항 옥성리 나-78호

그림 16 울산 하대 44호 목곽묘

동, 울산 중산동·장현동·다운동·하삼정·하대, 부산 노포동·복천동, 김해 대성동·양동리, 창원 도계동, 합천 저포리유적 등으로 목관묘의 분포 범위보다는 좁은 금호강 유역과 동남부지역에서 집중적으로 발견되고 있다.

울산 하대, 포항 옥성리, 김해 양동리유적은 낮은 구릉의 능선에 대형 목곽묘가 위치하고, 주변지역에 중·소형 목곽묘가 조성되어 입지상의 차별을 갖는다는 점이 특징이다. 경주 덕천리·황성동, 울산 중산리유적은 평지에 중소형묘가 군집을 이루고 있다.

초기의 대표적인 대형 목곽묘인 김해 양동리 162호는 묘광의 크기가 길이 494cm, 너비 344cm이고, 목곽은 길이 388cm, 너비 240cm로 묘광의 평면 형태가 방형에 가까운 장방형이다. 피장자는 목곽의 중앙에 안치하였다. 초기의 목곽묘는 토기의 부장량이 1~3점 내외로 소량이고, 일부는 목곽의 상부나 충전토에 부장하여 목관묘의 요소가 남아 있기도 하다. 목곽의 높이는 60cm 내외로 낮은 편이며, 목곽의 일부 또는 상부에서 불을 태운 행위를 한 것도 있다. 대체로 단장이다.

목곽묘는 시기가 늦어질수록 점차 토기의 부장량이 많아진다. 또 부장 공간을 늘리면서 장방형으로 길어지다가, 독립된 부곽을 갖는 형태로 변화한다. 목곽의 깊이도 깊어지고, 돌로 시상을 마련하거나 목곽 외부를 돌로 충전하는 경우, 호석을 설치하여 봉토의 외형을 강조하는 형태로 변화하기도 한다.

목관은 판재나 통나무로 된 목관을 상정할 수 있지만, 목관의 흔적이 뚜렷하지 않고 없는 경우도 있다. 일부 학자는 초기 목곽묘에 목관이 없었을 가능성이 크며, 그것은 중원 또는 낙랑지역 목곽묘와 다른 점이라는 견해를 제시하기도 하였다. 시상은 없는 경우가 많지만, 바닥에 깐 철모나 판상철부 등의 철기에 돗자리나 목질 흔적이 남아 있는 경우도 있다. 목곽도 남아 있는 경우는 거의 없지만, 일부 유적에서는 목곽의 부식흔으로 보이는 회색 점토나 불탄 목곽묘의 잔재를 통해 목곽의 형태나 결구 방법 등을 알 수 있기도 하다. 옥성리 나-78호의 경우 이중곽일 가능성이 제기되기도 하였다. 목곽의 결구를 위해 목곽의 내부 또는 외부에 기둥을 세운 경우도 있다. 주혈은 양 장벽 중앙에 세운 이주식(二柱式), 네 모서리에 세운 사주식, 장벽의 중앙과 모서리에 세운 육주식 등이 있다. 목곽의 외부를 채운 충전토는 묘광을 팔 때 나온 흙으로 막채움한 것과 돌과 흙을 섞어 채운 위석식으로 구분할 수 있다. 목곽 상부의 구조는 목곽의 부식과 함께 함몰되어 남아 있으므로 목곽 내부의 함몰토로써 그 구조를 추찰할 수 있다. 원삼국시대에는 대체로 묘광을 파낸 흙으로 단순하게 성토한 경우가 많고, 일부는 봉토에 대호를 묻거나 토기나 철기 등의 기물을 부장한 경우도 있다. 봉토의 유물 부장은 제의의식과 관련지을 수 있을 것이다. 또 목곽에는 칸막이를 하거나 공간을 분할하여 기물을 부장하기도 하고, 별도의 부곽을 만들기도 한다. 부곽은 주곽과 같은 묘광 내에 만든 것(同穴主副槨式)과 별도의 묘광을 파고 만든 경우(異穴主副槨式)가 있다. 이혈주부곽식은 4세기 이후에 성행하지만, 동혈주부곽식은 황성동 강변로유적 3호 목곽묘처럼 3세기대에 나타나기도 한다.

영남지역 목곽묘의 구조적 특징은 낙랑지역의 목곽묘와는 차이가 크다고 보는 것이 대부분이지만, 초기 목곽묘가 방형에 가까운 형태거나 피장자를 목곽 내부의 한 쪽에 치우치게 안치한 현상 등은 낙랑 목곽묘와 일정한 관련성이 있다고 주장하는 학자도 있다. 또 목곽묘가 나타나게 되는 배경에 대해서도 낙랑 유이민의 이주나 영향을 강조하는 견해도 있지만, 오히려 그것을 부정하고 자체 발전을 강조하는 견해도 있다.

목곽묘의 부장품으로는 토기와 철기의 양이 목관묘에 비해 더욱 많아진다. 반면에 청동기는 거의 부장되지 않는다. 칠기는 상당히 부장되었을 것으로 추정되지만, 부식으로 인해 남아 있는 예가 거의 없다. 토기는 표면에 거치문, 능형문, 종집선문, 횡집선문, 사격자문 등의 문양을 장식하고, 대각을 가진 경우가 대부분이다. 이러한 문양은 태양을 상징하는 문양이며, 대각이 달린 것은 예기로 사용되었기 때문이라는 견해도 있다. 또 새 모양의 주기(注器)와 컵형토기도 등장하는데, 술을 매개로 하는 예기로 추정된다. 그리고 철기는 재갈이나 철모, 유자이기, 도자, 철겸 등에 궐수문을 장식하거나 외형을 강조하여 실용성이 없는 경우가 많다. 이러한 철기는 부장을 목적으로 제작한 것이라 할 수 있다. 새는 태양을 상징하고, 영혼의 승천을 돕는 매개체로 인식된 점이나 궐수문양이 태양을 상징하는 점을 감안하면, 매장의례가 영혼의 승천을 기원하는 방향으로 더욱 형식화되고 복잡한 구조로 변화하였다고 볼 수 있다.

3) 옹관묘

원삼국시대의 옹관묘는 목관묘나 목곽묘 등과 혼재하는 경우가 많다. 전기에는 팔달동유적과 같이 목관묘 묘역의 주변에 일정하게 무리를 이룬 경우도 있지만,

후기에는 대체로 성인무덤 주변에 혼재한 경우가 많다.

옹관으로 사용한 토기는 옹이나 호, 시루 등 일상생활용 토기를 사용하는 경우가 많지만 와질 대호를 사용하는 경우도 있다. 대부분은 부장품이 없지만, 경산 임당, 대구 봉무동, 포항 성곡리유적의 옹관묘에서는 거울이나 동검, 구슬이나 팔찌 등을 부장하기도 했다. 또 김해 지내동 옹관묘는 무문토기질의 장동호(長胴壺)와 와질 단경호의 구연을 서로 맞댄 이음식인데, 옹관 옆에는 일본 야요이시대의 대상구연호(袋狀口緣壺)를 부장하였다. 이 토기는 야요이시대 중기 후엽의 수구(須玖)II식토기로 알려지고 있으며, 기원후 1세기 무렵으로 편년되고 있다

이러한 옹관묘의 입지와 부장품의 변화를 통해 1세기 무렵부터는 일부 집단에서 유아에게 귀속지위가 부여되는 현상이 나타났다고 해석하기도 한다.　　　[이재현]

IV 생산과 의례

1 제철유적

제철(製鐵)이란 일반적으로 철광석·사철 등 원료의 채광에서부터 제련·정련·용해·단야·제강 등 철 생산과 소재 및 완성품 제작의 모든 과정을 의미한다. 지금까지 영남지역에서 확인된 초기철기~원삼국시대 제철유적은 초기철기시대 6개소, 원삼국시대 14개소, 원삼국~삼국시대 6개소 등 모두 26개소에 달하는데, 동일유적이지만 발굴지점이 다른 울산 달천유적 3개소, 창원 성산패총 2개소, 경주 황성동유적 12개소를 각기 하나의 단위유적으로 묶는다면 12개소의 제철유적이 조사된 셈이다.

동래 내성유적 1호 주거지에서는 유엽형 유경식 철촉의 경부로 추정되는 철기편과 불명철기, 고석(敲石), 방추차 각 1점과 야요이식 토기 5점이 출토되었다. 일반적인 주거지와 달리 노지가 한쪽 벽면으로 치우쳐 있고 주위에서 소토와 숯이 관찰되며, 출토된 철촉이 철편으로 추정되는 점 등을 근거로 단야주거지로 보는 견해가 있다. 야요이식 토기는 기원전 2세기 후반대의 죠노코시식(城ノ越式)과 수구I식이므로, 만일 단야주거지라면 중남부지역에서 조사된 제철유적 중 가장 이른 시기의 유적이 될 것이다. 하지만 단조박편이나 입상재, 노 벽체 등 단야작업과 관련된 적극적

인 자료는 없다.

　사천 늑도유적은 남해안 해상교통로상의 중간 기착지 또는 거점지역에 위치하는 유적으로, 단야로로 추정되는 노에서 철재와 소토가 출토되었으며 수혈, 소성유구 등 30여 기의 유구에서 노 벽체·송풍관·단조박편·철괴·숫돌 등의 제철 관련 유물이 출토되었다. 철재에 대한 금속분석에서 용해공정의 존재와 사철 사용 가능성이 제기되기도 하였으며, 출토유물로 보아 대체로 단조철기 위주의 철기를 제작했던 것으로 볼 수 있다. 유적에서는 삼각형점토대토기, 두형토기 등의 재지계 유물을 비롯해 야요이식토기, 화분형토기·회도, 한경, 반량전·오수전, 상감관옥(象嵌管玉), 관형석기(冠形石器) 등 낙랑 및 한식계 유물과 중국 남부, 일본 서부와 관련된 다수의 외래계 유물이 출토되었다. 유적이 형성된 시기는 기원전 2세기~기원후 2세기대로 편년되지만 중반부의 200년 정도를 중심연대로 보는 견해가 많아 철기제작 시기도 이때로 보는 것이 적절하다. 또한 교역을 통해 수입된 철 소재를 가공해 현지에서 필요한 각종 철기를 제작했던 것으로 보인다.

　창원 성산패총 서남구 및 북구 야철지에서도 제철과 관련된 것으로 보이는 유구와 송풍관이 보고되었다. 서남구패총 야철지는 깊이 15cm, 두께 3.5cm의 굴뚝 하부와 유사한 형태의 원형유구이며, 철분이 많고 쇳물이 잘 흘러갈 수 있도록 한 경사진 홈통 시설도 확인되었다. 북구패총에서도 서남구패총 야철지와 유사한 형태의 유구 3기가 조사되었는데, 중앙부가 비어 있는 오목한 형태 등으로 보아 야철지로 추정되고 있다. 숫돌과 녹각병도자를 비롯해 철촉, 도자, 철부, 철착, 조침 등의 철기류가 출토되었다. 철재 등 제철 관련 유물이 아직 보고되지 않아 구체적인 성격을 알기는 어렵지만, 취락에서 간단한 단조철기의 제작이 있었던 것으로 추정된다.

　울산 달천유적은 남한지역에서 유일하게 발굴조사된 채광유적으로, 초기철기·원삼국시대, 조선시대 중·후기, 일제강점기의 세 시기에 해당되는 채광유구가 발견되었다. 초기철기~원삼국시대 채광유구는 규칙성이 없이 경사면을 따라 넓은 범위를 굴착한 경우와 지름 4~5m, 깊이 2m 내외의 원형 구덩이가 여러 차례 중복된 형태가 있다. 삼각형점토대토기, 무문토기 장경호, 소옹, 두형토기 등의 무문토기와 야요이토기 구연부 등의 유물이 출토되었으며, 기원전 1세기 중엽에서 기원후 3세기에 걸쳐 형성된 것으로 편년된다. 달천유적에서 채광이 이루어졌다는 것은 이때부터 영남지역 내에서 철광석 제련을 통한 철 소재의 자체적 생산이 이루어졌음을

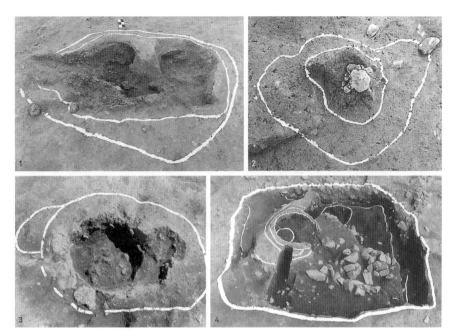

그림 17 경주 황성동유적 제철로
1: 정련단야로, 2: 단야로, 3: 제강로, 4: 용해로

의미한다. 또 이곳에서 확인되는 야요이토기와 낙랑계토기는 철을 매개로 한 이들 지역과의 기술문화교류 내지 물품교역을 보여 준다.

경주 황성동 제철유적은 12개소에서 용해로 30여 기를 비롯해 70기에 달하는 제철로가 조사된 원삼국시대 최대 제철유적 중 하나이다. 불순물이 많은 반환원상 태의 철괴를 가열단타 및 성형해 철 소재를 생산하는 정련단야로, 이 소재로 각종 단 조철기를 제작하는 단야로, 철괴를 완전히 녹인 후 용범에 흘려 부어 괭이를 주조하 는 용해로, 또 탄소가 많이 포함된 선철을 탈탄해 강 소재를 제작하는 제강로 등 다 양한 공정의 제철로가 조사되었다.

정련단야로는 벽체 외면을 기준으로 직경 50~80cm의 원형 혹은 타원형의 반지 상식 구조이고, 약간 떨어진 곳에 단조박편, 철편, 단야재 등이 검출되는 작업장이 위 치한다. 벽체 안쪽에는 철성분이 많은 적갈색 철재가 용착되어 있는데, 황성동 537-2 번지 유적 7호 노 동쪽에는 바깥으로 트여진 배재구(排滓口) 시설이 있다. 단야로는 주 거지와 공방지로 구분되는데, 주거지 내에 소형 노를 설치한 단야주거지가 약 12기이 고, 별도의 공간을 조성한 단야공방지가 약 9기이다. 노는 외경 50cm 정도의 원형이 대부분이고 바닥은 피열 혹은 경화되거나 철성분이 많은 철재가 약간 남아 있다. 30 여기 가 확인된 용해로는 동시기 주거지와 유사한 크기의 방형 혹은 타원형 수혈을 조성하고 중앙 혹은 한쪽에 외경 130~160cm 정도의 원형 노를 설치하였다. 이처럼 일정한 크기의 수혈을 조성하고 그 내부에 노를 설치하는 용해로의 특징은 경주 황성동, 울산 중산동 798-2번지, 진천 석장리, 울산 둔기리유적 등 원삼국~조선시대 용해로에서도 공통적으로 나타난다. 출토된 수많은 용범이 모두 주조괭이 용범인 점으로 보아 주조괭이 전용 공방지로 추정된다. 제강로는 황성동 강변로 3-A공구 개설공사 구간을 중심으로 8기 정도가 조사되었다. 크기는 외경 50~80cm 정도이고, 정련단야 로처럼 작업장이 딸려 있는 경우도 있다. 비교적 작은 노의 크기와 배재구가 없는 구조와 바닥과 벽체 안쪽에 철성분이 없는 청회색 철재가 비교적 고르게 용착되는 점, 또 산화탈탄제로 쓰일 수 있는 자철광이 출토된 점 등으로 보아 선철을 탈탄해 강철 기를 생산하는 초강법(炒鋼法)이 사용되었을 가능성이 높다.

황성동 제철유적의 북동쪽 약 2.2km 거리에는 경주 용강동 청동기시대 취락유 적이 위치하는데, 용범폐기장에서 비슷한 시기의 주조괭이 용범과 송풍관, 용도불 명 용범, 철재 등 다량의 용해 관련 유물이 출토되었다. 또한 월성해자 계림 남쪽에 서도 추정 단야로와 모루돌, 철재, 철괴 등 단야와 관련된 원삼국시대 유구와 유물이 출토되었다.

한편 제철유적은 아니지만 창원 다호리유적 목관묘 중 30호에서는 철검, 철모, 철촉, 환두도자, 철겸, 단조철부, 조침 등의 철기류와 함께 철괴 2점, 숫돌 1점이 출토 되었으며, 64호에서는 단조철부, 철도와 함께 무게 6kg의 철광석 1점이 출토되었다. 이 무덤은 기원후 100년을 전후 한 시기의 무덤으로 편년되며, 당시 사람들이 철광석과 철괴를 정확히 인지하고 있었고 또 상 당히 중요하게 여겼음을 알 수 있다.

기원후 3세기대의 부산 낙민동패총에서는 동-서 2m, 남-북 1.5m의 범위에 조성된

그림 18 경주 황성동유적 제철 관련 유물

30~75cm 크기의 원형 혹은 타원형 노 3기가 보고되었다. 노를 포함한 주변 바닥에 황색점토를 얇게 깔아 평탄하게 만들었는데 그 상면에서 많은 숯과 재, 소토 등이 검출되었다. 노벽에는 점토와 토기편을 덧붙여 여러 번 보강한 흔적이 있고, 금속분석을 실시한 철괴 1점은 제련재로 추정된다. 또 노의 규모 등으로 보아 정련이나 단야와 관련된 유구로 볼 수 있으나, 제철과 관련된 명확한 근거가 부족한 면이 있다.

울산 중산동 798-2번지 유적은 수혈 17기를 비롯해 구, 주혈열 등이 조사된 유적으로, 주조괭이 용범, 송풍관, 철광석 등 많은 제철 관련 유물과 노형토기, 옹, 완, 시루 등 3~4세기대 토기류가 출토되었다. 수혈 한쪽에 노지가 설치된 점, 용해재로 추정되는 부유성철재와 조재제(造滓劑)로 사용할 수 있는 동물뼈 검출 등으로 보아 최소 3기(4·5·9호) 이상은 용해공방지로 판정할 수 있다. 한편 이 유적을 비롯해 울산 달천유적, 중산동고분군과 인접한 울산 중산동 이화유적은 시굴조사만 이루어졌으나 제련로로 추정되는 유구와 철재가 출토되어 이 일대에 원삼국시대 중산동집단이 운영하던 대규모 제련공방지가 있었을 가능성을 보여 준다.

대구 봉무동유적에서는 용해로와 관련폐기장, 단야로 각 1기가 조사되었다. 용해로의 수혈과 폐기장에서는 두께 2cm 정도의 토제품에 점토를 바른 노 벽체편과 주조괭이 용범, (철괴형)철재, 송풍관이 다량 출토되었다. 단야로에서는 단조박편이 검출되었으며 인접한 주거지 2호에서는 용범편과 철재가 출토되었다. 수혈유구와 도로유구 등에서도 철광석, 송풍관, 주조괭이 등이 검출되었는데, 일부는 제철유구와 관련이 있는 것으로 추정된다. 이를 통해 3세기 말~4세기 초 주조괭이를 제작하던 공방지로 판단되며, 기와 모양의 토제품을 노벽재(爐壁材)로 사용한 독특한 제철기술을 보여준다.

이상의 제철유적 분포와 그 성격을 살펴보면, 이른 시기의 유적은 사천·창원, 부산 등 남해안지역에 분포하며 주로 단조철기를 제작했던 유적이다. 기원 전후한 시기에 달천광산이 개발되면서부터 울산·경주 등 동남내륙지역으로 확대되고 주조철기 제작도 시작된다. 이 시기 제련유적은 아직 발견되지 않았지만 분묘에 부장된 철기유물의 수가 급증하는 현상과 달천유적의 채광시기를 고려한다면 기원전 1세기 후반부터는 자체적인 철 제련이 이루어진 것으로 보아도 좋을 것이다. 기원후 3세기대가 되면 경주 황성동, 울산 중산동, 대구 봉무동 등의 유적에서 주조괭이 제작이 대규모로 이루어져 또 한 번의 기술적 계기가 있었음을 보여 준다. 경주 황성동유적 제강로와 단야로를 통해 각각 강 소재와 강철제 무기를 제작한 것으로 추정되는 데, 이처럼 주조괭이와 강철제 무기의 대량생산은 해당 정치체의 농업생산력 및 군사력 증대와 직결된다는 점에서 고대국가 성립과 관련해 시사하는 바가 크다.

영남지역에서는 아직까지 기원전 200년기에 해당되는 제철유적과 철기유물이 알려진 바 없고, 다음 100년간의 제철유적과 철기 역시 자체제작을 확정할 수 있을 만큼 수량이 많지 않다. 그러나 기원전 1세기대에 이르면 다른 지역보다 훨씬 많은 제철유적과 철기유물이 발견된다. 즉 100여 년간의 짧은 철기 유입기를 거친 후 곧바로 채광·제련기술이 도입되어 비약적인 제철기술 발전을 이룬 것으로 추론된다. 이는 기원전 2세기대 전국계 철기 수용 이후 약 300년간 철기유물과 제철유적이 거의 확인되지 않고 있는 중서부지역과 비교되는 특징이라 할 수 있다. 철광산과 제철유적의 분포, 철기유물의 양상, 변진 정치체의 제 동향 등으로 보아 울산-경주와 김해-창원의 두 지역이 진·변한 철기생산 중심지로 가장 유력하다.

2 탄요

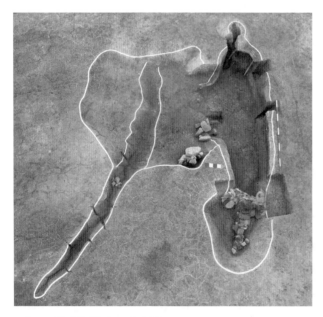

그림 19 경주 하구리유적 D-7호(3세기)

목탄은 철과 철기를 생산하는 제철공정의 주 연료로 사용될 뿐 아니라 취사·난방·건축 등의 다양한 용도로 사용되며, 우리나라에서는 백탄을 생산한 것으로 알려진 측구식탄요가 원삼국시대 유적에서부터 확인된다. 측구식탄요는 전면작업장·연소부·소성부·연도·측구·측면작업장·배수구 등으로 구성되며, 백탄을 생산했다는 점과 측구가 있는 구조적 특징 때문에 백탄요, 백탄가마, 피리형가마, 측구부탄요 등으로 불리고 있다. 1990년도 울산 검단리유적에서 처음 2기가 조사된 이래 1993년 청도 순지리유적, 1994년 경

주 천군동 피막유적에서 각 1기가 조사되었고, 현재까지 경주와 울산지역에서만 100
여 기가 조사되는 등 원삼국~삼국시대 영남 각지에서 조사사례가 증가하고 있다.

　　탄요의 연대는 울산 검단리·매곡동·달천, 경주 월산리·하구리, 포항 원동, 김해
어방동유적 등에서 유구 간 중복상태와 소수의 출토유물, 방사성탄소연대 및 고고
지자기측정을 통해 3세기의 연대가 도출되었으며, 그 외 탄요는 대체로 4~6세기대
로 편년되고 있다. 일본의 측구식탄요는 철 제련 개시와 연동되는 6~9세기대의 시
간폭을 가지는 데 비해 우리나라는 기원 전후인 철 제련 개시와 200~300년의 시간
차를 가지는 문제점이 있다. 하지만 원삼국시대 탄요 조사사례가 증가하고 있고 고
고학과 인접 학문과의 융합연구가 활성화되고 있으므로 향후 측구식탄요의 상한연
대는 소급될 가능성이 높다.

3 토기요

　　이 시기의 토기요는 조사사례가 극히 드물어 7개소 정도가 알려져 있을 뿐이
며, 그마저도 잔존상태가 좋지 않거나 토기요로서의 정형성이 보이지 않는 점 등으
로 인해 당시의 토기소성기술을 알기가 어렵다. 먼저 토기요로 알려진 유적의 현황
을 시기별로 살펴보면, 합천 영창리유적에서는 서로 다른 구조의 요 2기가 조사되었
다. 1기는 직경 142cm, 깊이 39cm의 원형인데, 서벽이 움푹 들어가 있어 좁아지는
상부에 덮개가 있었던 것으로 추측된다. 바닥은 단단하게 피열되었으며 불 맞은 돌,
토기편 등이 소량 확인되었다. 다른 1기는 길이 15m, 너비 162cm, 최대깊이 60cm의
등고선과 평행 혹은 비스듬한 도랑 모양이며, 바닥은 단단하게 피열되어 붉은색을
띤다. 불 맞은 할석들 사이에서 원형점토대토기, 무문토기 고배 등의 토기편이 출토
된 점으로 보아 기원전 3~2세기대 토기요로 추정되고 있다.

　　사천 늑도유적 A지구 나구역에서는 8기의 소성유구가 조사되었는데, 평면 형
태는 일정하지 않지만 타원형이 많고, 크기는 대체로 길이 4m, 너비 1~2m, 깊이
30cm 정도이다. 내부에는 소토와 목탄이 층을 이루거나 집중 퇴적되어 있고 바닥은
열을 받아 회청색으로 경화되었다. 소토 사이에서 삼각형점토대토기 등의 무문토기
편이 다수 검출되어 이들을 소성하던 토기요일 가능성이 제기되었다.

　　김해 대성동 소성유적은 길이 10.6m, 너비 6.8m, 최대깊이 50cm 크기의 타원

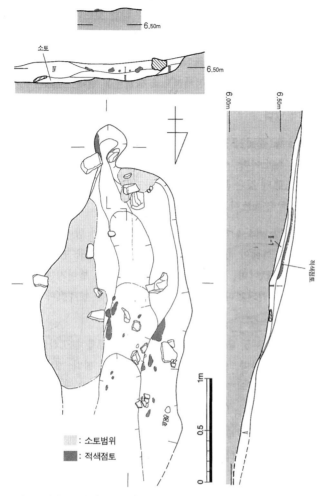

형에 가까운 유구로, 북쪽 기반층 일부가 열을 받아 명적색으로 소결되었으며, 부분적으로 소토덩이와 회 등이 목탄층과 함께 확인되었다. 삼각형점토대토기 옹, 발, 호, 고배, 시루 등의 무문토기와 주머니호, 옹, 호 등의 와질토기 및 어망추, 방추차 등의 유물이 출토되었다. 기원을 전후로 한 시기에 이들 삼각점토대토기와 와질토기를 소성하던 유구로 추정되고 있다. 유적의 남동쪽 1.2km 거리에 위치하는 김해 봉황동유적에서는 등고선과 직교하는 방향의 가마 4기가 조사되었다. 대부분 세장한 타원형이고, 잔존규모는 길이 110~225cm, 너비 98~184cm이다. 내부는 천정이나 벽체로 추정되는 황적갈색 소토로 채워져 있고 바닥에는 적색소토와 목탄, 불 맞은 돌 등이 깔려 있었다. 유물로는 와질제 평저옹, 적갈색 연

그림 20 사천 늑도유적 54호 토기요

질옹 등이 출토되어 3세기 후반에서 4세기 전반대에 조성된 것으로 판단된다.

사천 봉계리유적에서는 곡부 하단에서 등고선과 직교하는 방향의 가마 3기가 조사되었다. 크기는 길이 11~23m, 너비 3~4m이고 경사도는 10~15°이다. 바닥은 소결되었고 내부에서 소결토, 점토, 할석, 목탄 등이 검출되었다. 다량의 삼각점토대토기편과 시루, 심발, 파수부배 등의 연질토기편이 출토되었다.

부산 고촌생산유적 나 지구에서는 3세기를 중심시기로 하는 18기의 소성유구가 조사되었다. 유구의 잔존규모는 길이 2m, 너비 1m 내외이고 내부에서는 소토층·목탄층과 피열부, 점토벽체와 석재 등이 검출되었다. 경화도가 높지 않아 아궁이 혹

은 녹각제병도자 제작과 관련된 유구일 수도 있으나, 평행 혹은 격자타날된 연질옹이 주로 출토된 점으로 보아 이 중 일부는 토기를 소성하던 유구일 가능성이 있다.

기장 가동유적 구릉 남동사면 말단부에서는 잔존길이 300cm, 너비 110cm, 잔존깊이 10cm의 등고선과 직교하는 반지하식 요지 1기가 조사되었다. 경화된 소성실과 연도부만 남아 있으며 소성실 바닥의 경사도는 6° 정도이다. 벽체의 경도는 그리 높지 않으며 주변에는 할석들이 흩어져 있다. 주변에는 작업장, 배수구 등 가마의 관련시설로 보이는 주거지와 수혈, 구 각 1기가 분포한다. 요지에서는 도질제 원반형토제품이 출토되었으며, 조업시기는 명확하지 않지만 주변 주거지들의 편년으로 보아 3세기 중엽 이후로 추정되고 있다.

일반적으로 토기요의 구조는 신석기시대의 노천요, 청동기시대의 수혈요, 삼국시대의 지하식·반지하식·지상식 요로 변천한다. 초기철기~원삼국시대는 이러한 제도기술의 과도기 단계로, 특히 원삼국시대 와질토기는 이전시기 무문토기와 달리 밀폐된 구조요에서 환원염소성에 의해 구워진 것이 분명하지만, 앞서 살펴본 토기요로는 그 구조를 알 수 있는 가마의 조사가 매우 빈약하다.

무문토기에서 와질토기로 변화하는 토기 제작기술상의 중요한 특징들로는 태토의 정선화, 회전대의 사용, 승문타날, 환원염소성 등이 있는데, 이 중 소성 시 산소와의 접촉을 차단해 가마를 환원분위기로 만드는 기술은 핵심요소라 할 수 있다. 이를 위해 필요한 것이 바로 구조요(실요)인데, 초기의 구덩이형(김해 대성동형)과 도랑형(사천 봉계리형) 단계를 거쳐 평면 형태가 세장한 타원형이고 바닥이 편평하거나 약간 경사진 실요(室窯)의 형태로 정형화되는 것으로 이해된다. 하지만 아직까지 그 계기적 변천과정을 파악하기는 어려우며, 특히 제도기술상 주요한 획기를 이룬 와질토기의 경우 출토된 수량에 비해 정형적인 구조요가 확인되지 않는 점은 이 시기 토기생산 연구의 큰 과제로 남아 있다. 또한 토기의 계보와도 연동하여 이해해야 할 필요가 있으나 기술적 연원으로 언급되는 전국계 회도나 낙랑토기의 제도기술에 대한 조사연구가 부족한 점이 연구의 진전을 더디게 한다. 한편 삼각점토대토기를 중심으로 한 공통의 토기문화가 광역에서 유행한 이후 와질토기가 등장하면서부터는 앞서의 삼각형점토대토기, 중도식무문토기 등 토기문화의 지역성이 현격히 드러나기 때문에 토기 제작기술 역시 이러한 지역성 차이를 간과해서는 안 될 것이다.

4 기타 생산유적

초기철기~원삼국시대에는 목기가 널리 사용되었으며 여기에 주칠·흑칠 또는 옻칠을 한 칠기, 짐승의 뼈와 뿔을 이용한 골각기 등도 활발하게 제작되었다. 이들은 재질의 특성상 부식되어 유적으로 찾기 어려운 경우가 많지만 저습지 등 일부 유적을 통해 그 일면을 엿볼 수 있다.

사천 늑도유적 가 지구 패총에서는 복골, 골침, 골창, 녹각제 겸·예새·검·도자병 등 다양한 골각기가 출토되었는데, 이 중에는 반제품 및 고타석, 지석 등의 생산도구도 포함되어 있어 골각기를 직접 제작했음을 알 수 있다. 부산 고촌리 생산유적에서는 목기(목태칠기), 골각기, 철기와 관련된 생산유구를 비롯하여 골각기 및 가죽의 제작과 관련된 작업지와 공방지가 조사되었다. 작업지는 동-서 5~10m, 남-북 30m 정도의 범위에 황갈색 사질점토와 할석을 5cm 내외 두께로 정연하게 깔아 정지층을 마련하였으며, 그 상면 및 할석 사이에서 목기와 골각기, 동물유체 등이 다수 출토되었다. 작업지 중앙부에 가지런하게 놓인 목제더미 중에도 미완성품이 다수 포함되어 있었다. 두 기가 조사된 공방지는 길이 280cm, 너비 230cm, 깊이 20~50cm의 얕은 타원형 수혈로, 정연한 할석시설과 반가공 상태의 용기, 작업대, 박, 소형목주 미완성품, 수피, 목재 잔편 등이 출토되어 목기 제작용 공방지로 추정되고 있다.

인접한 기장 가동유적 저습지에서는 토기, 토구, 방추차, 원반형토제품 등의 각종 토제품과 녹각도자병 등의 골제품, 흑칠고배를 포함한 목기 및 목제 가공 시의 잔편들이 다수 출토되었다. 목기와 골각기를 제작했던 공방지일 가능성이 높으며 상한은 3세기 중엽이다. 3세기 후반~4세기 전반대로 편년되는 울산 교동리 104번지유적 수혈 3호에서는 견부 안쪽에 흑칠이 된 대호편이 출토되었는데, 토기편을 팔레트 삼아 붓으로 칠 작업을 하는 공방지로 추정되고 있다. 경산 임당동 저습지유적 1~4세기대 습지층에서도 녹각제병도자·복골·골침 등의 다양한 골각기류, 생활용구·무기·농공구·제의구·건축부재 등의 목기류, 주칠과 흑칠을 한 용기류가 다수 출토되어 이들의 생산이 이루어졌던 것으로 추정된다.

창원 다호리, 포항 성곡리, 김해 봉황동, 경주 사라리·탑동 등의 분묘유적에서는 붓, 부채, 고배, 원통형칠기, 목제함 등 다양한 칠제품 생활용구들이 출토되었고,

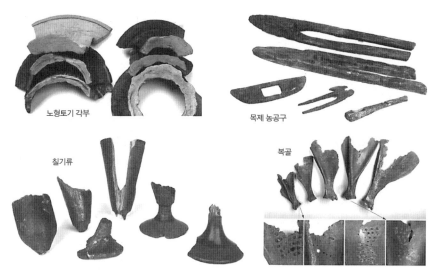

노형토기 각부

목제 농공구

칠기류

복골

그림 21 부산 고촌리 생산유적 출토품

습지나 주거지, 수혈 등의 유구에 이들의 제작흔적이 남아 있다. 이처럼 초기철기~
원삼국시대에는 목기·칠기, 골각기 등이 활발히 제작되었음을 알 수 있으며, 이 외에
도 석기, 청동기, 옥, 유리 등 다양한 재질의 도구와 장신구가 제작되었겠지만 아직
이와 관련된 유적은 분명하지 않다.   [김권일]

5 의례유구

의례(儀禮)는 특정한 시간이나 장소를 택해 일정한 방식에 따라 치르는 행사나
그 법식을 말하며, 관혼상제 등의 생활의례와 농경이나 항해, 안전이나 구복을 기원
하는 종교의례로 구분할 수 있다. 따라서 그 대상이나 방식이 매우 포괄적이고 다양
하여 고고학적으로 인식하기가 쉽지 않다. 여기서는 일상생활과 구분되는 특정한 장
소에서 특수한 방식으로 이루어진 제의와 관련한 유구에 대해서만 설명하고자 한다.

합천 영창리유적의 주거지 주변에서는 동검이 매납된 구덩이 2기가 확인되었
다. 22호 수혈은 길이 395cm의 타원형 구덩이인데, 바닥이 매우 불규칙하게 울퉁불
퉁하며, 경사가 심하게 이루어져 있었다. 또 반파되어 하반부만 남아 있는 동검 1점
이 바닥에 꽂힌 채 출토되었다. 28호 수혈은 잔존길이 140cm, 너비 90cm의 부정형

이며 바닥은 평탄하다. 동쪽으로 튀어나온 구덩이에서 동검 1점과 동촉, 뼈 조각이 출토되었는데, 유기물의 주머니 속에 동검과 동촉을 넣어 매납한 것으로 추정하고 있다.

산청군 백운리에서는 경사가 급한 산기슭의 자갈 속에서 동검 4, 동모 1, 동사 1점이 출토되었다. 특별한 시설이 없어 청동기를 매납한 것으로 추정하고 있다.

마산 가포동유적은 마산만이 훤히 내려다보이는 해안가의 급경사면에 있는데, 자연암괴의 바위틈에 동검과 동모, 동과를 의도적으로 파손하여 매납하였다.

사천 마도에서도 섬의 정상부에서 동검 1, 동모 1, 동환 1, 쌍두관상동기 1, 유리구슬 3점과 무문토기편이 발견되었다.

대구 만촌동에서도 금호강변의 언덕 경사면에서 동과와 동검, 검 부속구 등이 공사 중에 발견되었는데, 유물의 배치상태로 보아 부장품이라기보다는 매납한 것일 가능성이 크다고 한다. 이와 같은 청동기 매납유적은 특별한 목적을 가지고 의례나 제사를 행한 유적으로 파악되고 있다. 또 거창 동례리유적의 4호 수혈은 잔존길이 151cm, 잔존너비 66cm, 깊이 8cm의 방형으로 추정되는 구덩이인데, 서북쪽 모서리 부근에 소형 흑도장경호 11점이 매납되어 있었다. 유물의 성격이나 매납상태로 보아 제의와 관련된 의례유구일 것으로 발굴자는 추정하고 있다.

사천 늑도유적은 삼천포와 남해 창선도 사이의 작은 섬에 조성되어 있는데, 섬 전역에 기원전 2세기부터 기원후 2세기까지의 주거지와 무덤, 패총 등이 형성되어 있다. 여기서는 원형과 삼각형점토대토기를 비롯하여 화분형토기, 낙랑토기, 회도, 야요이토기 등 다량의 토기와 동검, 철기, 유리, 활석제 용기, 복골, 골각기 등도 출토되었다. 특히 유적의 중앙에는 대형 건물지가 있고, 취락보다 높은 위치에 패총이 형성되어 있는데, 이곳에서 제기로 추정되는 단도마연토기를 비롯한 엄청난 양의 토기와 복골, 조개 및 동물뼈가 폐기되어 있었다. 일부 구역에서는 식용하지 않은 채 무더기로 땅에 묻은 꼬막류가 발견되기도 했다. 그리고 수많은 구덩이가 파여져 있는데, 이러한 점에서 일상적인 취락으로 보기는 어렵고, 산 정상부에서 제의를 행한 후 물품을 폐기한 것으로 이해된다. 따라서 남해안을 항해하던 해상세력들이 항해 과정에서 기착하면서 안전을 기원하는 제의를 행하였던 장소일 가능성이 크다. 사천 방지리유적도 늑도유적과 연대와 성격이 비슷하다. 이 유적은 사천만에 연한 작은 육계도의 동남쪽 경사면에 주거지와 환호, 수혈, 무덤 등이 조성되어 있다. 원형점토대토기 단계의 주거지가 14동 내외, 삼각형점토대토기 단계의 주거지가 7동 정도이며, 주거지가 있는 마을의 바깥에는 2중의 환호를 둘렀고, 구릉의 정상부는 공지로 두었다.

고성 동외동유적은 원삼국시대에 해당하는데 구릉의 정상부에서 중복 또는 연속해서 파여진 부정형의 구덩이가 확인되었다. 구덩이 내부에서는 깨진 토기편이 흩어져 있었고, 1호 수혈에서는 새와 고사리문, 거치문 등이 장식된 조문(鳥文) 청동기가 출토되어 의례유구로 추정되고 있다.

김해 봉황동유적은 초기철기시대부터 삼국시대까지 장기간에 걸쳐 조성된 유적인데, 주로 저지에 생활유적이 형성되어 있고, 패총은 정상부에서부터 구릉의 아래부분까지 광범위하게 분포한다. 패총에서는 복골을 비롯한 다양한 제사와 관련된 유물이 출토되었다. 늑도나 동외동유적과 마찬가지로 산 정상부에서 제의행위를 하고, 패각과 기물을 폐기한 유적으로 추정되고 있다. 진해 용원, 창원 남산리유적 등도 입지나 유적의 성격이 봉황대와 유사한 면이 있다.

[윤호필]

V 토기

1 초기철기 · 원삼국시대 토기문화의 개요

영남지역 초기철기시대·원삼국시대의 토기문화는 점토대토기유형과 그 다음으로 등장한 와질토기유형으로 대표된다. 한국고고학에서 초기철기시대라는 시대명은 실제로 철기의 출현이 획기가 아니라 점토대토기라는 새로운 토기유형의 등장이 기준이다. 원삼국시대도 마찬가지여서 와질토기의 등장이 시대구분의 중요한 지표로 여겨져 왔다. 점토대토기유형은 점토대토기옹과 흑도장경호, 그리고 두형토기 등이 중요 기종인데 이들 토기류들은 전단계의 무문토기들과 기형적(器形的)으로 연속성이 인정되지 않는다. 또한 전단계 무문토기 문화와는 다른 묘제와 주거형태이며 석기, 청동기와 같은 생활도구에서도 계승성이 인정되지 않는다. 때문에 이를 중국 동북지역에서 들어온 이주집단의 토기문화로 판단하는 연구자가 많다.

점토대토기는 구연부의 점토대 단면이 원형인 것과 삼각형인 것으로 나누어지는데 전자에서 후자로 형식 변화한다. 원형점토대토기의 고지(故地)는 일반적으로 중국 동북지역에서 구하는데 요서지역에서 처음 출현하여 요동지역으로 확산된 다음 2차 확산과정을 통해서 한반도로 이입되었다고 설명한다. 한반도로 확산되는 구체적인 프로세스에 대해서는 몇 가지 설명이 있다. 먼저 서북한지역으로 들어와 확산되었다는 주장과 한강유역이나 중서부지역에 처음 정착하여 2차적으로 확산되었다는 설도 있다. 영남지역에 출현한 원형점토대토기에 대해서는 한반도 중서부지역과 동시에 전파되었다고 보는 의견과 한반도 내에서의 2차적인 파급을 상정하는 연구자도 있다.

한편 영남지역에서 원형점토대토기에 후행하는 삼각형점토대토기의 출현은 낙랑군 설치보다 빠른 철기문화의 이입과 궤를 같이한다는 의견이 있으나, 최근에는 호서지역으로 먼저 이입된 연국(燕國) 철기문화의 2차 이입과 궤를 같이한다고 판단하기도 한다. 영남지역의 해안에서 처음 성립된 삼각형점토대토기가 영남 내륙으로 확산된 다음, 중서부지역과 한강유역 등으로 역으로 전파되었다고 주장하는 신설도 있다. 원형점토대토기 단계에는 한반도 중남부지역이 광역의 제일성을 나타내지만 삼각형점토대토기 단계가 되면 그 분포가 한정되며 원삼국시대가 되면 더욱 지역화가 진행된다. 즉 권역별로 토기문화의 전개과정에서 지역색이 두드러지는 것이다.

영남지역에서 원삼국시대 와질토기의 출현이란 산화염소성을 기본으로 하는 무문토기들의 일부가 환원염소성으로 바뀌는 것을 의미하는데 그 배경과 시기를 둘러싸고 대립되는 주장이 있다. 그것은 '낙랑군영향설'과 '전국토기영향설'인데 후자는 고조선이 매개한다는 입장이 부가되기도 한다. 결론이 어찌되었건 와질토기 유형은 지금까지 공개된 자료를 보는 한 소백산맥 이남의 영남지역을 중심으로 성립한 지역성 강한 토기이다. 한때 서북한지역에서 면적으로 점점 확산되어 영남에 가장 늦게 도달한 토기유형으로 생각하기도 하였으나 최근에는 지역별로 환원염소성 토기의 등장, 즉 회도화(灰陶化)의 전개가 다르다는 인식이 일반적이므로, 원삼국시대의 토기문화가 일률적이지 않으며 회도화의 시기도 지역별로 다르다고 이해된다. 대체로 중도식 토기유형이 확산되는 지역과 삼각형점토대토기의 전통이 오래 지속되는 지역, 그리고 와질토기가 출현하는 영남지역으로 나누어진다.

2 초기철기시대의 토기문화

1) 원형점토대토기

초기철기시대를 대표하는 점토대토기 옹의 편년적 위치와 변천에 대해서는 한국과 일본학계에서 거의 비슷한 시기에 논의가 시작되어 당시 청동기시대 후기의 토기라는 결론을 도출했다. 물론 지금은 이들 토기로 대표되는 시기를 초기철기시대라고 한다. 이후 이 토기의 점토띠 단면 형태가 원형에서 삼각형으로 변한다는 설명이 추가되었다.

원형점토대토기유형의 성립 배경에 대해서는 송국리식토기와 계승성을 부분적으로 인정하며 한강유역에서 성립했다는 주장이 제기된 이래로 1990년대에는 요령지역 이입설이 본격적으로 제기되었다. 대표논자인 박순발이 자신의 한강발생설을 철회하고 이입설을 주장하게 된 배경에는 남경 주거지 3호 출토 토기를 원형점토대토기로 판단하고 이것이 한강보다 더 북쪽에서 출토된 점에 주목한 결과이다. 그렇지만 이 토기를 원형점토대토기로 보지 않는 연구자도 있다. 그 이후 한국식 청동기의 여러 요소가 중국 동북지역에서 확인된다는 점이 강조되어 점토대토기의 고지가 요령지역이라는 인식이 굳어져 갔다.

전래방식에 대하여 박진일은 요령지역의 점토대토기가 호서, 호남지역과 영남지역에 각각 별도로 전래되었다고 보고 그 시기를 기원전 3세기라고 한다. 기원전 3세기라는 실연대는 연장(燕將) 진개(秦開)의 동진기사를 중시하는 것으로 세형동검과 점토대토기의 성립시기를 동일시하는 비교적 오래된 인식이다. 그런데 원형점토대토기의 이입시기와 관련하여 이청규는 동일한 원형점토대토기와 공반되는 세형동검이 중국 동북지역과 남한지역에서 서로 형식차가 있음을 지적하면서 요령지역의 점토대토기가 세형동검의 지역색이 발생하기 이전에 이미 유입된 것으로 판단했다(이청규 2002). 이로써 점토대토기의 이입시기를 진개의 동진이라는 역사적 사건에 맞추어 보던 기존의 교조적인 연대관이 조금은 느슨해지게 되었다. 최근에는 중국 요서지역의 양천문화에서 보이는 이중구연 요소를 점토대토기와 관련시켜 이것이 요서지역에 처음 출현하여 요중지역으로 확산된 다음 요북지역과 요남지역으로 전파되었다는 인식이 확산되고 있다. 또 중국 중원청동기와의 대비를 통해 기원전 6~5세기대라는 실연대도 제시되었다. 여기에 AMS연대까지 더해지면서 점토대토기 기원전 7세기 상한설마저 제기된 상태이다.

기원전 3세기 초라고 하는 연대관이 연장 진개의 기사에서 끌어온 것이라면 기원전 5세기설은 전국시대 연국이 연산산맥을 넘어 요서지역으로 진출한 시기를 통해서 가늠하는 것이다. 중국 요령성 수천유적 1기에 속하는 79호 출토 동과(銅戈)의 연대를 중국 중원예기(中原禮器)와 비교하여 기원전 5세기로 판단한 것이 이 연대관에 더욱 힘을 실어 주었다. 한반도 청동기에서 확인되는 나팔형동기 등이 요동지역의 정가와자 6512호에서 출토되었기 때문에 춘추말이라는 연대는 한반도 점토대토기의 실연대를 가늠하는 중요한 잣대가 된다.

영남지역을 포함한 한반도 중남부지역 원형점토대토기의 고향을 중국의 요중지역에서 구하는 것이 일반화되고 있지만 모든 문제가 해결된 것은 아니다. 즉 수천유적에서 확인되는 파수부호의 경우 파수가 종방향으로 동체부에 부착되지만 한반도의 것은 모두 횡방향으로 부착되기 때문이다.

2) 삼각형점토대토기

삼각형점토대토기는 중국 동북지역에서 변형된 점토대토기의 재파급이라는 주장이 있는데 이는 중국 요남지역의 윤가촌(尹家村) 하층 2기 문화를 직접조형으로 보는 인식이 깔려 있다. 일찍이 대동강유역권의 고조선지역에서 점토대의 단면 형태가 삼각형으로 변화되었다고 판단하고 영남지역으로의 이입은 해안을 따라 명사리식토기와 함께 확산된 것으로 판단한 선험적인 연구가 있었다. 결국 삼각형점토대토기의 발생시기에 대해서는 낙랑군 설치보다 이른 기원전 2세기대로 판단하는 경향이 우세했다. 사천 늑도유적이 발굴되면서 한때 낙랑 화분형토기 영향설이 제기되었으나 그 후 낙랑토기의 영향을 받은 것은 와질토기에 한정되기 때문에 그보다 층위적으로 선행하는 점토대토기는 낙랑군 설치시기보다 빠르다는 정리로 이어졌다.

원형점토대토기의 성립이 기원전 3세기이므로 낙랑군 설치와의 중간지점으로 삼각형점토대토기의 상한을 정한 것인데 공교롭게 그 시기가 위만조선 성립시기와 겹치게 되었던 것이다. 이재현은 기원전 2세기 중엽을 상한으로 보았는데 이는 서남부지역인 익산 신동리와 장수 남양리유적 등지에서 연국계의 철기가 출토되는 현상에 주목한 결과이다. 기존의 세형동검 상한연대가 기원전 3세기였기 때문에 낙랑군 설치연대보다 올려 잡아서 도출한 역연대관이다. 신경철도 최근 영남지역의 삼각형점토대토기를 호서지역에서 2차적으로 이입된 것으로 판단하였다.

그러나 요동지역의 철기문화와 영남지역의 상호관계를 구체적으로 설명할 고고자료가 없는 점을 지적하고 이미 권역 내에서 발전하고 있던 원형점토대토기유형과 동질성이 높다는 점에 주목하여 자체발생설을 주장하는 연구자도 있다.

영남지역 삼각형점토대토기의 역연대 중 상한연대는 일본 야요이토기 편년을 의식하여 기원전 2세기로 보는 설이 일반적이지만 기원전 3세기까지 올려 보는 시각도 있다. 사천 늑도유적에서 발견되는 야요이 전기말 형식의 이타즈케식토기편을 의식하는 것이다. 그런데 야요이시대의 역연대라는 것이 낙랑군의 설치를 기준으로 설정된 것인 만큼 굳이 이를 끌어올 필요가 없으며 오히려 상대편년이 더욱 충실해진 영남지역의 토기연구를 바탕으로 역연대의 기준이 새로 정해져야 할 것이다.

한편 사천 방지리유적이 발굴되면서 영남지역에서 원형점토대토기와 삼각형점토대토기의 형식학적인 계승관계가 인정되는 자료가 다수 확보되었다. 이들은 토기와 공반유물에서 연속성이 인정되며 양자의 생계양식도 거의 유사한 것으로 파악되었다. 그렇기 때문에 최근 삼각형점토대토기가 영남 해안지역에서 최초로 발생하였다는 주장이 제시된 것이다.

삼각형점토대토기는 가장 출토사례가 많은 곳이 영남지역이지만 호서와 호남지역에서도 분포범위를 넓혀 가고 있다. 한강유역권에서도 삼각형점토대토기의 출토사례가 늘고 있지만 그 수량은 다른 시대의 유적에 비해 적은 편이다. 특히 영동지역과 영서지역처럼 아예 삼각형점토대토기의 출토가 인정되지 않는 공간도 있다. 또 호남지역과 경남 서부지역의 경계지역에서는 와질토기의 출현이 인정되지 않고 삼각형점토대토기가 형식변화하며 오랫동안 사용되었음이 인정되는 공간도 있다.

그렇기 때문에 점토대토기와 와질토기의 편년표 등은 지역별로 달리 작성되어야 할 것이다.

3 원삼국시대와 와질토기

1) 와질토기의 기본이해

원삼국시대의 시작은 무문토기의 와질토기화, 즉 회도화가 가장 중요한 고고

학적 지표이다. 여기서 말하는 무문토기는 위에서 살핀 점토대토기인데 각종 점토
대토기와 파수부호, 소형 옹 등이 대표적이다. 창원 다호리유적에서 출토된 토기를
포함하여 영남지역에서 무문토기의 와질토기화를 둘러싸고는 다양한 논의가 이루
어져 왔다.

　　일제강점기 이래로 김해패총을 삼국시대 이전의 문화소산으로 인식하고 출토
유물 중에서 특징적인 토기인 타날문단경호를 '김해토기'로 명명하면서 명도전과
동반되는 타날문토기에서 그 계보를 구하고 이를 '삼한토기'로 이해한 적도 있었다.
그러나 1970년대 말과 80년대 초반에 영남지역 각지에서 삼국시대 이전으로 소급
되는 목관묘가 발굴되기 시작하면서 삼국시대 이전의 토기류가 주머니호로 대표되
는 와질토기라는 주장이 새롭게 대두되었다. 김해패총에서 출토된 경질의 타날문토
기는 삼국시대의 생활토기로 정리되면서 그 대신 소성도가 낮은 와질제 토기들이
그 이전인 원삼국시대를 대표하게 된 것이다. 이는 무문토기에서 삼국시대 경질토
기로의 전환이 소성환경, 즉 밀폐가 가능한 가마의 개발에 의한 소성온도의 개량이
라는 점진적 기술혁신의 결과라고 전제하기에 와질토기를 그 중간에 자리잡게 한
결과이다.

　　그 후 와질토기가 원삼국시대, 문헌사학에서 말하는 삼한시대 진·변한지역의
대표 토기라는 인식하에서 이들 토기들에 대한 많은 연구가 이루어졌다. 영남지역
의 와질토기를 크게 전·후기로 구분하게 되었으며 시간적인 변화에 민감한 기종을
중심으로 비교적 안정적인 상대편년과 변천표가 작성되었다.

2) 와질토기의 기원과 내용에 대한 이해

　　영남지역의 와질토기 발생을 둘러싸고는 여전히 낙랑토기 영향설과 전국계
(戰國系)타날문토기 영향설이 대립한다. 여기서 가장 중요한 토기가 타날문단경호인
데 다른 기종은 점토대토기에서 기형적 계승성이 인정되지만 이 토기는 신기종이기
때문이다.

　　그런데 낙랑이나 전국계타날문토기의 특징이 구체적으로 학회에 소개되면서
상황은 좀 더 진전을 보이고 있다. 즉 영남지역 타날문단경호의 형태적, 기법적 특징
이 전형적인 낙랑 토기와 닮아 있지 않다는 구체적인 연구내용이 소개된 것이다. 오
히려 낙랑토기보다 선행하는 전국시대 연국이나 중국 동북지역의 세죽리-연화보

유형에 포함되는 타날문단경호와 형태와 제작기술이 닮아 있다는 것이다.

영남지역의 원삼국시대 원저단경호는 회전대 위에서의 승문 타날성형, 구연부의 회전조정, 동체부 상위와 어깨부의 횡침선, 실로떼기한 다음 저부에 대한 2차 타날성형이라는 방법으로 제작된다. 그런데 이는 원통형의 기본형을 만들어서 2차로 모양을 변화시키는 낙랑에서의 제도법과는 차이가 있다. 문양이 없는 둥근 내박자를 1차 동체부타날과 2차 원저화타날에 모두 사용하는 것도 낙랑이 아니라 전국계 회도에 더 가깝다.

결국 기존의 와질토기 전국 타날문토기 영향설에 가까운 이해로 보이는데 이것이 서북한지역에 수용되었다가 낙랑군 설치 이후에 재확산되었다는 해석도 있다. 초기 와질토기가 중부지역에 먼저 정착되었다가 면적으로 확산되면서 낙동강유역권에 이른다는 선행 연구자들의 주장도 최근 늘어난 관련 고고자료로 판단하건대 문제가 있다. 오히려 중국계 회도인 타날문단경호의 발생과 재지화는 낙동강유역권이 중부지역보다 빠르다는 것을 시사하는 자료가 많다.

영남지역에서 와질토기의 구체적인 상한연대와 관련해서는 이를 전통적인 연대관의 틀에서 설명하여 기원전 1세기 중반 이후로 생각하는 연구자가 많지만, 요동반도와 한반도 서북지방은 물론 일본열도와 오키나와까지를 연결하는 국제교역망이 형성되는 기원전 3세기까지 소급될 수 있다고 보는 견해도 있다. 물론 와질토기가 발생하여 지역토기로 정착하는 것은 기원전 2세기 후반경으로 본다.

좀 더 구체적으로 살피면 주목되는 것이 예산리 3호 출토 타날문단경호이다. 이는 전국계 회도의 형태와 기술적 전통을 수용했지만 현지에서 제작된 것으로 보인다. 이 토기는 후행하는 단계, 즉 창원 다호리 1호분이나 조양동 38호에서 출토된 주머니호와 예산리 3호를 서로 비교하여 기원전 2세기 후반으로 보는 주장이 있다.

중요한 것은 낙랑군이 설치되기 이전인 기원전 2세기대에 이미 낙동강유역권에 와질토기의 조형이 되는 회도가 반입되어 있었던 것이 분명하며 이를 모방하는 노력이 이루어진 끝에 기원전 1세기 초에는 낙동강유역권의 독특한 와질토기가 완전히 정립된 것이라는 점이다.

와질토기는 처음부터 완성된 형태로 나타나는 것은 아니다. 이미 앞에서 살핀 것처럼 초기철기시대의 무문토기에서 점진적인 형태 개량과 성형법, 소성법의 개량을 통해서 와질토기화가 진행된다. 다호리 40호와 팔달동 41호에서 출토된 산화염

소성이면서 저부가 평저인 단경호는 그 제도법(製陶法)이 무문토기에 기초하는 부분이 있음을 알려 준다. 즉 재지의 공인이 권역 내로 이입된 회도 단경호를 모방했을 가능성이 높다. 이는 낙동강유역권에서 초기 와질토기의 제작을 주도한 주체를 이해하는 데 중요한 단서가 된다. 또한 단경호에 승문타날이 본격적으로 채용된 후에도 태토에 굵은 모래가 섞이고 뚜렷한 형식변화의 방향성이 확인되지 않는 점과 더불어 소성도가 고르지 못한 점 등을 참고하면 재지의 무문토기인이 타날과 환원염 소성을 기본으로 하는 회도 기술을 습득해서 완성시키는 데는 제법 긴 시간이 걸렸을 것이다.

그리고 일부 늦은 단계의 주머니호와 공반되는 단경호에서는 낙랑 단경호의 특징인 어깨부 무문(혹은 평행)타날이 확인되는 사례가 있다. 이는 낙동강유역권에서 타날문단경호가 변천하는 과정에서 부분적으로 낙랑의 제도기술 요소도 채용되었을 가능성을 시사한다.

최근 달성 평촌리 취락유적에서는 낙랑군 설치시기보다 소급되는 시기에 해당하는 삼각형점토대토기 단계의 활석혼입계 화분형토기가 출토되었다. 이는 권역내 회도의 성립배경에 낙랑군 설치 이전 서북한지역과의 관련성을 시사하는 중요한 토기자료이다. 물론 이 시기의 이입토기들이 모두 서북한지역과 관련되는 것은 아니며, 사천 늑도유적에서 출토되는 활석혼입계 토기 중에는 중국 동북지방의 요동반도 출토 토기와 통하는 자료도 확인된다.

이상을 정리하면 낙동강유역권으로 초기철기시대 후기에 이입된 회도는 일원적이지 않지만 주로 요동반도와 한반도 서북지역에 반입된 것으로 그 교섭관계를 주도한 실체는 후기 고조선 세력일 가능성이 높다. 중국경(中國鏡)이 영남지역으로 이입되기 시작하는 것도 임당동 E-58호에서 재가공된 초엽문경이 있으므로 낙랑군이 설치되기 전인 기원전 2세기대 전반까지 소급될 가능성도 열려 있다.

물론 이러한 새로운 연대관에 대하여 여전히 고고학적인 연대증거가 미흡하다는 반론도 적지 않기 때문에 앞으로의 관련연구가 주목된다.

3) 와질토기의 편년

형식변화에 가장 민감한 토기는 주머니호로 저부가 굽형인 것에서 평저로, 평저에서 다시 원저로 변화한다는 사실이 밝혀졌다. 그리고 동체의 상위가 내만하다가 외반하는 것으로 바뀌어 간다. 구연단부는 점토대가 있는 것에서 홑구연이 되어 서서히 외반하는 것으로 변화한다. 이러한 개별 속성조합을 통해서 형식변화를 설정할 수 있다. 장경호의 경우에도 굽이 있는 것에서 원저화로 진행되며 구경과 구연부는 외반하는 방향으로 전개된다. 동최대경은 아래에서 위로 진행되는 경향이 있으며 수평파수에서 점차 파수의 끝이 위로 올라간다.

점토대토기 옹은 점토대가 분명한 것에서 홑구연으로의 변화가 분명히 인정되며 구연단부가 회전력에 의해 더욱 날렵하게 조정되는 쪽으로 바뀌어 간다.

나머지는 이들 토기와의 동반관계를 통해 상대편년을 설정하는 방법인데 최근까지도 이어지는 관련연구는 모두 이러한 형식설정과 변화에 대한 기초인식에 바탕을 두고 있다.

그 외 중요 기종을 대상으로 한 편년연구와 소지역성에 주목한 연구, 그리고 부장방식에서 인지되는 통시적인 함의와 지역성 등에 대한 연구 등도 이루어지는 등 와질토기를 둘러싼 연구 성과는 비교적 충실하게 쌓여 가고 있다. 그럼에도 불구하고 그 내용을 찬찬히 들여다보면 의외로 와질토기화의 내용에 대한 구체적인 설명이 부족하다는 사실을 알 수 있다. 나아가 단편적인 자료를 바탕으로 선학들이 정리한 와질토기화의 내용에 대해서도 재검토를 필요로 하는 시점에 와 있다고 할 수 있는데, 이는 근년에 과거와 비교할 수 없을 정도의 자료가 확보되었기 때문이다.

4) 기종별 와질토기화의 내용

먼저 삼각형점토대토기의 와질토기화를 들여다볼 필요가 있다. 초기철기시대의 삼각형점토대토기는 저부 점토판을 먼저 만들고 그 위에 점토대를 테쌓기하여 성형하는 기종인데 와질토기화가 진행되기 이전의 무문토기 단계에서 이미 타날성형이 이루어졌음이 인정된다. 무문토기와 동일한 산화염소성이며 석사립이 다량혼입된 소지와 점토대 쌓아올리기, 그리고 구연부의 바깥에 점토대를 돌려 붙이는 것으로 이해된다. 토기의 외면에 부착된 흑반으로 보아 바닥에 연료를 깔고 그 위에 성형·건조된 토기를 눕혀 놓고 다시 연료를 덮은 다음 소성하였다.

와질토기화가 진행되면 우선 저부 원저화가 이루어진다. 이는 삼각형점토대토기가 평저인 점에서 크게 다른 점이다. 이와 연동하여 구연부의 형태도 변하는데 점토띠에서 홑구연의 외반구연으로 바뀌어 나간다. 또 구연부의 조정에 약간의 회전이 인정되는 것도 변화이다. 저부 원저화는 회전대에서 분리한 다음에 이루어진 저부 타날의 결과이다. 과도기의 토기 태토에는 석사립이 제법 혼입된 것이 있어 무문토기 삼각형점토대토기와 크게 다르지 않은데 와질토기화가 성형에 사용된 소지의 극적인 변화를 담보하지 않는다는 사실에 주목해야 할 필요가 있다. 변화는 점진적인 것이다. 원저화와 홑구연화가 이루어지면 대체로 환원염으로 소성된 느낌을 주는 회황색 계열의 색조로 바뀌는 토기들이 많다. 뿐만 아니라 무문토기 단계에서 폭넓게 인정되던 소성 시의 흑반은 사라지기 때문에 토기를 구워 내는 방법도 바뀌어 갔음을 시사한다.

이 토기기종의 와질토기화를 낙랑 화분형토기의 영향으로 판단하기도 했지만 '형뜨기'를 채용하는 화분형토기와는 제작기술의 차원에서 크게 다른 토기이다. 오히려 요동반도에서 발견되는 연식토기의 영향을 받은 외반호와 유사성이 더 높은 기형이라고 할 수 있다.

주머니호의 와질토기화도 중요하다. 주머니호는 원삼국시대를 대표하는 토기로 일찍부터 주목받아 왔으며 원삼국시대에 새로이 발생한 기종으로 이해하는 연구자가 많았다. 그렇지만 최근 늘어난 자료로 판단하건데 이미 초기철기시대에 등장하여 무문토기 소성이며 평저인 상태로 사용되던 토기였음이 분명하다. 조양동 5호 출토품이나 팔달동 45호 출토품이 대표적이다. 아직도 주머니호라는 기종 전체를 와질토기로 판단하는 연구자들이 있지만 실제로는 삼각형점토대토기 단순기에 이미 성립하여 와질토기화한 기종이다.

주머니호는 형식변화의 방향이 가장 뚜렷한 기종이기 때문에 원삼국시대 토기 편년에서 가장 중요하며 기준이 되는 기종이기도 하다. 무문토기 단계의 주머니호는 석사립이 다량 포함되고 저부는 굽형이며 산화염으로 소성되는 것이 기본이고 제작대에서 떼어 낸 후 저부를 조정한 사례도 확인된다.

주머니호의 와질토기화가 진행되면 우선 다른 기종과 마찬가지로 저부 원저화가 이루어지고 구연단이 외반하며 태토의 정선화가 아울러 이루어진다. 환원염으로 소성되고 무문타날과 마연으로 표면을 조정하여 마무리한다. 성형과정에서 타날이 이루어졌음이 분명한데 토기의 내면에서 무문, 혹은 손으로 내박자를 대신한 사례도 발견된다. 저부 원저화는 구연부에 대한 조정이 끝난 다음에 회전판에서 분리한 다음 베풀어진다.

주머니호는 구연부의 외반도가 시간성을 가장 민감하게 반영하는 형태적 속성이다. 나아가 이 토기의 소멸과 와질제 노형토기의 출현을 지표로 원삼국시대를 전기와 후기로 구분하기도 한다.

완형토기는 원삼국시대에 한식토기에서 영향을 받아 새로 발생한 토기기종인 것으로 이해되어 왔으나, 최근 팔달동 등지에서 초기철기시대의 무문토기 완이 발견되었는데 평저의 굽이 있으며 구연단에는 작은 점토띠가 돌아간다. 무문토기 단계 완형토기의 제작법은 같은 단계의 주머니호와 닮아 있다. 와질토기화의 방향도 주머니호와 거의 유사하다. 와질토기화가 이루어진 완형토기의 제작기법과 관련하여 중요한 자료가 다호리 57호에서 출토되었다. 57호 완형토기의 저부에서는 약간의 회전이 인정되는 '실로떼기'흔이 관찰되어 주목된다. 와질토기화가 이루어진 완형토기는 구연부까지 성형이 마무리되면 회전판에서 토기를 분리하여 저부를 2차적으로 조정한다. 그런데 이때 사용된 분리법에 실로떼기가 실제로 채용되었음을 확인시켜 주는 중요한 사례가 다호리 57호에서 출토된 것이다.

청동기시대는 물론이고 초기철기시대의 토기에서 실로떼기가 관찰되는 사례는 없었다. 원삼국시대의 와질토기화된 토기가 녹로(회전대)에서 제작되었을 가능성은 지적되었으나 이와 관련된 저부 조정흔이 남은 실물자료가 확인된 적은 없었다.

토기 제작과정에서 실로떼기가 채용되는 것은 중국 중원지역인데 이미 서주시대 이전에 제작된 토기에서도 실로떼기가 관찰된다. 특히 전국시대 이래로 녹로로 제작된 니질계토기에서 실로떼기흔이 관찰되는 사례가 많다. 물론 낙랑토성이나 낙랑고분에서 출토된 니질계의 평저토기에 실로떼기흔이 많지만 이것이 한대의 낙랑토기에 국한되는 기법으로 오해해서는 곤란하다.

단경호는 초기철기 단계에는 없었던 기종으로 전국시대 이래 중국 동북지역과 한반도 서북지역까지 확산된 회도타날문단경호의 영향하에서 새로 등장한 토기로 이해된다. 와질토기를 대표하는 기종 중의 하나이지만 주머니호나 조합식우각형파수부호와 같이 형식변화의 방향이 분명하지 않은 것이 특징이다. 다호리 64호 단계가 되어야 타날문단경호의 독특한 제법이 완성되는 것으로 여겨진다.

창원 다호리유적의 타날문단경호는 대개 승문타날로 성형되었고 구연부의 조정에 약간의 회전이 채용되었으며 환원염으로 소성되는 것이 일반적이다. 그러나 태토에는 의외로 석사립이 혼입된 것이 많아서 와질토기에 대한 선행연구자들이 중요시한 태토의 정선화와는 거리가 있다. 성형과정에서 사용된 내박자는 모두 무문이며 저부는 말각평저이거나 원저이다. 저부는 원저화 조정이 기본이지만 말각평저인 것도 있다. 와질토기화를 저부 원저화만으로 설명할 수 없지만 회전대에서 분리한 토기를 뒤집어서 승문타날로 2차 조정하는 공정의 유무가 와질토기화의 기준이 될 수 있음을 말해 주는 자료이다.

다호리 40호에서는 전면에서 타날흔이 발견되지 않는 단경호가 출토되었는데, 정선된 태토이지만 산화염소성이 느껴지는 토기이다. 타날이 없는 조합식우각형파수부호의 제작에 익숙한 공인이 제작한 것으로 보이며, 와질토기화라는 것이 완성된 제도기술의 일시적인 성립과는 거리가 멀다는 것을 말한다.

와질토기에 대하여 선학들은 태토의 정선화, 환원염소성의 채용, 타날의 채용, 물레에서의 성형 등이 가장 주목해야 될 속성이라고 판단하였다. 그런데 태토의 정선화라는 것은 와질토기뿐만이 아니라 무문토기 단계의 홍도나 초기철기시대의 흑도장경호에도 적용되는 속성이기 때문에 이전의 무문토기와 와질토기를 구분하는 절대기준이라고 할 수 없다. 다호리나 팔달동을 위시한 여러 유적에서 출토된 많은 수의 초기 단계 와질토기를 관찰한 결과 석사립의 함유가 현저한 토기가 많은 점도 지적된다. 물론 정형화된 와질토기는 무문토기에 비해 정선되었으며 비짐을 섞지 않은 점토를 소지로 사용하는 것이 일반적이다. 결국 와질토기화에서 태토의 정선화라는 것은 점진적으로 이루어진 변화이기 때문에 발생기의 와질토기를 무문토기와 구분해 내는 절대기준으로 삼는 것은 곤란하다.

타날의 도입이라는 요소만으로도 무문토기와 발생기의 와질토기를 구분할 수 없다. 점토대토기 단계는 물론 송국리 단계의 토기에서도 이미 타날흔이 관찰되기 때문이다. 그렇기 때문에 와질토기화의 중요 속성으로 단순히 타날성형을 언급하는 것은 옳지 않으며 이미 이재현이 지적한 것처럼 승문타날의 도입에 더 무게를 두어야 한다. 나아가 그것이 와질토기의 다른 속성과 연동해서 나타나야 의미가 있다고 판단되기 때문이다. 그런데 타날문단경호를 제외하고는 승문타날이 지워지는 경우가 많기 때문에 제작기법은 신중하게 판단할 필요가 있다.

한편 와질토기가 등장하면서 빠른 회전이 담보되는 회전대가 전격적으로 도입되었다고 판단해서도 안 된다. 또한 이것 역시 와질토기와 무문토기를 구분하는 절대기준이 되어서도 안 된다. 와질토기화가 진행된 초기 단계의 주머니호나 장경호,

단경호 등은 타날성형과 구연부의 조정 등에 부차적으로 회전이, 그것도 낮은 수준의 회전이 채용된 것이지 초창기의 와질토기론자들이 주장하던 것처럼 처음부터 빠른 회전력이 수용된 토기제작이 아니었다.

환원염소성이 무문토기와 와질토기를 가르는 중요한 기준이라는 것은 주지의 사실이다. 결국 이것이 가장 중요한 기술혁신이라고 할 수 있다. 토기에 남은 소성관련 흔적으로 보아 무문토기 단계의 토기들은 눕히거나 기울인 상태에서 산화염으로 굽지만 와질토기화가 진행되면 산소를 차단할 수 있는 가마 내부에서 토기를 바로 세워 놓고 구워 낸다. 다만 와질토기 발생기의 가마형태는 분명하지 않다. 대성동 소성유구가 알려졌지만 이것이 와질토기의 전용가마로 확립되었는지는 분명하지 않다. 대성동 소성유구의 사례에서는 초기철기시대의 무문토기류와 와질토기가 동시에 구워졌다는 주장이 있는데, 와질토기가 성립하는 과정에서 수용된, 혹은 개발된 가마의 형태를 확인하는 것은 앞으로의 과제이다.

참고로 중국에서 전국시대 이래로 진한대에 유행했던 가마들은 소성실과 연소실에 단차가 있는 것이 대부분이며 바닥면 또한 평탄한 실요가 대부분이다. 대성동 소성유구는 이와는 크게 다른 형태여서 와질토기를 구워 내던 전용가마라고 하기에는 부족함이 있다.

앞에서 살핀 것처럼 토기 저부의 원저화를 포함한 저부의 2차 조정 여부도 와질토기를 가르는 중요한 지표이다. 필자는 이 저부 원저화라는 것이 환원염소성, (승문)타날, 회전대의 채용 등과 함께 무문토기와 와질토기를 구분하는 중요한 속성이라고 판단한다. 새로운 회도 제도기술이 수용되어 토기가 성형되었다는 중요한 판단 기준이다. 중국에서 전국시대 이래로 제작된 회도들은 대게 회전대(녹로)에서 회전과 타날을 병용하여 성형한 다음, 실로떼기 등의 기술을 이용하여 회전대에서 분리해 내고 저부에 대한 조정을 가하는 것이 일반적이다. 저부 조정은 회전깎기가 일반적이지만 와질토기와 같이 2차 타날이 이루어지는 경우도 많다. 주지하는 것처럼 무문토기는 홍도와 같은 일부 기종을 제외하고는 성형이 개시되면 토기가 거의 완성될 때까지 제작대 위에서 정치된 상태를 유지할 수 있다. 구연부에 대한 회전조정의 여부가 홍도와 와질토기를 기법상 가르는 기준이 될 것으로 보인다.

어느 정도 회전성형이 예상되는 토기의 저부가 원저화 공정과 같은 2차 조정을 거쳤는지의 여부와 환원염소성을 1차 기준으로 삼고, (승문)타날과 태토의 정선정도

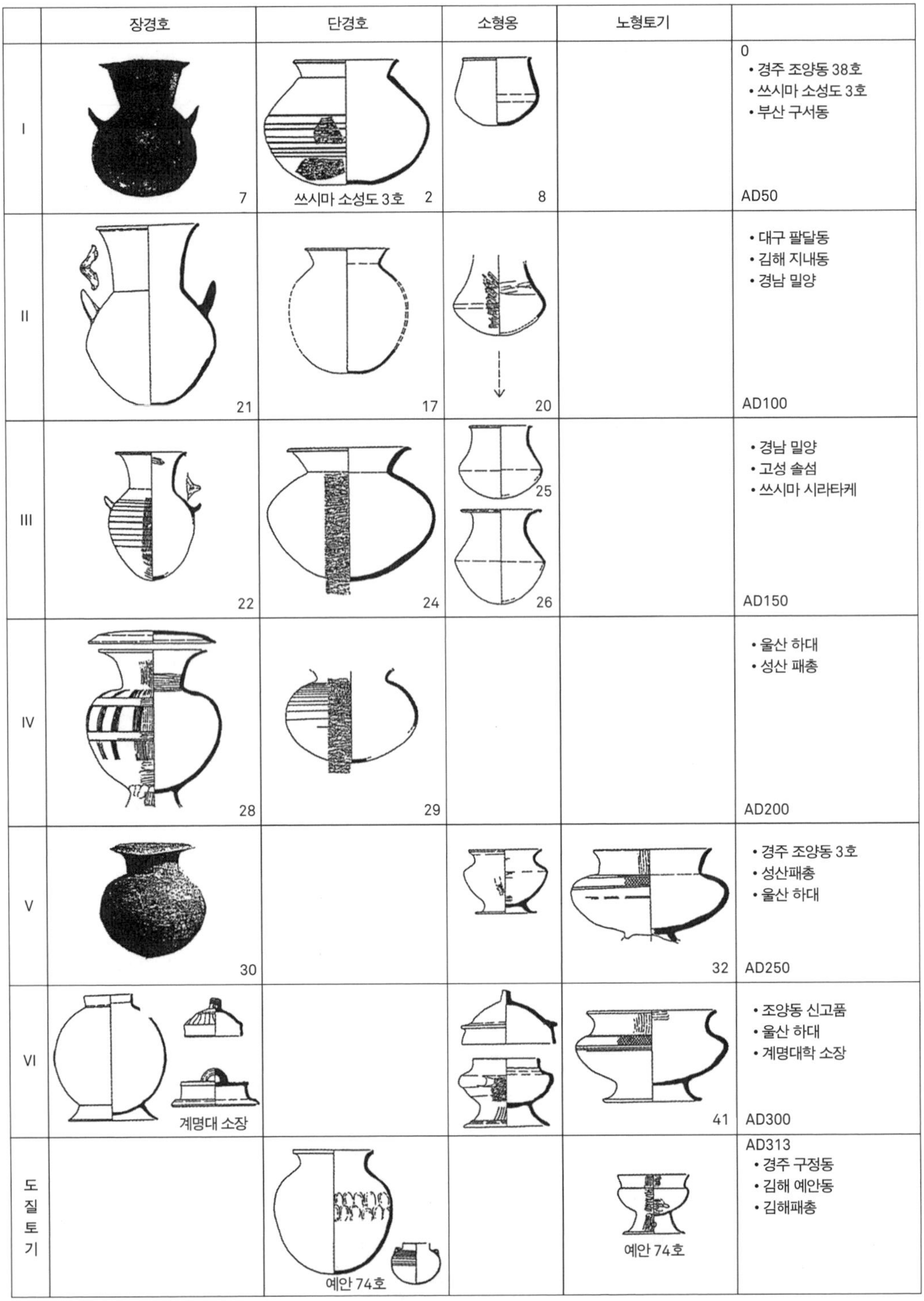

	장경호	단경호	소형옹	노형토기	
I	7	쓰시마 소성도 3호 2	8		0 • 경주 조양동 38호 • 쓰시마 소성도 3호 • 부산 구서동 AD50
II	21	17	20		• 대구 팔달동 • 김해 지내동 • 경남 밀양 AD100
III	22	24	25 26		• 경남 밀양 • 고성 솔섬 • 쓰시마 시라타케 AD150
IV	28	29			• 울산 하대 • 성산 패총 AD200
V	30			32	• 경주 조양동 3호 • 성산패총 • 울산 하대 AD250
VI	계명대 소장			41	• 조양동 신고품 • 울산 하대 • 계명대학 소장 AD300
도질토기		예안 74호		예안 74호	AD313 • 경주 구정동 • 김해 예안동 • 김해패총

그림 22 최종규의 와질토기 편년

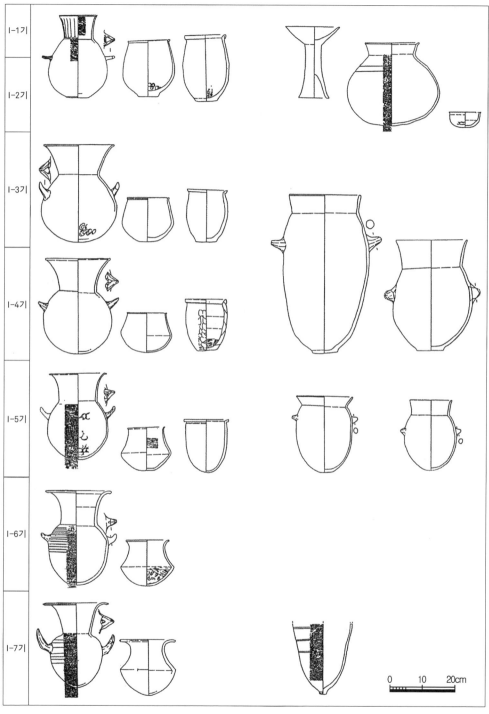

그림 23 이성주의 와질토기 단계구분 I

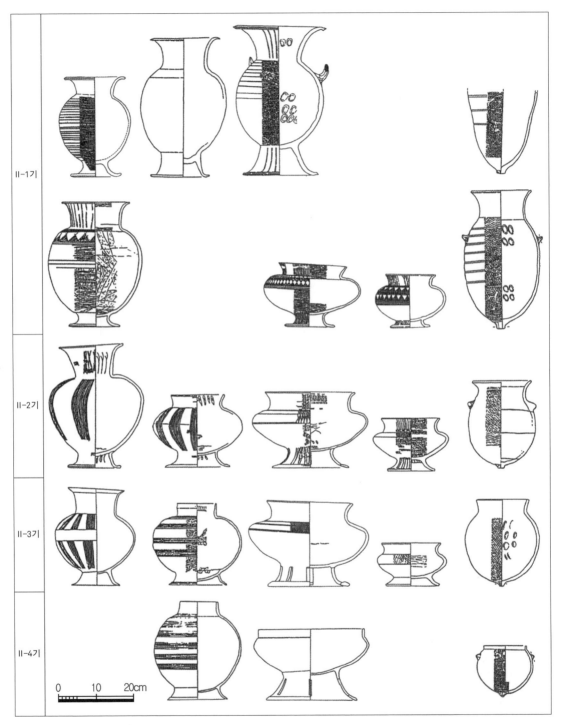

그림 24 이성주의 와질토기 단계구분 II

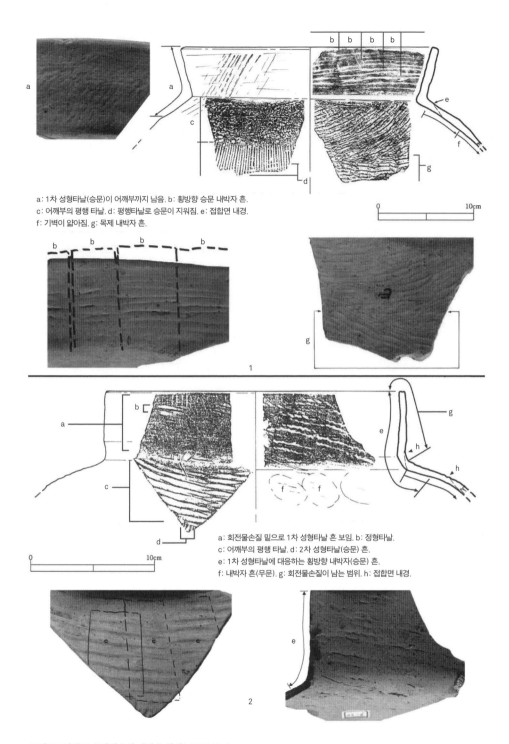

a: 1차 성형타날(승문)이 어깨부까지 남음. b: 횡방향 승문 내박자 흔.
c: 어깨부의 평행 타날. d: 평행타날로 승문이 지워짐. e: 접합면 내경.
f: 기벽이 얇아짐. g: 목제 내박자 흔.

a: 회전물손질 밑으로 1차 성형타날 흔 보임. b: 정형타날.
c: 어깨부의 평행 타날. d: 2차 성형타날(승문) 흔.
e: 1차 성형타날에 대응하는 횡방향 내박자(승문) 흔.
f: 내박자 흔(무문). g: 회전물손질이 남는 범위. h: 접합면 내경.

그림 25 낙랑토기 단경호의 제작흔 관찰(정인성 원도)

등을 2차 기준으로 삼는다면, 그간 연구자마다 일치되지 않았던 와질토기의 개념과 발생시점에 대한 인식차를 극복할 수 있을 것으로 본다.   [정인성]

VI 청동기

영남지역에서 청동기의 등장은 청동기시대부터 확인된다. 요령식동검, 동촉, 곡옥형청동기, 청동환 등이 확인되는데 다른 지역과 비교하면 그 양은 많지 않지만 종류는 다양한 편이다. 초기철기시대와 원삼국시대의 청동기는 동반하여 출토된 토기를 통해 쉽게 구분이 가능하다. 초기철기시대에는 단면원형·단면삼각형의 점토대토기와 함께 출토되며, 원삼국시대에는 단면삼각형점토대토기와 새롭게 등장하는 와질토기 등과 동반하여 출토된다.

1 초기철기시대

초기철기시대의 청동기는 무기인 한국식동검, 한국식동모, 한국식동과, 공구인 동사, 동착, 동부, 의기인 다뉴조문경·세문경, 동령, 검파형동기, 나팔형동기, 방패형동기 등 한반도의 역사상 가장 다양하며 제작기술도 가장 정교하다.

이 시기의 청동기는 한반도 남부지역을 기준으로 보면, 2기로 구분이 가능한데, I기는 다뉴조문경이 사용되는 시기로서 한국식동검, 방패형동기, 검파형동기, 나팔형동기 등이 출현한다. 중국 동북지역 특히 심양(沈陽) 정가와자(鄭家窪子) 6512호묘 출토품과 강한 유사성을 가지며, 아마도 고조선적인 청동의기가 한반도 남부에 영향을 준 것으로 보인다.

II기는 다뉴세문경이 사용되는 시기로 팔주령, 쌍두령, 간두령 같은 동령류가 출토된다. 또한 동모, 동과, 동사가 등장한다. I기는 고조선의 의기를 수용한 반면 II기에 들어서면서 삼한적인 의기로 변용하여 방울이라는 한반도 남부의 특징적인 의기를 창출하는 시기라 할 수 있다. 방울이 등장하는 양상은 I기의 방패형동기에서부터 확인되는데, 심양 정가와자 6512호묘 출토품→대전 괴정동 출토품→대전 출토의 농경문청동기의 순서로 양쪽의 돌출부가 점점 길어진다. 그리고 마지막으로 아

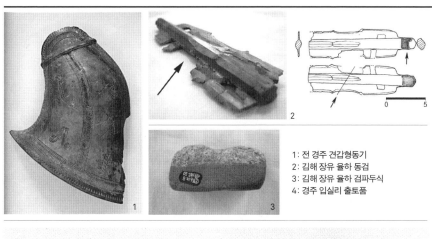

1: 전 경주 견갑형동기
2: 김해 장유 율하 동검
3: 김해 장유 율하 검파두식
4: 경주 입실리 출토품

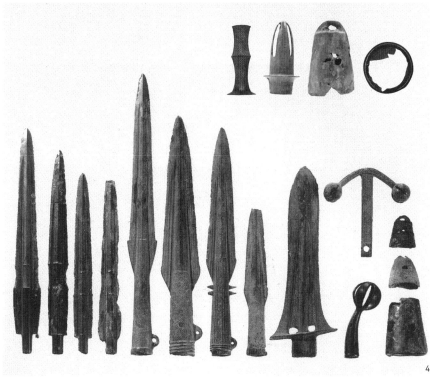

그림 26 초기철기시대 영남지역의 청동기

산 남성리유적 출토품과 같이 양 옆에 방울이 달리는 형태로 변화하게 된다. 즉 보이는 의기에서 듣는 의기로의 변화가 상정된다.

영남지역 출토 청동기 중 I기에 속하는 것은 많지 않다. 김천 문당동유적 출토의 변형요령식동검은 영남지역의 초기철기시대 청동기 중 가장 오래된 것으로, 목관묘에서 흑색마연장경호 및 단면원형점토대토기와 동반하여 출토되었다. 김해 율하 B지구 9호 목관묘 출토 한국식동검은 파편이지만 한국식동검의 초기형태로서 석제 검파두식과 동반하여 출토되었다. 이 검파두식은 평원 신송리 출토품과도 유사하여 한국식동검문화 초기의 것으로 생각된다. 그 밖에 경주에서 출토된 것으로 전하는 견갑형동기는 정가와자 6512호묘 출토품의 계보를 잇는 이형청동기로 이 시기에 해당한다고 볼 수 있다.

II기에 속하는 것은 사천 월내동 1호 목관묘, 경주 입실리, 마산(오구라컬렉션) 출토로 전하는 다뉴세문경이 대표적이다. 또한 경산 임당 조영 IB-7호묘에서는 삼각형석촉과 한국식동검이 동반하여 출토되었고, 경산 임당 FI-42호 목관묘에서 유견동부와 동사가 출토되었다. 산청 백운리 제사유적에서는 한국식동검과 함께 동모, 동사가 출토되었다. 대구 서변동유적에서 출토된 동부, 김해 패총 D지구 옹관묘 출토 동사 역시 이 시기에 속한다. 간두령은 대구 신천동, 상주, 경주 입실리유적 등지에서 출토되었는데 역시 이 시기에 속할 것이라 생각된다.

2 원삼국시대

1) 전기 목관묘 시기

초기철기시대의 청동기문화 중심은 한반도 서남부지역이었지만, 원삼국시대가 되면서 서남부지역의 청동기문화는 급속히 쇠퇴하고 영남지역을 중심으로 한 청동기가 발전하게 된다. 하지만 다뉴세문경이나 팔주령 등과 같은 정밀한 청동기의 제작은 쇠퇴하고, 일부 간두령이나 유문동모, 동물형대구, 동포, 검파 등에서 그 문양을 계승하고 있다. 아마도 철기라는 새로운 기술의 등장 때문일 것이다. 이 시기의 청동기는 앞 시기 초기철기시대의 요소를 계승한 것과 중국이나 낙랑의 영향을 받은 것, 일본과 관련성을 지니는 것으로 크게 구분된다.

앞 시기의 요소를 계승한 것으로는 동검과 동모, 동과 등의 무기류가 대표적인 청동기이고, 중원 및 낙랑의 영향을 받은 것으로는 방제경, 동물형대구, 동포 등이 있다. 일본과의 관련을 지니는 것으로는 중광형동과와 연호문방제경 등이 있다.

동검은 청동기 중에서 가장 많은 수를 차지하는데, 점차 철검으로 대체되었다. 이전 시기에는 동검과 석제검파두식이 짝을 이루는 것이 많지만, 이 시기에는 검파두식을 비롯해, 검초금구, 검파 등의 부속구도 청동으로 제작한 것이 많다. 또한 철검의 경우도 부속구는 청동으로 만들어 짝을 이루는 것이 대부분이다. 특이한 예로서 포항 옥성리 3호묘에서는 부러진 동검을 재가공하여 새롭게 기부와 슴베를 만든 것이 출토되었고, 경산 임당 208-2유적 5호 주거지에서는 전국계로 보이는 동검이 확인된 바 있다.

동검 중에는 서북한지역과 관련된 동검이 있다. 대구 만촌동유적과 경주 사라리 130호묘에서 출토된 동검은 피 홈[血溝]이 여러 줄로 나 있는데, 평양 흑교리에서 유사한 형태가 출토되었다. 평리동유적에서 출토된 동검은 등대가 없이 납작한 몸통에 여러 줄의 피 홈이 나 있는데, 평양 정백동유적에서 출토된 바 있다. 김해 양동리유적에서 출토된 동검은 편평한 형태의 몸통에 비교적 넓고 깊은 피 홈이 나 있으며, 슴베 끝에는 작은 구멍을 뚫었다. 양동리식 동검 혹은 심통(深樋)식 동검으로 불리는데, 김해 이외에 일본의 히가시노하마(東の浜), 시게노당(シゲノダン), 다테이시(盾石), 사고시라다케(佐護白岳)유적 등지에서 출토된 바 있다.

검파두식은 다양한 형태로 만들어지는데 십자 모양을 이루는 것이 많다. 입주부십자형검파두식 중에는 방울의 역할을 하도록 만든 것도 있고, 그렇지 않은 것도 있다. 또 작은 말을 부착하거나 매달아서 장식한 것도 있다. 쌍조형검파두식도 특징적인 형태인데, 오리 머리 모양을 사실적으로 표현한 것과 고리 모양으로 간략화한 것의 두 종류가 있다. 대구 비산동·지산동·봉무동·신서동, 경산 임당동 E-132호묘·내리리 II-1-4호묘, 영천 용전리 목관묘, 울산 신화리 1호묘 등지에서 출토되었다. 쌍조형검파두식은 길림·장춘을 중심으로 하는 부여의 문화적 전통이 서북한지역을 경유하여 진한지역에 전래되었을 것으로 추측된다.

청동검파는 대나무형태를 이루는데, 나무와 청동부속금구를 조립한 것이 대부분이지만, 경주 사라리 130호묘, 경산 신대리 63·75호묘, 김해 양동리 55호묘 출토품과 같이 검파 전체를 한꺼번에 주조하여 만든 것이 있다.

동모는 세형과 중세형으로 구분할 수 있다. 이 시기의 세형동모는 몸통에 여러

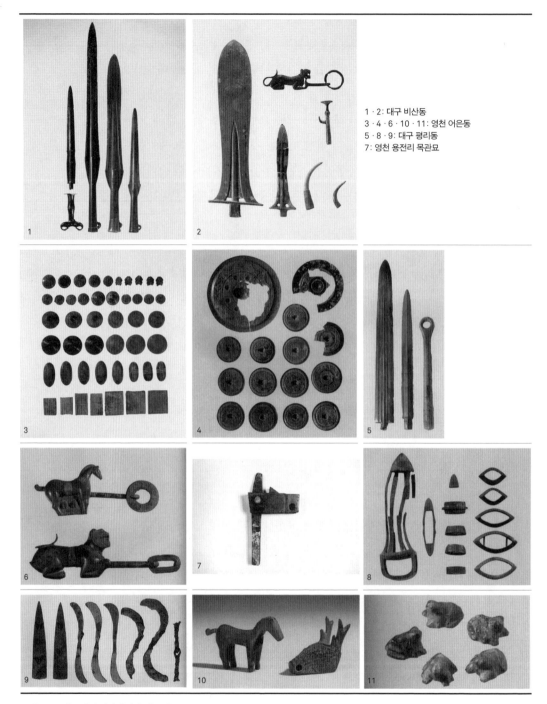

1 · 2: 대구 비산동
3 · 4 · 6 · 10 · 11: 영천 어은동
5 · 8 · 9: 대구 평리동
7: 영천 용전리 목관묘

그림 27 목관묘시기 영남지역의 청동기

줄의 피 홈이 나 있거나 자루 끝에 여러 줄로 이루어진 돌대와 반환상의 고리를 갖는 것이 많다. 또 경주 입실리와 죽동리, 울산 교동리유적에서는 자루에 정교한 문양이나 여러 줄, 또는 돌기를 내어 장식한 것도 있다. 중세형은 길이가 매우 길어진 것이 특징인데, 대구 비산동유적 출토품은 길이가 66.9cm에 이른다. 자루 끝에는 돌대를 돌리고, 문양을 장식하거나 반환상의 고리를 갖는 것이 많다. 김해 양동리유적에서 출토된 중세형 동모는 관부가 돌출되고 단을 이뤄 병부와 연결되어 있는데, 양동리식 동검과 함께 김해지역에서 제작된 것으로 추정된다. 그리고 영천 용전리 목관묘와 창원 다호리 1호묘에서 출토된 중세형 동모는 자루의 내면에 거푸집의 내형이 남아 있어 제작기술을 알 수 있게 한다.

동과는 유문동과가 특징적이다. 혈구에 삼각형 또는 엽맥문 형태의 문양이 장식되어 있다. 우리나라에서 출토된 유문동과 중 논산 은진면 출토품과 평양 토성동 486호 출토품을 제외하면 전부 영남지역에서 출토되었다. 논산 출토 유문동과는 다뉴세문경과 같은 세선의 문양이 시문되어 있어 영남지역 출토품과는 일정한 차이가 있다. 평양 토성동 486호 출토품은 혈구에 엽맥문이 시문된 것으로 영남지역 출토품과 일정한 연관성이 있다. 다만, 이 묘에서는 동과와 함께 쌍조형동검, 전국경, 무문경 등이 출토되어 영남지역의 유문동과보다는 이른 시기에 해당한다. 그리고 비산동과 만촌동에서는 크기가 장대한 중광형동과가, 김해 지역에서는 일본에서 발견되는 철과와 유사한 형태의 동과가 출토되었다. 중광형동과는 일본에서 출토된 예가 많고, 광형동과로 발전한다는 점에서 왜에서 제작된 것으로 평가되고 있지만 제작지에 대해서는 신중한 검토가 요구된다.

방제경은 한경의 영향을 받아 제작된 거울이다. 경주 탑동 목관묘에서는 이체자명대경(일광경)과 방제경이 함께 출토되었다. 방제경은 일광경을 모방하여 만든 것으로 외구에는 '王' 또는 '主'자 모양의 기호를 궐수문과 교대로 배치하였고, 내구에도 같은 기호를 배치하였다. 연호문은 7엽인데 일반적으로 한경의 연호문은 8엽, 16엽 혹은 32엽인 점에서 차이가 있다. 영천 어은동유적과 대구 평리동유적에서 출토된 방제경은 지름이 14.9cm로 비교적 대형인데, 외구에 12엽 혹은 13엽의 연호문을 돌리고, 내구에는 방사선과 '井'자 모양의 기호를 장식했다. 지름 6cm 이하의 소형 방제경은 경상북도지역을 중심으로 유행하였는데, 주문양으로 와문이나 즐치문을 장식했다. 영천 어은동, 대구 평리동, 경산 임당, 포항 성곡리유적 등지에서 출토되었다. 대구 평리동유적 출토품과 포항 성곡리 II-7호 목관묘 출토품은 동범경(同范鏡)으로 추정된다. 그리고 김해 양동리유적에서는 지름 6.5~10cm 크기의 연호문을 주문양으로 하는 방제경이 다수 출토되었다. 내구에는 연호문과 S자형, 와문, 형태를 알 수 없는 추상문양 등이 장식되어 있다. 유사한 형태가 일본에서 많이 출토되어 가야지역에서 제작되었다고 보는 입장과 왜경으로 보는 입장의 차이가 있다. 그 밖에 경산 신대동 38호 목관묘에서는 지름 3.8cm, 김해 가야의 숲유적 3호 목관묘에서는 지름 8.6cm의 무문양 거울도 출토되었다.

동물형대구는 북방지역의 동물의장과 중원지역의 대구가 결합하여 나타난 것으로 호형과 마형대구가 있다. 호형대구는 대구 비산동유적 출토품이 가장 이른 시기의 것으로 볼 수 있으며, 매우 사실적인 묘사가 특징이다. 이후 동물의 형태가 간략화하는데 이들은 영천 어은동, 경산 신대리, 경주 사라리·덕천리, 김해 대성동 67호묘 등지에서 확인할 수 있다. 마형대구도 사실적인 형태에서 간략화한 형태로 변화하는데, 영천 어은동유적 출토품이 가장 이른 형식으로 볼 수 있다. 성주 예산동, 경주 조양동·덕천리유적 등지에서 출토되었다. 마형대구는 한반도 중서부지역으로 전해서 그곳에서 새롭게 유행하게 된다.

청동으로 만든 단추도 이 시기의 특징적인 유물 중의 하나로서 동물 모양과 원형, 타원형, 장방형, 별 모양 등 다양한 형태가 있다. 경주 탑동 목관묘에서는 호랑이, 곰, 거북이, 개구리 모양의 동물형 단추가 출토되었다. 영천 어은동유적에서는 원형, 타원형, 장방형, 개구리 모양의 단추가 출토되었는데, 표면에는 십자 또는 와문형태의 태양문양이 장식된 것이 많다. 포항 성곡리 I-9호 목관묘와 경주 사라리 130호 목관묘에서는 별 모양의 단추가 출토되었는데, 표면에는 정교하게 태양문양을 장식하였다. 그 밖에 청동팔찌, 수레의 난간에 장식한 것으로 추정되는 입형동기(笠形銅器), 재갈, 소형 동탁이나 방울, 마구와 관련된 교구, 용도를 알 수 없는 유구동기(有鉤銅器), 유공십자형동기(有孔十字形銅器), 우각형동기, 쌍두관상동기(雙頭管狀銅器) 등도 여러 유적에서 출토되고 있다.

2) 후기 목곽묘 시기

2세기 중·후엽에는 영남지역에서 대형 목곽묘가 조성되기 시작하는데, 이 시기가 되면 청동기가 급격히 줄어드는 현상을 보인다. 청동제 무기는 철기로 대체되어 없

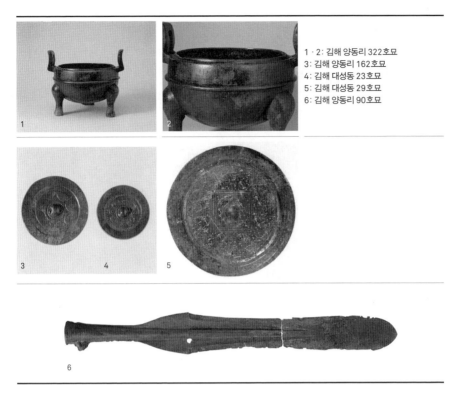

1 · 2: 김해 양동리 322호묘
3: 김해 양동리 162호묘
4: 김해 대성동 23호묘
5: 김해 대성동 29호묘
6: 김해 양동리 90호묘

그림 28 목곽묘 시기 영남지역의 청동기

어지며, 청동기는 이른 시기의 목곽묘에서 철검의 손잡이 부속구나 방제경 등의 일부가 출토될 뿐이다. 가장 이른 시기의 목곽묘 중 하나로 평가되는 김해 양동리 162호묘 목곽묘에서는 연호문 방제경 8점이 출토되었고, 양동리 212호 목곽묘에서는 철검의 손잡이 부속구가, 울산 하대 43호 목곽묘에서는 동환 1점이 출토되었다. 이와 같이 앞 시기에 유행했던 청동기가 초기 목곽묘에 부분적으로 잔존하는 정도이다.　　[이양수]

VII 철기

　　한반도 남부지역에서 철기가 도입된 시기는 지역마다 차이가 있는데 중서부지역은 기원전 3세기 후엽~기원전 2세기 전엽에, 영남지역은 이들보다 한 단계 늦은 기원전 2세기 중·후엽에 출현하였다고 보는 것이 일반적인 견해이다. 영남지역의 철

그림 29 대구 월성동유적 출토 초기철기시대 철기류

기는 낙랑군 설치(기원전 108년) 이후에 나타났다고 보는 설이 지배적이었다. 하지만 최근 대구 팔달동·월성동, 경산 임당동, 경주 하구리유적 등에서와 같이 점토대토기와 한국식동검문화의 청동기류가 철검, 철모, 주조철부, 단조철부, 장방형의 판상철부 등과 동반하여 출토되는 유적이 증가하고 있어 낙랑군 설치 이전으로 소급될 수 있다는 견해가 최근 증가하고 있다.

1 무기

검(劍)은 베는 인부가 양쪽에 형성된 것으로 한쪽 인부만 형성된 도(刀)와 구분된다. 영남지역에서는 일찍부터 철제 단검이 출현하며, 세형동검을 모방하여 제작한 것으로 추정된다. 출현 단계의 철제 단검은 형태적으로 세형동검과 유사하고, 칼집과 자루 등의 검 부속구도 세형동검의 그것과 같다. 단검이 가장 유행하는 시기는 원삼국시대의 경주 조양동38호 단계를 전후한 시기(BC 1세기 중엽~기원후 1세기 전엽)이며, 주로 목관묘의 부장품으로 발견된다. 이후 경주 사라리 130호 단계(기원후 1세기 중엽~2세기 전엽)에서는 부장이 줄어든다. 원삼국시대 전기까지 유행하고, 원삼국시대 후기(2세기 중엽 이후)에는 거의 사라지며, 그 대신 철제 장검이 제한적으로 확인된다. 장검은 단검에 비해 신부와 슴베가 훨씬 길어지는 특성을 지니고 있다.

철도는 자루 끝을 둥근 고리형태로 만든 환두도와 나무 또는 뼈로 자루를 만든 것으로 구분된다. 또한 크기에 따라 도자와 소도, 대도 등으로 구분하기도 한다. 환두소도는 삼각형점토대토기와 동반하여 출토되어 출현시기가 이르다. 환두소도는 삭도(削刀)로 사용되었다는 연구결과도 있지만, 삭도나 공구로 보기에는 길이가 다소 긴 것도 있다. 도자는 사슴뿔로 자루를 만든 것이 많다. 경주 사라리 130호 출토 철도는 나무자루의 바깥에 청동금구로 씌워 고정과 장식을 겸하였다. 원삼국시대 후기에는 환두대도가 출현하여 무덤에 부장된다. 환두대도는 환두부와 신부의 제작 기법, 관부 형태 등의 속성이 다양하며, 신부와 병부가 한 번에 제작한 일체형이 원삼국시대 후기에 유행하다가 삼국시대에 들어서면 신부와 병부를 따로 제작하여 부착하는 방식의 결합형이 주류를 이룬다.

철모는 초기철기시대에 나타나지만, 본격적으로 활성화되는 것은 원삼국시대 부터라 할 수 있다. 영남지방에서는 다양한 형태의 철모가 확인되는데 각 시기를 대표할 만한 표지적인 철모가 존재하여 그 변화양상을 엿볼 수 있다. 초기철기시대(기원전 2세기 중후엽)에는 단신(短身)과 장신(長身)의 두 종류가 있는데, 대구 팔달동유적 등에서 제한적으로 확인된다. 장신의 철모는 중국의 전국계로 인식되고 있다. 단신의 철모는 앞서 유행하였던 동모의 형태와 유사하여 동모를 모티브로 자체에서 제작하였을 가능성이 크다. 원삼국시대 전기에는 이단병식(二段柄式) 철모가 유행하는데, 중국 서안시(西安市) 진시황릉원 출토 동모와 같이 외적인 요소의 영향을 받았거나 청동기시대의 이단병식 석검 등의 내부적인 요소를 계승하였다고 보기도 한다. 원삼국시대 후기 관부돌출형 철모(2세기 중엽~3세기중·후엽)가 유행한다. 경주지역에서는 이단병식 철모가 관부돌출형 철모로 대체되는 현상이 뚜렷이 확인된다. 경주 황성동 68호(동)까지는 이단병식 일색이다가 2호 목곽묘에서는 이단병식이 주류를 이루는 가운데 관부돌출형 철모가 2점 부장되는 과도기를 거친다. 이후 대부분의 목곽묘에서는 관부돌출형 철모가 주류를 이룬다. 또한 포항 옥성리 나-78호, 경주 덕천리 19호, 울산 중산리VII-1호, 하대 43호 및 44호, 김해 양동리 162호 등 동남해안 지역 각지의 대형 장방형계 목곽묘에서 다수의 관부돌출형 철모가 부장되는 현상으로 볼 때, 피장자의 정치·경제적 성격을 어느 정도 반영하고 있다고 할 수 있다. 그리고 영남지방 특유의 관부돌출형 철모는 중서부지역의 김포 운양동, 아산 용두리, 보령 관창리, 논산 예천동유적 등에서도 보이고 있어, 철제 무기의 전파와 유통이 논의되기도 한다. 원삼국시대 후기의 철모 중에는 신부가 매우 길고, 대신에 공부는 지나치게 짧거나 약하게 만들어서 실용성이 없는 것도 있으며, 관부를 오리거나 철판을 끼워 고사리 모양으로 장식한 것도 있다. 이러한 철모는 부장용 또는 의기용으로 제작되었을 것으로 보고 있다.

철촉은 철검과 철모에 비해 다소 늦은 원삼국시대 전기에 출현한다. 성주 예산리 31호 출토 추형(錐形) 철촉을 제외하면 대부분이 무경식(無莖式)으로 원삼국시대 전기 전반의 무경식 철촉은 전체 길이가 짧고 폭이 넓은 것이 특징이다. 원삼국시대 전기 후반의 경주 사라리 130호 단계에는 길이가 길고 너비도 좁다. 원삼국시대 후

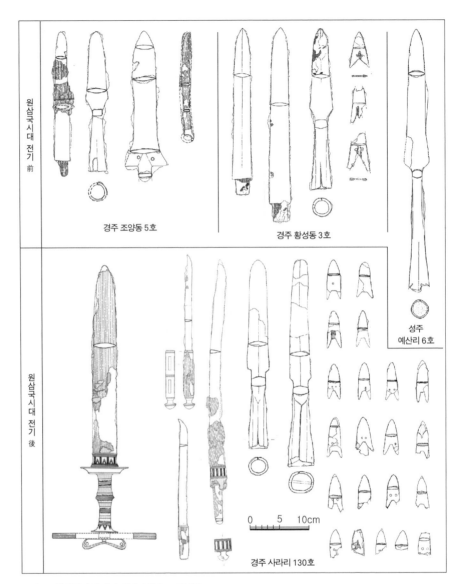

경주 조양동 5호

경주 황성동 3호

성주
예산리 6호

0   5   10cm

경주 사라리 130호

그림 30 원삼국시대 전기 영남지방 출토 무기류

기에는 무경식과 함께 다양한 유경식(有莖式) 철촉도 사용되었다. 유경식은 역자형
(逆刺形), 능형(稜形), 유엽형(柳葉形), 착두형(鑿頭形), 유공형(有孔形) 등 형태가 매우 다
양하며, 수량도 크게 증가한다.

철과는 경주, 영천, 성주, 밀양, 창원지역 등의 주요 목관묘유적에서 제한적으로
확인되었다. 대부분 원삼국시대 전기에서 확인되며, 이후에는 소멸한다. 철기 제작

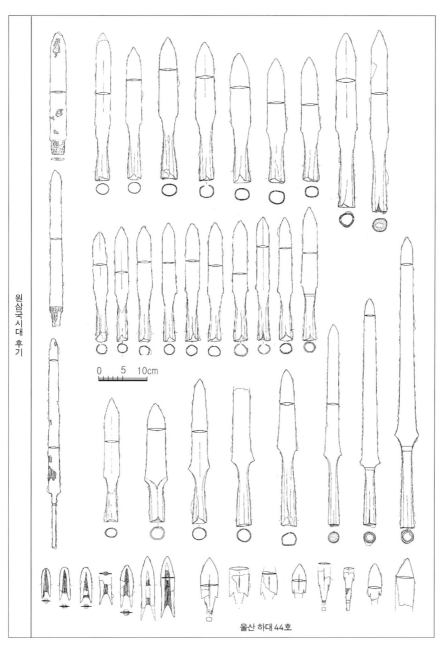

0 5 10cm

울산 하대 44호

그림 31 원삼국시대 후기 영남지방 출토 무기류

293

기술의 도입되면서 앞선 시기의 동과를 모방하여 철과로 제작한 것 정도로 의미를 두어야 할 것으로 판단된다.

2 마구

철제 재갈은 원삼국시대 전기(전기 전반)부터 확인되며 대부분 표(鑣)와 함(銜)으로 구성되어 있다. 표는 측면에 2개의 구멍이 뚫려 있고 평면 형태가 S자형과 I자형이 있다. S자형은 한(漢)이나 낙랑의 청동 표비의 영향을 받은 것으로 보이며, I자형 함은 흉노지역과의 관련성이 논의되고 있다. 함은 2연식이 대부분이지만 3연식도 있으며, 2조 또는 3조로 꼬아서 만들었다. 원삼국시대 전기 후반에는 조양동 11호, 다호리 104호, 경주 사라리 130호의 예와 같이 표비에 고사리 모양의 장식이 가미되는 경우도 있으며, 원삼국시대 후기에는 표의 크기가 커지고 고사리 모양의 장식이 강조되지만, 기능성은 퇴화하여 실용성이 없어진다. 이러한 철기는 부장용의 성격이 강하며, 주로 대형 목곽묘에서 출토되고 있어 위세품의 성격도 지닌다.　　　　[우병철]

3 농공구

농구(農具)는 농경 작업에 사용하는 도구이고 공구(工具)는 물건을 만들거나 고치는 데 쓰는 연장을 말한다. 그런데 초기철기시대와 원삼국시대의 철기 가운데에는 용도가 불분명하거나 농구와 공구로 모두 사용된 유물이 있어서 양자의 구분이 모호할 때가 있다. 여기서는 주된 용도를 기준으로 농구와 공구를 구분하여 살펴보겠다.

1) 농구

초기철기시대의 철제농구로는 괭이, 원삼국시대의 철제농구로는 괭이와 외날 따비, 쇠삽날, 쇠스랑, 철겸 등이 있다. 초기철기시대 철제농구의 종류가 적고 원삼국시대와 중복되므로 시대별로 구별하지 않고 함께 살펴보겠다.

먼저 철제괭이는 땅을 파는 농경 작업인 개간과 기경에 사용하는 농구이다. 자루까지 완전하게 출토된 사례는 없지만, 날에 해당하는 주조철부(鑄造鐵斧)가 무덤에

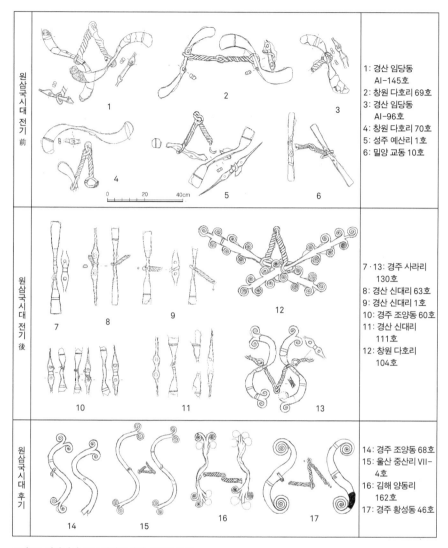

원삼국시대 전기 前	1: 경산 임당동 AI-145호 2: 창원 다호리 69호 3: 경산 임당동 AI-96호 4: 창원 다호리 70호 5: 성주 예산리 1호 6: 밀양 교동 10호
원삼국시대 전기 後	7·13: 경주 사라리 130호 8: 경산 신대리 63호 9: 경산 신대리 1호 10: 경주 조양동 60호 11: 경산 신대리 111호 12: 창원 다호리 104호
원삼국시대 후기	14: 경주 조양동 68호 15: 울산 중산리 VII-4호 16: 김해 양동리 162호 17: 경주 황성동 46호

그림 32 영남지방 출토 원삼국시대 재갈의 특성

서 보편적으로 확인된다. 주조철부는 평면 형태가 대체로 장방형 또는 세장방형이
고, 공부의 횡단면 형태에 따라 크게 장방형과 육각형, 제형(梯形)으로 구분된다. 크
기 및 돌대(突帶)와 철대(凸帶)의 유무 등을 기준으로 다양하게 세분할 수 있다.

주조철부는 자귀와 주조괭이, 자귀형철부, 쇠괭이 등 다양한 명칭으로 불리었
으며 용도에 관해서도 농구(괭이 또는 따비)와 자귀(목공구), 철기제작 소재(素材) 등 여
러 견해가 있다. 그러나 최근에는 주조철부를 괭이의 날로 파악하는 시각이 일반적

295

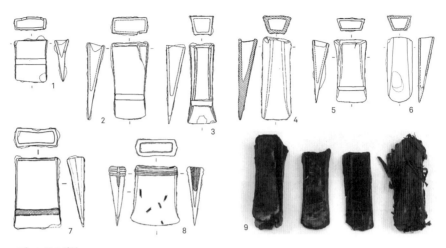

그림 33 주조철부
1: 팔달동 49호, 2: 팔달동 77호, 3: 팔달동 117호, 4: 노포동 33호, 5: 팔달동 78호, 6: 노포동 7호, 7: 양동 2호, 8: 말산리 3호, 9: 다호리 1호

인데, 여러 모양의 주조철부 가운데 괭이의 날로 널리 이용한 것은 공부 횡단면이 제형인 주조철부이다. 그리고 장방형은 괭이로 사용되었거나 목공구였을 가능성도 있다. 또한 육각형은 출토 사례가 적어서 용도를 분명하게 파악할 수 없는데, 월(鉞, 도끼)과 같은 권위의 상징물로 추정하는 시각이 있다.

주조철부는 초기철기시대인 기원전 2세기에 출현하는데, 이때에는 공부의 단명형태가 장방형인 것만 존재하며 출토 범위도 한반도 서남부지역으로 한정된다. 이후 기원전 1세기가 되면 영남지방에서도 장방형이 다수 출토되지만, 점점 수량이 감소한다. 반면 기원전 1세기에 등장한 제형은 점점 출토 수량이 증가하면서 분포 범위도 확대된다. 특히 기원후 2세기 후반부터 영남지방 전역으로 분포 범위가 넓어진다. 한편 육각형은 원삼국시대 후기의 한정된 기간에 일부 지역에서만 확인되는 특징이 있다.

철제외날따비는 재래 농기구에서 확인되는 따비처럼 땅을 파서 뒤집는 데 사용한 기경구로 알려졌다. 창원 다호리 1호에서 자루까지 출토된 사례가 있지만, 보통은 철제 날만 무덤에서 출토된다. 철제외날따비의 날은 세장방형의 인부에 130~150° 정도의 각도로 꺾인 공부가 달린 모양이다. 다호리 1호에서 출토된 철제외날따비의 목병(木柄)은 지름 3cm, 잔존 길이 57cm의 크기인데, 따비의 자루 길이는 대체로 1m 전후였을 것이다. 그런데 다호리 1호에서 출토된 철제외날따비에는 따비의 기능상 반드시 필요한 발판이 없다. 또한 날의 폭이 좁고 짧은 편이어서 재래 농기구의 따비처럼 땅을 깊게 파서 뒤집기에는 부적합한 형태라는 지적이 많다. 이런 상황 때문에 철제외날따비의 용도에 관한 논란이 여전히 있고 철제외날따비를 괭이와 인걸이(인력 쟁기), 제초구 등으로 파악하는 시각도 있다.

철제외날따비는 기원전 1세기 후반에 출현하여 기원후 3세기까지 널리 사용되었지만, 삼국시대인 4세기가 되면 부장 사례가 점차 감소하면서 소멸한다. 그리고 영남지방에서는 보편적으로 확인되지만, 다른 지역에서는 출토된 사례가 거의 없다. 이러한 분포양상 때문에 철제외날따비를 원삼국시대 영남지방의 독특한 농기구로 파악하기도 한다. 또한 다른 지역에서 확인되지 않는 형태이므로 철제외날따비는 영남지방에서 제작하였음이 분명하며 이런 맥락 때문에 영남지방에서 단조철기 생산이 이루어졌음을 뒷받침하는 하나의 근거로 이해한다.

쇠삽날은 장착하는 자루의 형태에 따라 가래와 화가래, 말굽형따비, 철제삽 등의 다양한 농구로 사용할 수 있다. 이처럼 쇠삽날이 이용될 수 있는 농구의 종류는 많지만, 모두 개간과 기경 작업에 사용하는 기

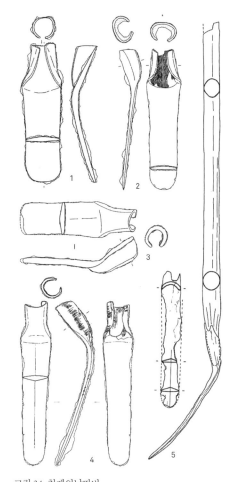

그림 34 철제외날따비
1: 하대 43호, 2: 서변동 21호, 3: 황성동 2호, 4: 팔달동 117호, 5: 다호리 1호

경구라는 공통점이 있다. 원삼국시대의 쇠삽날은 평면 형태에 따라 크게 U자형과 V자형, 크기에 따라 대형과 소형으로 분류하는데, 대체로 대형은 V자형이고 소형은 U자형에 해당한다. 그리고 대형은 가래의 날로 한정될 가능성이 있지만, 소형은 화가래와 말굽형따비, 철제삽, 극젱이(인력 쟁기) 등에 장착될 수 있다. 쇠삽날은 목곽묘가 축조되는 2세기 후반에 출현하여 삼국시대에도 계속 사용되었으며 주로 대형분에 부장되는 경향이 있다.

쇠스랑은 곧은 목병에 3~4개의 발이 있는 철제 날이 장착된 도구이다. 땅을 파서 흙을 부수거나 고르는 데 사용하였던 기경구로 알려졌는데, 단단한 토양을 파거

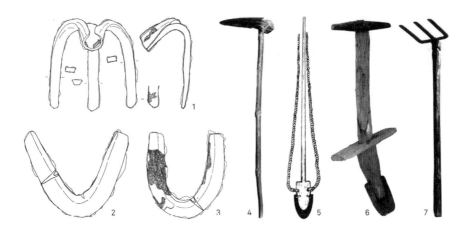

그림 35 쇠삽날(2·3)과 쇠스랑(1) 및 각종 재래 농구(4~7)
1 · 2: 옥성리 나58호, 3: 옥성리 나78호, 4: 화가래, 5: 가래, 6: 말굽형따비, 7: 쇠스랑

나 자갈이 많이 포함된 토양을 정리하는 데 사용하면 효율성이 높았을 것이다. 크기
와 장착각도, 평면 형태 등을 기준으로 세분할 수 있지만, 형태에 따른 기능 차이는
크지 않다. 쇠스랑은 목관묘의 늦은 단계(2세기 전반)에 출현하지만, 목곽묘에서 쇠삽
날과 함께 부장된 사례가 많다. 그리고 영남지방의 여러 지역에서 확인되지만, 경주
와 그 주변에서 출토 빈도가 높은 편이다.

　　철겸(鐵鎌)은 곡물 줄기를 베는 수확구로 알려졌는데, 자루와 날의 장착방법
을 제외하면 현재의 낫과 형태적으로 큰 차이가 없다. 그리고 낫이 농가에서 다양한
작업에 사용하는 만능 도구라는 사실을 고려하면 철겸도 여러 용도로 이용되었다
고 파악할 수 있다. 철겸의 날은 크기가 매우 다양하지만, 대체로 길이 15~25cm, 폭
4~8cm 정도의 크기이다. 그리고 날 부분이 직선적인 것도 있지만, 어느 정도 곡선을
이루는 것이 많고 자루에 고정하는 부분인 기부(基部)는 대체로 끝을 접어 돌출되게
만들었다. 철겸 자루는 길이 40cm 전후의 크기이고 한쪽에 날을 끼울 수 있는 구멍
[柄孔]이 있는 모양이다. 철겸은 원삼국시대가 시작되는 기원전 1세기 후반에 출현하
며 경주 일원에서는 날의 폭이 넓은 형태도 많이 확인된다. 철겸은 날과 자루가 이루
는 각도를 기준으로 예각겸과 직각겸, 둔각겸으로 구분할 수 있는데, 원삼국시대의
철겸은 대부분 둔각겸이다. 그러나 둔각겸은 수확 작업에는 부적합한 형태이므로
원삼국시대의 철겸은 수확구가 아니라 목공구라는 견해가 있다. 또한 원삼국시대에

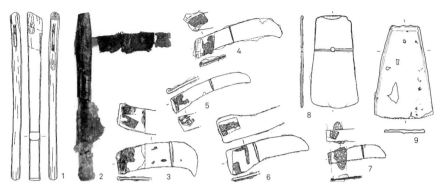

그림 36 철겸(2) 및 철겸 목병(1)과 날(3~7), 서형철기(8·9)
1: 신창동유적, 2: 다호리 1호, 3: 황성동 3호, 4: 노포동 17호, 5: 도항리 60호, 6: 조양동 55호, 7: 노포동 41호, 8: 황성동 1호 옹관묘, 9: 다호리 63호

는 철겸의 보급도가 낮았기 때문에 철도자를 수확구로 사용하였다는 시각도 있다.

이 밖에 농구로 분류할 수 있는 원삼국시대 철기로는 이른바 서형철기(鋤形鐵器)가 있다. 서형철기는 얇은 철판으로 제작된 긴 사다리 모양으로 자루를 고정할 수 있는 구멍이 하나 뚫려 있다. 중국 동북지방에서는 전국시대부터 이러한 형태의 도구를 호미로 사용하였다고 알려졌다. 그러나 영남지방에서는 출토된 수량이 몇 점에 불과하여서 원삼국시대의 보편적인 도구로 파악하긴 어렵다.

이상의 철제농구 가운데 철겸과 서형철기를 제외하면 모두 기경구로 분류된다. 따라서 초기철기시대와 원삼국시대에는 주로 기경구의 철제화가 진행되었다고 이해할 수 있다. 그리고 농구 조합은 시기에 따라 차이가 있는데, 먼저 초기철기시대에는 철제괭이 정도만 존재한다. 이후 원삼국시대 전기가 되면 철제괭이가 증가하면서 철제외날따비와 철겸이 추가되고 후기에는 전기의 농구 조합에 쇠삽날과 쇠스랑이 더해지는 것을 확인할 수 있다.

2) 공구

초기철기시대의 철제공구로는 판상철부와 철착, 철사, 철도자 등이 있고 원삼국시대가 되면 여기에 단조철부가 추가된다. 초기철기시대와 원삼국시대의 철제공구는 대체로 중복되므로 여기서는 시대별로 구별하지 않고 함께 살펴보겠다.

먼저 판상철부(板狀鐵斧)는 평면 형태가 장방형 또는 긴 사다리꼴이면서 한쪽에만 날이 있는 모양인데, 도끼와 자귀처럼 자루에 장착하여 사용하였던 목공구이다.

평면 형태에 따라 장방형과 제형, 팔자형 등으로 구분하는데, 장방형은 길이가 짧은 편이어서 주로 자귀의 날로 사용되었다고 추정한다. 제형과 팔자형은 자귀와 도끼의 날로 모두 사용할 수 있지만, 팔자형 가운데 대형은 크기가 너무 커서 도구로도 이용할 수 없는 형태이다. 판상철부는 기원전 1세기에 출현하며 이때에는 장방형만 있다. 이후 기원전 1세기 후반이 되면 판상철부 장방형은 줄어드는 반면 제형이 많아진다. 판상철부 팔자형도 제형과 비슷한 시점에 등장하여, 기원후 1~2세기에는 제형과 팔자형이 공존한다. 한편 기원후 2세기 후반에는 판상철부의 부장이 일시 중단되는데, 이때에는 판상철부 대신에 이른바 봉상철부(棒狀鐵斧)가 부장된다. 이후 3세기가 되면 다시 판상철부가 부장되는데, 이때에는 팔자형만 존재한다. 그리고 3세기 후반이 되면 도구로 사용할 수 없는 형태인 대형의 팔자형만 확인된다.

　　판상철부는 복수로 부장된 사례가 많으면서 바닥에 깔아서 부장하는 등 다른 도구와는 구별되는 부장 모습이 확인된다. 또한 도구로 사용할 수 없는 형태도 존재하는데, 이러한 현상에 기초하여 판상철부를 철기제작 소재로 추정하는 견해가 다수 있다. 그러나 철기제작 소재로 사용하기에는 부적합하다는 지적도 있고 단조철

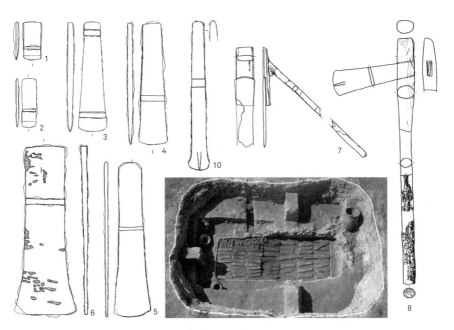

그림 37　각종 판상철부(1~8)와 봉상철부(10) 및 판상철부의 부장 사례(9)
1: 팔달동 57호, 2: 팔달동 67호, 3: 팔달동 90호, 4: 팔달동 31호, 5: 황성동 2호, 6: 옥성리 나4호 상부유구, 7 · 8: 다호리 1호, 9: 사라리 130호, 10: 하대 44호

부의 종류가 다양해지면서 판상철부가 목공구에서 의례용 유물로 용도가 변화하였다고 파악하는 시각도 있다.

단조철부(鍛造鐵斧)는 나무를 베거나 다듬는 데 사용하였던 목공구이다. 한쪽에 날이 있고 반대쪽에 자루를 장착하는 공부(銎部)가 있는 모양이며 평면과 공부의 횡단면 형태, 크기 등에 따라 다양하다. 또한 자루의 장착방식에 따라 자귀와 도끼로 구분된다. 여러 속성 가운데 용도와 밀접한 관련이 있는 것은 크기인데, 날 폭이 넓고 무거운 단조철부 대형은 벌목용, 날 폭이 좁거나 가벼운 소형은 목재를 다듬는 가공용으로 알려져 있다.

단조철부는 원삼국시대에 출현하는데, 시간의 흐름에 따라 뚜렷하게 변화하는 부분은 공부의 횡단면 형태이다. 원삼국시대 전기에는 대체로 잘 단접된 장방형이다. 그런데 후기가 되면 공부의 횡단면 형태가 타원형으로 바뀌면서 단접(鍛接)되지 않은 사례도 많아진다. 이러한 변화는 단조철부 제작방식이 변화하였음을 보여 주는데, 원삼국시대 후기에 단조철부를 대량으로 생산하면서 공부 제작방식이 간략화되었다고 추정한다. 한편 원삼국시대 전기에는 소형이면서 공부와 인부 사이에 단이 형성된 이른바 유단식이 많은 편이지만, 후기가 되면 종류가 다양해짐과 동시에 크기가 큰 대형이 많아진다. 또 현재의 도끼와 거의 같은 모양의 단조철부도 드물게

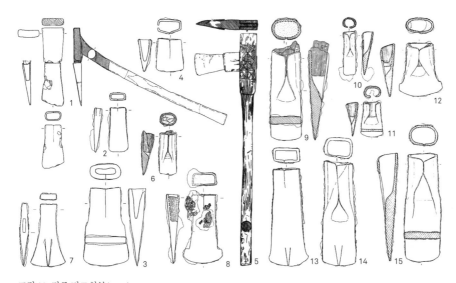

그림 38 각종 단조철부(1~15)
1: 다호리 1호, 2: 조양동 11호, 3: 예산리 III-1호, 4: 팔달동 75호, 5: 평양 부근 고분, 6: 노포동 33호, 7 · 8: 옥성리 나78호, 9: 노포동 6호, 10: 노포동 9호, 11 · 12 · 15: 노포동 16호, 13 · 14: 하대 43호

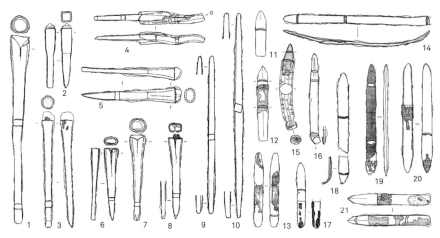

그림 39 각종 철착(1~10)과 철사(11~21)

1: 신대리 63호, 2 · 11: 팔달동 57호, 3: 덕천리 138호, 4: 예산리 III지구 1호, 5: 교동 10호, 6 · 18: 팔달동 30호, 7: 다호리 51호, 8 · 17: 팔달동 89호, 9 · 10: 하대 43호, 12: 늑도 가136: 1호, 13: 다호리 47호, 14: 노포동 33호, 15: 늑도 가100호, 16: 조양동 25호, 19: 조양동 55호, 20: 조양동 52호, 21: 황성동 3호

확인된다.

철착(鐵鑿)은 목재를 정교하게 다듬는 데 사용한 목공구로 알려졌는데, 평면은 폭이 좁으면서 길이가 긴 형태이다. 한쪽에 날을 만들고 반대쪽에 자루를 장착하는 공부가 있는 모양이 보편적이지만, 공부가 없는 것도 있다. 철착의 출현 시점은 초기철기시대이지만, 영남지방에서 확인된 초기철기시대의 철착 자료는 드물다. 원삼국시대가 되면 철착의 출토 사례가 증가하지만, 후기 이후에는 점차 감소한다. 그리고 처음에는 주조기법으로 철착을 만들었지만, 이후 단조기법으로 제작방식이 변화하였다. 한편, 초기철기시대의 철착은 2점 1조로 부장된 사례가 다수 있는데, 이러한 부장양상에 기초하여 두날따비의 날로 이용되었다고 파악하는 견해가 있으나 철착의 형태가 두날따비의 날로 사용하기에는 부적합하다는 시각도 있다.

철사(鐵鉈)는 대나무 잎처럼 생겼는데, 한쪽에 날이 있고 반대쪽에 가죽이나 섬유질의 끈으로 고정한 나무 손잡이가 있는 모양이다. 용도에 관해서는 목공구로 파악하는 견해가 일반적이지만, 문방구로 인식하는 시각도 있다. 실제로 중국에서는 철사를 문방구로 사용하였고 일본에서는 목공구로 용도가 전용되었다고 알려졌다. 철사의 출현 시점은 초기철기시대인 기원전 2세기이지만, 영남지방에서는 기원전 1세기부터 출토 사례가 증가한다. 이후 기원후 1세기가 되면 부장 사례가 점차 감소하다가 원삼국시대 후기부터는 잘 확인되지 않지만, 삼국시대에도 드문드문 부장된

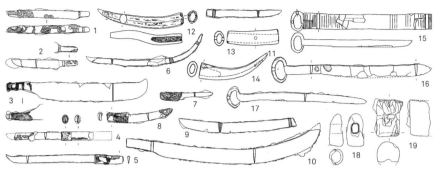

그림 40 각종 도자(1~11)와 녹각병(12~14), 환두도자(15~17), 쇠망치(18·19)

1: 신대리 5호, 2: 옥성리 나17호, 3: 다호리 64호, 4 · 5: 사라리 130호, 6 · 9 · 11: 노포동 33호, 7: 옥성리 나67호, 8: 옥성리 나99호, 10: 하대 43호, 12: 늑도 A패총, 13 · 14: 동래패총, 15: 다호리 1호, 16: 임당 AII-4호, 17: 다호리 30호, 18: 다호리 17호, 19: 임당 E-132호

다. 그리고 철사는 주거지에서 출토된 사례가 드물며 주로 분묘에서 확인되는 경향이 있다.

철도자(鐵刀子)는 여러 용도로 사용하는 주머니칼을 말하는데, 초기철기시대와 원삼국시대에 널리 사용된 이기(利器)라고 할 수 있다. 쇠로 만든 날과 슴베에 사슴뿔이나 나무로 만든 자루를 끼워 사용한다. 그리고 철도자와 비슷한 모양이지만, 병부에 환두(環頭)가 부착된 환두도자도 있다. 환두도자는 삭도(削刀) 또는 서도(書刀)라고도 부르며 목간(木簡)에 잘못 쓴 글씨를 지우는 데 사용하였던 문방구로 알려졌다. 원삼국시대인 기원전 1세기 후반에 출현하는 환두도자는 목관묘 단계에서만 주로 확인되는 경향이 있다. 이 밖에 공구로 분류할 수 있는 철기로 단야구(鍛冶具)인 쇠망치[鐵鎚]가 있다. 쇠망치는 원삼국시대인 기원후 1세기에 출현하는데, 출토 사례가 적어서 상세한 내용은 알 수 없으며 원삼국시대에는 쇠망치 이외의 단야구는 확인되지 않는다.

이상에서 철제공구를 살펴보았는데, 앞에서 살펴본 철제공구 대부분은 목공구로 분류된다. 판상철부와 철착, 철사, 철도자 등은 초기철기시대에 출현하고 원삼국시대가 되면 여기에 단조철부가 추가된다. 이후 원삼국시대 후기가 되면 단조철부의 수량이 증가하면서 공구에서 가장 큰 비중을 차지하게 되고 종류와 크기도 다양해진다.

[김도헌]

VIII 유리, 옥, 기타 장신구

장신구란 인간의 신체와 두발 그리고 의복을 치장하는 데 쓰이는 물건을 모두 일컫는 말이다. 대표적인 장신구의 종류로는 목걸이, 귀걸이, 반지, 팔찌, 발찌, 가슴 장식, 관모 등이 있다. 이 중 초기철기·원삼국시대 영남지방에서는 목걸이의 출토량이 가장 많다. 재질을 살펴보면 천하석제, 옥제, 청동제, 골제, 토제 장신구들로 이전 청동기시대부터 있던 것이고 새롭게 등장하는 유리, 수정, 호박, 마노, 금 등이 있다.

1 초기철기시대

우리나라 선사·고대의 장신구는 대개 분묘에서 출토되는데 점토대토기가 사용되는 초기철기시대에는 영남지방에서 분묘가 많이 조영되지 않아 장신구의 정확한 실상은 알기 어렵다. 영남지방 초기철기시대의 대표적인 분묘인 김천 문당동 1호에서는 천하석제 소형 환옥이 출토되었다. 또 이보다 약간 늦은 시기로 보이는 합천 영창리 12호 석관묘에서는 목걸이로 사용된 것으로 추정되는 천하석제 관옥과 벽옥제 환옥이 출토되었다. 천하석제 관옥은 이전 청동기시대와 마찬가지로 상하 양쪽에서 각각 뚫어 구멍을 관통시킨 것이다. 한편 사천 늑도유적에서는 상감관옥이 출토되어 주목된다(그림 41). 이 상감관옥은 대롱옥의 형태로 몸통을 상하로 나누어 나전과 같은 윤이 나는 조개를 박아 넣은 후 그 주변을 연주문(連珠文)으로 장식한 것이지만 연주문으로 감입한 것은 모두 떨어져 나가 무엇인지 확인할 수 없다.

유사한 사례로 중국 전국시대 말에 삼협지구(三峽地區)에서 출토된 예가 있다고 한다. 이런 형태의 상감관옥은 다른 출토 사례가 없어 외부로부터의 전래품으로 여겨지며 후대로 이어지지 않는다. 이와 같은 점으로 미루어 보아 점토대토기가 전래된 초기철기시대 초기에는 이전 청동기시대와 마찬가지로 천하석제나 벽옥제의 장신구들이 주로 사용되었던 것을 알 수 있다.

이와는 달리 사천 늑도 가-100호에서는 관옥 모양 유리가 출토되었다. 이로 미루어 보아 많지 않지만 부여 합송리유적이나 장수 남

그림 41 사천 늑도유적 출토 상감관옥

양리유적 등 중서부지방과 관련된 관옥 형태의 유리가 영남지방에 입수되었음을 알수 있다.

또 대구 팔달동유적이나 창원 다호리유적 같은 대규모 목곽묘군에서도 유리 장신구가 출토되는데 경산 조영동 IB-8호, 대구 팔달동 72호·80호, 창원 다호리 74호 등이 대표적이다. 이 무덤에서 출토된 유리는 모두 소형 환옥 형태로 이전 중서부지방과 다른 유리 제작방법이 영남지방에서는 이 단계부터 시작되는 것을 알 수 있다. 이 시기의 유리는 우리나라에서 가장 이른 시기인 부여 송국리유적 옹관묘에서 출토된 유리와 직접 연결되지는 않는다.

2 원삼국시대

1) 유리제품

원삼국시대가 되면 영남지방 목관묘에서 유리제 장신구가 폭발적으로 증가한다. 유리는 목걸이, 귀걸이뿐만 아니라 팔찌, 발찌로 사용되기도 하고『삼국지』위서 동이전의 기사처럼 옷에 매달아 장식하기도 하였을 것이다.

유리는 주제, 융제, 안정제와 착색제 등으로 만들어지는데 융제의 조성 성분에 따라 납-바륨, 포타슘, 소듐과 알칼리혼합 유리로 나눌 수 있다. 초기철기시대의 유리는 거의 대부분 중국 선진(先秦)시대의 독창적인 창작물인 납-바륨 유리로서 소량인데 반해 원삼국시대의 유리는 융제의 성분이 다양해지고 출토량도 증가한다. 원삼국시대 전기에는 시간의 흐름에 따라 납-바륨계 유리의 출토량이 줄어들고 포타슘 유리가 많아지는 경향을 보인다. 이후 소듐 유리가 추가된다. 이런 현상은 납-바륨 유리로 한정되었던 유리 원료의 종류가 원삼국시대가 되면서 이전 초기철기시대에 비해 다양해지고 입수량도 늘어나는 것을 잘 보여 준다.

유리의 형태는 김해 양동리 I지구 2호에서 출토된 것과 같은 납-바륨계의 관옥 모양 유리(그림 42)도 있지만 대부분 작은 환형(環形)으로 바뀌게 되어 호서·호남지방과 명확한 차이를 보인다. 이런 환형 유리는 다호리 74호나 팔달동 72호 등 이른 시기(기원 전후 1세기 중심)에는 지름 5mm 내외의 것이 주로 출토되지만, 양동리 I지구 9호 등 늦은 시기(기원후 2세기 중심)에는 이보다 훨씬 작은 지름 1mm 정도의 것이 다량 출토된다. 제작기술의 발전으로 인해 크기가 줄어드는 경향성을 보여 주고 있는

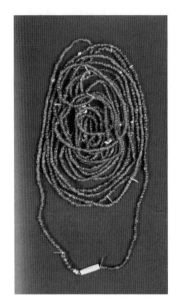

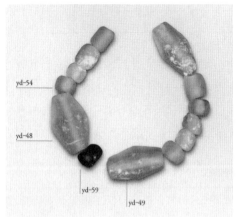

그림 43 김해 양동리 I지구 32호(김해박물관) 출토 목걸이

그림 42 김해 양동리 I지구 2호(김해박물관) 출토 목걸이

것이다. 또 특수한 예이기는 하지만 창원 다호리 1호 무덤에서는 삼환(三環) 형태의
납-바륨 유리와 직육면체 모양의 유리도 출토되었다. 특히 주목되는 것은 양동리 I
지구 20, 31, 32호에서 출토된 무색 다면유리로 분석 결과 납-바륨 유리임이 확인되
었다(그림 43). 이런 기원후 2세기대 목관묘에서 출토되는 납-바륨 다면유리는 양동
리 162호에서 출토된 소형 다면수정과 흡사한데 소결상태가 고르지 않고 표면이 매
끄럽지 못하다. 또 초기철기시대의 납-바륨 유리에 비해서도 투명도가 낮은 것이 많
은데 이것은 주제인 실리카의 함량 차이 때문인 것으로 추정된다.

　　한편 원삼국시대 전기의 유리제품은 완제품으로 입수되었는지 유리 원료를 수
입하여 영남지방에서 제작하였는지 명확하지 않다. 비슷한 시기 해남 군곡리유적
등지에서 유리 주형이 출토되는 것으로 미루어 보아 영남지방에서 직접 제작하였을
가능성은 충분하지만 실물 자료로 확인되지 않았다.

　　원삼국시대 후기가 되면 납-바륨 유리는 거의 사라지며 포타슘 유리와 함께 소
듐 유리의 비율이 높아지는 경향성을 보인다. 하지만 대구 신서B유적처럼 목관묘 단
계에서 함께 출토되던 포타슘, 소듐 유리가 목곽묘 단계에서는 포타슘 유리만 출토
되는 곳도 보이고 있어 모든 유적의 유리성분 변화상을 단정적으로 일반화할 수는 없
을 듯하다. 또 이와 함께 알칼리혼합 유리제품이 등장하는데, 포타슘 유리와 소듐 유
리를 재활용하여 함께 용해했기 때문인 것으로 추정된다. 대표적인 것이 김해 양동리

280호에서 출토된 유리구슬 2점이다. 알칼리혼합 유리는 우리나라 고대 유리 중에서도 그 비율이 매우 낮은 것으로 알려져 있다. 하지만 경주 덕천리유적의 유리 시료 분석 결과는 포타슘 유리 43.4%, 소다 유리 20.7%, 알칼리혼합 유리 35.9%로 알칼리혼합유리의 비가 다른 유적보다 월등히 높다. 알칼리혼합 유리는 모두 목곽묘에서만 출토되어 주목된다.

이와 더불어 3세기대 목곽묘인 김해 양동리 462호에서 금박유리가 출토되었는데(그림 44) 금박유리는 이란, 인도, 동남아시아, 중국, 일본 등지에서도 출토되는 유물로 고대 유리의 교통로를 잘 보여 준

그림 44 김해 양동리 462호 출토 목걸이(동의대학교 박물관)

그림 45 경주 황성동 출토 유리 거푸집

다. 금박유리는 연주옥(連珠玉) 형태로 출토되는 경우가 많은데 금박유리가 출토된 곳으로는 평양 정백동 37호, 53호 무덤과 천안 청당동 2호, 14호 무덤 그리고 연천 학곡리 적석총 2호곽이 있으며 파주 독서리에서 수습되기도 하였다.

이런 유리제품의 제작방법으로는 잡아늘이기법, 관 자르기법, 침적법(沈積法), 주형기법(鑄型技法), 감아붙이기법 등이 있다. 이 중 잡아늘이기법이나 관 자르기법, 감아붙이기법 등은 제작공방이나 도구를 찾기 어렵다. 하지만 주형기법은 거푸집이 남아 있는 경우가 있는데 경주 황성동유적에서는 3세기대 환형유리 거푸집과 함께 곡옥 형태의 거푸집이 출토되었다(그림 45). 거푸집이 출토되지는 않았지만 김해 양동리유적에서 출토된 다면유리도 원통형 구멍에서는 내범(內範)의 흔적이 명확히 확인되므로 주형으로 만들었음은 확실하다. 이와는 달리 금박유리는 지름이 다른 두 개의 유리관을 만들고 작은 유리관의 표면에 금박을 입힌 후 큰 유리관 속에 삽입하고 큰 유리관을 가열하면서 늘여 금박을 입힌 작은 유리관에 용착(鎔着)시켜 제작한다.

2) 수정 · 마노 · 호박

2세기대의 늦은 목관묘 단계가 되면 다양한 재질의 장신구가 나타나는데 기존

의 유리나 천하석제 장신구와 함께 수정, 호박, 마노 장신구가 출토된다.

이 중 가장 대표적인 것이 수정제 장신구로 소형 환옥, 다면옥, 곡옥, 대추옥, 산반옥 등 다양한 모양을 보인다. 가장 이른 시기에 보이는 것은 작은 다면옥(양동리 52호, I지구 17호)과 산반옥(양동리 55호)이다. 이후 본격적인 목곽묘 단계에 들어서면 옥제 장신구는 대형화되며 종류도 다양해진다. 양동리 162호에서는 대추옥과 소형 다면옥이 다량의 유리구슬과 함께 출토되었으며(그림 46) 이후 3세기대 목곽묘인 양동리 235호나 322호에서는 수정제 곡옥과 함께 큰 다면옥(그림 47)이 출토된다. 한편 양동리 52호와 I지구 17호 목관묘에서는 연한 푸른빛이 도는 수정제 대추 모양 장신구도 출토되었는데 비슷한 형태가 양동리 162호 같은 초기 목곽묘에서는 무색 수정제로 출토되기도 한다. 이런 수정제 장신구는 영남지방뿐만 아니라 서북한을 비롯한 한반도 전역에서 출토되고 있지만 원산지에 대해서는 아직 정확하게 알려지지 않았다. 다만 영남지방 원삼국시대 목곽묘에서의 출토량이 한반도 다른 지방보다 압도적으로 많아 한반도 남부지방에서 출토되는 수정제 다면옥의 90%가 영남지방에서 출토된다고 한다. 한편 다면옥의 구멍은 한쪽에서 뚫은 것과 양쪽에서 뚫은 것으로 나뉘며 양쪽에서 뚫은 것은 투공구의 재질에 따라 모양이 다르게 나타난다고 한다. 양쪽에서 뚫었을 경우 석제 투공구는 구멍이 1자 모양이지만 철제 투공구는 깔때기 모양으로 나타나기 때문에 구멍이 깔때기 모양인 것이 1자 모양인 것보다 시기적으로 늦은 시기인 것으로 추정할 수 있다.

또 호박과 마노제의 구슬도 목곽묘 단계부터 다량 출토된다. 호박은 침엽수의 송진이 화석화된 것으로 적갈색이나 황색을 띠며 투명 또는 반투명하다. 이에 비해 마노는 수정과 같은 석영광물로 내부에 미세한 구멍이 있으며 일반적으로 반투명하며 색상이 다양한 편이다. 하지만 호박과 마노를 정확하게 구별하기는 쉽지 않다. 영남지방에서 출토된 마노나 호박 중 원삼국시대 전기로 볼 수 있는 것은 경주 조양동유적과 함안 도항리유적에서 출

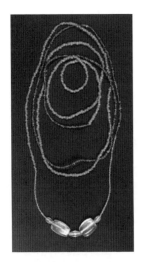

그림 46 김해 양동리 162호 출토 목걸이(동의대학교 박물관)

그림 47 김해 양동리 322호 출토 목걸이(동의대학교 박물관)

그림 48 창원 남산패총 출토 멧돼지 이빨 장신구
그림 49 울산 중산리 출토 토제목걸이

토된 것이다. 이 중 조양동유적 29호와 38호 목관묘에서 출토된 마노는 소형 환옥 모
양이다. 이와 같은 호박과 마노가 본격적으로 출토되기 시작하는 시점은 목곽묘 단
계부터이다. 목곽묘 단계가 되면 많은 대규모 분묘유적에서 마노 또는 호박제 장신구
가 출토되는데 모양도 다양해져 소형 환옥 모양뿐만 아니라 산반옥이나 다면옥의 형
태로도 제작된다. 대표적인 분묘로는 울산 하대 87호, 김해 양동리 120, 322호, 창원
삼동동 3호 등을 들 수 있다. 대개 이런 호박과 마노는 수정 혹은 유리제 구슬과 함께
목걸이를 구성한다.

3) 기타

수량은 많지 않지만 초기철기시대와 원삼국시대의 영남지방에서는 골제 장신
구도 사용된다. 골제 장신구는 머리 장식으로 많이 제작되는데 사천 늑도유적, 부산
동래패총, 낙민동패총에서는 뒤꽂이가 출토되었으며 창원 가음정동패총에서는 빗
으로 출토되었다. 또 창원 남산패총에서는 동물 이빨을 사용한 장신구가 출토되었
다(그림 48). 멧돼지 등 큰 동물의 송곳니가 주로 이용되는데 치근 쪽에 원공이 뚫려
있는 것으로 미루어 보아 목걸이의 펜던트로 사용되었던 것으로 추정된다. 또 창원
가음정동패총에서는 개의 송곳니를 사용한 목걸이의 펜던트가 출토되기도 하였다.
이 외에 울산 중산리유적에서는 흙구슬로 만든 목걸이가 출토되었는데 이는 아주 특수한 예이다(그림 49).

3 장신구의 종류와 변천

초기철기시대와 원삼국시대 영남지방 장신구는 시간의 흐름에 따라 재질과 형태가 다양해지는 특징을 보인다.

먼저 초기철기시대의 이른 시기 장신구(주로 목걸이)는 이전 청동기시대부터 사용되어 왔던 천하석이 주로 이용되었다. 형태는 합천 영창리유적의 예에서 보듯이 관옥도 있지만 김천 문당동유적처럼 소형 환옥이 새롭게 출현한다.

유리는 초기철기시대의 늦은 시기에 관옥 형태로 등장하는데 이는 호서·호남 지방 등장기의 유리와 관계있을 것이다. 이후 와질토기가 출토되지 않는 목관묘군의 이른 시기에 소형 유리환옥이 출토되기 시작하면서 관 형태의 유리는 거의 출토되지 않는다. 원삼국시대의 유리제품은 관옥, 환옥, 육면체, 대추옥, 다면옥 모양 등 이전 초기철기시대보다 훨씬 다양한 형태를 띠게 되는데 대부분은 환옥 모양으로 재지에서 제작되었을 가능성이 높다. 이와는 달리 양동리유적에서 출토된 금박유리는 연주옥 모양인데 이것은 외지에서 유입되었을 가능성이 높다. 유리의 조성 성분은 납-바륨 유리에서 포타슘, 소듐 유리와 알칼리혼합 유리로 변화하는 모습이다.

수정은 2세기대 늦은 목관묘 단계에서 출토되기 시작하여 원삼국시대 후기인 목곽묘 단계에서 폭발적으로 그 출토량이 증가한다. 초기에는 작은 다면옥이나 환옥 또는 대추옥의 모양을 보이며 투명도도 낮은 것이 많다. 이후 3세기가 되면 다면옥은 점차 크기가 커지고 투명도가 높아지며 종류도 다양해져 곡옥의 형태로도 제작된다. 호박과 마노는 원삼국시대 전기에도 일부 유적에서 출토되지만 아주 소량이며 크기도 작다. 이후 목곽묘 단계가 되면 영남 전역에서 대량으로 출토되는데 크기도 커지고 종류도 다양해진다.

이런 장신구의 착장방법에 대한 연구는 충분하지 않다. 대개 목걸이, 귀걸이 내지 팔찌로 사용되었을 것으로 추정되며 일부는『삼국지』위서 동이전 한전(韓傳)의 기록("구슬을 귀하게 여겨 옷에 꿰매어 장식하기도 하고 목이나 귀에 달기도 하지만, 금·은과 수놓은 비단은 보배로 여기지 않는다")처럼 옷에 매달았을 것으로도 추정된다. 발굴조사를 통해 피장자의 두향이 파악되는 경우에는 출토 위치별로 장신구의 용도를 추측하기도 한다. 또 피장자의 신체나 의복에 직접 착장하지 않고 관이나 곽 외부에 별도로 매납하는 유리나 옥 제품도 있는데 이런 경우 몸을 치장하는 장신구의 개념보다 부장품으로 보는 편이 좋을 것이다.

[박진일]

4 목기와 칠기

1) 목기

목기는 나무를 잘라 톱·낫·칼 등의 쇠 도구로 가공하여 만든 도구와 용기로서 선사시대부터 현재에 이르기까지 사용되어 온 도구와 용기이다. 특히 금속이나 다른 소재가 없거나 부족하거나 또는 제작기술이 발달하지 못한 선사시대와 원삼국·삼국시대에는 목기가 중요한 도구와 용기 역할을 하였다.

목기 제작에 사용된 나무는 소나무·전나무 등의 침엽수림과 느티나무·밤나무·굴피나무·가래나무·박달나무·서어나무·밤나무·상수리나무·느릅나무·산뽕나무·회화나무·헛개나무·음나무·팽나무·버드나무·오동나무·때죽나무 등의 활엽수이다. 목기에 사용된 대부분의 나무는 마을 주변 야산에서 자라는 참나무류이다. 참나무는 마을 주위에서 쉽게 구할 수 있을 뿐만 아니라 단단하면서도 질기고 쉽게 썩지 않아 내구성이 강하여 공구나 농기구·건축 부재·생활용기를 만드는 소재로 사용되었다. 참나무는 단단하여 가공하기 어려움에도 불구하고 목기의 소재로 사용하였음은 고도의 목기 제작기술이 있었음을 알 수 있다.

목기는 도끼·자귀 등을 사용해 벌채·껍질 벗기기·자르기 등 1차로 가공한 후 손칼·끌·호비칼 등의 작은 도구로 가공·홈파기·구멍뚫기·표면 다듬기·결합하기 등의 2차 가공을 하여 완성하였다.

원삼국·삼국시대의 유적에서 출토한 목기의 종류로는 괭이·고무레·따비·낫자루 등의 농기구, 절구와 절구공이·나무방망이 등의 곡물 분쇄구, 뚜껑·원통형 통·주걱·국자·굽다리접시·절판·사각용기·완·접시 등의 식기, 기둥·문짝 등의 건축자재, 수레와 바퀴 등의 수송구, 북·고깔·신발·부채자루·빗·갈고리·쐐기·집게·두레박·여러 형태의 바가지 등의 생활 및 화장도구, 도끼·자귀 등의 자루와 손칼 손잡이, 받침목·방망이·망치 등의 공구, 책상 다리·작은 책상 등의 서사구, 칼·칼집·칼 손잡이 등의 무기, 발화구, 현악기·북·찰음악기, 안교 부재, 목관, 배·노 등의 선박과 선박 부재 등이 있고, 쓰임새가 아주 다양하였다.

목기는 공기와 접촉하는 공간에서는 부식이 빨리 진행되어 주거지나 저장창고 등의 취락이나 무덤에서 출토된 사례는 매우 적고, 폐기 이후 공기의 접촉이 차단되는 대부분 마을 앞으로 흐르는 하천이나 습지, 연못 등 물기가 있는 유적(유구)에서 주로 출토되었다. 예외적으로 창원 다호리 목관묘와 창녕 송현동 7호분에서는 다수의 목기가 출토되었다.

원삼국시대의 목기 출토 유적으로는 창원 다호리 목관묘, 신방리 저습유적, 기장 고촌리 생산유적 등이 알려져 있다. 다호리 1호 목관묘에서는 통나무에 쐐기를 박아 반으로 자른 후, 내부를 쇠도끼와 자귀 등의 도구로 파내어 마치 구유같이 만든 통나무 목관이 출토되었다. 몸체와 뚜껑의 한쪽 옆면에는 각각 'ㄴ'자형의 구멍을 파서 굵은 끈을 연결할 수 있도록 하였다. 이외에도 김해 구지로Ⅲ지구 1호 목관묘에는 판재로 만든 목관 바닥판과 측판이 출토되었다. 기장 고촌 생산유적의 원삼국시대 층에서는 작은 책상[案]과 책상 부속구, 두레박·도끼자루 등과 소형의 목주가 다수 출토되었다.

목기는 원삼국시대와 삼국시대에 철기 및 토기와 함께 가장 중요한 생산품으로서 기기·공구·용기·식기·건축자재·생산도구·마구부품 등 생활의 거의 모든 부문에서 가장 일반적으로 사용되었다. 목기는 금속과 도자기가 생산된 시대에도 주요한 도구와 생활용기로 오랫동안 사용되어 왔다. 향후 목기의 소재가 된 수종, 목재가공도구와 가공기술, 정확한 기능과 용도 파악에 의한 기종 구분 등이 이루어져야 한다. 나아가 목기 제작기술이 해당 사회에 어떤 영향을 주었는지와 함께, 목기로 사용된 수종의 분석을 통해 당시 마을 주위의 자연경관의 복원도 이루어져야 한다.

2) 칠기

칠기는 인류가 발명한 최초의 천연 도장 재료인 옻나무 수액을 나무와 바구니·토기·금속·가죽 등에 바른 제작물을 말한다. 칠은 옻나무 수액 속의 불순물을 고운 채로 걸러 낸 생칠과 생칠에 열을 가하면서 수분을 증발시키고 여과하여 얻어진 투명칠로 구분된다. 생칠은 광택을 내거나 접착제로 사용되었다. 투명칠은 산화철을 넣으면 검은색의 흑칠, 수은 성분이 있는 붉은 주사 또는 산화제이철을 넣으면 붉은색의 적칠이 되고, 이외에도 여러 가지의 발색제 안료를 첨가하면 다양한 색의 칠이 만들어진다. 칠을 바르는 이유는 표면을 아름답게 하려는 장식과 방부·방습·방수·내열 등 내용물을 보호하는 기능 때문이었다.

칠기에는 나무로 만든 용기 표면에 칠을 바른 목태(木胎)칠기, 모시를 짜서 형태를 만든 후 옷칠을 반복하여 고급 칠기를 만든 협저(夾紵)칠기, 대나무와 버드나무 가지를 이용해 형태를 짜고 칠을 한 남태(籃胎)칠기, 토기 위에 칠을 한 도태(陶胎)칠기, 금속의 부식을 방지하기 위해 옷칠을 한 금태(金胎)칠기, 가죽 위에 옷칠을 한 혁태(革胎)칠기 등이 있는데, 목태칠기가 다수를 차지한다. 삼한·삼국시대의 칠기로는 칼집·쇠창·활과 화살·화살통·목봉 등의 무기류, 두·배·잔·발·원통형 용기·합·항아리 등의 목제 용기류, 붓·부채자루·소쿠리 등이 있다.

기원 전후 시기의 다호리 목관묘에는 여러 점의 칠기가 출토되었다. 청동칼집·활·화살통 등의 무기류, 도끼자루, 국자·두(원형·사각)·접시·원통용기·뚜껑·삼각거치문 장식 통·뚜껑 있는 사각그릇·나무상자 등의 식기류, 막대·칠막대형 칠초, 걸개, 부채자루·붓 자루 등의 목태칠기가 출토되었다. 그리고 가죽으로 만든 신발·갑옷의 소찰도 출토되어 혁태칠기도 생산하였음을 알 수 있다. 이외에도 쇠뿔 모양 항아리와 주머니호, 원통 모양 토기에도 옷칠을 하였다. 다호리 목관묘에서 출토한 칠기는 모두 흑칠을 하였다. 이외에도 성주 예산동 목관묘에서 출토한 청동칼과 철제칼의 칼집, 활·부채자루·두·완·원통형 용기 등의 목태칠기가 출토되었고, 굽다리접시에도 흑칠을 하여 장식하였다. 경주 사라리 130호 목관묘에서도 청동칼과 철제칼의 칼집으로 목태흑칠기가 출토하였다. 김해 가야의 숲 3호 목관묘에는 원통형 용기·부채자루·두·칼집 등의 칠기가 출토되었다.

기원후 2세기 후반 이후가 되면, 경주-울산-부산을 잇는 동남해안지역의 목곽묘에서 출토한 대부광구호와 대부직구호 몸통 표면에 흑칠을 하여 장식하였다. 3세기 후반의 부산 노포동 31호묘에서는 칠기 갑주가 출토되었다.

지금까지 원삼국시대 영남지역에서 출토한 칠기의 대부분은 나무로 만든 도구와 용기 표면에 검은색의 옷칠을 한 목태흑칠기이고, 도태칠기와 혁태칠기도 일부 생산되었음을 알 수 있다. 적칠이나 다른 색상의 칠기는 확인되지 않았지만, 향후 원삼국시대의 생활유적(유구)이나 습지유적에서 출토할 가능성이 있다. 그리고 다호리 1호 목관묘에서 출토한 대나무로 만든 바구니와 원삼국시대의 습지유적에서 출토한 바구니의 사례 등으로 볼 때, 협저칠기나 남태칠기의 출토 가능성도 예상된다.

그림 50 원삼국시대의 칠기(다호리분묘군 출토)

다호리 목관묘에서 출토한 칠기의 사례로 볼 때, 원삼국시대의 각 거점지역의 지배층들은 칠기 전문생산 공인집단으로부터 칠제품을 공급받아 사용하였음을 알 수 있다. 진한과 변한의 거수층들은 예하에 칠기 공방을 관장하면서 제기나 식기, 활·칼집·갑옷 등 최신의 무기 또는 무기를 보관하는 용구나 무구류를 화려하게 장식하여 권위를 과시하였음을 나타낸다. 영남지역은 아니지만, 기원전 1세기가 중심인 광주 신창동 유적에서도 다양한 종류의 칠기가 출토되었을 뿐만 아니라 출토한 무문토기 옹의 내면과 외면에 칠액이 묻어 있는 개체가 여러 점 출토되었고, 칠을 끓일 때 토기 바닥이나 표면에 달라붙지 않도록 젓기 위한 칠국자도 출토되었다. 이러한 칠 생산 관련 유물의 예로 볼 때, 원삼국시대부터 진·변한의 국읍 내 또는 인근지역에도 칠기를 생산하는 전문 공인집단이 배치되어 칠기를 생산하여 지배층에게 공급하였을 것으로 추정된다.

[홍보식]

IX 외래계 유물

1 낙랑군 설치 이전의 고조선 및 대륙 관련 유물

낙랑군이 설치되기 이전에 해당하는 전국~서한 초기의 대표적인 유물로는 주조철부를 들 수 있다. 경산 임당 FII-34호 목관묘에서 출토된 주조철부는 공부에 2

조의 돌대를 돌린 것으로 세죽리-연화보 유형의 대표적인 철기이다. 같은 형태의 주조철부 공부 파편이 사천 늑도유적에서도 출토된 바 있다. 그리고 대구 팔달동유적과 울산 중대유적 등에서 출토된 장방형 주조철부도 중국의 전국~전한 초기에 걸쳐 한반도 북부와 중국 동북지역에서 사용된 것과 같은 형태이다.

그리고 사다리 모양의 몸체에 구멍을 뚫은 호미도 연하도와 연화보유적 등 중국 동북지역의 전국~서한 초기의 유적에서 출토되는 것과 같은 형태이다. 호미는 창원 다호리 61호·77호 목관묘, 밀양 교동 3호 목관묘, 경주 황성동 강변로 1호 옹관묘에서 출토되었다. 영남지역에서 출토된 호미는 단조품과 주조품이 있는데, 주조품이 시기가 이른 편이다. 이러한 철기들은 영남지역에서 비교적 이른 시기에 해당하는 철기이고, 일부는 수입품으로 보이는 것도 있지만 자체에서 생산한 것도 있다.

철과도 조양동 5호, 영천 용전리, 창원 다호리 1호 등의 목관묘에서 출토되었는데, 영변의 세죽리유적에서 전국식 철기와 동반하는 점으로 보아 전국~서한 초기의 전국식 철기라고 할 수 있다.

영남지역의 철기문화는 낙랑군 설치 이전인 기원전 2세기 후엽에 중국의 전국계 철기문화가 유입되어 이루어졌다고 보는 견해가 있지만 낙랑군 설치 이후에야 비로소 영남지역에 철기문화가 유입될 수 있었다고 보는 견해도 있다.

철기 외에 토기와 청동기, 유리 등도 전국시대와 관련되는 유물이 있다. 삼각형 점토대토기는 북한의 세죽리유적과 중국 요동지역의 여러 유적에서도 확인되고 있어 상호 관련성이 있을 가능성이 크다. 또 늑도유적에서 출토된 활석혼입 회도와 화분형토기, 달성 평촌유적 출토의 화분형토기와 타날문토기, 성주 예산리 3호 목관묘 출토의 타날문토기 등을 낙랑군이 설치되기 이전인 기원전 2세기 무렵에 고조선이나 요동지역을 통해 이입되었다고 보는 견해도 있다.

늑도패총에서 출토된 반량전은 공식적으로는 기원전 120년에 폐지된 동전이지만, 중원지역과 중국 동북지역, 낙랑, 일본 등지의 후한시기 유적에서도 출토되고 있어 반드시 낙랑군 설치 이전에 이입되었다고 단정하기는 어렵다. 그리고 프로펠러 모양의 표비를 가진 재갈이나 입형동기 등의 마구와 수레 부속품도 전국시대 또는 고조선의 기물을 모방하여 제작한 것이라는 견해도 있다. 그리고 늑도유적에서 출토된 상감유리도 중국 남부지역의 전국시대 유적에서 유사한 예가 출토된 바 있다.

그러나 위에서 언급한 철기나 토기, 청동기 등의 유물이 출토된 유구는 기원전 1세기 무렵에 해당하는 것이 대부분이다. 때문에 전국~전한 초기에 중원지역이나 중국 동북지역, 고조선 등지에서 유행한 유물과 그것과 유사한 유물이 영남지역에서 출토되었다 하더라도 공반유물을 통해 보면, 현재로서는 낙랑군 설치 이전으로 연대를 소급할 수 있는 자료가 부족하다. 그리고 낙랑군 설치 이전에 전국~전한 초기의 물품이 이입되고, 중원지역과의 교류관계를 보여 주는 자료가 많은 서남부지역과는 양상을 달리한다. 따라서 진한과 변한지역에 전국시기나 고조선계 유물이 출토되는 것은 당시의 직접적인 교류관계를 통해서라기보다는 고조선의 멸망이나 중원의 혼란기 때 유입된 유이민의 영향을 받아 현지에서 제작하였거나, 낙랑군 설치 이후 그 지역에 남아 있는 고조선 문화요소를 받아들였을 가능성이 크다.

2 낙랑 및 대륙 관련 유물

기원전 108년 고조선을 멸망시키고 설치한 낙랑군은 한반도 남부사회의 발전에 중요한 영향을 미쳤다. 영남지역에 기반을 둔 진한과 변한사회는 낙랑군을 통해 중국의 문명 중심지역과 직접적으로 연결되어 발달된 기술과 문화를 수입할 수 있었다. 특히 청동기와 철기 생산기술을 발전시켜 중국-낙랑-한-왜를 연결하는 국제 교역망에서 중추적인 역할을 하였다.

낙랑군을 통해 받아들인 문화는 중원에서 생산한 물품과 고조선의 전통을 이은 토착적인 물품으로 구분할 수 있다. 중원에서 수입한 물품으로는 거울과 동전, 개궁모, 소동탁, 대구, 노기, 동촉, 동정, 동인(銅印) 등으로 청동 위세품이 대부분이다.

거울은 전한경과 후한경으로 구분할 수 있다. 영남지역에서 출토된 전한경은 초엽문경, 성운문경, 이체자명대경, 훼룡문경이 있다. 초엽문경은 경산 임당 E-58호에서 유일하게 출토되었고, 성운문경은 경산 임당 E-58호, 포항 성곡지구 옹관묘, 창원 다호리 1호, 밀양 교동 3호에서 출토되었다. 초엽문경 또는 성운문경으로 추정되는 동경 파편이 영천 용전리 목관묘에서 출토되었다. 이체자명대경은 전 상주 1점, 경주 조양동 38호 5점, 경주 탑동 목관묘 1점, 대구 지산동 6점, 경산 임당 E-138호 2점, 경산 임당 A-I-122호 1점, 경산 신대리 37호 2점, 영천 어은동 2점, 울산 창평동 2호 2점, 밀양 교동 17호 1점, 사천 늑도 B지구 139호 1점 등 22점이 넘는다. 훼룡문경은 영천 어은동 1점, 대구 평리동 1점, 김해 회현동패총 1점, 경산 신대리 75호

1점 등이다. 성운문경이나 초엽문경은 낙랑이나 왜, 중국에서도 이체자명대경에 비해서는 숫자가 적다. 그에 비해 이체자명대경은 중국은 물론 낙랑과 왜에서도 급격하게 숫자가 증가하는데, 진·변한지역도 같은 양상을 보인다. 전한경이 부장된 연대는 중국이나 낙랑의 기년명 자료를 참고하면, 대체로 기원전 1세기가 중심연대라고 할 수 있다. 성운문경이나 초엽문경은 이체자명대경에 비해서는 제작 시기가 약간 이르고, 훼룡문경은 후한시기인 기원 1세기까지 지속되었다. 최근에 성운문경의 제작이 기원전 2세기까지 소급될 수 있다는 주장도 있기는 하지만, 어디까지나 제작의 상한연대일 뿐 한반도 내에서의 유통과 부장의 중심시기는 기원전 1세기로 보는 것이 가장 합리적이다.

영남지역에서 출토된 후한경은 박국경(博局鏡)과 수대경(獸帶鏡), 사유조문경(四乳鳥文鏡), 연호문경(連弧文鏡)이 있다. 박국경은 김해 내덕리 19호 목관묘 출토품과 김해 양동리 출토품으로 전하는 것이 있고, 수대경은 고성 동외동패총에서 파편이 출토되었다. 사유조문경과 연호문경은 김해 양동리 162호에서 각각 1점씩 출토되었다. 김해 내덕리 19호 목관묘 출토품과 김해 양동리 출토의 박국경은 신~후한 전기에 유행한 형식이며, 거울의 제작연대는 1세기 무렵이 중심시기이지만, 2세기까지도 유통되었다. 양동리 162호 목곽묘 출토의 사유조문경과 연호문경은 후한의 중·후기에 유행한 형식으로 앞의 박국경보다는 제작과 유행의 시기가 늦기 때문에 중심연대를 1세기 말 또는 2세기 전반 무렵으로 볼 수 있다. 고성 동외동패총에서 출토된 수대경은 전한 말~후한 초기에 제작되거나 유행한 것이지만, 공반유물에서 보면

그림 51 영남지역출토 전한경(경북지역 출토)과 후한경(내덕리 19호 목관묘 출토)

내덕리 19호 목관묘와 비슷하다. 따라서 영남지역에서 출토된 후한경은 대체로 기원후 1세기~2세기가 중심 시기이다. 후한시기의 거울은 낙랑과 왜에서는 숫자가 많은데 비해 진·변한지역에서는 김해와 남해안지역에서만 소수가 발견되었을 뿐이다. 게다가 전한경의 중심 분포지인 경북지역에서는 거의 출토되지 않아 전한경과 후한경의 수입과 유통에는 큰 변화가 있었다고 볼 수 있다. 그 외 김해 양동리고분군, 김해 대성동 2호·14호·23호 목곽묘 등 김해지역의 4세기대 고분에서도 수대경과 연호문경 파편, 사신박국경 등의 후한경이 출토되었다. 그런데 이들 거울은 제작연대와 부장연대에서 차이가 크다. 여기에 대해서는 후한시기에 입수된 거울이 전세되었다고 보는 견해와 위진시기에 도굴된 후한경이 광범위하게 유통되었다고 보는 견해, 위진시기에 제작된 거울이 이입된 것이라는 여러 견해가 있다.

이러한 거울은 대체로 무덤의 부장품으로 발견되는 경우가 많지만, 패총에서 파편으로 발견되는 경우도 있고, 파편을 재가공한 것도 있다.

동전은 반량전과 오수전(五銖錢), 화천(貨泉)이 출토되었다. 사천 늑도유적에서 출토된 사수반량전(四銖半兩錢)은 한 문제 때부터 시작하여 무제 시기인 기원전 120년에 삼수전(三銖錢)으로 대체될 때까지 발행된 것이다. 그렇지만 중원지역과 중국 동북지역의 후한시기 유적에서도 다수 출토되고 있어 오랜 기간 동안 유통되었다고 볼 수 있다. 늑도유적의 반량전도 발행 당시에 이입되었을 가능성보다는 동전이 출토된 층위와 공반유물을 고려할 때, 전한 후기~후한 시기에 유입되었을 가능성이 크다. 오수전은 경산 임당, 창원 다호리 1호, 영천 용전리, 사천 늑도 C지구에서 출토되었다. 오수전은 한 무제가 기원전 118년에 만들기 시작하여 당 고조(高祖) 때인 621년까지 주조되었다. 시기에 따른 형상상의 변화가 있어 경산 임당, 다호리 1호, 영천 용전리, 사천 늑도 C지구 출토품은 기원전 60년 이전에 주조된 것이라는 연구 성과가 있다. 다만 후대까지 같은 용범에서 지속적으로 제조되거나 장기간 유통되기도 하기 때문에 동전의 제작 연대나 형태로써 유적의 연대를 결정하기는 어렵다. 화천은 왕망이 신(新)을 건립하고 기원 14년에 화포(貨布)와 함께 발행한 동전이다. 후한이 성립한 기원 25년까지 주조되었지만, 광무제가 오수전을 부활하는 기원 40년까지 유통되었다. 아직까지 무덤에서는 발견 예가 없고, 김해 회현리패총에서 1점만 발견되었다. 화천이 출토된 패총은 2~5세기에 이르는 퇴적층으로 유적의 상한연대만 알려줄 뿐이다. 화천은 영남 내륙지역에서는 출토 예가 없고, 주로 남해안의 해

상항로 주변에서 발견되는 경우가 많다.

대구(帶鉤)는 허리띠에 딸린 고리이다. 동물 모양을 한 곡봉형 청동대구가 창원 다호리 1호 목관묘와 경산 신대리 55호 목관묘에서 출토되었다. 그리고 의복의 장식품으로 쓰인 영천 어은동 출토의 청동단추(銅泡)도 수입품인지의 여부는 알 수 없지만, 중원지역의 한대 무덤에서 출토된 것과 형태가 비슷하다.

수레 부속구와 마구도 수입하거나 모방하여 제작하였다. 수레의 일산(日傘)에 사용된 금동개궁모는 성주 예산리 31호 목관묘, 울산 신화리 1호 목관묘, 대구 비산동에서 출토되었는데, 한이나 낙랑에서 수입된 것이다. 수레 난간의 장식품인 삿갓모양 청동기(笠形銅器)는 대구 평리동유적과, 경주 안계리유적 등지에서 출토되었는데, 고조선 또는 낙랑의 영향을 받아 현지에서 제작된 것으로 추정된다. 이들 수레 부속구는 전체가 함께 출토된 것이 아니라 부속의 일부만 출토되고 있다. 마구인 재갈, 마면(馬面), 소동탁 등도 수입되거나 모방하여 제작하였다. 수레와 마구용품은 실생활에서 위세품으로 사용되기도 했지만, 장의도구로도 사용되었다. 무덤에는 수레와 마구의 일부를 부장하여 영혼 승천의 기원을 상징적으로 표현하였는데, 이러한 관념과 부장습속은 중원이나 낙랑지역과도 매우 유사하다.

김해 양동리유적과 울산 하대유적에서는 낙랑지역에서도 드물게 출토되는 청동정이 출토되었다. 양동리 322호 목곽묘에서 출토된 동정은 어깨에 명문('西○宮鼎 容一斗幷重十七斤七兩七')이 새겨져 있어 전한의 궁정에서 사용한 물품으로 인식되고 있다. 하대 출토품은 중원지역에서도 비교 자료가 없는 독특한 형태지만, 전한 또는 후한 양식을 지니고 있다. 이들 동정의 제작 연대는 기원전 2세기~기원후 1세기 무렵에 해당되지만, 부장된 무덤의 연대는 기원후 3세기에 해당되어 동정의 입수와 전세 경위를 둘러싸고 여러 가지 견해가 제시된 바 있다.

또 김해 양동리, 부산 복천동, 경주 덕천리유적의 2~3세기대 목관묘와 목곽묘에서는 금박 샌드위치 유리가 출토되었는데,

그림 52 영남지역 출토 동정 (좌: 김해 양동리, 우: 울산 하대)

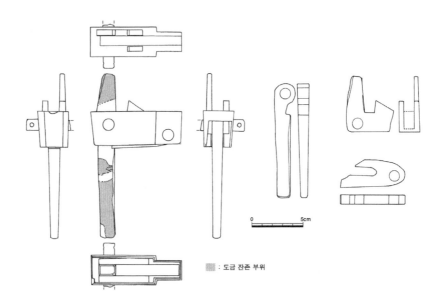

그림 53 용전리 목관묘 출토 노기

이러한 구슬은 낙랑과 중부지역의 2~3세기 무덤에서도 많이 출토되는 것이다. 흑해 연안지역에서 제작된 것이 중국과 낙랑을 거쳐 이입되었을 것으로 추정되고 있다.

한편 중국의 조정에서는 주변지역의 정치 지도자에게 관직과 인수를 부여하였 는데, 상주 출토로 전하는 〈위솔선한백장(魏率善韓伯長)〉 동인과 경북 영일 출토로 전 하는 〈진솔선예백장(晋率善穢伯長)〉 동인은 위와 진의 조정에서 한(韓)과 예(穢)의 지 도자에게 준 청동도장이다.

그 밖에 무기류도 수입하거나 모방하여 제작하였다. 영천 용전리유적에서 출 토된 금동 노기는 중원지역에서 제작된 것을 수입한 것이고, 은제 칼집부속구는 낙 랑에서 제작된 것을 수입한 것이다. 사천 늑도, 경주 구정동유적에서 출토된 철경동 촉(鐵莖銅鏃)은 중원과 낙랑지역에서 함께 제조된 것이었다. 또 영남지역에서 출토되 는 동검 및 철검과 그 부속품, 동모 등은 중원지역과 달리 고조선의 전통을 이은 토 착적인 요소로서 낙랑제품과 영남지역 출토품을 서로 구분하기 힘들 정도로 유사한 면이 많다. 또 경주 사라리 130호 목관묘와 김해 양동리 162호에서 출토된 철솥[鐵 鍑]은 낙랑지역에서 비슷한 형태가 출토된 바 있다. 양동리 318호 목곽묘 출토의 철 솥은 중원지역의 철솥과 유사하다. 하대 및 양동리유적 출토의 철병철모(鐵柄鐵鉾)는

종류		출토지
거울	초엽문경	경산 임당 E-58
	성운문경	경산 임당 E-58, 창원 다호리 1호, 포항 성곡리 13호 옹관묘, 밀양 교동 3호
	이체자명대경	경주 조양동 38호 5점, 탑동 1점, 대구 지산동 6점, 경산 임당 E-138호 2점, 임당 A-I-122호 1점, 신대리 37호 2점, 영천 어은동 2점, 울산 창평동 2호 2점, 밀양 교동 17호 1점, 사천 늑도 B-139호 1점, 전 상주 1점, 창원 다호리 119호 1점
	훼룡문경	영천 어은동 1점, 대구 평리동 1점, 김해 회현리패총 1점, 경산 신대리 75호 1점
	박국경	김해 내덕리 19호, 전 김해 양동리(대성동 23호, 양동 441호)
	수대경	고성 동외동패총(대성동 2호)
	사유조문경	김해 양동리 162호
	연호문경	김해 양동리 162호, 김해 양동리 지표, 대성동 14호
동전	반량전	사천 늑도 C지구 패총 4점
	오수전	사천 늑도 C지구 패총 1점, 경산 임당 A-I-74호 1점, 임당 A-I-121호 1점, 임당 E-132호 1점, 다호리 1호 3점, 영천 용전리 3점, 창원 성산패총 1점
	화천	김해 회현리패총
대구		창원 다호리 1호, 경산 신대리 55호
개궁모		성주 예산리 31호 2점, 대구 비산동 1점, 울산 신화리 1호 1점
소동탁		대구 평리동, 신천동, 영천 용전리 1점, 경주 조양동 5호 2점, 입실리 3점, 죽동리, 창원 다호리 1호 1점
동정		김해 양동리 322호, 울산 하대 23호
금박샌드위치 유리		김해 양동리 462호, 부산 복천동 80호, 경주 덕천리 24호
철경동촉		사천 늑도, 경주 구정동
노기		영천 용전리
원통형주름관[頂針]		영천 용전리
철솥		양동리 318호, 사라리 130호, 양동리 162호
동인		전 상주(위솔선한백장), 전 영일(진솔선예백장)
금동 및 은제 칼집부속구		영천 용전리
입형동기		대구 평리동, 경주 안계리
마면 및 재갈		대구 평리동
동복		김해 대성동 29호, 양동리 235호
토기류		

표 1 영남지역 출토 한식유물 현황

서북한의 태성리 14호 출토품과 유사하다. 합천 저포리 D-40호 목곽묘와 함안 말산리 3호 목관묘에서 출토된 주조철부는 부여나 고구려, 한반도 중부지역에서 유사한 것이 출토되었다. 김해 양동리 235호와 대성동 29호출토의 동복은 중국의 하부성(河北省), 산서성(山西省), 길림성(吉林省) 등지에 주로 분포하는 형식으로 북방지역에서 유행한 기물이다. 그 밖에 활석이 혼입된 화분형토기가 사천 늑도와 달성 평촌리유적에서 출토되었고, 회도도 늑도유적에서 출토된 바 있다.

이와 같이 기원전 1세기~기원후 2세기 전엽까지의 영남지역의 목관묘에서는 중원이나 낙랑에서 수입한 유물이 낙동강과 금호강유역, 울산-포항 지구대, 남해안 연안 등 주로 교통로 상에 집중하고 있다. 이는 당시 낙랑 및 한과의 교류가 육로와 해로를 통해 이루어졌고, 진·변한의 여러 세력 간에도 활발한 교류가 있었음을 말해 준다. 그러다가 2세기 이후에는 중원지역의 물품 수입이 급격히 줄어들고 김해지역 에서만 유지되고 있는데, 동북아시아의 국제교역 체계에 큰 변화가 있었을 것으로 추측된다.

3 왜계 유물

한국의 초기철기시대와 원삼국시대는 일본의 야요이 전기 말(이다즈케 IIc식)부 터 야요이 후기까지의 시기와 병행한다. 대체로 원형점토대토기 단계는 야요이 전 기 중반~중기 초두, 삼각형점토대토기와 전기 와질토기 단계는 중기 중반~후기 전 반, 후기 와질토기 단계는 후기 후반~후기 말에 해당한다.

야요이 전기에 해당하는 왜계 유물은 김해를 비롯한 남해안지역에서 토기만 간 헐적으로 출토될 뿐이다. 김해 회현리패총의 김해식옹관을 비롯하여 파편 몇 점이 출 토되었고, 김해 흥동유적 1호 주거지(이다즈케IIc식~죠노코시식)와 구산동유적 출토품 중에서도 야요이 전기로 비정되는 토기 파편이 몇 점 있다. 이 유물들은 진·변한지역 에서 철기 생산이 본격화되기 전의 원형점토대토기 단계에 해당하며, 그 수가 그다지 많지 않아 당시에 체계적인 교류관계를 가졌다고 보기는 힘들다. 김해 회현리패총의 옹관은 왜계 토기를 옹관으로 사용하였지만 내부에서는 마한계의 동검과 동사가 출

일본 (규슈)	야요이시대							
	전기		중기			후기		
	이다즈케 (板付) IIb식	이다즈케 (板付) IIc식	죠노코시 (城ノ越)식	수구 (須玖)I식	수구 (須玖)II식	다카미즈마 (高三猪)식	시모오오쿠마 (下大隈)식	니시진 (西新)식
한국	원형점토대토기		삼각형점토대토기			연질토기		
			전기 와질토기			후기 와질토기		
	초기철기시대		원삼국시대					

표 2 북부규슈와 영남지역의 토기 병행관계

유물명		출토지
야요이 토기	전기	김해 봉황대(회현리), 흥동 1호 주거지,
	중기	통영 우도 · 갈도, 사천 늑도, 방지리, 창원 다호리, 김해 봉황대(회현리) · 지내동 · 구산동 · 대성동 · 내동, 부산 조도 · 북정패총 · 내성, 양산 하북정, 울산 중산동 · 약수, 달천, 신화리
	후기	사천 늑도, 고성 동외동, 김해 봉황대(회현리) · 장유리, 경산 조영동
청동기	동모	고성 동외동, 김해 내덕리 · 양동리 · 명법동 · 대성동

표 3 영남지역 왜계 유물 현황

토되었다. 이것은 왜인이 마한지역의 청동기를 수입하는 과정에서 김해에 분묘를 축
조한 특수한 사례로 볼 수 있을 것이다. 다만 교류 자체가 체계적이지 못한 점에서 보
면 죠몽시대부터 가졌던 교류과정의 연장선상에서 이해할 수 있을 것이다.

야요이 중기가 되면 영남지역에서 왜계 유물이 급격히 늘어난다. 이 시기는 진·
변한에서 청동기와 철기 생산이 활발하게 이루어진 시기로서, 왜계 유물은 해상 교
통로인 남해안지역과 철기 생산의 중심지인 김해와 울산에서 주로 발견된다. 남해
연안의 항로상에 위치하는 사천 늑도유적은 대규모의 주거지·분묘·패총으로 구성
된 복합유적인데, 여기서 야요이 토기가 다량으로 출토되었다. 중기 초의 죠노코시
식과 후기 전반의 다카미즈마(高三猪)식도 일부 있지만 중기 중·후반의 수구I~II식
토기가 대부분이다. 부산 내성 주거지와 김해 대성동 소성유구에서도 죠노코시식으
로 비정되는 토기가 출토되었다. 그러나 학자에 따라서는 죠노코시식 토기를 수구 I
식 토기로 보기도 한다. 또 대구 비산동유적과 만촌동유적에서 출토된 중광형 동과
와 영남지역의 목관묘에서 출토되는 장신형(중세형)의 동모, 소형방제경을 왜계 유
물로 보는 경우도 있지만, 진·변한에서 생산된 것으로 보는 학자도 있다. 기원전 1세
기부터 기원후 2세기 전엽까지는 진·변한지역에서 청동기 제작이 가장 활발한 시기
이고, 왜에서도 진·변한의 청동기를 수입하거나 모방하여 제작하는 시기이기 때문
에 양 지역에서 형태적인 특징을 공유하고 있어 제작지를 확정하기가 어렵다.

야요이 토기는 진·변한에서 발달한 철과 청동기를 입수하기 위해 왜인들이 활
발하게 왕래한 결과로 남겨진 것이라 할 수 있다. 그렇지만 왜인이 왕래한다고 해서
야요이 토기가 남겨지는 것은 아니다. 야요이계 토기의 대부분이 절충식(변형품)인 경
우가 많고, 늑도유적을 제외하면 그 양도 많지 않다. 또한『삼국지』위서 동이전 왜인
전에 언급된 항로에서 영남을 제외한 다른 지역에서는 야요이 토기가 출토되는 경우

가 매우 적다. 때문에 야요이 토기는 단순한 왕래의 흔적이 아니라 일정기간 왜인들이 거주한 흔적일 가능성이 크다. 특히 김해 구산동유적에서 야요이인이 집단적으로 거주했다고 하는 연구도 있으나, 야요이 토기와 유사하다고 판정한 토기 중에는 재지의 무문토기로 볼 수 있는 것도 많이 포함되어 있어 면밀한 검토가 필요하다.

야요이 후기에는 김해와 남해안지역으로 왜계 청동기가 이입되는 것이 특징이다. 왜계 청동기는 고성 동외동패총 출토품을 제외하면 전부가 김해에서만 출토되었다. 김해의 양동리유적과 인근의 내덕리, 칠산동, 대성동유적에서는 다수의 왜계 중광형 또는 광형동모가 출토되었다. 이들이 출토된 유구는 2세기 전엽부터 4세기대에 이르는 무덤들로서 접거나 절단하여 부장한 경우가 많아 일본에서의 사용습속과는 차이가 있다. 그리고 이들 청동기는 야요이 토기와는 공반되지 않아 토기와 청동기는 이입 배경이 다르다고 할 수 있다. 야요이 후기의 토기는 앞 시기에 비해 급격히 줄어들어 경산 조영동과 고성 동외동패총, 김해 장유리유적 등 소수에 불과하다. 그중에서 경산 조영동유적 EIII-15호 옹관묘에서는 옹관의 주옹으로 야요이 토기(시모오오쿠마식)를 사용한 것이 특이하다. 또한 김해를 중심으로 출토되는 연호문방제경의 경우 왜경으로 보는 것이 대부분의 견해이다. 그러나 일부 국내 학자들 중에는 이러한 거울이 김해 양동리유적에서 최고의 집중도를 보이고, 일본에서 보이지 않는 독특한 형태도 있어 김해지역에서 제작된 변한·가야경으로 파악하기도 한다. 이 거울은 일본에서의 발견 수량이 많고, 용범도 발견되는 상황을 고려할 때 광형동모와 함께 수입되었을 가능성도 있다. 그러나 방제경의 문양이나 제작기법이 다양한 점과 당시 김해지역에서 동모와 동검 등 특유의 청동기가 만들어진 점을 고려하면 전부를 왜경으로 단정하는 것도 문제가 있다. 그리고 앞 시기에 유행한 중세형 동모처럼 양 지역의 활발한 교류로 인해 유사품과 모방품이 제작되었을 가능성도 크다.　　[이재현]

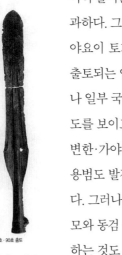

김해 양동리 200호·90호 출토

그림 54 김해 양동리 출토
왜계 청동기

참고문헌

諫早直人, 2007, 「製作技術로 본 夫餘의 轡와 韓半島 南部의 初期 轡」, 『嶺南考古學』 43, 嶺南考古學會.

高久健二, 1997, 「樂浪郡과 三韓의 交涉形態에 대하여」, 『文物研究』 1, 동아시아문물연구학술재단.

곽종철, 1992, 「한국과 일본의 고대 농업기술—김해지역과 북부 구주지역과의 비교검토를 위한 기초작업」, 『한국고대사논총』 4, 한국고대사회연구소.

국립경주박물관·국립제주박물관, 2007, 『신라, 서아시아를 만나다』.

국립김해박물관, 2012, 『양동리, 가야를 보다』.

국립중앙박물관, 1992, 『한국의 청동기문화』.

_____, 1998, 『고고유물로 본 한국고대국가의 형성』.

_____, 2001, 『낙랑』.

_____, 2008, 『갈대밭 속의 나라 다호리—그 발굴과 기록』.

_____, 2012, 『유리, 삼천 년의 이야기—지중해·서아시아의 고대 유리』.

國立中央博物館·國立光州博物館, 1992, 『韓國의 青銅器文化』, 특별전시도록.

權龍大, 2007, 「嶺南地方 側口附 炭窯의 展開樣相과 構造復原」, 『韓國上古史學報』 57, 韓國上古史學會.

權志瑛, 2006, 「경주지역 와질토기 편년검토」, 『石軒 鄭澄元教授 정년퇴임기념논총』.

_____, 2006, 「목관묘에서 목곽묘로의 전환양상에 대한 검토」, 『영남고고학』 38, 영남고고학회.

權太龍, 2010, 『慶山 林堂遺蹟 聚落研究—F地區를 中心으로』, 釜山大學校 碩士學位論文.

김구군, 2000, 「호형대구의 형식분류와 편년」, 『경북대학교고고인류학과 20주년기념논총』.

김권일, 2010, 「製鐵爐의 類型分析 試論—신라 製鐵文化의 특징과 관련하여—」, 『慶州史學』 31, 慶州史學會.

_____, 2012, 「한반도 고대 제철문화의 검토」, 『한반도의 제철유적』, 한국문화재조사연구기관협회.

金奎虎, 2001, 『한국에서 출토된 고대유리의 고고화학적 연구』, 중앙대학교 박사학위논문.

김도헌, 2010, 「영남 지역의 원시·고대 농경 연구」, 부산대학교대학원 박사학위논문.

金羅英, 2007, 「嶺南地域 三韓時代 住居址의 變遷과 地域性」, 『嶺南考古學』 43, 嶺南考古學會.

金斗喆, 2001, 「타날기법의 연구—김해 예안리유적 출토품을 중심으로—」, 『영남고고학』 29, 영남고고학.

_____, 2009, 「변진한의 철기문화」, 『考古學誌』 特輯號, 국립중앙박물관.

김새봄, 2012, 「原三國後期 鐵矛와 鐵鏃의 生産과 流通」, 『생산과 유통』, 영남고고학회·구주고고학회 제 10회 합동고고학대회 발표요지.

김수남, 1998, 「경산 임당유적 목관묘의 성격에 대하여」, 『환호취락과 농경사회의 형성』, 제3회 영남고고학회·구주고고학회 합동고고학대회.

김영민, 1996, 「영남지역 삼한 후기문화의 성격과 지역성」, 부산대학교대학원 석사학위논문.

김용성, 2011, 「신라형성기 묘제와 경주지역 사회」, 『신라 형성기의 유적』, 한국문화재조사연구기관협회.

金元龍, 1983, 「소위 '瓦質土器'에 對하여」, 『歷史學報』 99·100합집.

金賢, 2000, 「함안 도항리 목관묘 출토 와질토기에 대하여」, 『道項里·末山里遺蹟』, 慶南考古學研究所.

_____, 2006, 「경남지역 청동기시대 무덤의 전개양상에 대한 고찰」, 『영남고고학』 39, 영남고고학회.

金鎬詳, 2003, 『韓國의 木炭窯 研究』, 大邱가톨릭大學校大學院 博士學位論文.

김은주, 2006, 「삼한시대 단야구 연구─영남지방을 중심으로」, 영남대학교대학원 석사학위논문.

김재철, 2007, 「영남지방 원삼국시대의 토기가마구조에 대한 예찰」, 『문화재』 40, 국립문화재연구소.

김재홍, 2002, 「고대 사회와 철제 농기구」, 『한국 전근대사의 주요 쟁점』, 역사비평사.

류위남, 2009, 「삼한시대 영남지역 출토 주조철부와 판상철부 연구」, 『영남고고학』 51, 영남고고학회.

무라마츠 요스케, 2009, 「목관묘 장송의례의 복원─밀양교동유적을 중심으로」, 『코기토』 65, 부산대학교 인문학연구소.

미야자토 오사무(宮里修), 2010, 『한반도 청동기의 기원과 전개』, 사회평론.

朴辰一, 2001, 「嶺南地域 粘土帶土器 文化 試論」, 『韓國上古史學報』 35, 韓國上古史學會.

_____, 2007, 「粘土帶土器, 그리고 靑銅器時代와 初期鐵器時代」, 『韓國靑銅器學報』 1, 한국청동기학회.

白云翔, 2011, 「삼한시대 문화유적에서 출토된 漢代문물 및 그 인식」, 『동아문화』 8, 동아세아문화재연구원.

복천박물관, 1999, 『고대 장신구 아름다움과 힘의 조화』.

_____, 2002, 『고대아시아 문물교류』.

_____, 2007, 『또 하나의 도구 골각기』.

손명조, 2012, 『韓國 古代 鐵器文化 研究』, 진인진.

宋桂鉉, 2002, 「嶺南地域 初期鐵器文化의 收容과 展開」, 『영남지역의 초기철기문화』, 제11회 영남고고학회 학술발표회 발표요지.

宋滿榮, 2011, 「中部地方 粘土帶土器 段階 聚落 構造와 性格」, 『韓國考古學報』 80, 韓國考古學會.

申敬澈, 1982, 「釜山·慶南出土 瓦質系土器」, 『韓國考古學報』 12, 韓國考古學會.

_____, 1992, 「김해예안리 160호분에 대하여─고분의 발생과 관련하여」, 『가야고고학논총』 1, 가락국사 적개발연구원.

申東昭, 2008, 「嶺南地方 原三國時代 鐵斧와 鐵矛의 分布定型 研究」, 慶北大學校 文學碩士學位論文.

신용민, 2008, 「다호리유적 목관묘 시기의 묘제」, 『다호리 유적 발굴 성과와 과제』, 창원 다호리유적 발굴 20주년 국제학술 심포지엄, 국립중앙박물관.

安順天, 2000, 「三韓土器 整面手法研究─磨研手法을 중심으로─」, 『科技考古研究』 6, 아주대학교박물관.

安在晧, 1994, 「三韓時代 後期 瓦質土器의 編年」, 『嶺南考古學』 14, 嶺南考古學會.

_____, 2000, 「昌原 茶戶里遺蹟의 編年」, 『韓國 古代史와 考古學』, 鶴山金廷鶴博士頌壽紀念論叢, 학연문화사.

禹炳喆, 2012, 「한반도 동남부지역 철기문화의 성격과 전개양상」, 『동아시아 고대 철기문화 연구』, 국립문화재연구소.

윤무병, 1991, 『한국청동기문화연구』, 예경산업사.

尹溫植, 2002, 「嶺南地域 原三國時代 土器「樣式論」의 提起」, 『嶺南考古學』 31, 嶺南考古學會.

윤태영, 2010, 「한반도 사의 출현과 전개양상에 대한 연구」, 경북대학교대학원 석사학위논문.

이건무, 1992, 「다호리유적출토 붓(筆)에 대하여」, 『고고학지』 4, 한국고고미술연구소.

_____, 1992, 「韓國 靑銅儀器의 研究」, 『韓國考古學報』 28, 韓國考古學會.

_____, 2000, 『청동기문화』, 대원사.

_____, 2002, 「영남지역의 초기철기문화」, 『영남지방의 초기철기문화』, 제11회 영남고고학회 학술발표회, 영남고고학회.

이남규, 1997, 「전기가야의 철제 농공구─낙동강 하류지역을 중심으로」, 『국사관논총』74, 국사편찬위원회.

_____, 2002, 「韓半島 細形銅劍期 鐵器文化의 諸問題」, 『세형동검문화의 제문제』, 영남고고학회·구주고고학회 제5회 합동고고학대회.

_____, 2012, 「한반도를 중심으로 한 동아시아 고대 철기 문화 연구동향─초기철기~원삼국시대를 중심으로─」, 『동아시아 고대 철기문화연구─燕國철기문화의 형성과 확산─』, 국립문화재연구소.

이동관, 2011, 「고대 따비에 대한 고찰」, 『한국고고학보』78, 한국고고학회.

이상길, 2000, 「청동기 매납의 성격과 의미」, 『한국고고학보』42, 한국고고학회.

李盛周, 1992, 「原三國時代 土器窯의 系譜와 生産體制」, 『韓國上古史學報』9, 韓國上古史學會.

_____, 1997, 「목관묘에서 목곽묘로」, 『신라문화』14, 동국대학교 신라문화연구소.

_____, 1999, 「辰·弁韓地域 墳墓出土 1-4世紀 土器의 編年」, 『嶺南考古學』24, 영남고고학회.

_____, 2005, 「嶺南地方 原三國時代의 土器」, 『원삼국시대 문화의 지역성과 변동』, 제29회 한국고고학 전국대회.

이수홍, 2010, 「嶺南地域 原三國時代 住居址와 聚落」, 『馬韓·百濟 사람들의 주거와 삶』, 국립공주박물관·중앙문화재연구원.

이양수, 2010, 「한반도 삼한·삼국시대 동경의 고고학적 연구」, 부산대학교대학원 박사학위논문.

이영훈, 1991, 「한반도남부의 중국계청동기」, 『한일교섭의 고고학』, 彌生時代편.

이영훈·이양수, 2007, 「한반도 남부출토 오수전에 대하여」, 『영천 용전리유적』, 국립경주박물관.

이원태, 2012, 「목관묘출토 대부조합우각형파수부호의 출현과 의미─경산 신대리유적을 중심으로」, 『영남고고학』61, 영남고고학회.

李在賢, 2000, 「가야지역출토 동경과 교역체계」, 『한국고대사논총』9, 가락국사적개발연구원.

_____, 2002, 「弁·辰韓 土器의 形成과 展開」, 『영남지방의 초기철기문화』, 제11회 영남고고학회 학술발표회.

_____, 2003, 「변·진한사회의 고고학적 연구」, 부산대학교대학원 박사학위논문.

_____, 2004, 「영남지역 출토 삼한시기 방제경의 문양과 의미」, 『한국고고학보』53, 한국고고학회.

_____, 2008, 「원삼국시대 남해안 해상교류 시스템」, 『대구사학』91, 대구사학회.

이주헌, 2009, 「경주지역 목관·목곽묘의 전개와 사로국」, 『문화재』 제42권 3호, 국립문화재연구소.

李昌熙, 2006, 「木棺墓 副葬土器의 形式學的 檢討」, 『石軒 鄭澄元敎授 정년퇴임기념논총』.

李淸圭, 1997, 「嶺南지방 靑銅器文化의 전개」, 『嶺南考古學報』21, 嶺南考古學會.

_____, 2002, 「세형동검시기의 영남지역 묘제」, 『세형동검문화의 제문제』, 영남고고학회·구주고고학회 제5회 합동고고학대회.

_____, 2007, 「石劍, 銅劍, 그리고 鐵劍」, 『石心鄭永和敎授 停年退任記念 天馬考古學論叢』, 석심정영화교수 정년퇴임논총 간행위원회.

이춘선, 2011, 「영남지방 초기철기~원삼국시대 옹관묘의 변천과정」, 『한국상고사학보』72, 한국상고사학회.

이현혜, 1990, 「삼한사회의 농업 생산과 철제 농기구」, 『역사학보』126, 역사학회.

이희준, 2004, 「초기철기시대·원삼국시대 재론」, 『한국고고학보』52, 한국고고학회.

_____, 2011a, 「고고학의 신라 형성기 사회 연구 방법에 관한 몇 가지 논의」, 『신라 형성기의 유적』, 한국

문화재조사연구기관협회.

_____, 2011b, 「경주 황성동유적으로 본 서기전 1세기~서기 3세기 사로국」, 『신라문화』 38, 동국대학교 신라문화연구소.

_____, 2011c, 「한반도 남부 청동기~원삼국시대 수장의 권력기반과 그 변천」, 『영남고고학』 58, 영남고 고학회.

임영희, 2011, 「嶺南地域 原三國期 鐵劍·環頭刀의 地域別 展開過程」, 『嶺南考古學』 59, 嶺南考古學會.

林孝澤, 1993, 「洛東江下流域 土壙木棺墓의 登場과 發展」, 『三韓社會와 考古學』, 第17回 韓國考古學全國 大會.

임효택·곽동철, 2000, 『김해 양동리유적I』, 동의대학교박물관.

鄭仁盛, 1997, 「낙동강 유역권 細形銅劍 文化의 전개」, 慶北大學校大學院 碩士學位論文.

_____, 2003, 「변한·가야의 대외교섭」, 『가야고고학의 새로운 조명』, 혜안.

_____, 2004, 「樂浪土城의 土器」, 『韓國古代史研究』 34, 韓國古代史學會.

_____, 2007, 「낙랑 '타날문단경호' 연구」, 『江原考古學報』 9, 강원고고학회.

_____, 2011, 「중심과 주변의 관점에서 본 辰·弁韓과 瓦質土器의 성립」, 『고고학에서의 중심과 주변』, 제 20회 영남고고학회 학술발표회, 영남고고학회.

정인성·양아림, 2013, 「원삼국시대 수정제 다면옥」, 『한국 선사·고대의 옥문화 연구』, 복천박물관.

趙鎭先, 2005, 『細形銅劍文化의 展開過程 研究』, 학연문화사.

中村大介, 2009, 「점토대토기문화와 원삼국문화의 토기부장 변화및 국제관계」, 『호서고고학』 21, 호서고 고학회.

천말선, 1994, 「철제농구에 대한 고찰―원삼국·삼국시대 분묘출토품을 중심으로」, 『영남고고학』 15, 영 남고고학회.

崔秉鉉, 1998, 「原三國土器의 系統과 性格」, 『韓國考古學報』 38, 韓國考古學會.

최종규, 1995, 『삼한고고학 연구』, 서경문화사.

_____, 2007, 「삼한조기묘의 예제」, 『고고학탐구』 창간호.

최지혜, 2011, 「영남지역 고대 유아묘를 통한 사회적 위계화」, 『영남고고학보』 59, 영남고고학회.

한병삼·小田富士雄, 1991, 『한일교섭의 고고학』, 六興出版.

홍보식, 2001, 「농기구와 부장유형―영남지역의 2세기 후반~4세기대 분묘부장품을 대상으로」, 『한국고 고학보』 44, 한국고고학회.

홍보식·조성원, 2013, 「변·진한의 옥: 분묘 출토품을 중심으로」, 『한국 선사·고대의 옥문화 연구』, 복천박 물관.

谷一尙, 1986, 「ガラスの起源」, 『ガラスの博物誌』, 朝日新聞社.

삼국시대

I 총설

이 장에서는 영남지방의 삼국시대 유적, 유물을 묘제, 토기, 장신구와 금관, 마구, 의기, 농공구, 갑주, 무기, 생산유적, 금속용기, 성곽, 외래유물, 주거와 취락, 의례와 신앙의 절로 나누어 고찰하였다. 그런데 통례와 달리 신라와 가야를 구분하지 않은 채 각 절로 분담 서술한 때문에 내용 가운데 상호 충돌되는 부분이 전혀 없지는 않다. 특히 영남지방 삼국시대의 획기 문제, 신라와 가야의 영역 혹은 권역 구분 문제, 편년 문제에서 다소의 혼선이 있다. 그래서 이 사항들을 정리해 두기로 하겠다.

영남지방 삼국시대 고고학 연구의 목적은 일반 고고학 연구의 목적과 마찬가지로 물질문화 서술, 문화 변동 해명 등 다양할 수 있다. 그러면서도 궁극의 목적은 넓은 의미의 역사 복원에 있다. 이 시대가 역사시대이기 때문이다. 그런 만큼 필연적으로 문헌 기록 혹은 문헌사 연구와의 정합성 확보가 아주 큰 문제로 떠오른다. 이는 고고학이 설정하는 삼국시대의 상·하한 문제에서도 예외는 아니다. 또 토기, 철기, 마구 등 개별 유물의 시공적 정형성들을 해석하면서 신라와 가야에 관련지을 때도 마찬가지이다.

한국고고학에서 원삼국시대와 삼국시대의 획기는 관행적으로 서기 300년에 둔다. 다만 그 근거는 특별히 논의된 적이 없다. 이를 굳이 찾아보면 신라·가야에서 300년을 전후한 시점에 실질적 왕국의 출현을 말하는 고고학적 현상으로서 고총이 발생한다는 것이었다. 하지만 이런 이해에는 문제가 적지 않은데, 그 고총이라는 것이 엄격히 규정되지 않아 무엇을 지칭하는지 모호하다. 또 그 출현 시점의 연대관에 대해서 적지 않은 논란이 있을 수 있다. 나아가 신라가 실질적 왕국으로서 출현한 때를 그즈음으로 볼 수 있는지도 의문이다. 문헌사에서 신라가 사로국을 모태로 성립한 때는 나물마립간의 즉위(356년) 즈음, 즉 350년대로 보기 때문이다.

삼국시대와 통일신라시대의 획기는 당연히 676년으로 해야 할 터이다. 그러나 고고학에서는 6세기 중·후반 신라후기양식토기 혹은 통일양식토기 등의 이름으로 부르는 토기의 등장이 어떻든 획기적 변화를 나타낸다고 보고 그 이후를 통일신라 '문화'의 맥락 속에서 다루는 등 획기 자체를 그다지 의식하지 않는 편이었다. 근년에는 본격 인화문토기 단계의 개시를 대략 통일신라시대 즈음으로 보는 경향이다.

이렇듯 고고학의 삼국시대 상·하한 획정 문제는 뜻밖에도 단순하지가 않다. 그리고 영남지방 삼국시대 연구는 대개 5세기 이후 6세기 중엽 정도까지로 한정되는 경향이다. 물론 이는 가야지역의 고고학 유적이 562년 멸망 이후 별반 두드러지지 않은 탓도 있다. 하지만 경주 지역조차 연구 대상 대부분을 미술사 영역에 맡긴 탓에 거의 마찬가지로 그처럼 한정되어 있다. 이로써 6세기 후반부터 7세기 중반까지의 영남지방 고고학은 일종의 사각지대가 되어 버렸다.

영남지방의 고고학 자료에서 삼국시대의 개시, 즉 신라와 가야의 등장을 가리키는 증거는 어떻게 인지해 내어야 할 것인가? 이 문제는 두 가지 방향으로 접근해 볼 수 있다. 한 가지는 각 지역의 고분 등에서 어느 시점에 획기적 변화가 일어나는지 찾아보는 접근법이다. 이를테면 경주시내의 고총들이 언제부터 집중 축조되는지 검토함으로써 신라의 성립을 추론하는 방법이다. 다른 한 가지는 지역 단위 정치체들 사이의 관계에서 어떤 시점에 큰 변화가 일어났음을 가리키는 증거가 있는지에 초점을 맞춘 접근법이다. 즉 이른바 전사론(前史論)의 견지에 서서 서기전 1세기 이래 영남지방 각 지역의 여러 나라(국 또는 소국)가 병렬적, 독립적 관계 속에서 구성한 일종의 연맹체였던 진·변한이 언제 고대국가로서의 신라 및 또 다른 성격의 정치적 결합체인 가야로 재편되었느냐를 검토하는 방법이다.

전자는 상대적으로 쉽기는 하나 그런 지역 단위의 변화가 새로운 관계망을 포괄하는 신라 혹은 가야의 성립을 반드시 담보한다는 보장이 없다. 이를테면 김해지역 대성동고분군의 어느 유구 단계에서 나타난다고 해석된 어떤 극적 변화가 반드시 금관'가야'의 성립을, 즉 변한 연맹체의 일원이었던 구야국이 가야라는 새로운 관계망, 말하자면 가야연맹체의 일원인 금관국이 되었음을 뜻하는지는 적어도 방법론적으로 보장이 되지 않는다. 이와 관련된 시기 구분 틀이 바로 진·변한사를 신라·가야사의 전기(前期)로 보는 견지에서 나온 전기가야연맹과 후기가야연맹이라는 설정이다. 고고학에서는 진·변한 시기를 원삼국시대로 파악하는 전사론을 취하기에 이는 적합한 구분 틀이 될 수 없다. 그런데도 이런 설정을 준용해 그 가운데 전기가야의 맹주인 금관가야의 성립이 곧 가야의 성립이라고 봄은 가야 전체가 지역 간 관계망이라고 이해하는 관점에서는 사실상 아무런 근거를 갖지 못한다.

후자는 여러 지역 단위를 상호 비교해야 하므로 한층 어렵다. 특히 가야의 경우에는 그 구성 지역들 사이의 관계를 여전히 독립적이라 상정하기에 기본적으로 앞 단계 (진)변한과 크게 다를 바가 없어서 더욱 그렇다. 반면, 신라의 경우에는 경주를 정점으로 그것과 낙동강 이동지방 내의 여러 지역 사이에 새로이 형성된 정치적 상하관계를 나타내는 공통 양식 토기 및 위세품의 부장과 같은 분명한 현상을 그런 전환의 근거로 삼을 수 있다.

이처럼 진·변한에서 신라·가야로라는 관점에서 접근할 때 유의해야 할 점은 진한이 그대로 신라가 되고 변한 또한 그대로 가야가 되지는 않았다는 사실이다. 이를테면 창녕지역은 『삼국지』 위서 동이전 진한 불사국의 소재지로 비정되는데 『일본서기』에 의하면 369년 시점에 비자발이라는 가야국의 무대였음이 확실하다. 그러므로 진한지역=신라, 변한지역=가야라고 기계적으로 적용하면 심각한 역사 왜곡이 생겨날 수 있다. 또 문헌사에서 음사(音似)를 근거로 진·변한 주요 국의 위치를 비정하지만 확실한 근거가 별반 없는 경우가 허다해서 논란이 아주 많다는 사실을 유념해야 한다. 이를테면 『삼국지』 위서 동이전의 변진 독로국이 동래(東萊)와의 음사로 부산지역에 비정될 수 있다 하더라도 그 때문에 영남지방 각지 정치체들이 신라·가야로 전환된 이후 부산지역이 처음부터 줄곧 가야였다고 할 근거는 없다. 만약 고고학에서 위의 공식에 따라 어떤 지역이 삼국시대에 들어 신라와 가야 가운데 어느 쪽에 속한 상태로 시작하였는지를 판정한다면 그것은 문헌사의 견지에서도 문제가 되려니와 또한 불확실한 문헌 기록에 전적으로 의존하는 셈이기 때문에 고고학 무용론을 스스로 말함과 다름이 없다.

위에서 말했듯이 신라는 진한 사로국이 이웃한 대등 정치체들을 병합해 정치적 상하관계로 새로 조직한 광역 정치체이다. 이 신라의 영역은 고고학적으로는 낙동강 이동 양식 토기의 지속 분포 권역으로 해석되며, 영남지방 가운데 금호강 이북은 낙동강유역권 전체, 금호강 이남은 낙동강 이동 지방을 대략 성립 초기부터 포괄한다. 또 양양 정도까지의 동해안지역과 소백산맥 이서 보은지역 등이 비교적 일찍부터 그에 포함된다. 이에 따라 가야의 권역은 자연히 가야산 이남, 낙동강 이서가 된다. 이렇게 토기 양식 분포권의 의미를 정치적으로 해석하는 데 대해 특히 문헌사 일각에서 그것을 문화적 현상으로 치부하면서 부정하려 들기도 한다. 그러나 낙동강 이동 양식 토기의 지속 분포 권역이 곧 신라 영역이라는 해석은 단순히 토기의 분포에만 근거한 것이 아니고 그 양식 자체가 지닌 몇 가지 정형성, 공반 위세품 및 고총과의 연관성 그리고 문헌 기사 등을 함께 고려한 결과이다.

낙동강 이동 토기 양식은 몇 가지 정형성을 지닌다. 첫째, 그 속에 하위 양식이라 할 각 지역양식, 즉 의성양식, 창녕양식, 성주양식 등을 포괄하고 있다. 둘째, 원(原)신라양식인 경주양식이 먼저 성립하고 그것이 다른 지역들로 확산되면서 각 지역의 기존 토기에 양식적 선택압이 작용한 결과로 생겨난 현상이다. 이 때문에 성립 당초부터 공통 양식이면서 지역색이 존재하게 된다. 셋째, 이동 토기 양식이 성립한 이후로 각 지역 토기 양식은 시간의 흐름과 함께 지역색이 탈색되는 쪽으로의 정향적 변화를 보인다. 이는 바꾸어 말하면 이동 지방 전역의 양식상 공통성이 점차 강해진다는 뜻이다. 넷째, 경주지역에서 낙동강 이동 토기 양식 분포권 내의 나머지 지역들로 양식적 영향이 지속적으로 작용하되 그 외 지역 상호 간의 양식적 영향은 거의 없이 각각 지역성을 유지하다가 결국 경주양식으로 통일된다.

이런 낙동강 이동 양식 토기가 부장된 각 지역 고총들에 공반되는 귀걸이, 관(冠), 대장식구, 대도 등 착장형 금공 위세품 또한 몇 가지 정형성을 띤다. 첫째, 기본적으로 경주양식이라는 하나의 양식을 공유한다. 둘째, 복식품으로서 두 요소 이상이 한 벌로 부장된 고분의 분포는 신라 영역으로 한정된다. 셋째, 기본적으로 낙동강 이동의 중대형 고총에서만 출토된다. 넷째, 각지에서 이동 양식 토기가 형성된 이후 혹은 그와 때를 같이 해서 부장되기 시작한다. 다섯째, 경주 이외 지역의 위세품들은 경주의 최고위급 고분 출토품과 같은 것은 없고 그에 비해 적어도 한 단계 이상의 낙차가 있으며 대개 그 다음 급 이하 출토품과 대응한다. 한편 이런 신라토기와 신라식 위세품이 출토되는 신라 각지의 중대형 고총군은 해당 지역 낙동강 이동 토기 양식이 성립한 이후나 거의 그와 때를 같이해 등장한다.

낙동강 이동 지방 각지의 공통 양식 금공 위세품이 보이는 이런 정형성들은 그

것들이 기본적으로 경주 지배층으로부터 하사되었음을 말해 준다. 또 그런 물품이 복식품으로서 묻힌 고총의 주인공은 각지의 지배층이다. 그래서 낙동강 이동 토기 양식의 지속 분포권은 곧 신라 영역으로 해석할 수 있다. 그리고 지역 고총의 존재를 염두에 두면 신라 국가의 영역 지배 방식은 문헌사에서 말하는 마립간기 부(部)체제 하의 간접지배이다. 그러므로 그 영역 안의 지역 간 상호관계는 결코 연맹으로 볼 수 없다. 더욱이 낙동강 동안 지역을 친신라계 가야라든지로 해석할 수는 없다. 이는 낙동강 동안 세력을 별다른 근거 없이, 혹은 후대의 부회 기사로 밝혀진 『삼국유사』5 가야조를 근거로 가야라고 설정한 데서 나온 해석이라 결과적으로 고고학을 완전히 도외시한 해석이다.

신라 영역을 나타내는 낙동강 이동 양식 토기 분포권의 의미를 해석하는 데서 주의해야 할 점은 그것이 어떤 지역에 나타나기 시작하는 시점은 해당 지역이 신라로 편입된 시점의 하한을 말해 줄 뿐이라는 사실이다. 지역에 따라, 이를테면 영남 북부지역에서는 실제 신라 편입과 신라토기의 발현 시점 사이에 적지 않은 시차가 있을 수 있다. 또 창녕 같은 특정 지역만을 따로 떼어서 그 지역 토기의 지역색이 없어지는 시점에 비로소 신라가 되었다는 해석 또한 낙동강 이동 토기 양식이라는 대(大)양식과 지역양식이라는 소양식의 의미를 전혀 이해하지 못한 해석이라서 성립할 수 없다.

고령지역의 대가야 멸망기 고분에 부장된 토기가 웅변하듯이 마립간기든 중고기든 신라 영역으로 새로이 편입된 지역의 고분에는 반드시 신라토기가 일색으로 부장되는데 그 이유가 무엇인지는 사실 밝혀져 있지 않다. 다만, 이는 고구려 등과는 다른 신라의 현지 밀착형 지배 방식을 나타낸다고 추론되는, 신라에 고유한 특수 현상이다. 그러므로 이와 시기 혹은 지역을 달리하는 토기 양식의 분포권에 대해 똑같은 의미의 정치성을 부여할 수는 없다. 그러나 고령양식 토기의 분포권에 대해서는 이동 양식 토기의 경우와 극히 유사한 측면이 많으므로 약간 다른 역사적 맥락을 고려한다는 단서 아래 대가야 영역으로 해석함이 허용된다고 할 수 있다.

그러면 이런 신라는 고고학적으로 볼 때 언제 성립한 것으로 볼 수 있는가? 물론 그것은 신라토기의 성립 시점에 대한 편년관에 크게 좌우된다. 잘 알려져 있듯이 신라토기 성립 시점에 대해서는 황남대총 남분의 피장자를 눌지왕(458년 몰)으로 보는 연대관에 따라 400년 이후로 보는 설, 피장자는 동일하게 보되 발생 시점은 4세기 후엽으로 보는 설, 내물왕(402년 몰)으로 보는 연대관에 따라 350년경으로 보는 설로 크게 나뉜다. 실성왕(417년 몰)으로 보는 연대관은 토기 편년관으로는 같은 분기에 해당하므로 마지막 설과 대차 없다.

400년 이후 설은 신라의 성립을 이른바 광개토왕 남정 이후로 잡고 더구나 대개 신라 연맹설을 취하는 점이 문제이다. 바로 마립간기 부체제론을 확립된 정설로 하는 문헌사와의 정합을 전혀 이루어 낼 수 없기 때문이다. 그리고 영남지방 고총 대부분의 축조 연대가 5세기 후반 이후로 밀려 내려가는 이른바 편년 압축 현상의 이유를 설명해 내지 못한다. 350년경으로 보는 설은 신라토기 발생 이후 그것이 양식적으로 확립되는 황남대총 남분까지의 기간을 50여 년으로 보는 점은 400년 이후 설과 마찬가지이다. 반면, 4세기 후엽설은 초기 신라토기의 다양성을 연대 차이로만 이해하고 그에 대해 80년 정도의 긴 기간을 설정하였는데 그것은 양식 발생 초기의 다양성을 고려하지 않은 이해이다. 사실 이 기간에 해당하는 무덤의 수가 각지에서 아주 적다는 점이 이처럼 긴 기간을 설정하기 어려움을 반증한다.　　　　　　[이희준]

II 신라의 묘제

원삼국시대부터 삼국시대까지 신라권의 분묘 변천 단계는 목관묘 단계, 목곽묘 단계, 고총 단계(적석목곽묘와 석곽묘의 단계), 석실묘 단계로 구분되고 있다. 이 가운데 목곽묘 단계는 전기의 장방형목곽묘 단계와 후기의 신라식목곽묘 단계로 구분될 수 있으며 이 신라식목곽묘 단계에서 사로가 지역 수준을 넘는 정치체로 발전하여 신라가 태동하는 것으로 이해하고 있다. 그 연대는 대략 3세기 말 또는 4세기 초로 알려져 있다. 이후 4세기 전반에 경주를 중심으로 한 지역에 적석목곽분이 출현하였고, 그것이 늦어도 4세기 중·후엽에는 고총화하여 고총 단계로 접어들고, 이것이 경주 주변지역에 확산된다. 이 고총 단계에 경주보다는 약간 늦게 5세기 전반 무렵 신라의 지방에 수혈식석곽묘를 기반으로 한 고총이 발생하게 되었다. 그리고 창녕과 같은 일부 지역에는 횡구식의 묘제가 고총으로 축조되었고, 5세기 중·후엽을 즈음하여 이들 신라의 지방 일부에 횡구식과 횡혈식의 석실분이 들어오기 시작하였다. 6세기 전엽 신라가 중앙집권적 귀족국가로 성장함에 따라 이 석실분이 적석목곽분을 대체하여 신라 중앙에서도 주 묘제로 채택되고, 그것이 진흥왕대에 확장된 신라 영역의 각지로 퍼져 나간 것이 확인된다.

1 신라식목곽묘의 출현과 전개

신라 성립의 지표가 되는 월성의 축조와 맞물려 신라식목곽묘가 출현한다. 이 목곽묘에는 전 시기와는 다른 유물이 부장되어 사회의 변천을 지적해 주는데, 대표적인 것이 조기 신라토기의 등장, 철제 갑주를 비롯한 중장무기의 등장, 곡옥을 주체로 한 위세품의 등장이다.

3세기 말을 지나면서 낙동강 하구를 중심으로 한 지역의 소위 김해식목곽묘와 경주를 중심으로 한 지역의 신라식목곽묘가 분화하여 대비되게 된다. 전자는 아직 장방형의 묘광 형태를 유지하면서 부곽이 설치된 경우 별도의 묘광을 파서 부곽을 설치한 이혈묘광주부곽식(異穴墓壙主副槨式)이나 후자는 하나의 긴 세장방형의 묘광을 파고 그 내부의 목곽을 칸막이하여 주곽과 부곽을 구분한 동혈묘광주부곽식(同穴墓壙主副槨式)이다. 이를 후기 목곽묘라 통칭한다.

경주를 중심으로 한 지역의 후기 목곽묘는 앞의 세장방형으로 대표된다. 이 묘의 특징은 전기의 것에 비해서 묘광의 깊이가 약간 더 깊어지는 경향을 보이고, 부곽의 성립, 순장의 시행, 합장분의 등장이라는 특징이 있다. 그리고 출토유물에서는 도질토기(조기신라토기)가 등장하여 전대 와질토기를 구축하기 시작하였다. 이러한 차이점은 새로운 문물의 확산 등을 포함한 사회적 변화를 반영하는 것으로 보인다.

대표적인 무덤이 구정동 목곽묘로, 3기로 구성된 목곽은 하나의 봉분 속에 연접하여 축조된 것으로 보인다. 이 가운데 3호묘는 길이 800cm, 너비 185cm로 평면비가 4.32:1로 세장하고, 면적이 14.8m²이다. 깊이는 90cm로 면적 대비 깊이의 비례는 약 16.4:1로 전기의 목곽묘에 비해 더 깊어진 것을 볼 수 있다. 이렇게 묘광의 깊이가 깊어졌음은 이전의 반지상식과는 달리 목곽이 지하에 들어갔음을 뜻한다. 그러나 목관묘와 같이 깊은 묘광 속의 아래에 매장주체부가 위치하여 되메우기해야 하는 정도는 아니어서 대략 목곽의 상면이 지표면과 같은 높이에 있었을 것으로 추정할 수 있다. 또한 하나의 봉분 속에 이렇게 두 기 혹은 여러 기의 무덤을 중복되지 않게 배열하면서 축조하였을 것으로 추측되는 것은 소위 김해형목곽묘에서는 잘 보이

그림 1 경산 조영 1A 19호묘

지 않는다.

이 시기 대형 묘의 특징은 하나의 묘광 내부에 기다란 목곽을 설치하고 칸막이를 하여 주곽과 부곽을 구분한 동곽구분식(同槨區分式)이라는 것으로 부곽의 출현이 아주 특징적이다. 부곽의 출현은 이제 사후생활유물의 부장이 본격화되었음을 뜻한다. 이는 현세를 중시하는 사상의 출현을 의미하며 본격적인 신라식 사생관이 형성되었음을 뜻하는 것으로 볼 수 있다. 즉 사후의 영적인 존재도 현실세계와 같이 현세의 권세를 유지하며 생활한다는 계세적 세계관이 정착되었다고 할 수 있다. 순장의 출현 또한 이와 관련되었을 것이고, 이는 고총 단계로 지속되어 고신라의 특징으로 자리한다.

이 세장방형의 목곽묘에서 또 하나의 특징은 순장 풍습이 시행되었다는 점이다. 이 형식의 목곽묘에 순장이 시행되었음은 경산 조영동 1A-19호묘에서 분명히 드러난다(그림 1). 이 묘는 4세기 전반으로 편년될 수 있는 것으로 역시 주곽과 부곽을 칸막이로 구분한 동혈묘광식의 목곽묘이다. 묘에서는 젊은 여주인공과 같은 또래의 순장자 2인의 인골이 주곽에 고스란히 남아 있었다. 주인공은 주곽의 동측 중앙에 넓은 공간을 차지하며 매장되었으나 순장자 2인은 그 발치에 서로 겹쳐진 채 나란하게 매장되었다. 주인공에게는 경옥제 곡옥을 매단 머리장식(유기질의 관?)을 비롯한 많은 유리구슬의 목걸이와 팔찌 등이 장식되어 있었으며 그 머리맡에는 다수의 토기가 부장되었는데 비하여 발치 2인의 순장자는 별다른 유물을 가지지 않아 서로 간 격차를 분명하게 보여 줌으로써 순장의 출현을 알려 준다.

이러한 신라식목곽묘는 경주의 주변에 널리 분포하고 있는 것이 확인된다. 아직 경북 북부지방에서는 이 시기의 고고학 조사가 미진하여 조사 예가 없지만 포항 옥성리, 울산 중산동과 다운동, 경산 조영동, 대구 비산동과 서변동, 칠곡 심천리, 양산 소토리유적 등지에서 확인되었다. 이들 지역의 신라식목곽묘는 대부분 각지에서 최고 등급에 속하는 묘들이 주축을 이룬다. 그 대표적인 예가 경산의 조영 1B-60호묘와 앞서 설명한 조영 1A-19호묘, 대구 비산동 목곽묘 등이다. 이들 목곽묘가 경주를 중심으로 하여 사방에서 조사되고 있는 것은 신라의 영향력이 이들 지역에 미치

고 있었고, 신라와 동일한 장송의례가 시행되었
음을 의미하는 것으로 볼 수 있다.

한편 이 시기 구정동묘를 대표로 하는 이
러한 무덤 이외에 구어리 1호 목곽묘(그림 2)라
는 특수한 목곽묘가 경주에서 조사되었다. 이
묘는 이혈묘광주부곽식으로 앞의 김해형으로
불리던 형식을 가지고 있다. 이혈묘광주부곽식
은 이보다 이른 황성동 22호 목곽에서 출현하
였으나 유행하지는 않은 묘제이다. 따라서 이를

그림 2 경주 구어리 1호 목곽묘

경주와 그 주변지역에서는 특수한 형식으로 설정할 수 있다. 그러나 아직 우리는 이
시기 신라의 중심세력이 축조한 것으로 믿어지는 월성의 북편 대릉원지구의 목곽묘
현상에 대해 알지 못하기 때문에 그에 대한 판단을 유보해야 할 것으로 보인다. 그
리고 만약 경주지역의 경우 세장방형목곽묘의 상위에 구어리 목곽묘와 같은 묘제가
존재하여 위계화되어 있었다면 적어도 이들 묘제가 출현한 곳은 경주를 상위로 한
체계가 형성되었음을 상정하도록 한다.

2 적석목곽분의 발생

늦어도 4세기 중엽에는 경주지역에 목곽묘의 일종이고 신라만의 독특한 묘제
인 적석목곽분이 성립되어 지배층의 묘제로 자리한다. 이 고분은 목곽, 적석, 봉분이
결합한 것으로 이제까지 볼 수 없었던 금·은을 기조로 한 복식품이 매장되고 금속용
기류, 유리 등의 장거리 교역에 의한 결과인 유물들이 부장된다. 또한 경주지역의 적
석목곽분과 지방의 대형 분 사이에는 크기나 출토유물의 질과 양에서 차등성이 크
게 벌어진다. 이러한 고고학적 현상은 고대사에서 마립간기로 칭하는 시기와 일치
하여 신라가 본격적인 국가로 출발하였음을 보여 주는 징표로 인식되고 있다.

적석목곽분이란 땅을 파서 묘광을 만들거나 땅을 고른 다음에 목곽을 설치하
고 전자의 경우 목곽과 묘광의 벽 사이, 후자의 경우 목곽의 주위에 돌을 쌓아 목곽
을 보호하고, 봉토를 덮은 무덤이다. 나중에는 봉토를 덮을 때 일정한 부위까지 적석
을 하여 적석부를 마련한 후 다시 봉토를 덮어 마무리하였다.

그림 3 포항 마산리 적석목곽분과 출토 토기

이 고분이 출현한 시기는 지금까지의 고고학 자료로 봐서는 4세기 전반으로 볼 수 있다. 즉 앞에서 설명한 신라식목곽묘에 이어서 바로 출현하였다. 밝혀진 자료 가운데 가장 이른 시기의 대형으로는 최근에 발굴된 포항 마산리유적의 적석목곽분(그림 3)으로 4세기 전반에 해당하고, 소형으로서는 경주 사방리유적의 적석목곽분으로 같은 시기의 것으로 둘 수 있다. 그러나 경주의 중심부인 대릉원지구에서는 지금까지 조사된 것 가운데 가장 이른 시기의 비교적 대형 분이 4세기 중·후엽에 해당하는 월성로가-13호 등으로 알려져 있다. 따라서 주변지역보다 늦게 경주 중심부에서 적석목곽분이 출현한 것이 되나 일부만 조사된 대릉원지구고분군의 쪽샘지구 등을 고려하면 경주지역에도 더 일찍 출현했을 것이다.

이 적석목곽분의 개념과 그 기원에 대해서는 많은 의견이 제출되어 있다. 먼저 개념문제로 목곽과 묘광의 벽 사이에 돌을 채운 묘제를 적석목곽분의 범주로 보는 측이 있는 반면, 경주에서 발견되는 목곽의 위 일정한 부위까지 적석을 한 것만을 적석목곽분으로 보고 앞의 것을 목곽묘의 일종인 위석식(圍石式)목곽묘 또는 석재충전(石材充塡)목곽묘로 이해하기도 한다. 그러나 후자의 경우 한정된 것만을 대상으로 하였고, 묘제의 변천과정을 염두에 둔다면 전체를 적석목곽분이라 부르고 그 내부의 아형식으로 설정하여 살피는 견해가 더 타당한 것으로 판단된다.

적석목곽분의 기원에 대해서는 이원적 계통관과 북방설, 목곽묘 자체 발전설로 정리된다. 이원적 계통관이란 목곽묘에 지석묘 하부의 적석이 결합되어 적석목곽분이 발생하였다는 설과 목곽묘에 고구려 적석총의 적석이 결합되고 원형봉토가 씌워진 것이 신라의 적석목곽분이라는 설 등 두 가지 종류로 나눌 수 있다. 북방설은 시베리아 스텝지역의 돌무지무덤이 동진했다는 견해인데 구체적으로 남러시아 스텝루트의 스키타이 쿠르간이나 하이알타이 등의 목곽분에서 그 기원을 찾는 것이다. 목곽묘 자체 발전설은 신라식목곽묘가 자체 발전하여 적석목곽분이 출현하였다는 것으로 목곽묘의 사방에 돌을 채우는 사방적석식(四方積石式)에서 목곽의 위에도 적석하는 상부적석식(上部積石式)으로, 다시 지면에 목곽을 설치하고 그 주위와 위에 적석하고 봉토를 씌운 지상적석식(地上積石式)으로 변천하여 완성된다는 설이다.

위에서 개념 규정한 적석목곽분의 계기적 변천과정을 대입하면 현재로서는 목곽묘 자체 발전설이 가장 타당한 이론으로 받아들여지고 있으나 왜 적석이 출현하였느냐는 점에서는 고구려와의 관련성도 무시할 수 없어 앞으로 더 심도 있는 검토가 요구된다. 가장 이른 시기의 대형 적석목곽분인 포항 마산리유적의 적석목곽분은 먼저 목곽묘가 축조되고 거기에 이어져 축조된 것으로 얕은 묘광을 파고 목곽을 설치한 다음 적석과 봉토를 함께 쌓아 올라간 것으로 목곽의 상부에는 적석부를 두지 않았다. 이러한 분묘일체형(墳墓一體形)의 모습에서 봉토를 제외하면 고구려의 적석총과 너무 닮아 있는 것이 관찰된다. 그러므로 목곽묘가 봉분을 높게 축조하는 방식으로 발전하는 자체 진화과정에서 고구려의 적석 아이디어가 도입되어 성립된 것일 수 있다.

이 적석목곽분은 대략 목곽의 주변에만 적석을 하고 목곽의 위에는 적석하지 않고 바로 봉분을 덮은 소위 사방적석식이라는 봉토분에서 목곽의 위에도 적석하여 봉토부에 적석부를 따로 둔 상부적석식이라는 것으로 변천하는 것으로 보이는데, 전자의 경우에도 이미 높은 봉토를 축조함으로써 영남지방 고총이라 부를 수 있는 대형 봉토분의 선도적인 역할을 하였다. 즉 적석목곽분을 기조로 한 고총이 경주에서 먼저 시작하여 이것이 지방으로 확산되고, 그것을 수정하여 각지에서 수혈식석곽묘를 기반으로 한 묘제가 창안되어 신라 지방의 고총이 완성됨을 보여 준다.

신라고총이 경주에서 먼저 시작되어 각 지방으로 확산되었고, 지방 고총의 출현에 경주의 적석목곽분이 기조가 되었음을 잘 보여 주는 것이 동래 복천동고분군과 경산 임당동고분군이다. 동래 복천동고분군의 고총이 발생하기 이전 대형 묘인 32호와 36호 등은 사방적석식목곽묘로 볼 수 있으며, 경산의 임당 G-5·6호(그림 4), 조영 CII-2호는 고총으로 성립된 사방적석식목곽묘이다. 이들은 그 축조연대가 4세기 중·후반 또는 5세기 초로 알려져 있다. 복천동의 경우 아직 고총으로 발전하지 않았으나 대형 묘로 신라의 적석목곽분이 받아들여졌고, 이것이 수혈식석곽묘로 변천하고 나중에는 엄격한 의미의 고총으로 탄생되었음이 복천동의 여러 묘와 이에

그림 4 경산 임당 G-5·6호

이어진 연산동고분군을 연계시켜 보면 잘 드러난다. 임당동의 경우는 첫 고총으로 축조된 것이 모두 적석목곽분이고, 임당 특유의 암반을 파서 목곽을 설치하고 개석을 한 암광목곽묘는 그 후에 출현하는 것이 파악된다. 이외 의성 금성산고분군 대리 3호분이나 영덕 괴시리고분군 16호분 등에서도 비교적 이른 시기의 고총은 적석목곽분이 채택된 것이 확인된다. 그리고 이들 고분에는 모두 신라식의 금공품과 토기가 출토되고 있다. 이렇게 확산되기 시작한 신라고총은 후에 묘제를 달리하지만 신라권이라고 할 수 있는 영남 각지로 확산되어 고총체계라고 부를 수 있는 마립간체계가 완성된다. 결국 마립간시기의 개막은 적석목곽분의 출현과 고총화로 볼 수 있다.

3 고총 단계의 묘제

경주에 고총이 출현하여 이것이 확산된 이후 중앙인 경주는 지속적으로 적석목곽분을 위주로 한 고분을 축조하나 지방으로 편입된 각지에서는 수혈식석곽묘를 위주로 하고, 또 일부 지역에서 횡구식석실분이 축조되었으며, 극히 제한된 지역에서 횡혈식석실분이 출현하였다.

1) 중앙의 적석목곽분과 왕묘

고총 단계 신라의 중앙인 경주에서 조사된 적석목곽분은 일제강점기에 조사된 황남동 109호분, 금관총, 금령총, 식리총, 서봉총 등과 이후 우리의 손으로 조사된 호우총과 은령총, 황남동 110호분, 천마총, 황남대총 등을 대표로 한다. 이들 고분의 축조연대에 대해서는 이론이 분분하나 그 서열에 대해서는 대략 일치된 의견이다. 대표적인 고분의 축조서열은 황남동 109호분 3·4곽→황남동 110호분→황남대총 남분→황남대총 북분→천마총→호우총으로 알려져 있다.

지금까지 알려진 적석목곽분으로서의 고총은 황남대총의 남동편, 현 미추왕릉의 동북에 자리한 황남동 109호분이 가장 이른 것으로 알려져 있다. 이보다 약간 이르거나 유사한 시기의 적석목곽분인 월성로 가-13호에서 신라식으로 정형화한 금공의 착장 위세품이 세트로 출토하여 적어도 이 시기에는 경주에 왕묘라고 할 수 있는 거대 고분이 축조되고 있음을 알 수 있다. 월성로 가-13호는 1인이 매장된 것이 아니라 비교적 어린 몇 명이 합장된 고분이면서도 출토유물에서 지방과는 크게 구별되는데, 이러한 현상은 바로 성인의 단독 고분이 어떠했을까를 유추할 수 있도록 한다. 그 시기는 대략 4세기 후엽으로 보고 있다.

그림 5 황남대총과 남분의 매장주체부

이렇게 왕묘임을 바로 알 수 있는 고분이 발굴된 황남대총(그림 5)이다. 이 고분은 남분(남자)과 북분(여자)으로 구성된 표형분으로 크기와 출토유물에서 특출하고 삼중곽이라는 남분의 주곽 구조도 독특하다. 경주에는 이 황남대

총 이외에도 수많은 고총이 분포한다. 고총은 월성의 북편에 연하여 동으로 인왕동에서부터 황오동과 황남동, 다시 노동동과 노서동지역에 밀집해 있고, 일제강점기까지 남아 있던 155기의 고총에 대해서는 번호가 부여되어 관리되고 있다. 물론 이 가운데는 후대인 7세기 이후에 축조된 횡혈식석실분도 간간히 섞여 있으나 대부분은 4세기 중·후엽부터 6세기 초에 축조된 적석목곽분이 주류를 이룬다.

비교적 넓게 분포하는 이 대릉원지구고분군(그림 6) 가운데 주목되는 것이 가장 서쪽의 월성 서북에서 북으로 가며 분포하고 있는 고총들이다. 즉 현재 대릉원으로 공원화되어 있는 내부의 고총과 그 남쪽의 월성 서북에 분포하는 119호분, 노동동과 노서동에 분포하는 봉황대고분과 서봉황대고분 등을 중심으로 한 고총들이다. 지금까지의 발굴조사에서 이 고분 군집을 벗어난 고분에서는 신라식의 최고 위세품이라고 할 수 있는 금관, 금관모, 금과대 등이 출토되지 않고 이 범위 내에서만 출토되었음은 이들이 마립간과 그들의 가족묘임을 알려 준다. 즉 그러한 유물이 출토된 황남대총 남분과 북분, 천마총, 금령총, 금관총, 서봉총 등이 모두 이 범위 내에 있다.

이 범위의 고총들은 중앙의 큰 고분을 중심에 두고 그 전면과 좌우에 약간 작

그림 6 경주 대릉원지구고분군

은 고분이 배치되는 군집 몇 개가 이어져 나간 것이 확인된다. 가장 대표적인 것이 눌지마립간 혹은 나물마립간의 능으로 추정되고 있는 황남대총을 중심에 두고 우측에 천마총, 좌측에 90호분이 배열되고 그 전면에 96호분, 97호분 등이 배열된 모습이다. 이러한 배열 모습은 중앙에 마립간의 고분인 왕묘가 자리하고 그 전면과 좌우에 그와 관련이 있는 인물의 무덤이 배열되었음을 뜻하는 것으로 보인다. 이 가운데 격단의 차이를 보이는 대형의 고분은 남쪽에서부터 119호분, 전미추왕릉, 황남대총, 봉황대고분, 서봉황대고분 등을 들 수 있다. 이들은 대략 당시 최고 지배자인 마립간이나 그에 버금가는 신분의 피장자가 묻힌 것으로 볼 수 있어 신라 왕묘라고 할 수 있을 것이다.

2) 지방의 다양한 묘제

(1) 수혈식석곽묘

5세기 전반 이후 신라의 지방묘제 가운데 가장 주축을 이루는 것이 수혈식석곽묘이다. 이 고분은 지하식과 지상식으로 나눌 수 있으나 대부분 지하식으로 축조되었다. 묘의 축조는 묘광을 파고 냇돌이나 깬돌을 쌓아 석곽을 축조한 것으로 비교적 큰 것은 내부에 목곽이 들어 있는 것이 있다. 석곽에는 석개를 한 후 봉토를 쌓았다. 그중 대형은 수혈식석실이라고도 불리는 것으로 크게 두 종류로 나눌 수 있는데, 먼저 목곽을 설치하고 그 주연을 따라 석곽을 축조한 선목곽후석곽(先木槨後石槨)식과 먼저 석곽을 축조하고 그 내부에 목곽을 설치한 선석곽후목곽(先石槨後木槨)식이 그것이다. 대략 전자에서 후자로 이행한 것이 관찰되고 있다. 소형 묘는 내부에 목곽을 설치하지 않고 주검을 바로 안치하거나 목관에 넣어 안치한 다음 석개를 한 것으로 신라와 가야지역에서 목곽묘가 사라지면서 가장 광범위하게 사용되었다.

한반도 남부지방 삼국시대 수혈식석곽묘의 기원에 대해서는 여러 설이 있다. 지석묘 하부구조 계승론, 석관묘 계승론 등 청동기시대 묘제를 계승했거나 자체 발생했다는 설과 외래계 묘제가 전래되었다는 설이 그것이다. 이 석곽묘는 원삼국시

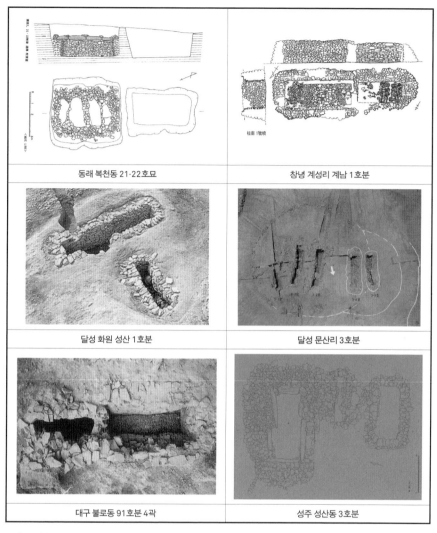

<table>
<tr><td>동래 복천동 21·22호묘</td><td>창녕 계성리 계남 1호분</td></tr>
<tr><td>달성 화원 성산 1호분</td><td>달성 문산리 3호분</td></tr>
<tr><td>대구 불로동 91호분 4곽</td><td>성주 성산동 3호분</td></tr>
</table>

그림 7 신라 지방 수혈식석곽묘 고총

대 남해안의 섬에서 축조된 것이 밝혀져 있고, 창원과 김해지역 등에서도 비교적 이른 시기에 축조된 것이 조사되었다. 또 한반도 남부의 석곽묘 축조기보다 이른 시기에 중국의 화북지역과 동북지역에서 많이 축조되었고, 거기서 해안을 따라 일본까지 분포하고 있다는 특징이 있다. 특히 중국 동북의 요령성(遼寧省)지역에는 2세기부터 많이 축조되었음이 밝혀지고 있다. 따라서 석곽묘가 해안을 통해 먼저 남해안지역에 상륙하여 소형 묘로 축조되고, 이것이 재지 목곽묘문화에 이입되어 성행하게 된 것으로 보는 것이 좋을 것으로 보인다.

4세기 중·후반 무렵에는 낙동강 하구에서 처음으로 대형의 고분에 채택된다. 동래 복천동 22호가 대표적이고 김해 양동리 93호, 칠산동 14호 등이 그러하다. 이러한 고분들은 선목곽후석곽식이라는 특징이 있고, 특히 뒤의 두 고분은 석개가 아닌 목개의 석곽묘이다. 이러한 사실은 대형의 고분에서 목곽의 뒤채움으로 석곽이 축조되기 시작하여 수혈식석곽묘가 완성됨을 뜻하는데, 이후의 창녕 계성리 계남 1호분과 4호분에서도 지상식이면서 선목곽후석곽이 채용되었다.

낙동강 하구에서 수혈식석곽묘가 채용되기 시작한 이후 이 묘제는 낙동강에 연한 신라 지방의 주 묘제로 자리하고, 대부분 지방 고총도 이 묘제를 사용한다. 묘제는 단곽식과 주부곽식으로 나뉘며, 주부곽식의 경우 주곽과 부곽의 배치방식, 석곽의 축조방식에서 지역마다 다른 양상을 보인다. 동래 복천동고분군에서는 아래에서부터 주곽 석곽, 부곽 목곽을 일렬로 배열하였고, 연산동고분군에서는 주곽을 칸막이하여 부곽을 설치하였다. 창녕의 계성고분군에서는 칸막이한 지상식의 석곽인데 개석을 하지 않고 목개를 한 것이 있다. 금호강 하구를 중심으로 한 지역에는 달성 화원 성산·문산리, 대구 달서 구암동·불로동 등지에 수혈식석곽을 기조로 한 대형의 고총이 축조되는데, 각각 주부곽의 배치형식이 다르게 나타난다. 칸막이한 日자형의 배치, 이혈의 丁자형, ﾄ자형 배치, 11자형 배치 등이 그것이다. 성주 성산동에서는 이혈의 明자형 배치가 정형을 이루고, 대구의 달서고분군과 함께 판석을 사용해 석벽을 구축한 점에서 특수성이 인정된다. 이외 구미 황상동의 고총은 판석을 사용해 축조한 단곽식이라는 특징이 있다.

한편 경산 임당유적에서는 수혈식석곽묘의 요소를 가진 특수한 목곽묘인 암광목곽묘(그림 8)가 출현하여 유행한다. 이 묘는 이전 시기에 들어온 적석목곽분을 기반으로 한 것으로 암광의 위에 수혈식석곽묘에서 나타나는 석개를 채용하여 창안된 것이고 주부곽의 배치는 昌자형이다.

이렇게 같은 수혈식석곽묘이지만 지역마다 독특한 특성을 가지고 있는 것은 신라의 지방으로 편입된 각 지역이 정체성을 가지고 고유의 묘형을 창안하여 사용하였음을 뜻한다. 그러나 신라의 지방으로 볼 수 있는 곳의 이러한 고분에서는 신라양식의 토기와 신라식 복식품인 위세품이 함께 출토하는 특징을 보이는데, 이것은 후술하는 횡구식의 묘제와 함께 신라 지방의 묘제로 자리하고 있었음을 의미한다. 또한 이들 대형의 지방 고총에서는 순장의 습속이 일반적으로 확인되고, 주곽의 피장자 머리측과 발치측, 부곽에 배치된 각각의 유물 종류가 유사한 양상을 보이고 있는데, 이는 경주의 적석목곽분과도 유사하여 신라권이 장의 등에서 통일되어 있었음을 알려 준다. 수혈식석곽묘는 이렇게 신라의 지방 수장급 묘제로 채택되어 사용되다가 고총이 쇠퇴하고 횡구식과 횡혈식의 석실분이 주된 고분으로 등장하면서는 그 배장묘로 혹은 독립된 소형 묘로 남아 지속된다.　　　[김용성]

그림 8 경산 조영 CI-1호

(2) 횡구식석실분

　횡구식은 횡혈식의 구조 부위인 별도로 천장을 갖춘 복도[羨道]가 생략된 구조이다. 따라서 연도를 갖추지 않은 간략화된 구조 격식이라는 점만 제외하면 현실 구조상 양자의 특이점은 없다. 양자가 혼재되어 있으며, 횡혈식이 규모나 입지에 우월성을 지니고 주로 지역의 중심지 일대로 한정적인 분포상을 보인다. 규모와 평면 형태 등에 따라 석실형과 석곽형으로 구분할 수 있다. 고총 단계에 이 횡구식석실이 먼저 유행한 곳은 경북 북부와 창녕을 중심으로 한 낙동강 하류이다.

　경북 북부에서 횡구식 묘제의 등장 시기는 5세기 중엽으로 추정된다. 안동과 상주 등지에서 평면 형태가 세장방형이거나 장방형인 고분 중에서 입구부가 대개 한 단벽 혹은 그 일부만 터놓고 폐쇄할 수 있는 정도의 간단한 구조이다. 특히 세장방형은 당시 성행하던 수혈식석곽의 평면 형태와 유사하고, 장방형은 목곽묘의 평면 형태와 유사하다. 지면을 기준으로 하여 바닥의 위치는 정지면 또는 약간만 굴착한 묘광 안에 축조한 이른바 지상식이 대다수를 차지한다.

　5세기 후엽에는 안동 옥동·조탑동·중가구동, 문경 신현리, 예천 덕률리, 상주 신흥리유적 등 경북 북부의 대부분 지역에서 횡구식석실이 출현하거나 본격적으로 축조되기 시작하였다. 세장방형은 시간이 지날수록 길이가 약간씩 짧아지는 장방형

그림 9 상주 신흥리 가-25호

으로 변화한다. 추가장용 구조이지만 단장에 그친 예도 적지 않으며, 피장자의 안치 상태는 대개 직장이었으나 목관 혹은 목곽이 이용되기도 했다. 의성 조탑동고분의 서쪽 석실에는 1차 목관, 2차 직장된 바와 같이 종전과 달리 직장이 거의 일반화된 것으로 보인다. 이 시기에 이미 시상·관대를 높게 설치한 예들도 나타나는데, 초장 피장자의 위치가 후벽부이고, 추가할 때마다 앞쪽으로 향해 잇대어 증설하되 약간씩 높여 쌓은 경향을 보인다.

한편, 횡구식석실 한쪽 단벽부의 평면 형태는 호형인 예가 증가할 뿐 아니라 부장곽은 아예 원형으로 축조된 예들도 있다. 또 한 봉분 안에 여러 기의 매장시설이 차례로 축조된 복수분과 여러 기의 봉분이 이어진 연접분들도 상당수 분포한다.

경북 북부의 서편에 해당하는 상주에서 횡구식석실분이 출현하는 양상은 두 가지이다. 상주 북편 신흥리유적에서는 수혈식석곽묘에 후속하여 출현하고, 상주 중심부의 병성산 주변에서는 수혈식석곽묘 단계를 거치지 않고 횡구식석실분이 출현해서 성행한다는 것이다. 그러나 신흥리유적의 수혈식석곽묘로 보고된 것 중에는 상당수가 횡구식일 가능성이 높아 보인다는 점에서 재검토할 여지가 남아 있다. 이 시기에는 상주를 포함한 경북 북부지역의 횡구식석실분에도 직장(直葬)이 일반적인 피장자 안장 방식으로 보이지만 간혹 목관을 사용하거나 혹은 목곽을 설치한 예들도 있다. 석실의 구조 중에서 특이한 예로, 선축 석실의 한 단벽을 허문 다음에 달아내어 길게 증축한 형태가 상주 병성산 주변부를 중심으로 예천, 안동의 일부 고분에서도 확인되었다.

창녕지역 중심부의 교동·송현동고분군에서 횡구식석실분의 출현도 5세기 중엽이다. 급사면에 입지한 교동 3호분의 주체부는 반지하식의 목곽 바깥에 할석을 붙여 쌓은 세장방형 석실이다. 단벽부에 터놓은 입구에는 판상석을 세워 폐쇄하였다. 종래의 목곽이나 석축 벽체 축조에 사용되던 기술이 결합된 이 무덤은 목곽묘에서 횡구식석실로 이행되어 가는 과도기적 시점에서 나타나는 구조 형태로 보인다. 이어서 나타난 구조는 반지하식의 전형적인 세장방형 횡구식석실분이다. 석실의 공간이 입구로부터 차례로 순장부, 주피장부, 실내 부장부로 3분된 배치구도는 순장이

사라지는 6세기 초엽을 전후한 시점까지 지속
되었다.

    5세기 후엽~6세기 전엽의 횡구식석실은
지역별 완급의 차는 있으나 너비가 넓게 되는
만큼 길이가 줄어들어 세장방형을 급격히 벗어
나는 추세였다. 다만 표형 연접분인 창녕 송현
동 6·7호분의 경우와 경북 북부지역 횡구식석
실은 여전히 세장방형으로 이어져 있으나 대개
전자가 반지하식인 반면 후자는 지상식이 주류

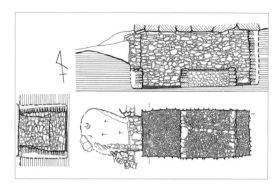

그림 10 양산 부부총

로 지속된다. 그리고 지상식의 장방형 횡구식석실을 갖춘 5세기 후엽의 경산 임당
5A호분은 지역 내 단발적으로 축조된 대표적인 사례이다. 장방형 횡구식석실 위주
로 대거 축조되기 시작한 전형적인 고분군이 양산 북정리고분군이다. 고분군 내 탁
월한 입지와 대형 횡구식석실을 구비한 5세기 말엽의 양산부부총 주체부는 중간에
높게 설치한 2인용 안치대, 입구부에 횡치한 순장자 3인 그리고 후벽부에 부장공간
으로 활용하였다. 이때는 작은 단위지역마다 작은 고분군이 들어서고 넓은 지역의
새로운 중심지에는 대규모 고분군이 조성되기도 하는 고분 영조의 최성기라고 할
수 있다. 이 시기의 늦은 시점, 즉 6세기 전엽이 되면 부산(기장) 용수리 가동 고분군
등에서 보이는 것처럼 경남의 일부 지역에서도 횡구식의 묘제가 축조되기 시작한
것으로 보인다.

(3) 횡혈식석실분

    기본적인 구조 형태가 추가장으로 재활용이 가능한 횡혈계 묘제는 이전의 수
혈계보다 규모가 제한적이다. 신라권역에서 묘도·연도·현실로 구성된 정형화한 횡
혈식은 출현 시점이 횡구식석실보다 늦고, 지역별로는 왕경인 경주 중심부가 가장
늦다. 초기 횡혈식석실분은 6세기 전엽에 축조된 것으로 추정되는 대구(달성) 쌍계리
1·2호분, 경산 조영 1B-6호분, 의성 학미리 1호분, 포항(구 영일) 냉수리 1호분을 들
수 있다.

    쌍계리 1호분과 2호분은 방형계 종장방형 횡혈식석실이다. 석실 후벽에 횡으
로 붙여 설치한 안치대는 일반적인 시상 형태이지만 거기서 관고리, 관정, 꺾쇠, 맛배

식 관 결속구가 출토됨으로써 목관이 놓였음을 말해 준다. 특히 제2호분의 석실에는 측벽 아래에 배수구가 설치된 특이한 구조 요소로 주목된다. 두 기의 봉분 성토 방식은 여전히 수평식이며, 천장석도 이전의 수혈식석곽에 흔히 쓰였던 것과 같은 장대석을 여러 매 사용하였다. 여러 가지 점에서 이른 시점의 이례적인 고분이라고 할 수 있다.

경산 임당지구(조영동) 1B-6호분은 평지에 가까운 완만한 경사 지면을 평탄하게 정지하고 축조한 지상식의 횡장방형 횡혈식석실분이다. 중앙 연도를 지닌 석실의 목관 혹은 목곽 안에 안치된 피장자의 두향은 동남이며, 출자형 금동관이 출토되었다. 당시는 물론 그 뒤에도 여전히 경산지역 특유의 암광목곽묘가 성행하던 때이므로, 이 고분은 희소하게 축조된 예의 하나라고 할 수 있다. 그런데 연도가 좌측으로 꺾여 있는 이른바 좌곡(左曲) 또는 우곡(右曲) 상태는 대개 6세기 후반의 고분 중에서 적지 않게 나타난다는 점에서 매우 이른 시점에서 나타난 구조 요소에 해당한다.

포항 냉수리 1호분은 경사진 아래쪽으로 연도를 길게 달아낸 반지하식 횡혈식석실분이다. 현실은 큰 석재로 벽체를 쌓고 벽면을 두텁게 회미장하였으며 현문부에는 여닫이식의 석비를 갖춘 정형의 문틀시설이 설치되어서 시기상 매우 이례적인 고분에 해당한다. 여러 차례 추가장되었는데, 관정·꺾쇠·관고리의 출토 상황으로 보아 초장과 그 다음에 피장자를 안치할 때에는 목관이 사용되었음을 알 수 있다. 큰 석재를 사용한 벽체, 두터운 회미장, 여닫이식 석비와 문틀 등의 구조 요소 및 양파식 성토 봉분은 고구려 고분의 직접적인 영향을 받아 축조되었음을 알 수 있다. 그러나 연도 장벽에 부장곽을 달아낸 감실형 구조는 고구려 고분의 재지 후장 습속이 반영된 독특한 형태임을 보여 준다.

의성 학미리 1호분은 냉수리 1호분보다 축조시점이 약간 늦어 보이지만 금성산고분군에서 다중호석이 적용된 지상식의 초기 횡혈식석실분이다. 제1차와 제2차 시상에는 목관이 있었지만, 6세기 후엽으로 추정되는 제3차 시상에는 당시 경주식 장법에 따른 직장이 적용되었다.

이들 출현기 횡혈식석실분들의 구조는 다양하다. 달성 쌍계리 1·2호분은 방형계이고, 포항 냉수리 1호분과 의성 학미리 1호분은 종장방형이며, 경산 조영동 1B-6호분은 횡장방형이라는 점에서 평면 형태가 확연하게 다르다. 또한 봉분의 성토 방식은, 봉분이 유실된 조영동 1B-6호분을 제외하면, 쌍계리의 두 고분이 수평식인데 비해서 냉수리 1호분과 학미리 1호분은 전형적인 양파식인 점이 다르다. 후자 고분들은 구조 부위와 형태 및 축조 방식 등이 고구려 고분의 영향임을 말해 주지만, 다른 세 고분의 계보는 분명하지 않다. 위의 어느 고분이든 이 시기 경주 중심부는 아직도 적석목곽분 일색인 점과 대비된다.

4 횡구식석실분과 횡혈식석실분의 성행

1) 횡구식석실분의 확산

6세기 전반을 지나면서 신라권역에는 거의 횡구식석실분과 횡혈식석실분이 축조되고 부장품이 줄어 박장의 단계로 들어선다. 횡구식석실은 종전보다 길이가 훨씬 짧아지고 너비가 훨씬 넓은 장방형이 크게 증가한다. 특히 부산 두구동 임석고분군 등 부산지역에서도 폭이 너른 장방형이 나타나는데 반지하식이라는 점이 주목된다. 다만, 구미(구 선산) 낙산리 등 일부 지역의 고분군과 단양 하방리 등 소백산맥 넘어 신라토기가 출토되는 고분군 중에는 세장방형의 평면 형태가 그 기간이 짧으나마 늦게까지 나타난다.

신라 왕경인 경주 중심부의 고분군에서도 종래의 적석목곽분에서 횡구식석실분으로 급속히 이행되었다. 아울러 신라 북부에서 많이 보였던 호형 단벽 형태가 경남 남부의 고분 중에도 많이 적용되었다. 정복 활동이 활발하던 6세기 중엽 종전의 적석목곽분에서 새로이 횡구식석실분으로 바뀌는 현상은 보문동합장분(구 보문리부부총)을 통해서도 엿볼 수 있다. 선축인 적석목곽분 곁에 연접하여 후축한 횡구식석실에도 여전히 피장자는 납관 안치되었다. 그런데 황남동 151호분의 횡구식석실분에는 초장은 물론 여러 차례 추가장에서도 모두 직장이라는 점은 이때에는 이미 직장이 보편적인 장법으로 채택된 것을 보여 준다.

비교적 규모가 큰 횡구식석실은 방형계 위주로 되어 나간다. 확대된 옛 가야지역과 한반도 중부의 각지에는 신라 특유의 단각고배가 파급되어 재지에서 전개된 횡구식석실에서 출토하는 현상이 나타나기 시작한다. 상당수의 고분은 종전처럼 외관상의 봉분 하나에 횡구식석실이 여러 기로 나타나거나 연접분의 상태를 보이지만 점차 단분 안의 단실이 증가해 나간다. 그리고 일부 횡구식석실분 중에는 추가장과 더불어 피장자를 목관 혹은 석관에 납관하기도 했으나 역시 절대 다수는 여전히 직장이었다. 축조 상태를 보면 인구밀도가 낮은 오지의 작은 횡구식석곽인 경우 매우 엉성하거나 왜곡된 형태를 보이기도 한다.

6세기 후엽이 되면 일부 횡장방형도 있으나 정방형 혹은 정방형에 가까운 종장방형 위주의 이른바 방형계 횡구식석실로 정착되었다. 피장자 안치대에는 두침석과 족좌석 및 기와를 활용한 예들도 적지 않다. 특히 횡혈식석실분인 경주 석침총에서 보이는 후두부 혹은 견부 이상의 형태로 가공한 피장자 안치대를 횡구식석실에도 적용한 예가 김천 모암동고분군에서 나타나 있다. 이러한 직장의 모습은 포항 인덕동고분군이나 횡장방형이 선호되었던 여주 매룡리고분군 등에서는 추가된 파장자들까지 안치시설을 갖춘 것에서도 잘 드러난다. 또한 피장자의 위계와 연관시켜 볼 수도 있는 금동, 은동, 동, 철 등의 재질로 만든 대금구가 출토되기도 한다. 한편 새로 신라의 영역이 된 대가야 등 구 가야지역과 한강유역 등 북부의 고분에서는 재지적인 구조 요소가 거의 사라진다. 석실 벽체의 배부른 형태나 하단 벽석을 세워 쌓은 경남 남부의 일부지역, 특히 사천의 일부 고분에는 왜계 고분의 요소였던 의령 운곡리형 시상과 석관 그리고 문주석의 잔영만 엿보인다.

7세기 중엽에 가까운 시점이 되면 더 이상 횡구식이든 횡혈식이든 고분군의 영조가 보이지 않는 소단위지역들이 많아졌다. 청도 순지리와 울산 활천리의 고분처럼 횡구식이지만 현문부에 방형계 석실의 입구부에 나지막한 문기둥 모양의 입주석을 구비한 구조도 보인다. 이것은 이른바 경주식 석실의 한 요소라고 할 수 있는 입구부 축석 방식이며, 그 범위는 경주지역 밖으로 크게 벗어나지는 않는다.

2) 횡혈식석실분의 정형화와 전개

경주 중심부에서 적석목곽분을 대체하여 횡혈식석실분이 출현하는 시점은 6세기 후반대로 들어섰던 무렵으로 추정된다. 이때는 실질적인 박장과 더불어 본격적인 산지 입지로 이행하던 시기이기도 하다. 경주 중심지의 인근인 방내리유적에는 적석목곽분과 함께 경주 서부의 최대 횡혈식석실군을 이룬다. 그중에서 작은 규모가 아닌 횡혈식석실은 초기부터 평면 형태가 방형계이다. 정방형, 그에 가까운 종장방형, 횡장방형과 더불어 연도 위치도 전벽의 중앙, 좌측, 우측이 모두 나타나 있다. 이러한 구조 형태들은 이미 신라권역의 각지에서 축조되고 있었다. 이때부터 여전한 추가장과 더불어 시상 위의 직장이 절대 다수를 점하며 산지 입지의 지형 및 간소화 등에 따른 여러 형태의 배수구가 설치되었다.

　6세기 후엽의 횡혈식석실분은 동천동 와총과 서악동 석침총을 대표로 볼 수 있다. 종장방형인 전자에는 피장자 안치에 기와가 사용되었고, 후자는 대형 횡장방형임에도 횡치 직장을 위한 가공한 두침과 족좌를 구비하였고 별도의 추가장 석관을 두었다. 특히 기와 사용은 이미 신라 전역의 횡구식과 횡혈식 고분에서 시상면, 두침, 배수구 덮개 등 다양한 용도로 기와가 활용되기 시작한 점과 연관된다. 다만 가공 판석조 석관은 구미(해평) 낙산리고분 등 극히 일부 고분에서만 확인된 희소한 사례이며, 각지의 일반적인 두침석은 가공되지 않은 비교적 편평한 석재를 활용했다. 그런데 서악리 석침총을 비롯한 포항 인덕동, 여주 매룡리고분군 등 비교적 큰 단위 지역 내에서 우월성을 지닌 최상위급 고분에는 이러한 가공 형태를 사용했다. 한편 횡구식석실분군인 김천 모암동의 한 고분에서 직장 피장자의 후두부는 물론 견부 형태에 맞춘 안치물이 확인되어 주목된 바 있다. 그것은 형태에 맞춘 가공한 석재나 (회)도침인데, 이런 형태가 이어져 훗날 통일신라시대 경주에는 직장 피장자용의 안치물이 전신에 맞춘 가공 시상까지 나타나게 되었다.

　이 시기에 신라 각지의 횡혈식석실분은 구조 형태가 대체로 크게 다르지 않은 것이 일반적이다. 나름의 지역색을 지닌 고분 중에는 가공 석조 및 반지하식과 고구려 고분벽화를 채용한 영주 태장리, 경주식 문주상석과 호석까지 이어진 긴 연도를 갖춘 울산 활천리유적, 후벽보다 전벽 높이를 낮춘 김해 구산동유적, 경주 이외 지역임에도 최대급 규모 및 횡장방형이 집중적이고 목관·목곽을 사용한 포항 대련리유적의 횡혈식석실분을 대표적인 예들로 들 수 있다.

　7세기에 들어서는 시점이면 이른바 경주식 횡혈식석실분의 표지격인 경주 충효리고분군이 조성되기 시작한다. 전형적으로 발달된 구조 형태는 방형 현실에 현문부의 문주상석과 천장이 너른 돔-천장부, 문틀시설(궐석 포함)과 여닫이식을 포함한 돌문, 정밀한 면 쌓기와 회미장, 높은 시상과 두침·족좌를 구비한 고분이라고 할 수 있다. 그러나 이때도 고구려 집안 도읍기의 후기 이후로 백제 사비시기 그리고 통일신라시대의 고분에서 볼 수 있는 정밀하게 가공한 석재의 사용이나 절석 기법은 적용되지 않았을 가능성이 높아 보인다. 다만 가공도는 낮은 편인 석재를 사용한 고분이 증가하는데, 대개 고분의 규모에 따라 벽석과 천장석의 표면 가공도에 치중되었다. 다듬은 장방형 규격의 벽석재로 단을 맞추거나, 특히 의성 탑리 동4호분처럼 이중문의 문장부에 맞춘 동개[軸孔]는 피장자 유택을 위해 품이 많이 든 대표적인 사례가 된다. 다만 이 시기의 횡혈식석실분군의 분포 빈도는 횡구식석실분군과 더불어 6세기 대보다 훨씬 줄어들었다.   [조영현]

III 가야의 묘제

1 고령지역

낙동강 본류와 지류인 회천이 만들어 놓은 충적평지와 가야산 줄기로 둘러싸인 고령지역은 대가야의 중심지이다. 대가야의 주 고분군은 지산동고분군인데 수혈식석곽묘로 이루어진 대형 고총고분이 높은 산줄기에 산봉우리처럼 열을 지어 장관을 이루고 있다. 그런데 이 지산동고분군의 대형 봉토분들은 시기별로 묘제가 변천되고 있어 대가야 사회를 이해하는 데 매우 좋은 자료가 되고 있다.

고령지역 묘제 역시 초기에는 김해나 함안지역과 마찬가지로 장방형목곽묘가 수장묘로 사용되었으나 5세기경부터 수혈식석곽묘가 지배층의 묘제로 사용되기 시작한다. 이어 석곽의 규모가 대형화되고, 봉토가 높아지는 고총분으로 확대되면서 한 봉분 안에 별도의 소형 석곽을 순장묘로 가지는 대가야의 주 묘제로 자리잡게 된다. 이와 같은 고총의 묘제는 주 석곽의 규모가 대형화되고, 금동관과 같은 수준 높은 위세품과 다량의 토기 등 많은 부장품을 보유하여, 순장곽으로 설치되는 소형의 일반석곽과는 매우 뚜렷한 차별성을 보이므로 수혈식석실묘로 부르기도 한다.

이러한 대형 수혈식석곽묘는 규모가 더 커지고 주곽 이외에 부장품을 많이 넣기 위한 부장곽을 따로 만들고, 순장곽도 2기 이상 설치하는 다곽분의 구조로 변화한다.

1) 목곽묘

고령지역의 가야국이 대가야로 발전하기 전의 소국인 반로국은 3세기경까지의 주 묘제는 와질토기와 철기가 출토되는 목곽묘였다. 즉, 고령지역의 소국이었던 반로국 시기에는 다른 가야지역과 마찬가지로 목곽묘가 수장묘로 사용되었으나. 나른 지역의 예를 보면 목곽묘 이전에는 목관묘 단계가 있지만, 고령지역에는 아직까지 목관묘가 조사되지 않고 고령 반운리유적에서 목곽묘가 조사되어 현재로서는 목곽묘가 가장 빠른 묘제로 되어 있다.

그러나 반운리유적에서는 김해 양동리고분군이나 대성동고분군의 목곽묘처럼 한경이나 옥제품 같은 위세품은 출토되지 않고 전·후기 와질토기와 경질토기, 철겸, 철부, 철모 등 철기가 출토되고 있다. 그 후 4세기 후반이 되면 장방형의 쾌빈동 목곽묘로 발전한다.

고령 쾌빈동 목곽묘는 3기가 조사되었는데 파괴가 심하지만 비교적 상태가 좋은 1호분의 경우 묘광의 남은 길이 482cm, 너비 305cm, 깊이 95cm이고, 목곽의 크기는 남은 길이 440cm, 너비 280cm인데 전체적인 형태로 보아 장폭비가 약 2:1 정도의 장방형을 이루고 있다. 12호분과 13호분도 묘광의 너비가 300cm, 360cm로 평면 형태와 부장양상이 1호분과 비슷한 점으로 보아 고령지역의 목곽묘도 김해지역이나 함안지역의 장방형목곽묘와 비슷한 것으로 보인다.

또 지산동 73호분은 직경 23×21m인 봉분 안에 매장주체부를 나무로 축조한 목곽이 있고, 주곽의 가장자리 충전보강석 속에 순장곽 3기가 배치된 구조이다. 묘광은 길이 10m, 너비 5m, 깊이 3.3m 규모의 완전 지하식 구덩이를 파고 그 안에 주·부목곽을 T자형으로 배치한 대형 목곽봉토분이다. 주곽의 규모는 길이 5.1m, 너비 2.2m, 높이 1.3m 정도로 장폭비가 2.3:1의 장방형을 이루고 있다.

이렇게 넓고 깊은 하나의 묘광 안 깊숙이 주곽과 부장곽의 사이를 떼어놓은 상태로 구성하되 그 주위와 양 곽 사이를 할석만으로 채워 쌓아 보강한 점이 특이하다. 특히 목곽 벽재 뒷면의 충전보강석 상태는 상당 범위에서 마치 석벽을 쌓은 듯 비교적 정연한 상태를 보여 석실로 착각할 정도이다. 그리고 충전보강석 속의 순장곽은 주곽 양쪽 장변 보강적석 내부에 1기씩과 부장곽의 서장변 보강적석 내부에 1기가 축조되어 있다. 또한 봉토 속에도 1기의 순장석곽이 배치되어 있으며, 아울러 부곽 상부의 함몰층에서 말 이빨이 출토되었다. 봉토를 축조하는 과정도 매우 정밀한 구획성토와 흙주머니(토낭)의 사용과, 주곽을 보호하는 토제(뚝)를 쌓은 토목공법이 확인되기도 하였다.

2) 수혈식석곽묘

(1) 단곽순장 석곽묘

고령 지산동고분군에서 고총고분이 성립되기 전에 축조된 수혈식석곽묘는 32NE-1호분이 대표적이라 할 수 있다. 고총고분인 32~35호분 사이의 공간에 축조되어 있는 이 석곽묘는 길이 332cm, 너비 70cm, 깊이 90cm로 장폭비가 4.7:1로 가야지역 수혈식석곽묘의 특징인 세장한 형태이다.

4벽은 할석으로 쌓되 하반부는 비교적 네모반듯하고 내면이 판판한 큰 할석으로 2~3단 쌓고, 그 위에 납작한 할석을 여러 겹 쌓아 올렸다. 호석은 남쪽과 서쪽에 일부만이 남아 있으나 원래는 석곽 주위에 타원형으로 둘러놓았을 것으로 생각된다. 부장품은 은상감환두대도와 금제이식 등의 위세품과 철모, 화살촉 등 무구류가 출토되고, 고배나 장경호 등 고령양식 토기가 출토되었다. 이와 같은 전형적인 가야양식의 수혈식석곽묘는 지산동고분군의 고총 주변에 수없이 많이 분포하고 있다.

이와 같은 고령지역의 수혈식석곽묘는 5세기가 되면 점차 고총고분으로 변화한다. 그중 지산동 35호분의 경우 석실이 길이 666cm, 너비 101cm, 깊이 156cm로 장폭비가 5:1의 세장한 평면 형태를 이루고 있다. 일반적으로 ① 입지상 능선 정상부의 융기부에 위치하고 고대한 원형봉토 축조, ② 장폭비 약 5:1의 세장한 석실 평면 형태, ③ 한 봉분 안에 주곽과 별도의 순장곽을 가진 다곽분의 구조, ④ 봉분 기저부에 주실과 순장곽을 둘러싸는 원형호석의 설치, ⑤ 고령의 특징을 가진 대가야식 토기가 출토되는 묘형을 대가야 묘제로 부르고 있다.

이 시기의 같은 봉토분인 지산동 32호분과 34호분에서는 주석곽 옆에 순장곽을 1기 설치하는 순장고분이 축조되기 시작한다. 그리고 32호분 석실에서는 금동관, 판갑옷과 투구 등의 위세품과 다량의 고령양식(대가야양식) 토기류와 무기가 출토된다. 그리고 지산동고분군뿐만 아니라 고령 본관동 34호분, 35호분, 36호분에도 똑같은 양상으로 축조되었고, 그 밖에 고령 도진리고분군, 월산리고분군, 박곡리고분군의 봉토분도 같은 양상으로 파악된다.

이렇게 위세품류가 부장된 주곽과 순장곽 1기를 배치하는 단곽순장 석곽묘는 각 지역의 지배층 묘제로 확립되었고, 순장곽 없는 일반 석곽묘와 함께 점진적으로 합천, 거창, 함양, 산청, 남원 월산리·두락리 등 여러 지역으로 확산된다. 이와 더불어 고령양식 묘제와 토기는 남원 월산리고분군뿐만 아니라 소백산맥을 넘어 전라북도

장수·진안, 전라남도의 광양·순천지역까지 확산된다.

합천 옥전 M4·M6호분, 반계제 가A·다A·다B호분, 봉계리 대형분, 함양 백천리 1호분이 대표적인 단곽순장 수혈식석곽묘이다. 다만, 옥전 M4호분과 M6호분은 순장곽을 주곽 옆에 배치하지 않고 호석열 밖에 배치하였다. 그리고 산청 중촌리고분군이나 생초리고분군의 경우도 이러한 단곽순장 석곽묘의 묘제와 대가야양식 토기 출토지로 밝혀지고 있다.

(2) 다곽순장 석곽묘

고령지역의 묘제는 지산동 32호와 34호처럼 주곽과 순장곽 1기를 배치하는 단곽순장 석곽묘와 함께 주곽 옆이나 한쪽 단벽 쪽에 부장곽을 별도로 축조하고 순장곽도 여러 기 배치하는 다곽순장 주·부곽석곽묘로 변화한다. 그러나 그 변화는 시기 차이라기보다 고분의 규모나 피장자의 권력의 차이라고 볼 수도 있다.

다곽순장 석곽묘는 5세기 전엽의 지산동 73호분과 75호분에서 나타나기 시작한다. 그런데 지산동 73호분은 앞의 목곽묘에서 보았듯이 주곽과 부장곽이 목곽이고 충전보강석 안에 3기의 순장곽을 배치하고, 호석 안의 봉토에도 순장곽 1기를 축조한 다곽으로 되어 있어 특이한 묘제이다. 그러나 순장곽의 다곽 형태로 보면 이 범주에 속한다고 할 수 있다. 75호분은 넓고 깊은 묘광을 따로 파고 할석으로 주곽과 부장곽을 축조하였는데 주곽의 단벽쪽에 직각되게 T자형으로 배치하였다. 순장곽은 주곽의 묘광 안에 7기와 호석 안쪽에 3기를 배치하였다. 묘광 안에 축조된 순장곽의 구조는 묘광 안쪽 3면은 석축하고, 나머지 1면은 묘광의 벽면을 그대로 이용한 구조이다. 그리고 호석 안쪽에는 동물을 순장한 장방형의 우마 순장곽 1기가 확인되었다.

또 지산동 30호분은 남북 장축의 주실 남단벽 쪽에 동서 장축의 부실을 1기 축조하여 주·부실의 평면배치가 T자형을 이루고 있다. 순장곽은 주실의 동서 장벽과 나란한 방향으로 각각 1기씩과 북쪽 단벽 쪽에 2기를 배치하여 4기가 석실을 ㄷ자형으로 감싸고 있고, 1기는 특이하게 주곽의 바닥에 배치하여 모두 5기의 순장곽을 설치하였다.

5세기 후엽의 지산동 44호분에서는 주곽 외에 부장곽 2기, 순장곽 32기라는 가야 최대의 다곽순장묘가 축조되었다. 44호분은 호석이 장경 27m, 단경 25m인 타원형 묘역의 중앙에 주곽과 부장곽 2기를 배치하고, 순장곽은 주곽을 중심으로 방사상과 원주상으로 둘러싸고 있다. 할석으로 축조한 주곽은 길이 940cm, 너비 175cm, 깊이 210cm 규모이며 장폭비가 5.4:1로 전형적인 대가야식 묘제를 보이고 있다.

지산동 45호분의 경우도 규모는 약간 작지만 호석으로 둘러싸인 묘역 중앙에 주곽과 부장곽을 나란히 배치한 다음 이를 원주상으로 둘러싸는 순장곽 11기를 배치한 점은 대동소이하다.

이와 같은 다곽순장 주·부곽석곽묘는 현재까지는 고령 지산동고분군에만 존재하고 있다.

3) 횡혈식석실분

고령지역의 횡혈식석실분은 지산동고분군과 고아동고분군에 여러 기가 존재하지만 지산동고분군의 경우는 절상천정총(折上天井塚) 1기를 제외하면 거의가 대가야 멸망 이후에 축조된 것들이고, 가야 지배층 묘제로서의 횡혈식석실분은 고아동고분군을 의미한다. 절상천정총은 지산동에 있었다고 하나 정확한 위치를 알 수 없고, 출토유물도 전혀 알려지지 않았다. 그리고 고아동고분은 벽화고분의 바로 옆에 붙어 있는 것으로 현실의 길이 4.8m, 너비 3.5m에 달하는 대형 석실에 길이 6.8m의 중앙연도를 가진 대형 석실분이나 완전히 무너져 상세한 원상은 파악하기 어렵다. 이러한 고령지역의 횡혈식석실분 가운데 고아동벽화고분은 가야지역의 유일한 벽화고분이며 대가야왕릉으로 가야의 횡혈식석실분을 대표한다.

고아동벽화고분은 지산동고분군의 능선이 남서쪽으로 뻗어 내려오다가 한 자락이 동으로 솟아올라 새로운 산록을 형성한 동쪽 사면 끝에 위치한다. 고분의 규모는 봉토 직경 동서 25m, 남북 20m이며, 봉토의 높이는 현실 바닥으로부터 6.88m인데 원래 경사면을 ㄴ자형으로 깎아 내어 축조한 봉분의 높이는 동에서 8m, 서에서 3m이다.

현실은 장대한 할석을 약간 다듬어 4벽을 축조하였는데 남북 양 단벽은 수직으로 쌓아 올리되 남단벽은 오른쪽(동쪽) 장벽에 연결하여 연도를 이어 쌓았다. 동서 양 장벽은 수직으로 쌓아 올리다가 상반부에서 서서히 안으로 기울게 쌓아 길게 좁혀진 천장부에 작은 개석 6매를 덮어 전체적으로 터널처럼 만들었다. 현실의 규모는 길이(남북) 375cm, 너비(동서) 282cm, 높이 312cm이다.

연도는 현실 남벽의 동쪽에 지우쳐 동장벽에 잇대어 수직으로 쌓아 올리고 평평한 장대석 8매로 덮었다. 연도의 길이는 현실보다 길어 482cm이며, 너비는 좁아 148cm, 높이는 164cm이다. 모든 벽면과 천장의 축조는 매우 치밀하게 쌓아 올렸으며 할석의 이가 맞지 않는 부분에는 납작한 작은 돌을 끼워 넣어 틈이 벌어지지 않도록 하고, 경사면에 맞추어 돌을 비스듬히 다듬기도 하였다.

벽화는 현실과 연도 전체에 그렸던 것으로 보이나 현재는 천장석에만 남아 있는 상태다. 천장에는 얇게 회칠을 하고 분홍색, 녹색, 흑색, 갈색으로 내외 2중의 8판 연화문(八瓣蓮花文)을 그렸다. 할석으로 쌓은 벽면에는 전면에 굴껍질이 섞인 회를 두껍게 이겨 바르고 반들거리게 문지른 다음 그 위에 그림을 그리고 있다. 그러나 벽면의 그림은 흔적만 일부 남아 있는 상태라 어떤 그림이 있었는지 알 수 없고 다만 그림이 있었던 것만 확인할 수 있을 뿐이다.

부장품은 깨끗하게 도굴당해 관못과 토기편 외에 남아 있는 것이 없으나 금동제 말안장이 이 고분에서 출토되었다고 하는 것으로 보아 상당수의 위세품이 있었음이 분명하다. 그리고 복원을 위한 봉토조사에서도 2중으로 된 호석열 사이와 봉토 속에서 대가야양식 토기편이 출토된 바 있다

이 고분은 전체 규모나 축조구조, 벽화 내용으로 보아 6세기 전반의 대가야왕릉이 틀림없으며 이는 가야의 여러 정치체 중에서 대가야만이 백제, 신라와 같이 횡혈식석실분을 왕릉으로 채용한 것으로 대가야의 국가위상을 이해하는 데 있어 매우 중요한 자료가 된다.

2 성주지역

성주지역은 『삼국유사』 오가야조에 5가야의 하나인 성산가야(혹은 벽진가야)지역으로 기록된 이래 성산가야의 고지로 알려져 왔고, 또 성주지역에 분포된 고총고분군을 성산가야의 고분으로 이해하여 왔다. 그러나 1980년대 이래 성주 성산동 고총고분들이 발굴조사되면서 묘제와 출토유물의 성격이 일반적으로 나타나는 다른 가야지역과 판이하게 다르다는 것이 밝혀지게 되었다.

또한 문헌사학의 연구결과 성주지역이 일찍이 신라에 복속되었다고 알려져 왔고, 최근의 고분연구 결과들도 성주지역 고총고분은 가야고분이 아니라 신라고분이라는 주장이 제기되고 있어 성주지역 고총고분의 성격이 애매한 상태이다. 그러나

성주고분의 성격에 대한 논의는 아직도 계속되고 있으므로 여기서는 일단 종래대로 가야고분의 범주에 넣어 묘제를 살펴본다.

1) 목관묘와 목곽묘

성주지역의 삼국시대 주 묘제는 다른 지역과 마찬가지로 높은 봉분이 있는 수혈식석곽묘이지만, 그 이전의 묘제는 영남지역 전체에 공통적으로 축조되었던 목관묘와 목곽묘이다. 성주에서 가장 빠른 목관묘는 성주 예산리 목관묘 유적이다. 성주 예산리유적에서는 원삼국시대 목관묘 40여 기가 발굴되었는데 통나무 목관묘와 판재 목관묘가 섞여 있어 비슷한 시기의 대구 팔달동 목관묘 유적과 비슷한 양상을 보이고 있다.

출토유물도 자루 끝을 옻칠로 장식한 청동검과 철검, 철모, 철부, 철착 등 철기류 및 칠기부채와 같은 고급 유물도 있어 소국 형성의 정치체가 있었다고 생각되는 대구 팔달동유적이나 창원 다호리유적과 비슷하다. 이 목관묘의 시기는 무문토기와 함께 출토된 주머니호, 조합우각형파수부호 등 와질토기가 전기 단계의 빠른 토기들로 보아 삼한소국의 형성기와 일치하고 있다.

성주지역의 목곽묘는 다른 지역과 달리 순수한 목곽묘는 없고, 주체부가 장방형목곽이고, 장변의 목곽보강석에 활석으로 감실처럼 부장곽을 축조한 철(凸)자형 평면을 가지고 있다.

이러한 凸자형 고분은 성주 명포리고분군과 시비실고분에 주로 분포하고 있는데 주체부가 목곽인 경우와 주체부가 석곽인 경우 등 2종류가 있다. 주체부가 목곽인 시비실 3호분은 길이 317cm, 너비 106cm, 깊이 96cm로 장폭비 2.9:1이며, 4-1호분은 목곽 길이 300cm, 너비 110cm, 깊이 62cm로 장폭비 2.7:1이다. 감실부곽은 목곽보다 경사가 높은 쪽에 목곽과 나란히 배치하였다. 이 목곽묘들은 구릉의 능선부에 봉토 직경 6m 정도의 크기를 가진 중심묘역을 형성하고 있고, 봉토의 윗면에 주구와 봉분을 둘러싸는 호석도 갖추고 있다.

명포리 1호분은 능선 사면이 완만하게 낮아지면서 평지에 연결되는 동쪽 사면의 끝자락에 위치한다. 고분의 외형은 남북 장경 11m, 동서 단경 9.5m의 소형 봉토분으로 내부 주체는 목곽묘이다. 고분의 축조는 약간 경사진 원지반을 길이 540cm, 너비 250cm의 징빙형 묘광을 판 다음 바닥에 크기가 일정하지 않은 깬돌을 깔고 그 위에 목곽을 설치하였다. 목곽은 길이 380cm, 너비 100cm, 깊이 100cm의 규모로 장폭비가 3.8:1의 장방형을 이루고 있으며 나무 흔적은 발견되지 않았다. 목곽과 묘광 사이는 할석을 채워 보강하였는데 돌을 차곡차곡 쌓지 않고 들어붓듯이 채워 넣은 듯 목곽에 닿았던 안쪽 면이 가지런하지 않다.

목곽의 장축 방향을 등고선 방향인 남북 방향에 맞추어 목곽 장벽의 높이가 수평을 이루도록 하였다. 경사 윗면인 서장벽 보강석 중간 부분에 폭 70cm만큼 보강석 대신 흙을 다져 넣은 다음 장벽에 직각으로 길이 160cm 크기의 석축을 쌓아 벽장 형태의 감실부곽을 마련하였다. 부곽은 다진 흙을 그대로 바닥으로 이용하였고, 경사면의 위쪽에 설치하여 목곽 바닥보다 높게 자리잡고 있다. 그러나 부곽의 벽석을 낮게 쌓아 목곽의 윗면과 부곽의 개석이 같은 레벨이 되도록 하였다. 목곽의 위에는 개석은 덮지 않았던 것으로 판단되지만 목곽의 뚜껑 위에는 굴광을 메운 할석과 같은 돌로 덮었던 것으로 보인다. 봉분을 둘러싸는 원형의 호석도 설치하였다.

2) 수혈식석곽묘

(1) 할석조 석곽묘

성주지역 묘제의 유형 중 할석조 석곽묘는 막돌이나 깬돌을 이용하여 네 벽을 축조한 묘제로 성주의 주 고분군인 성산동고분군에 주로 분포하고 있다. 그러나 정식 발굴조사하지는 않았지만 지표조사로 확인한 바에 의하면 성주 용각리고분군과 명천리고분군에도 나타나고 있다. 성주지역뿐만 아니라 다른 지역의 대형 분들도 이러한 할석축조 고분이 대부분을 차지하고 있다. 대형 분에서의 할석 축조는 고령은 물론 다른 가야지역에서도 흔히 볼 수 있는 축조방법이나 성주지역이 고령지역과 다른 점은 평면구조에서 고령의 대가야식은 장폭비가 5:1의 세장방형인데 비해 성주지역은 3:1 정도의 장방형이고, 벽석의 축조도 고령지역은 납작한 할석을 세밀하고 정교하게 쌓는 데 비해 성주지역은 막돌을 엉성하게 쌓고 많은 돌을 들어붓듯이 둘러 보강하는 점이다.

할석식 석곽묘의 대표적인 예로 볼 수 있는 성산동 39호분을 통해 좀 더 상세히 보면 우선 완만한 경사면의 묘역 중앙에 석곽을 배치하고 석곽보다 약간 높은 쪽에 부장곽을 설치하였다. 주석곽은 장축의 방향을 동북-서남으로 두고 자연할석으로 네 벽을 쌓고 개석을 덮은 수혈식 구조이다. 다만 용각리고분군의 할석축조 장방형 석실분에는 횡구식 석실도 일부 존재한다. 주곽의 축조방법은 먼저 경사진 지반을 장방형으로 넓게 파고 굵은 강자갈을 깐 다음 크기가 일정하지 않은 자연석을 들어붓듯이 적당히 쌓아 돌끼리 서로 엇물려 4벽을 지탱하도록 하였다. 석곽의 전체적인 모습은 지반이 높은 쪽은 거의 지하식에 가깝고 낮은 쪽은 반쯤만 지하에 들어가고 반은 석곽의 높이를 맞추기 위해 지상에 올라와 있는 상태이다. 물론 지상에 올라온 부분은 벽면 뒤에 흙을 다져 보강하고 있다.

그리고 벽면의 석축방법이 다른 지역 석실처럼 면과 크기를 맞추어 가지런하게 쌓지 않고 엉성하게 엇물려 지탱하는 형태이다. 이렇게 벽면을 순차적으로 공들여 쌓지 않고 둥글둥글한 자연석을 여러 겹으로 맞물려 지탱하도록 한 것은 기본적으로 목곽을 먼저 설치하고 그것을 보강하는 형태의 석곽이기 때문이다. 또한 묘광 어깨선 위의 지상부분에는 묘광선 범위보다 더 밖으로 넓게 돌을 깔아 석실을 보강하고 있다. 이 보강석들이 타원형으로 돌면서 네 벽의 모서리를 서로 엇물려 지탱하도록 하고 그 위에 둥글고 길쭉한 판석 3매로 개석을 덮었다.

이 39호분 이외에 할석조 석곽묘인 구1호분은 길이 401cm, 너비 140cm, 깊이 163cm로 장폭비 2.9:1이며, 구2호분은 길이 345cm, 너비 171cm, 깊이 167cm로 장폭비는 2:1이고, 구6호분은 길이 312cm, 너비 152cm, 깊이 179cm로 장폭비 2:1이다.

한편 성산동 57호분은 할석조 석곽묘에 속하지만 경사가 높은 쪽에 석곽 장벽을 바로 잇대어 부장곽을 나란히 배치한 凸자형 고분이다. 이 고분은 완만한 경사면을 파고 석실은 경사면 아래쪽에 길이 374cm, 너비 159cm, 깊이 120cm로 축조하였고, 부장곽은 경사 위쪽인 남장벽에 바로 붙여 길이 199cm, 너비 90~114cm, 깊이 78cm 규모로 축조하였다. 주곽의 남장벽 보강석과 부장곽의 북장벽을 함께 쌓아 주곽과 부장곽을 같이 붙여서 마치 칸 막은 凸자형을 이루고 있다. 즉, 장벽의 일부를 쌓지 않고 잇대어 부곽을 축조하는 전형적인 凸자형은 아니지만 주체부 목곽에 붙여 감실부곽을 설치하는 초기의 凸자형 전통이 후에 주체부가 석곽인 57호분으로 이어진 것으로 생각된다.

부곽의 경우 순장곽의 기능을 가진 2기의 부곽이 있는 구2호분을 제외하고 나머지는 부장품을 넣는 부장곽의 성격을 가지고 있다. 그러나 39호분의 경우는 부곽에도 부장품 한편에 순장자를 매장하고 있다. 구1호분과 구6호분은 부곽이 없는 것으로 되어 있으니 전면 발굴을 하지 않은 관계로 확실한 것을 알 수 없지민 성주지역의 다른 예로 보아 부곽이 있었을 가능성이 매우 높다.

(2) 판석조 석곽묘

판석조 석곽묘는 성주지역에서 현재로서는 성산동고분군의 대형 분에만 나타나고 있다. 판석식 고분은 매장주체부인 석곽의 4벽을 넓적하고 길쭉한 판석을 세워 만든 고분을 말한다. 이 판석 축조의 경우도 주 벽체는 대형 판석을 사용하고 사이사이에 할석을 보강하여 4벽 전체가 견고하게 유지되도록 한 것이다. 평면 형태는 할석식과 같이 장방형이다. 이와 같은 판석조 석곽구조는 이곳 성산동고분군과 대구 내당동의 달서고분군이 축조재료와 세부 축조수법은 물론 평면 형태까지도 거의 똑같은 양상이다.

판석조 석곽묘인 성산동 38호분은 경사면이 낮아지면서 돌출한 곳에 위치하는데, 남에서 북으로 완만하게 경사진 지형을 그대로 이용해 묘역을 잡아 석실과 부곽을 축조한 다곽식 봉토분이다. 원지반이 낮은 쪽에 설치된 주곽은 반지하식으로, 높은 쪽에 설치된 부곽은 지하식으로 축조하였으나 석실과 부곽의 개석 레벨을 맞추어 수평이 되게 하였다. 봉분의 외형은 장경 17.5m, 단경 13.8m이며, 높이는 경사면 아래쪽인 북쪽은 5.8m, 위쪽인 남쪽은 2.8m로 약간 긴 타원형을 이루고 있다.

이 38호분을 통해 판석조 석곽묘의 구조를 좀 더 상세히 보면 주곽 규모보다 넓게 묘광을 파고 바닥에 강자갈을 부어 깐 다음 대형 판석으로 4벽을 세웠다. 판석 뒤에는 판석이 넘어지지 않도록 둥글둥글한 자연석을 쌓아 보강하였다. 양 장벽은 높이가 같지 않은 2매의 넓은 판석을 바닥에 깐 강자갈 위에 잇대어 세웠는데 개석이 놓일 판석 윗면을 맞추기 위해 짧은 판석의 아래쪽은 모자라는 만큼 할석을 쌓은 뒤 그 위에 판석을 올려 세우고 있다. 또 판석과 판석 사이에 간격을 띄우고, 그 사이는 할석을 쌓아 올려 판석과 할석축이 서로 꽉 끼이도록 하였다. 양 단벽은 각각 1매의 판석을 가운데 세우고 판석의 양옆과 장벽과 이어지는 연접부에는 역시 할석을 끼워 쌓아 4벽 전체가 견고하게 유지되도록 하고 있다.

장벽과 단벽 뒷면의 자연석 보강 방법은 할석식과 마찬가지로 벽체와 묘광 사이 공간에 보강석을 축대 쌓듯이 차곡차곡 쌓은 것이 아니라 돌을 던져 넣듯이 무질서하게 부어 넣었다. 이렇게 던져 넣은 보강석들은 4벽을 돌아가면서 서로 엇물려 세워 놓은 판석과 벽체를 견고하게 유지시키고 있다. 또 4벽의 윗면은 수평레벨을 맞추어 두툼한 괴석 1매와 얇고 평평한 판석 1매로 개석을 덮고 개석 사이의 틈과 주위에도 작은 할석을 지붕 잇듯이 깔아 놓고 있다.

이러한 구조의 석곽은 한쪽 단벽만을 안에서 보면 판석 1매를 세워 입구를 막고 나머지 공간을 할석으로 보충한 것으로 보이고, 밖에서 보면 보강석 돌무더기가 마치 폐쇄석처럼 보여 횡구식 석실로 오해할 수 있는 형태이다. 그러나 성산동고분군의 판석조 석곽은 4벽의 연접구조를 보나 봉토의 층위로 보나 수혈식석곽묘임이 분명하다.

주곽의 규모는 길이 390cm, 너비 170cm, 깊이 195cm로 장폭비가 2.3:1을 이루어 할석식과 마찬가지로 길이에 비해 폭이 넓은 장방형 석곽이다. 성산동 38호분 이외의 판석조 고분인 58호분은 길이 332cm, 너비 125cm, 깊이 175cm로 장폭비 2.6:1이고, 59호분은 길이 378cm, 너비 128cm, 깊이 175cm로 장폭비 2.9:1이다.

성산동고분군의 판석조 석곽묘에도 할석식과 마찬가지로 대개 봉토 기부에 호석을 돌리고 있다. 그중 58호분은 봉토의 기부에 원형으로 호석을 돌려 쌓고, 석실 중앙으로부터 방사상으로 퍼져 봉토 기부의 원형호석과 연결되는 봉토 석축열이 뻗어 있는데, 이 석열은 봉토축조 과정에 나타나는 구분쌓기의 흔적으로 판단된다.

또 부곽도 할석식과 마찬가지로 경사면의 높은 쪽에 주곽 개석과 레벨을 맞추어 축조하는 것이 일반적인데 38호분은 주곽에 잇대어 순장곽, 부장곽의 순서로 장축을 나란히 축조하고 있고, 59호분 역시 경사면의 위쪽인 석실의 남쪽에 부장곽과 순장곽을 직렬로 배치하였다. 다만 58호분만 경사가 낮은 쪽에 주곽과 나란히 부장곽을 배치하고 있다. 순장자는 순장곽에는 물론이고 부장곽에도 부장품의 끝에 한 사람씩 순장시키고, 38호분의 경우는 주곽에도 순장자가 있었던 것으로 파악된다.

주곽의 바닥에 간 강자갈 위에는 4벽면을 따라 일정한 간격을 두고 목질흔적이 남아 있고, 유물들도 이 목질선 안쪽을 따라 열을 지어 놓여 있었다. 이것으로 보아 판석조 석곽묘에도 할석조 석곽묘에서처럼 주곽에 목곽을 설치한 것으로 판단된다.

이러한 성주 성산동고분군의 묘제는 칠곡 약목고분군이나 구미 황상동고분, 김천 동부리고분군, 대구 달서고분군의 유형과 구조와 매우 비슷하다. 즉 달서고분군 중 비산동 37호분은 판석조 석곽이 2개 있는데 제1곽은 길이 438cm, 너비 135cm, 깊이 154cm로 장폭비 3.2:1이며, 규모가 조금 작은 제2곽은 길이 351cm, 너비 133cm, 깊이 136cm로 장폭비 2.6:1이고, 내당동 55호분은 길이 457cm, 너비

187cm, 깊이 193cm로 장폭비 2.4:1이다. 다만 대구 달서고분군의 비산동 37호분과 내당동 55호분이 횡구식으로 보고되어 있으나 이것이 수혈식이라는 점은 이미 밝혀진 바 있다.

이와 같이 성주지역 묘제의 형태와 구조가 대구, 칠곡, 구미, 김천지역과 비슷한 것은 고령지역의 대가야보다 대구, 경주로 이어지는 신라와 친밀한 관계를 맺고 있는 것을 보여 주는 것이다. 이러한 묘제의 신라적 전통을 반영하는 묘제의 지역성은 장신구를 비롯한 위세품과 토기에도 그대로 반영되어 성주지역이 가야가 아니라는 근거가 되고 있다.

[김세기]

3 경남 · 부산지역

변한 소국에 이어서 등장한 가야제국들은 낙동강 본류와 지류에 흩어져 있었으며, 이들은 시기와 지역에 따라서 다양한 형태의 무덤들을 남겨 놓았다.

가야의 무덤들은 앞 시기 후기 와질토기 단계의 무덤을 이어받아서 먼저 목곽묘가 축조되다가 4세기 말~5세기 대의 어느 시점이 되면 수혈식석곽묘가 채용되어 축조되며, 이어서 6세기가 되면 횡구(橫口)나 횡혈식석실묘가 지배층의 무덤으로 채택된다.

한편 역사기록을 보면 김해·부산지역의 가야, 즉 가락국(금관가야)과 나머지 지역의 가야는 가야라는 큰 틀 속에는 포함되지만 다소 다른 역사상을 보여 주고 있으며, 이 점은 고고자료에서도 잘 나타나고 있다. 따라서 가야의 묘제에 있어서도 김해·부산지역과 나머지 지역을 분리하여 정리하는 것이 바람직하다.

이하에서는 경남·부산지역 가야의 묘제에 대하여 목곽묘, 석곽묘, 석실분의 순서로 나누고, 지역적으로 김해·부산과 서부경남지역을 나누어서 살펴보고자 한다.

1) 목곽묘

(1) 김해 · 부산지역

김해 대성동과 양동리고분군으로 대표되는 김해지역과 부산 복천동, 연산동고분군으로 대표되는 부산지역에서 가야의 무덤으로 가장 먼저 등장하는 것은 목곽묘이다.

이 목곽묘는 직전의 후기 와질토기 단계에 축조되었던 평면 장방형(장폭비 2:1 전후) 목곽묘를 계승하고 있다. 즉 김해 대성동이나 양동리, 동래 복천동고분군에서 확인되는 초기의 목곽묘는 길이에 비해 폭이 대단히 넓음으로써 평면 장방형의 형태를 보여 주고 있는데 이러한 형태의 목곽묘는 후기 와질토기 단계의 장방형 목곽묘와 형태가 같다. 따라서 김해·부산지역 4세기 대의 목곽묘는 앞 시기의 무덤을 계승하고 있음을 알 수 있다.

그러나 자세히 보면 몇 가지 부분에서 앞 시기와는 다른 변화들이 나타나고 있다.

이 중 가장 먼저 눈에 띄는 변화는 별도의 부곽이 달린 이혈(異穴)주부곽식의 평면 일자형(日字形) 목곽묘가 등장하는 것이다(그림 11-1). 부곽은 피장자의 껴묻거리를 보다 풍부하게 부장하기 위해 고안된 것으로서 여기에는 토기를 비롯하여 심지어는 순장자까지 매장하는 등 많은 유물을 부장하고 있다. 뿐만 아니라 주곽과 부곽을 동시에 덮기 위해 커다란 봉분을 만들었던 것이 목곽묘 내부에 함몰된 토층을 통해 알 수 있다.

무덤의 외형뿐만 아니라 내부구조에서도 변화가 나타난다. 즉 피장자를 안치함에 있어서 토광의 바닥을 그대로 이용하는 것이 아니라 할석 등을 깔아서 관상(棺床)을 마련하고 있는 것이 그것이다. 이처럼 맨바닥이 아니라 관상을 마련하여 피장자를 안치했다는 것은 피장자를 보다 정중하게 대접한다는 관념의 발로였으며, 이러한 관념은 후일 석곽묘 단계의 철정(鐵鋌)을 이용한 관상의 설치에서 절정을 이룬다. 아울러 목곽의 충전토와 봉토에 판축기법이 채용되고 돌을 이용하여 뒷채움하는 등 기술적인 발전도 나타난다.

한편 같은 목곽묘라 하더라도 김해와 부산지역, 바꾸어 말하면 대성동고분군과 복천동고분군의 목곽묘 사이에는 미세하지만 약간의 차이가 존재한다. 그것은 관상의 설치에 있어서 대성동고분군에는 납작한 할석을 평평하게 깐, 이른바 평상(平床)의 것임에 비해 복천동고분군에서는 자갈과 같은 작은 할석을 한 벌 깐 위에 작은 할석을 덧붙여 쌓음으로써 관상의 단면이 요상(凹床)을 이루게 한 것과 부곽의 평면 형태가 김해지역에서는 길이에 비해 폭이 넓은 것임에 비해 복천동고분군에서는 상대적으로 길이가 긴 것(그림 11-2), 그리고 김해지역의 경우 주곽의 바닥에 비해 부곽의 비닥이 한 단 높음에 비해 부신지역은 주곽과 부곽의 바닥 높이가 같은 깃 등

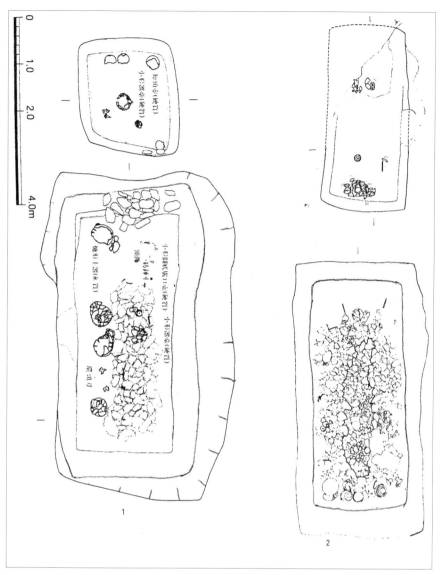

그림 11 김해·부산지역의 목곽묘
1: 김해 양동리 349호분, 2: 동래 복천동 57호분

에서 차이가 나타난다.

　　목곽묘에서 나타나는 이러한 차이는 결국 대성동고분군 축조집단과 복천동고
분군 축조집단이 모두 같은 정치체, 즉 금관가야 연맹체에 속한다 하더라도 그 속에
서 각각의 정치체를 유지하고 있었음을 보여 주는 것이며, 이것은 결국 역사기록에

나타나는 김해의 가락국과 동래의 독로국의 실체를 보여 주는 것이 아닌가 생각된다.

　　김해·부산지역의 이러한 목곽묘는 수혈식석곽묘의 등장과 함께 서서히 소멸된다.

(2) 서부경남지역

　　서부경남지역의 목곽묘에 대해 살펴보기 위해서는 먼저 합천 저포리A유적과 거창 정장리유적 등 황강유역에서 확인되는 후기 와질토기 단계의 무덤이 고식 도질토기 단계의 목곽묘로 순차적으로 계승되었는지, 아니면 그것과 상관없이 전혀 별도의 요인에 의해 4세기 대의 목곽묘가 성립되었는지에 대해서 살펴보아야 한다.

　　이 점에 대하여 먼저 주목되는 것은 후기 와질토기 단계의 유적이 서부경남 북부의 황강유역 일원에서만 확인되고 있음에 비해 고식 도질토기 단계의 유적은 황강유역뿐만 아니라 전 서부경남 일대에서 모두 확인되고 있으며, 또한 이 단계의 목곽묘 중 가장 이른 시기로 편년되는 목곽묘가 황강 일대가 아니라 도항리고분군, 즉 함안지역인 점에서 보면 서부경남 고식 도질토기 단계의 목곽묘는 앞 시기의 목곽묘에서 계승·발전되어 나타난 것이 아니라 전혀 다른 요인에서 출현했을 가능성이 높다.

　　서부경남 4세기 대의 목곽묘는 함안 도항리고분군을 필두로 황사리, 윤외리, 마산 현동, 의령 예둔리분묘군, 합천 옥전고분군, 저포리A·B유적 등에서 확인되고 있는데, 함안 도항리와 합천 옥전고분군의 목곽묘를 제외하고는 모두 소형의 순수 목곽묘(그림 12)뿐이다. 즉 목곽의 충전에 돌을 사용하지 않고 바닥에도 관상시설을 하지 않은 것들뿐이며, 이러한 유구에는 갑주나 마구, 대도, 금공품 등 소위 위신재가 전혀 부장되지 않고 있다. 단지 목곽의 규모에 있어서 소형(목곽 규모 3.6m²)과 중형(목곽 규모 3.7~6.6m²)의 구별만 확인된다.

　　이처럼 4세기 대 서부경남지역 가야의 목곽묘는 규모에서 약간의 차이만 있을 뿐 무덤의 규모나 부장유물에 있어서 그다지 눈에 띄는 유구가 없음을 알 수 있으며, 이것은 이러한 유구를 축조한 집단이 만든 사회가 계층분화가 덜 이루어진 촌락사회였음을 보여 주는 것으로 생각된다.

　　그러나 도항리고분군에서는 〈문〉2호분처럼 대형의 것이 축조됨으로써 어느 정도 계층분화가 신행되고 있음을 보여 주고 있으며, 옥전고분군에서는 54호분의 존재

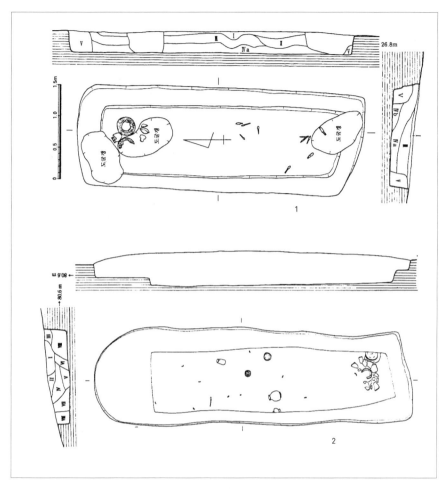

그림 12 서부경남의 목곽묘
1: 함안 황사리 45호분, 2: 합천 옥전 49호분

에서 비록 일회성이지만 외부로부터의 어떤 충격이 이곳까지 미쳤음을 알 수 있다.

　　서부경남지역의 5세기 대 가야의 묘제는 앞 시기와 마찬가지로 여전히 목곽묘
가 주를 이루고 있다. 그러나 몇 가지 점에서 앞 시기의 목곽묘와는 양상을 달리한
다. 즉, 5세기 전반대가 되면 예둔리나 황사리분묘군에서는 더 이상 목곽묘가 축조
되지 않음에 비해 산청 옥산리, 함안 오곡리, 창원 도계동 등지에서는 새롭게 목곽묘
가 축조되기 시작한다.

　　이들 유적 중 특히 주목되는 것은 도항리고분군에서 목곽묘가 집중적으로 축
조되고 있는 점이다. 함안지역에서는 목곽묘의 축조가 이 시기에 가장 성행한 묘제

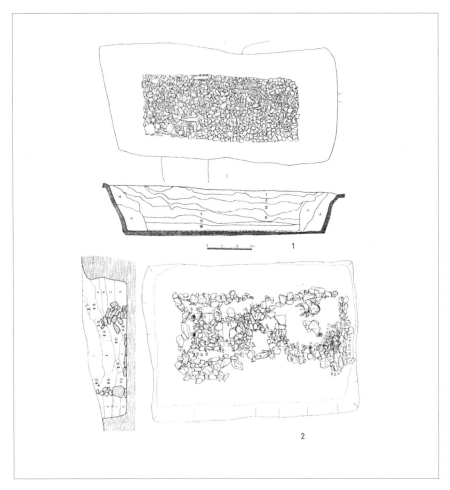

그림 13 서부경남의 대형 목곽묘
1: 함안 도항리 10호분, 2: 합천 옥전 23호분

였음을 알 수 있다. 뿐만 아니라 도항리고분군의 5세기 전반대의 목곽묘(그림 13-1)는 목곽의 면적이 $6.7m^2$ 이상의 대형과 함께 $10.0m^2$ 이상의 초대형 유구도 축조된다. 그리고 순수 목곽묘와 함께 바닥에 역상(礫床)을 설치하고 갑주를 비롯하여 마구, 대도 등 최고의 위신재를 부장한 유구가 등장하고 있다. 이처럼 (초)대형이면서 바닥에 역상과 같은 구조물을 설치하고 다종다양한 위신재를 부장했다는 것은 이러한 유구의 피장자가 최고위계의 소지자, 즉 왕이나 왕족 또는 귀족들이었음을 보여주는 것이며, 이는 이 시기 이 지역의 정치체, 즉 안라국 또는 아라가야가 성립했음을 보여 주는 고고자료라고 생각된다.

또한 합천 옥전고분군(그림 13-2)에서도 도항리고분군과 마찬가지로 목곽의 규모가 커지면서 목곽과 묘광 사이에 돌을 이용하여 충전한 유구와 바닥에 2개 1조의 관상을 설치한 유구도 축조되고 있다. 그리고 갑주와 마구, 금공품을 부장한 유구도 이 시기에 등장한다. 따라서 이러한 고고자료의 양상을 볼 때 옥전지역도 함안지역과 마찬가지로 가야소국의 하나인 다라국이 성립되었음을 알 수 있다.

서부경남지역 목곽묘는 5세기 후반이 되면 양상이 변화한다. 즉 함안 도항리고분군에서는 〈문〉9호분 1기를 제외하면 더 이상 목곽묘가 축조되지 않는다.

반면에 옥전고분군을 비롯한 산청 옥산리, 창원 도계동 등지에서는 목곽묘의 축조가 여전히 활발하게 이루어지고 있다. 특히 이 시기 옥전고분군 목곽묘 축조에서 주목되는 현상은 동혈(同穴)주부곽식의 목곽묘가 축조되면서 완전 지하식이었던 목곽묘가 반지상화하면서 거대한 봉분을 가진 고총고분의 내부 주체로 채택되고 있는 점이다. 이처럼 옥전고분군의 목곽묘가 거대한 봉분을 가진 고총고분의 내부 주체로 채택되고, 부장유물에 있어서도 갑주와 마구, 금공품들이 대량으로 부장되었다는 것은 이 지역에 있었던 가야소국인 다라국이 더욱 강력하게 성장하였음을 보여 주는 것이다.

그러나 옥전고분군과 도계동고분군 등 몇몇 유적을 제외하면 서부경남지역에서 목곽묘의 축조는 축소되고 대신 새로운 묘제인 수혈식석곽묘가 채용되고 성행하게 된다.

2) 석곽묘

5세기 김해·부산지역에서 일어난 묘제상의 변화는 수혈식석곽묘의 채용이다. 수혈식석곽묘는 비록 백제의 일부 지역과 고구려, 경주에서도 발견되지만 집중적으로 발견되는 지역은 역시 가야지역이다. 이러한 수혈식석곽묘는 이전의 목곽묘와는 달리 무덤에 사용되는 돌을 다듬고, 이것을 무너지지 않도록 견고하게 쌓을 뿐만 아니라 개석과 봉분의 엄청난 무게를 견뎌 내고 유지되도록 하기 위한 뛰어난 기술이 요구되는 무덤이다.

가야의 수혈식석곽묘는 그 기원이 지석묘의 하부구조나 석관묘 등 선사시대의 묘제에 있다는 설과 자생했다는 설, 그리고 고구려에서 적석기법만 받아들여서 만들었다는 설 등 다양하다. 그런데 등장기 수혈식석곽묘(그림 14-1)의 석곽을 살펴보면 측벽의 축조가 정연하지 않고 개석이 없다. 뿐만 아니라 곽을 돌로 쌓은 것 이외에는 평면 형태, 관상시설, 목개 등은 앞 시기의 목곽묘와 거의 같음을 알 수 있다. 따라서 수혈식석곽묘는 기존의 목곽묘를 바탕으로 하면서 여기에 측벽과 뚜껑 등에 돌을 사용함으로써 등장하였을 가능성이 가장 높다. 그 결과 수혈식석곽은 목곽보다 견고할 뿐만 아니라 개석을 사용함으로써 목개의 부식에 의한 봉토 붕괴의 위험이 없어진 선진적인 무덤으로 인식되었다.

이렇게 등장한 수혈식석곽묘는 5세기 전반이 되면 대형 묘의 내부 주체로 채용됨과 동시에 앞 시기와는 다른 양상이 나타난다. 즉 할석을 사용하여 측벽을 규칙적으로 축조하고 뚜껑에 나무가 아니라 돌을 사용하는 것이 그것이다. 이처럼 대형 묘에 수혈식석곽묘가 채용되었다는 것은 소형 묘에 수용된 수혈식석곽묘가 어느 정도 기술적인 축적이 이루어지고 아울러 사용 대상이 확대되는 등 이러한 무덤 형태가 서서히 확산된 결과라고 생각된다.

4세기 후반 초경 김해·부산지역 등 낙동강 하류역에서 축조되고 있던 수혈식석곽묘가 가야 전역으로 확산되면서 목곽묘를 대신하여 가야의 보편적인 묘제로 정착된다.

평면 형태가 세장방형인 가야의 석곽묘는 함안 도항리고분군에서 평면 원형 또는 타원형의 거대한 성토분구를 가진 고총고분의 내부 주체로 채택되고, 이어서 5세기 4/4분기가 되면 합천, 고성, 진주, 산청, 함양 등 전 서부경남지역에 걸쳐서 목곽묘를 대체하면서 주 묘제로 자리잡게 된다. 뿐만 아니라 가야의 각 거점지역에 대형 봉분을 가진 수혈식석곽묘가 축조됨으로써 각 지방 단위에서 중심 집단이 형성되었음을 고고학적으로 보여 주고 있다.

이러한 수혈식석곽묘 중 함안 도항리고분군에서 발견되는 것(그림 14-2) 중에는 측벽에 감실(龕室) 구조를 가진 특이한 것들이 알려지고 있다. 이 감실 구조에 대해 일찍이 등잔 시설일 것이라는 주장이 제기된 적이 있었으나, 최근에는 감실의 윗면과 개석의 아랫면이 일치하고 있고, 또 이 지역의 석제가 봉토의 토압에 쉽게 붕괴되는 함안계 퇴적암임을 고려하여 개석을 안전하게 유지하여 석곽의 붕괴를 방지하려는 보완시설의 역할을 한 나무로 된 구조물이 있었던 흔적으로 보는 새로운 견해가 제기되어 주목되고 있다.

서부경남지역 6세기 대의 수혈식석곽묘(그림 14-3)는 여전히 개석의 높이가 생

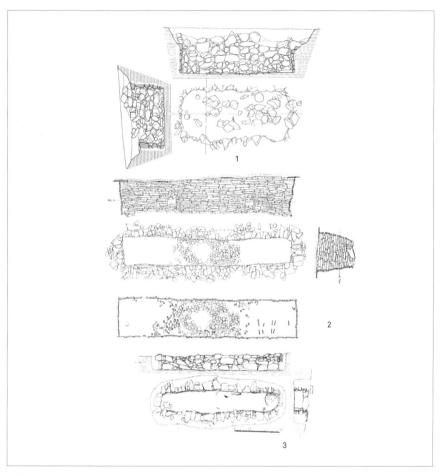

그림 14 가야의 석곽묘
1: 부산 화명동 5호분, 2: 함안 도항리(현)15호분, 3: 의령 예둔리 40호분

토면과 일치하는 완전 지하식의 유구가 축조되지만, 합천지역에서는 유구의 1/3 이상이 지상화하는 유구도 증가하고 있다. 아울러 합천지역의 석곽묘는 앞 시기의 것보다 길이, 폭, 깊이 등이 증가함으로써 규모가 크게 된다. 이에 비해 진주, 산청, 함양 등지의 석곽은 길이가 약간 짧아지고 폭이 넓어짐과 동시에 단벽의 양 모서리가 말각을 이루는 이른바 평면 배 모양[切端舟形]의 것이 축조된다.

이러한 수혈식석곽묘들은 이 시기에 등장하는 횡혈식석실묘의 영향으로 크기와 숫자가 축소된다.

3) 석실분

김해·부산지역에서는 앞 시기에 성행하던 수혈식석곽묘의 축조가 급격하게 위축되고 그 대신 신라식의 유물이 공반되는 횡구식석실분이 채택되어 축조되지만 정치체의 중심을 이룰 만한 대규모 유적은 확인되지 않는다.

횡혈식석실분은 유체를 옆에서 매장하고, 복수의 사람을 무덤에 묻는 구조인 점에서는 횡구식석실묘와 같으나 구조상 더 복잡하기 때문에 보다 전문적인 기술이 필요하다. 이 중 도입기의 횡혈식석실묘는 고분군에서 최대급의 규모이면서 우월적인 입지를 차지하고 있으며, 추장이 가능한 구조임에도 불구하고 추장이 이루어지지 않고 있다. 그리고 부장품의 매납에 있어서 후장의 습속이 남아 있는 것 등의 특징이 보인다.

가야지역의 횡혈식석실분은 6세기 2/4분기에 백제로부터 도입되어 6세기 말 이후 보편적인 묘제로 정착되는데, 가야의 횡혈식석실분은 크게 고아동 벽화고분형과 중동리 4호분형으로 구분되고 있다.

고령 고아동 벽화고분 유형은 우편 연도이며, 연도의 폭은 1m 전후로 짧고 현실의 천장이 높다. 전·후벽은 아래에서 위로 갈수록 대단히 미미하게 경사면을 이루나 좌·우벽의 하반부는 수직을 이루고, 그 윗부분은 급격하게 내경하고 있다. 그리고 좌·우벽은 내경이 시작되는 부분에 다른 부분보다 큰 할석을 사용하고 있다. 주로 대가야권에서 발견되며, 서부경남지역에서는 황강유역인 옥전고분군과 저포리 D유적에서 발견되고 있다.

이에 비해 의령 중동리 4호분(그림 15-1) 유형은 양수식(兩袖式)이 기본이며, 연도의 길이가 비교적 짧고, 바깥으로 직선적으로 뻗었으며, 연도 측면에 타원형의 묘도가 있다. 3벽은 반 정도 수직을 이루다가 그 위를 내경시켰으며, 후벽보다는 좌·우벽의 경사가 심하다. 개석은 7매 이상의 천장석이 얹히는 평천장을 이루며, 폐쇄는 연도의 입구에 할석을 쌓고, 그 앞에 대형 판석 1매를 세워 막고 있다. 현실의 바닥에는 관대를 설치하는 것이 일반적이다. 남강 하류 일대와 남해안에서 주로 발견된다.

중동리 4호분 유형의 분포지역은 고아동 벽화고분 유형보다 넓다. 그리고 고아동 벽화고분형은 대가야식 토기만 부장되고 있음에 비해 중동리 4호분형은 대가야식 토기, 대가야식+소가야식 토기, 대가야식+아라가야식+소가야식 토기, 아라가야식+대가야식 토기 등 다양한 깃들이 힘께 빌견되는 깃에서 차이가 있다.

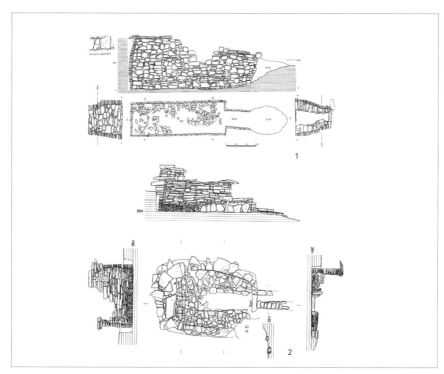

그림 15 가야의 석실묘와 왜계 석실묘
1: 의령 중동리 4호분, 2: 의령 운곡리 1호분

　　한편 6세기 대가 되면 서부경남지역에서는 이른바 왜계 석실로 불리는 특이한 횡혈식석실분들이 축조된다.

　　이를테면 석실의 오벽(奧壁)이 전벽보다 더 넓어서 우자판형(羽字板形)으로 불리는 거제 장목고분을 필두로 문주석(門柱石)을 비롯한 현문구조와 판석폐쇄, 오벽의 나무선반(木棚), 적색안료의 현실내부 도포 등을 한 고성 송학동 1B-1호분, 문주석을 갖춘 내산리 60호분, 석옥형(石屋形)과 즙석시설, 판석을 세워서 현실의 입구를 막은 의령 경산리 1호분, 판석폐쇄를 한 연당리 20호분, 돌선반(石棚)과 절단주형(切端舟形, 胴張形)의 현실, ㄱ자형으로 시상을 설치한 의령 운곡리 1호분(그림 15-2) 등이 왜계 석실로 분류되는 것들이다.

　　이 중 장목고분은 북부 규슈의 석실과 거의 같다. 그러나 이 고분이 가야의 무덤에 미친 영향은 거의 없다. 운곡리 1호분, 경산리 1호분은 축조시기가 다른 예보다 늦고, 묘제 전체에서 보아도 왜계적인 요소가 한정적이다. 운곡리 1호분의 경우 초장의 피장자는 정(釘)과 관좌금구(棺座金具)를 사용한 목관을 채용하고 있으나 추장자는 목관을 사용한 흔적이 없고 신라적인 방법으로 매장이 이루어지고 있다. 부장토기를 보아도 가야토기에서 신라토기로 변화하고 있다. 혹 운곡리 1호분 피장자가 왜인이라 하더라도 이 지역 문화에 어느 정도 동화한 인물이라고 평가할 수 있다. 오히려 석옥형과 유사한 석관을 사용한 경산리 1호분 피장자가 북부 규슈의 장송의례와 장송관념을 어느 정도 이해한 인물로 평가된다.

이처럼 6세기 대에 서부경남 일대에서 발견되는 왜계 석실은 왜계 유물과 함께 고성지역을 중심으로 남해를 이용하여 활발하게 교역에 종사한 북부 규슈나 서북부 규슈지역 사람들의 활동 결과물이라고 생각되며, 고성의 소가야 사람들 역시 남해라는 장벽 없는 해로를 이용하여 가깝게는 전남 해안, 멀리는 규슈지역까지 활발한 교역활동을 한 결과 이러한 석실이 이 지역에 남게 되었던 것으로 생각된다. [조영제]

IV 신라토기

1 신라토기 개념과 범위

신라토기의 시공적 범위는 신라가 건국되어 멸망할 때까지 신라영역에서 생산된 토기를 말한다. 그러나 이와 같이 정의를 할 경우 신라라는 국가가 1000여 년 동안 지속되면서 강역의 변화가 심하고 또한 BC 1세기부터 AD 3세기 말까지는 『삼국지』 「위서」 동이전에 진변한이라는 소국으로 기록되어 있어 지역적 경계의 모호성과 시기적 변화에 따른 양식의 구분에 대한 정체성 혼란 등 몇몇의 문제가 있을 수 있다. 따라서 신라토기의 정확한 개념과 이해를 위해서는 다음 양자의 기준을 적용하여야 하는데, 신라사를 전기론(前期論)으로 보면 1~3세기 대의 와질토기를 포함하여야 하고, 전사론(前史論)적 입장으로 보면 4세기에 나타나는 고식도질토기가 시작이 될 수 있다. 하지만 현재 학계에서 신라토기는 일반적으로 신라·가야토기가 분화되는 4세기 말에서 5세기 초 시점의 경주계토기를 지칭하는 것이 보편적이다.

신라토기의 양식적 구분은 일제강점기부터 1980년대까지 연구에 의해 여러 가지 설이 있었으나, 대체로 분묘에서 출토된 토기 중에서 고배·장경호·단경호류 등에서 대각부의 투창이 교차로 뚫려 배치된 형태의 회청색경질토기를 지칭하였다. 또한 이 토기의 연원은 중국 회도 제작기술을 받은 김해식토기에서 계승 발전한 것으로 이해되어 왔다. 그러나 현재 많은 조사와 연구 성과에 힘입어 신라토기의 개념 및 발생에 대하여 학문적 성과가 축적되어 대체로 신라토기의 발생은 원삼국시대 후반 목곽묘 단계에서 나타나는 신식와질토기에서 그 원류를 찾을 수 있다. 이 토기군은 기종이 고식와질토기보다 다양하고, 소성도는 반도질화가 이루어져 있으며, 문양은 격자타날문과 정면에 의한 마연문 등을 특징으로 한다. 이러한 신식와질토기의 제작기술을 선택적으로 계승한 고식도질토기가 3세기 말 혹은 4세기 초에 발생하게 되는데, 초기에는 기종이 단순하여 주로 단경호류만 만들어지다가 대체로 4세기 2/4분기부터 다양한 기종이 조합상을 이루며 생산된다.

4세기 대 고식도질토기의 생산은 숙련된 제도술과 가마의 구조변화가 필수적으로 수반되어야 하는데, 600℃ 내외의 와질에서 도질 소성으로 전환은 1100℃ 내외의 고화도가 필요하다. 이러한 이유로 고식도질토기의 제작기법은 재래의 신식와질토기를 계승하였지만, 1100℃ 내외로 온도를 올리려면 기존의 반밀폐요 구조로는 불가능하며, 완전 밀폐가 되어 환원소성이 가능한 등요형식을 빌린 형태의 평요의 구조나 경사면을 이용한 완전한 등요가 등장하게 되었다. 이렇게 생산된 고식도질토기는 영남지역 내에서 토기의 양식이 일원화되었다는 공통양식론과 김해지역·함안지역·경주지역이 서로 차이가 있다는 지역색론으로 양식이 대별되었다. 최근까지 연구에 의하면 양식(樣式)·형식(形式)·형식(型式)에 대한 개념 차이가 이러한 논쟁을 만들었을 뿐이며, 실제로 고식도질토기는 공통양식군 토기로서 지역에 따라 약간의 형식(形式) 차이가 인정되기도 하지만, 이 또한 4세기 말에 이루어지는 신라·가야토기 양식으로 분화되기 직전 일정한 기간에 한정된다는 과도기적 현상으로 이해되기도 한다.

이러한 변화과정을 거쳐 생산된 전형적인 신라토기 양식은 경주에서 제작되어 신라 영역 내에 토기를 공급하거나 제작기술 전파를 통해 확산된다. 그리고 4세기 말 혹은 5세기 초 월성로 가-13호에서 시작되는 신라토기의 양식은 고식도질토기의 제작기법과 혼용되어 제작되다가 5세기 중엽 황남대총 남분 단계에서 양식이 완전히 완성된다. 이때부터 대량 생산체계를 구비한 신라토기는 경주계, 김해·부산계, 창녕계, 대구·경산계, 의성·안동계, 성주계 등 소권역으로 나뉘어져 발전해 나가게 되며, 해당 권역은 제작기술의 수용 정도나 중앙과 지방 간 정치체의 변동에 따라 형식(形式)의 변화가 이루어지는 현상이 나타난다. 즉 신라토기는 시공적 흐름과 변동에 의해 지역에 따라 기술전수가 끊기거나 공급이 중단되어 소권역 내에서 자체적으로 제작기술을 개발 보유하고 차세대로 전수되어 중앙의 경주계토기와 지방의 신라토기의 형식(形式)과 형식(型式)의 변화가 이루어져 소지역 간 양식의 차별화 현상이 일어나게 된다.

본고에서는 신라토기 이해를 위해 전기론적 입장에서 기술을 하되, 주로 4세기대의 고식도질토기부터 5~6세기의 경주를 중심으로 하는 신라토기를 검토 대상으로 하였다.

2 신라토기의 발생과 양식의 성립

1) 신식와질토기에서 고식도질토기로 전환

초기철기시대 후기와 원삼국시대에 걸쳐 영남지역을 대표하는 토기는 환원염 소성과 태토의 정선을 특징으로 하는 고식와질토기이다. 이 토기군의 연원은 여러 설이 있지만 대체적으로 한(漢)문화를 대표하는 낙랑계 한식토기를 그 원류로 보고 있으며, 현재까지 조사된 고식의 기종은 대체로 우각형파수부호, 타날(승석문)단경호, 주머니옹 등을 중심으로 하는 단순한 구성을 하고 있다.

고식의 제작기술과 기종을 계승한 신식와질토기는 외반구연고배, 대부장경호, 대부직구호, 격자타날단경호, 광구옹, 노형토기 등을 포함하여 늘어난 기종으로 구성되어 있으며, 신라토기의 양식적 조형이 될 수 있다. 이 양식군의 중심 시기는 원삼국시대의 목관묘에서 목곽묘로 변화가 이루어지는 기원후 2세기 말부터 시작하여 3세기 대를 중심 연대로 하다가 3세기 말 혹은 4세기 초에 고식도질토기가 발생하는 시점까지이다. 신식와질토기는 기종이 다양한 토기군으로 고식에 비하여 고화도의 소성이며, 흡수율이 강하지만 여전히 생활용으로 사용하기는 힘들다. 그러나 기종, 형식, 제작기법 등에서 고식도질토기에 많은 영향을 주었다.

신식와질토기의 제작기술과 기종을 수용한 고식도질토기는 신라·가야토기양식 분화 이전 약 100년 간 사용된 토기군이다. 경주지역의 고식도질토기는 경주 황성동 목곽묘와 주거시, 월성 해사와 주변 주서시, 구정동목곽묘, 황오동 칠보상 신고품, 월성로고분군, 천군동 피막, 죽동리, 황오동 100번지유적 등에서 출토되었다. 이 토기군은 일반적으로 3세기 말에서 4세기 초 발생하여 사용되다가 4세기 말에서 5세기 초부터 양식분화가 이루어지는데, 이때 가야지역은 고식도질토기의 양식을 계승하여 발전적으로 변하고, 신라지역은 경주를 중심으로 일단투창고배 및 장경호 등 새로운 신라토기양식이 성립된다. 그러나 단경호와 파수부배 등 일부 기종은 고식도질토기의 형식 연장선상에 있지만, 색조·소성·문양에 있어서는 새로운 양식인 경주 중심의 신라토기에 흡수되어 일정기간 존속된다.

고식도질토기의 발생과 성격에 대해 간략히 살펴보면 다음과 같다.

첫째, 기원에 관한 견해로 '한대설(漢代說)', '월주요설(越州窯說)', '전국설(戰國說)', '재지설(在地說)'로 대표된다. 먼저 '월주요설'은 고식도질토기를 몽촌토성의 전문도나 한강유역의 월주요 청자기로 볼 때, 월주요 자기의 모방품이라 하였다. 또 '전국설'은 전국계 제도기술이 도입되어 서북지방에서 성립된 후 영남지역으로 전파되어 타날문경질토기가 발생한 것으로 보았다. 이 두 가지 설의 문제점은 문양과 시유방법 등의 제작기술과 시공에서 괴리가 있어 수용하기 힘들다는 것이다. 그러나 영남지역의 주거지나 분묘유적에서 신식와질토기와 고식도질토기가 공반되어 출토되는 황성동 목곽묘와 생활유적의 토기군을 검토하였을 때 '한대설'과 '재지설'이 논리적으로 타당한 논리라 판단한다. 즉 이 양식군 토기의 제작기법에서 특히 도질화 과정을 분석한 결과, 신식와질토기→반도질토기→고식도질토기로 점진적 변화과정을 볼 때, 경주지역 내부에서 순차적으로 이루어졌다고 볼 수 있다.

둘째, 고식도질토기의 발생지에 대한 문제로 '한강유역설', '부산·김해지역설', '경주지역설', '함안지역설'이 있다. 먼저 한강유역설은 입증하기 어렵고, 함안지역 중심설은 이른바 아라가야양식 토기의 경우 선양식에 해당되는 3세기 중엽에서 4세기 초로 편년되는 신식와질토기 유적이 거의 없어 시간적 연결이 쉽지 않아 발생지로 보기에 어려움이 있다. 따라서 형식의 변화가 뚜렷해 도질토기의 발생지를 검토할 수 있는 곳으로 경주지역과 김해·부산지역이 유력한 후보지가 될 수 있다. 양 지역 모두 한반도 동남 해안가에 위치하고 있어 부산·김해지역의 경우 해로를 통해 기술이 이입되어 제작된 후 경주로 확산되었다고 주장하기도 한다. 그러나 경주지역의 고식도질토기는 신식와질토기에서 시간의 흐름에 따른 도질화 과정으로 볼 때 가장 유력한 후보지라 생각할 수 있다.

2) 신라·가야토기로 양식분화

전형적인 신라토기의 성립은 적석목곽분의 묘제 채택과 불가분의 관계를 가지고 있다. 경주지역의 적석목곽분에서 출토되는 4세기 말 혹은 5세기 초로 편년되는 경주계토기가 신라·가야토기양식 성립과정 규명과 토기의 상대편년 기초를 마련해 준다는 점에서 중요한 의미를 가지고 있다. 적석목곽분에 고식도질토기가 매납되는 것은 연구자에 따라 차이는 있지만 4세기 4/4분기 후반부터 5세기 초반 시점까지이며, 이후에는 고식도질토기의 제작전통이 신라토기 생산에 반영되어 경주계토기의 양식이 완성되는 시점까지 5세기 초반에서 중반까지 약 50년간 명맥이 이어진다. 이 시기는 경주지역에서 고배와 단경호 등 일부 기종에서 고식도질토기 기법 중 색조·제작기법·태토 등의 고식 양식의 연속성이 확인되지만 전반적으로 기종 구성·형식·문양 등에서 볼 때, 완전히 새로운 경주계토기가 성립된다. 물론 가야지역 중 대표적으로 대가야와 아라가야 지역의 토기들은 고식도질토기의 전통을 이어 가면서 평저유개합이나 대부직구유개단경호와 같이 새로운 기종 2~3개가 추가되기도 하지만 대체로 기종이나 형식에 있어 고식도질토기 전통을 계승한 측면이 강한 특징을 보여 준다.

경주계토기의 완성을 볼 수 있는 유적으로는 황남대총 남분이 있으며, 이 고총에서 출토된 토기를 기준으로 삼아 각 기종의 형식을 중심으로 신·고 특징을 역추적하여야 할 것으로 생각한다. 그것은 남분 단계 이전으로 상대편년되는 유적에서 출토된 도질토기는 기종구성이 다양하지 못할 뿐 아니라 일부에서 지속적으로 고식도질토기의 생산방식이나 제작기법이 검출되기 때문이다. 물론 남분 단계에서 경주계토기 양식이 완전히 정착되었다는 것은 아니다. 다만 그 이전 시기에 고배와 장경호 등에서 경주계토기 양식이 성립되었지만 이 외의 기종은 변화가 심하여 기준으로 삼기는 어렵기 때문이다. 따라서 남분에서 확인된 경주계토기 양식이 이후의 경주지역 고분출토 도질토기 변화와 범신라권 지역에서의 신라토기 양식 변화와 동일한 양상을 보여 주기 때문에 표준으로 삼을 수 있다.

결론적으로 경주계토기는 생산 개시에서 완성기까지의 특징을 보면 첫째, ① 색조는 암자색이나 회흑색에서 회청색으로 변화가 이루어짐, ② 기벽의 두께가 얇아짐, ③ 경주계 고배의 정착과 기고의 축소화, ④ 경주계 단경호의 성립과 경부에 밀집파상문의 시문, ⑤ 장경호와 일단두장 내부장경호 성립, ⑥ 일단두장고배, 내부

파수부완, 유개완, 뚜껑의 투창형꼭지의 성립 등을 들 수 있다. 둘째, 고식도질토기
에서 신식의 경주계토기가 양식분화를 이루게 되는 동인으로 자주 거론되는 경자년
(400)에 있었던 광개토대왕의 남정에 대한 결과로 급격히 변하는 것이 아니라, 5세기
1/4분기 적석목곽분 단계부터 고식도질토기 제작기술의 흡수와 개발, 기종의 전승
과 단절을 통한 자체발전의 결과로 판단된다.

3) 신라토기 양식의 완성과 편년
(1) 양식의 완성

경주계토기의 양식은 월성로 가-13호와 황남동 109호 3·4곽에서 시작된다. 4
세기 4/4분기나 5세기 1/4분기에서 시작되는 이 양식의 토기군 특징을 크게 구별해
보면, 거의 모든 기종에 다치구에 의해 시문되는 밀집파상문과 집선문의 존재, 단경
에서 장경화로의 전환, 대각의 부착, 투창의 교차배치, 박자에 의해 파생된 문양으로
승문타날에서 격자타날로의 변화 등에서 신식도질토기 제작기법의 특성을 볼 수 있
다. 그러나 이러한 특징은 신라토기가 고식도질토기에서 제작기법의 흡수에 따른
기술상의 문제이지 양식 분화의 결정적인 요소는 아니다. 고식도질토기 양식에서
이러한 제작기술을 계승한 신라토기는 월성로 가-13호와 황남동 109호 3·4곽 단계
에서 신식의 경주계토기 속성을 보이는 형식의 결합과 더불어 이단투창고배, 일단
투창고배, 장경호, 단경호 등의 신식도질토기 기종분화가 이루어진다. 그리고 경주
계토기 양식의 분화 시발점은 대체로 이 시기로 볼 수 있지만 황남대총 남분의 신식
을 기준으로 비교할 때 고식 제작기법 요소의 비율이 50% 이상이기 때문에 전형적
인 경주계토기로 보기는 어렵다.

5세기 2/4분기부터 신라토기는 신식도질토기의 기법으로 생각되는 요소로 태
토에 사립을 섞는 것, 색조에 있어서 회청색 비율이 높아지는 것, 기 표면에 광택이
적어지는 것, 상하 깎기에서 좌우밀기 정면 등 제작기법상에 많은 변화가 이루어진
다. 그리고 경주계토기의 기종내에서 고배의 경우 완전한 유개화 및 제형 대각에 상
하 교차 배치하는 투창의 정형화가 이루어지고, 뚜껑의 경우 밀집파상문의 시문 및
투창형 꼭지의 정형화가 이루어진다. 단경호는 경부가 약간 직립하다가 상부에서
외반하고, 저부는 평저 또는 들림 평저로 된 경주계 단경호가 나타나는 것이 특징적
이다. 장경호는 경부가 거의 직립하거나 약간 외반하고, 돌대를 2조 돌려 2단 내지 3

단으로 구획하되 주로 2단 혹은 3단에 밀집파상문이 시문되는 경주계 특유의 대부
장경호가 성립된다. 일단투창고배의 기종 정착과 대부완 및 유개완의 제작이 이 단
계에서 이루어진다.

　　황남대총 남분을 기준으로 볼 때, 5세기 2/4분기 단계부터는 신식도질토기의
제작기법의 요소가 차지하는 비율이 60%에서 시간이 점차적으로 경과함에 따라
80% 내지 90%대에 이르고 대부완 등 신기종이 출현하는 것으로 보아 신라토기 양
식의 정착기로 볼 수 있다. 제작기법이 고식에서 신식으로 변화하는 대표적인 고분
으로 미추왕릉지구 5구 6호→안계리 3호→황남동 110호분으로 이루어지며, 이들
유적에서 출토된 신식의 경주계 도질토기가 발전하여 신라토기 양식의 종합적 완성
은 황남대총 남분에서 이루어졌다.

(2) 신라토기의 편년 문제

　　신라토기의 편년은 많은 연구가 이루어진 현재 유물의 형식 간 상대연대는 어
느 정도 정리가 되어 있지만, 절대연대는 적석목곽분인 호우총의 청동호우와 서봉
총의 은합에서 확인할 수 있듯이 기년명 유물이 2점이나 있음에도 불구하고 50~60
년 정도 차이가 있다. 이러한 연대폭의 논란 중심에 황남대총 남분의 피장자가 누구
인가의 문제가 포함되어 있다고 해도 과언이 아니다. 즉 남분의 피장자를 마립간기
의 왕으로 논증하고 상대편년한 유물을 상하로 대입하여 신라토기의 발생을 4세기
3/4분기로 보는 견해는 내물왕릉(402년), 4세기 4/4분기로 보는 견해는 실성왕릉(417

기종 연대	고배	일단투창고배	장경호	단경호	비고
A.D350					월성로 가-30호분 구정동 고분 죽동리 고분
375					월성로 가-29호분 월성로 가-5호분 월성로 가-6호분

400		월성로 가-13호분 황남동 109호분 3,4곽 황오동 100번지
425		월성로 가-14호분 미추지구 5구 1 · 6호분 황남동 110호분 황오리 14호분 2곽
450		황남대총 남분 인왕동 149호분 미추지구 1구 F호분 황오리 5호분
475		월성로 가-9호분 금관총 식리총 황남동 109호 1,2곽
500		월성로 가-4호 천마총 금령총 황남리 82호 서곽
525		*황남대총 남분을 기준으로 편년 ① 내물왕릉 추정(25년 상향조정) ② 실성왕릉 추정(현재 편년표) ③ 눌지왕릉 추정(25년 하향조정)　　서봉총 호우총 황오리 33호분 서곽 미추지구 5구17호분

표 1 신라토기의 편년(박광열 안)

년), 5세기 1/4 혹은 2/4분기로 보는 견해는 눌지왕릉(458년)으로 비정하고 상대편년에 따른 신라토기의 절대연대(표 1)를 조정하고 있는 실정이다.

4) 신라토기 생산과 기술의 분배

신라에서 적석목곽분이 조영되는 4세기 말 혹은 5세기 초는 고고자료와 사료를 통하여 볼 때, 급격한 사회변동이 일어난 시기였다. 대표적인 예로 ① 적석목곽분의 조영, ② 신라양식토기의 생산과 대량부장, ③ 황금의 사용, ④ 로만글라스 등 서구계문물의 이입, ⑤ 초전불교의 수용, ⑥ 광개토대왕의 남정, ⑦ 김씨계의 왕위계승권 확립 등으로 볼 수 있다. 이 일곱 개의 사항 중에서 하나의 항목조차도 신라사회에 일대 변혁을 가져오는 큰 사건이며, 하물며 20년 내지 30년 사이에 일거에 이 모든 것이 이루어졌다는 사실은 굉장히 중요한 의미를 가지고 있다. 그것은 비록 백제나 왜에 의한 시달림이 있었지만 실질적인 고대국가의 완성으로 볼 수 있으며, 이는 왕권 강화를 통한 국가의 통제력 강화로 나타난 것이라 볼 수 있다.

이러한 사회적 변혁은 당연히 신라토기의 생산과 분배 및 부장에 많은 영향을 주었고, 그 결과로 고총에 부장된 토기의 양식과 부장 차이가 나타나는 것은 필연적이라 할 수밖에 없다. 신라 권역에 양식이 동일한 토기가 부장되는 현상은 중앙에서 생산된 토기가 지방에 분배되거나 기술의 전수를 통해서 이루어지지만 그 부장량이나 질의 차이는 여러 가지로 해석해 볼 수 있다. 그것은 우월한 기술을 활용하여 중앙이 지방을 통제하는 도구로 해석이 될 수도 있지만, 지역정치체의 입장에서는 중앙의 선진기술을 받아들여 지방민을 통치하는데 유용하게 활용할 수도 있다. 이러한 상황에서 본다면 중앙과 친밀도가 강한 단위정치체는 당연히 신라토기를 사용하게 되며, 이러한 결과는 고고학적 입장에서 백제나 가야 혹은 지역정치체를 구분할 수 있는 유용한 물질자료가 된다고 할 수 있다.

그러나 동일한 양식의 토기를 사용한다는 것을 정치적인 의미로 해석하는 것도 중요하지만, 이 시기에 영남지역에 나타난 고총의 발생과 더불어 나타난 부장의 례의 변화도 토기의 양식변화에 중요한 역할을 하였다. 영남권역에서 1세기 대의 목관묘 단계부터 부장용으로 주로 활용된 유물은 토기이며, 그 후 4세기 대의 고식도질토기 단계에서도 부장용으로 소량의 토기가 소비되었다. 그러나 5세기부터 고총이 조영되며 엄청난 수의 토기가 부장용으로 사용되면서 기존의 생산방식으로는 이를 감당하기 어려웠고, 필수적으로 새로운 도제술과 전업적인 공인집단이 조직되어 국가가 통제할 필요성이 나타나게 되었다. 이러한 현상은 국가가 신라토기 양식의 기종별 모델을 개발하고 그에 따른 제작공정이 만들어져 중앙에서 지방의 단위정치체에 공급하는 결과로 이어졌다. 물론 일정한 기종을 동일한 방식으로 부장하는 당대의 장송의례법 확산이 낙동강 이동지역에서 신라토기 양식의 통일과 확산에 강력한 영향력을 발휘하였다고 볼 수 있다. 하지만 상주를 비롯한 일부 지역에는 동일한 정치체이지만 장송의례의 미수용으로 확산 정도가 미미함에서 볼 수 있듯이 양식과 생산기술의 확산은 고총의 축조와 깊은 연관성이 있다고 할 수 있다.

신라토기의 생산은 고식도질토기 생산기술을 일정기간 공유하지만 토기의 대량 소비처가 고총의 발생이라고 본다면, 생산방식의 변화는 불가피하다. 따라서 4세기 대의 소규모 생산조직을 대량화할 필요가 있으며, 중앙은 이를 개발하고 전문적인 장인집단을 양성하여 도제술을 축적하여야 한다. 고총의 발생은 국가가 주도적으로 경주계토기의 기종 모델을 개발하고, 체계화된 도제술로 신라토기 양식의 표준화를 이루어 선진화된 기술과 생산체제를 보유하고 지속적으로 개량하게 한다. 그리고 중앙은 생활이나 장송의례에 필수적인 기종의 생산에 주력하고, 이것은 곧 기종에 대한 선호도로 나타나며, 대표적인 기종이 고배, 대부장경호, 단경호이다. 지방에도 고총이 발생하여 대량의 토기를 부장하는 장송의례에 따라 필수적으로 중앙에서 신기술을 직접 수용하여 지속적으로 지도를 받은 경우 기종이나 형식의 변화가 단계별로 중앙과 유사하게 나타난다. 그러나 중앙과 결속력이 약한 지역은 신기술의 전수가 단절되어 중앙의 토기 형식변화를 한두 단계 생략한 경우 앞 단계의 기술이 이어져 지체 양식이 나타나며 양식만 흉내 내는 재지기술인 '무늬만 신라토기'라는 지역 특유의 의사신라토기를 생산하게 된다.

중앙에서 성립된 신라토기 양식의 생산기술은 친신라적인 지방 단위정치체에 전달되어 생활이나 장송의례용으로 토기를 대량생산하게 되어 고총을 매개로 소지역양식의 성립과 신라토기의 확산에 결정적인 역할을 하게 된다. 영남지역에서 소지역양식은 신라토기 발생에서부터 통일양식토기로 전환되는 시기까지 약 150년 사이에 이루어졌으며 현재까지 연구에 의하면 김해·부산지역, 대구·경산지역, 의성·안동지역, 창녕지역, 성주지역 등에서 성립된다.

이러한 소지역양식의 성립은 지역집단 정치체의 동향에 따라 다양한 변화가 이루어지며, 동일 양식군내의 기종에 따라 차이를 보여 주기도 한다. 중앙에서 일찍부터 신라계양식의 기종과 기술이 유입되어 중앙과 형식변화 차이를 보이지 않다가 5세기 중엽 이후부터 지역양식이 보이는 김해·부산지역, 대구·경산지역에서 5세기 말에 지역양식이 발달하게 되는 것은 중앙과 친소관계가 결정적인 역할을 하였다. 물론 동일 권역이라도 다른 변화 양상을 보이기도 하는데 대구지역의 경우 비산·내당동 고총 등 중심세력은 중앙과 변화의 궤를 같이하지만, 달성 문양·문산리 고총의 토기는 중앙과 많은 '기술지체' 현상이 나타나기도 한다. 또한 의성·창녕·성주지역은 신라토기 양식으로 제작하였기는 하지만, 중앙으로부터 직접 공인이 파견되거나 전수받은 것이 아니라 재지공인이 중앙의 양식과 제작기술을 모방 제작한 것으로 보이는 고배, 장경호류를 다수 생산하였다. 그리고 신기술을 습득하지 못하여 특정 기종에서는 관습화된 기술로 제작되었거나 전승으로 만들어져 중앙의 양식과 확연히 차이가 나는 토기가 제작되기도 하였다.   [박광열]

3 신라토기의 소지역양식 분화

신라토기는 고식도질토기에서 가야토기와 뚜렷하게 구별되어 형태적, 기술적, 장식적 속성들로 대응되는 것을 의미한다. 공간적으로는 낙동강 하류의 동안과 중·상류의 양안에 해당된다. 또한 시간적으로는 고식도질토기가 끝나는 4세기 후반부터 통일신라양식 토기가 확산되기 시작하는 6세기 전반까지이다. 학자들 간에 시기 설정이 다소 차이가 있으나 경주지역에서 월성로 가-13호분을 분기점으로 출발하였다.

신라토기는 또한 5세기를 전후로 경주 주변의 소지역별로 양식분화가 이루어졌으며, 6세기 전반에는 소지역 토기들이 경주양식으로 점차 통일화되기 시작한다. 소지역양식의 분화는 소지역별로 토기의 생산과 분배가 이루어진 결과로 볼 수 있다. 이러한 신라토기는 이후 삼국이 통일되어 통일양식토기가 형성되기 전까지 통일신라양식으로 존재한다.

1) 경주

경주양식 토기는 신라양식을 대표하는 토기이다. 5세기를 전후로 경주의 주변

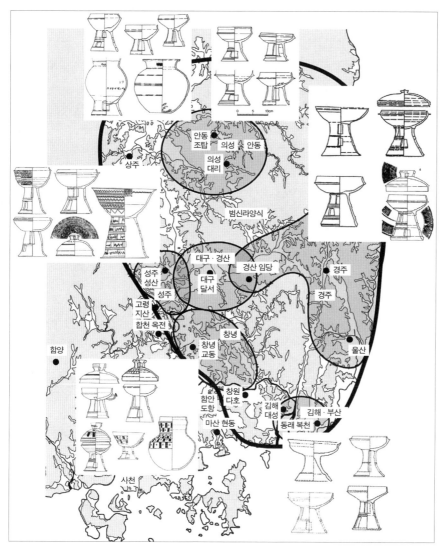

그림 16 소지역양식 분포권과 토기

소지역 토기들은 경주지역과 형태·기술·장식적 속성에 있어서 조금씩 차별화되기 시작하였다.

경주양식 토기는 통일양식의 토기가 형성되기까지 크게 세 획기를 가진다. 세 획기는 월성로 가–13호묘~황남동 110호분, 황남동 110호분~보문동합장분, 보문동합장분 이후 통일신라양식 토기 이전의 시기로 구분할 수 있다.

(1) 경주양식 1기

고식도질토기에서 신라양식이 형성되는 시점의 토기는 월성로 가-13호묘나 황남동 109호분 3·4곽 등의 출토품에서 찾을 수 있다. 우선 고배에서 관찰되는 특징은 고식도질토기 고배는 무개식 구연, 나팔상 대각에 일렬투창이 주를 이루는데 비해 유개식 구연, 팔자상 대각, 교호투창이 주를 이루는 것이 큰 변화이며, 여전히 3단 각이 주를 이루나 1단각 고배도 출토된다. 기종에 있어서는 대부장경호가 함께 출토되는 점이 특징적이다. 이들 특징들은 가야양식 토기와 차별화되는 점이다.

토기의 성형은 여전히 전통적인 방식으로 이루어지며, 다소 투박하다. 이시기 토기들은 표피는 암회색, 암회청색 계통이며, 속심은 자갈색 계통이다. 태토는 비교적 고운 점토를 사용한다.

(2) 경주양식 2기

경주양식은 황남동 110호분과 황남대총 남분에서 출토된 토기에서 획기적 변화가 나타난다. 가장 큰 변화는 손으로 만져서 성형하는 전통적인 방식에서 녹로의 원심력을 사용하는 방식이다. 녹로법 성형에 의해 제작된 토기는 원심력에 의해 제작되는 관계로 토기의 내외면에 나선형의 돌기흔이 관찰된다. 녹로법 성형은 대부분 소형 토기나 중형토기의 구연이나 경부 등 일부에 한정적으로 적용된다. 이 녹로법 성형방식은 토기의 대량생산을 예고하는 것이다.

고배의 형태적 특징에 있어서도 변화를 보이는데, 3단각에서 2단각으로 교체되며, 대각은 사다리꼴로 변화한다. 소성색조는 표피는 회청색 또는 회색을 띠고, 속심은 토기의 두께가 얇아지면서 회청색이나 회색의 층이 두터워지고 자갈색층이 점차 얇아진다. 이 시기부터 태토에 미세한 사립이 좀 더 많이 혼입된다.

(3) 경주양식 3기

보문동합장분과 같은 석실묘에서는 또 하나의 변화가 일어난다. 토기가 더욱 소형화되면서 대각이나 대가 짧은 단각화 현상이 나타난다. 투창도 점점 작아지며, 2단각의 경우에는 상단에 투창을 뚫고 하단에는 여러 조의 돌대를 돌려서 처리하다가 결국 1단각으로 변화한다. 기종에 있어서도 파수부호는 양이부옹으로 대체되며, 장경호나 대부장경호는 구연이 'ㄴ'자상으로 덧붙여지는 부가구연 형식으로 변화한다.

　성형방식은 대형 토기를 제외한 대부분의 토기에 녹로법이 적용되며, 두께가 아주 얇아진다. 소성색조는 두께가 얇아지면서 표피와 속심 모두 회청색 또는 회색으로 제작된다. 이러한 변화는 점차 통일신라양식 토기로 이어진다.

2) 대구 · 경산

(1) 대구 · 경산지역 토기양식의 개요

　대구·경산지역 토기는 낙동강 중류와 거기서 분기되는 금호강 하류의 합류지점에 위치하면서 가야양식, 창녕양식, 경주양식 등의 다양한 양식이 수용되어 지리적 위치에 따라 토기의 양식이 조금씩 차이를 보인다. 가장 큰 차이는 녹로법과 비녹로법의 성형방식이다. 그리고 형태적으로 경주양식과 비경주 신라양식으로 구분된다. 이들을 종합하면 크게 3개의 군으로 구분된다. 녹로법과 경주양식을 수용한 경주양식군, 비녹로법과 경주양식을 수용한 의사경주양식, 비녹로법과 비경주 신라양식을 수용한 범신라양식의 3개 군이다. 경주양식권에 속하는 경산토기는 경주양식을 적극적으로 채용하지만, 유개이부호의 기종구성과 같은 대구지역의 특징도 갖고 있다.

(2) 경주양식군

　이 양식군의 분포지는 대구의 서단 일부와 경산지역으로 현재 조사가 이루어진 경산 임당동유적, 대구 시지유적, 가천동고분군이 여기에 속한다. 먼저 형태적 특징은 경주양식과 거의 같은 변화상을 보이며, 녹로법으로 성형하는 방식, 장식 문양이 다양하게 채용되었다. 단지 이들 유적에서도 임당동유적의 출토 토기가 가장 경주양식과 동일한 변화과정을 거친다. 그리고 경산 욱수동유적은 이 임당동유적과 그러한 변화과정이 같은 것으로 이해하여, 옥산동 토기 요지는 생산된 토기들이 임당 사회집단에 공급되는 전업집락이나 하위 사회집단으로 인식될 정도로 양식적으로 거의 동일하다고 판단된다. 그러나 문양이나 세부적인 형태에 있어서 경주지역 토기와는 약간의 차이점이 있다. 또한 가천동유적도 욱수동유적과 함께 경주양식의 속성들이 비교적 충실하게 채용한 것으로 파악되고 있다.

(3) 의사경주양식군

의사경주양식군은 대구의 금호강 남안 전체와 북안 일부에 해당된다. 대구 비산동유적을 중심으로, 불로동유적과 금호강을 사이에 두고 서로 마주보고 있는 대구 복현동유적은 봉무동유적과 함께 5세기 4/4분기까지 전통적인 비녹로법 성형에 의해 토기가 제작되었던 것으로 보인다. 이러한 현상은 기종의 구성에서도 나타난다. 고배와 같은 소형 토기류에도 나타난다. 또한 직구의 짧은 구연을 가진 양이부호나 삼이부호는 대체로 회백색 또는 회황색, 적갈색 등의 색조를 가지면서 주기종의 조합상을 보이는데, 경주지역 토기의 경우 일반적인 양상은 아니다.

(4) 범신라양식군

앞에서 분류한 경주양식과 의사경주양식군의 범위를 벗어난 대구의 주변, 특히 낙동강에 인접한 지역에 분포하는 유적들이 여기에 속한다. 토기들은 비녹로법으로 성형을 하며, 형태적으로도 쉽게 구분할 수 있을 정도의 독특한 특징을 지닌다. 이들 유적의 고배들은 5세기 후반 여타 지역에서 2단각으로 변화하는데, 3단각의 나팔상에 가까운 형태적 속성들이 여전히 지속되며, 김해지역에서 흔히 보이는 무투창 고배들도 출토되고 있으므로, 경주양식의 속성들이 충실하게 반영되는 것은 아니다. 그러나 기본적으로 가야양식들과는 차이를 보이는 교호투창, 직선적인 대각의 고배, 대부장경호의 기종구성 등으로 볼 때, 범신라양식에 속하는 것은 분명하다.

3) 성주

성주지역의 토기양식은 성산동, 명포리고분군, 시비실, 별티유적 등에서 조사되었으며, 현재의 성주군이 공간적 분포범위이다. 이들 중 대표유적인 성산동고분군에서 출토된 토기들을 통해서 양식적 특징들을 잘 파악할 수 있다.

고배와 개 등의 기종에서 특징적인 요소가 잘 나타나고 있는데, 다른 지역 토기와 다른 형태, 소성색조, 장식에서 엿볼 수 있다. 시기별로 약간의 변화는 있지만, 5세기 동안 지속적으로 다른 지역과 차별화된 토기가 제작되었다.

고배는 배신이 반구상이 아닌 역제형의 방형에 가까운 점, 배신에 돌대가 돌려진 점, 대각은 종형, 또는 직선으로 내려오다 중위에서 급격하게 벌어지는 점 등을 가장 큰 특징으로 들 수 있다. 특히 종형의 대각은 발형기대의 대에서도 관찰되는 특징이다. 개는 드림이 외반하는 'ㄷ'자형의 형태를 지니는 점이 타 지역 토기에서는 확인되지 않는 독특함이다.

소성색조는 표피가 흑회색 내지 회청색을 띠며, 속심이 암자갈색을 띤다. 특히 성산동 38호분과 성산동 59호분 등이 속하는 5세기 중·후반에 집중적으로 나타나고 있다. 흑회색은 창녕지역 등 몇몇 지역의 토기에서도 관찰되는 소성색조인데, 인근의 대구지역에서는 잘 나타나지 않는 점에서 이 지역의 고유한 양식적 요소로 볼 수 있다.

장식은 주로 선각문양이 시문되는데, 이 지역에서는 파상문이 주된 문양이다. 그 시문 부위가 다양하고 빈도가 높은 점은 성주지역양식 토기의 한 특징으로 볼 수 있다.

4) 의성 · 안동

의성과 안동양식 토기는 영남지역 최북단에 분포하는 지역양식이다. 의성양식 토기는 1962년 국립박물관에서 발굴조사한 의성 '탑리고분'을 통해서 알려지기 시작하였다. 탑리고분은 5기가 동일봉토 속에 추가되어 상대편년에 좋은 자료가 된다. 이후 대리리 3호분, 대리리 2호분이 각각 조사되었다. 이 외에도 주변 장림동, 학미리, 조탑동, 태화동고분군, 임하면 일대 등의 자료들이 조사되어 의성양식과 안동양식 토기의 모습이 그려지고 있다.

의성양식 토기는 고배가 다른 지역과는 다르게 유개고배와 무개고배 두 가지 기종으로 나누어지는 점이 가장 뚜렷한 지역색이라고 할 수 있다. 고배의 가장 뚜렷한 형식적 특징은 몇 가지 대표적 속성으로 나타난다. 개의 대표적 속성은 꼭지, 개신, 드림이며, 고배는 구연과 배신, 대각의 형태와 자락이다.

개신의 단면 형태가 주로 직선을 이루어 삼각형에 가깝고, 드림은 전체적으로 많이 벌어지는 점이 지역색이라고 할 수 있다. 고배는 구연이 외반된 무개(식)고배와 내만된 유개(식)고배로 나누어진다. 5세기에 무개식고배가 출토되는 점은 이 지역의 독특한 특징이다. 고배는 전체적으로 대각의 자락을 길게 말아올려서, 그 접합시킨 부위를 두툼하게 돌출시키거나 1조의 돌대를 돌려 자락을 구분하는 점이 특징적이다. 대각 기부에 돌려진 돌대는 시기에 따라 다르게 나타난다. 단경호의 대표적인 속성은 평구연, 동체, 동체에 돌려진 여러 조의 돌대나 침선이다. 또한 파배의 배신은 비교적 밋밋하게 구연까지 이어지고, 파수는 단면 세장방형인 투박한 점토뉴를 부착하는 것이 특징이다.

제작방식에 있어서는 표면에 회전물손질로 마무리하는 현상이 관찰되는데, 바로 전통적인 권상법 성형 후 보다 진전되고 숙련된 조정·정면수법이 가해진 것이다. 이러한 현상이 탑리고분에서 출토된 토기 가운데 상대적으로 늦은 시기의 토기에서도 나타나고 있어서 늦은 시기까지 녹로법 성형이 채택되지 않고 있었음을 알 수 있다.

의성양식의 초기 형식이라고 할 수 있는 것들이 상주 청리나 신상리와 같은 주변지역에서 출토되는 것으로 보아 의성양식 토기는 5세기 전후부터 이미 성립되었던 것으로 볼 수 있다. 의성양식 토기의 분포권은 영남지역 북부 전역으로 상당히 넓게 나타나고 있다. 그럼에도 불구하고 안동지역에서는 의성양식 토기와 함께 현지에서 제작된 것으로 볼 수 있는 안동양식 토기가 출토되고 있다. 이는 자료가 점차 증가되면 더 많은 소지역양식 토기가 설정될 수 있음을 의미한다.

안동지역에서는 경주양식 토기가 4세기 말부터 6세기 이후까지 지속적으로 출토되는 한편 의성양식 토기는 5세기 중·후반까지 출토된다. 안동양식 토기는 5세기 전반부터 출토되기 시작한다. 재지계 이단투창고배는 배신이 얕고 둥글며 구연은 길면서 거의 직립한다. 고배의 대각은 중위에 돌려진 돌대에 의해 구분된 상단부가 거의 직선으로 내려오다 급격하게 벌어진다. 재지계 일단투창고배 역시 배신이 얕고 구연이 거의 직립하며, 대각은 의성양식 토기의 영향을 받아 자락에 단이 지워 두텁게 처리하거나 혹은 돌대를 돌려 구분하는 점 등의 특징을 가진다.

5) 창녕

창녕양식 토기는 학자들에 따라서 신라양식, 가야양식, 복합양식 등으로 보는 시각이 다양하나 출토되는 유물의 여러 가지 점에서 신라양식의 특징이 많이 나타난다. 특히 토기에 있어서는 신라양식의 기본적인 특징을 갖추고 있다.

공간적 분포범위는 현재 창녕군과 함께 청도 이서지역까지 포함된다. 발굴조사되어 정식적으로 소개된 자료는 창녕지역의 중심지인 교동, 송현동, 계성리와 함께 우강리, 일리 등의 유적이 있으며, 청도지역의 성곡리와 송서리 등의 유적들이 있다. 최근 대량의 창녕양식 토기가 출토된 청도 성곡리유적의 발굴조사 자료로 인하여 창녕양식 토기의 전개과정을 보다 구체적으로 밝힐 수 있게 되었다.

창녕양식 토기는 형태적으로 몇 가지 특징이 있다. 우선 유개고배에서 나타나는데, 개의 대각축소형(또는 굽형) 꼭지가 부착된 것, 고배의 대각이 종형에 가까운 점이 다른 지역과 구별되는 뚜렷한 차이점으로 보고 있다.

창녕토기는 성형기법, 태토, 소성에서 다른 지역 토기들과 차별화된다. 우선 창녕토기의 태토에는 사립이 거의 함유되지 않았다는 점에서 다른 지역에서는 동시기에 사립이 다량 함유되는 점과 차별화된다는 것이다. 6세기를 전후하여 사립의 함유량이 많아지며, 문양에 있어서도 충형문이나 파상문이 주를 이루다가 집선문이 채용되는 등 시기적인 변화가 있었다. 집선문의 채용은 5세기 후반 경주를 중심으로 한 주변의 소지역양식에 적용된 문양으로 창녕지역 소성에 있어서는 4개의 유형으로 분류하였으나, 표피가 흑색, 속심이 암자색이 주를 이루며, 시기별로 유형의 변화를 보였다. 성형기법은 전통기법이 오랫동안 존속한 것으로 파악되었다.

창녕양식 토기는 5세기 전반까지 4세기 대 전통이 계속되어 나팔상 대각을 지닌 고배가 지속되면서 범신라양식의 교호투창 대각 고배와 병존한다. 5세기 전반에 팔자상 대각이 출현하고, 후반으로 가면서 나팔상 대각의 고배는 출토되지 않는다. 신라양식 고배의 대각이 제형으로 변하는데 비해 종종 팔자상 대각의 고배가 잔존하는 것은 창녕양식 토기 특징의 일면이다. 청도 성곡리는 청도의 산서지역으로 경주양식 일색인 산동지역과의 교류 결과로 경주양식 토기가 출토되고 있는 것으로 이해된다. 이 경주양식 토기는 5세기 중·후반부터 출토되는데, 창녕양식 토기와 여러 가지 점에서 구별된다.

6) 부산·김해

부산과 김해는 금관가야의 영역으로 이해되고 있는 지역이다. 외절구연고배, 파수부노형기대 등 금관가야양식의 토기 분포권이다. 5세기 전반까지 금관가야양식의 토기들이 출토되고 있지만, 부산지역에서는 월성로 가-13호분, 황남동 109호분 3·4곽 등의 단계에 해당하는 교호투창 고배, 대부장경호, 통형기대 등의 신라양식 토기들이 복천동고분군 31·32호분, 21·22호분 등에서 출토되기 시작하였다. 이후 복천동 11·12호분에서는 황남동 110호분 단계에 해당하는 고배형식들이 출토되었다. 복천동고분군에서 출토된 신라양식 토기들은 경주양식과 동일하지는 않지만

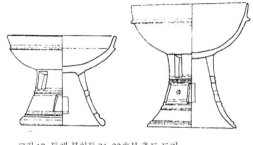

그림 17 동래 복천동 21·22호분 출토 토기

이 지역의 고유한 속성들을 가지고 있다는 점이 주목할 만하다.

　부산지역에 나름대로 지역색을 보이는 신라양식 속성의 토기들은 김해에서도 출토되고 있는데, 주로 예안리고분군 등 부산과 지리적으로 가까운 동부에 집중되고 있다. 김해지역은 5세기 전반까지 외절구연 고배 등 금관가야 속성의 토기들이 출토되지만, 중·후반부터는 창녕 등 주변지역양식 토기들이 출토되며, 그와 관련해서 신라양식의 형태적 속성들이 채용되기 시작한다. 그러나 부산·김해에서는 경주지역보다 녹로법 성형의 제작기술이 훨씬 늦게 채용된다.　　　　　[김옥순]

V　가야토기

　가야의 역사와 문화를 구체적으로 설명할 수 있는 문헌자료는 극히 드문 까닭에 고고학 자료의 활용에 기댈 수밖에 없다. 가야사의 복원을 위한 고고학적 연구 자료로서 가장 먼저 토기를 그 대상으로 주목하는 것이 일반적이므로 가야토기가 가야사를 해명하는 데 있어 중요한 자료임을 알 수 있다.

　가야토기는 와질토기(瓦質土器)로부터 새로운 제작기술에 의해 만들어진 도질토기(陶質土器)가 주종을 이루고, 이외에 적갈색을 띠는 연질토기(軟質土器)도 해당된다. 일반적으로 접하고 있는 가야토기의 대부분은 고분의 부장품이며, 실생활에 사용되었던 토기는 이와는 다른 양상을 보이고 있다. 고분에서 발굴된 대부분의 토기는 도질토기로서, 이들은 1200℃ 정도의 고온에 환원염 상태로 구워진 토기를 말하는 것으로서 회청색 또는 회흑색을 주로 띤다. 반면 생활용의 일상토기는 대부분 산화염 상태로 구워진 적갈색 연질토기가 대부분을 차지한다.

　가야토기의 기종으로는 고배, 단경호, 장경호, 기대, 잔, 개배, 개 등 다종다양하며, 형태적 속성의 비교에 의해 신라토기, 백제토기와 차이를 보여 주고 있다. 대표적인 고배를 통해서 보면, 신라토기는 투창이 엇갈리고 대각이 직선적임에 비해 가

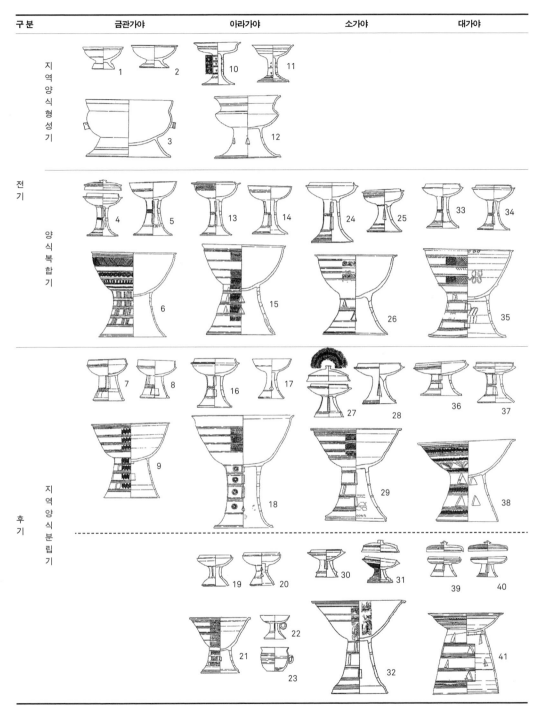

그림 18 가야토기의 시기별 양식의 변화(박승규 2010)

[금관가야] 1 · 3: 예안리 138, 2: 복천동 57, 4: 대성동 1, 5: 예안리 130, 6: 복천동 31 · 32, 7 · 8 · 9: 복천동 10 · 11, [아라가야] 10: 황사리 35, 11: 황사리 32, 12: 황사리 45, 13: 도항문 8, 14: 도항문 44, 15: 도항문 3, 16: 도항문 14, 17: 도항문 54, 18: 도항 15, 19 · 21 · 22: 도항문 47, 20 · 23: 도항문 4, [소가야] 24: 예둔리 43, 25: 가곡리 채집, 26: 하촌리 채집, 27: 예둔리 1, 28: 고이리 나-12, 29: 우수리 14, 30: 가좌동 4, 31: 운곡리 2, 32: 배만골 채집, [대가야] 33 · 34: 옥전 68, 35: 쾌빈동 1, 36: 옥전 M3, 37: 지산동 30, 38: 지산동 32, 39: 옥전 78, 40: 저포 DI-1, 41: 옥봉 7

야토기는 투창이 일렬로 배치되고 대각이 나팔상으로 곡선을 이루는 차이점이 뚜렷이 나타난다. 이처럼 가야토기의 형태적 특징이 뚜렷이 나타나고 있음은 당시의 가야가 일정한 문화권을 형성하였음을 보여 준다. 그리고 가야토기는 신라, 백제, 왜의 여러 지역에서 출토되고 있어, 당시의 각국들과 교류 관계를 살피는 데 좋은 자료가 되고 있다. 또 가야토기는 형식학적 연구를 통해 편년체계를 수립하는 데 중요한 자료로서의 가치를 지니고 있으며, 이를 통해 편년체계가 명확치 않은 가야사의 발전 단계를 설정하는 것도 가능하게 해 준다.

가야토기는 출현시점을 3세기 후엽으로 보는 것이 일반적이며, 가야사의 시기 구분과 연동하여 전기가야토기와 후기가야토기로 구분할 수 있다. 전기가야토기는 종래 고식도질토기로 불리어지던 것으로서 이 시기는 아직 신라·가야토기가 분립되지 않은 단계로 알려져 있다. 전기가야토기에 대해서는 전 영남권이 동일한 토기문화를 보여 준다는 공통양식론과 김해·부산권과 함안·고령 등 영남내륙권 등에서 지역차가 존재한다는 지역양식론으로 대별된다. 다만 전기가야토기는 지역성의 문제와 권역별 분포중심지 등 아직 미해결의 부분이 다수 있으므로 재고의 여지가 있다. 전기가야토기는 4세기 말의 전환기 변동에 의해 일시 통합양상을 이루다가 5세기 전엽부터 신라·가야토기의 분립과 함께 고령권의 대가야양식, 함안권의 아라가야양식, 진주·고성권의 소가야양식으로 다시 나누어져 후기가야토기를 형성하게 된다. 이후 후기가야토기는 각각 발전을 거듭하지만 6세기 중엽경에 대가야의 멸망과 함께 신라토기로 대체되는 역사성을 보여 준다.

가야토기는 시간적인 변화만큼이나 지역성을 잘 보여 주는 양상이 나타난다. 전기가야토기는 김해·부산권에서 금관가야양식으로 부를 수 있는 지역성이 뚜렷이 보이나 나머지는 함안권에 중심을 둔 통형고배의 확산에 의한 범영남권에서 공통양식적 양상을 보여 준다. 이와 달리 후기가야토기는 5세기 전엽에 들어서면서 전기가야토기로부터 전환기의 변동을 거쳐 새로운 3대 지역양식으로 분립되는 양상을 찾아볼 수 있다. 이러한 후기가야토기의 지역양식은 대가야, 아라가야, 소가야의 역사성을 반영하고 있으므로 이를 통해 가야 사회가 지역연맹체의 구조를 형성한 것으로 추정할 수 있으며, 이러한 후기가야토기의 지역양식이 분립하는 양상은 토기 양식이 보여 주는 차별성만이 아니라 묘제에서도 비슷한 양상을 찾아볼 수 있다.

1 전기가야토기

전기가야토기는 종래 고식도질토기로 불리어지던 4세기 대의 영남권 토기 중에서 가야토기에 한정된 개념으로, 김해·부산권과 함안권의 자료 편중으로 인해 아직까지 편년과 변천 및 지역성 등의 연구에 한계가 있다.

김해·부산권에는 1980년대 이후 복천동고분군, 대성동고분군, 양동리고분군 등이 발굴조사됨으로써 일찍부터 전기가야토기의 문화상을 파악하고 해석하는 데 선두적인 역할을 수행하였다. 김해 예안리고분군의 발굴자료를 통해 김해·부산권에는 파수부노형기대와 외절구연고배라는 특징적인 기종이 분포하고 있음이 밝혀졌으며, 이를 통해 이 지역에 전기가야토기의 한 축을 이루는 지역양식이 존재하고 있음에 대해 대체로 의견의 일치를 보이고 있다. 함안권 역시 1990년대에 들어서 발굴조사가 본격화됨으로써 황사리, 윤외리의 발굴자료에서 특징적인 기종들이 복합체를 구성함으로써 지역양식의 존재 가능성을 검토하게 되었으며, 이후 묘사리, 우거리 등의 가마유적에서 이들 자료가 생산되었음이 확인되어 독특한 토기문화의 존재를 인식하게 되었다.

김해·부산권은 단각외절구연고배, 파수부노형기대가 지역적 특성을 보여 주고 있는데, 노형기대에 있어 파수의 부착이라는 특징을 통해 지역성을 표출하고 단각외절구연고배는 그에 비해 한 단계 정도 늦게 지역성을 보여 주는 것으로 파악된다. 또 분포권이 김해·부산권역을 중심으로 한정되어 분포하는 점에서 금관가야양식의 지역양식을 명확히 보여 준다.

함안권은 工자형 대각의 통형고배, 무파수의 노형기대, 다양한 문양이 시문된 문양개, 파수부잔, 승석문단경호로 이루어진다. 이들 토기는 초기에 함안지역을 중심으로 남강유역과 남해안에 이르는 지역 및 남강과 합류하는 낙동강유역을 중심분포권으로 상정할 수 있으나 점차 광역적인 분포권을 형성하여 김해 대성동, 동래 복천동, 경주 죽동리·황오동, 경산 임당동, 합천 옥전·저포리, 창녕 여초리, 칠곡 심천리 등 전 영남권에 이르고 있다.

전기가야토기의 초기에는 아직 와질토기의 기종과 제작기법이 이어지고 있으며, 이후 4세기 초부터 와질토기의 잔존 기종과 기술적 요소가 사라짐으로써 전기가야토기는 도질토기로 정착된다. 초기의 단경호와 노형기대에 이어 새로운 기종으로

김해양식

범영남양식(함안권중심)

그림 19 지역양식 성립기의 양대 토기양식(박승규 2010)

1 · 6 · 8: 예안리 138, 2 · 4 · 5: 복천동 57, 3: 노포동 17, 7: 대성동 13, 9: 복천동 60주곽, 10 · 11: 황사리 도갱정리품, 12: 황사리 40, 13 · 20: 도항경 33, 14: 황사리 35, 15 · 21: 황사리 32, 16 · 19: 도항문 42, 17: 예둔리 48, 18: 황사리 4, 22: 황사리 45

통형고배가 함안권에서 등장하게 되고 외절구연고배가 김해·부산권에서 대표 기종으로 자리잡게 된다. 또 노형기대는 김해·부산권에서 단면원형의 환형파수와 판상파수가 부착되는 특징이 나타나고 함안권에서는 무파수의 노형기대로 발전하여 각각 지역적 특성을 보여 준다.

전기가야토기는 후기가야토기가 보여 주는 지역양식처럼 완전하지는 않으나 특정 시기에 있어서는 지역성을 뚜렷이 보여 주고 있다. 전기가야토기의 초반기에는 지역성이 보이지 않으나 4세기 전엽부터 노형기대에 의한 지역적 특성이 김해·부산권과 함안권에서 나타나게 된다. 이후 김해·부산권과 함안권에서 노형기대와 고배 등의 기종복합체에 의한 각각의 지역양식이 성립되고, 이와 더불어 범영남권에서는 함안권의 통형고배를 필두로 한 토기문화상이 전개됨으로써 공통의 형식적 요소에 의한 범영남양식으로 확대된다. 이로써 전기가야토기의 분포양상은 김해·부산권에서 '금관가야양식'으로 부를 수 있는 토기양식이 한정된 분포 범위를 보여 주고 있고, 함안권에서 출현한 통형고배로 대표되는 '범영남양식'은 재지 생산과 유통에 의해 전 영남에 분포하는 양상을 보여 준다.

이러한 변화를 거쳐 4세기 후엽에는 각각의 지역적 특성이 지속되는 가운데서 새로이 이단투창고배와 발형기대가 영남 각지에 분포하는 공통양식적 양상이 전개된다. 그러나 이러한 양식적 통합은 이후 서기 400년에 일어난 고구려군의 남정이라는 정치적 사건으로 인해 전기가야토기의 통합이 완전히 이루어지지 못하고 5세기 초부터 신라·가야토기의 분립과 함께 후기가야토기로 전환된다.

전기가야토기의 제작기술은 문양에서 잘 나타나고 있는데, 와질토기 제작기술에서 보이는 마연기법으로부터 회전물손질의 채용이 정착되고 동일한 양식적 속성을 유지하면서 다양한 형식을 보여 주는 제작기술의 고도성을 찾아볼 수 있다. 특히 점문과 선문으로 이루어진 다양한 문양과 여러 형태의 투공 사용, 승석문타날과 도부호의 사용 등은 지역적 특성을 잘 보여 주고 있으며, 제작기술의 보급이 범영남권으로 이루어진 점도 하나의 특성으로 인정할 수 있다. 생산체계에 있어서도 전업적 생산체계가 완전하게 구축된 것으로 파악되며, 이러한 전업적 생산체계는 형식의 정형화를 이루는 기반을 형성한 것으로 볼 수 있다. 또한 김해·부산권과 함안권뿐만 아니라 영남 각지에서도 자체적인 생산체계가 구축되어 권역 간 기술 교류가 활성화된 것으로 이해된다. 특히 김해·부산권에서는 단각외절구연고배의 분포가 한정되어 있음을 볼 때 토기 제작기술 교류가 특정지역에 한정된 것으로 볼 수 있고, 이와 달리 함안권으로부터 비롯된 통형고배의 제작기술은 범영남권에서 기술 교류의 확산이 전개된다.

전기가야토기는 3세기 후엽에서 5세기 초에 걸쳐 발전한다. 크게 보아 전기 I기와 전기 II기로 나눌 수 있고, 세부적인 형식변화에 의한 편년단계와 권역별 병행관계도 파악된다.

전기 I기는 아직 와질토기의 전통이 남아 있고 단경호와 노형기대가 대표 기종이 되는 3세기 후반으로부터 4세기 중엽의 시기로서 김해·부산권과 함안권에서 지역양식이 형성되는 '지역양식의 형성기'이다. 그리고 전기 II기는 4세기 후엽부터 5세기 초의 전환기 변동에 의해 전 영남권이 이단투창고배와 장경호 및 발형기대로 대표되는 새로운 양식의 공유에 의한 통합양상이 전개되는 '양식복합기'이다.

전기 I기의 초기는 도질토기가 발생하여 단경호 중심의 기종 구성이 이루어져 있는 시기로서 특정의 기종복합체가 형성되지 않으므로 아직 지역양식이 형성되지 않은 단계이다. 이후 4세기 전엽에 김해·부산권에서 환상파수의 노형기대와 초기 형식의 외절구연고배에 의한 지역양식이 형성되고, 함안권에서는 무파수의 노형기대와 통형고배에 의한 지역양식이 만들어짐으로써 양 지역에서 초기적 지역양식이 형성하는 단계이다. 4세기 중엽에는 함안권의 통형고배가 범영남권에 교류적 확산을 이룸으로써 함안권의 지역양식이 범영남양식으로 바뀌게 되어 전기가야토기의 양대 지역양식이 형성된다.

전기 I기에 있어서 지역양식의 형성 배경으로는 김해·부산권의 통제적 분배 시스템에 그 요인이 있으며, 이에 더하여 김해·부산권의 후기와질토기의 계승적 양상과 함안권의 새로운 도질토기의 출현으로 인한 양대 지역의 기종복합체가 차이를 보이기 시작하므로 지역화가 전개되었음을 알 수 있다. 또한 이 시기에 보이는 지역양식의 분포권은 김해·부산권에서 토기양식의 분포가 특정권역에서 한정되고 있음에 비해, 함안권의 토기자료가 직접교류 또는 기술교류의 다양한 방식을 통해 범영남권에서 분포양상을 보여 주게 된다. 이들의 권역별 분포는 김해·부산권의 대표 기종인 외절구연고배에 의해 '금관가야양식'을 설정할 수 있고, 함안권의 대표 기종인 통형고배의 분포권에 의해 '범영남양식'으로 크게 구분하여 설정할 수 있다. 금관가야양식의 분포권은 낙동강 하류의 김해·부산권으로, 범영남양식의 분포권은 함안권의 남강 및 낙동강 중류역을 중심으로 범영남권에 걸쳐 분포한다.

전기 II기는 앞 시기의 지역양식적 구조가 공통양식화함으로써 양식복합기를 이루게 된다. 4세기 후엽에 일어나는 새로운 토기양식의 변동은 단각외절구연고배와 통형고배 및 노형기대로부터 이단투창고배와 장경호 및 발형기대의 신 기종으로 바뀌는 양상이 주목된다. 또 이와 더불어 신 기종의 형식 공유에 의해 앞 시기의 양대 지역양식을 통합하여 영남권에서 공통양식적 구조를 이루게 된다. 이 변동은 이단투창고배와 장경호 및 발형기대라는 새로운 기종복합체의 출현과 함께 전 영남이 공통의 양식군을 형성하는 획기적인 변동으로서 전기가야토기로부터 후기가야토기로 전환되는 과정에 나타남으로써 '전환기 변동'으로 인식하기도 한다.

김해·부산권과 함안권 간의 교류에 의해 새 기종으로 출현한 이단투창고배와 장경호 및 발형기대는 4세기 후엽 이후 전 영남권에서 재지 생산과 교류를 보여 주며, 이러한 일련의 과정을 거치면서 전기가야토기는 특정 기종의 복합에 의한 형식 공유를 보여 주는 전환기적 변동이 뚜렷이 전개된다. 실제로 이단투창고배와 장경호 및 발형기대는 전기가야토기의 유통망을 통해 김해·부산권과 함안권의 주변부 집단으로 이동과 파급이 계속 이루어져 지역 간 토기제작기술의 공유와 형식의 통합을 이루게 되며, 이러한 양상은 5세기 초에 중심 집단뿐만 아니라 주변부 집단의 합천 옥전 68호, 고령 쾌빈리 1호, 청도 봉기리 2호, 경산 임당 G-6호, 진주 하촌리 등 전 가야권에서 확인되고 있다.

이처럼 전기 II기의 양식복합기에는 전 단계에 이루어진 토기 이동에 따른 토기 제작기술의 상호 수용과 모방을 통해 만들어진 형식 공유의 공통양식을 보여 주며, 이단투창고배 및 장경호와 발형기대 등으로 이루어진 기종복합체의 존재와 이들의 각지 분포가 확인됨으로써 공통양식적 성격을 띠고 있다. 다만 양식 복합기의 기종 복합에 있어서 4세기 후엽에는 이단투창고배와 투공고배, 발형기대 및 장각의 외절구연고배로 구성되지만 5세기 초에는 이단투창고배, 발형기대, 대부파수부호와 함께 화염형투창고배와 삼각투창고배로 기종 구성의 변화가 나타나고 있으므로 공통양식적 성격에 한계가 있음을 알 수 있다.

다음으로 가야토기 양식의 지역성을 토기양식의 변동과 연계하여 살펴보면, 전기 I기에는 지역양식의 구조가 완전히 성립되지 않으나 4세기 전엽부터 중엽에 걸쳐 양대 지역양식이 형성된다. 이 시기의 지역양식은 김해·부산권의 외절구연고배

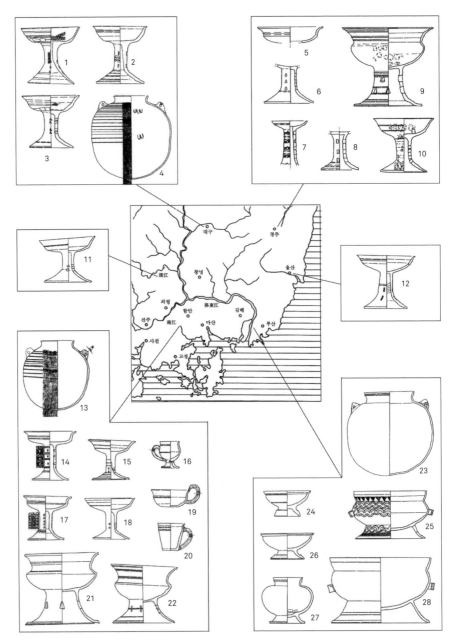

그림 20 지역양식 성립기의 분포양상(박승규 2010)

[범영남양식] 1: 칠곡 심천리 44, 2: 칠곡 심천리 93, 3: 경산 조영1B지구, 4: 대구 비산동 1, 5: 경주 월성해자 1 주거지, 6~8: 경주 월성해자 라지역, 9: 경주 죽동리 2, 10: 경주 죽동리 1, 11: 합천 옥전 54, 12: 울산 중산리, 13 · 14: 함안 황사리 35, 15 · 17: 함안 황사리 32, 16 · 19 · 20: 함안 황사리 47, 18 · 21: 함안 황사리 44, 22: 함안 황사리 45, [김해양식] 23: 김해 대성동 2, 24 · 28: 김해 예안리 138, 25 ~ 27: 동래 복천동 57

로 대표되는 금관가야양식과 함안권의 통형고배로 대표되는 범영남양식의 양대 지역양식이 구축된다. 이 시기의 토기양식은 완전한 분립구조를 보이는 것이 아니라 토기양식의 구축에 있어서 전개양상의 차이를 보여 주고 있다. 즉 금관가야양식이 독립적인 권역을 가진 지역양식을 성립함에 비해 범영남양식은 함안권을 중심으로 범영남권의 각지에서 아라가야 고식의 토기와 재지 토기가 공존하는 분포양상을 보임으로써 특이한 대비 양상을 보여 준다. 또 금관가야양식은 제작 전통을 강하게 유지하고 있을 뿐만 아니라 분배에 있어서 김해·부산권을 벗어나지 않는 한정성을 뚜렷이 보여 주고 있다. 이는 분배의 통제에 있어서 개방적인 교류를 유지하는 범영남양식과는 달리 금관가야양식에서는 정치체에 의한 분배의 제한적 통제가 이루어졌음을 보여 준다.

전기 II기에는 앞 시기에 성립되었던 양대 지역양식이 4세기 후엽을 거치면서 양식복합에 의해 전 영남권이 공통양식적 기조를 강하게 형성하게 되며, 이로써 전기가야토기 양식의 형성구조는 지역양식 형성기로부터 공통양식적 기조를 이루는 양식복합기로 변화하는 양상을 보여 주고 있다. 다만 양식복합기의 공통양식적 구조가 완전하지 못함을 고려할 때 전반적으로는 지역양식의 기조를 유지하고 있음을 인식할 수 있다.

[박승규]

2 후기가야토기

후기가야의 토기는 전기의 금관가야양식의 특징이 사라지나 아라가야양식은 유존하며, 새로이 소가야양식 토기와 대가야양식 토기가 출현하는 것이 특징이다.

이 시기 아라가야양식 토기의 특징적인 기종과 형식 변화는 다음과 같다.

화염형투창고배는 대각에 화염형 투창이 뚫려 있는 것으로, 대형에서 소형으로, 화염부는 횡타원형의 불꽃길이가 짧은 것에서 원형의 불꽃길이가 길어지는 것으로 변화한다.

발형기대는 대각이 넓고 완만하게 벌어지는 것에서 점차 대각 상부가 축약되고 벌어지는 폭도 좁아들어 대각이 원통형으로 변화한다. 또 다른 지역과는 달리 늦은 시기까지 배신이 깊은 형태를 유지한다.

통형기대는 대각이 엎어놓은 바리 모양이고 수부는 깊은 접시 모양을 하고 있으며, 다른 지역의 기대에 비해 돌대가 강하게 돌출하며 몸통 부분에 사격자문이나 삼각거치문을 시문하기도 하였다. 6세기 대의 수부가 호형이고 대각이 극도로 커진 아라가야양식의 통형기대는 공주 송산리, 부여 능산리고분군 출토품과 같은 백제양식 기대의 영향에 의한 것으로 본다.

5세기 초 아라가야양식 토기는 남강 하류역을 제외하고 낙동강 상류역, 남강 상류역, 황강수계, 남해안에 반출되지 않는다. 이 시기 아라가야를 중심으로 한 관계망이 쇠퇴하는 것은 5세기 초 '광개토왕비' 경자년의 안라인수병(安羅人戍兵) 또는 『삼국사기』의 포상팔국난과 관련된 것으로 추정된다. 왜냐하면 이 시기를 전후하여 급격하게 아라가야를 중심으로 한 관계망이 쇠퇴하고 이를 대신하여 포상팔국난의 중심세력인 소가야가 이를 대신하는 것에서 그러하다.

이 시기 아라가야권역은 함안분지와 진동만 주변으로 파악된다. 서쪽은 4세기 대 아라가야양식 토기가 집중 이입되던 진주시 무촌리고분군 일대가 5세기에 소가야양식 토기의 분포권에 속하는 것으로 보아 이 부근을 경계로 하는 것으로 본다. 그 동쪽은 칠원분지에 5세기 전반 소가야양식 토기와 창녕양식 토기가 집중 출토되는 것에서 함안분지의 동변을 경계로 한다.

소가야양식 토기의 특징적인 기종과 형식 변화는 다음과 같다.

삼각투창고배는 시간이 지나면서 뚜껑받이 턱의 돌출도가 약해지고 투창 수가 줄어들며 소성도가 약해진다. 일단장방형투창고배는 대각 하단에 돌려진 돌대의 돌출도가 약한 것에서 강한 것으로 변화한다.

2단교호투창고배는 신라의 영향에 의해 제작된 것으로 본다. 이는 고성 내산리고분군 출토품과 같은 신라양식의 대부장경호가 제작된 것에서도 알 수 있다.

수평구연호는 소가야양식 토기의 대표적인 기종으로 구연부 형태가 일정한 면을 가지고 수평을 이루는 특징을 갖고 있다. 시간이 지남에 따라 동부가 작아지고 구연부가 외경하는 형태에서 수평화 또는 외절하는 형태로, 경부가 곡선에서 직선으로, 저부가 원저에서 평저로 변화한다.

광구장경호는 소가야양식의 특징적인 기종으로, 경부의 외반도가 심해지고 동체에 비해 커지는 방향으로 변화한다.

대부직구호는 아라가야양식과 소가야양식에 존재하는 기종이다. 양자는 공통적으로 구연부와 대각이 축소되는 변화를 보이지만, 전자는 도항리4호분 출토품과 같이 상하일렬투창이며 후자는 상하교호투창이라는 차이를 보인다.

발형기대는 배신과 대각의 접합부위가 좁은 것이 특징이다. 배신이 깊고 넓으며 완만하게 외반하는 대각을 가진 것에서, 점차 배신이 직선적으로 외반하고 구연이 수평으로 꺾이며 대각 지름이 좁은 것으로 변화한다.

통형기대는 직선으로 꺾이는 대각과 오목한 접시 모양의 수부가 특징적이다. 외형적으로는 신라의 기대와도 비슷한 점이 있으나 투창과 수부 모양에서 차이가 난다. 수부에 턱이 있는 것과 없는 것, 투창 모양이 삼각형인 것과 장방형인 것에 따라 세분된다. 대체적으로 몸통과 대각의 구분이 명확한 것에서 그렇지 못한 것으로 퇴화한다.

5세기 전엽 소가야양식 토기가 아라가야양식을 교체하듯이 산청 중촌리·묵곡리, 남원 월산리, 거창 말흘리, 합천 봉계리·저포리 A지구, 함양 손곡리고분군, 광양 칠성리유적, 여수 화장동 나2호주거지, 죽포리고분군, 보성 조성리유적 등 남강 중·상류역, 황강 중·상류역과 남해안에 걸쳐서 유통되고 또한 금강 수계의 백제지역으로 통하는 교통로와 남해안에 출현한다. 소가야권역은 5세기 대 이 지역의 특징적인 토기인 삼각투창고배, 수평구연호, 기대의 분포로 볼 때 고성반도를 중심으로 남해에 면한 사천지역과 산청남부와 합천 남부, 진주를 비롯한 남강 중류역을 포괄하는 지역으로 파악된다.

대가야양식 토기의 특징적인 기종과 형식 변화는 다음과 같다.

통형기대는 다른 지역의 기대에 비해 일찍부터 정형화되었으며 수부는 목항아리 모양이고 대각은 엎어놓은 바리나 종 모양을 하고 있다. 측면에 붙은 뱀 모양 장식띠가 특징이며 대각 및 몸통의 투창 모양, 장식띠를 통해 변화를 살펴볼 수 있다. 대각은 완만한 바리 모양에서 종 모양으로 높아지고 몸통의 투창은 방형에서 삼각형으로 변화한다. 장식띠의 끝부분 형태도 시간이 지남에 따라 평면 형태가 능형에서 사각형으로, 단면은 삼각형에서 장방형으로 변화한다.

발형기대는 배신이 깊은 것에서 얕고 크게 벌어지는 것으로 변화하며 구연은 노형기대의 흔적인 굴곡이 남아 있는 것에서 굴곡이 없는 것으로 변화한다. 대각은 완만하게 벌어지는 것에서 곧게 뻗어 내리는 것으로 바뀐다. 발형기대는 아라가야와 소가야양식에 비해 대각의 폭이 넓어 전체적으로 안정감을 주고 대각에는 아치

형투창을 장식하다가 삼각형투창으로 바뀐다. 배신에는 송엽문이 주로 시문되다가 무문화된다.

고배는 아라가야와 소가야양식에 비해 대각의 폭이 넓어 전체적으로 안정감을 주는 유개식고배가 등장한다. 개의 손잡이는 보주형, 단추형, 유두형이 있으며 천장부는 불룩한 것에서 비스듬한 것을 거쳐 편평한 것으로 변화한다. 대각의 투창은 세장방형의 상하일렬투창에서 1단투창으로 바뀌고 종말기에는 원형투공으로 바뀐다. 그리고 시간이 지남에 따라 대각이 낮아지고 통통해지면서 전체적으로 납작해진다. 뚜껑의 손잡이는 단추형과 유두형이 있다.

장경호는 밀집파상문을 경부에 시문한 유개식이 주류를 이루어 아라가야와 소가야양식과 구별되는 특징을 갖고 있다. 장경호는 원저에서 평저로, 동체가 경부보다 큰 것에서 작은 것으로, 뚜껑받이 턱은 돌출도가 높은 것에서 낮은 것으로 변화한다.

파수부완은 대각이 있는 것과 없는 것 두 종류가 있으나 형식변화의 방향성은 일치한다. 즉 완의 형태는 곡선적인 것에서 직선화되고 장식된 파상문은 파수가 줄어드는 변화를 보인다. 대각은 동체보다 점차 작아지고 팔자형에서 사다리 모양으로 바뀌게 된다.

파수부옹은 부착된 파수 끝부분이 C자상으로 말린 것이 특징이다. 이 기종은 적색연질에서 회청색경질로, 파수의 끝부분이 말린 것에서 펴진 것으로, 동체가 길고 곡선적인 것에서 짧고 직선적인 것으로 변화한다. 그 외 저평통형기대, 환형파수부연질개, 유두형 손잡이 또는 보주형 손잡이가 달린 바닥이 넓고 납작한 개배도 대가야양식의 특징적인 기종이다.

5세기 후반 전성기의 대가야권역은 토기양식과 묘제의 분포로 볼 때 고령을 중심으로 황강 수계의 합천, 거창, 남강 수계의 함양, 산청, 운봉, 아영, 섬진강 수계의 남원, 임실, 곡성, 하동, 광양, 남해안의 여수, 순천, 금강 수계의 장수, 진안에 걸친 지역이다. 그 북쪽은 대가천상류역의 성주지역에서 신라, 금강 상류역의 진안지역에서 백제와 경계를 형성한다. 동쪽은 낙동강을 경계로 신라와 국경을 형성한다. 남쪽으로는 남강 중류역 생초지역에서 소가야, 남강 하류역 의령지역에서 아라가야와 경계를 형성한다. 서쪽으로는 섬진강 수계의 임실, 순창, 구례, 순천지역에서 백제와 국경을 형성한다. 근래 고흥지역에서 백제에 의해 이식된 왜인이 조영한 안동고분이 확인되어 5세기 후반 대가야권역의 서쪽 국경이 고흥반도의 이동인 것이 확인되었다.

3 토기로 본 가야의 역사

4세기 아라가야양식 토기의 특징적인 기종은 노형기대, 고배, 양이부승석문호이며 그 분포의 중심은 함안분지를 둘러싼 남강 하류역 양안과 진동만 일대이다. 아라가야양식 토기는 남강유역의 경우 중류역의 산청, 삼가지역에서 출토되며 황강유역에서도 중류역의 합천군 저포리지역에서 노형기대, 발형기대, 고배, 양이부승석문호와 같은 기종조합이 일치하고 그 형식변화가 아라가야양식과 유사하여 남강·황강 수계와 남해안 일대를 포함하는 광역분포권을 형성하였음을 알 수 있다.

더욱이 아라가야양식 토기는 금관가야권과 신라권인 경주지역을 비롯한 영남 전역에 걸쳐서 확산되고 이들 지역의 토기 제작에도 영향을 주었다. 특히 동래 복천동 54·57·60호분, 김해 대성동 13·18호분, 합천 옥전 54호분, 대구 비산동(영) 2호목곽묘, 칠곡 심천리 54호분, 경주 구정동 3곽, 구어리 1호분, 울산 중산리 75호분과 같은 수장묘에서 다수 출토되는 것으로 보아 아라가야양식 토기는 수장 간 정치적 교섭에 의해 유통된 것으로 본다.

그리고 여수 고락산성과 순천 횡전면, 해남 신금 55호주거지 등 남해안에 연하여 분포하는 것이 주목된다. 더욱이 공주 남산리유적에서 출토된 바 있어 금강 수계의 백제지역으로까지 반출된 것으로 파악된다(그림 21).

이와 함께 승석문양이부타날호를 비롯한 아라가야양식 토기가 나가사키현(長崎縣) 다이쇼군야마(大將軍山)고분, 하루노쯔지(原の辻)유적, 후쿠오카현(福岡縣) 미쿠모(三雲)유적, 히가시시모타(東下田)유적, 니시신마찌(西新町)유적, 에히메현(愛媛縣) 사루카타니(猿ヶ谷)2호분 분구, 후나카타니(船ヶ谷)유적, 가가와현(香川縣) 미야야마(宮山)가마, 교토부(京都府) 우지시가이(宇治市街)유적 등에서 확인된다. 이는 금관가야양식 토기가 일본열도에서 주로 기나이(畿內)와 도카이(東海)지방에 주로 출토되는 것과 대비되는 것으로, 이 시기 금관가야와 더불어 가야전기의 중심국인 아라가야도 일본열도와의 교류의 한 축을 형성한 것을 보여 준다.

아라가야양식 토기가 낙동강 중·상류역, 남강, 황강 수계와 남해안 일대에 걸쳐 광역분포권을 형성하였던 데 반해, 금관가야양식 토기의 특징적인 기종인 노형기대, 고배는 옛 김해만 일대, 진영 일대, 낙동강 하류역의 동안, 온천천 주변의 동래지역, 진해 부근으로 국한되는 좁은 분포권을 형성하고 있는 것이 주목된다.

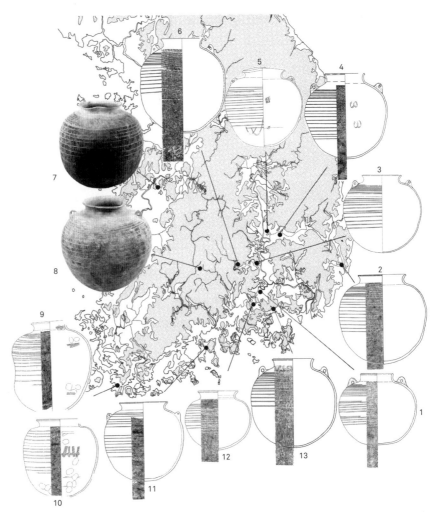

그림 21 함안 아라가야양식 토기의 분포(4세기, 박천수 2009)
1: 함안 도항리 33호분, 2: 동래 복천동 54호분, 3: 합천 옥전 54호분, 4: 대구 비산동 2호분, 5: 칠곡 심천리 54호분, 6: 합천 저포리A지구 31호분, 7: 공주 남산리고분군, 8: 남원 아영 출토품, 9 · 10: 해남 신금 55호주거지, 11: 여수 고락산성 3호주거지, 12: 진주 무촌리 3구 39 호분, 13: 마산 대평리고분군

　　한편 5세기 대국으로 성장하는 고성 소가야와 고령 대가야의 경우도 아라가야
양식 토기의 분포로 상정되는 그 관계망 속에 속해 있는 점에서 이 시기 아라가야세
력의 위상을 알 수 있다.
　　아라가야양식 토기의 광역분포권은 그 세력이 남강 하류역에서 수계를 거슬러
올라가 금강 상류를 통해 백제지역과 교섭하였을 뿐만 아니라, 동시에 일본열도와
도 활발히 교섭하였음을 보여 준다. 더욱이 아라가야세력은 내륙교역의 회랑과 같

은 남강 수계를 통해 금강유역과 남해를 연결해 백제와 왜를 중계하는 역할을 한 것으로 본다.

아라가야양식 토기의 분포권으로 유추되는 광역 관계망은 아라가야가 금관가야와 함께 가야 전기에 양대세력이었음을 보여 준다. 특히 아라가야양식 토기가 가야뿐만 아니라 신라의 수장묘에 다수 부장된 것은 이를 방증하는 것이다. 그래서 이와 같은 한반도 남부에 형성된 아라가야의 독자적인 광역 관계망과 일본열도 각지에 출토되는 아라가야양식 토기로 볼 때, 금관가야를 중심으로 한 일본열도와의 교섭 독점과 이를 기반으로 한 단일 연맹체설 및 금관가야 중심의 연맹체설은 인정하기 어렵다. 이는 아라가야가 『삼국지』 위서 동이전 한조에 변한12국 가운데 안야국(安邪國)으로 나오며, 안야국은 이미 이 시기 김해의 구야국과 함께 진왕으로부터 우호(優號)를 받는 유력한 세력이기 때문이다. 그래서 함안양식 토기의 확산은 종래 고고자료에 의존한 일방적인 금관가야 우위론에 배치되는 것으로서, 문헌사료에서 유추되는 아라가야를 중심으로 한 광역 관계망의 성립를 보여 주는 것으로 평가된다.

5세기 초 아라가야양식 토기는 남강 하류역을 제외하고 낙동강 상류역, 남강 상류역, 황강수계, 남해안에 반출되지 않는다. 이 시기 아라가야를 중심으로 한 관계망이 쇠퇴하는 것은 400년 '광개토왕비' 경자년의 안라인수병기사와 관련된 것으로 추정된다.

즉 이 시기부터 아라가야양식 토기는 남강유역과 황강유역에서는 유통되지 않고 대신 소가야양식 토기가 이를 구축하듯이 남강 본류와 그 상류의 경호강, 임천강, 황강 상·중류역을 따라 집중적으로 이입된다. 이 시기 소가야양식 토기는 남해안에 연하여 이입되던 아라가야양식 토기를 대신하여 광양 칠성리, 여수 죽포리유적, 보성 조성리구상유구, 장흥 인암리유적 등에서 출토된다. 이는 아라가야가 구축한 관계망이 와해되고 새로이 소가야에 의한 관계망이 남강 수계와 남해안 일대에 형성되었음을 의미한다(그림 22).

소가야권역의 남강 중류역에 위치하는 산청 옥산리유적에서는 백제토기, 스에키, 하지키계 연질토기, 금박유리구슬 등이 출토되고 황강 중류역의 합천 봉계리20호분과 남해안의 광양 칠성리유적 등에서는 스에키가 공반되어 출토되었다. 더욱이 서울 풍납토성에서 고성지역산 토기가 확인되고 일본열도에서 출토되어 주목된다. 특히 나가사키현 쓰시마에 집중하고, 후쿠오카현 아사쿠라(朝倉)가마와 에히메현(愛

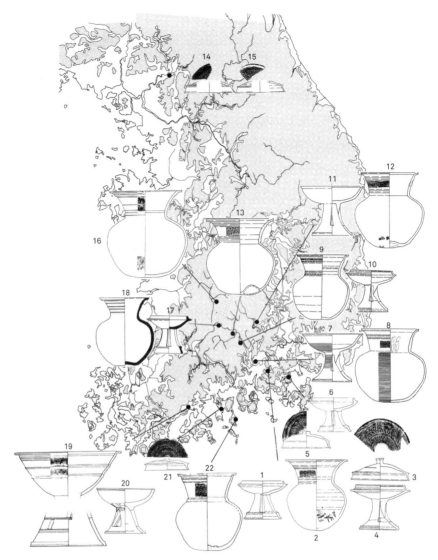

그림 22 고성 소가야양식 토기의 분포(5세기 중엽 전후, 박천수 2009)

1~4: 고성 연당리 18호분, 5·6: 고성 내산리 8호분 6곽, 7·8: 진주 우수리 18호분, 9·10: 산청 묵곡리고분군, 11·12: 합천 저포리 A지구 1호분, 13: 함양 손곡리 2호분, 14·15: 서울 풍납토성 경당지구, 16: 장수 삼고리 13호분, 17: 남원 월산리 M1호분 G호묘, 18: 남원 월산리 M1호분 A호묘, 19·20: 보성 조성리 구상유구, 21: 여수 화장동나 2호주거지, 22: 여수 죽포리고분군

媛縣) 이치바미나미쿠미(市場南組)가마의 초기 스에키(須惠器)가마 공인은 출토된 삼
각투창고배, 수평구연호, 발형기대, 유공광구소호, 통형기대 등이 소가야양식인 점
에서 고성지역에서 이주하였을 가능성이 높다. 이러한 것으로 보아 소가야는 아라
가야를 대신하여 남강과 금강 수계를 통하여 백제지역과의 교섭을 행하였을 뿐만

아니라 백제와 일본열도와의 중계교역과 같은 활동을 한 것으로 추정된다.

　이러한 소가야의 활동과 관련하여 주목되는 것은 『삼국사기』에 보이는 포상팔국난이다. 이제까지 문헌사료를 논거로 3세기 후반~4세기 전반 포상팔국난이 일어난 것으로 보고 있으나 고고자료에서는 이 시기에 고성을 중심으로 하는 연맹체가 남해안 일대에 형성되었다는 근거를 찾기 어렵다. 고고자료로 본다면 포상팔국난이 일어난 시기는 소가야를 중심으로 한 연맹체가 형성되는 5세기 전반을 전후한 때이다.

　5세기 전반 소가야양식 토기는 이전 시기의 아라가야양식 토기를 교체하듯 남해안과 황강유역, 남강 중·상류역까지 분포권이 확대된다. 이는 아라가야를 대신하여 남강 수계와 남해안 일대에서 소가야가 짧은 기간이지만 가야의 중심세력으로 등장하였음을 보여 주는 것이다.

　5세기 중엽이 되면 남강·황강 수계에 지속적으로 소가야양식 토기가 반입되는 가운데 금강 상류의 장수지역과 남강 상류의 아영지역에서는 고령지역에서 제작된 다수의 대가야양식 토기가 출현한다. 이와 함께 세장방형석곽과 순장을 포함한 대가야형 묘제가 본격적으로 도입된다. 이는 전 시기 이래 소가야세력과 연계되었던 남강·황강 수계의 기존 관계망에 대가야세력이 본격적으로 개입하는 상황을 반영한다.

　5세기 후엽에는 황강 수계 전역과 남강 상류역에서는 수장묘의 토기양식, 부장품, 묘제, 매장의례까지 대가야와 일치하고 또 일반 성원묘까지 대가야양식 토기가 부장된다. 이는 종래 소가야와 연계되었던 황강 중상류역과 남강 상류역의 관계망이 와해되고 대가야에 의해 새로운 관계망이 구축됨과 동시에 이 지역들이 그 권역에 편입되었음을 의미한다. 5세기 말 대가야양식 토기는 경호강 수계의 산청지역에서 다수 출토되어 대가야권이 남강 중상류역까지 확대된 것으로 파악된다.

　이 시기 대가야는 남강 상류역 교통의 결절점인 남원지역을 그 지배하에 두고 아라가야와 소가야가 남강 수계를 통해 행하였던 백제와의 관계망을 차단하여 백제와의 교역과 교섭을 독점한 것으로 파악된다. 그리고 대가야가 남강 상류역으로 진출한 5세기 중엽부터 대가야형의 금동제 관식, 금제 수식부이식, 금동제 마구, 철모가 일본열도에 출현하고 후엽에는 본격적으로 도입된다. 대가야양식 토기는 서일본 전역에서 확인된다.

　특히 이 시기의 유력 수장묘인 사이타마현(埼玉縣) 이나리야마(稻荷山)고분, 와카야마현(和歌山縣) 오타니(大谷)고분, 구마모토현(熊本縣) 에다후나야마(江田船山)고분 등에서는 대가야형 위신재가 주류를 형성한다. 한편 대가야권에는 고령 지산동 32호분, (영)3호분, 함양군 상백리고분군의 갑주, 지산동 44호분의 패제품, 지산동 45호분의 경, 지산동 (영)5호분의 유공광구소호 등이 일본열도에서 이입된다. 특히, 대가야의 왕묘역이 위치하는 지산동고분군에 왜계 문물이 집중하는 것, 대가야의 왕묘인 지산동 44호분에서 출토된 아마미오시마(奄美大島)산 야광패제품은 당시 활발한 대가야의 원격지 교역활동을 상징한다.

대가야는 남강 상류역을 확보하게 됨에 따라 남하하여 남원과 구례를 거쳐 섬진강 하구의 교역항인 하동을 통하여 금관가야, 아라가야, 소가야가 행해 온 왜와의 교역과 교섭을 주도하면서 아라가야와 소가야의 두 세력을 제압하고 가야의 맹주로서 군림할 수 있게 되었다.

종래 대가야의 발전은 주로 고령지역과 안림천으로 연결된 야로지역의 철산 개발에 의한 것으로 파악되어 왔다. 그러나 5세기 후반 대가야의 발전과 내륙에 위치한 이 지역의 문물이 일본열도에 집중 이입되는 배경을 단지 합천 야로지역의 철산 개발과 이를 기반으로 한 섬진강로의 장악, 특히 하동 대사진의 확보만으로는 설명할 수 없다.

근래 순천시 운평리고분군, 하동군 흥룡리고분군에서 확인된 대가야식 묘제와 출토된 토기로 볼 때 대가야는 남강 상류역의 남원 아영지역으로 진출한 후 남하하여 섬진강 하구의 교역항인 하동을 확보함과 동시에 소위 임나사현에 해당하는 여수, 순천, 광양지역을 확보한 것으로 본다. 즉 하동의 확보만으로는 해상교통의 안전을 보장할 수 없으므로 대가야는 남해안의 중앙에 위치하고 길게 돌출한 반도상의 지형을 형성한 군사적인 요충인 여수지역을 점유한 것이다.

이로써 대가야는 금관가야와 신라를 대신하여 일본열도와의 교역과 교섭을 주도하며 대외관계에서도 가야의 맹주로서 군림하게 된다. 즉 대가야는 북쪽 금강로, 서쪽 영산강로와 남쪽 남해안의 해상교통을 장악함으로써 대 일본열도 교역에서 금관가야뿐만 아니라 신라와의 경쟁에서도 우위에 선 것이다 479년 대가야에 의한 남제(南齊)로의 독자적인 견사(遣使)는 이와 같은 남해안의 해상활동을 기반으로 한 것이다.

대가야는 임나사현을 확보하고 남해안의 제해권을 장악함으로써 백제와 왜의 교통뿐만 아니라 왜의 중국 교통에도 일정한 영향력을 행사할 수 있게 된다. 이로써 대가야가 대 일본열도 교역에서 신라, 백제와의 경쟁에서도 우위에 설 수 있게 되었다.

5세기 후반 일본열도에 이전 시기 이입되던 화려한 신라산 문물을 대신하여 금제 장신구와 금동제 마구, 토기를 비롯한 대가야산 문물이 집중 유입되고 백제산 문물이 이입되지 않는 것은 이를 웅변하는 것이다. 이 시기 5세기 중엽 일본열도의 대가야 문물은 섬진강 수계의 호남 동부지역이 대가야권역에 포함된 것을 웅변하는 것이다.

5세기 후반 고령을 중심으로 형성된 대가야권은 황강 수계, 남강 수계, 소백산맥, 섬진강 수계를 넘어서 고령에서부터 남해안 일대에 걸치는 가야사상 최대 판도를 형성하였다. 이는 당시 금강 수계와 영산강 수계를 포함하는 백제의 영역과 큰 차이를 보이지 않는 면적이라 할 수 있다(그림 23).

대가야권역은 토기의 생산과 유통으로 볼 때 대가야를 중심으로 한 동일한 경제권역이며 또한 수장묘의 묘제와 위신재의 분포로 볼 때 이를 중심으로 한 정치권역으로 설정된다. 이는 하동을 포함한 임나사현의 광양, 순천, 여수 그리고 기문의 남원지역이 대가야 영역이었음을 보여 주는 것으로 토기양식과 묘제가 일치하는 것도 이를 방증하는 것이다. 특히 최근 확인된 하동 흥룡리고분군의 고령지역산 토기와 이를 모방한 대가야양식 토기는 문헌사료와 부합하는 고고자료인 점에서 주목된다.

6세기 전엽 대가야양식 토기는 남강 중류역의 삼가지역과 진주지역, 그 하류역의 함안지역, 남해안의 고성지역, 창원 다호리고분군과 반계동고분군에서 출현한다. 이 시기 대가야가 진주와 고성지역 수장과 밀접한 관계를 가지게 된 것은 백제가 섬진강 수계의 남원분지와 남해안의 요충인 임나사현의 여수, 순천, 광양과 하동을 점령하면서 남해안의 새로운 출구를 모색하기 위한 것으로 파악된다. 일본열도 후쿠오카현 요시타케유적, 시가현 이리에나이코유적, 구마모토현 모노미야구라고분에서 대가야양식의 토기와 소가야양식의 토기가 공반되어 출토되는 것은 이러한 정황을 반영하는 것이다.

6세기 중엽 저포리E지구 4호분에서 출토된 하부(下部)명 단경호가 주목된다. 하부명 토기의 명문에 대해서는 백제의 부로 보는 견해도 있으나, 황강 중류역의 재지 수장세력이 단절되는 것과 시기를 같이하고 충남대학교 소장 대왕(大王)명 토기가 거의 같은 시기에 제작되었다는 사실을 통해 볼 때 대가야의 부로 판단된다.

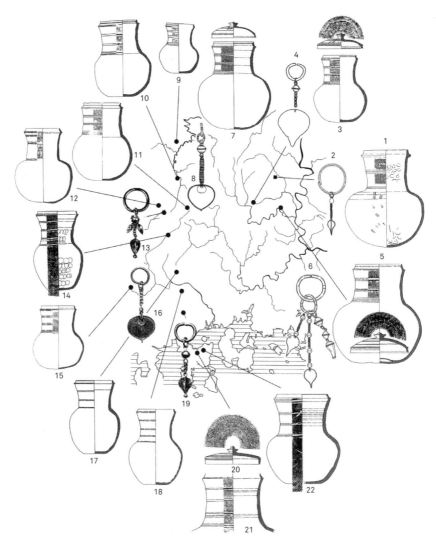

그림 23 토기와 장신구로 본 대가야권역(5세기 후엽 전후, 박천수 2009)

1·2: 고령 지산동(영) 40호석곽묘, 3·4: 합천 반계제가 A호분, 5: 합천 옥전M 3호분, 6: 옥전 28호분, 7·8: 함양 백천리 1호분, 9: 진안 황산리고분군, 10: 장수 삼고리 5호분, 11: 남원 두락리 1호분, 12: 임실 금성리 1호분, 13: 장수 봉서리고분군, 14: 남원 호경리고분군, 15·16: 곡성 방송리고분군, 17: 구례 용두리고분군, 18: 순천 회룡리고분군, 19: 순천 운평리 M2호분, 20·21: 여수 고락산성, 22: 여수 미평동고분군

그래서 이 시기 대가야는 대왕을 칭하며 황강 중류역 일대를 하부로 편제하고 종래 아라가야권, 소가야권, 금관가야권으로 나뉘어 독자적인 활동을 계속해 온 가야세력들의 구심체로서 그 결집을 시도하였다. 6세기 후엽 고령, 합천, 의령 지역 등에서는 가야양식 토기가 신라양식 토기로 교체되는 급격한 변화가 관찰되며 이는

문헌에 보이는 562년 대가야 멸망 기사와 일치하는 것으로 파악된다.　　　[박천수]

VI 장신구

1 신라 장신구

서기 5세기에서 6세기 전반까지 약 150년간이 신라 황금문화의 전성기였다. 이 기간 동안 신라의 지배층은 매우 정형화된 장신구를 소유했다. 머리에는 금속제 관을 썼고 금제 이식과 유리제 경식, 은제 대금구, 금동식리로 몸을 장식하였다. 그 가운데는 평소 사용했던 물품도 있고 장례에 맞추어 새로이 만든 것도 포함되어 있다. 6세기 중엽에 가까워지면서 신라사회는 마치 큰 소용돌이와도 같은 급격한 사회변화를 겪는다. 절정기에 오른 신라의 황금문화는 무덤 속에서 사라진다. 아마도 죽음에 대한 신라인들의 생각이 바뀌게 된 점에서 그 이유를 찾을 수 있을 것 같다. 국가에서도 사회 분위기를 일신하고자 했으며 그 과정에서 적석목곽분과 같은 큰 무덤과 각종 황금장식이 차츰 사라지게 된다. 그 대신 황금문화는 사찰의 불상(佛像)이나 사리공양품(舍利供養品) 등 불교공예품으로 거듭나게 된다.

1) 관

(1) 금제 대관

재질에 따라 금관(金冠), 금동관, 은관, 동관으로 나누어지며 대륜(臺輪)의 유무 등 형태에 따라 대관과 모관(帽冠)으로 구분할 수 있다. 현재까지 발굴된 금관은 황남대총 북분, 금관총, 서봉총, 금령총, 천마총 출토품 등 5점(그림 24)이며 도굴 압수품인 교동 금관까지 포함하면 6점이다. 관의 맨 아래쪽에 대륜이 있고 그 위에는 수지형(樹枝形)과 녹각형(鹿角形)의 입식(立飾)이 부착되어 있다. 금관에 표현된 장식들은 지상과 천상을 잇는 매개체로서의 나무와 사슴을 상징화한 것으로 이해하는 연구가 많다.

5점의 금관은 모두 대륜 위에 수지형 입식 3개, 녹각형 장식 2개 등 모두 5개의 입식을 갖추고 있다. 둥글게 말린 대륜 끝(후면에 위치)에 둥근 구멍이 뚫려 있으며 못

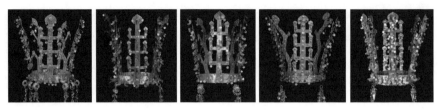

그림 24 신라 금관의 비교(좌로부터 황남대총 북분, 금관총, 서봉총, 금령총, 천마총 출토)

이나 금속선으로 고정되어 있지 않다. 원래 가죽이나 끈으로 연결하였겠으나 썩어 없어졌다. 5점의 금관 사이에는 약간의 차이점이 존재한다. 첫째, 수지형 입식의 형태가 조금씩 다르다는 점이다. 황남대총 북분, 금관총, 서봉총 금관은 산(山)자형 장식이 3단이지만 금령총이나 천마총 금관은 4단이다. 뿐만 아니라 영락(瓔珞)이나 곡옥(曲玉)의 수량과 금판에 베풀어진 무늬도 다른데, 이 또한 금관이 유행하던 시기마다 세부적인 양식차가 존재함을 보여 주는 것이며 그 변화는 간단한 것에서 복잡·화려해지는 방향이었던 것 같다. 둘째, 5점의 금관 가운데 유독 금령총 금관에만 곡옥이 달려 있지 않으며 녹각형 장식 역시 1매의 금속판으로 만들지 않고 세부 장식을 별도로 만들어 붙였다는 점이 특이하다.

금관은 화려한 외모와는 달리 매우 약하게 만들어져 있고 지나치게 장식이 많아 실용품으로 사용하기 어려워 보인다는 지적이 있다. 아울러 금관을 제작하는 과정에서 끝마무리가 매끈하지 못한 부분이 많은 점은 이식 등 여타 신라의 장신구와는 다른 점이며, 무덤 속에서 금관은 피장자의 머리 위쪽에서 출토되는 것이 아니라 머리 전체를 감싼 모습으로 발견된다는 점에 주목하여 금관을 장송 의례품으로 보는 견해가 있다.

(2) 금동제 대관

금동관은 경주의 왕족, 귀족묘뿐만 아니라 지방 소재 수장급 인물의 무덤에서도 많이 출토된다. 신라 금동관의 외형은 금관과 대동소이하지만 출자형 입식 3개만을 갖춘 것, 출자형 입식 3개와 녹각형 입식 2개를 함께 갖춘 것으로 구분된다.(그림 25)

금동관의 여러 특징 가운데 시간의 변화를 반영하는 것은 수지형 입식 곁가지의 각도와 녹각형 입식의 유무 등이다. 금동관 가운데 초현기의 자료로는 동래 복천동 10·11호분 출토품을 들 수 있다. 복천동 금동관은 입식의 곁가지 모양이 다른 금동관보다 고식으로 생각된다. 즉, 가장 늦은 시기의 금동관 곁가지는 직각에 가까운데, 이 금동관은 나뭇가지처럼 둔각이기 때문이다.

그림 25 비산동 37호분 출토 금동관 2점

(3) 모관

신라고분에서는 모관(帽冠)도 여러 점 출토되며 금·은·금동·백화수피제로 구분된다. 모관을 구성하는 관모(그림 30)와 관식(그림 31) 가운데 모의 경우 백화수피제가 가장 많고 금·금동과 은제품도 일부 있다. 관모에 가삽(加揷)되는 관식의 경우 경주에서는 금·금동·은제가 출토되나 지방에서는 은제품이 대부분이고 금동제품은 일부에 한정된다. 백화수피관은 형태에 따라 2가지로 나뉜다. 황남대총 남분과 북분에서는 위가 둥근 원정형(圓頂形)만 출토되었으나 금관총과 금령총, 천마총에서는 원정형과 함께 윗면이 수평면을 이루는 방정형(方頂形)도 출토되었다. 황남대총 남분이나 금령총의 관모 표면에는 무늬가 그려져 있고, 황남대총 남분 출토품의 경우 표면에 붉은색 직물 흔적이 남아 있으며 전립식(前立飾)으로 장방형의 투조판이 사용된 예가 있다.

관모와 관식이 조합을 이루는 예도 있고 단독으로 출토되는 경우도 있으나 전자가 기본형인 것 같다. 금제품이 조합된 사례는 금관총과 천마총 출토품에 한정되며 은제와 금동제품은 경주 이외의 지방에도 넓게 분포한다. 형태적으로 보면 조익형(鳥翼形)을 띠는 것이 많다.

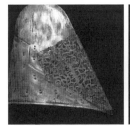

그림 26 왕릉급 무덤 출토 금속제 관모(좌: 황남대총 남분, 중: 금관총, 우: 천마총)

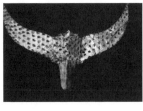

그림 27 금제관식의 형태 변화(좌: 황남대총 남분, 중: 금관총, 우: 천마총)

조익형 관식의 변화상은 금제 관식에서 살펴볼 수 있다. 황남대총 남분과 금관총 금제 관식은 중앙 상부의 돌출부가 5개이고 천마총 금제 관식은 3개이다. 대체로 돌출부가 5개인 것이 3개인 것에 비하여 고식으로 보인다. 문양을 투조(透彫)한 것과 투조하지 않은 것은 공존하지만 투조한 것이 보다 늦은 시기에 등장한다.

(4) 퇴화형 금동관

6세기 중엽이 되면 신라의 금동관은 형태나 제작기법이 변한다. 대륜의 너비가 매우 넓어지고 곁가지의 단수는 6세기 전반의 금동관처럼 4단이지만 입식의 높이는 높아진다. 녹각형 입식이 없어지고 입식의 숫자가 4개 혹은 5개로 늘어난다. 그 대표적인 예가 국립중앙박물관 소장 전 상주 출토 금동관이다. 이 관은 대륜과 입식에 지나칠 정도로 많은 영락이 매달려 있어 퇴화기 금동관의 양상을 잘 보여 준다.

7세기의 신라고분은 무덤의 규모가 작아지고 부장품의 수량이 현격히 줄어드는 새로운 양상을 보여 준다. 각 지방의 무덤 대부분이 군집을 이루는데 이전에 볼 수 없었던 특이한 모습의 동관이 중소형 무덤에서 간혹 출토된다. 5~6세기 대의 금동관이 각 지방의 가장 큰 무덤 속에서 주로 출토되던 것과는 달라진 것이며, 그 형태 또한 통일적이지 않고 제작수법도 조악하므로 각 지역에서 만들어 사용한 것으로 추정된다. 동해 추암동 가-21호묘의 동관은 대륜에 3개의 입식을 붙였는데 수지형 입식은 흔적화되어 마치 네모난 구멍이 여러 개 뚫려 있는 듯한 모습이다. 대륜의 아래쪽에는 두개골의 잔편이 남아 있어 피장자의 머리에 씌워 부장하였음을 알 수 있다. 단양 하리에서 출토된 동관(그림 28)은 대륜이 넓으며 4개의 입식을 동사(銅絲)로 고정하였다. 역시 수지형 입식이 서로 붙어 있고 끌을 이용하여 둥근 구멍을 뚫었다.

2) 이식

(1) 전형적인 이식

신라 이식(耳飾)은 고구려 이식에서 계보를 찾아볼 수 있다. 고구려 이식과 마찬가지로 태환이식과 세환이식이 공존한다(그림 29). 태환이식의 주환은 도넛 모양인데 속이 비어 있다. 태환의 표

그림 28 하리 동관

면에는 접합선이 남아 있다. 즉, 금판 여러 장을 땜으로 접합하여 만든 것임을 알 수 있다. 황남대총 북분 단계에 이르면 태환이 커지면서 태환의 제작에 사용하는 금속 판의 숫자가 늘어난다. 중간식(中間飾)은 매우 정형화되어 있다. 맨 위쪽에는 구체(球體) 1개를, 그 아래에는 반구체(半球體)를 연접한 것이다. 고구려의 이식에도 구체가 사용되었는데, 모두 구체 1개만으로 중간식을 만들고 있어 신라의 이식과는 차이가 있다.

태환이식은 종류가 간단하고 오랫동안 제작되었기 때문에 변화양상이 비교적 명확하다. 첫째, 주환(主環)이 커진다. 황남대총 남분 이식과 보문동합장분 석실묘 이 식 사이에는 크기에서 현격한 차이가 보이는데 작은 것에서 큰 것으로 바뀐다. 둘째, 연결금구가 변한다. 초기에는 금사(金絲)를 사용하다가 차츰 금판을 사용하기 시작 한다. 금판은 좁은 것에서 넓은 것으로 바뀐다. 셋째, 중간식의 구조와 길이가 변한 다. 중간식을 구성하는 구체와 반구체 사이의 장식이 길어진다. 처음에는 구체와 반 구체가 바로 붙어 있지만 차츰 그 사이에 금사를 여러 바퀴 감아 넣어 장식하게 되는 데 그에 따라 길이가 길어진다. 넷째, 영락이 장식되는 부위가 넓어진다. 영락이 없는 것에서 중간식에만 있는 것으로, 다시 수하식까지 장식되는 것으로 그 범위가 넓어 진다. 아울러 영락의 숫자도 늘어난다. 다섯째, 심엽형 수하식의 제작기법이 변화한 다. 처음에는 장식 없는 판이 사용되는데, 중간에 타출(打出)로 돌대를 표현하는 단계 를 거쳐 판 앞뒤에 세로로 돌대를 접착하는 방식으로 바뀐다. 후기에는 테두리에 각 목대(刻目帶)와 금 알갱이 붙임장식이 추가된다. 태환이식에서 관찰되는 이러한 변화

그림 29 신라 태환이식(1: 인왕동 20호분, 2: 금조총)과 세환이식(3: 황남대총 남분, 4: 보문리고분, 5: 황남리 151호분)

는 세환이식에서도 살펴진다. 초현기의 세환이식은 간소하다. 상하 길이도 짧고 영락장식이 없다. 이에 비해 6세기 이식은 종류가 다양하고 금 알갱이를 붙이거나 옥을 끼워 장식하는 예도 생겨난다.

신라의 세환이식은 태환이식에 비하여 종류가 다양하다. 그렇지만 초기에는 태환이식과 비슷한 유형의 이식이 유행했다. 세환이식의 종류가 많아지고 화려함이 돋보이는 시기는 5세기 후반 이후이다. 이 무렵이 되면 원통형 장식이 중간식으로 이용되며, 6세기까지 지속적으로 형태 변화를 겪으며 제작되는데, 이 유형의 이식이 신라 세환이식 가운데 가장 유행한 것이다. 그 외에 중간식 없이 사슬로 수하식을 매단 간소한 형식도 등장한다. 6세기 전반이 되면, 계란 모양의 공구체(空球體) 표면에 좁은 금판과 금 알갱이를 붙여 무늬를 표현한 이식이 유행한다.

(2) 황룡사지와 동천동고분 이식

6세기 후반 이후의 유적에서 수식부 이식이 출토되는 사례가 거의 없다. 적석목곽분에서 그토록 빈번하게 출토되던 금제 이식이 여타 금속제 장신구와 함께 자취를 감추었다. 다만, 황룡사지에서 출토된 금동제 태환이식, 경주 동천동 승삼마을에서 출토된 금동제 세환이식(그림 34-1)이 있을 뿐이다.

황룡사지 목탑지 하부 다짐층에서 출토된 이식은 목탑을 축조하면서 매납된 소위 진단구(鎭壇具)이다. 황룡사 목탑은 서기 643년에 만들기 시작해 645년에 완성되었으므로 이 유물은 643년을 전후하여 매납되었음이 분명하다. 주환·유환·연결금구·중간식·수하식으로 구성되어 있다. 연결금구의 표면에 장식된 금동사(金銅絲)가 중간에 끊이지 않고 1줄로 연결되어 있는 점이 특징적이다. 특히 앞 시기의 구체가 없어지는 대신 영락을 방사상(放射狀)으로 부착했다. 이 이식은 6세기까지 크게 유행하던 태환이식이 간략화, 형식화되는 과정을 거치면서 7세기 전반까지 계속 제작되었음을 보여 주는 중요한 자료이다.

승삼마을에서 출토된 이식은 중간식의 형태가 특이하다. 중간에 6개의 면을 가진 장식이 배치되고 그 위쪽과 아래쪽에 둥근 고리를 땜으로 접합하였다. 이 고리는 앞 시기 이식에서 볼 수 있던 금사 혹은 금판으로 만든 연결고리와 동일한 기능을 한다. 아래쪽 고리에는 수하식을 매달기 위한 절단부가 있다. 수하식 가장자리에는 끌로 점열문을 시문하였다. 이 같은 기법의 단초는 6세기 초 무덤인 경주 황오리 16호분 1곽이나 황오동 100번지 2호분 출토 세환이식에서도 확인된다. 그와 같은 사례가 간략화되어 승삼마을 이식이 탄생한 것 같다. 한편, 부여 능산리 32호분(그림 30-2)이나 왕흥사지 목탑지 출토품과 같은 사비기 백제 이식의 중간식도 모두 승삼마을 세환이식과 유사하다. 삼국시대 후기가 되면 각국 이식은 모두 종류가 단순해지고 형태도 간단해진다(그림 30).

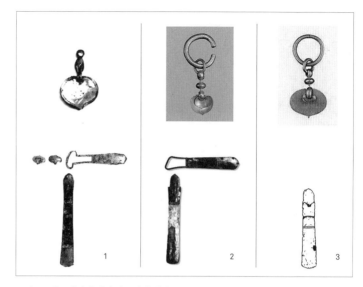

그림 30 삼국시대 후기의 간소화된 장신구(1: 신라, 2: 백제, 3: 고구려)

3) 경식, 지환, 팔찌

경주의 큰 무덤에서는 남색 유리구슬을 엮어 만든 경식(頸飾)이 종종 출토되며, 금 사슬과 금 구슬을 엮어 만든 것도 간혹 섞여 있다. 황남대총 남분 출토품(그림 31-좌)이 대표적이다. 이 경식은 맨 아래쪽에 금으로 만든 곡옥을 배치하고, 그 좌우로 금 구슬과 금 사슬을 연결했다. 전체 모양은 매우 간결해 보이나 좌우대칭으로 장식된 금 구슬과 곡옥은 정제미와 세련미를 더하고 있다. 이에 비하여 노서리 215번지 고분 출토품(그림 31-우)은 더욱 화려하다. 작은 고리 여러 개를 이어 붙여 만든 구체를 장식으로 이용했다. 맨 아래쪽에는 녹색의 곡옥 1점을 부가하였다.

적석목곽분에서 금·은·동제 팔찌[釧]가 종종 출토된다. 5세기에는 팔찌의 표면에 각목문(刻目文) 장식이 유행하였다, 그간 발굴된 팔찌 가운데 황남대총 북분 출토품이 고식에 속한다. 이 팔찌는 표면에 아무런 장식 없이 속이 찬 금봉을 구부려 만든 것인데 파이프처럼 속이 빈 것도 섞여 있다. 6세기가 되면 금령총 출토품처럼 표면의 돌기에 유리를 끼워 장식하거나 천마총 출토품처럼 돌기만 표현하기도 한다. 노서동 215번지 고분에서 출토된 천은 단면이 사각형이며 표면에 용무늬가 조각되어 있다.

황남대총 남분에서 출토된 지환(指環, 반지)은 모두 18점이다. 앞면을 마름모꼴

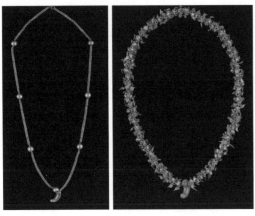

그림 31 황남대총 남분(좌)과 노서리 215번지 고분 경식(우)

로 만들고 표면에는 꽃잎 모양으로 금 알갱이를 붙여 장식했으며 그 사이에는 작은 유리구슬을 끼워 넣었다. 이 반지는 같은 무덤에서 출토된 금령과 함께 현재까지 알려진 신라 누금세공품(鏤金細工品) 중 가장 오래된 것이다. 이와 같은 유형의 반지는 6세기까지 지속적으로 제작된다. 반지의 윗부분은 마름모꼴이나 꽃잎 모양으로 넓게 만들었고, 그 표면에는 금판을 붙여 돌기를 만들거나, 수십 개의 금 알갱이를 촘촘히 붙여 장식하는 한편 남색이나 녹색 유리구슬을 끼워 넣기도 했다.

4) 대금구

대금구(帶金具)란 허리띠에 장식한 금속부품을 말한다. 황남대총 남분에서는 모두 6점 이상이 출토되었다. 과판(銙板)에 베풀어진 무늬를 기준으로 보면 용문과 삼엽문 계열로 대별할 수 있다. 이 무덤의 가장 전형적인 대금구는 무덤 주인공이 착장하고 있던 금제품이다. 그간 신라고분에서 출토된 금제 대금구 가운데 가장 오래된 것으로 생각되며 교구가 2개인 점이 특이하다(그림 32).

금제품은 황남대총 남분과 북분, 금관총, 서봉총, 금령총, 천마총 등 경주 소재 적석목곽분 6기에서 출토되었다. 이 중 황남대총 남분을 제외하면 모두 금관과 함께 출토되었다. 금관은 왕만이 소유한 것이 아니라 왕과 그 일족이 제한적으로 소유한 물품이었는데, 대금구 역시 마찬가지였을 것이다. 신라 대금구 가운데 금제품 전부와 은제품 일부에 요패가 부착되어 있는데, 요패는 향낭, 약통, 물고기, 숫돌, 집게, 곡옥, 도자 등을 형상화한 장식물로 구성된다.

신라 무덤에서 황금이 사라지

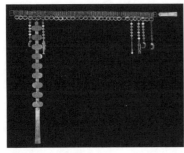

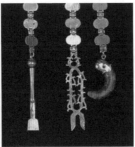

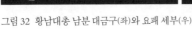

그림 32 황남대총 남분 대금구(좌)와 요패 세부(우)

는 시점, 대개 6세기 중엽을 전후한 시기가 되면 기존의 삼엽문투
조대금구가 없어지고 새로운 형태의 대금구가 유행한다. 이러한
유형의 대금구를 누암리형(樓岩里型) 대금구라 부르고 있다. 앞 시
기와는 달리 비교적 규모가 작은 무덤에서 출토되고 있는 이 대금
구는 교구(鉸具), 과판, 대단금구(帶端金具) 등 간단한 부품으로 구성
되어 있다(그림 33). 7세기 전반의 어느 시점이 되면 누암리형 대금
구에 이어 새로운 유형의 대금구가 등장한다. 645년에 완성된 경주
황룡사지 목탑지 심초석 출토품이 전형이므로 이를 '황룡사형 대
금구'라 부른다. 황룡사지 일괄 유물 가운데는 누암리형 대금구도

그림 33 상주 청리 출토 누암리형 대금구

있지만 새로이 모습을 보이는 것도 있다. 양자는 형식변화가 연속적이지 않고 이질
적이다. 이 새로운 대금구는 중국 수당(隋唐)대의 대금구와 상통되는 점이 많다.

5) 식리

　　신라 식리(飾履)는 백제 식리에 비하여 문양이 간소한 편이다. 황남대총 남분,
황남대총 북분, 금관총, 천마총, 의성 탑리고분 II곽 식리처럼 철(凸)자 문양을 투조
로 표현한 것이 있으며 금령총, 호우총, 은령총, 황오리 16호분 1곽, 황오리 4호분, 임
당동 6A호분, 양산 부부총 출토품처럼 문양이 없는 것도 있다(그림 34). 신라 식리에
시문된 철자문은 고구려나 백제에서도 유행한 도안이다. 그런데 신라와 백제의 철
자문 도안은 차이가 있다. 의성 탑리고분 II곽 출토품 등 신라의 식리는 철자문과 철
자가 상하로 반전된 문양이 교대로 배치된 모양이다. 이에 비하여 백제 식리의 문양
은 철자문이 동일한 방향으로 배치되어 있다.

　　신라 식리 가운데 특이한 문양을 갖춘 예가 있다. 바로 식리총 식리이다. 이 식
리는 밀랍성형에 의한 정밀주조를 통해 각 판을 만든 다음 조립한 것이다. 각 판에는
귀갑문(龜甲文) 도안 내에 서수문(瑞獸文), 식물문 등 다양한 문양이 표현되어 있다.
신라의 식리 가운데는 유례가 없고 각 판의 결합방식이나 바닥판에 금동 못이 박혀
있는 점 등으로 보면 외래 식리로 볼 수 있다. 근래 발굴된 고창 봉덕리 1호분 4호석
실 출토 백제 식리와 도안이 유사한 점을 고려한다면 백제에서 전해진 것으로 볼 여
지가 있다.

　　신라 식리는 백제 식리와 마찬가지로 금속판 3매를 조립하여 완성한 것이다.

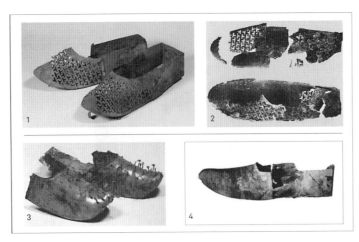

다만 측판의 결합 위치에서 차이를 볼 수 있다. 즉, 백제의 식리는 좌우 측판의 양단을 신발의 전후면에서 결합하였지만, 신라의 식리는 신발의 좌우 측판 중위에서 두 판을 겹친 다음, 세로로 금동 못을 박아 고정하였다. 이러한 결합 방식의 차이는 위 철자문의 도안 패턴과 마찬가지로 백제 식리와 신라 식리를 구별

그림 34 신라 식리의 두 유형(상: 탑리 II곽, 금관총, 하: 임당 6A호분, 양산 부부총)

해 낼 수 있는 주요 속성 가운데 하나이다.

이상에서 살펴본 것처럼 신라는 삼국시대 여러 나라 가운데 가장 화려한 금속제 장신구문화를 꽃피웠다. 특히 많은 물건을 무덤에 넣어 두는 풍습과 적석목곽분이라는 특이한 무덤의 구조 때문에 많은 금속유물이 오늘날까지 고스란히 전한다. '신라'하면 금관의 황금빛 이미지가 떠오르는 것은 바로 이 때문이다. 경주 시내에 대형의 무덤이 축조되고 그 속에 수많은 황금제 장신구가 부장되는 시기의 신라는 왕위(王位)를 김씨가 세습하게 되고 마립간(麻立干)이라는 왕호를 사용하는 등 비약적인 발전의 모습을 보인다. 이 시기의 북방문화권과 교섭한 결과, 선비족 등 유목민족의 황금문화가 신라에 이입된 것으로 여겨진다.

신라 금속장신구문화의 전형은 이미 황남대총 남분 단계에 갖추어진다. 그러나 이 시기에 황금장식을 소유할 수 있는 사람들은 매우 제한적이었던 것 같다. 보다 많은 사람이 황금장식을 소유하고 더욱 신라적인 디자인으로 탈바꿈하는 시기는 황남대총 북분이 축조되는 시점이다. 금동관을 대신해 새로이 금관을 만들어 죽은 왕이나 왕족의 머리를 장식하기도 하고, 금제 팔찌를 만들기도 한다. 뿐만 아니라 이식, 경식, 지환, 식리 등 각종 장식품의 종류가 많아지고 장식 또한 화려해진다.

신라에 황금문화가 도입된 지 약 1세기가 지나는 시점에 이르면, 절정에 오른 안목과 공예기술이 합쳐지면서 최고조의 장식품이 만들어지게 된다. 바로 보문동합

장분 석실분 출토 이식(그림 35)은 이 시기 공예수준을 잘 보여 준다. 절정기에 오른 신라의 금속장신구문화는 더 이상 꽃피지 못하는데, 6세기 무렵 신라사회는 마치 큰 소용돌이와도 같은 급격한 사회변화를 겪는다. 그러면서 신라인들의 죽음에 대한 생각이 바뀌게 되는 것 같다. 국가에서도 사회 분위기를 일신하고자 했으며 그 과정에서 적석목곽분과 같은 큰 무덤과 각종 황금장식이 차츰 사라지게 된다.

2 가야 장신구

한때 가야는 '잊혀진 왕국'으로 불렸다. 그것은 가야의 역사를 전하는 사료가 영성하다는 점과 더불어 가야고분의 대부분이 도굴되었을 것이므로 발굴이나 연구를 진행한다 하더라도 큰 소득이 없을 것이라는 선입견 때문이었다. 그렇지만 최근의 발굴조사 성과는 우리의 생각에 오류가 있었음을 보여 주었고 가야사에 대한 실체적 접근을 가능케 해 주었다.

특히 고령과 합천, 김해, 함안 등 가야제국의 중심지에 소재한 고분군에서는 여러 기의 왕 또는 수장급 인물의 무덤이 발굴되었고 그곳에서 가야인의 삶과 역사를 복원해 볼 수 있는 중요 유물이 다량 반출되었다. 그 가운데 장신구는 같은 시기의 고구려, 신라, 백제와 구별되는 가야적인 디자인과 제작기법으로 제작되었으며, 그 속에는 매우 높은 수준의 기술력과 미감이 구현되어 있음을 확인할 수 있다.

1) 관

5~6세기의 동아시아는 황금의 시대라 부를 만하다. 고구려, 백제, 신라뿐만 아니라 선비족 왕조, 왜의 지배층 무덤에서는 각종 황금 장신구가 다량 출토된다. 가야 역시 예외는 아니었다. 처음에는 백제의 영향을 많이 받았으나 곧 가야적인 특색이 드러났다. 대가야가 국제사회에 모습을 보이는 5세기 후반을 전후하여 최고급 공예 기술이 구사된 장신구가 많이 만들어진다.

여러 종류의 귀금속 장신구 가운데 소유자의 위세를 가장 잘 보여 주는 관은 가야유적에서도 몇 점 출토되었다. 발굴조사를 통하여 금관이 출토된 적은 없지만 도

굴된 것을 수집한 것으로는 고령 출토로 전하는 리움 소장품(그림 36-우상)과 오구라 다케노스케(小倉武之助)가 수집하여 일본 동경국립박물관에 기증한 것이 있다. 이 중 리움 소장품은 일괄유물로 알려진 이식이 고령 지산동 45호분 출토품과 유사도가 높고 유물의 격 또한 가야에서는 최상급이므로 고령 지산동고분군에서 출토된 것

그림 36 가야의 관(좌: 지산동 32호분, 우상: 삼성미술관 소장, 우하 : 지산동 30호분)

으로 보아도 좋을 것 같다.

발굴품 중에서는 고령 지산동 32호분 출토 금동관(그림 36-좌)이 대표적이다. 이 금동관은 초화형(草花形)의 입식(立飾)이 특징이며 신라의 금동관에 비한다면 입식의 형태나 장식이 간략하다. 무덤의 주인공이 착장한 것이 아니며 부장 토기 위에서 출토되었다. 지산동 30호분 2곽 출토 금동관(그림 36-우하)은 소형이고 보다 간소한 형식이며 역시 착장품은 아니다. 성주 가암동에서 출토된 금동관은 가야적인 특징을 보여 준다. 현재까지 알려진 자료로 보면, 가야적인 관은 고령에 집중되어 있다.

이외에도 합천 옥전 23호분에서 금동 관모가, 함안 말이산 암각화고분에서 금동제 대륜이 출토된 바 있다. 옥전 금동관모는 백제로부터 완제품이 이입되었을 가능성이 있고 말이산 출토품은 연화문이 시문되어 있지만 입식이 없어 더 이상의 검토가 어렵다.

가야의 관은 백제, 고구려, 신라의 그것과 차이가 있다. 고구려나 백제의 관은 고깔 모양의 몸체에 조우형(鳥羽形) 또는 초화형의 입식을 부가한 것이 많고 신라의 경우 대륜에 출자형(出字形)의 입식을 부착한 것이 일반적이다. 관 자체만으로 연대를 파악하기는 어렵고 공반유물을 통해 지산동 32호분 관은 5세기, 전 고령 금관은 6세기라는 정도로 편년할 수 있다.

2) 이식

가야 이식의 대부분은 대가야양식의 이식이다. 주환은 모두 세환이며 현재까지

태환이식의 출토 예가 없다. 이 점은 백
제의 이식과 공통하는 점이다. 초현기의
가야 이식 가운데는 백제적인 요소가 많
이 관찰되므로 태환이식이 없는 것도 같
은 맥락에서 이해할 수 있을 것이다. 다
만 합천 옥전 M4호분(그림 37)이나 M6
호분 이식처럼 6세기 전반의 늦은 단계
가 되면 주환의 고리가 조금 굵어지고 태
환처럼 속을 비게 만든 것이 등장한다.
이 점은 같은 시기의 신라나 백제 이식과
공통하는 현상이다.

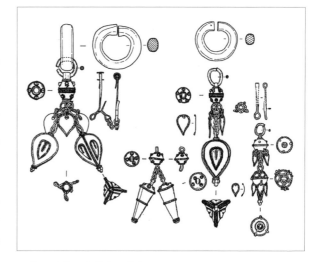

그림 37 옥전 M4호분 출토 이식

　　중간식은 대부분 반구체(半球體) 2
개를 땜으로 접합하여 만든 공구체(空球體)이다. 옥전 20호분 이식처럼 구체의 중간
에 각목대가 장식되지 않은 것은 백제 한성시기 이식과 형태가 유사하다. 여기서 조
금 변형된 것이 옥전 M2호분 출토품처럼 각목대가 부착된 것이고, 지산동 45호분
출토품(그림 38-좌)처럼 금 알갱이가 붙거나 영락이 매달린 것이 가장 화려하다. 이외
에 옥전 23호분 이식은 원판상의 장식을 중간식으로 사용하였다. 이는 천안 용원리
9호 석곽묘, 서산 부장리 6-6호분 출토품처럼 백제 한성시기의 이식에 유례가 있는
바, 백제의 영향을 받은 것으로 보인다. 합천 옥전 M11호분 이식 역시 백제 무령왕
비의 이식과 제작기법상의 유사도가 높으므로 백제와 관련지어 살펴볼 수 있는 자
료이다. 그 외에 합천 옥전 M3·M4·M6호분 이식은 신라적인 요소를 많이 갖추고
있다.

　　수하식으로는 심엽형 장식이 유행하였다. 그러나 그간의 출토 예로 보면 금판을
둥글게 말아서 만든 원추형 장식이나 삼익형 장식, 속빈 금 구슬, 산치자 열매 모양의
장식 등 다양한 형태의 수하식이 공존하였다. 이 가운데 대가야적인 색채가 가장 짙
은 것이 원추형이다. 옥전 M2호분 예처럼 위가 넓고 아래로 내려오면서 좁아지며 끝
에 각목대를 감아 장식한 것이 있고, 지산동 45호분 1곽 예처럼 위에서 아래로 내려오
면서 급격히 좁아지며 맨 아래에 금 알갱이를 붙인 것이 있다. 산치자 열매 모양의 장
식 또한 대가야적인 수하식이다.

그림 38 6세기 가야이식(좌·중: 지산동 45호분, 우: 지산동 39호분)

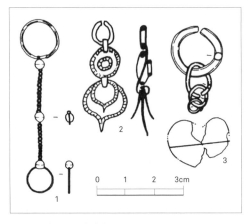

그림 39 아라가야의 이식(1: 도항리 11호석곽묘, 2: 도항리 4-가호묘, 3: 도항리 31호묘)

이식의 각 부품을 연결하는 금구로는 금사를 엮어 만든 사슬이 많이 사용된다. 금 사슬 가운데는 겹사슬도 일부 존재한다. 이처럼 공구체 중간식에 금 사슬을 연결금구로 활용한 이식은 일본열도에서도 유행하였다. 다만 열도 출토품은 대가야 이식에 비하여 길이가 매우 긴 것이 특색이다.

가야의 이식은 백제, 고구려, 신라의 그것과 형태적으로 구별된다. 주환은 세환이고 중간식은 공구체가 가장 많으며 수하식으로는 심엽형 이외에도 원추형과 산치자형이 유행한다. 시기적으로 보면 초기에는 백제 한성시기의 이식과 유사하고 장식성이 현저하지 않다. 그러나 대개 원추형 수하식이 등장하는 5세기 중엽경부터 가야적인 양상이 뚜렷해진다. 가야 이식의 변화양상은 장식성의 점증에서 찾을 수 있다. 〈그림 38〉에 제시한 2점의 가야 이식은 가장 화려한 편에 속한다. 합천 옥전 M4호 이식의 경우 공구체에 여러 줄의 각목대와 감옥용 돌기가 장식되어 있고 부분적으로 금립을 붙여 장식하였다. 진주 중안동 고분 출토 이식의 경우 주환은 사각봉을 비틀어 나선상으로 만든 것이며 중간식인 공구체 표면에는 금립과 더불어 영락이 부가되어 있다.

이 외에 함안의 말이산(경남고고학연구소 발굴) 11호 석곽묘나 말이산(창원문화재연구소 발굴) 4-가호묘에서 출토된 이식(그림 39)은 대가야 이식과는 제작기법이 달라 이를 아라가야적인 이식으로 파악할 수 있을 것 같다.

3) 대금구

대금구는 고령 지산동(主山) 39호분(그림 40-하)과 동 75호분, 합천 옥전 M1호분(그림 40-상)과 동 M11호분, 의령 경산리 2호분 출토품이 전부이다. 고령 출토품은 공주 송산리 구(舊) 2호분 과판과 마찬가지로 귀면(鬼面) 또는 수면(獸面)이 표현된 것이며, 옥전 M1호분 출토품은 쌍엽문을 기본 도안으로 제작한 것인데 이러한 도안은 경주의 황남대총 남분이나 일본 중기고분의 신카이(新開) 1호분, 시치칸고분(七觀古墳) 등에 유례가 있는 것이다. 옥전 M11호분 출토품은 백제의 무령왕릉 출토 대금구와 유사하다. 이상 4점 가운데 지산동 39·75호분과 옥전 M11호분, 경산리 2호분 출토품은 백제에, 옥전 M1호분 출토품은 신라에 계보를 둔 것이다. 가야에서는 대금구의 제작이 활발하지 않았던 것 같다. 함안 말이산 〈현〉8호분에서는 신라의 전형적인 은제 삼엽투조과판이 출토된 바 있는데 이는 창녕을 거쳐 함안에 이입된 것으로 보기도 한다.

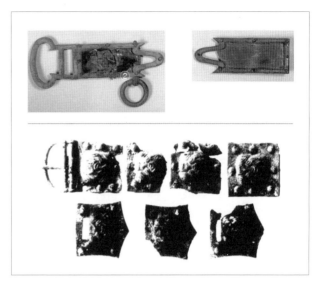

그림 40 대가야의 대금구(상: 옥전 M11호분, 하: 지산동 39호분)

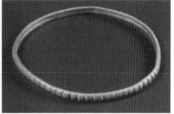

그림 41 가야의 경식과 천(좌: 옥전 72호분, 우: 옥전 M2호분)

　　이 외에 대가야에서는 경식과 천의 출토 예가 있다. 대가야의 유적에서 유리제 경식은 종종 확인되지만 금속이 경식에 활용된 예는 드물다. 합천 옥전 72호분 경식(도 41-좌)에는 이식의 수하식으로 사용되는 금제 원추형 장식이 매달려 있다. 그리고 합천 옥전 M2호분에서는 금제(그림 41-우), 진주 중안동과 옥전 28호분에서는 동제 천(釧)이 출토된 바 있다.

　　가야의 장신구는 주변국 장신구에 비하여 심플한 구조를 보인다. 즉, 신라의 장신구가 극히 화려함을 추구한 것이라면 가야의 장신구는 간결하면서도 세련된 모습을 보여 주고 있다. 다만 삼국시대 다른 나라의 경우와는 달리 백제나 신라 등 주변국 장신구 완제품이나 번안품이 출토되는 사례가 많은 점 또한 특징으로 거론할 수 있을 것 같다. 이외에 신라나 백제에 비하여 금동식리의 출토 예가 매우 적어 장송의 례용 장신구의 제작은 활발하지 않았던 것으로 보인다.

장신구를 소재로 가야라는 정치체의 공간적 범위를 찾아낼 수 있는 시기는 5세기 무렵이다. 이 시기가 되면 고구려, 백제, 신라와 구별되는 가야적인 장신구가 제작되었기 때문이다. 가야적인 특색은 관, 이식 등의 장신구에 잘 드러나 있다. 고령 지산동 32호분 금동관은 풀 혹은 꽃 모양의 장식을 갖추고 있어 주변국의 관과는 차이가 있고, 지산동과 합천 옥전고분군에서 많이 출토된 금 귀걸이는 속이 비어 있는 둥근 구슬과 나무열매 모양의 장식을 주요 모티브로 삼고 있어 특색이 있다.

가야적인 장신구가 탄생하기까지는 백제로부터의 영향이 절대적이었다. 백제는 가야의 오랜 우방이었으며 새로운 문화를 지속적으로 전해 주는 원천이었다. 가야 사회에서 장신구문화가 개시되는 5세기 전반의 장신구 가운데는 백제의 장신구와 매우 유사한 사례가 다수 확인되기 때문이다. 이러한 단계를 지나 서기 5세기 후반이 되면 가야적인 특색을 보다 현저하게 갖춘 장신구가 등장한다. 제작기법이 정교해지고 보다 화려해지는 방향으로 변화한 것인데 그러한 변화의 배경은 가야의 성장에서 찾을 수 있다. 특히, 가야의 맹주였던 고령의 대가야 왕이 중국 남조에 사신을 보낸 479년 무렵, 대가야의 왕은 연맹에 속해 있던 지배층들을 결속하고 또 그들을 매개로 가야 사회를 지배하기 위하여 가야적인 장신구를 본격적으로 제작하여 활용한 것으로 추정해 볼 수 있다.

[이한상]

VII 마구

말(馬)은 여러 단계의 진화과정을 거치면서 뛰어난 힘과 기동성을 갖추게 되어 기계문명이 발달하기 이전에는 사람의 이동이나 정보전달, 물자수송, 전쟁 등 여러 분야에 걸쳐 인류문화의 발전에 크게 기여하였다. 하지만 인류가 자연 상태의 야생마를 가축화하여 부리기 위해서는 각종 장구가 필수적인데 이를 통틀어서 마구라 한다.

마구가 언제, 어디서, 처음 등장했는지는 확실치 않으나 현재의 자료로는 흑해 북안 우크라이나의 드네프르강 서안에 있는 데레이프카유적에서 발견된 녹각제 함유 유사품이 가장 오래된 것으로 알려져 있다. 실제로 이 유적에서 함께 출토된 말의 이빨에서 재갈의 흔적이 관찰되었는데, 이로써 기원전 4000년 무렵 마구를 사용하기 시작했음을 알 수 있게 되었다.

우리나라의 경우 일찍이 위만조선 시기부터 말을 대량으로 사육한 사실을 문헌을 통해 확인할 수 있으나 말과 마구가 본격적으로 보급·이용된 것은 삼국시대부터로 파악된다. 삼국시대의 여러 고분에서 출토되는 기승용 마구가 그 증거로, 특히 영남지방에 자리 잡은 신라와 가야의 고분에서 다량으로 출토되고 있다. 고분에서 출토되는 신라·가야마구는 기승용 마구가 대부분으로 그 사용목적과 용도에 따라 크게 제어용·안정용·장식용·방어용 마구 등으로 구분된다. 이외에 삼계(三繫)로 통칭되는 굴레[面繫]·가슴걸이[胸繫]·후걸이[尻繫]와 같은 혁대(革帶)도 있으나 재질상 남아 있는 예가 거의 없다.

1 제어용 마구

1) 재갈

재갈[轡]은 말을 다루고 부리는 데 있어서 가장 기본적인 장구로, 함(銜)과 함유(銜留), 인수(引手)로 이루어져 있다. 함은 말의 입에 물리는 부분으로 철봉의 마디 수에 따라 1연식·2연식·3연식 등으로 구분되는데, 신라와 가야에서는 주로 2연식의 함을 사용하였다. 인수는 고삐를 이어 매기 위한 장치로, 시기와 지역에 따라 철봉의 수나 형태가 다양하게 제작되기 때문에 재갈의 분류와 편년, 계통 연구에 중요한 속성으로 다루어지고 있다. 함유는 함의 양쪽 끝에 부착되어 함이 말의 입에서 탈락하는 것을 방지하기 위한 부품으로, 중국에서는 표(鑣), 일본에서는 경판(鏡板)이라 한다. 삼국시대의 재갈은 함유의 형태에 따라 표비·판비·환판비·원환비 등 4가지 형식으로 나누고 있다.

표비(鑣轡)는 함외환에 끼워진 함유가 봉상을 이룬 것으로, 판비와 달리 실용성을 중시한 재갈로 이해되고 있다. 일찍이 유라시아 초원지대에서 활동했던 스키타이로 대표되는 유목기마민족 사이에서 널리 사용되었으며, 그 동쪽의 부여와 고구려, 선비지역을 통해 한반도로 확산되었다. 신라와 가야의 경우 경주 황성동 575번지 20호분과 동산리 34호분, 김해 대성동 91호분, 동래 복천동 38호분 출토품이 가장 빠른 예로, 신라와 가야지역에 기승문화 또는 기승용 마구가 4세기 전반 무렵 도입되었음을 알려 주는 중요한 자료이다. 이후 5세기에 들어서 1조선인수와 유환이 채용된 이른바 유환부표비가 개발되어 널리 보급·사용되었다. 이러한 표비는 함의 탈락을 방지하는 표가 재질상 남아 있지 않기 때문에 함과 인수의 제작방법과 형태에 따라 분류되고 있다. 이 중 인수는 짧은 표형의 2조선인수(동래 복천동 38, 69)→꼬아 만든 1조선인수(울산 중산리IB-1)→삽자루형 2조선인수(김해 대성동 11)→굽은 타원형 외환의 1조선인수(합천 옥전 8)의 순으로 변화해 간 것으로 보고 있다.

판비(板轡)는 함유가 판상을 이룬 것으로, 구조상 말에 대한 제어력이 약하고 금동·은·청동 등과 같은 귀금속으로 제작된 사례가 많기 때문에 장식성을 중시한 재갈로 이해되고 있다. 고구려와 선비지역에서는 원대자벽화묘와 효민둔 154호묘의 예로 보아 4세기 중엽을 전후한 시기부터 유행한 것으로 보이는데, 신라와 가야지역에서는 이보다 약간 늦은 4세기 후반 경 김해(대성동 41, 42)와 경주(월성로 가-13), 경산(임당 G6), 울산(중산리 IA26), 포항(옥성리 가-35) 등지에서 확인된다. 이후 5세기에 들어서는 영남 전역으로 확산되며, 함유의 재질도 금동·은 등의 귀금속으로 바뀌고 그 위에 용문·십자문·인동문 등 여러 가지 문양으로 장식된 화려한 판비가 개발된다. 특히 경주 황남대총 남분 단계가 되면 신라에서는 심엽형판비 혹은 타원형판비, 백제와 대가야에서는 내만타원형판비와 f자형판비를 주로 사용하는 등 지역적인 특색을 나타내기 시작한다. 이러한 판비는 함유의 평면 형태(원형·심엽형·내만타원형·타원형·f자형판비)와 함과 인수의 연결방법(함유의 외측→내측), 입문(역제형→장방형→제형), 인수의 형태 등에 따라 분류·편년하는 것이 가능하다.

환판비(環板轡)는 함유를 원형 또는 타원형의 외환(外環) 내부에 '⊥'자형 또는 'X'자형의 함유금구를 덧대어 만든 재갈을 말한다. 대개 철제품으로 판비에 비하여 제작이 간단하고 유동성이 좋아서 실용적인 재갈로 이해되고 있다. 4세기 말~5세기 초 북방지역 재갈의 영향을 받아서 신라와 가야지역에서 개발·사용되고, 5세기 중엽 이후에는 대가야권의 고령과 합천을 중심으로 유행하였다. 함유금구와 외환, 인수의 형태와 유환의 유무 등에 따라 분류·편년하는 것이 가능하다. 특히 함유금구의 경우 ⊥자형환판비는 정⊥자형(동래 복천동 31, 상주 신흥리 57)에서 정人자형(합천 옥전 23, 경산 조영 EIII-2), 곡人자형(합천 옥전 M1, 경주 황남대총 남분), 그리고 X자형환판비는 정X자형(김해 대성동 20, 상주 신흥리 39)에서 곡X자형(고령 지산동 45)의 순으로 편년되고 있다.

원환비(圓環轡)는 철봉을 구부려서 만든 원형 또는 타원형의 원환(함유)에 함과

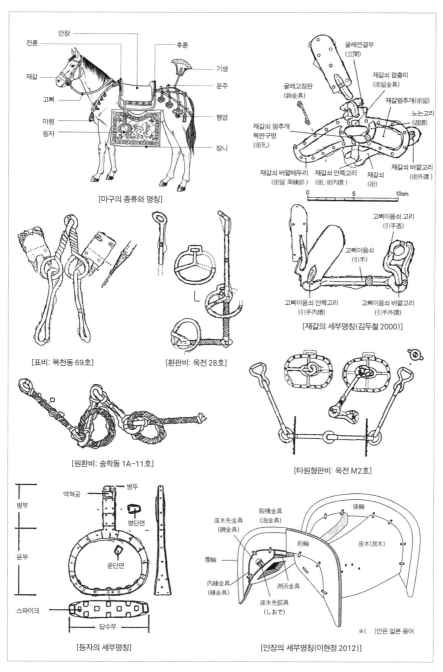

[마구의 종류와 명칭]

[재갈의 세부명칭(김두철 2000)]

[표비: 복천동 69호]

[환판비: 옥전 28호]

[원환비: 송학동 1A-11호]

[타원형판비: 옥전 M2호]

[등자의 세부명칭]

[안장의 세부명칭(이현정 2012)]

그림 42 마구의 종류와 명칭: 재갈, 등자, 안장

인수, 유환을 연결하여 만든 재갈을 말한다. 다른 형식의 재갈에 비하여 함유가 말의 뺨에 미치는 압박이 가장 낮으며 함과 인수의 유동성이 좋아서 실용성이 가장 뛰어난 재갈로 알려져 있다. 유라시아의 기마민족 세계에서는 기원전부터 사용한 것으로 알려져 있으나 신라와 가야의 경우 경주 미추왕릉 9구 A호 파괴고분 2묘곽, 진주 가좌동 1호분, 옥봉 7호분, 함안 말이산고분군, 고성 송학동고분군 등에서 보듯이 6세기에 들어서 소가야와 백제지역을 중심으로 유행하였다. 또한 원환바는 유환의 유무와 함·인수·원환의 연결방법 등에 따라 여러 형식으로 분류·편년하는 것이 가능하다.

2 안정용 마구

1) 안장

안장(鞍裝)은 기승자가 말의 등에서 신체의 균형과 안정을 유지하기 위한 마구로, 기승자가 앉는 좌목과 그 앞뒤에 장치된 안교(전륜·후륜) 등으로 구성된다. 재질에 따라 유기질제의 가죽이나 모, 펠트 등으로 만든 연식안(軟式鞍)과 안교의 본체와 좌목을 단단한 나무로 만든 경식안(硬式鞍)으로 구분되는데, 신라와 가야의 안장은 경식안이 대부분으로 연식안의 사례는 확실하지 않다.

신라와 가야의 경식안은 재갈이나 등자에 비하여 약간 늦은 시기부터 확인되는데, 초기에는 경주 황남동 109호분 4곽, 김해 대성동 1호분, 동래 복천동 35호분, 합천 옥전 68호분 등의 출토 예에서 보듯이 나무로 만든 본체에 철판을 부분적으로 보강하여 만든 안장이 유행하였다. 이 같은 안장은 이후에도 계속해서 사용되지만 황남대총 남분 단계부터는 금관총, 식리총, 천마총, 호우총, 합천 옥전 M3호분의 출토 예와 같이 금동의 재질에 귀갑문·용문·봉황문 등 화려한 문양으로 장식된 안장이 제작되어 지배계층을 중심으로 유행하였다. 한편 신라지역에서는 가야지역과 달리 '안교손잡이'가 달린 안장(황남대총 북분, 경산 임당 5B1)이나 좌목선금구를 일체로 제작한 이른바 '일체안(一體鞍)'의 출토 예(황남동 109-4, 황남대총 남분, 금관총)가 많은데, 이를 신라 특유의 안장으로 보기도 한다.

2) 등자

등자(鐙子)는 사람이 말에 오르거나 타고 달릴 때 양쪽 발을 걸쳐서 신체의 안정을 유지하기 위한 마구로, 특히 갑주로 중무장한 기마전사가 적과 일대일로 부딪히거나 적진을 돌파하는 데 필수적인 마구로 알려져 있다. 이러한 등자가 언제, 어디서, 처음으로 개발되었는지 분명치 않으나 중국 진대 금분령(晋代 金盆嶺) 21호묘의 기마용(騎馬俑: 좌측 單鐙, 302년)이나 상산(象山) 7호묘의 도마용(陶馬俑: 雙鐙, 322년)에 의하면 동북아시아에서는 늦어도 4세기를 전후한 시기에 등자가 사용되기 시작했음을 알 수 있다. 신라와 가야지역에서는 4세기 후반경 사용되기 시작하여 5세기부터 본격적으로 제작·사용되었다. 윤부의 형태에 따라 윤등(輪鐙)과 호등(壺鐙)으로 구분되며, 이 중 윤등은 기승자가 발을 딛는 부분[輪部]이 원형 또는 타원형을 이룬 것으로 재질에 따라 목심윤등(木心輪鐙)과 철제윤등(鐵製輪鐙) 등으로 구분된다.

목심윤등은 나무를 구부려서 본체(목심)를 만든 후 그 외면의 일부 혹은 전부를 금속판으로 보강하여 완성한 것으로, 답수부의 폭과 금속판 보강방법, 답수부에 미끄럼 방지를 위해 장치한 스파이크의 유무 등에 따라 분류·편년하는 것이 가능하다. 금속판 보강방법의 경우 일부만 보강한 것(김해 대성동 47, 동래 복천동 48, 울산 중산리 IB-1)에서 병부 전체나 윤부 일부를 보강한 것(김해 대성동 1, 합천 옥전 67, 경주 황남동 109-4)으로 변화하고 최종적으로는 전부를 보강한 것(황남대총 남분, 고령 지산동 32, 합천 옥전 M3)으로 변화해 간다. 그리고 '신라마구', '가야마구'로 분화해 가는 5세기 중엽경 대가야지역에서는 병부와 윤부의 단면이 오각형(五角形)을 이룬 등자가, 신라지역에서는 병하반부와 윤부의 전후면을 철판 대신 철봉으로 보강한 등자가 유행하는 등 지역성을 보여 주기도 한다. 한편 경주 황남대총 남분과 경주 금관총, 경산 임당동 2호분에서는 금동판으로 보강한 장식등자가 출토되어 주목되는데, 특히 용문을 투조한 금동판으로 보강하여 만든 황남대총 남분 출토품은 형태와 재질, 문양에서 고구려 태왕릉 출토품과 비교되어 신라고분의 편년연구에 중요한 자료로 다루어지고 있다.

철제윤등은 목심윤등에 뒤이어서 개발된 등자로, 재질상 내구성이 강하고 구조가 간단하여 실용성이 높은 등자로 이해되고 있다. 신라와 가야지역에서는 50여 점이 넘는 상당히 많은 사례가 확인되고 있는데, 합천 옥전 M3호분, 의령 경산리 2호분, 경주 식리총, 금령총, 호우총 등의 출토 사례에서 미루어 주로 5세기 후반부터

6세기 대에 사용된 것임을 알 수 있다. 답수부의 형태에 따라 1조선(합천 옥전 M3)→2조선(양산 부부총)→3조선(월성로 가-1)→광폭(의령 경산리 2) 답수부, 병부의 형태에 따라 상하의 폭이 같은 I자형(합천 옥전 M3)→병두가 훨씬 넓은 T자형(양산 부부총) 병부의 순으로 분류·편년하는 것이 가능하다.

호등은 윤등과 달리 기승자가 발을 딛는 윤부의 앞쪽에 발을 감싸는 자루[壺部]를 장치한 국자 모양의 등자를 말한다. 구조상 제작이 복잡하고 장식성을 중시한 것이어서 기승자의 권위나 위세를 과시하는 의장용 등자로 이해되고 있다. 신라와 가야지역에서는 목심호등(경산 임당 6A, 고령 지산동 영1, 합천 옥전 74·75, 산청 평촌리 1A-36, 고성 내산리 28-1, 창녕 명리 III-1)을 중심으로 철제호등(의성 학미리 3)도 일부 제작되었는데, 주로 5세기 후반부터 6세기 대에 사용되었다.

3 장식용 마구

1) 운주

운주(雲珠)란 굴레와 가슴걸이, 후걸이의 끈이 교차되는 부분을 묶거나 끈 위를 장식하는 장구를 말한다. 철제도 있지만 금동·은·청동제 등의 귀금속으로 제작된 예가 적지 않기 때문에 행엽과 함께 대표적인 장식용 마구로 이해되고 있다. 연구자에 따라 후걸이의 끈이 말 등의 중앙에서 교차되는 부분을 묶는 오각(五脚) 이상의 것을 운주라 하고, 굴레나 후걸이의 끈이 교차되는 부분에 사용된 사각(四脚)이나 삼각(三脚)의 금구는 십금구(辻金具), 끈 위에 장식한 것은 식금구(飾金具) 등으로 세분하여 부르거나 이를 합쳐서 '삼계장식구'로 통칭하는 의견도 나와 있다. 하지만 실제로 이를 엄밀히 구분하기가 쉽지 않기 때문에 대개 운주로 통칭하면서 각(脚)의 수나 형태, 용도 등에 따라 분류하고 있는 것이 현재의 실정이다.

신라·가야의 운주는 형태에 따라 크게 환형운주, 판형운주, 반구형운주 등으로 구분하고 있다. 이외에도 반구형운주의 중앙부에 입주를 세워서 영락을 매단 입주부운주, 중앙부에 못을 박은 무각소반구형운주, 그리고 반구형운주 중에 중앙부가 빈 곳에 조개껍질이나 유리 등을 끼워 넣어 장식한 운주도 출토되고 있다. 이 중 구조가 가장 단순하고 실용성이 높은 운주는 환형운주로서, 기승용 마구가 사용되는 시기부터 널리 사용되었다. 한편 황남대총 남분 단계부터는 장식성이 강한 금동제

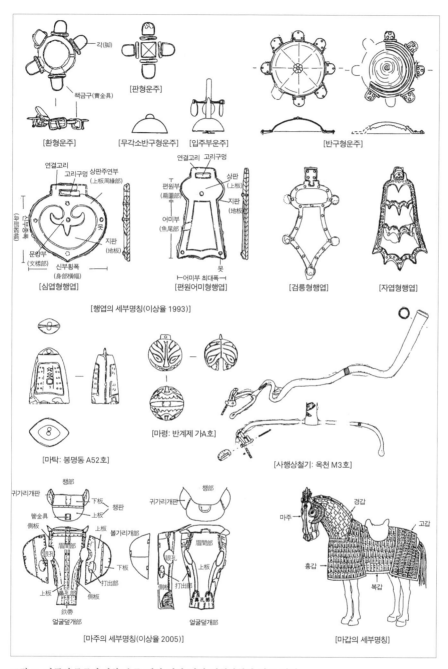

그림 43 마구의 종류와 명칭: 운주, 행엽, 마탁, 마령, 사행상철기, 마주, 마갑

의 입주부운주(황남대총 남분, 금관총, 식리총), 반구형운주(천마총, 금령총, 은령총, 호우총) 등이 개발되어 신라의 지배계층을 중심으로 가야의 일부 지배계층 사이에서 유행하였다.

2) 행엽

행엽(杏葉)은 말의 가슴걸이나 후걸이에 매달아서 말을 장식하는 장식용 마구이다. 신라와 가야지역에서는 4세기 후반경 금속제의 심엽형행엽(心葉形杏葉)을 채용한 이래 5세기에 들어서서 편원어미형행엽·검릉형행엽·자엽형행엽 등 여러 형태의 행엽이 개발되어 널리 사용되었다.

심엽형행엽은 북방 기마문화의 영향을 받아서 4세기 후반경(대성동 3)에 사용되기 시작했으며, 이후 5세기 후반부터 6세기(황남동 106-6)에 걸쳐서 신라지역을 중심으로 널리 사용되었다. 이 행엽은 신부가 종폭에 비하여 횡폭이 점차 커지며, 문양은 없는 것에서 황남대총 남분 단계부터 삼엽문이 채용되면서 자엽문·인동타원문 등 여러 문양이 베풀어진 것이 개발되어 장식용 마구로 정착되었다.

편원어미형행엽(扁圓魚尾形杏葉)은 5세기에 들어서 신라지역에서 개발된 행엽이다. 처음에는 아무런 문양이 없는 것이 사용되다가 황남대총 남분 단계가 되면 금동판에 용문을 투조한 호화로운 행엽이 등장하여 금동장의 무각소반구형운주나 입주부운주와 세트를 이루어 신라 지배계층의 장식용 마구로 널리 사용되었다. 재질과 제작방법, 형태 등에 따라 분류와 편년이 가능한데, 어미부의 경우 양 끝에 비해 중앙부가 돌출한 것(경산 임당 7B)에서 양 끝과 중앙부의 돌출이 거의 같은 것(황남대총 남분), 그리고 양 끝에 비해 중앙부가 돌출하지 않은 것(천마총)의 순으로 변화해 간 것으로 추정된다.

검릉형행엽(劍菱形杏葉)은 가야 또는 백제지역에서 개발된 행엽으로, 검릉부의 형태가 검신(劍身)과 같은 것에서 붙여진 명칭이다. 경주 식리총 출토품도 있으나 고령 지산동 44호분, 합천 옥전 M3호분, 산청 생초 M13호분, 창원 다호리 B1호묘, 함안 말이산 451-1번지 석곽묘, 고성 송학동 1A-1호분 등의 출토 예에서 알 수 있듯이 5세기 중엽 이후 대가야의 지역성을 보여 주는 행엽으로 정착되어 널리 사용되었다. 제작방법과 검릉부의 형태 등에 따라 여러 형식으로 분류·편년하는 것이 가능하다.

자엽형행엽(刺葉形杏葉)은 6세기에 들어서 신라지역에서 개발·사용된 행엽이다. 형태상 편원어미형행엽을 변용하여 신라에서 독자적으로 개발·제작한 것으로 보거나 중국 북조(北朝)의 마용(馬俑)에 표현된 행엽에서 유래한 것으로 보기도 한다. 제작방법과 함께 가시의 형태변화(발달→퇴화 및 축소)와 문양의 변화(복잡화→단순화, 생략화)에 따라 분류·편년하는 것이 가능하다.

3) 마령·마탁·환령

마령·마탁·환령(馬鈴·馬鐸·環鈴)이란 말의 가슴걸이 또는 후걸이에 매달아서 말의 움직임에 따라 소리를 내게 하여 기승자의 권위나 위세를 과시하는 장구를 말한다.

마령은 청동제의 구형 또는 타원형의 몸통과 뉴(鈕), 그 내부에 들어 있는 작은 돌이나 청동 소환으로 이루어져 있다. 5세기 중엽 이후 신라와 대가야의 대형 고분에서 출토되며, 표면에 아무런 문양이 없는 것도 있지만 귀면문 또는 인면문(합천 옥전 M3호, 반계제 가A)과 함께 연화문(창녕 교동 11)이 시문된 예도 출토된다.

마탁은 통 모양의 몸통과 뉴(鈕), 그 내부에 매달린 설(舌)로 이루어져 있다. 황남대총 북분과 천마총, 금관총 등 경주지역을 중심으로 출토되며 일부 창녕 교동 89호분과 임당동 6A호분 출토 예도 있다. 한편 고구려 태왕릉 출토 '신묘년 호태왕 □ 조령 구십육(辛卯年 好大王 □造鈴 九十六)'명의 동탁과 백제 청주 봉명동 A-52호분 출토 '대길(大吉)'명의 동탁은 삼국시대 마구의 계보와 편년연구에 중요한 자료로 다루어지고 있다.

환령은 대개 청동제 주조품으로, 둥근 환과 그 주위에 달린 여러 개의 둥근 방울로 이루어져 있다. 방울이 4개 달린 사환령(경주 금관총, 황오동 1)도 있으나 3개가 달린 삼환령(경주 안계리 2, 경산 조영 CI-1)이 대부분이다. 환과 방울 사이에 다리가 달린 유각식은 신라지역(경주 금관총)에서, 다리가 없는 무각식은 가야나 백제지역(장성 만무리)에서 주로 출토되고 있다.

4) 사행상철기

신라와 가야고분에서 출토되는 마구 중에는 마치 기어가는 뱀 모양으로 구부려서 만든 철봉 모양의 철기가 있는데, 이를 '사행상철기(蛇行狀鐵器)'라고 한다. 사행상철기의 용도에 대해서는 천개(天蓋)·기간(旗竿)·기생(寄生)·번간(幡竿) 등 다양한 견해가 나와 있다. 하지만 철봉의 양 끝에 각각 자루를 끼워 넣을 수 있는 투겁과 'U'

자 모양의 철봉이 부착되어 있고 마구와 함께 출토되는 것에서 쌍영총(雙楹塚), 삼실총(三室塚), 개마총(鎧馬塚) 등의 고구려 고분벽화의 기마상에서 보듯이 안장의 후륜에 장착하여 기를 꽂는 '기꽂이'로 보는 견해가 가장 유력하다. 신라와 가야지역에서는 양산 부부총과 경산 조영동 EII-1호분, 진주 수정봉 2호분, 옥봉 7호분, 고성 송학동 1A-1호분, 남원 두락리 1호분, 함양 상백리 중생원촌 1호분, 합천 반계제 다A호분, 합천 옥전 M3호분 등 꽤 많은 고분에서 확인되고 있는데, 이로써 사행상철기가 대체로 5세기 중엽~6세기경에 지배계층의 장식용 마구로 사용되었음을 알 수 있다.

4 방어용 마구

1) 마주

마주(馬冑)는 적의 공격으로부터 말의 머리를 보호하기 위한 마구로, 크고 작은 여러 철판을 말의 머리 모양과 크기에 맞게 재단·결합하여 만들었다. 신라와 가야지역에서는 경주 황남동 109호분 4곽·쪽샘지구 C10호분·사라리 65호분, 동래 복천동 10호분, 김해 대성동 1·57호분·두곡 8호분, 합천 옥전 23·28·35·M1·M3호분, 함안 말이산 마갑총·6·8호분 등에서 출토되어 동북아시아에서도 가장 많은 수량을 자랑하고 있다. 마주는 말머리의 상면 및 측면을 덮는 얼굴덮개부[面覆部]와 정수리부분과 귀를 가리는 챙부[庇部], 볼을 가리는 볼가리개부[頰覆部] 등 세 부분으로 이루어져 있다. 이 중 얼굴덮개부 상판의 제작방법에 따라 상판분할형(대성동 1)과 상판미분할형(경주 황남동 109-4, 옥전 M3)으로 분류하거나 제작공정의 간략화라는 관점에서 얼굴덮개부와 볼가리개부를 구성하는 철판의 매수에 따라 5단으로 구성된 것(동래 복천동 10), 4단으로 구성된 것(합천 옥전 M1), 그리고 3단으로 구성된 것(합천 옥전 M3, 28)의 순으로 변화해 간 것으로 보기도 한다.

2) 마갑

마갑(馬甲)은 적의 공격으로부터 말을 보호하기 위한 마구로, 크고 작은 여러 매의 철판을 말의 크기와 모양에 맞게 재단·결합하여 만들었다. 부산 동래 복천동 35·36호분, 고령 지산동 75호분, 합천 옥전 28·M1호분, 함안 마갑총, 경주 쪽샘지구 C10호 목곽묘 등에 출토 예가 있다. 대개 흩어진 채로 출토되기 때문에 전체의 구조나 형태를 알기 어려운데, 함안 말이산 마갑총과 경주 쪽샘지구 C10호묘에서는 고구려 고분벽화에서 보듯이 좁고 긴 소찰로 이루어진 목 부분의 경갑(頸甲), 작은 소찰로 이루어진 가슴 부분의 흉갑(胸甲), 큰 장방형의 소찰로 이루어진 몸통 부분의 복갑(腹甲), 엉덩이 부분의 고갑(尻甲)이 거의 완전한 형태로 출토되어 동북아시아 마갑 연구에 중요한 자료가 되고 있다.

5 신라 · 가야 마구의 성격과 특징

삼국시대 영남지역의 여러 고분에서 다량으로 부장된 마구는 실용마구로서 신라와 가야지역에서 기승용문화가 성행했음을 알려 주는 중요한 물질자료로 이해되고 있다. 더구나 갑주를 비롯하여 대도와 철모, 철촉 등과 같은 무기·무구와 함께 부장된 경우가 많고, 고분의 위계에 따라 그 재질이나 종류를 달리하거나 복수의 마구가 부장되어 있는 것에서 실용뿐만 아니라 무장과 위세의 수단으로도 널리 사용되었음을 알려 준다.

신라·가야마구는 시간의 흐름에 따라 지역적으로 분화·발전했는데, 신라와 가야지역에서는 4세기 전반경에 북방 기마문화의 영향을 받아서 실용성을 중시한 표비 중심의 기승용 마구가 사용되기 시작했다. 이후 4세기 중·후반경이 되면 신라와 가야지역에서 마구의 제작이 이루어지고, 이를 기반으로 5세기에 들어서 장식성을 중시한 판비를 비롯하여 표비, 환판비, 등자, 그리고 방어용의 마주와 마갑 등과 같은 다양한 마구가 영남 전역으로 확산·정착되었다. 이어서 경주 황남대총 남분이 축조된 5세기 중엽 무렵 영남지역의 마구는 신라마구와 가야마구로 분화·발전하였다. 그리하여 신라에서는 장식성이 강한 타원형·심엽형판비와 편원어미형행엽, 입주부·반구형운주 등으로 구성된 화려한 장식마구가, 가야에서는 합천 옥전 M3호분이나 고령 지산동 44호분에서 보듯이 지배계층을 중심으로 금동장의 f자형판비와 검릉형행엽으로 구성된 장식마구가 널리 사용되었다. 이러한 양상은 6세기로 이어지며, 한편으로는 인동타원문행엽이나 자엽형행엽과 같은 새로운 장식마구가 개발되어 신라와 대가야의 지배계층 사이에서 유행하는 등 장식기마문화가 절정을 이루게 된다. 이후 신라·가야마구는 6세기 후반경 가야가 멸망하고 신라지역에서 박장(薄葬)풍습이 유행하면서 고분에 부장되는 사례가 급격하게 줄어들어 그 모습을 더 이상 찾아보기 어렵다.

그러나 이를 계기로 말과 마구의 사용이 급감했거나 기마문화가 사라진 것은 아니었다. 가야 멸망과 새로운 장제(葬制)의 도입에 따른 현상일 뿐으로,『삼국사기』 권 33 잡지 2 차기 조는 신라사회에서 말과 마구가 여전히 신분을 나타내는 중요한 수단으로 널리 사용되었음을 알려 준다.   [류창환]

VIII 의기

삼국시대 영남지역의 의기는 크게 특정 대상에게 예를 표현하기 위한 의례성 의기와 대외과시적인 성격이 강한 의장성 의기로 구분된다. 재질상 전자의 것은 주로 제사토기나 제사공헌품으로 사용한 토제품이 많은 반면 후자는 지배자의 권력을 상징하는 금속제품이 주류이다. 그러나 일상생활에 사용되던 실용유물도 때로는 의기로 변용되었기 때문에 의기로 활용된 유물의 범주는 매우 넓고 다양하였다. 또한 이들은 정신적이고 관념적인 성격이 강한 만큼 그 용도를 명확히 구분해 내기 어려운 경우가 많다.

삼국시대의 의기는 토기의 경우 각종 제사토기와 명기, 토우, 상형토기, 지진구 (地鎭具) 등 제사공헌품이 있다. 제사토기는 실용 토기나 무덤부장용 토기와 동일한 것도 있지만, 제사를 지낸 장소에 그대로 묻거나 깨뜨려서 주변에 뿌리는 등 부장용 토기와 출토 양상이 다를 경우 이를 제기로 간주할 수 있다. 명기를 비롯하여 각종 토기를 축소하여 제작한 소형 제품이나 재질을 달리하여 모방한 토제모조품, 상형토기 등도 실물을 대신하여 바치는 제사공헌용으로 제작된 의기이다. 또한 각배는 원래 기마유목민족들이 마상에서 사용하던 실생활용기였으나 무덤에 부장하는 제사토기로 사용되었고 수레바퀴나 동물의 윗부분에 덧붙여 장식용 토기의 일종으로 무덤에 부장되기도 하였다.

지진구는 건물이 들어설 땅의 기를 진압하여 건물의 안전과 영속을 비는 의미에서 기초를 다지면서 지신에게 발원하는 의식을 행할 때 납입되는 봉안물이다. 삼국시대에는 건물지의 단위건물과 담장 등을 중심으로 행하였는데, 처음에는 흩어놓듯이 매납하다가 점차 기단 축조 후에 별도로 수혈을 파고 토제나 금속제 용기를 넣는 방식으로 변화하였다.

한편, 의기로 사용된 금속제품에는 유자이기(有刺利器), 장신형철모, 곡도자, 통형동기(筒形銅器), 가지방울 등이 있다.

유자이기는 삼국시대 철제 의기를 대표하는 것으로 고구려나 백제지역에는 거의 출토되지 않고 영남지역에만 확인되는 매우 지역적인 유물이다. 지금까지 유자이기의 용도에 대해서는 찰갑을 착용한 기마병을 끌어내리는 무기로부터 매장의례에 사용되는 유물, 경제적 부와 군사적인 상징물, 군사용 깃발의 깃봉 등 다양한 견해가 제시되었다. 그러나 판상철부나 철정과 같은 철 소재에 장식성을 꾀하고, 피장자 주변에서 주로 출토되는 점에서 특정집단의 정신적인 상징물로서 주술적 혹은 권위를 상징하는 의기로 보는 설이 우세하다.

이 유자이기와 함께 지역적인 색체를 강하게 반영하고 있는 것이 장신형철모이다. 철모는 철촉과 함께 가장 보편적으로 사용할 수 있는 대표적인 공격용 무기인데, 이것이 장신화되어 전투 시 실용성에 의구심이 들 정도로 길고 얇게 변한 것이 장신형철모이다. 신부와 자루의 경계에는 폭이 넓거나 혹은 고사리 장식을 가한 것도 있다. 뛰어난 장식성에도 불구하고 낙동강 동안지역에서만 출토되고 있으며 철모를 장식화한 점에서 철제 무기의 의기화가 잘 표현된 유물이다.

신부가 외측으로 휘어진 곡도자도 이 시기의 대표적인 의기에 속한다. 신부의 휘어진 정도에 따라 실생활용품으로 볼 수도 있지만 선단부를 말아 고사리 모양으로 장식한 것도 있기 때문에 의기로 간주해도 무방하다. 더욱이 이들은 유자이기나 장신형철모 등 대표적인 의기와 함께 출토되는 경우가 많기 때문에 그 부장전통이나 용도가 이들과 맥을 같이 한다고 볼 수 있다.

철제 이외의 금속제 유물 중에는 소리를 내는 통형동기와 가지방울, 그리고 장식성이 풍부하여 일상의 복식품과는 차이가 있는 식리 등이 이 시기의 대표적인 의기에 속한다. 이외에도 영남의 각 지역 내에서 특정 분포권을 보여 주는 유물, 즉 지역성이 강하면서 그 용도가 불명확한 금속제 유물은 대부분 의기일 가능성이 크다. 금속제 의기 중 특히 철제 유물은 무기로부터 의기화로 진행된 경우가 많은데, 이는 지배자의 권력 형태를 보여 주는 것으로 생산력을 기반으로 한 경제적인 부와 더불어 철 생산의 장악을 통한 철제 무기의 대량생산화를 상징한다.

1 신라의 의기

신라토기 중에는 어깨와 뚜껑에 인물이나 동물 모양의 토우가 장식된 것들이 많으며 배, 수레, 집, 신발 등 생활공간과 도구를 닮은 상형토기도 많이 제작되었다. 또한 금령총 출토 기마인물형토기와 같이 당시의 기승문화와 생활모습을 상세하게 표현하거나 오리, 닭, 말 등 동물 모양의 토기를 단독으로 만든 것도 있다. 이들은 유물 자체의 쓰임보다는 상징성을 가지고 있는 것이며 장의 시 영혼의 승천을 돕고자 하는 뜻에서 피장자와 함께 부장된 것으로 보인다. 포항 냉수리고분에서는 석실의 입구 앞에 마련된 제사 장소에서 출토된 토기가 석실 내부에 부장된 토기와 형태적으로 분명하게 차이를 보이고 있어 같은 무덤에서도 부장용과 제사용의 토기를 따로 만들어 사용하였음을 알 수 있다.

신라의 의기는 금속제품에서 두드러지는데, 특히 철제 의기는 기본적으로 3세기 이래 낙동강 동안지역에서 출현한 일련의 유자이기와 장신형철모, 곡도자 등으로부터 형태적 변화를 거쳐 완성되었다.

유자이기는 신라권역에서 장신형철모와 더불어 수장층의 대형 묘에서 주로 출토되는데, 3세기에 경주를 비롯한 경북과 울산지역에서 처음 나타나며 이어서 대구나 경산, 부산 등지로 퍼져 나간다. 이 지역에서 확인되는 유자이기의 전형적인 형태는 양변을 오려서 궐수문 혹은 갈고리나 가시로 만든 것이 특징이다. 이러한 궐수문은 태양을 상징하는 대표적인 문양으로서 실용성보다는 장식성을 높이는 기능을 하며 3세기 후반부터 토기와 철모, 철겸, 도자 등 각종 철기의 전반적인 요소로 채용되기도 하였다. 포항 옥성리유적과 울산 하대유적에서는 3세기 후반부터 궐수문이 장식된 유자이기가 본격적으로 부장되며 이와 함께 궐수문철모, 곡도자, 철겸형의기가 공반되나 경산 임당유적에서는 이러한 공반관계가 뚜렷치 않는 지역차가 있다.

신라권역에서 유자이기는 양변을 고사리 형태로 휘감은 것에서부터 점차 감긴 정도가 약해져 외측으로 반전하는 갈고리의 형태로, 다시 갈고리의 길이가 짧아져 가시의 형태로 바뀌는 변화가 나타난다. 또한 가시의 부착 위치도 공부 가까이에 붙어 있는 것에서 점차 신부의 중앙으로 이동하며 단수도 1단에서 2단으로 바뀐다.

유자이기와 자주 공반되는 장신형철모는 초기의 대형 목곽묘의 바닥에 10점 이상을 나란히 깔아 관대로 사용하고 있어 철정을 깔아 관대로 사용하는 낙동강 서안의 가야지역과는 다른 양상을 보인다. 이 장신형철모의 근원은 3세기에 낙동강 동안지역을 중심으로 출현하는 궐수형철모에 있는데, 이것은 실용적인 철모에 비해 전체적으로 길어지고 가장자리에 고사리와 같은 장식을 붙인 것이다. 그 형태에 따라 신부의 가장자리를 도려내어 말아 붙인 것과 공부와 신부의 경계지점의 두터운 부분에 구멍을 내고 그 사이에 철 막대를 끼운 뒤 양쪽 끝부분을 고사리 모양으로 말아 붙인 것으로 구분된다.

이러한 궐수문철모가 시기가 지날수록 점차 고사리 장식이 사라지고 판상철모의 형태로 삼국시대 전기까지 지속되는데, 곧 장신형철모로 변화된 모습을 보여 주는 것이다. 이 때문에 장신형철모를 판상철모로 칭하기도 하는데, 신부와 자루의 경계가 폭이 넓은 형태가 대부분이나 일부는 여전히 고사리 장식이 남아 있는 것도 있다. 이들은 주로 수장층의 대형 묘에 다량으로 매납되어 한 개인에게 집중되는 특징이 있다.

곡도자도 목곽묘 등장기에 처음 등장하여 경주, 포항, 울산지역을 중심으로 유자이기와 장신형철모 등과 함께 분포한다. 곡도자의 형태적인 변화는 시기가 내려올수록 신부의 휘어짐이 점차 직선적으로 바뀌면서 선단부만 외측으로 반전된다. 이와 유사한 변화를 거치는 유물로는 철겸형의기를 들 수 있는데, 신라권역 내에서도 포항 옥성리유적을 중심으로 확인되는 점에서 이 집단을 대표하는 의기라 할 수 있다.

2 가야의 의기

가야의 의기도 토기나 금속제품을 통틀어 신라의 의기와 크게 차이나지 않으나 형태적으로 지역화한 것들도 있고, 일부는 신라에서 보기 어려운 독자적인 의기도 나타난다. 제사토기의 경우 명기나 토우보다는 상대적으로 상형토기나 토제모조품이 많으며 금속제품으로는 신라에서 유행하던 식리가 거의 없는 대신 통형동기나 가지방울 등이 보이고 있다.

신라를 대표하는 유자이기는 부산, 김해지역을 거쳐 낙동강 서안의 가야권역까지 전파되는데, 각 지역에 따라 특징 있는 모양으로 제작되었다. 이것은 4세기 이후 낙동강을 경계로 나타난 양 지역의 이질적인 문화현상이 유자이기에도 표현된 것이다. 금관가야지역의 유자이기는 중심고분군인 대성동고분군에서는 전혀 확인되지 않고 주변의 중소규모 고분군에서만 소수 확인되는 특징이 있다. 형태는 판상철부에 궐수문 장식을 붙인 점에서 낙동강 동안지역과 유사한 모습이나 선단부를 톱니바퀴처럼 장식하였으며 부산의 경우 경주와 김해 사이의 점이지대로서 두 지역의 유자이기 형태가 모두 나타나기는 하나 경주지역과 더 많은 공통성을 지닌다.

함안, 합천 등 아라가야와 대가야권역에서는 가시가 없거나 돌기 형태로 퇴화하며 내부에 다양한 형태의 투창을 뚫고 새 모양의 장식물을 부착한 것이 많다. 그래서 이들을 유자이기의 범주에 넣지 않고 별도로 새 모양 장식의 철판 의기로 구분해서 칭하기도 한다.

궐수형철모는 김해지역에서 철모보다는 철검에 고사리 장식을 행한 경우가 많으며 부산지역은 신라권역과 같이 궐수형철모나 장신형철모가 주로 출토되는데, 복천동고분군에서는 장신형철모가 퇴화된 형태의 짧은 판상철모도 특징적으로 나타난다.

통형동기는 금관가야의 대표적인 의기이다. 이것은 상하 2단의 종장방형 투공이 있는 원통 모양의 청동기로서 원통의 한쪽은 막혀 있고 반대편은 뚫려 있어 자루를 끼울 수 있도록 되어 있다. 원통 속에는 청동 혹은 쇠로 된 봉이나 대롱 따위가 들어 있고 장대를 끼우는 쪽의 끝부분에는 장대를 고정할 수 있도록 못 구멍이 뚫려 있다. 4세기부터 5세기 전반대의 대형 고분에서 주로 출토되며 용도는 장대 끝에 끼워 소리를 내는 의기로 보는 설과 철창의 물미로 보는 설이 있다.

이 통형동기는 오래전부터 일본열도에서 출토되어 왜계 유물로 간주되어 왔으나 1990년대 이후 김해 대성동 및 양동리고분군, 동래 복천동고분군 등 부산·김해지역을 중심으로 다수 확인되면서 금관가야에서 제작하여 주변으로 확산된 것으로 보는 견해도 대두되고 있다. 이를 정치적인 의미로 해석한다면 통형동기의 분포범위가 금관가야의 세력권과 직결되는 것으로 이를 부장한 정치체는 금관가야와 깊은 유대를 맺고 있다고 할 수 있다. 지금까지 김해 대성동 및 양동리고분군, 복천동고분군에서만 출토되었는데, 특히 대성동고분군의 출토량이 가장 많고 다양한 형식이 존재하는 것으로 보아 이로부터 제작되어 주변으로 배포되었던 것으로 보인다.

대성동고분군에서 통형동기는 철검형철창과 동반되는 예가 많은데, 이들의 조합관계는 통형동기의 부장 위치와 대칭되는 곳에 철창이 위치하고 있어 통형동기의 착장모습을 잘 표현하고 있다. 이외에 복천동고분군과 양동리고분군의 통형동기는 대성동고분군과는 달리 전형적인 착장방식이 확인되지 않는 점에서 통형동기 본래의 역할과 기능이 변질되었을 가능성이 있다.

통형동기처럼 소리를 내는 의기로는 동래 복천동고분군 출토 가지방울이 있다. 이것은 자루가 달린 원형고리 바깥으로 은행알 모양의 방울이 수 개 달린 형태로서 수장의 권위를 상징적으로 표현하고 있는데, 앞 시기로부터 이어져 온 주술적이고 이념적인 수단을 통한 지배정신을 엿볼 수 있다. [이상율]

IX 농공구

삼국시대 농공구(農工具) 가운데에는 여러 용도로 사용된 것이 있어서 어떤 종류로 분류할지가 다소 모호할 때도 있지만, 여기서는 주된 용도에 따라 농구와 공구로 구분하여 살펴보겠다. 그리고 원삼국시대 농공구에서 설명한 내용은 중복을 피하려고 생략하였음을 밝혀 둔다.

1 농구

삼국시대의 농구는 재질에 따라 크게 철제와 목제로 구분된다. 먼저 철제 농구로는 괭이와 쇠삽날, 쇠스랑, 쟁기, 살포, 철서, 호미, 철겸 등이 있다. 이 밖에 철제 외날따비는 대체로 4세기 후반에 소멸하며 전반적인 내용은 원삼국시대에서 설명하였으므로 생략하려고 한다. 한편, 최근 경주와 그 주변에서 5세기의 철제 외날따비 자료가 증가하고 있어서 철제 외날따비의 소멸 시점에 관한 논의는 앞으로 자료의 추이를 지켜볼 필요가 있다. 철제 외날따비를 제외한 개개 철제 농구를 살펴보면 다음과 같다.

우선 철제 괭이는 개간과 기경 작업에 사용하는 도구이다. 자루까지 완전한 상태로 출토된 사례는 없지만, 철제 괭이의 날에 해당하는 주조철부(鑄造鐵斧)가 삼국시대 무덤에서 보편적으로 확인된다. 이러한 현상을 통해 삼국시대에 철제 괭이가 널리 보급되었다고 파악한다. 그리고 삼국시대에는 공부(銎部) 횡단면 형태가 제형

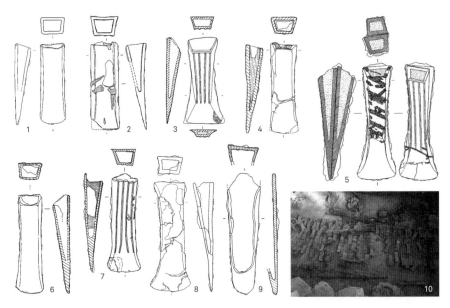

그림 44 각종 주조철부(1~9)와 주조철부의 부장 사례(10)
1: 구어리 목곽묘 14호, 2: 중산동 IA-100호, 3·10: 옥전 M3호, 4: 대성동 18호, 5: 황남대총 남분, 6: 하삼정 목곽묘 11호, 7: 칠산동 22
호, 8: 복천동 54호, 9: 병성동·헌신동 3-2호

(梯形)인 주조철부만 확인되는데, 점차 폭이 좁아지면서 길이가 길어지는 모양(그림 44-5·9)으로 변화한다. 따라서 땅을 깊게 팔 수 있는 형태로 발달하였다고 이해할 수 있다. 또한 2~4조의 돌대(突帶)가 있는 주조철부(그림 44-2·3·5·7)와 없는 것이 공존한다. 양자가 기능적으로 차이가 있다는 견해도 있지만, 계통을 반영한다는 시각도 있다. 그리고 주조철부는 2점 1조로 부장된 경우가 많은데 황남대총 남분에서는 2점씩 묶인 주조철부 294점이 출토되었다. 또한 주조철부를 관대(棺臺)로 사용한 사례(그림 44-10)도 있는데, 옥전 M3호에서는 121점의 주조철부를 바닥에 깔아서 부장하였다.

쇠삽날은 가래(화가래)와 말굽형따비, 철제 삽 등 다양한 농구의 날로 장착되어 개간과 기경 작업에 사용하는 도구이다. 쇠삽날은 삼국시대에도 황남대총 남분과 성주 성산동고분군 59호, 경산 조영동고분군 EIII-6호, 동래 복천동고분군 21·22호, 김해 대성동고분군 1호 등과 같이 주로 대형 무덤에서 출토되는 경향이 있다. 삼국시대에는 U자형과 V자형 이외에도 고구려의 영향을 받은 것으로 알려진 凹자형 쇠삽날(그림 45-1·2)이 확인된다. 그리고 영남지방에서 凹자형 쇠삽날이 출토되는 곳은 경주를 중심으로 한 신라 영역에 한정되는 경향이 있다.

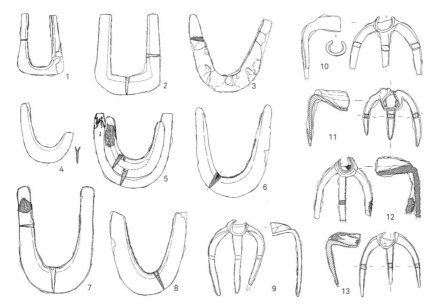

그림 45 각종 쇠삽날(1~8)과 쇠스랑(9~13)
1: 사라리 112호 석곽, 2: 성산동 59호 1부곽, 3: 조영동 EIII-6호, 4: 송현동 6호, 5: 대성동 1호, 6·12: 황남대총 남분, 7·10: 문산리
3-2호, 8: 복천동 22호, 9: 율동 50호 목곽, 11: 동산리 51호, 13: 동산리 53호

　　쇠스랑도 개간과 기경 작업에 이용하는 농구인데, 쇠삽날처럼 출토 사례가 적
으면서 역시 대형 무덤에 주로 부장되는 경향이 있다. 삼국시대에는 발이 3개인 쇠
스랑만 확인되며 평면 형태에 따라 역V자형과 역U자형으로 크게 분류하는데, 삼국
시대에는 역U자형이 많은 편이다. 그리고 가야보다는 경주를 중심으로 한 신라 영
역에서 출토되는 빈도가 높다고 알려졌다.

　　쟁기(犁)도 개간과 기경 작업에 사용하는 도구이지만, 축력을 이용한다는 점에
서 다른 철제 농구보다 작업 효율이 월등히 높은 특징이 있다. 삼국시대의 쟁기는 보
습만 있는 구조로 볏(그림 46-1)은 확인되지 않는데, 볏이 장착된 쟁기는 통일신라시
대에 출현한다. 문헌 기록에 기초하여 삼국시대에는 쟁기를 사용하는 우경(牛耕)이
보편화하였다고 파악하는 견해가 일반적이지만, 영남지방에서 출토된 삼국시대의
쟁기는 진주 옥봉 7호 출토품(그림 46-3)이 유일한 상황이다. 또한 여러 종류의 철제
농구가 많이 부장된 황남대총 남분에서도 쟁기는 출토되지 않았다. 이 때문에 삼국
시대에 얼마나 쟁기를 보편적으로 사용하였는지에 관해서는 논란이 있다.

　　살포는 물꼬를 트고 막는 데 사용하였던 농구로 방형의 날[刃部]에 긴 자루가

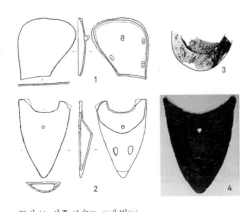

그림 46 각종 보습(2~4)과 벗(1)

1·2: 용인 언남리 II-18호 수혈(통일신라시대), 3: 진주 옥봉 7호, 4: 서울 구의동

달린 모양이다. 철제 날에 나무 자루를 장착하는 형태가 먼저 등장하고 이후 자루까지 쇠로 만든 살포가 출현한다. 살포는 관개시설의 보급을 반영하는 상징적인 유물로 알려졌다. 특히 자루까지 쇠로 만든 살포는 점차 날의 크기가 작아지는 모양으로 변화하기 때문에 실제로 사용하였다기보다는 의장용(儀裝用)으로 파악한다. 살포의 출현 시점은 4세기인데, 이후 통일신라시대를 거쳐 조선시대까지도 계속 사용되었다. 그리고 합천 옥전고분군과 함안 말이산고분군, 김해 대성동고분군 등의 가야지역에서도 확인되지만, 신라지역에서 출토되는 빈도가 높은 편이다. 또한 일정 규모 이상의 무덤(수장층?)에 주로 부장되는 경향이 있다.

철서(鐵鋤)는 1990년대 후반에 존재가 알려진 유물로 땅을 파기보다는 작물 사이를 긁거나 흙을 북돋아 주는 제초구로 알려졌다. 형태는 살포와 비슷하지만, 살포

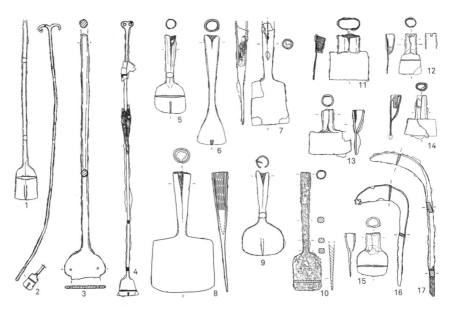

그림 47 각종 살포(1~10)와 철서(11~14), 호미(15·16)

1: 구산동 고분, 2: 가음정동 3호, 3: 도항리 27호, 4: 옥전 M3호, 5: 시지지구 78호, 6: 신흥리 라28호, 7: 학소대 2구1호, 8: 대성동 57호, 9: 운화리 6-1호, 10: 북정리 14호, 11: 하대 15호, 12: 임당 G68호, 13: 오륜대 87호, 14: 예안리 138호, 15: 우강리 87호, 16: 안압지(통일신라시대), 17: 병성동·헌신동 3-3호

보다 공부 길이가 짧으면서 철판의 양 끝을 자른 뒤 말아서 공부를 만들었다는 차이점이 있다. 4세기를 전후한 시점에 출현하며 통일신라시대까지도 계속 확인된다. 울산 하대 15호, 경산 임당 G68호, 부산 오륜대 87호, 김해 예안리 138호 등에서 출토된 사례가 대표적인데, 대체로 소형 무덤에서 출토되는 경향이 있다. 출토 사례가 적어서 아직 불분명한 내용이 많으며 용도에 관한 논란도 존재한다.

호미는 우리나라의 대표적인 제초구인데, 삼국시대의 호미는 자루를 장착하는 긴 슴베[莖部]에 낫처럼 생긴 날이 붙어 있는 모양이다. 출토 사례로는 상주 병성동·헌신동고분군 3-3호 출토품이 대표적이다. 일반적으로 호미는 자루가 짧은 단병서(短柄鋤)라고 알려졌지만, 삼국시대의 호미는 슴베가 길어서 단병서인지가 분명하지 않다. 현재의 자료로 보면 호미는 삼국시대의 늦은 시점인 7세기 전반에 출현한다.

철겸은 수확구이면서 여러 용도로 사용하였던 농가의 필수 연장 가운데 하나이다. 철겸이 보편적인 도구였다는 사실은 삼국시대의 무덤에서 출토 빈도가 가장 높다는 점과 소형 무덤에서 많이 출토된다는 사실을 통해 뒷받침된다. 삼국시대 철겸의 기본적인 모양은 원삼국시대 철겸과 비슷하지만, 인부(刃部)가 점차 굽어지면서 폭이 좁아지는 방향으로 변화하고 날과 자루의 각도에서는 뚜렷한 차이점이 확인된다. 다시 말해 원삼국시대에는 둔각(101도 이상)인 것(둔각겸)이 많았지만, 삼국시대가 되면 날과 자루의 각도가 직각(85~100도)인 철겸(직각겸)이 출현하여 다수를 차

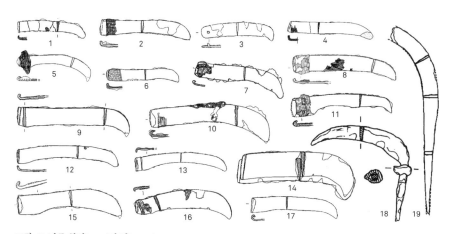

그림 48 각종 철겸(1~17)과 낫(18·19)

1: 병성동·헌신동 10호 석곽, 2: 성산동 59호 2부장곽, 3: 도항리 (현)8호, 4: 내산리 1호분 1-1곽, 5: 서변동 138호 석곽, 6: 조탑리 9호 석곽, 7: 예안리 77호, 8: 쪽샘지구 C9호 목곽, 9: 귀명리 9호 목곽, 10: 복천동 21·22호, 11: 예안리 130호, 12: 천곡리 19-1호, 13: 우강리 87호, 14: 옥전 M3호, 15: 도계동 34호 석곽, 16: 예안리 109호, 17: 본리리 31호 석곽, 18: 충주 숭선사지, 19: 언남리

지한다. 그리고 이러한 직각겸이 수확에 적합한 형태라는 사실을 고려하면 철겸이 수확구로 널리 사용된 시점은 삼국시대부터라고 파악할 수 있다. 한편, 통일신라시대에도 철겸을 사용하였지만, 통일신라시대가 되면 날과 슴베를 함께 만들어 나무 자루에 장착하는 낫이 출현한다. 통일신라시대의 낫은 대체로 날과 자루가 둔각을 이루는 모양이지만, 고려·조선시대가 되면 날과 자루가 직각인 형태가 보편적으로 확인된다.

다음은 목제 농구를 살펴보겠다. 삼국시대에도 많은 목제 농구를 널리 사용하였다고 추정하지만, 재질의 특성상 실물이 확인된 종류로는 괭이와 따비, 삽, 고무래, 써레 정도에 한정된다.

먼저 목제 괭이는 땅을 파는 데 사용하는 기경구인데, 출토 사례가 적어 구체적인 양상은 알 수 없다. 그러나 원삼국시대에 평괭이(세장방형과 횡장방형)와 쇠스랑형 괭이 등 많은 종류가 존재하였다는 사실을 고려하면 삼국시대에도 용도에 맞추어 다양한 모양의 목제 괭이를 만들어 사용하였다고 추정할 수 있다. 영남지방에서 출토된 삼국시대의 목제 괭이로는 기장 고촌리유적 출토품이 대표적이다.

그리고 목제 따비도 기경구의 한 종류이지만, 괭이보다 심경(深耕)이 가능하면서 뒤집는 흙의 양이 많은 장점이 있는 농구이다. 전체 모습을 알 수 있는 자료는 없지만, 창원 신방리유적과 부산 고촌리유적, 함안 성산산성 등에서 목제 따비의 날과 부속구로 추정되는 목기(木器)가 출토되었다. 이러한 자료를 통해 삼국시대에도 목제 쌍날따비를 사용하였다고 짐작할 수 있다.

목제 삽은 수로를 파거나 진흙을 갈아엎는 작업에 사용하는 도구로 논농사에서 기토(起土)와 반전(反轉) 작업에 사용하였다고 추정한다. 영남지방에서는 목제 삽의 출토 사례가 드물지만, 백제 유적에서 삽날의 형태가 반원형인 것과 장방형인 것이 확인되었다. 따라서 신라와 가야에서도 용도에 맞도록 제작한 여러 모양의 목제 삽을 사용하였을 개연성이 있다. 한편, 목제 삽을 가래로 인식하는 시각도 있다.

고무래는 논이나 밭의 흙을 고르거나 씨를 뿌린 뒤 흙을 덮는 데 사용하는 농구인데, 삼국시대 자료로는 무안 양장리유적 출토품이 대표적이다. 무안 양장리유적 출토품은 발이 많이 달린 형태로 써레처럼 괭이나 쟁기로 갈아 놓은 흙덩이를 잘게 부수거나 땅바닥을 판판하게 고르는 데에도 사용하였을 가능성이 있다. 그리고 창원 신방리유적과 함안 성산산성에서 출토된 목기 중 일부를 고무래로 파악하는 견

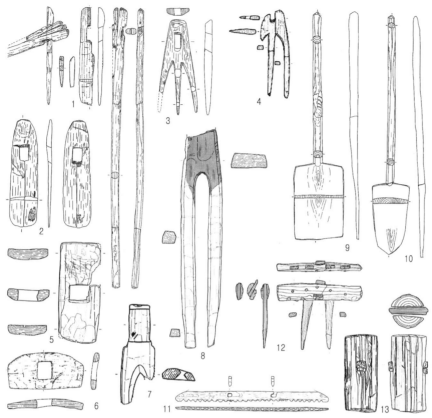

그림 49 각종 목제 괭이(1~5)와 목제 따비(6~8), 목제 삽(9·10), 고무래(11), 고써레(12), 곰방메(13)
1~3: 신창동유적, 4: 고촌리유적, 5·7·8: 신방리유적, 6·12·13: 성산산성, 9·10: 궁남지, 11: 양장리유적

해도 있다.

　이 밖에 목제 농구로 분류하는 유물로는 고써레와 곰방메가 있다. 고써레는 주로 산간지역에서 씨를 뿌릴 골을 만들거나 땅을 고를 때 사용하는 농구로 성산산성 출토품이 대표적이다. 그리고 곰방메는 쟁기로 간 흙덩이를 부수는 데 사용하는 도구로 역시 성산산성에서 전체 모습을 알 수 있는 자료가 출토되었다. 한편, 목제 농구는 아직 축적된 자료가 적고 이제 연구가 시작되는 단계여서 분류와 용도 설정에 여전히 이견이 존재하는 상황이다.

　이상에서 삼국시대 농구를 살펴보았는데, 철제 농구 가운데 괭이와 쇠삽날, 쇠스랑, 쟁기 등은 기경구, 살포는 관개구, 철서와 호미는 제초구, 철겸은 수확구로 분류된다. 그리고 목제 농구 가운데 괭이와 따비, 삽 등은 기경구로 분류되고 고무래와

써레도 크게 보면 기경구의 범주에 속한다. 따라서 삼국시대의 농구 가운데 가장 종류가 많은 것은 기경구로 이해할 수 있다.

그리고 농구의 조합은 시기에 따라 차이가 있는데, 자료가 많은 철제 농구를 중심으로 간단히 정리하면 다음과 같다. 먼저 삼국시대로 전환되는 4세기에는 괭이와 쇠삽날, 쇠스랑, 살포, 철서, 철겸 등의 농구가 존재한다. 이전과 비교하면 살포와 철서가 새로 출현하였음을 알 수 있다. 그리고 삼국시대에는 이러한 농구 조합을 기본으로 하면서 5세기의 어느 시점에 쟁기가 보급되고 7세기 전반에 호미가 새로 등장한다. 그런데 자료가 적어 영남지방에서 쟁기와 호미의 정확한 출현 시점과 널리 보급된 시기는 아직 분명하지 않다. 그리고 신라와 가야의 농구는 크게 차이가 없는 것으로 알려졌다. 물론 가야 지역에서 출토된 농구의 종류와 수량이 신라지역보다 적은 것은 사실이지만, 농구체계의 큰 틀은 비슷하다고 판단한다. 한편, 대가야지역에서는 모형 농구를 만들어 무덤에 부장하는 독특한 형태가 확인된다.

다음으로는 농구 조합을 통해 파악할 수 있는 농경방식을 간단히 살펴보겠다. 먼저 삼국시대가 되면 괭이의 날에 해당하는 주조철부가 널리 보급되는데, 철제 괭이가 구릉지 개간에 필수적인 도구라는 점에서 삼국시대에는 구릉지에 밭을 많이 개간하였다고 추정할 수 있다. 또한, 경작지 면적이 넓어지면서 농경 생산량도 증가하였다고 짐작할 수 있다. 그리고 쟁기는 축력을 이용하는 도구라는 점에서 노동력을 절감함과 동시에 심경이 이루어지는 효과가 있는데, 이러한 사실은 생산성 향상과 생산량 증가가 이루어졌음을 반영한다.

그리고 살포는 의장성이 강한 유물로 관개시설의 확충을 반영한다고 알려졌으므로 삼국시대에는 관개시설이 많이 축조되면서 논의 생산량이 증가하였다고 이해할 수 있다. 그리고 제초구인 철서와 호미를 통해 이전보다 제초작업이 강화되었음과 단위면적당 생산량이 증가하였다고 파악할 수 있다. 결국, 삼국시대에는 경작지 확대와 심경, 관개시설 확충, 제초작업 강화 등의 방식으로 농경 생산량 증가를 추진하였다고 이해할 수 있다.

한편, 크게 보면 농구의 범주에 속하는 유물로 탈곡구인 절구와 절굿공이가 있다. 삼국시대의 절굿공이로는 김해 관동리유적 출토품이 대표적인데, 이 절굿공이는 공이와 손잡이의 경계에 단은 없지만, 비교적 경계가 분명하고 공이 선단부는 편평한 모양이다. 그리고 창원 신방리유적에서는 공이가 하나인 절굿공이와 떡메처럼 생긴 절굿공이가 확인되었고 기장 고촌리유적에서는 절구통이 출토되었다.

2 공구

삼국시대의 공구는 크게 목공구와 단야구로 구분할 수 있다. 먼저 목재를 가공하는 목공구로는 단조철부(鍛造鐵斧)가 대표적인데, 자루에 장착하는 방식에 따라 자귀와 도끼로 모두 사용할 수 있다. 보통 큰 단조철부는 도끼, 작은 단조철부는 자귀로 이용하였고 도끼보다는 자귀처럼 사용하는 경우가 많았다고 추정한다.

삼국시대 단조철부는 모양과 크기가 다양하지만, 이전 시기와 비교하면 큰 차이는 없다. 다만, 5세기가 되면 종단면(縱斷面) 형태와 공부 횡단면 형태에서 일정한 변화가 확인된다. 즉, 단조철부의 종단면 형태는 대체로 긴 이등변삼각형이지만, 5세기에는 공부가 커지면서 이등변삼각형의 인부에 U자 모양의 공부가 부착된 것 같은 형태로 변화한다. 또한, 공부 횡단면이 장방형인 것은 사라지면서

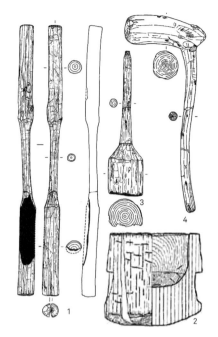

그림 50 각종 절굿공이(1·3·4)와 절구통(2)
1: 관동리유적, 2: 고촌리유적, 3·4: 신방리유적

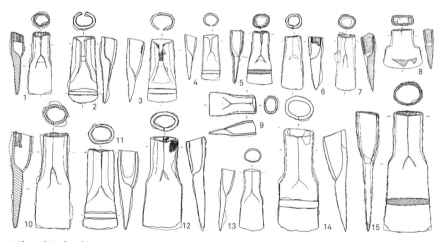

그림 51 각종 단조철부
1·10: 복천동 21호, 2·11: 귀명리 45호 목곽묘, 3·4: 문양리 117호 목곽묘, 5: 당감동 3호, 6·12: 월성로 가6호, 7·8: 대성동 18호, 9: 운화리 6-1호, 13·14: 운화리 3-1호, 15: 당감동 7호

455

원형 또는 타원형인 것만 확인된다. 이러한 변화는 단조철부의 기능과도 일정한 관련이 있지만, 제작기술과도 연관이 있다고 알려졌다.

단조철부 외에 목공구로 분류할 수 있는 유물로는 철착(鐵鑿)과 철사(鐵鉈), 톱, 철도자(鐵刀子), 철겸(鐵鎌), 나무망치 등이 있다. 철착과 철사는 원삼국시대에 널리 사용되었고 삼국시대인 4세기에도 가끔 출토된다. 그러나 대체로 5세기 이후가 되면 출토 사례를 확인하기 어려워서 삼국시대의 보편적인 목공구로 파악하기는 어렵다. 그리고 톱은 대구 달성고분군에서 출토된 사례가 있어서 삼국시대에 존재하였음은 분명하다. 그러나 언제 출현하여 어떻게 변화하였는지 등의 구체적인 내용은 알 수 없는 상황이다. 다만, 출토 수량이 너무 적어서 삼국시대에 보편적인 도구가 아니었다고 추정한다. 그리고 철도자는 여러 용도로 사용하는 도구로 알려졌는데, 자귀로 다듬은 목재의 표면을 다시 마무리하거나 곡면을 가공하는 데 사용하였을 개연성이 있다. 철겸 역시 목재 표면을 다듬는 데 사용하였을 가능성이 크다. 한편, 나무망치(목메, 木鎚)도 여러 용도로 쓰이는 연장인데, 목공구로 사용할 때에는 보통 철착의 머리를 내리칠 때 사용하는 것이다. 그러나 삼국시대에는 철착이 잘 확인되지 않으므로 자귀 등의 다른 목공구를 내리치는 데 이용하였다고 추정할 수 있다.

그리고 삼국시대의 공구 조합은 원삼국시대와 일정한 차이가 있다. 즉, 원삼국시대에 널리 사용하였던 철착과 철사가 삼국시대에 소멸하는 변화가 발생한다. 철착과 철사는 목재 표면을 다듬는 도구라는 점에서 삼국시대가 되면 목재의 마감 방식이 달라졌음을 짐작할 수 있다. 다시 말해 목재를 가공할 때, 원삼국시대에는 자귀로 크게 다듬고 철착과 철사로 마무리하는 방식이지만, 삼국시대에는 자귀로 표면을 정리하거나 철도자로 마감하는 방식으로 변화하였다. 이러한 사실은 삼국시대 목기에서 관찰되는 가공 흔적을 통해서도 확인할 수 있는데, 김해 관동리유적에서 출토된 목기에서는 자귀와 철도자의 사용 흔적이 가장 많이 관찰된다고 알려졌다.

다음으로는 단조 철기를 제작하는 데 사용하는 도구인 단야구(鍛冶具)를 살펴보겠다. 단야구의 종류로는 쇠집게와 쇠망치, 모루, 철참, 숫돌 등이 있다. 먼저 쇠집게는 재료인 철을 고정하거나 뜨겁게 달궈진 도가니 같은 물건을 잡는 데 사용하는 연장이다. 집게 모양에 따라 크게 원형과 타원형으로 구분하는데, 타원형은 철제품의 단야작업, 원형은 도가니 등을 잡는 데 주로 사용하였다고 추정한다.

쇠망치는 철을 넓히거나 단단하게 만들려고 두드리는 데 사용하는 도구이다.

쇠망치는 머리의 단면 형태와 평면 형태, 크기 등에 따라 다양하게 분류할 수 있다. 이처럼 쇠망치의 머리 모양이 다양한 이유는 용도에 맞도록 여러 종류를 제작하였기 때문이다. 한편, 원삼국시대의 쇠망치 머리의 단면 모양은 원형이지만, 삼국시대에는 방형만 확인된다.

모루(鐵砧)는 망치로 철을 두드릴 때 받침으로 사용하는 연장이다. 지하에 반을 묻어 고정하여 사용하는 대형과 이동할 수 있는 소형으로 크게 구분할 수 있는데, 무덤에 부장된 모루는 모두 소형이다. 소형 모루의 기본적인 평면 형태는 장방형이고 대체로 길이 10cm 이하의 크기이다. 이 가운데 길이 5cm 이하 크기의 모루는 섬세한 단야작업에 사용하였거나 부장용으로 제작하였다고 추정한다. 다른 단야구와 비교하면 모루의 출토 사례는 적은 편이다.

철참(鐵鏨)은 철을 절단하는 연장인데, 철착과 형태가 비슷하여서 분류 기준에 논란이 있다. 즉, 크기를 기준으로 철참과 철착을 구분하거나 다른 단야구와 공반된 사례만 철참으로 분류하기도 한다. 또한 한쪽에 날이 있고 반대쪽에 망치로 때리는 두부(頭部)가 있는 형태를 철참으로 파악하는 견해도 있지만, 이런 형태의 철참을 철착의 한 종류로 인식하는 시각도 있다. 어쨌든 철참은 단야구 가운데 출토 수량이 가장 많은 편이다.

숫돌은 제작한 단조 철기의 날을 세우는 데 사용하였다. 제작하는 철기의 형태와 크기에 맞게 다양한 종류가 있었다고 생각하지만, 출토 사례가 적어 상세한 내용은 알 수 없다.

이밖에 단야구로 분류하는 유물로 쇠줄이 있다. 쇠줄은 철기의 표면을 다듬거나 깎는 데 사용하는 연장으로 철도자와 비슷한 모양의 철기를 쇠줄로 파악하기도 한다. 그러나 줄의 가장 큰 특징인 요철면이 분명하게 확인되지 않는다는 점에서 줄로 분류하기 어렵다는 견해도 있다.

이상에서 살펴본 여러 종류의 단야구는 영남지방에서 단조 철기를 제작한 원삼국시대부터 모두 사용하였을 개연성이 크지만, 부장 양상에서 확인되는 단야구의 종류는 시기에 따라 차이가 있다. 단야구가 처음으로 부장된 사례는 원삼국시대로 기원 전후로 편년되는 무덤에서 쇠망치만 출토되었다. 이후 400년 동안 단야구의 부장은 잘 확인되지 않는데, 그러다가 5세기 전후부터 대형 무덤에 쇠집게만 부장되기 시작한다. 그리고 6세기가 되면 단야구의 부장이 증가함과 동시에 쇠집게와 쇠망치

조합을 기본으로 하면서 여기에 다른 단야구가 추가되는 양상을 보인다.

이상에서 살펴본 목공구와 단야구 이외에 삼국시대 공구로 분류할 수 있는 유물 몇 가지를 정리하면 다음과 같다. 먼저 목공구와 함께 건축 연장에 속하는 먹통(墨筒)이 있다. 먹통은 먹실을 감아 두었다가 부재(部材)에 금을 긋는 데 사용하는 것으로 목수와 석공 등 여러 분야에서 사용하는 가장 기본적이고 필수적인 연장이다. 영남지방에서는 아직 삼국시대 먹통의 출토 사례가 없지만, 익산 미륵사지에서는 목제와 토제의 먹통이 출토되었다. 따라서 영남지방에서도 삼국시대에 이와 비슷한 형태의 먹통을 사용하였을 개연성이 크다.

그리고 삼국시대에 대량으로 생산한 토기 제작에 사용하는 타날판(打捺板)과 내박자(內拍子)가 있다. 타날판은 실물 자료가 확인되지 않았지만, 삼국시대 단경호 등에서 확인되는 타날문을 통해 널리 사용하였음을 알 수 있다. 그리고 타날판과 함께 사용하는 내박자는 토제와 목제가 있는데, 토제 내박자는 4세기에 주로 사용하였고 중앙부가 돌출된 갓 모양이면서 무늬가 없다. 목제 내박자는 토기에 닿는 부분이 평평하고 주로 부채꼴 모양의 무늬가 새겨져 있는데, 5세기부터 7세기까지 사용하였다고 알려졌다. 이밖에 토기의 기면(器面) 조정(調整)에 사용하였던 나무칼 등 토기 제작에는 여러 연장을 사용하였다.

또한 직물(織物)을 만드는 데 사용한 방직구(紡織具)가 있다. 방직구 가운데 가장 보편적으로 확인되는 종류는 직물의 원료인 원사(原絲)를 만드는 방추차이다. 방추차는 토제와 목제가 있지만, 주로 확인되는 것은 토제이다. 그리고 베틀의 부속구인 비경이와 바디, 실감개, 위타구(緯打具) 등이 광주 신창동유적에서 출토되었다. 따라서 삼국시대 영남지방에서도 이러한 방직구가 존재하였음은 틀림없다고 생각한다.

[김도헌]

3 목기와 칠기

1) 목기

삼국시대의 목기는 창원 신방리 저습지, 김해 관동리, 봉황대, 기장 고촌리 생산유적, 기장 가동, 창녕 송현동 7호분, 함안 성산산성, 창녕 하왕산성, 경산 임당, 대구 욱수동, 문경 고모산성, 안동 저전리 등 저습지·하천·패총·산성의 연못·고분 등 다양한 성격의 유적(유구)에서 출토되었다.

기장 고촌리유적과 가동유적에서
도 느티나무·밤나무·굴피나무·녹나무·
느릅나무·졸참나무·상수리나무·피나
무·소나무 등으로 만든 여러 종류의 목
기가 출토되었다. 목기의 종류로는 쌍날

그림 52 삼국시대의 절구와 절굿공이(부산 기장 고촌리유적)

따비·괭이·고무래 등의 농사도구, 도끼
자루, 화살통, 빗·절구·절굿공이·작은
책상·신발·두레박 등의 생활용기, 육고기나 가죽·과일 등을 말리기 위한 걸이용 갈
고리, 크기가 다른 건물 기둥 등이 출토되어 목기가 많이 사용되었음을 알 수 있다.

창원 신방리 저습유적에서는 고배·절구·떡메·함지·절구·손잡이 달린 사각 용
기·구유형 용기·목도 등의 생활도구, 노·수라 등의 운반구, 자귀자루·쌍날따비·고
무래·괭이 등의 농기구, 빗장둔테·문·각재·보·기둥 등의 건축부재, 가야금·괭이, 토
기를 성형할 때 기벽을 두드리는 타날판, 정확한 용도를 알 수 없는 대소 크기의 여
러 형태의 목기들이 출토되었다.

창녕 송현동 7호분 석곽에서는 활·안교·다리 달린 잔·뚜껑·합·이형용기·부채
자루·반원형 용기·소쿠리·화살대·봉상목기·이형목기 등 다양한 종류의 목기류가
출토되었다. 창녕 송현동 7호분에서 출토한 목기의 수종 분석 결과, 잔 등과 같은 식
기류는 버드나무류, 봉상 목기류는 상수리나무와 뽕나무류, 절판은 오동나무, 안교
목심은 오리나무, 소쿠리는 소나무·느릅나무·팽나무·신나무·단풍나무, 두침은 피
나무로 만들었다 한다. 목기의 종류에 따라 사용된 수종에 차이가 있는 연구 결과도
제시되었는데, 향후, 다른 유적(유구)에서 출토한 목기의 종류와 사용 수종과의 비교
분석을 통해 특정 기능의 목기에 사용된 수종을 파악하는 연구도 주요한 연구과제
가 될 수 있다.

6세기 중엽경에 축성된 함안 성산산성의 연지에서도 많은 수량의 목기가 출토
되었다. 곰방매·발고무래·고무래·고써래·화가래 등의 농기구, 자귀·망치·손도자·
방망이·첨기 등의 공구, 전달린 잔·손잡이 달린 잔·접시·사각용기·바가지·주걱 등
의 용기와 식기, 목척·눈금 새긴 목기 등의 도량형기, 얼래·얼레빗·실패·부채자루
등의 생활구, 목도·새 모양 목제품·새 머리 모양 목제품 등의 제사구, 짚추리개·고드

렛돌 등의 목기가 출토되었다. 이 목기들은 성 내부에서 생활하면서 다양한 생산활동에 종사하였음을 나타내는 자료들로서 당시 성 내부의 생활 모습을 복원할 수 있는 유물이다.

2) 칠기

기원 전후에 각 지역의 최고 지배층들에게 유행한 칠기문화는 원삼국시대 후기에도 유행하였고, 삼국시대에도 계승되었음을 나타내는 자료가 삼국시대의 생활유적에서 다수 출토되었다.

기장 고촌리유적에서 목기와 함께 많은 수량의 칠기가 출토되었다. 이곳에서 출토한 칠기의 종류로는 첨저완·고배·화살통 등이 있다. 특히 6점의 칠기 고배가 출토하였는데, 다리와 몸통에는 적칠과 흑칠이 되었다. 다리는 3단으로 구획하고, 상단과 하단은 붉은 칠을 하였고, 중단은 검은 칠을 하였다. 잔의 외면은 붉은 칠을 바른 후, 세로의 흑칠로 선을 새겨 화려하게 장식하였다. 옻칠된 자체만으로도 상당히 고급 물품이지만, 칠로 선을 새기거나 붉은 칠과 검은 칠을 상호 대비하여 발라 고급스러움을 한층 높이는 등 칠기 제작기술이 상당한 수준에 도달하였음을 나타낸다.

칠기의 경우, 칠의 재배지가 한정되어 재배와 채취에 상당한 제약이 있을 뿐만 아니라 불순물의 정제, 칠 안료의 배합, 도장 등 어렵고 복잡한 과정이 있고, 장거리 이동과 장기 보관 등이 어려운 점 때문에 칠과 칠기를 전문적으로 생산한 집단이 있었고, 고급 용기이므로 지배층에서만 사용되었다.

기장 고촌리유적에는 옻이 묻은 연질 독이 물가의 야외 화덕에서 출토되었는

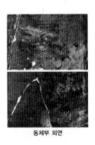

동체부 외면

그림 53 칠을 끓이는 야외 화덕과 연질옹(부산 기장 고촌리유적)

데, 화덕에 봇돌을 세우고 그 위에 연질 독을 걸치고 생옻을 넣고 끓여서 칠을 만들고 칠기를 생산하였음을 알 수 있다. 이곳에서 출토한 칠기 중에는 검은 칠과 붉은 칠을 한 아주 고급인 잔도 있다. 기장 고촌리유적에서 생산한 칠기는 당시 동래 일대의 지배층인 인근에 위치한 동래패총과 복천동고분군을 만든 집단에 공급하였을 것으로 추정된다.

삼국시대에는 고분 부장품으로도 칠기가 사용되었다. 각 지역의 중심 고분의 매장주체시설 내부에서 화살통이나 용기로 추정되는 흑칠 또는 적칠의 흔적이 확인되었다는 사례 보고는 다수 있다. 동래 복천동 54호묘, 김해 대성동 11호묘 등에서는 삼각거치문을 새긴 흑칠과 적칠을 한 방패장식으로 추정되는 칠제품 편이 출토되었다. 그리고 복천동 54호 무덤의 일부 시상석 표면에는 바닥이 둥근 흑칠과 적칠로 이루어진 용기의 흔적이 확인된 예도 있다. 복천동 53호묘 주곽에는 흑칠로 만든 머리 장식품이 출토되었다. 그리고 부곽의 일부 공간에는 유물이 부장되지 않았는데, 이곳에는 조영 당시 여러 종류의 칠제품과 목기를 부장하였을 것으로 추정된다. 창녕 송현동 7호분에는 안교·봉상목기·국자·뚜껑 등의 칠기가 출토되었다. 이와 같은 사례를 참고하면, 삼국시대 영남지역의 중요 고분에는 많은 수량의 칠기가 부장품으로 소비되었을 것으로 추정된다.

6세기 이후부터 통일신라시대의 칠기 출토사례는 거의 확인되지 않았다. 그러나 칠기가 고급 제품이면서 오랫동안 부식하지 않고 사용 가능한 물품이었으므로 이전 시기보다 생산량이 증가하고 사용층이 확대되었을 것으로 추정된다.   [홍보식]

X 갑주

1 철제 갑주의 등장과 연구동향

1) 등장 배경

우리나라와 인접한 중국대륙의 경우 상주(商周)시대의 청동제 투구 등이 알려져 있다. 춘추전국시대 이래 빈번한 전쟁을 치르면서 중국대륙의 군사기술은 비약적인 발전을 이루었다. 중국대륙은 진한교체기 이후 다양한 형태의 갑주가 사용되었고, 이들의 갑주문화는 주변지역으로 널리 확산되었다.

한반도에는 진한교체기 이후 많은 수의 유이민이 유입되었고, 이들을 통해 중국대륙의 갑주문화가 파급되었다. 평양의 석암리 219호 출토 혁제 갑옷과 중부지방에서 간헐적으로 확인되는 철제 소찰들은 한반도에 대륙의 갑주문화가 전래된 대표적인 증거들이다. 하지만 이들 단편적인 자료들만으로 우리나라의 갑주문화를 단정하기는 어렵다.

영남지방에도 창원 다호리 2호에서 확인된 혁제 소찰로 보아 기원 전후한 시기에 혁제의 갑주가 사용되었을 가능성이 높다. 그러나 당시의 영남지방은 삼한소국이 정립하는 단계로 사회적 여건상 갑주의 효용가치가 그다지 높지 않았다. 이것은 같은 시기의 철제 무기류의 질적 수준에서도 알 수 있다. 철제 단검과 무경촉(無莖鏃)이 철제 무기의 대부분인데 이들 무기의 살상력과 관통력은 그다지 우수한 것으로 보기 어렵다. 따라서 이들 공격용 무기에 대응하는 무구는 방패(盾)나 피갑, 목갑 등으로도 충분했을 것이다.

영남지방에 목곽묘가 등장하는 2세기 후엽경부터 무기류의 발전이 본격화하기 시작하였다. 기존의 철검은 대도(大刀)로, 무경촉은 유경촉(有莖鏃)으로 발전하면서 살상력과 관통력이 증대하였다. 아울러 이때부터 철모의 부장량이 급증하고 장신화한 점은 이전과 구별되는 현상이다. 이와 같은 공격용 무기류의 변화는 이전과 다른 새로운 전술상의 변화가 영남지방에 도래하였음을 의미하는 것이다. 목곽묘의 등장 이후 3세기 대는 철제 무기류의 발전이 가속화되었다. 공격용 무기류의 발전은 필연적으로 이에 대응하는 갑주류의 변화를 수반할 수밖에 없었다. 즉 목곽묘 등장 이후 영남지방의 급속한 성장과정에서의 긴장관계와 공격용 무기류의 질적 발전과정에 대응하여 새로운 형태의 갑주문화가 영남지방에 등장하게 된다.

2) 연구동향과 전망

동래 복천동고분군의 발굴조사 이후 우리나라의 갑주류 연구가 본격적으로 이루어졌다. 영남지방의 발굴조사과정에서 다른 지역에 비해 압도적으로 많은 갑주류가 확인되었고, 이를 통해서 우리나라 갑주문화의 전개과정을 가늠할 수 있게 되었다.

최근까지 판갑에 대한 연구는 일정 수준에 도달하여 어느 정도 윤곽을 파악할 수 있게 되었다. 특히 재지적 성격을 띤 종장판갑의 경우 경주와 울산지역에서 추가 자료가 확보되면서 보다 명확한 지역 간 양상을 알 수 있게 되었다.

이와 함께 대륙으로부터 일정한 영향을 받아서 제작되기 시작한 4~6세기 무렵의 찰갑이 판갑과 함께 부장되기 시작하여 점차 정형화되면서 5세기 이후 영남지방의 갑주문화를 주도하였다. 그런데 판갑에 비하여 찰갑은 구조복원의 어려움으로 인해 아직까지 많은 연구과제가 남아 있다.

지금까지 영남지방의 찰갑은 고구려 고분벽화의 묘사장면과 대비되면서 연구가 진행되어 왔다. 이것은 구조복원의 어려움에 따른 한계를 극복하기 위한 방안이었는데 최근 들어 출토상태가 양호한 찰갑이 확보되어 찰갑 연구의 새로운 전기를 맞고 있다. 새롭게 출토된 찰갑의 구조복원이 어느 정도 수준에 이르게 되면 동북아시아의 갑주문화를 이해하는 중요한 시금석이 될 것이다.

그리고 왜제(倭製)로 파악되는 대금식갑주(帶金式甲冑)가 영남지방을 벗어나 한반도 남부지방, 특히 서남해안의 연안항로에 해당하는 곳에서 발견되는 예가 증가하고 있다. 향후 한반도에서 확인되는 대금식갑주류의 연구도 중요한 연구쟁점이 될 전망이다.

2 갑주의 종류와 명칭

갑주는 기본적으로 공격용 무기로부터 신체를 보호하기 위한 갑옷과 투구를 의미한다. 4세기 이후 기존의 유기질제 갑주류와 함께 신소재인 철제 갑주류가 등장하기 시작하였다. 유기질제 갑주류는 실체가 제대로 확인되지 않았지만 철제 갑주류의 등장에도 적지 않은 영향을 끼쳤을 것이다. 유기질제 갑주의 영향을 모체로 다양한 형태의 갑주가 만들어졌는데 찰갑은 아시아의 전 지역에서, 종장판갑은 우리나라의 영남지방에서, 대금식판갑은 일본열도와 한반도 남부지방을 중심으로 확인된다.

우리나라의 갑주류 연구는 1980년대 이후부터 본격화되었고 이때부터 외래어 위주의 용어를 국내실정에 맞게 개정해 나가는 작업을 병행하였다.

1) 갑옷류

갑옷은 상반신을 보호하기 위해 고안되었다. 구성하는 철판의 구조와 형태에 따라 크게 판갑과 찰갑으로 구분한다. 판갑은 지판의 구성 형태에 따라 종장판갑과 대금식판갑으로 구분되며, 대금식판갑은 지판의 형태에 따라 다시 방형판, 삼각판, 장방판, 횡장판 등으로 나누어진다. 그리고 지판의 연결방식에 따라 혁철과 병유(釘結, 鋲留)기법으로 나누어진다.

소찰로 구성된 찰갑은 제작방식에 따라 동환식-유갑(胴丸式-襦甲)과 양당식-배자갑(裲襠式-背子甲)으로 구분한다.

(1) 종장판갑

종장판갑(縱長板甲)은 세로로 긴 철제 지판에 연접하여 제작한 영남지방 특유의 지역성이 강한 갑옷이다. 4세기 대를 중심으로 금관가야와 신라지역에서만 확인된다. 국내에서만 출토되므로 한복의 명칭에 근거하여 세부명칭을 정리하였는데, 각 구성판의 명칭은 아래와 같다(대금식판갑도 종장판갑에 준하는 명칭을 사용해도 좋다).

동래 복천동 38호에서 출토된 것이 가장 이른 시기의 종장판갑인데 4세기 2/4분기로 편년된다. 형태상으로 경주지역에서 확인되는 이른 시기의 종장판갑과 대단히 유사하다. 후경판의 형태는 고구려 고분벽화에 보이는 찰갑에 부착된 경갑과 유사한데 상호 관련성이 제기된다. 종장판갑의 등장기 자료들은 경주지역과 부산에서 주로 확인되는 점이 주목된다.

4세기 2/4분기부터 제작되기 시작한 종장판갑은 5세기 2/4분기까지 약 100년 간 영남지방의 대표적인 갑옷으로 사용되었다.

(2) 찰갑

찰갑은 아직까지 완전하게 복원된 사례가 없고, 고구려 벽화고분을 통해서 그 형태를 대략 추정해 볼 수 있다. 찰갑은 소찰을 횡으로 연결하여 수직방향으로 다시 재결합하여 만들어지는데 주로 외중식으로 수결(垂結)하여 유동성을 극대화시킨 갑옷이다. 형태에 따라 동환식(유갑)과 양당식(배자갑) 찰갑으로 크게 두 종류로 구별한다. 동환식은 개폐부가 몸통의 앞부분에 있고, 양당식은 개폐부가 좌우로 있는 구조이다.

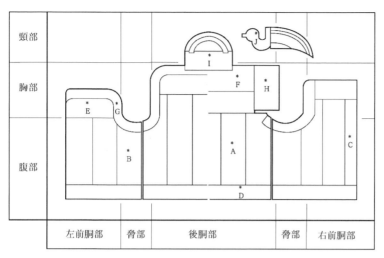

그림 54 종장판갑의 부분별 명칭
A: 지판, B: 무판, C: 섶판, D: 도련판, E: 앞길판, F: 뒷길판, G: 진동판, H: 소매판, I: 후경판(고대판), J: 측경판(깃판)

소찰의 형태와 투공 배치상태를 근거로 신체의 해당부위를 추정해 볼 수 있는데, 신체부위에 따라 요갑과 견갑, 상갑 등의 동체부 소찰과 경갑과 비갑, 대퇴갑의 부속갑으로 구별해 볼 수 있다.

찰갑은 동북아시아에 폭넓게 분포하는 고대의 갑옷 형태이다. 따라서 세부 명칭에서 의미전달의 편의성을 위해 한자용어의 사용이 불가피해 보인다. 찰갑에 대한 각국의 명칭을 정리한 것이 〈표 2〉이다.

4세기 대의 것으로 알려진 동래 복천동 38호와 조영동 IB-60호 출토품의 경우는 5세기 대의 전형적인 찰갑과는 형태상에서 다소 차이가 있는 것으로 알려져 있다. 따라서 이들 양자를 동일하게 취급하는 것은 곤란하다. 4세기 대의 찰갑은 명확하지 않지만 유동성이 다소 떨어지는 것으로 영남지방 각지에서 제작되어 다양한 형태를 보인다. 형태파악이 가능한 4세기 대

종장판주(縱長板冑)

경갑(頸甲)

상박찰(上膊札)

비갑(臂甲)

상찰(裳札)

도련찰(도련札)

대퇴갑(大腿甲)

하퇴갑(下腿甲)

그림 55 찰갑의 부분별 명칭

	목	어깨	위팔뚝	아래팔뚝	가슴	골반	허벅지	정강이
한국	경갑 (頸甲)	견갑 (肩甲)	상박갑 (上膊甲)	비갑 (臂甲)	흉갑 (胸甲)	상갑 (裳甲)	대퇴갑 (大腿甲)	경갑 (脛甲)
중국	盆領 錏緞	甲袖(長) 披膊(短)		釬 臂護		甲裙(長) 垂緣(短)	腿裙 膝裙	鵲尾 吊腿
일본	襟甲	頸甲	肩甲	籠手	胸當	草褶	膝甲	臑當

표 2 찰갑의 개별 명칭(송정식 2010)

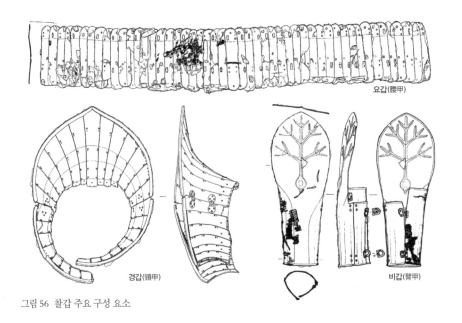

요갑(腰甲)

경갑(頸甲)   비갑(臂甲)

그림 56 찰갑 주요 구성 요소

의 찰갑으로는 울산 하삼정 26호 출토품이 있는데 소찰을 수결로 연결하였고, 개폐
부가 몸통의 앞부분에 위치한 동환식 찰갑의 모습을 보인다.

　　반면 5세기 대의 찰갑은 소찰을 수결로 연결하여 유동성을 극대화한 것으로 중
장기병용에 적합한 것이다. 가장 최근에 알려진 경주 쪽샘지구 C10호 출토품과 동
래 복천동 11호 출토품이 가장 대표적이다.

　　　　　　　　　　　　(3) 대금식판갑

　　대금식판갑은 2단으로 구성된 대금 사이에 삼각형, 방형 등의 소형 지판을 가
죽끈이나 못을 이용하여 결합한 갑옷이다. 일본열도에서 주로 출토되며, 왜와 교류
가 빈번한 가야와 백제지역에서 다수가 확인된다. 주로 충각부주(衝角附冑), 차양주

(遮陽冑) 등과 공반되는 경향을 보인다.

일본 고대갑주문화의 근간을 이루는 대금식판갑은 왜와의 상호작용속에서 한반도 각지에 유입된 것으로 보인다. 5세기 대 이후 일본열도에서는 대금식판갑이 대세를 점하지만 영남지방에서는 이때부터 판갑보다는 찰갑이 주요한 갑옷으로 채용되었다. 영남지방의 대금식판갑은 대형 분묘에서는 찰갑과 공반되는 경우가 있으며, 중소형급 분묘에서 독자적으로 부장되는 사례가 많다.

그림 57 대금식판갑

2) 투구류

4세기 대 이후 머리를 보호하기 위한 철제 투구가 등장하는데 종장판주가 대세를 이룬다. 종장판주는 지판의 모양에 따라 종장판주와 만곡종장판주로 나누어진다. 즉 종장판의 지판수가 늘어나고, 복발(伏鉢)을 얹기 위하여 지판을 곡률을 가한 만곡종장판주가 널리 유행한다. 종장판주에는 볼부분을 보호하기 위한 다양한 형태의 볼가리개가 부착된다.

한편 5세기 대 이후 보다 장식성이 강화된 소찰주(小札冑)가 사용되기도 한다. 특히 서부경남지역에서 확인

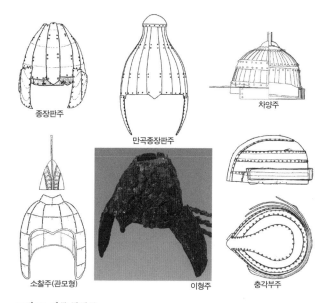

그림 58 각종 투구류

된 관모형 소찰주들은 착용자의 신분을 상징하기 위하여 금동장식을 가미하기도 하여 화려한 장식품으로서 기능이 추가된다. 그리고 대금식판갑과 함께 왜계 투구인 충각부주와 차양주도 영남지방에서 확인되는데 대금식판갑과 같은 맥락으로 유입된 것이다.

3) 마주와 마갑

인체를 보호하기 위한 갑주류 이외에 말을 위한 보호구도 제작하여 사용하였

그림 59 마갑(함안 마갑총)   그림 60 마주(馬胄)(합천 M3호 출토)

다. 고구려 고분벽화에 나타나는 중장기병의 무장 형태가 영남지방에서 확인되었는
데, 말을 치장한 방호구의 실물자료들이 영남 각지에서 확인되었다. 보호구는 말의
안면부를 보호하기 위한 마주(馬胄)와 몸통부분을 감싸는 마갑(馬甲)으로 구성된다.
마갑은 말의 보호부위주로 5세기 무렵에 경주와 부산, 김해, 함안, 고령 등지의 대형
무덤에서 확인되는 예가 많다.

3 갑주의 전개 양상

　　철제 종장판갑이 등장하기 이전까지 영남지방에서는 유기질제의 갑주가 사용
되었을 것으로 추정된다. 중부지방에서는 이른 시기의 철제 소찰편이 간헐적으로
검출되지만, 영남지방에서는 4세기 이후부터 철제 갑주류가 나타난다. 유기질제에
서 재질을 전환한 철제 갑주류는 4세기 이후 영남지방의 대형 분묘에서 주로 확인된
다. 이러한 현상은 당시의 부장관습과 밀접한 관련이 있는데, 고구려와 백제는 부장
품으로 갑주류를 그다지 선호하지 않았음이 분명하다. 고구려의 갑주류는 고분벽화
에 묘사된 예와 실제 사용장소인 접경지역의 보루 등지에서 확인된 바 있다. 그리고
백제는 소수의 갑주류가 확인되었지만 주로 왜계 갑주들이다. 이것은 백제의 변방
에 기반을 둔 자치세력들이 왜와의 교섭과정에서 획득한 것으로 보인다. 백제의 문
헌기록에 철갑(鐵甲)과 관련된 기록이 남아 있는 것으로 보아 백제에서도 철제 갑주
류의 제작이 활발하게 이루어졌음을 유추해 볼 수 있다.

　　4세기에서 6세기 대 영남지방의 대형 분묘, 특히 가야권역의 분묘에는 갑주류
가 부장되는 경우가 대단히 많다. 4세기를 시작으로 경주, 부산, 김해지역에서, 5세
기 이후 서부경남지역으로 분포범위가 확산되어 가는 현상을 보인다. 편의상 신라

와 가야지역으로 나누어 갑주의 변화상을 살펴보기로 한다.

1) 신라의 갑주
(1) 판갑

4세기 2/4분기경부터 경주, 부산지역을 중심으로 종장판갑이 처음으로 분묘에 부장되기 시작한다. 경주 구정동 3곽에서 출토된 2령의 종장판갑을 시작으로 최근까지 다수의 판갑이 신라권에서 조사되었다. 가야지역의 가장 이른 시기의 것으로 생각되는 동래 복천동 38호 출토품과 같이 초기에는 혁철(結)기법으로 제작되기도 하였지만 신라지역에서 확인된 종장판갑은 모두 정결기법으로 제작되었다. 대개 4세기 2/4분기경에 제작된 판갑의 경우 후경판의 형태가 고구려 벽화고분에서 묘사된 찰갑에 부착된 경갑의 형태와 유사하다. 이것은 등장기 신라 종장판갑의 특징으로 보인다.

경주 구정동 3곽, 동산리 34호 등에서 출토된 종장판갑은 4세기 2/4분기경에 부장된 것으로 신라의 초창기 종장판갑의 양상을 잘 보여 주는 자료이다. 한편 동래 복천동 38호 출토품의 경우 혁철기법을 사용한 것으로 가장 이른 요소를 보이는데 이 역시 신라의 종장판갑과 무관하지 않은 것이다. 금관가야지역에서 확인된 종장판갑이지만 출토유물의 검토를 통해 볼 때 신라와 금관가야의 요소가 혼재하는 동래 복천동 38호의 유물조합상을 잘 이해해야 한다. 즉 동래 복천동 38호에서 확인되는 유자이기와 장신화된 궐수문철모(蕨手文鐵鉾) 등은 명백히 신라권의 유물이다. 반면 대형의 파수부노형토기(把手附爐形土器)와 통형동기 등은 금관가야의 대표적인 유물이다. 이렇게 볼 때 동래 복천동 38호의 종장판갑은 유자이기와 궐수문철모와 함께 신라계의 유물로 보는 것이 오히려 합리적이다. 특히 후동부에 부착된 후경판이 경갑의 형태라는 점에서 동래 복천동 38호 출토품은 신라계 종장판갑의 구성요소를 잘 따르고 있다는 점에서 초창기 신라 종장판갑의 계보에 포함해야 한다.

신라의 종장판갑은 4세기 2/4분기경 등장하지만 이후 경주 외곽의 주변지역에서 주로 확인된다. 건천 사라리유적, 포항 마산리 147-4번지유적, 울산 중산리유적, 울산 미호리유적 등 경주를 벗어난 지방에서 주로 출토되고 있다는 점은 종장판갑이 당시의 신라 주요 지배층이 선호한 부장품이 아니었음을 보여 주는 현상이다. 특히 금관가야에 비해 신라의 종장판갑은 장식적인 효과가 미비한 점에서 대외적인

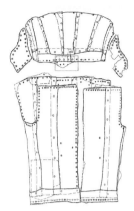

그림 61 초현기 종장판갑(구정동
3곽 출토품)

위세품의 성격보다는 실용성에 중점을 둔 유물인 것이다. 즉 신라의 주요 지배층은 금관가야와 달리 일찍부터 금공품 등의 복식(服飾)을 통해서 권위를 표현하였기 때문에 경주중심이 아닌 지방의 유력묘에서 실용성을 강조한 종장판갑이 주로 부장되었던 것으로 볼 수 있다.

신라의 종장판갑은 구조적인 면에서 경갑형의 후경판이 가장 큰 특징이다. 이후 점차 진동판과 길판이 갖추어지고, 후동부 상부에 장식성이 결합된 후경판이 등장한다. 이와 함께 측경판이 부착되기도 하는데 이러한 신라의 종장판갑의 변화과정은 금관가야의 종장판갑과 큰 틀에서 맥을 같이한다. 다만 궐수문이라든지, 새문양을 부가한 금관가야 종장판갑에 비해 장식성이 덜 보인다는 점이 차이가 있다. 한편 특이한 점은 울산의 하삼정 26호에서 신부(身部)를 소찰로 구성하고 후경판과 측경판을 부착하여 찰갑과 종장판갑의 요소를 결합한 갑옷이 확인되었다. 이와 같은 특이한 현상은 향후 새로운 자료의 추가에 따라서 신라의 갑옷 연구에서 중요한 전환점이 될 수 있는 여지를 남긴 것이라고 하겠다.

신라지역인 하삼정고분군(나-11호)에서는 왜계 갑옷인 대금식판갑 1령이 확인되었다. 장방판혁철판갑으로 알려져 있는데, 출토 유구는 5세기 후엽경으로 알려진 주부곽식 석곽묘이다. 가야에서 주로 보이는 5세기 후엽대의 대금식판갑의 부장과 같은 성격으로 판단된다.

(2) 찰갑

신라에서도 종장판갑과 함께 동아시아 전체에서 확인되는 소찰을 가죽끈으로 결속한 찰갑을 사용하였다. 찰갑은 우리나라 중부지방의 주거지에서 소량의 소찰이 확인되는 점으로 미루어 볼 때 보다 이른 시기부터 사용되었을 가능성이 있다. 그러나 1식의 형태로 무덤에 부장되는 것은 4세기 이후부터이다. 거의 종장판갑과 동시기에 갑옷의 형태로 사용되기 시작한 것으로 보인다. 동래 복천동 38호와 조영동 IB-60호 출토품이 등장기의 찰갑의 모습을 보여 준다. 즉 4세기 2/4분기경에 영남지방을 중심으로 지판으로 구성된 종장판갑과 소찰로 구성된 찰갑이 최초로 철제화한 갑옷으로 부장되기 시작한 것이다.

4세기 대의 찰갑은 경산 조영동 IB-60호과 울산 하삼정 26호, 경주 구어리 1호 출토품 등에서 보면 정형화되지 않은 상태로 다양한 형식이 존재한다. 이것은 신라의 초기 찰갑이 특정 지역에서 제작된 것이 아니라 지역마다 동시다발적으로 제작되기 시작한 것을 보여 주는 것이다.

찰갑의 형태는 아직도 명확하게 파악하기가 어렵다. 소찰의 투공배치와 출토상태로 보아 외중식의 수결법으로 소찰을 연결하였음을 확인하였으며, 양당식이 아닌 동환식의

그림 62 찰갑의 출토모습(쪽샘지구 C10호)

형태가 일반적이었던 것으로 추정된다. 4세기 대의 찰갑인 울산 하삼정 26호 출토품에서 이를 확인 할 수 있다. 그리고 찰갑을 구성하는 요갑의 소찰 단면의 변화를 통해서 다소간의 시간적 흐름을 간취할 수 있다(표 3). 향후 찰갑의 구조복원과 함께 세부적인 형태파악 등 다양한 연구가 필요하다.

신라의 5세기 대 찰갑 중 가장 양호한 상태의 것이 최근 경주의 쪽샘지구에서 확인된 바 있다. 쪽샘지구 C10호에서는 찰갑, 만곡종장판주, 마갑 등이 출토되어 신라 중장기병의 모습을 재현할 수 있게 되었다. 이와 같은 실물자료의 복원은 신라 찰갑의 형상파악을 넘어서 신라의 중앙군, 특히 중장기병의 실체를 확인하는 중요한 의미가 있다. 쪽샘지구 C10호의 찰갑은 신라뿐만 아니라 영남지역 찰갑의 형태를 밝히는 중요한 근거자료가 될 것이다.

한편 5세기 후엽경이 되면 왕릉급의 대형 적석목곽분에 순금, 순은, 금동제의

평면	상방하방형		상원하방형		상원하방, 상방하방
단면	외반	일자	S자		Ω자
도면					
유구	임당 ⅠB-60호	대성동 1호	복천동 10·11호		옥전 M3호, 교동 3호

표 3 요갑의 변천과정(황수진 2011)

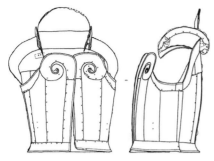

그림 63 장식요소가 강조된 종장판갑

갑주류가 부장되기도 한다. 권위를 표현하는 주요 귀금속류를 사용하여 갑주류를 장식함으로써 무력에 대한 권위를 표현한 것으로 보인다. 가야지역에도 금동제 장식을 가미한 투구가 확인된 바는 있지만 금은제 갑주류는 유례를 찾기 힘들다.

(3) 투구

투구는 4세기경부터 종장판주가 주로 사용되었다. 종장판주는 크게 지판의 단면이 'C'자형인 경우와 'S'자형인 만곡종장판주로 구별한다. 여기에 복발이 씌어진 경우와 복발이 없는 경우로 구별되기도 한다. 기존에 복발이 없는 종장판주는 재지계이며 보병용, 복발이 있는 만곡종장판주는 외래계로서 기병용으로 보기도 하였다. 그러나 이러한 단선적 구별법은 다소 무리가 있는 것으로 파악되었다. 오히려 양자 간에는 사용자의 계층을 반영하고 있는 것으로 파악하는 것도 검토되어야 할 것이다. 한편 신라지역의 경우는 아직까지 종장판갑과 투구가 공반된 예가 확인되지 않고 있다. 이 점은 갑주의 조합상에서 신라지역의 중요한 특징이다. 이상의 투구 이외에도 사라리유적에서 확인된 이형투구 등 다양한 형태의 투구가 제작되었을 것으로 추정된다.

2) 가야의 갑주

(1) 판갑

가야의 종장판갑은 부산과 김해지역을 중심으로 주로 4세기 무렵에 유행하였다. 앞서 말했듯이 동래 복천동 38호 출토품은 가야지역에서 확인된 가장 이른 종장판갑이다. 하지만 신라지역의 종장판갑과 관련성이 대단히 높은 유물이라는 점에서 가야의 종장판갑은 아마도 신라지역에 시원을 두고 있을 가능성이 대단히 높다. 복천동고분군에서 확인되는 종장판갑의 형식이나 변화과정을 본다면 신라지역에서 유입된 종장판갑은 부산지역에서 가장 왕성하게 제작되었고, 김해·경주지역으로 영향을 끼친 것으로 보인다. 금관가야의 중심인 김해지역의 종장판갑도 부산지역으로부터 제작전통이 유입된 것일 가능성이 높다. 이 점은 기본적으로 김해 대성동고분군의 종장판갑이 대개 동래 복천동고분군 출토 종장판갑에 비해서 다소 시기적으로 후행하며, 부장량도 열세한 점 등에서 유추해 볼 수 있다.

가야의 종장판갑은 4세기를 중심으로 5세기 2/4분기까지 금관가야에서만 제작되어 사용되었다. 특히 동래 복천동고분군이 가장 많은 부장량을 보이며, 김해 대성

	경주			부산			김 해		
		찰갑			찰갑			찰갑	
	종장판갑	혁제	철제	종장판갑	혁제	철제	종장판갑	혁제	철제
4세기 전엽	4	-	-	2	-	2	-	-	-
4세기 중엽	2	-	-	11	-	1	3	2	2
4세기 후엽	1	1	4	6	1	-	1	2	2
5세기 전엽	-	-	3	1	1	3	6	5	-
5세기 중엽	-	-	-	-	-	2	-	-	-
5세기 후엽	-	-	1	-	2	4	-	-	-

표 4 4~5세기 영남지방 갑옷의 지역성(이현주 2009)

동고분군과 양동고분군 등에서 비교적 다수의 출토례가 있다. 그리고 주변지역 기장 용수리고분군에서도 1령이 출토되었다. 복천동, 대성동, 양동고분군은 금관가야의 중심고분군으로, 이곳에서 출토된 종장판갑은 장식성이 강조된 것이 특징이다. 동체부에 궐수문양이라든지, 측경판에 새모양 장식이 부가된 것, 후경판과 측경판에 짐승의 털을 외연에 꽂아 장식한 것들이 그것이다. 이것은 금관가야에서 종장판갑이 단순한 상반신 방호구로서만 아니라 착용자의 신분적 권위를 표현한 것을 의미한다. 즉 신라와 달리 금관가야의 종장판갑은 권위를 상징하는 위신제로서의 역할을 같이 한 것이다.

종장판갑은 대개 5세기 2/4분기까지 부장되었는데 5세기경에 찰갑이 지배층의 갑옷으로 자리잡으면서 소유계층이 점차 하락하여 중간계층의 방호구로서 일반화되어 간 것으로 보인다.

동래 복천동고분군에는 이른 시기부터 종장판갑이 부장되었고 점차 김해지역까지도 종장판갑의 분포범위를 확산해 갔다. 하지만 〈표 4〉에서 알 수 있듯이 부산지역은 5세기부터 종장판갑보다는 찰갑의 부장량이 증가하는 양상을 보인다. 이와 같은 현상은 고구려 남정(400년) 이후 부산지역이 신라화하는 경향과 맥을 같이하는 것이다. 이러한 점에서 본다면 역시 신라는 부산, 김해지역에 비해 비교적 이른 시기에 판갑에서 찰갑으로 전환하였음이 보다 분명해 보인다.

금관가야의 중심지역인 김해지역은 종장판갑이 다소 늦은 시기까지 존속하며, 찰갑의 출토량도 다른 지역에 비해 열세이다. 이러한 점은 고구려 남정 이후 약화된 정치적 위상을 반영하고 있는 것으로 추측된다.

한편 가야지역에서는 5세기 2/4분기 이후부터 왜계 갑주인 대금식갑주가 확인되기 시작한다. 함안과 합천을 시작으로 부산, 김해지역에서도 대금식판갑이 부장되기 시작한다. 중형급의 분묘에 부장되기 시작한 이후 5세기 3/4분기 이후부터는 대형 분묘에서 찰갑과 함께 부장되는 경향을 보인다. 아마도 중형급 분묘에 부장된 경우에는 실재 사용되었던 것이지만 대형 분묘에 부장된 경우는 찰갑을 착용한 피장자의 소유물로서 대금식판갑이 부장된 것으로 보인다. 즉 지배층의 방어구로는 찰갑이 사용되었지만 대금식판갑은 위신재의 일종으로 왜로부터 입수하여 부장품으로 매납한 것으로 볼 수 있다.

(2) 찰갑

찰갑은 종장판갑과 거의 동시에 제작되기 시작하였다. 특히 김해 대성동고분군에서 확인된 찰갑들은 4세기 무렵의 대성동 2·47·57호 등에서 판갑과 공반되는 현상을 보인다. 이러한 현상은 동래 복천동고분군과는 뚜렷하게 대비되는 모습이다. 즉 4세기 무렵 김해지역은 부산지역에 비해 찰갑의 비중이 상대적으로 높게 나타난다. 특히 혁제 소찰로 구성되었을 것으로 보이는 찰갑을 포함한다면 대성동고분군의 주요 갑옷은 종장판갑이 아니라 찰갑이었을 가능성이 높다. 대성동고분군에서 확인되는 찰갑의 형태는 4세기에 주로 유행한 초기찰갑의 형태였으며, 경갑과 요갑만 철제로 구성된 유기질제 찰갑도 확인된다.

5세기 대의 전형적인 찰갑으로 알려져 복천동 11호 출토품은 복원이 미비하여 자세한 내용을 알 수 없지만 경주의 쪽샘지구 C10호와 비교할 수 있을 것이다. 만곡종장판주와 공반된 이 찰갑은 영남지방에 유행한 찰갑과 거의 같은 형식으로 볼 수 있다. 부산지역에서는 연산동고분군에서도 찰갑이 지속해서 부장된다.

한편 서부경남지역에서도 5세기 2/4분기 이후에는 찰갑이 대형 분묘를 중심으로 많은 수가 확인되었다. 신라에 비해 상대적으로 무구의 부장이 활발한 가야지역에서는 다수의 찰갑이 알려져 있다. 소위 말하는 후기가야지역의 주요 거점인 고령의 지산동고분군, 합천의 옥전고분군, 창녕의 교동고분군, 함안의 말이산고분군 등은 찰갑을 보유한 대형 분묘들이 확인된 유적들이다.

찰갑과 함께 마갑과 마구류가 부장된 예도 다수가 확인되어 가야지역에도 중장기병의 존재를 확인할 수 있다. 즉 찰갑의 보편적 사용과 함께 마갑, 마주 등을 착

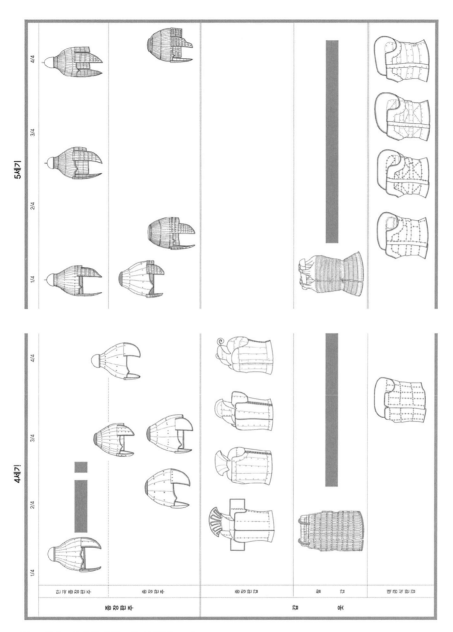

그림 64 한국고대 갑주 변천 모식도(이현주 2009)

장한 중장기병이 가야에도 보편화되었음을 알 수 있다. 찰갑의 구조는 기본적으로
동환식인데 신라와 큰 차이가 없다. 4세기경에는 지역적으로 다양한 형태의 찰갑이
제작되어 사용되었으나 5세기가 되면 가야를 포함한 영남지방의 찰갑은 세부적인

차이는 존재하겠지만 거의 유사한 형태로 변화하였다.

영남지방에서 찰갑을 완비하고 마주와 마갑 등을 갖춘 중장기병이 등장한 것은 기본적으로 신라와 가야의 군사적 기술수준이 고구려, 백제와 대등한 수준에 도달한 것을 의미한다. 기승문화와 결합한 찰갑은 영남지방의 기존 전술체제를 넘어, 압도적인 기동력을 바탕으로 적의 종심을 타격할 수 있는 전략적인 발전을 이룩한 것이다. 또한 대금식갑주류로 무장했던 5세기 대 왜와는 전술, 전략적인 측면에서 보다 압도적인 차이를 보이게 되었다.

(3) 투구

투구에 있어서는 신라와 가야지역이 같이 종장판계 투구를 사용하였다. 4세기의 투구는 종장판계 투구로 지판의 단면이 'C'자형인 투구와 만곡하여 'S'형에 복발이 있는 변형투구가 신라와 같이 유행한다. 이와 같은 두 종류의 종장판 투구에 대해서는 계통의 차이 또는 기능의 차이라고 보기도 하지만 아직도 명확한 해답은 없다. 이에 더해서 착용자 간의 계층차도 감안해 볼 여지도 있다. 그리고 가야지역에서는 투구와 함께 종장판갑이 공반되는 경우가 다수 있다는 점이 신라와 차이를 보인다.

투구의 볼가리개는 대개 1~3매의 판을 가죽끈으로 연결한 경우와 여러 개의 소찰을 상하좌우로 연결한 경우로 구별된다. 아마도 전자에서 후자로 이행해 간 것으로 추정된다. 종장판계 투구는 계통상 유수노하심(楡樹老河深)유적 등을 포함한 북방문물의 영향으로 추정되며, 영남지방에 유입된 이후 신라, 가야의 투구로 정착하였다.

이외에 5세기를 경과하면서 다양한 모습의 이형투구들이 제작되었다. 관모장식이 부착된 소찰주를 비롯해서 옥전 M3호 출토 이형투구가 대표적이다. 한편 왜계의 대금식 투구인 충각부주와 차양주도 간헐적으로 보인다. 이들 투구들도 대금식판갑과 유사한 경로로 가야지역에 유입된 것이다.   [김영민]

XI 무기

집단 사이의 싸움에서나 혹은 어떤 무력을 행사하는 데는 상대를 공격하는 이기(利器)와 상대의 공격으로부터 자신을 방호하는 도구가 사용된다. 인수(人獸)를 살상할 수 있는 전자를 무기라 하고 갑주나 방패와 같은 후자를 무구라 하며, 이 양자를 통틀어 무장이라 한다.

무기는 다시 그 타격이 미치는 범위에 따라 직접 충격을 가하는 근거리무기(shock weapon)와 멀리 떨어져서 공격하는 원거리무기(missile weapon)로 나누며 또는 전자를 단병기(短兵器)와 장병기(長兵器)로, 후자를 사병기(射兵器)로 분류하기도 한다. 호신병기인 단병과 격투병기인 장병의 구분은 흔히 성인 남성의 발끝에서 눈썹까지의 길이 또는 신장을 기준으로 한다. 신라·가야의 대표적인 무기에는 단병으로는 칼이라 불리는 검(劍)과 도(刀)가, 장병에는 창[鉾]이, 사병에는 활과 화살[弓矢]이 있다.

이 밖에도 곡도(曲刀), 가지창(叉), 도끼(斧鉞)와 같은 특수한 형태의 무기류가 있으며 죽창이나 팔맷돌을 비롯해 낫이나 도끼와 같은 일반 농공구류의 무기로의 전용도 생각할 수 있으나, 신라·가야 고분의 부장품으로서 우리가 자주 접할 수 있는 대표적인 무기류는 검·도·모·촉의 네 가지이다. 당시 중국이나 고구려에서 주력으로 사용되었던 노(弩)나 극(戟)은 신라·가야 고분에서는 출토되지 않는다. 이하에서는 위의 네 가지 주력무기들을 중심으로 설명한다.

1 사병기

사병기(사병)는 원거리에서 적의 선두를 견제하는 전초전에서 빠뜨릴 수 없는 병기로서 중요하다. 가야와 신라의 대표적인 사병기는 활[弓]과 화살[矢]의 조합이다. 비행체인 화살은 촉(鏃)과 화살대[箭]와 깃[箭羽]으로 이루어지며 촉을 제외하고는 유기질로 되었으므로 유존 예가 드물다. 화살대는 보통 버드나무나 자작나무 또는 대나무가 사용된다. 경주 월성해자에서는 싸리, 양산 부부총에서는 대나무가 사용된 예가 알려졌다. 화살촉과 화살대를 연결하는 고달은 김해 대성동 2호묘에서 출토되었다. 화살대의 뒤쪽에서 활시위에 거는 장치인 오늬(矢筈)는 경산 조영동 EIII-2호분에서 출토된 바 있다.

촉은 궁시의 가장 핵심 부품이다. 대부분 철제이나 삼국시대 초기의 무덤에서는 골촉도 출토된다. 이밖에 왜(倭)로부터 전해진 것으로서 대성동 2호와 13호묘의 석촉과 창원 삼동동 2호 석관묘 출토 동촉이 있다. 삼국시대의 철촉은 대체로 비행력, 관통력, 자상력을 향상시키는 방향으로 발전한다. 그래서 철기유물 중에서는 시간성을 판단하는 데 좋은 자료가 된다.

철촉은 목(頸部)과 뿌리(莖部)의 유무, 촉신의 폭, 촉신의 형태, 역자(逆刺)의 유무와 위치 등과 같은 네 가지 기준 단위의 조합에 의해 분류되고 명명된다. 이 중 첫 기준에 의한 무경식(無莖式), 유경식(有莖式), 유경식(有頸式)의 분류는 시간성을 가장 잘 반영해 준다. 또한 촉신의 폭이 대략 2cm를 넘는 광신촉(廣身鏃)은 원삼국시대에 주류였는데 4세기 대에는 차차 세신촉(細身鏃)으로 대체됨에 따라 이후에는 특수한 기능의 촉으로서 잔존한다.

철촉의 다양성은 촉신의 형태에 잘 나타난다. 그중에서도 가장 많이 제작, 사용되던 주력촉은 규두형(圭頭形), 사두형(蛇頭形), 유엽형(柳葉形), 도자형(刀子形)의 네 종류이다. 규두형은 4세기 대에 주로 사용된다. 5세기 대에는 사두형과 유엽형이 이를 대체하며 이보다 늦게 출현한 도자형과 함께 3자가 주종을 이룬다. 이들 촉은 형태뿐만이 아니라 촉신과 경부(頸部)의 길이에 의해서도 뚜렷한 차이를 보임으로써 각 형식이 시간성은 물론 서로 기능 또는 지역에 따라 사용하는 데 차이가 있음을 알 수 있다.

발사체인 활은 장궁(長弓)과 단궁(短弓)의 구별이 있다. 고구려 고분벽화에 많이 묘사된 단궁은 만궁(彎弓)이며 합성궁(合成弓)이다. 장궁은 원삼국시대의 창원 다호리 1호묘나 광주 신창동 저습지유적에서 출토된 예가 있다. 가야와 신라에서 단궁은 고구려를 통한 북방 기마문화의 영향으로 채용되므로 그 이전에는 장궁이 주로 사용되고 이후 병용되었다고 생각된다. 활 쏘는 사람이 묘사된 신라토기 뚜껑의 토우는 장궁을 표현하고 있다. 이 밖에 무덤에서는 시위를 거는 활고자의 출토 예도 점점 증가하고 있다.

화살을 담는 성시구(盛矢具)에는 두 종류가 있다. 화살촉을 위로 하여 담아 등에 짊어지게 된 것(靫)과 흔히 호록(胡籙)이라 불리며 화살촉을 아래로 향하게 담아 허리에 차는 것이 있다. 전자는 긴 상자형으로서 김해 대성동 14호묘에서 화살이 담긴 상태의 칠제품이 출토되었다. 후자는 수납부, 현수부, 대금부의 세 부분으로 이루어져 있으며 부속금구로는 산(山)자형금구, ㄷ자형금구, 대륜형금구, 안(眼)형금구, 중원판상금구, 대상금구, 대금구가 있다. 역시 고구려 기승문화의 영향에 의해 가야와 신라에 수용된다. 이 성시구는 수납부를 기준으로 크게 두 유형으로 나눌 수 있는데, 산자형금구를 갖는 대표 예로는 동래 복천동 21·22호묘, 경산 임당동 7B호묘, 고령 지산동 34SE-3호묘 출토품이 있다. 대륜형금구를 갖는 대구 지산동 39호묘의 성시구는 반원통형으로서 양호한 상태를 보여 준다.

2 장병기

장병기(장병)는 직선적으로 찌르는 것을 기본으로 하는 무기이다. 자루(柄)가 길어 적과의 거리를 유지할 수 있는 관계로 화약을 사용하는 무기가 등장하기 전까지 집단으로 사용하는 군대의 무기로서 가장 중요시되었다. 신라·가야에서 일반적으로 사용된 장병은 '모든 병기의 왕'으로 불렸던 창(槍)이다. 폭이 넓은 양날을 가진 모(矛)나 피(鈹)에서 유래한 창은 찌르는 기능이 강화된 것으로, 국내에서는 장병의 통칭으로 사용되고 있다. 그래서 자루를 끼우는 공부(銎部)가 있는 삼국시대의 창을 흔히 모(鉾)라고 부르는데, 이전 시기의 동모(銅矛)와 구별하기 위해서도 철모(鐵鉾)는 바람직한 용례이다. 김해 예안리유적의 인골과 부장품의 관계를 참조하면, 철모는 성인 남성의 전유물이었을 가능성이 크다.

철모는 찌르는 부위인 신부와 자루를 끼우는 공부로 이루어지며 그 경계를 관부(關部)라 한다. 철모를 끼운 자루의 반대쪽에 장착된 물미(鐏)도 부장품으로서 자주 출토되는데, 물미는 직기형이며 관부가 없이 신부에서 공부로 바로 이어진 형태적 특징을 갖는다. 무덤에서 양자가 마주 보고 출토될 때는 자루가 없어도 창의 길이를 추정하기도 한다.

철모의 분류는 신부의 단면을 기준으로 모나 피를 계승한 양날형과 능형으로 나누거나 가장 일반적으로는 공부 끝의 형태에 따라 직기형(直基形)과 연미형(燕尾形)으로 나눈다. 양날형과 직기형, 능형과 연미형은 상호 밀접한 관계에 있으나 서로간에 영향을 주기도 하여 다양성이 생긴다. 직기형은 원삼국시대에 낙랑을 통해 남부지방에 전해지며, 연미형은 신라·가야 성립기에 나타난다. 즉 북방 기마문화의 전래와 깊은 관련이 있다.

그 교체의 과도기에 신라권역의 목곽묘에서는 직기형의 장신형 철모는 신부가 극단적으로 커지거나 관부에 고사리문이 장식되는 등 의기적 성격을 띠기도 한다.

이때를 전후해 무덤에 철모를 대량 부장하기도 하는데, 포항 옥성리 나-79호에서는 무려 100점이 넘는 철모가 부장되기도 하였다.

이후의 철모는 연미형의 찌르는 기능이 보다 강화되는 쪽으로 발전한다. 철모 자체가 작아져 크기에 대략의 규격성이 보이며 공부는 차차 신부보다 길어지고 관부가 뚜렷하지 않게 된다. 보병이 사용하였더라도 기병용의 충격 전술에 적합하게 개량된 결과로 보인다.

어느 정도 지역성을 반영하는 철모로는 공부의 단면을 8각형 또는 10각형으로 한 다각형 철모가 고령 지산동고분군에 집중되며 함안, 의령 등 일부 가야권역에서도 출토된다. 황남대총 남분에서는 삼익형(三翼型)철모와 심부(鐔附)철모가 대량 출토되었다. 심을 가진 철모는 경주 월성로 가-13호묘를 비롯한 경주와 경산, 의성, 창녕 등 신라권역에서 주로 출토된다.

이 밖에 장병으로는 이전 시기의 단검과 같은 형태인 피가 김해와 부산의 이른 시기의 가야유적에서 출토된다. 이때의 피는 공반되기도 하는 통형동기와 함께 왜로부터 전해졌기에 교류관계를 엿볼 수 있다. 당시의 왜는 아직 철모의 공부를 만드는 기술 수준에 이르지 못했기 때문에 피(일본어로 '야리やり'라고 함)로서 창의 기능을 대신하고 있었다.

3 단병기

신라·가야의 대표적 단병기(단병)에는 양날인 검과 외날인 도가 있다. 이들은 접근전에 유리하므로 장소가 제약된 곳이거나, 전장에서도 공격보다는 방어에 주로 사용되는 호신병기이다. 찌르는 창보다는 베는 기능이 뛰어나 타격의 범위가 넓어서 갑주가 출현하기 이전에는 널리 사용되었다.

검은 원삼국시대에는 한국식동검을 계승한 단검이 직기형철모와 함께 무기의 주류를 이룬다. 이때는 전체 길이가 50cm 이하며 슴베[莖] 길이가 2~3cm 정도인 단경식(短莖式)이 주로 사용된다. 슴베가 손잡이[柄]만큼 긴 장경식(長莖式)의 장검은 후기 와질토기가 부장되는 목곽묘 단계에 들면서 본격적으로 출토된다. 4세기 대 신라·가야에는 단검은 거의 소멸하고 장검이 성행기를 맞는다. 장검도 5세기 대에는 그 수량이 급감하고 무기나 마구를 가진 고분에서 도나 환두도와 공반하는 경우가 많다. 석실묘가 유행하는 6세기 대 후기양식토기 단계에는 거의 부장되지 않는다.

베는 기능이 강화된 외날의 도는 등[背]이 있어서 검에 비해 잘 부러지지 않고 만들기가 쉬운 장점이 있다. 목관묘 단계에 삭도(削刀)로서 사용되던 환두도자나 소도가 환두대도라는 무기로서 사용된 것은 장검과 마찬가지로 목곽묘 단계에 들어서면서부터이다. 신라·가야는 처음에는 단병기로서 검과 함께 도를 사용하였으나 점차 검을 구축하면서 5세기 대가 되면 압도적인 우세를 보인다.

경주의 적석목곽분을 예로 들면, 이른 단계의 경주 월성로 가-13호묘에서 여러 점의 환두대도나 목병도와 함께 검이 한 점 출토되었을 뿐, 대부분의 무덤에 도만이 부장된 것에서도 여실히 알 수 있다. 이러한 변화는 도가 제작기간이 짧아 집단 무장을 갖추기에 유리하고 또한 활이나 창을 주로 사용하는 기병에게는 접근전을 위한 2차 무기로서 사용된다는 이점이 있어서 이러한 전술변화에 연동한 결과로 생각된다.

유물부장이 적은 6세기 대의 석실분에서도 도의 부장전통이 이어져 앞 시기와 달리 철모가 부장되는 고분의 수를 능가하고 있다. 이는 무기로서의 도에 대한 인식이 변화한 사실을 시사한다.

접근전에서 효력을 발휘하는 도는 그 때문에 지휘도로서 때로는 신분이나 권위의 상징용으로서 사용되는 경우가 많다. 그 상징성은 흔히 손잡이 끝의 장식에 잘 나타나는데, 장식이 없는 나무손잡이의 칼[木柄刀]과 구별하여 이들을 장식대도라 하며 환두대도가 대표적이다. 환두대도에는 고리만으로 된 소(素)환두대도, 고리 안에 삼엽문(三葉文)이 장식된 삼엽환두대도, C자형의 고리 세 개를 삼각상으로 겹쳐 놓은 삼루(三累)환두대도, 고리 안에 용이나 봉황 또는 용과 봉황을 함께 배치한 용봉문(龍鳳文)환두대도가 있다. 이 밖에 쌍엽환두대도나 환부에만 용봉문을 표현한 용봉문소환두대도도 있다.

환두대도의 각 형식은 소환두, 삼엽환두, 삼루환두, 용봉문환두의 순으로 발생 시기에서 차이를 보이는데, 모두 함께 사용되는 무렵에는 이들을 통해 소유자의 위계관계가 반영되고 있다. 즉, 출토된 고분의 성격이나 출토수량을 참조하면 용봉문과 삼루의 환두대도가 최상층의 위계를 보이며 다음으로 삼엽문, 소환두대도의 순서이며 목병도가 가장 낮은 위계자의 것으로 추정된다.

이 중 삼루환두대도는 복천동 10·11호묘, 황남대총 남분을 위시하여 금관총, 천마총 등등 경주의 주요 고분과 달성, 대구, 강릉 등 신라권의 무덤들에서 주로 출토되어 신라에서 위세품으로 자리한다. 삼연(三燕)의 무덤인 조양 십이대영자(朝陽十二台營子) 88M1호묘에서 환의 외형이 유사한 예가 출토되어 이들의 조형으로 생각된다.

이에 반해 용봉문환두대도는 가야와 백제 최고위층의 위세품으로 사용된다. 천마총(단봉), 호우총(단룡), 식리총(소환) 등 경주에서 출토되는 용봉문환두대도는 각각 백제나 가야의 영향을 받아 만들었거나 직접 이입된 것으로 볼 수 있다. 이러한 용봉문환두대도는 형태와 제법에서 크게 3계통으로 나눌 수 있다.

즉, 합천 옥전 35호묘, 고령 지산동 32NE-1호묘의 예와 같이 환과 단봉의 환내장식을 철제로 함께 주조하고 여기에 은사(銀絲)로 상감한 것, 옥전 M3호분 출토품으로 대표되는 철 또는 청동으로 환과 환내장식을 각각 따로 만들어 조립하고 그 위에 금판을 씌워 타출하여 문양을 드러낸 것, 무령왕릉 출토품으로 대표되며 청동으로 환과 환내장식을 반육조식으로 함께 주조하고 두텁게 도금한 것들이다. 앞의 두 가지는 가야에, 후자는 백제에 분포의 중심이 있다. 환의 형태나 제법 및 환내장식과의 결합법, 손잡이에 베풀어진 각종 장식과 기법 등에서 가야와 백제의 전통은 엄연히 구별되며 서로 영향을 주기도 한다.

삼엽환두대도는 가야와 백제에서도 출토되기는 하나 신라 출토 예가 가장 많다. 신라에서는 황남대총 남분에서 상원하방형 삼엽환두대도의 전형이 완성되어 크게 유행한다. 가야와 백제에서는 타원형의 삼엽환두대도가 출토된다. 가야에서 상원하방형의 환두는 은장(銀裝)의 소환두대도에 많이 보인다.

제법에서의 지역 차이는 손잡이의 파부를 감싼 장식에서도 두드러진다. 가야와 백제는 물고기 비늘 모양[魚鱗文]을 장식하고 문양판을 안쪽 넓은 면의 중앙에서 접합해 원두정으로 고정한 데 반해 신라에서는 'C'자문을 서로 연접시킨 연C文이 유행하고 문양판은 인부가 있는 측면에서 접합해 스테이플과 같은 'ㄷ'자형 침으로 고정시킨다. 이 밖에 삼루·삼엽환두대도의 제작에서 자도(子刀)를 부착한 예가 많은 것은 신라 대도의 특징이라 할 수 있다. 환두부에 상감기법이 시문된 것은 가야와 백제의 대도에 주로 보인다.

장식대도는 환두대도 외에도 칼손잡이 끝 장식의 형태에 따라 원두대도, 규두대도, 방두대도, 귀면장식대도 등이 있다. 영남지역에서의 출토 예를 보면, 원두대도는 창녕 교동 10호묘에서, 규두대도는 창녕 교동 11호묘나 양산 부부총에서, 방두대도는 창녕 명리 III-1호묘에서 출토되어 창녕지역에 유례가 많은 점도 주목된다. 이들 장식대도들은 대개 6세기 대 이후에 유행한다. 주로 일본에서의 출토 예가 많아 그 영향으로 파악하기도 하나, 삼국에서는 이때에 대도의 무덤 부장이 현저히 감소한 시기란 점이 충분히 고려되어야 한다.

신라·가야의 무덤에 후장이 이루어지던 시기에 부장품에서 무기가 차지하는 비중은 높다. 당시의 무덤유적에서 무기, 무구와 마구도 포함한 무장의 보유양상을 보면, 그 유적의 지역 내 위상을 가늠할 수 있다. 무장을 갖추지 않은 유적, 철촉이 중심인 유적, 무장보유가 적고 단순한 유적, 무장의 종류가 다양하고 다수 부장되는 유적의 구별이 있다. 김해 대성동고분군, 동래 복천동고분군, 합천 옥전고분군, 고령 지산동고분군들과 같이 지역 최상위 수장층의 묘역에서는 무기는 물론 갑주나 마구도 다량 부장되는 등 무장의 집중 현상을 보인다.

단위지역에 이처럼 무장의 차이가 있는 유적이 서로 공존하고 중간 정도 수준의 유적에 도 개인 무장의 집중화가 보이며 창의 보유로 대표되는 전사 무덤의 부장품에 농공구류가 공반하는 점을 고려하면, 당시의 전사는 생업을 유지하면서 비상시에는 병력으로 동원되는 반전업적 상비군 체제에 속해 있었다고 추정된다.

적석목곽분 단계의 경주 중심지 유적에는 다양한 보유양상을 가진 무덤들이 중층적 구조를 가지며 집중되었고 상층부의 귀족문화는 상당한 수준이었으므로 군사체제 역시 훨씬 높은 단계를 유지하였음은 물론이다.

이처럼 무기와 무장을 통해서 당시의 사회상을 유추할 수 있는 정보는 풍부하다. 가야와 신라뿐만이 아니라 고구려, 백제, 왜 등 주변국들과의 관계도 무장 연구에서 밝힐 내용은 많으며 과제이기도 하다. [김두철]

XII 생산유적

생산유적은 인간이 삶을 영위하기 위해 가장 필수적인 먹거리를 생산하는 농업·어업·수렵 등 기본 생산유적과 일상생활에 필요한 생필품이나 도구 등을 만드는 수공업 생산유적으로 나누어 볼 수 있다.

기본 생산유적 중 어업과 수렵은 생산행위의 특성 때문에 그 흔적을 찾기가 쉽지 않으며, 실제 아직까지 이와 관련된 유구는 구체적인 정황이 드러나지 않고 있다. 하지만 농업은 논밭을 매개로 곡물을 생산하므로 논밭만 찾는다면, 이를 매개로 행하여진 인간의 행위 전반을 복원할 수 있다. 우리나라에서 농업 생산유적은 1990년대 이후부터 영남지역을 중심으로 확인되고 있으나, 아직까지 조사 예가 그다지 많지 않고, 연구의 연륜이 짧아 그 실태를 명쾌하게 개관할 수 있는 단계는 아니다.

수공업 생산유적에는 금속의 생산과 가공, 요업, 유리와 피혁 같은 제품을 생산한 유구 등이 모두 포함되지만, 실제 그 실체가 확인된 경우는 제철과 요업에 관련된 유구들이다. 특히 요업유구는 최근 조사 예가 급증하면서 생산도구인 가마의 구조와 계통, 생산요장의 복원, 생산체제와 유통, 소성기술의 복원과 입지 분석까지 다양한 연구가 진행되면서 이전의 가마 자체에 국한된 연구에서 탈피하여 생산과정과 생산체제 전반에 대한 분석 그리고 생산시설을 유지시켜 주던 당시 사회상을 규명하는 방향으로 연구대상의 범위가 확대되고 있다.

1 농업

농업 생산유구로는 논과 밭, 수리시설 등이 조사되었다. 지금까지 확인된 논유구는 크게 두 종류로 구분된다. 하나는 골짜기(谷部)에서 확인되는 폭이 좁은 계단식 논이고, 다른 하나는 골짜기 안의 평야나 하천범람원(背後濕地)에서 주로 확인되는 소구획(小區劃) 논이다. 계단식 논은 골짜기 구릉의 등고선 방향과 평행하게 조성되기 때문에 세장방형이거나 호형(弧形)을 이룬다. 이 논의 가장 큰 특징은 완전한 형태의 논둑이 확인되지 않는다는 점인데, 아마도 폭이 좁은 논의 특성상 넓은 고정적인 논둑을 설치하지 않고 담수기 동안만 낮고 가변적인 논둑을 만들었기 때문으로 풀이된다. 이해 비해 소구획 논은 완전한 형태의 고정식 논둑이 설치되어 있다.

계단식 논으로는 울산 온양 발리유적과 무거동 옥현유적, 그리고 창원 반계동유적이 잘 알려져 있다. 발리의 논은 한 면의 폭은 60cm 내외이며, 총 20여 면이 확인되었다. 평면 형태는 호형을 띠고 단면은 계단상이다. 각 면의 단차는 1~7cm로 낮은 편이며 물을 가둘 수 있는 논둑은 확인되지 않았다. 주변에서 도랑이 확인되는 점으로 보아 물의 공급과 관련된 것으로 보인다. 소구획 논은 대구 서변동유적에서 조사되었다.

밭은 마을과 같이 구릉사면이나 하천범람원에서 주로 확인된다. 진주 대평리·평거동, 대구 동천동·서변동유적 등이 대표적이다. 밭은 주로 이랑과 고랑으로만 형성되어 있는데, 대구 동천동유적의 경우 공간을 구획한 둑과 이랑, 고랑이 함께 노출되었다. 이 시기 밭의 이랑과 고랑의 크기는 일정하지 않은데, 진주 대평 옥방6지구는 이랑과 고랑의 너비가 50~60cm 정도이며, 재배면적은 1000여 평에 이른다.

그림 65 울산 발리유적 계단식 논 유구

수리시설로는 상주 공검지와 울산 약사동, 함안 가야리유적에서 제방시설이 조사되었다. 공검지 제방은 7세기 대에 처음 축조된 것으로 나무의 잔가지와 잎사귀를 기초부에 까는 부엽공법이 적용되었다. 특히 부엽시설과는 별도로 제방의 바깥쪽 가장자리를 따라 제방과 직교되게 지름 25~30cm, 길이 90cm가량 되는 통나무를 빈틈없이 깐 목재시설층이 확인되어 당시 토목기술의 일단을 엿보게 한다. 약사동 제방 역시 기초부에 부엽공법을 적용하였다. 이 밖에 대구 동천동유적에서는 제방과 함께 나무와 돌로 만들어진 보(洑)와 도랑 등의 수리시설이 발굴되었다.

그림 66 진주 평거동유적 논 유구(좌)와 밭 유구(우)

그림 67 약사동 제방유적 제방 종단면

2 철·철기

　제철유적은 철을 생산한 유적과 철기를 생산한 유적으로 구분해 살펴볼 필요가 있다. 지금까지 발굴결과로 볼 때, 철과 철기를 동시에 생산한 유적은 진천 석장리유적이 유일하며, 나머지는 철생산과 철기생산 유적으로 구분되기 때문이다. 다시 말해 철생산과 철기생산이 별개의 장소에서 이루어졌을 가능성이 높다는 것이다. 철광석과 목탄 등 원료와 연료의 공급이 용이한 곳에서는 철생산을 위한 제련공정이, 수요와 인접하거나 접근성이 좋은 곳에서는 철기제작공정이 이루어진 것이다.

　철생산유적으로는 밀양 사촌유적과 양산 물금유적이 있고, 철기생산유적으로는 경주 황성동유적이 알려져 있다. 밀양 사촌유적에서는 7기의 원형 제련로가 발굴되었는데, 모두 노와 타원형의 배재부가 연결된 열쇠구멍 형태이다. 노의 기초부는 보온과 제습을 위해 숯과 모래를 교대로 불다짐하였고, 상부 노벽의 하중을 견디기 위해 노벽 하단에 할석을 2~3단으로 쌓아 놓았다. 노의 배치상태로 볼 때 2~3기의 노가 동시에 제련작업을 수행하였다. 이와 같이 사촌유적은 노의 형태나 배치상태 등으로 미루어 보아 상당히 규격화되고 집약된 생산체제를 갖추고 있다. 사촌유적보다 약간 늦게 조업이 이루어진 양산 물금유적에서는 노의 형태가 다양하고 유구의 배치가 정형화되어 있지 않아 사천유적 단계의 체계적인 생산체제가 다소 와

그림 68 밀양 사촌 제철유적 및 송풍관

해된 듯하다. 하지만 물금유적에는 철광석 파쇄·선별장, 배소시설, 패각소성유구 등이 확인되어 일련의 제련기술을 알게 해 준다.

철기생산유적으로는 경주 황성동유적이 잘 알려져 있다. 이곳에서는 주조철기를 생산하기 위한 용해로와 단조철기를 생산하기 위한 제강로와 단야로가 확인되었다. 하지만 철생산을 위한 제련로는 확인되지 않았다. 이 점은 황성동유적이 철기만을 생산한 유적임을 알게 해 준다.

한편 제철유적 주변에서는 다수의 목탄요가 발굴되고 있다. 목탄요는 구릉사면에 등고선과 일치하는 방향으로 축조되어 있으며, 요체의 길이는 10m 내외, 너비는 1m 내외이다. 요체의 한쪽 장벽을 따라 다수의 측구가 설치되어 있어 흔히 측구부탄요 혹은 터널식탄요라 부른다. 대체로 3~7세기경에 조업이 이루어진 것으로 보고 있다. 최근 연구에 따르면 이 목탄요는 제철유적 주변에 입지하면서 제철과정에 필요한 목탄을 공급한 것으로 보고 있다. 달천철장이나 황성동유적이 위치한 울산과 경주에서 모두 70여 기의 목탄요가 발굴되었으며, 사촌유적이나 범어리유적과 관련해서는 밀양 평촌유적과 김해 화정유적 등지에서 다수의 목탄요가 확인되기 때문이다. 최근 발굴결과에 따르면, 충주를 중심으로 한 충청도 일원에서 200기가 넘는 측구부탄요가 발굴되었는데, 이 또한 제철유적인 충주 칠금동유적이나 탄금대토성유적과 무관하지 않은 것이다.

3 토기

삼국시대 토기가마는 모두 폭이 좁고 길이가 길며, 약간의 요상경사도를 가진 등요이다. 등요는 축요방법에 따라 요체의 전부가 지하에 위치하는 지하식, 요체의 일부가 지상에 위치하는 반지하식, 요체 전부가 지상에 위치하는 지상식으로 구분된다. 삼국시대 가마의 대부분은 반지하식이며, 이른 시기의 가마 중 일부는 지하식으로 알려져 있다. 요체는 아궁이부, 연소부, 소성부, 연도부로 구성된다. 소성부와 연도부 사이에 불턱이 있는 것과 불턱이 없이 완만한 경사로 이어지는 것으로 구분되는데, 영남지역의 경우 삼국시대 가마는 모두 후자로 확인되어 지역적 특색으로 간주된다. 아궁이 앞쪽에는 일반적으로 폐기장이 형성되며 여기에는 소성과정에서 긁어낸 숯과 재 그리고 불량 파쇄물 등이 퇴적되어 있다. 또 가마의 주변에는 점토채취장, 공방, 건물지 등이 분포한다.

영남지방에서 가장 이른 시기의 토기가마는 4세기 중반경으로 편년되는 함안 우거리유적과 윗장명유적에서 조사되었다. 이곳 가마는 요체의 길이가 짧고 소성실 중앙부가 가장 넓은 배 모양(舟形)이며, 상당 기간 동안 고식도질토기를 생산하여 주

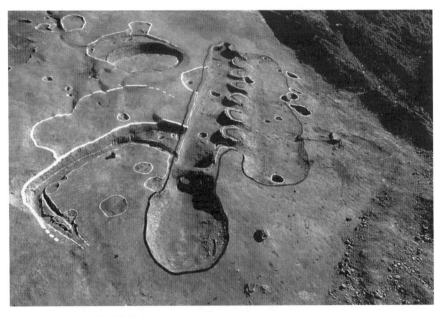

그림 69 손곡동·물천리유적 숯가마 유구

그림 70 함안 우거리 토기가마 유구 　　　　　　그림 71 창녕 여초리 토기가마 유구

변지역으로 유통시켰다. 이보다 약간 늦은 단계인 4세기 후반~5세기 초반의 유적으로는 창녕 여초리, 양산 산막유적이 있다. 이곳 가마는 요체의 길이가 길고 요체폭이 연도쪽으로 갈수록 좁아지는 형태이며, 1~2기의 가마가 짧은 기간에 걸쳐 소규모로 조업한 특징이 있다.

　　5세기 중반 영남지역에는 고식도질토기가 사라지고 신라·가야의 지역양식을 가진 토기문화가 성립된다. 이때를 기점으로 한 곳에서 100년 이상 조업활동이 이루어진 대규모 가마군이 출현하며, 별도로 제작한 전용 요도구를 사용하여 전업적 토기 생산이 개시된다. 이 시기에 신라토기를 생산한 가마는 경산 옥산동, 경주 손곡동, 양산 호계동, 왜관 낙산리유적에서 조사되었다. 이 가마들은 대체로 요체의 중앙부가 가장 넓은 주형이며, 요체의 길이는 7m 정도로 고정화되는 경향이 있다. 옥산동유적과 손곡동유적은 수십 기 이상의 가마가 장기간에 걸쳐 조업활동을 한 대규모 가마군이며, 주변에서 경주 임당유적이나 신라왕경유적과 같은 대규모 소비처가 확인된다. 낙산리와 호계동유적은 1~2기의 가마가 독립적으로 조업이 이루어진 한 경우이다.

　　가야토기를 생산한 가마는 진주 상촌리, 함양 신관리, 산청 어서리유적 등에서 조사되었다. 가마의 형태는 상촌리와 같이 요체 중앙부가 넓은 주형과 신관리, 어서리와 같이 길이가 긴 여초리형이 공존한다. 신라토기 생산유적처럼 대규모 가마군은 확인되지 않지만 작게는 2기, 많게는 6기의 가마가 무리를 이루고 있는데, 이 점은 대규모 소비처의 부재 혹은 지역색이 강한 가야의 특색으로 보인다.

　　6세기의 가장 대표적인 가마 형태는 이른바 화구적석요이다. 이 가마는 화구의 양측에 돌을 쌓아 화구의 개폐를 쉽게 하면서 반복사용에 따른 화구의 훼손을 방지하도록 고안된 것이다. 이 가마의 최초 출현은 5세기 대 대구 신당동유적이지만, 6~7세기 대 경주 손곡동, 김해 구산동, 대구 도원동유적 등에서 집단적으로 확인되고 있어 이 시기에 전국적으로 확산되어 통일신라 말까지 유행한 것으로 파악된다. 공통적인 특징은 반지하식으로 화구가 좁고 소성부가 넓은 주형이라는 점, 2~4기씩 군집되어 있다는 점, 수차례에 걸친 보수흔적과 고온피열에 의해 요체의 균열이 심한 점, 그리고 동일 기종 혹은 세트 관계에 있는 토기를 다수 포개어 소성하였다는 점 등으로 요약된다. 이와 같은 특징은 모두 토기의 대량생산을 위한 것이다.

4 기와

영남지역의 삼국시대 기와는 간혹 지방의 고대 사찰터에서 출토되기는 하나, 대부분 궁궐·관아·사찰 등이 밀집해 있었던 경주지역에서 출토되고 있다. 그만큼 기와가 당대 최고위 계층의 전유물이었음을 알게 해 준다. 신라에서 언제부터 기와가 사용되었는지는 정확하지 않다. 삼국사기 지마니사금 11년(AD 122년)에 "동쪽에서 불어온 큰바람으로 나무가 부러지고 기와가 날리었다"고 기록되어 있어 2세기 초에 기와가 제작되었을 가능성은 있으나 고고학적으로 이 시기에 부합되는 기와는 확인되지 않는다.

지금까지 삼국시대 가마는 경주 건천 화천리, 천북 동산리, 내남 망성리, 안강 육통리, 현곡 하구리(다경)유적에서 발굴조사를 통해 확인되었다. 모두 평기와와 막

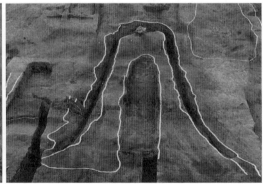

그림 72 손곡동·물천리유적 기와가마 유구(좌)와 토기가마 유구(우)

그림 73 경주 동산리유적 기와가마 유구(좌)와 기와가마 출토 유물(우)

새를 함께 소성한 가마이다.

　　건천 화천리 산251-1 유적에서는 7세기 대에 조업이 이루어진 9기의 삼국시대 기와가마가 발굴되었다. 요체 길이는 7~8m 정도의 주형의 평면을 가진 반지하식이며, 10° 내외의 요상경사도를 가진다. 일반적인 기와가마의 경우 연소실과 소성실 사이에 수직상의 불턱이 존재하며, 연도부의 흡화공이 가마 뒷벽 하단에 위치한 반도염식(半倒焰式)이다. 하지만 이 유적의 경우 수직 불턱이 뚜렷하지 않으며, 흡화공이 가마 뒷벽 상단에 위치하고 있다. 이 점은 토기가마의 구조적 전통이 기와가마에 남아 있음을 보여 주는 사례이다. 특히 8호가마의 경우 최초 가마축조 때 만들어진 뒷벽의 앞쪽에 추가로 3개의 흡화공을 가진 연도부를 설치하였다. 이는 토기가마가 기와가마로 전용된 사례이며, 한편으로 백마강 주변에서 확인되는 3개의 흡화공을 가진 백제시대 반도염가마의 영향을 받은 것으로 보인다.

　　천북 동산리유적에서는 2기의 기와가마가 조사되었다. 이 중 잔존 상태가 양호한 2호가마의 경우 요체는 세장방형이며, 연소실과 소성실 사이에 40cm 정도의 불턱이 형성되어 있다. 주변 폐기장에서 출토된 유물로 미루어 보아 7세기를 전후한 시점부터 8세기 대까지 조업이 이루어졌던 것으로 보인다. 한편 천북 물천리에서는 토기가마에서 기와를 함께 소성한 것으로 추정되는 유구가 확인되었으나 기와를 토기받침으로 사용한 것인지 아니면 실제 기와를 소성한 것인지가 명확하지 않고, 주변 수혈에서 삼국시대 수막새와 토기구연형 암막새가 출토되어 주변에 별도의 기와가마가 존재할 가능성은 있으나, 요체는 확인되지 않았다. 육통리와 다경가마는 파손이 심해 가마의 구조를 구체적으로 파악할 수 없었다.

5 청동

청동 생산유적은 주로 공방유적을 중심으로 조사되고 있다. 경주, 부여, 익산, 공주 등 고대도시 유적에서 주로 확인되고 있으며, 일부 사찰의 경내에서도 확인되고 있다. 이 점은 청동의 소비지가 고대도시와 사찰에 집중되었음을 시사해 준다. 공방유적은 1기 혹은 여러 기의 노지와 관련 수혈, 그리고 청동재·도가니편 등이 묻힌 폐기수혈, 우물 등이 공존하는 형태로 확인된다.

경주 황남동 376번지유적은 고고학적으로 신라시대 청동공방의 존재를 최초로 알게 해 준 유적으로 다수의 수혈과 우물, 집석유구 등으로 구성되어 있다. 청동공방의 실체는 명확하지 않으나, 다수의 청동도가니가 출토되었고, 3개의 노로 구성된 유리공방이 확인되어 청동공방과 유리공방이 공존한 복합유적으로 보고 있다. 조업연대는 6세기 말에서 8세기 중엽으로 판단된다.

경주 동천동 681-1번지유적에서 확인된 청동공방유구는 길이 265cm, 너비 220cm, 깊이 30cm의 장방형 수혈과 이 수혈의 남동쪽 모서리에 설치된 청동용해로로 구성되어 있다. 노는 사방 60cm의 정방형으로 부뚜막처럼 바닥보다 10cm 높게 만들었으며, 송풍구의 바닥은 수혈의 바닥보다 더 깊게 만들었다. 수혈 내부에서 많은 도가니편과 청동찌꺼기, 잔자갈 크기의 광석, 청동덩어리 등이 출토되었다. 경주 동천동 791번지유적에서는 석열로 구획된 정면 3칸의 건물지 내부에서 폭 3m의 장방형 노와 직경 40cm의 원형용해로가 확인되었다. 동천동 789-10번지유적에서는 청동공방과 관련된 노지 1개소, 잡석무지 1개소가 확인되었는데, 노지는 바닥만 일부 남아 있었다. 이와 같이 동천동 일대에서 다수의 청동공방유적이 확인되고 있음은 이 지역이 통일신라시대 대규모 청동공방지대였음을 알게 해 준다.

이 밖에 경주 서부동 19번지유적과 경주 성동동 386-6번지유적, 경주 북문로 왕경유적 등에서 노지와 수혈로 구성된 다수의 청동공방유구가 조사된 바 있으며, 경주 황룡사지와 인접한 분황사 동편 원지유적에서 생산도구인 철제집게와 청동공방 등이 각각 조사되었다.

청동공방에서 확인된 용해로는 반지하식으로 바닥에 기초부를 만들고 그 위쪽에 원통형 노를 세운 구조이다. 노 내부에는 자갈을 깔아 놓았거나 점토 등을 이용하여 고상부(高床部)를 만들고, 그 위에 도가니를 놓고 용해작업을 하였다. 도가니를 사용한 노의 경우 도가니의 정치방법과 송풍방법에 따라 그 구조와 형태가 다양한 편이다.

한편 청동을 생산하기 위해서는 철생산과 마찬가지로 채광, 제련, 용해 등 복잡한 작업공정을 거쳐야 한다. 따라서 자연동이 아니라면 동광석의 채취와 관련된 광산이 존재하였을 것이나, 아직 삼국시대 동광산은 확인된 바 없다. 하지만 성덕대왕신종의 납동위원소비 분석결과에 따르면 한반도 남부지방에서 채굴된 동광석을 사용하여 동종을 주조한 것으로 밝혀졌기 때문에 앞으로 대규모 청동 채광유적이 확인될 가능성이 높다고 할 것이다.

6 유리

영남지역에서 확인된 유리생산유적은 경주 황남동 376번지유적과 경주 신라왕경유적이 있으며, 이 밖에 경주 황성동유적에서 시기불명의 유리와 곡옥을 제작했던 용범이 출토된 바 있고, 경주 동천동 681-1유적에서 유리도가니가 출토되어 주변에 유리공방이 있었다고 추측된다.

황남동 376번지유적에서 확인된 유리공방은 내부에 3개의 노(爐)를 갖춘 직경 280~514cm의 타원형 수혈과 집석유구, 우물 등으로 구성되어 있다. 확인된 노는 직경 100cm 내외, 깊이 10~36cm 규모이다. 내부에는 노벽체로 보이는 흑색사질점토가 벽면과 바닥에 부분적으로 남아 있고, 노 내부 바닥은 타원형으로 자갈을 한 벌 깔아 놓았다. 3호의 경우 벽체가 있었다고 판단되는 곳에 너비 10cm, 깊이 5cm의 구를 파고 잔자갈과 사질토를 채워 다져 놓았고, 바닥은 불로 다져져 소결되어 있었다. 수혈 내부 퇴적층에서 소토와 유리편이 출토되었고, 노지 주변에서 타원체 유리구슬과 액상의 유리흔적이 확인되었다. 출토된 유리도가니의 성분 분석결과에 따르면 부착된 유리는 바륨이 함유되지 않은 SiO_2-PbO계 유리이다. 조업연대는 6세기 말에서 8세기 중엽으로 보고 있다.

신라왕경유적 내 유리생산유구인 제9가옥은 유구의 잔존상태가 불량하여 정확한 형태파악은 불가능한 상태이나 유리도가니가 출토된 소토와 잡석군 그리고 우물로 구성되어 있다.

이상과 같이 지금까지 확인된 유리공방의 특징은 노지와 잡석군, 폐기수혈, 우물 등으로 구성되어 있고, 주변에서 유리도가니 혹은 유리괴가 출토된다는 점이다. 이 밖에 신라왕경인 경주에서만 확인된다는 점은 유리의 소비지가 고대도시에 집중되어 있었다고 할 수 있으며, 경주 황남동 376번지에서 출토된 관인(官印)명 인장으로 미루어 볼 때 관영수공업의 형태로 운영되었다고 볼 수 있다.　　　　　[이상준]

XIII 금속용기

금속용기란 금, 은, 동, 철 등 여러 가지 금속으로 만든 그릇을 말한다. 동이나 철제품이 많은 편이고 금, 은으로 만든 것은 매우 드물다. 금속용기의 대부분이 예기 혹은 의기라는 점에 주목할 필요가 있다. 고대국가에서 중시된 것은 각종 의례였고 그 의례에 필요한 물품 가운데 금속용기가 포함된다. 동아시아의 금속용기문화는 기본적으로 중국 중원지역의 예기(禮器)에서 비롯되었다. 그것은 단순한 그릇이 아니라 곧 국가권력의 상징물이었고 역사의 진전에 부수하여 동북아 각지로 확산되었다. 삼국시대 영남지역에서 성장하였던 신라와 가야에도 금속용기문화가 수용되었다. 특히 신라의 경우 '황금의 나라'라는 이미지에 걸맞게 귀금속으로 만든 금속용기가 사용되기도 했다.

1 신라의 금속용기

1) 계보와 전개

서기 4세기 후반 이후 신라의 왕도인 경주에 대규모의 고분군이 집중적으로 조영된다. 경주 월성로 가-13호묘에서는 가장 오래된 수식부이식(垂飾附耳飾), 로만글라스(Roman Glass), 신라양식 출현기의 토기와 함께 금제완(金製盌)·은제완이 출토되었다. 금속용기는 얇은 금판과 은판을 두드려 만든 것이며 굽이 없는 형식이다. 후속하는 여러 무덤 속에서는 금속용기가 다량으로 출토된다. 황남대총 남분과 북분, 금관총, 서봉총, 금령총, 천마총 출토품이 대표적이다. 이 무덤은 신라의 왕릉급에 속하는 대형 묘이며 묘제는 적석목곽분이다. 적석목곽분의 특징 가운데 하나가 무덤 속에 다량의 물품을 넣어 주는 것이다. 그 가운데는 부장을 위하여 특별히 제작한 물품뿐만 아니라 생전에 사용하던 물품도 포함되어 있다.

신라는 4세기 후반부터 주변의 여러 나라 가운데 고구려와 긴밀한 관계를 유지하였다. 그러한 국제관계를 반영해 주듯 신라고분 속에서는 고구려산 혹은 고구려계 공예품이 여러 점 출토되었다. 신라고분 속에서 일반적으로 출토되는 정(鼎), 세(洗), 반(盤), 초두(鐎斗), 울두(熨斗), 합(盒), 완(盌) 등의 금속용기 조합은 고구려의 영향을 받은 제기세트로 추정할 수 있다.

6세기 중엽 이후 석실분이 새로운 묘제로 채용되면서 고분 속에서 금속용기가 사라진다. 대신 금속용기는 왕궁이나 도성 내 생활유적에서 주로 출토되며 가장 정교한 금속용기는 사찰의 사리장엄구 혹은 공양품에 포함된다. 적석목곽분에서 출토되는 각종 제기류가 더 이상 확인되지 않는데 신라사회에서 아예 그 기종이 없어진 것인지 혹은 출토되지 않을 뿐인지 아직 단정하기는 어렵다. 그러나 신라 금속용기에 큰 변화가 존재했던 것은 분명하며, 통일기 이후에는 당의 금속용기문화를 본격적으로 수용하는 등 새로운 변화를 맞이하게 된다.

2) 황남대총 금속용기

신라에서 무덤의 규모나 출토 유물의 수량에서 가장 탁월한 존재는 황남대총이다. 남분과 북분이 연접되어 있으며 두 무덤 모두에서 다종다양한 금속용기가 출토되었다. 일부 외래품도 포함되어 있으나 이미 신라적인 색채를 현저히 갖춘 것이다.

남분의 경우 주곽 유물수장부에서 금제완 6점, 은제완 6점, 은제소합 10점, 은제대합 1점, 금동제대합 1점, 청동제대합 1점, 청동제소합 10점, 은제파수부용기(銀製把手附容器) 3점, 은제국자 3점, 청동정 3점, 청동시루 1점, 청동제개부호(青銅製蓋附壺) 2점, 청동제다리미(목곽 내) 2점, 청동제반(青銅製盤, 銅洗) 1점, 철정(鐵鼎) 1점이 출토되었고 부곽에서는 철정 3점만 출토되었다. 북분의 경우 금제고배 8점, 은제고배 8점, 금동제고배 5점, 금제완 4점, 은제완 4점, 금동제대합 1점, 은제소합 8점, 금동제소합 6점, 청동정 3점, 청동제초두 1점, 청동제반 1점, 청동제개부호 1점, 청동제다리미 3점, 철부 3점, 금동장패기(金銅裝貝器) 2점, 타출문은잔(打出文銀盞) 1점이 출토되었다.

남분 금속용기 가운데 '신라적'이라 표현할 수 있는 사례로는 금제완, 은제완, 은제소합과 대합, 은제파수부용기, 은제국자, 청동제 유개장경호 등이다. 금과 은으

그림 74 황남대총 남분 금속용기 각종   그림 75 황남대총 북분 금제고배

로 만든 호사스러운 그릇이 출토되는 것은 삼국 중 신라가 유일하다. 은제파수용기
와 국자 또한 다른 곳에서 유례를 찾을 수 없는 특이한 사례이다. 한편 청동제개부호
는 같은 시기 신라사회에서 유행한 유개장경호와 동일한 형태를 띠고 있다. 이 점에
주목하면 청동제개부호의 제작지는 신라일 가능성이 있다.

북분에서는 남분에 비하여 더욱 화려한 금은제 그릇이 출토되었다. 그중 사발
(鉢)은 부장품 수장상자 안에서 출토되었다. 금은제 그릇은 만드는 방법이 모두 같
다. 즉, 금은판을 가늘게 밖으로 말아 붙여 입술을 만들고, 밑바닥은 안에서 밖으로
편평하게 두드려 내어 외견상 낮은 굽처럼 보이도록 만든 것이다. 은으로 만든 합은
모두 8점이 무더기를 이루어 출토되었다. 속이 깊은 대접 모양의 몸통에 반구형(半球
形)의 뚜껑을 갖춘 합이다.

북분에서는 금제고배 5점, 은제고배 8점, 금동제고배 4점 등 모두 17점의 금속
제 고배가 출토되었다. 그중 1점은 입술 주변에 7개의 심엽형 달개를 매단 명품이다.
금판을 두드려 반구형의 배(杯)를 만든 다음 그 아래에 대각을 접합하여 완성한 것이
다. 대각의 상하단에는 각 5개씩의 네모난 투창이 엇갈려 배치되어 있다. 배신과 대
각을 접착시키기 위하여 대각 윗쪽에 '凸'자 모양 촉을 5개 만들고 배신 밑바닥의 구
멍에 끼우고 다시 안에 금판을 덧댄 다음 구부려 고정하였다. 천마총에서도 이와 유
사한 금동제 고배가 출토되었는데 천마총 출토품에는 달개가 달려 있지 않다.

황남대총 북분 출토 은잔은 문양이 독특하다. 바닥이 편평한 작은 잔으로, 표면
전체에 갖가지 모양의 타출(打出)무늬가 배치되어 있다. 무늬는 모두 안쪽에서 바깥
쪽으로 두드려낸 후 세부표현은 끌로 음각하여 표현한 것이다. 문양은 3단으로 구획

되었으며 아가리와 바닥 쪽에 꽃잎무늬를 조밀하게 돌린 문양띠가 돌려졌고 그 사이에 거북등무늬가 배치되어 있다. 그 속에는 새, 노루, 범, 말 등의 동물이 한 마리씩 배치되어 있다.

3) 금관총 초두

금관총은 단곽식의 적석목곽분이다. 출토 유물 가운데는 금관, 금제이식, 금제대금구, 금제지환, 금제천, 금동식리 등 귀금속제 장신구뿐만 아니라 청동초두, 청동사이호 등 금속용기도 여러 점 포함되어 있었다. 이 무덤의 연대에 대해서는 다소 논란이 있지만 5세기 후반으로 보는 견해가 많다.

그림 76 금관총 청동초두

금관총 출토 금속용기 가운데 대표적인 유물은 초두(鐎斗)이다. 초두란 중국의 제기 가운데 하나이다. 의례에 필요한 음식을 담아 데우는 데 사용했던 것이다. 다리가 세 개 달려 있고 긴 손잡이가 있다. 초두는 국내에서는 유례가 별로 없는 것으로, 그 제작기법이 정교할 뿐만 아니라 표면에 새겨진 각종 문양도 매우 뛰어나다. 중국 남조(南朝)에서 만들었거나 혹은 남조의 문화적 영향을 받아 신라에서 제작한 물품으로 생각된다. 둥근 몸체 아래에 나팔상으로 벌어지면서 끝이 두툼한 다리를 3개 부착하였다. 넓은 전의 한쪽에 긴 자루가 붙어 있다. 전에 접하여 주구(注口)를 용머리로 표현하였고, 자루의 양끝에 각 한 마리씩의 용머리를 표현하였다. 먼저 안쪽에 표현된 용은 둥근 몸체의 전을 물고 있고, 다른 한 마리는 자루 바깥쪽 끝을 향하면서 입에 인동초를 물고 있다. 뚜껑은 두꺼운 원형판이며 그 위에 8엽의 겹연꽃 이파리를 주출(鑄出)하였는데 볼륨감이 뛰어나다. 꽃술 부위는 4각형으로 깊게 패어 있어서 꼭지를 끼웠던 것 같다. 본디 경첩으로 몸체에 연결되어 있었으나 파손된 채 출토되었다. 이와 유사한 예는 일본 동경박물관 소장 오구라수집품 중에 1점이 있고, 원주 법천리 4호묘에서도 뚜껑이 출토된 바 있다.

4) 천마총 금속용기

천마총은 단곽식의 적석목곽분이며 두향이 동침(東枕)이라는 점이 밝혀졌다. 목관의 동쪽(피장자의 머리 쪽)에 부장품 수장궤가 배치되어 있었다. 연대에 대해서는 다소 논란이 있으나 6세기 초로 보는 견해가 많다. 내부에서는 금관, 금제관모와 관식, 금제이식, 금제대금구, 금제지환, 금제천, 금동식리, 금은장 환두대도, 천마도 장니(障泥), 철모, 철정, 토기, 장식마구 각종, 금동제 소합 등의 유물이 다량 출토되었다.

천마총에서 출토된 금속용기류로는 금동제소합 22점, 금동제고배 4점, 금동제 삼이부고배(金銅製三耳附高杯) 1점, 은제대합 1점, 은제소합 4점, 금동제대합 2점, 동정 1점, 동제초두 1점, 동제울두 1점, 금동장패기(金銅裝貝器) 2점, 철부 4점 등이다. 이와 같은 용기류 부장양상은 천마총 피장자의 사회적 지위가 대단히 높았음을 잘 보여 준다. 물론 황남대총 남분에 비하면 유물의 종류나 수량이 적은 편이지만 신라 고분 가운데는 최상급에 포함시킬 수 있다. 금속용기의 대부분은 의례에 활용되었던 제기로 볼 수 있다. 황남대총 남분과 북분 출토품 가운데는 고구려적인 색채가 보다 짙은 금속용기가 많으나 천마총 출토품 가운데는 신라적인 색채가 가미된 금속용기의 비중이 늘어났다.

천마총 출토 금속용기 가운데 우선적으로 주목해 볼 수 있는 것은 십자뉴금동합(十字鈕金銅盒)이다. 십자뉴를 갖춘 합은 칠성산 96호묘 출토 동합이 조형이며 신라에서는 황남대총 남분과 서봉총 출토 은합, 그리고 천마총 출토 금동합이 대표적이다. 천마총 금동합은 주조 후 도금한 것인데 내외면 모두를 도금하였다. 몸체의 상부에는 4줄의 돌대가 돌려져 있다.

그림 77 천마총 유물부장궤 출토 각종 금속용기

초두 또한 특색이 있다. 주구는 양(羊)의 머리 모양이며 매우 사실적으로 표현되어 있다. 항아리 모양의 몸체에 3개의 다리와 사각형의 손잡이를 갖추고 있고 뚜껑 언저리에 두른 능선이 선명하다. 손잡이에는 나무자루를 꽂을 수 있도록 속이 비어 있고 손잡이 고정용 못을 박기 위한 작은 구멍이 나 있다. 불룩한 뚜껑의 꼭대기에 보주형의 꼭지를 달았고, 뚜껑은 경첩식 고리로 몸체와 연결되어 있다. 황남대총 북분에서도 양머리 모양 초두가 출토되었는데 뚜껑의 꼭지가 고리 모양이고 주구의 짐승머리가 양머리인지 불분명하다.

천마총에서는 금동과 은으로 만든 그릇이 많이 출토되었다. 그중 화려하며 수적으로 많은 것이 금동제 합이다. 유물 수장부에서 22점이 출토되었는데, 바닥은 모두 편평하며 크기도 대략 비슷하나 꼭지의 모양이 다양하다. 즉 둥근 고리가 달린 것, 단추 모양 꼭지가 달린 것, 보주형 꼭지가 달린 것 등이 있다. 꼭지의 받침은 꽃잎 네 이파리 모양인데 끝이 뾰족한 삼각형 모양이고 내부에 심엽형과 방형의 구멍을 뚫었다. 바닥에는 굽이 없다. 이외에 은으로 만든 합도 주목된다. 이 합은 대접 모양의 몸체에 둥근 뚜껑을 덮었다. 뚜껑은 맨 위에 둥근 고리받침이 있고 그 위에 둥근 꼭지가 있다. 둥근 꼭지의 가운데에는 쇠못이 연결되어 뚜껑 안쪽으로 관통되어 뚜껑과 접합되었다. 몸체의 밑바닥을 둥글고 편평하게 두드려 내어 얕은 굽을 만들었다. 표면에 아무런 무늬가 없으나 횡으로 돌아가는 침선상의 흔적이 있다.

5) 외래 금속용기

첫째, 중국 남조산 용기이다. 황남대총 북분에서 출토된 울두가 그에 해당한다. 신라고분에서 출토되는 여타 다리미와는 형태적으로 뚜렷하게 구별되며 중국 강소성 진강시(鎭江市) 금산원예교장(金山園藝場窖藏), 백제 무령왕릉, 일본 다카이다야마고분(高井田山古墳) 출토품과 같은 유형에 속하며 유송(劉宋)에서 제작되었을 가능성이 있다.

둘째, 고구려산 용기이다. 호우총 청동합은 저부 표면에 주출되어 있는 "을묘년 국강상광개토지호태왕호우십(乙卯年國岡上廣開土地好太王壺杅十)"이라는 16자의 명문으로 보면 광개토왕 사후 고구려에서 만들어진 용기임을 알 수 있다. 서봉총 은합에는 뚜껑 내면과 바닥 표면에 "연수원년(延壽元年)"으로 시작하는 각 22, 20자의 한자가 새겨져 있는데 뚜껑의 꼭지가 십자형인 점, 연수라는 연호가 신라에 존재하지 않

그림 78 외래 금속용기(1: 황남대총 북분, 2: 호우총, 3: 서봉총)　　　그림 79 칠성산 96호분(1·2)과 황남대총 남분(3·4) 금속용기

는 점 등을 고려하여 고구려산으로 보는 견해가 많다. 금관총 청동사이호는 그릇의
형태로 보아 고구려 토기와 기형이 유사하다. 다만 아직 고구려에서 같은 형태의 동
제품이 출토된 바가 없어 고구려의 영향을 받아 신라에서 만들어진 것일 가능성도
있다. 그 밖에 황남대총 남분 금속용기 가운데 칠성산 96호묘나 우산하 68호묘에서
출토된 금속용기와 형태적으로 유사한 사례가 있다. 제작지가 동일하거나 제작시점
에 큰 차이가 없을 가능성을 보여 주고 있다.

셋째, 경주 식리총에서 출토된 초두나 동제완의 제작지를 백제, 혹은 남조로 보
는 견해가 있으며 지방의 무덤인 대구 내당동 55호묘 출토 동제 탁잔 역시 신라에서
는 유례가 없는 것이어서 백제로부터의 반입품일 가능성이 있다.

2 가야의 금속용기

그간의 발굴조사 결과로 보면 가야에서는 신라나 백제에 비하여 금속용기문화
가 유행하지 않은 것 같다. 금관가야의 중심묘역인 김해 대성동고분군과 양동리고
분군에서는 동복(銅鍑)이, 대가야 지배층의 묘역인 고령 지산동고분군, 합천 옥전고
분군, 의령 경산리고분군에서 동완(銅盌)을 중심으로 한 금속용기가 출토된 것이 전
부이다.

김해 대성동고분군은 3~5세기 대 금관가야의 왕족 묘역이다. 동복이 출토된

목곽묘는 야트막한 구릉 위에 입지한다. 그중 29호묘와 45호묘에서는 유라시아 초원지대의 유목민족들이 주로 사용하던 동복이 1점씩 출토되었다. 그 외에 김해 양동리 235호묘에서도 동복 파편이 출토되었는데 기원후 2세기까지 연대가 올라가는 자료이다. 대성동 29호묘는 3세기 후반 혹은 4세기 전반의 무덤으로 추정되며 이곳에서 출토된 동복에는 입술 위에 고리 모양의 손잡이 2개가 부착되어 있고 깊이가 있다. 안에서는 밤 3톨이 출토되었다. 대성동 47호묘에서 출토된 동복은 위 동복보다 조금 얕으며 역시 입술 양쪽에 고리 모양의 손잡이 2개가 부착되어 있다. 이 2점의 동복은 금관가야 형성기의 유물이며 제작지는 중국의 동북지방인 길림지역이었을 것으로 추정되는데, 이입의 계기는 교역의 부산물로 보는 견해와 주민이동의 결과로 보는 견해가 있다.

　　동완이 출토된 지산동 44호묘, 옥전 M3호묘, 경산리 2호묘는 5세기 후반~6세기 전반에 축조된 대가야 지배층의 무덤이다. 옥전 M3호묘의 동완은 표면에 횡침선이 새겨져 있고, 입술은 안으로 각지면서 두툼하게 돌출되었다. 지산동 44호묘 출토품도 입술의 형태는 마찬가지인데 그중 1점에는 침선이 없고, 다른 1점에는 여러 줄의 횡침선이 새겨져 있다. 모두 주조기법으로 외형을 만든 다음 녹로에 고정, 회전력을 이용하여 기벽을 정리하고 침선을 새긴 것이다. 그런데 이 그릇은 백제의 무령왕릉에서 출토된 것과 매우 닮아 있어 주목된다. 무령왕릉 동완의 특징은 구연이 안으로 돌출된 점과 표면에 횡침선이 새겨진 것인데 서로 완전히 일치한다. 따라서 이 그릇은 웅진기 백제와 대가야 사이의 교류관계를 증명해 주는 좋은 증거자료가 된다. 다만 고령의 대가야 왕실에서 그것을 입수한 다음 옥전이나 경산의 유력자에게 내려준 것인지, 혹은 소유자별로 백제와 교섭하여 입수한 것인지 단정하기는 어렵다. 전체적인 양상으로 보면 전자일 가능성이 보다 높다.

그림 80 가야의 금속용기
1: 대성동 29호묘, 2: 대성동 47호묘, 3·6: 지산동 44호묘, 4: 경산리 2호묘, 5: 옥전 M3호묘

　　이처럼 신라와 가야 사회에 모

두 금속용기문화가 존재했지만 전형은 신라에서 살펴볼 수 있다. 초기에는 고구려의 영향을 받았지만 곧 신라적인 특색을 발현하였다. 특히 귀금속으로 만든 금속용기가 유행한 점은 주목된다. 무덤 속에 부장되는 금속용기의 조합은 매우 정형화되어 있다. 특히 금속용기의 전체적 조합을 갖춘 것은 신라왕족 무덤에 한정되며, 그들은 금속용기의 소유를 통해 자신들의 우월적 지위를 드러내려 한 것 같다. 금속용기 가운데는 외래품이 상당수 포함되어 있는데 국가 사이의 외교관계에 수반하여 입수한 일종의 위세품이며, 신라나 가야 모두 지배층만이 제한적으로 소유하였음을 알수 있다.

[이한상]

XIV 성곽

1 성곽의 개관

1) 연구사 정리

영남지역의 삼국시대 성곽 연구는 초기 지역사, 전쟁·영토사 정리 등에 힘입어 연구자들의 주요 검토 대상이 되었다. 그리고 이는 크게 신라와 가야 성곽 연구, 종합연구로 구분할 수 있다.

먼저 신라 성곽 연구는 『삼국사기』에 보이는 축성기사를 둘러싼 해석과 경주 명활성과 남산신성, 관문성 등의 축성비문에 대한 검토, 함안 성산산성에서 출토된 목간 검토 등의 문헌 연구가 중심이었다. 특히 다수 연구자들에 의해 다루어진 축성비문과 목간자료 연구는 성곽의 축조 배경을 이해하는 데 그치지 않고, 인력의 동원방식과 분업체계 나아가 신라의 성장과 지방지배 과정을 이해하는 데 더없이 좋은 자료로 활용되고 있다.

고고학적 접근은 초기 상당수가 성곽의 위치와 개괄적인 지표조사 내용 소개에 편중되었고, 기초 연구의 필수 자료인 구조적 특징에 대해서는 제대로 검토하지 못했다. 특히 신라 성곽 연구의 중심이 되는 경주지역에서의 특징 검토가 제대로 정리되지 못한 것은 가장 큰 문제이다. 반면 1990년대 이후 창녕, 함안 등 경상남도지역 일대의 성곽 자료에 대한 발굴 성과들이 조금씩 증가되면서, 성벽의 구조적 특징,

성내 시설의 형태와 축조방식 등 신라 확장기에 행해진 토목공사의 전반적인 형태와 규모 등에 대한 정보들이 조금씩 밝혀지기 시작했다. 대표적인 사례로 기단보축으로 부르는 보강시설의 형태 구분을 비롯하여, 집수지와 배수시설의 형태 및 축조공정 등에 대한 검토가 있다. 그리고 최근에는 경상북도지역에서의 발굴사례도 증가되어 비교 자료가 조금씩 늘어나고 있다.

반면 가야 성곽 연구는 초기 백제산성에 기원하는 이중성 구조에 대한 논의가 진행된 이후 한동안 침체기였다. 해당 연구의 요점은 산정부를 감싸는 내성과 외곽을 감싸는 이중구조의 성곽은 백제의 영향을 받은 가야 성곽을 대표하는 하나의 특징으로 볼 수 있다는 것이었으나 모체로 추정해 온 백제 부소산성에 대한 조사 결과, 내성에 해당하는 테뫼식산성이 종래의 인식과 달리 통일신라시대에 축성된 것으로 밝혀져 그간의 논지는 더 이상 그 타당성을 얻기 힘들게 되었다. 이후 가야 성곽 연구는 『삼국사기』와 『일본서기』 등 관련 문헌사료를 통한 그 존재 사실과 특징들이 일부 논의되는가 하면, 일각에서는 가야 석축성곽의 부재에 대한 견해도 제시되기도 하였다. 그러나 상당수는 신라 성곽 연구와 동일하게 지표조사된 내용을 토대로 개략적인 특징을 검토하는 수준에 머물렀다. 이러한 분위기는 2000년 이후 발굴조사 사례가 늘어나면서 성곽의 축조형태와 특징 부분에서 조금씩 개선되고 있다.

그 밖에 신라와 가야 성곽의 종합연구로는 성곽의 분포와 특징을 근거로 추론해 볼 수 있는 교통로와 방어체계에 대한 검토를 들 수 있다. 교통로 연구의 대표적 사례는 성곽과 고분군의 분포를 통해 삼국시대 육상교통로의 흐름을 파악한 서영일의 연구가 참조된다. 그리고 죽령과 추풍령 등의 주요 고갯길에 분포하는 성곽들도 교통로 연구의 주요 자료로 인식되었다. 그리고 방어체계(관방체계)와 국경성을 기초한 영역 검토는 실상 성곽 연구에 있어서 가장 중요시되어야 할 부분임에도 불구하고 그동안 제대로 검토되지 못했다. 이를 개선하기 위하여 일부에서는 성곽과 고분군을 포함한 유적 축조 패턴 등을 가급적 거시적인 관점에서 검토할 필요성을 주장하기도 하였다. 그중에서도 특히 낙동강, 남강, 섬진강 등의 하천유역에 분포하는 성곽들은 특정 정치체 간의 갈등구도를 가장 잘 보여 주는 자료로 판단되기에 이와 관련한 적극적인 검토가 필요하다.

요약해 보면 전반적으로 영남지역은 가야와 신라의 중심부에 위치함에도 불구하고 개별 성곽의 조사 성과나 전체적 특징 및 변천과정에 대한 연구는 미흡했다. 특히 신라의 경주, 가야의 김해, 함안, 고성, 고령은 연구의 중심지임으로 그 현황 파악과 특징 검토가 충분히 확보되지 못했다. 그리고 가메다(龜田)의 주장과 같이 개별 성곽의 내부적인 구조적 검토에 끝날 것이 아니라 축성 주체, 축조 목적 검토와 더불어 방어체계와 같은 정치, 군사적 성격 검토나 교통로 등의 종합적인 내용 검토도 반드시 논의되어야 한다.

2) 발굴조사 현황 및 주요 특징 정리

성곽을 포함한 유적 분포도는 검토 자료의 현 위치와 대상지역의 역사적 흐름을 손쉽게 설명할 수 있는 도구이다. 특히 축조 패턴이나 구조물의 형태 비교에 많은 도움을 주며, 나아가 방어체계와 축조 주체를 연구하는 데 많은 정보를 준다. 최근에 행해지는 상당수 연구가 형태 구분과 분포 패턴을 비교하여 지역 또는 국가별 특징을 비교 검토하고 있다.

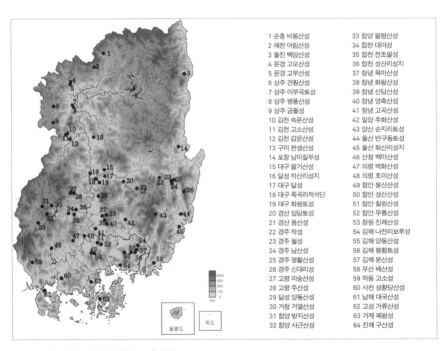

1 순흥 비봉산성	33 함양 팔령산성
2 예천 어림산성	34 합천 대야성
3 울진 백암산성	35 합천 전초팔성
4 문경 고모산성	36 합천 성산리성지
5 문경 고부산성	37 창녕 목마산성
6 상주 견훤산성	38 창녕 화왕산성
7 상주 이부곡토성	39 창녕 신당산성
8 상주 병풍산성	40 창녕 영축산성
9 상주 금돌성	41 창녕 고곡산성
10 김천 속문산성	42 밀양 추화산성
11 김천 고소산성	43 양산 순지리토성
12 김천 감문산성	44 울산 반구동토성
13 구미 천생산성	45 울산 화산리성지
14 포항 남미질부성	46 산청 백마산성
15 대구 팔거산성	47 의령 벽화산성
16 달성 하산리성지	48 의령 호미산성
17 대구 달성	49 함안 봉산성
18 대구 죽곡리적석단	50 함안 성산산성
19 대구 화원토성	51 함안 칠원산성
20 경산 임당토성	52 함안 무릉산성
21 경산 용산성	53 창원 진례산성
22 경주 작성	54 김해 나전리보루성
23 경주 월성	55 김해 양동산성
24 경주 남산성	56 김해 봉황토성
25 경주 명활산성	57 김해 분산성
26 경주 신대리성	58 부산 배산성
27 고령 미숭산성	59 하동 고소성
28 고령 주산성	60 사천 성황당산성
29 달성 양동산성	61 남해 대곡산성
30 거창 거열산성	62 고성 거류산성
31 함양 방지산성	63 거제 폐왕성
32 함양 사근산성	64 진해 구산성

그림 81 삼국시대 영남지역 성곽 조사 현황

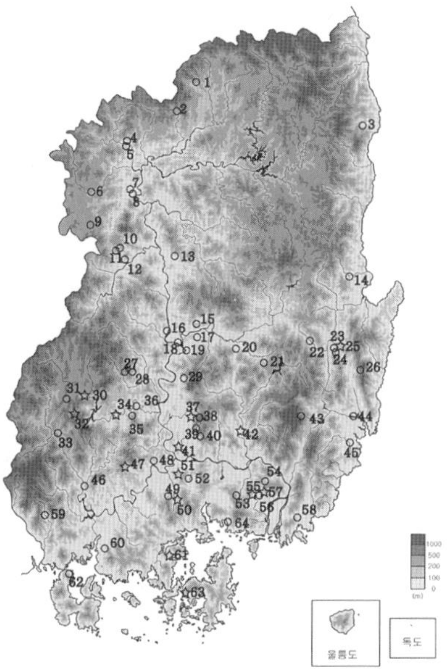

1 형태 구분-포곡식(☆)과 테뫼식(○)

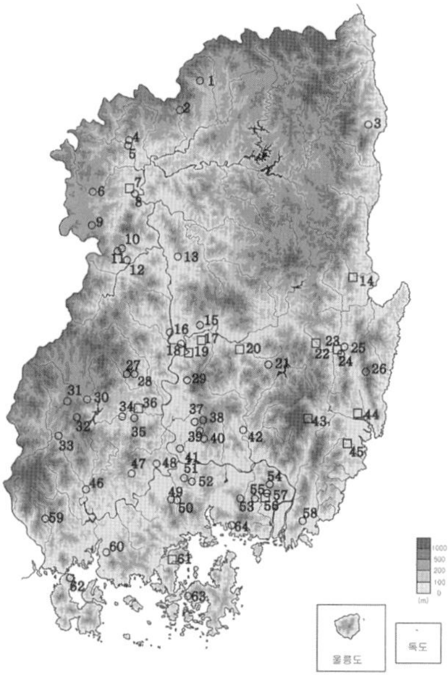

2 성벽 구분-토성(□)과 석성(○)

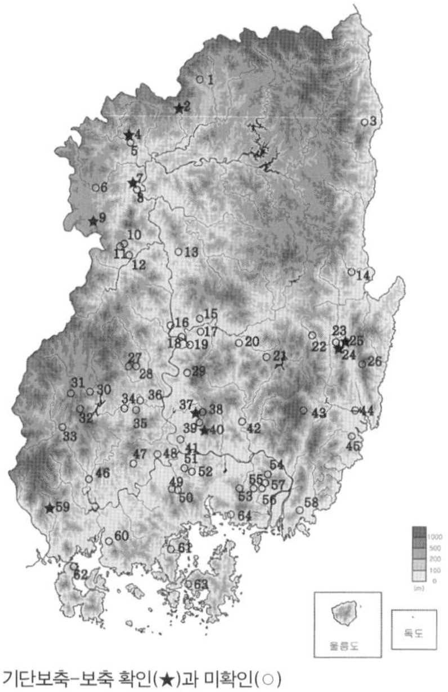

3 기단보축-보축 확인(★)과 미확인(○)

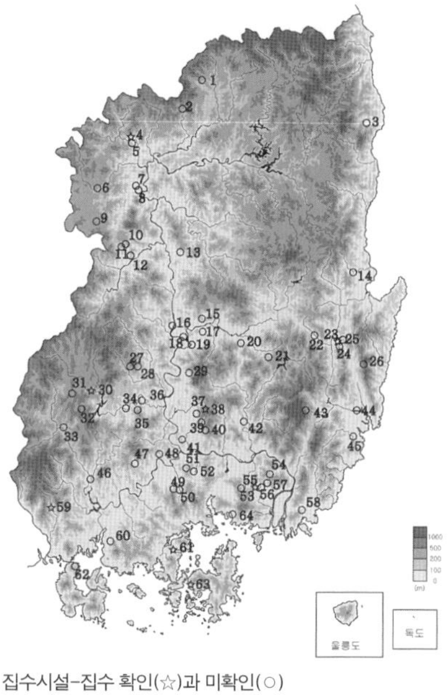

4 집수시설-집수 확인(☆)과 미확인(○)

그림 82 삼국시대 영남지역 성곽 분류 현황

2 신라 성곽

1) 신라 성곽의 시대별 특징

(1) 도입기(초기~5세기 이전)

축조된 대표 성곽은 경주 월성, 경산 임당토성, 대구 달성토성, 상주 이부곡토성 등이 있다. 모두 지역거점이자 하천의 교차지점에 접한 구릉에 축조되었다. 규모는 경주 월성이 둘레 2340m로 가장 크고, 다음이 달성, 이부곡토성, 임당토성 순이다. 성곽들은 대부분 흙으로 쌓아올린 토성이라는 공통점을 지닌다. 예를 들어 굴착을 통해 채취한 흙을 무작위로 쌓지 않고, 무너짐을 방지하기 위하여 층층이 쌓아올렸다. 구체적인 사례로 성벽의 절개조사가 이루어진 임당토성의 경우 1차 기초(정지)작업 후 4.2~5.4m 간격으로 나무기둥 틀을 조성하고 그 내부에 흙을 층층이 쌓아올린 것으로 보아 최소 세 단계 이상의 공정을 거쳤음이 밝혀졌다. 그 외 성내 구조물과 관련된 정보는 부족하다. 경주 월성의 경우 지하 레이더(GPR) 탐사 결과 총 14개 구역 내에서 다양한 건물지의 존재가 확인되었으나 초축 시기 및 중복관계에 대한 정보는 아직 파악되지 않았다.

(2) 발전기(중기~5세기)

5세기 대는 성곽을 통한 본격적인 영토전쟁이 가속화되는 시기로 문헌자료에서도 다수의 축성사례가 확인되고 있다. 그리고 최근 5세기 대의 성곽 조사 사례가 증가되어 형태와 구조적 특징에 대한 연구가 행해지고 있다. 이 시기 축조된 것으로 파악되는 대표 성곽으로는 경주 명활성, 문경 고모산성, 구미 천생산성, 현풍 초곡산성, 창녕 화왕산성, 양산 순지리토성 등이 있다. 이전 시기 토성이 하천변 또는 평지 구릉에 축조되었다면 이 시기의 성곽은 평지가 바라보이는 산중턱 내지는 산정 상부에 축조되었으며, 성곽의 형태도 산지를 감싼 형태에 따라 다양하다. 성벽은 부분 토축으로 축조되기도 하나 대부분은 석재를 이용하여 쌓아올린 석성으로 확인된다. 사용된 성돌은 부정형 또는 장방형의 할석을 주로 이용하였으며, 소백산맥의 접경지역에서는 얇은 판석을 사용한 사례도 있다. 성 내외 구조물에 있어서 변경을 중심으로 집수시설과 곡성, 현문구조의 구축 사례가 확인된다. 그리고 이 시기 축조되는 성곽 인근에는 대형의 고총고분군이 함께 축조되는 사례가 많은데 이를 지방 지원의 결과물이자 중앙에서 파견된 지방관에 의해 구축된 시설물로 보는 견해가 있는가 하면, 반대로 지방의 입장에서 재지세력의 성장에 근거한 해석들도 있다.

(3) 확대, 쟁탈기(후기~6세기)

6세기 대는 신라가 낙동강을 넘어 경남 전역으로 세력을 확대하는 시기이다. 문헌 연구에 의하면 왕도인 경주지역으로는 기존 축조된 성곽의 수리와 증축이 가장 활발했으며, 더불어 외곽지역과 새로이 병합된 지역에서의 축성사례도 활발히 증가된다. 축조된 대표 성곽으로는 경주 남산신성을 비롯하여 김해 양동산성, 거창 거열산성, 함양 사근산성, 함안 성산산성 등이 있다. 특히 주목할 것은 낙동강 이서지역 가야지역에서의 축성사업으로 신라의 정복지에 해당하는 김해에 축조된 분산성과 양동산성, 함안 성산산성에 대한 조사 및 연구가 활발히 진행되었다. 성곽 형태는 여타 신라권역에서 확인되는 것과 같이 대형의 테뫼식 산성이 주를 이루며, 성벽도 비슷한 시기 신라 성곽에서 확인되는 가공된 장방형의 면석을 사용하였고, 외벽의 무너짐을 방지하는 시설인 보축시설도 확인된다.

성 내외 구조물로는 이전 시기와 비교 가능한 성내 집수시설을 비롯하여 문지 등의 구조물들이 다수 확인되었다. 그리고 다수의 성곽에서 건물지 건립에 사용되었을 법한 기와들이 다량으로 출토되었다. 이는 이전 시기와 달리 성내에서의 거주 및 활동이 증가되었음을 보여 주는 것으로 저수시설의 구비와 더불어 성내 장기항쟁과 같은 전투의 형태를 유추할 수 있는 중요 자료로 인식된다.

(4) 통일기(말기~7세기)

이 시기 축조된 대표 성곽으로는 경주 신대리성, 관문성, 거제 폐왕성, 울산 반구동성지 등이 있으며, 영남 전역은 물론 신라의 영토로 병합된 곳에서는 활발한 축성사업이 진행된다.

성곽의 형태는 대규모 포곡식과 장성의 비중이 상대적으로 늘어나면서 성곽의 규모도 커진다. 성벽은 보다 정연한 방형의 면석을 사용한 사례가 많고, 건물지도 다수 건립되었다. 관련하여 당시 축성사업을 고구려와 백제의 기술력 흡수, 통일에 의한 많은 노동력 확보 등에 의한 결과물로 보기도 한다.

2) 축성 주체

신라 영역 내에 축조된 성곽의 경우 조영 주체는 신라이며, 실제 축성자는 왕경민과 지방민으로 구분된다. 문헌자료에 있어 초기 신라 축성 주체를 보여 주는 자료로는 244년 대구에 달벌성을 축조하고 성주를 파견한 내용을 비롯하여 476년 일선군(一善郡, 지금의 선산)의 장정 3000명을 동원해 보은 삼년산성을 축조한 것, 하슬라(何瑟羅, 지금의 강릉)의 주민을 동원하여 니하(泥河)에 성곽을 축조한 정황 모두 조영주체인 신라의 축성 사실을 보여 주는 주요 정보이다. 또한 경주 명활성과 남산신성, 관문성 등 성돌에 새겨진 명문 내용을 비롯하여 함안 성산산성의 목간에서 확인되는 기록으로 보아 초기 특정 지역을 중심으로 인력이 동원되던 단계에서 점차 신라 영토 전역에서 인력 및 재원을 동원한 정보를 확인할 수 있다. 요컨대 신라 지배권이 강화되면서 여러 지방민들이 성곽 축조에 동원된 정황이 다수 확인된다.

3) 축성 배경

축성의 배경은 다양하며 그 가운데 연구자들이 많이 주목하는 것은 외부와 내부 두 가지 요소이다. 그 첫째는 외부세력과의 갈등 증대이다. 관련연구에 의하면 초기 신라는 상당기간 백제와 갈등하였고, 고구려에 의해 상당기간 간섭을 받았다. 그러나 5세기 마립간 기 내적 성장을 계기로 외부세력에 대한 견제의 움직임이 가속화된다. 특히 실직에서 발생한 고구려 변장피살사건과 나제동맹 결성 등을 계기로 고구려와의 갈등이 고조되었으며, 이를 계기로 경주 중심과 북부에서 내륙으로 이어지는 중요 교통로에 다수의 거점성곽이 축조된다. 그리고 또 하나 갈등세력으로는 남서쪽의 가야와 왜를 들 수 있다. 초기 왜병의 경주 공략 기사와 더불어 408년에 대마도 공략을 대신하여 험난한 지형을 찾아 요새를 설치한 기록으로 보아 남쪽에 위치한 가야와 왜 방면의 축성사업은 비교적 일찍 진행되었음을 알 수 있다. 그리고 남부지역에서의 축성사업은 여타 가야세력들과의 갈등 증대로 이어진다.

두 번째는 지방 지배의 일환에서의 접근이다. 예컨대 244년 달벌성을 축조하고 성주를 파견한 내용은 지방 지배를 배경으로 하는 대표 축성 기사이다. 그리고 자비마립간과 소지마립간 대에 행해진 대규모 축성사업은 지방 거점 마련을 위한 것으로 해석하기도 한다. 예컨대 마립간 시기에 행해진 도로 정비사업, 지방관 파견 등과 더불어 신라 영토 전역에서 거점성이 다수 축조되는데 이는 지방지배의 강화를 기초한 왕권강화책으로 해석된다.

4) 방어체계

영남지역 내 신라의 방어체계는 크게 고구려와 가야, 백제의 방어체계가 연구 대상이며, 그중 백제의 견제는 가야 정벌 이후에 주로 발생한다. 특히 대하유역에 분포하는 성곽들은 특정 정치체 간의 갈등구도를 가장 잘 보여 주는 자료로 판단되기에 이와 관련한 적극적인 검토가 필요하다. 지금까지 확인된 방어체계에 대한 내용으로 본다면 신라는 경주를 중심으로 하는 1차 왕경 방어체계, 2차 경주로 들어오는 주요 교통로상의 방어체계, 그리고 외곽의 산악지역과 소백산맥 이서와 이북지역의 방어체계, 낙동강과 섬진강유역의 방어체계 등이 있다.

3 가야 성곽

1) 가야 성곽의 시대별 특징
(1) 도입기(초기~5세기 이전)

가야지역에서 초기에 축조된 대표 성곽으로 김해 봉황토성, 합천 성산리성지를 들 수 있다. 이들의 경우 초축된 형태와 더불어 축조 시기에 대해서는 다양한 의견이 있다. 이 중 봉황토성은 하천변에 접한 구릉에 위치하며, 신라권역의 토성과 흡사하게 기초를 정지하고 나무기둥, 흙 쌓기 등의 공법으로 쌓아올렸다. 절개된 토성면의 하단 너비는 22m, 높이는 2.8m이다. 그리고 지반을 안정화시키기 위하여 낙엽 등의 유기물을 바닥에 깐 부엽공법도 확인된다. 요컨대 초기 가야 성곽의 경우도 하천변을 포함한 천혜의 자연요소를 활용하고 나무와 흙 등의 재료를 가공하여 성벽을 구축한 공통적인 부분이 확인된다.

(2) 발전기(중기~5세기)

전반적으로 이 시기 가야 성곽에 대한 조사된 사례는 거의 없다. 금관가야의 경우 일부 문헌에 등장하는 낙동강 하류역에서의 전쟁 기사로 보건대 신라와의 갈등 구조 속에서 낙동강변 또는 김해로 향하는 길목에 성곽이 축조되었을 가능성이 있다. 그리고 김해 분산성의 발굴조사에서 확인되는 가야토기의 존재로 보건데 석축산성의 도입 이전 고지성 취락의 존재 가능성도 앞으로 적극 검토해 볼 필요가 있으나 이 부분에 대해서는 연구가 많지 않다. 인근에 위치한 아라가야의 경우도 이 시기 세력을 외부로 확대해 나가는 시점을 감안해 볼 때 광노천에 인접한 칠원 일대나 낙동강변 외곽으로 성곽을 축조하였을 가능성도 있으며 이와 관련된 문헌의 연구가 많다.

대가야의 경우는 일시 약화된 백제권역으로의 진출에 따른 서쪽지역에서의 축성사업이 진행되었을 가능성이 높다. 관련하여 일부에서는 대산성(帶山城) 공략과 같은 기록을 근거로 금강유역으로 다수의 성곽이 축조되었다고 보기도 한다.

(3) 확대, 쟁탈기(후기~6세기)

신라의 이서지역 진출을 견제하는 측면에서 다수의 방어 성곽이 축조되는 시점이다. 축조된 대표 성곽으로는 김해에서 최근 발굴조사된 나전리 보루성과 고령 주산성을 들 수 있다. 특히 김해로 들어오는 길목에 위치한 나전리 보루성은 잘 알려진 한강유역의 고구려 보루성과 또는 대전, 옥천유역의 분포하는 보루성과 같이 능선을 따라 군집으로 분포하는 형태로 향후 주변의 보루성과 더불어 가야의 방어체계를 이해하는 주요 자료라 인식되고 있다. 인근한 다른 자락에도 다수의 보루성들이 확인되고 있어 향후 금관가야의 방어체계를 연구하는 중요 자료라 생각된다. 그리고 대가야의 중심지인 고령지역에 축조된 주산성은 체성 높이 3~7m, 폭 5~7m 규모의 정연한 석축성곽으로 내·외성을 포함한 이중구조이자, 기단보축과 유사한 형태의 외벽보강구조물을 비롯하여 배수로와 물받이 시설 등 다양한 구조물이 확인되었다. 관련하여 일부에서는 가야 석성 부재를 주장한 기존 견해를 뒤집는 중요 자료가 확보되었다고 보기도 한다. 축성 기사와 관련하여 『일본서기』 계체기(繼體紀) 8년(514)의 내용에 반파(伴跛, 대가야)가 서쪽 변경인 섬진강 일원과 동쪽 변경인 낙동강 일원에 다수의 성곽을 축조한 기사가 보인다. 기록에 보이는 위치 비정에 대해서는 의견 차이가 있으나 내용으로 보아 상당히 넓은 범위에 걸쳐 성곽들이 축조되었고 이들이 상호간 연결되었음을 알 수 있다. 그리고 아라가야권의 함안 일원에도 다수의 성곽이 축조되었으며, 운영 시기도 멸망 전후로 보고 있다. 함안 일원의 축성 존재를 보여 주는 것으로 『일본서기』에 구례산(久禮山) 5성, 걸탁성(乞乇城) 등의 사료가 존재하며 그 위치 비정에 대한 다양한 견해가 있다.

2) 축성 주체

가야권역 내 성곽의 경우 신라와 달리 조영 주체가 주요 정치세력에 따라 다양하다. 그리고 신라의 진출과정에서 가야권역에 다수의 신라 성곽이 축조되면서 더욱 복잡해지는 양상을 보인다.

그리고 실제 축조과정에 참석한 사람들의 정보와 내역을 살필 수 있는 목간과 명문자료는 아직까지 확인되고 있지 않고 있다. 다만 최근 고령 주산성에서는 축조 구간 경계지점이 확인되고 있어 경주의 신라 성곽과 더불어 중심성의 축조에 여러 집단이 동원되었음을 알 수 있다. 그리고 합천 대야성의 경우 주산성의 성벽 축조수법과 유사한 점에서 축성기술 또는 축성을 감독하는 관리자의 파견 가능성도 있다.

3) 축성 배경

가야 역시 신라와 동일하게 주변국과의 갈등 속에서 다수 성곽을 축조하였다. 초기 황산하(黃山河)에서 빚어진 신라와의 갈등 이후로 낙동강과 남강유역을 중심으로 줄곧 신라에 대항하는 축성사업이 진행되었다. 그리고 5세기 초 고구려의 남정으로 금관가야를 비롯한 남부지역 가야세력이 큰 타격을 입게 된다. 5세기 중반 고구려에 의한 백제의 한성 함락과 나제동맹 결성 시점을 틈타 대가야가 일시적으로 백제의 영역인 금강유역으로 진출하나, 6세기 대에는 바로 남부와 서남지역에서 백제와 갈등한 정황이 확인된다. 요컨대 낙동강을 경계로 북쪽과 동쪽에서는 고구려와 신라가, 서쪽의 섬진강과 금강유역에서는 백제와 갈등하면서 좌우 양 측면에서의 축성사업이 대부분을 차지했다. 기타 신라와 달리 지방 지배를 위한 목적에서의 축성 사례는 많지 않다. 최근에는 금관가야의 고지인 김해 일원과 대가야 중심부인 고령에서의 발굴 성과가 주목을 끈다. 김해 나전리 보루, 고령 주산성 등은 변경과 중심부의 축성사례를 보여 주는 좋은 자료들이다. 여타 가야권역에서의 조사 증가에 힘입어 그 특징과 축성 배경에 대한 정보들이 조금씩 밝혀지고 있다.

4) 방어체계

가야의 방어체계는 크게 고구려와 신라, 백제의 방어체계가 연구 대상이며, 그 중 다수는 신라와의 갈등에서 발생하였다. 지금까지 확인된 방어체계에 대한 내용으로 본다면 금관가야의 고도인 김해지역의 성곽과, 아라가야의 함안, 대가야의 고령지역 성곽 등 특정 지역을 중심으로 분포한 성곽에 대한 연구가 다수이다. 그리고 최근 들어 중심지 외곽의 산지 또는 중심지로 들어오는 주요 교통로와 강변에 위치한 성곽이 조사되면서 외곽 방어체계에 대한 견해들이 제시되고 있다. 주요 지역으로는 낙동강 중역과 함안 광노천(匡盧川), 남강과 섬진강유역 등이 있다.   [조효식]

XV 외래유물

영남지역 삼국시대 유적에서는 다양한 계보를 가진 외래유물이 다수 출토된다. 삼국시대를 구성했던 각국의 유물뿐만 아니라 일본, 중국, 그리고 멀리 서역산 물품도 포함되어 있다. 외래유물의 수입 계기에 대해서는 다양한 해석이 가능하다. 주민 이주의 산물로 보기도 하고 교류나 교역의 결과물로 이해하기도 한다. 어떤 해석을 따르더라도 외래유물은 신라나 가야의 대외교류를 잘 보여 주는 증거이며 두 나라의 성장과정, 두 나라 문화의 국제화 과정을 웅변하는 자료가 된다.

1 신라의 외래유물

1) 중국계 유물

황남대총 남분과 북분에서는 동진(東晋)~유송(劉宋)시기에 제작된 것으로 보이는 동경, 울두, 흑유반구소호(黑釉盤口小壺)가 출토되었다. 이 유물이 신라로 전해진 계기는 분명하지 않으나 같은 시기의 백제유적에서 위진남북조시대의 중국 물품이 다량 출토된 점, 그리고 433년 이후 신라와 백제는 소위 나제동맹 관계에 있었음을 고려한다면 백제를 경유하여 신라에 전해진 것으로 볼 수 있다. 신라와 남조 사이의 외교관계는 6세기 초에 수립된다.『양서(梁書)』에 "양 보통 2년인 521년에 신라 법흥왕이 처음으로 사신을 보냈는데 백제 사신을 따라와 방물을 봉헌했다"라는 기록이 당시의 사정을 보여 준다. 6세기 후반 이후의 신라유적에서는 중국으로부터 수입한 완제품의 출토 사례가 점증한다. 분황사와 황룡사지에서 출토된 상평오수전, 안압지 개원통보, 황룡사지 목탑지 심초석 하부에서 출토된 사신경(四神鏡)과 백자소호가 그것이다.

그림 83 황남대총 출토 외래유물
1: 남분 동경, 2: 북분 청동다리미, 3: 북분 흑유반구소호

2) 고구려, 백제, 가야계 유물

(1) 고구려

신라고분 속에서는 고구려산 혹은 고구
려계 유물이 여러 점 출토되었다. 대표적인
것으로 호우총 청동합, 서봉총 은합, 금관총
동제사이호(銅製四耳壺)를 들 수 있다. 이 3점
의 금속용기는 고구려산 완제품일 가능성이
있다. 제작지 특정은 어렵지만 신라고분에서

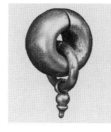
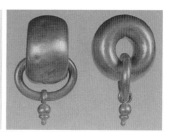

그림 84 마선구 1호분(좌)과 황남대총 북분(우) 태환이식 비교

출토되는 금속용기의 조합은 고구려의 영향을 받은 제기로 추정할 수 있다. 황남대
총 북분 출토 태환이식은 집안 마선구(麻線溝) 1호분 출토품과 유사한 것으로 고구려
산 완제품이 전해진 사례이다. 경주 월성로 가-5호분에서 출토된 연유호(鉛釉壺) 역
시 고구려산 완제품일 가능성이 있다.

적석목곽분 축조기의 신라문화 속에 고구려적인 요소가 이처럼 풍부한 이유는
4세기 후반 이후의 고구려와 신라가 우호적인 관계를 유지한 점에서 찾아볼 수 있을
것이다. 이후 두 나라의 우호관계는 5세기 중엽까지 지속된다. 이 기간 동안 고구려
의 공예품이 경주로 다수 이입되었을 것이다. 두 나라 사이의 관계는 450년의 고구
려 변장(邊將) 살해사건을 계기로 약간의 갈등을 겪었지만 곧 회복되었다. 551년 진
흥왕이 한강유역을 공격하기까지 양국은 형제국으로 지냈고 그 기간 동안 고구려의
문물이 경주로 많이 들어왔을 것이다.

(2) 백제

신라와 백제는 한반도 중남부지역의 패권을 놓고 대립하기도 했지만 고구려의 남진에는 공동보조를 취하며 대처했다. 사서의 기록에서 볼 수 있듯이 상대국에 기술자를 파견하기도 했고 국가적인 혼사를 성사시키기도 했다. 그 과정에 당연히 문물교류가 수반되었을 것이다. 식리총(飾履塚) 출토 금동식리의 제작지를 둘러싸고 학계에서 논란이 있다. 중국 남제(南齊)의 영향을 받아 제작한 것으로 보는 견해가 있고, 제작지를 백제 혹은 신라로 보는 견해도 있다. 식리를 구성하는 3매의 금동판 표면에 귀갑문으로 구획되어 있고 그 속에는 각종 서수와 서조가 채워져 있는데, 이는 백제 한성기 후반의 자료인 고창 봉덕리 1호분 4호 석실 출토 식리와 유사한 점이다.

(3) 가야

신라와 가야는 낙동강을 경계로 인접하여 위치했고 다른 어느 나라보다도 밀접한 관계를 유지했다. 신라와 달리 가야는 여러 소국이 분립한 상황이었기 때문에 신라와 가야의 관계를 획일적으로 설명하기는 어렵다. 4세기 이후 국제관계의 변화 과정에서 가야는 백제-왜와 동맹관계를 유지했고 신라는 그에 대응하여 고구려와의 동맹을 통해 대응했다. 그 절정은 400년에 벌어진 국제전이었다. 그 전쟁에서 가야, 백제, 왜의 연합군은 궤멸되었다. 430년 대에 이르러 고구려의 간섭에서 벗어나려던 신라가 가야, 백제와의 화친정책을 펴면서 두 나라는 평화기로 접어든다. 유물에서도 이와 같은 외교관계가 단편적으로 드러난다. 상대국에서 제작된 완제품이 지배층 묘

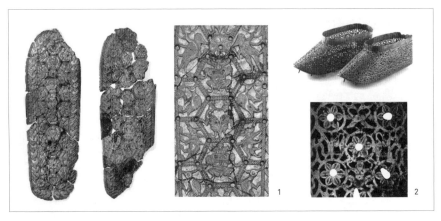

그림 85 식리총(1)과 봉덕리(2) 금동식리 비교

역에서 출토되곤 한다.

신라고분에서 가야양식 대도가 출토된 바 있다. 식리총 대도는 문양이나 부품의 형태에서 합천 옥전M3호분 용봉문 대도와 매우 유사하다. 이 대도는 신라고분 출토 환두대도 가운데서는 이질적인 존재이므로 대가야로부터 이입된 것으로 추정할 수 있다. 호우총 대도는 파손이 심하지만 환두주룡문, 환의 제작기법, 환내 도상의 결합방식, 병연금구와 파

그림 86 대도에 보이는 신라, 가야의 교류(좌: 지산동 45호분, 우: 호우총)

부의 문양 및 제작기법에서 보면 대가야의 전형적인 용봉문대도와 공통하는 요소를 많이 갖추고 있다. 역시 대가야에서 제작된 것으로 추정할 수 있다.

3) 왜계 유물

신라와 왜의 교류양상을 파악할 수 있는 자료는 적다. 아마도 400년의 국제전에서 알 수 있듯이 평화보다는 갈등의 기간이 길었기 때문일 것이다. 그러나 그런 와중에도 경주의 월성로 가-29호분에서 일본열도산 돌팔찌[石釧]가, 가-31호분에서 하지키계(土師器系) 토기가 출토되기도 하였다. 신라가 고구려의 영향력을 배제하고자 노력했던 430년대 이후 신라는 적대국이었던 백제와 가야, 그리고 왜와의 화친정책을 펼치게 된다. 이 무렵 신라와 왜 사이의 문물교류가 전개된 것 같다. 그밖에 황남대총, 금관총, 천마총 등 대형분에서 출토된 마구, 국자에 오키나와산 야광패(夜光貝)가 사용된 예가 있다. 백강구(白江口)전투가 상

그림 87 왜계 유물

1: 월성로 가-29호분, 2: 금령총, 3: 덕천리 I-24호분, 4: 월성로 가-31호분

징하듯 통일전쟁기의 신라와 일본은 극심한 대립관계였지만 6세기 후반으로 편년되는 울진 덕천리 I구역 1지점 24호 석실분에서 일본산 모자곡옥(母子曲玉) 1점이 출토된 바 있다.

4) 서역계 유물

신라고분에서는 서역산 문물도 여러 점 출토된 바 있다. 현재까지 출토된 2점의 금공품과 20여 점의 유리용기가 그에 해당한다.

첫째, 금공품이다. 신라고분에서 종종 출토되는 신라산 금공품과는 외형이나 제작기법에서 차이가 현저한 사례이다. 황남대총 북분에서 출토된 감옥팔찌는 금판이 넓고 길쭉하며 세선(細線)과 세립세공(細粒細工)이 베풀어져 있고 터키석 등 보석이 끼워져 있어 여타 신라 팔찌와는 판이하다. 팔찌의 몸체도 금판 2매로 만들었다. 즉, 금구슬과 보석이 끼워진 판 뒤쪽에 금판 1매를 덧대고 위와 아래로 둥글게 감아 씌웠다. 이러한 기법은 동아시아 팔찌에서는 유례가 없다. 이 팔찌의 제작지를 동로

그림 88 황남대총 북분 감옥팔찌(2: 단면모식)와 계림로 14호분 장식보검(6: 석류석 장식)

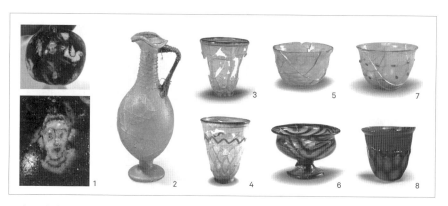

그림 89 유리옥(1: 미추왕릉지구 C-4호분)과 유리용기(2·4: 황남대총 남분, 3: 월성로 가-13호분, 5·6: 황남대총 북분, 7: 금령총, 8: 천마총)

마로 보는 연구도 있으나 서역 공예품 중에서는 아직 이와 동일한 제작기법으로 만든 것은 확인되지 않았다. 다음으로 경주 계림로 14호분 출토 장식보검을 들 수 있다. 철검의 칼집과 손잡이가 금으로 만들어져 있다. 칼집의 표면에 윤곽을 만들고 그 속에 맑고 검붉은 석류석이 장식되어 있다. 이와 매우 유사한 의장을 지닌 칼의 실물 예는 러시아 에르미타주 박물관에 소장중인 보로보예 출토품이 있는데 5세기 대로 편년되고 있다. 계림로 보검에 대한 연구에서는 이 대도의 제작지를 이란 혹은 중앙아시아로 추정하고 있다.

둘째, 유리제품이다. 미추왕릉지구의 C지구 4호분에서 출토된 유리옥이 해당한다. 파란 바탕에 하얀 얼굴, 그리고 빨간 입술을 가진 4명의 사람이 모자이크 기법으로 표현되어 있다. 이 유리옥은 서역산일 가능성이 높지만 인도네시아 자바섬 제작품으로 보는 연구도 있다. 다음으로 가장 많은 수량을 차지하는 것이 유리용기이다. 적석목곽분 출토 유리용기는 소다유리계통이며 대롱불기법으로 성형되었다. 대부분 로만글라스의 제작중심지에서 만들어진 것으로 보이며, 구체적으로 시리아-팔레스타인 지역의 어느 곳에서 만들어졌을 것이라 한다. 유사한 용기류의 분포상으로 본다면 중앙아시아의 스텝지대를 거쳐 신라로 전해졌을 것으로 추정되고 있다. 그간 경주의 신라무덤에서는 약 24점 가량의 유리용기가 출토되었다. 경주 외곽의 안계리 4호분을 제외하면 모두 왕족 묘역에서만 출토된다.

석실분이 축조되는 단계에도 서역계 유물이 출토되지만 칠곡 송림사 전탑 사리용기로 쓰인 유리완 정도에 불과하다. 그 밖에는 서역인의 모습을 한 각종 조각상이 있을 뿐이다. 경주 황성동 석실분과 용강동 석실분에서 출토된 이국적 풍모의 토용, 괘릉과 흥덕왕릉의 문인과 무인상 조각, 구정동 방형분 모서리 기둥에 조각된 인물상 등은 외국인의 풍모를 보여 준다. 신라 조정에 외국인이 출사하였음을 보여 주는 증거로 해석하는 연구도 있지만 당을 비롯한 중국 제 왕조에 스며든 서역인 조각상의 이미지가 전래된 것으로 보는 견해가 더욱 설득력을 얻고 있다.

5) 외래유물의 구성변화

4세기의 어느 시점이 되면 사로국에서 신라로의 전환이 이루어진다. 그 무렵에도 외래품이 무덤에 산발적으로 부장되긴 하지만, 전형적인 모습은 적석목곽분이 경주 시내에 집중적으로 조영되는 시기에 드러난다. 사로국시기와는 달리 외교관계를 맺었던 것으로 보이는 인접 국가의 물품이 골고루 전해지며 외교관계의 추이가 고스란히 유물에 반영된다. 처음에는 고구려산 물품이, 그 이후에는 백제와 가야산 물품이 묻힌다. 이 시기의 외래품 가운데 특히 눈에 띄는 것은 유리용기가 잘 보여 주듯 서역문물이 경주에 다수 전해진 일이다.

첫째, 4세기 대 양상이다(I단계). 이 시기의 자료로는 경주 월성로고분군 출토품이 있다. 유구 전체에 대한 발굴조사가 아니라서 한계는 있으나 왜, 고구려, 서역산 문물이 분포함은 주목해 볼 필요가 있다. 왜계 유물이 출토된 월성로 가-29·31호분은 소형 묘이다. 월성로 가-5호분 출토 연유호는 같은 시기의 신라 유적 출토품 가운데는 유례가 없는 것이므로 외래품으로 보아 무리가 없다. 이 시기의 자료 가운데 가장 주목되는 것은 월성로 가-13호분 출토 유리용기이다. 신라 유적 출토 로만글라스 가운데 가장 이른 시기의 자료이다.

둘째, 황남대총 남분과 북분 단계이다(II단계). 남분에서는 서역, 고구려, 남조계 유물이 출토됐다. 초대형 분인 이유도 있겠지만 유리용기가 7점이나 출토된 점이 주목된다. 안계리 4호분도 이 단계로 편년할 수 있다. 북분에서도 유리용기가 5점이나 출토되었다. 남분과는 달리 금속제 장신구, 자기가 포함되어 있다. 첫째 단계에 비해 외래유물의 수량이나 종류가 훨씬 많아진 점이 특색이다.

셋째, 금관총, 서봉총, 식리총 단계이다(III단계). 서역, 남조, 백제, 가야, 고구려 등 앞 단계보다 외래유물의 산지가 더욱 다양해졌다. 특히 식리총의 금동식리나 장식대도처럼 백제나 가야에서 계보를 찾을 수 있는 물품이 포함된 점이 새롭다. 금관

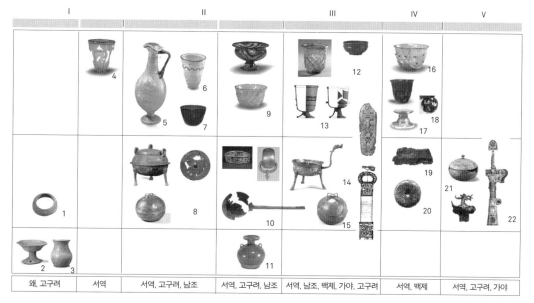

I	II	III	IV	V
왜, 고구려	서역	서역, 고구려, 남조	서역, 고구려, 남조	서역, 남조, 백제, 가야, 고구려	서역, 백제	서역, 고구려, 가야

그림 90 고분 연대에 기준한 외래유물의 구성

1: 월성로 가-29호분, 2: 월성로 가-31호분, 3: 월성로 가-5호분, 4: 월성로 가-13호분, 5 · 6 · 8: 황남대총 남분, 7: 안계리 4호분, 9~11: 황남대총 북분, 12 · 15: 서봉총, 13 · 19: 금관총, 14: 식리총, 16 · 20: 금령총, 17: 천마총, 18: 미추왕릉지구 C구역 4호분, 21: 호우총, 22: 계림로 14호분

총에서는 2점의 유리용기에 더하여 금박유리옥 1점이 출토되었고 서봉총에서는 고구려산일 가능성이 있는 연수명 은합이 출토되었다. 수량으로 보면 둘째 단계에는 미치지 못한다.

넷째, 금령총, 천마총 단계이다(IV단계). 유리용기는 두 무덤에서 모두 2점씩 출토되었다. 미추왕릉지구 C구역 4호분 출토 상감유리옥의 경우 태환이식과 금제수식의 제작기법으로 보면 이 단계로 파악할 수 있다. 그밖에 천마총 상감대도편은 백제로부터, 금령총 동경은 왜로부터 전해진 물품일 가능성이 있다. 이 단계는 앞 단계와 달리 고구려, 남조, 가야산 물품은 출토되지 않는다.

다섯째, 호우총 단계이다(V단계). 아직 이 시기의 대형 묘 발굴이 진행되지 않아 시대 양상 파악에 어려움이 있다. 호우총에서 출토된 동합의 명문으로 보면 제작시점은 415년일 가능성이 높으므로 약 1세기 이상 전세된 사례에 속한다. 계림로 14호분의 경우 장식보검의 전세 여부는 알 수 없지만 함께 출토된 이식이나 토기로 보면 무덤의 연대는 호우총과 큰 차이가 없다. 앞 단계에 이어 남조산 물품은 출토되지 않는다.

2 가야의 외래유물

1) 중국계 유물

가야유적에서 출토되는 중국계 유물의 수량은 많지 않다. 현재까지의 조사 성과에 따르면 김해에 집중되는 양상이다. 김해 대성동고분군에서 동경 1점(23호분), 동경편 2점(2호분과 14호분), 2점의 청동용기(91호분의 洗, 盌) 1점의 진식대금구(88호분)가 출토되었다. 김해 양동리고분군의 경우 441호분에서만 동경 1점이 출토된 바 있다. 이 중 진식대금구와 청동용기가 주목된다. 진식대금구는 양진에서 제작되어 동아시아 각국으로 파급된 것이며 외교관계를 표상하는 물품으로 인식되고 있다. 금관가야와 진과의 외교관계를 잘 보여 주는 물적 증거로 이해할 수 있다. 청동용기 2점은 전연묘(前燕墓)에서도 동형의 유물이 출토된 바 있으나 동제용기의 원형이 중원임을 감안할 때 진식대금구와 비슷한 계기를 거쳐 전해진 것으로 볼 수 있다. 금관가야 전성기인 4세기가 중심연대이며 5세기 중엽 이후의 자료는 확인되지 않는다.

대가야유적 가운데 변경의 수장묘역에 해당하는 남원 두락리 M5호분과 23호분에서는 각기 남조산 청자계수호와 수대경이 출토되었다. 전자는 전형적인 대가야 이식, 후자는 백제산 금동식리와 공반되었다. 백제를 거쳐 중국계 유물이 전해진 것으로 보기도 하고 479년 가라왕(加羅王) 하지(荷知)의 남제 견사 등 기록에 주목하여 대가야의 외교관계에 수반하여 입수한 것으로 보기도 한다. 두 무덤의 중심연대는 5세기 후반이다.

그림 91 중국계(1~6)와 북방계(7~12) 유물
1: 대성동 88호분, 2: 두락리 M5호분, 3: 대성동 23호분, 4: 대성동 2호분, 5: 대성동 14호분, 6~10: 대성동 91호분, 11: 대성동 47호분, 12: 대성동 29호분

2) 북방계 유물

김해 대성동고분군이 처음 발굴되었을 때 학계의 시선을 끈 것 가운데 하나가 3세기 후반의 무덤인 29호분과 4세기 대 무덤인 47호분에서 출토된 동복이었다. 동복은 북방 유목민족의 취사도구였기 때문이다. 이 유물을 소재로 발굴자는 대성동고분 조영세력의 출자를 북방의 부여로 특정한 바 있다. 그 후 역시 4세기 대 대형 분인 91호분에서는 전연묘 출토품과 흡사한 마구세트가 출토되었다. 금동제 마면, 다양한 종류의 금동제 운주, 금동제 삿갓 모양 방울류 등이 그것이다. 이 유물은 대성동고분군, 더 나아가 금관가야 왕족의 출자와 관련한 논란을 더한층 가열시켰다. 다만 출토 마구 가운데 일부는 가야에서 제작된 것이고 북방계 마구는 전체 유물 가운데 일부에 한정되므로 금관가야가 대외교섭 과정에서 입수한 것으로 볼 여지도 여전하다.

3) 신라와 백제계 유물
(1) 신라계 유물

5세기 중엽 이후 김해 대성동고분군에서 대형분의 존재를 확인할 수 없다. 그와 같은 양상을 금관가야의 약화와 관련짓기도 한다. 대신 소형분인 87호분에서는 신라양식의 이식이 출토되었다. 더불어 김해와 그 주변지역은 신라양식토기 문화권으로 편입된다. 6세기 전반에 축조된 것으로 보이는 고령 지산동 45호분은 대가야의 왕릉급 무덤이다. 이 무덤에서 출토된 은장 삼엽대도는 신라산임에 분명하다. 합천

그림 92 신라계(1~5)와 백제계(6~13) 유물
1: 대성동 87호분, 2 · 8 · 11: 송학동 1C호묘, 3: 지산동 45호분, 4: 송학동 1B호묘 분구, 5: 송학동 1B호묘, 6: 옥전 23호분, 7: 옥전 M11호분, 9: 두락리 32호분, 10: 옥전 M3호분, 12: 경산리 2호분, 13: 지산동 44호분

옥전고분군 출토 이식 가운데 신라이식의 특징을 갖춘 것이 있지만 경주 출토품과 미묘하게 다르므로 신라의 영향을 받아 대가야권에서 제작한 것으로 볼 여지도 있다. 6세기 대 소가야 무덤인 고성 송학동 1호분에서는 여러 점의 신라토기 장경호와 유개완이 출토되었다.

(2) 백제계 유물

백제와 가야는 매우 밀접한 관계를 유지했다. 그에 수반하여 백제문화가 가야로 전해졌다. 유물에서 보이는 것은 금속장신구, 장식대도, 동완이다. 지산동 39호분 귀면과판, 합천 옥전 23호분 금동관·이식, 옥전 20호분 이식, 옥전 M11호분 이식·대금구, 경산리 2호분 대금구, 두락리 32호분 금동식리는 백제 장신구와 유사도가 높다. 이 가운데 어느 것이 완제품이고 어느 것이 백제의 영향하에 제작된 것인지 구별해 내기가 어려운 경우도 있다. 장식대도에서도 백제의 영향이 간취된다. 환두에 용이나 봉황문을 베푼 장식대도는 백제, 가야, 신라, 왜의 대형 분에서 공통적으로 출토된다. 대가야 고분에서 발굴된 대도 가운데 지산동 I지구 3호석곽묘, 옥전 35호분 대도는 백제 용봉문대도와 유사도가 높다. 그리고 지산동 44호분, 옥전 M3호분, 경산리 2호분에서 출토된 동완과 고성 송학동고분 1-C호분 동제고배 등 동제용기는 백제로부터 전해진 것으로 볼 수 있다. 기타 송학동 IC호묘 출토 은제대금구는 신라 누암리형 대금구와도 비슷하나 연대나 세부형식으로 보면 능사 출토품 등 백제 사비기 초의 대금구와 더욱 유사하므로 백제산으로 볼 수 있다.

4) 왜계 유물

가야유적에 대한 발굴조사가 활발해지면서 일본열도로부터 이입된 각종 물품의 존재가 속속 확인되기에 이르렀다. 특히 금관가야의 왕족 묘역으로 지목되는 김해 대성동고분군에서는 화살촉 모양 석제품, 방추차 모양 석제품, 옥장(玉杖), 파형동기(巴形銅器), 통형동기(筒形銅器) 등 왜의 전형적인 물품이 출토되었으며 낙동강 하류역과 남해안지역을 중심으로 하지키계 연질토기의 출토 예가 늘고 있다. 후기가야유적의 경우 함안, 의령, 생초, 고성, 합천 등지에서 비록 산발적이지만 스에키(須惠器)와 함께 마구, 동경, 직호문(直弧文) 녹각제 도자병, 대형 화문장식운주 등의 유물이 출토되었으며 의령 경산리 1호분과 고성 송학동 1호분에서는 왜계 횡혈식석실이

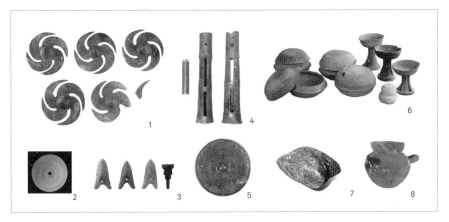

그림 93 왜계 유물
1·3: 대성동 13호분, 2: 대성동 18호분, 4·8: 대성동 2호분, 5·6: 생초 9호분, 7: 대성동 85호분

조사되었다.

5) 서역계 유물

　　가야유적에서 서역계 유물은 출토 사례가 매우 적다. 합천 옥전 M1호분 출토 유리완, 김해 대성동 88호분 도굴갱에서 수습된 유리기 소편이 전부이다. 신라유적에 출토품이 많음에 근거하면 신라를 거쳐 수입되었을 가능성도 고려할 수 있으나 대성동고분군의 경우 이미 4세기에 동진 유물과 전연 유물이 반입되고 있음을 고려한다면 전자는 동진을 통해, 후자는 신라를 통해 수입되었을 가능성도 고려할 수 있다. 그 밖에 남원 월산리 M4호분, 산청 옥산리 79호분, 고성 송학동 1B호분에서 출토된 중층유리옥도 서역계 유물로 분류할 수 있다.

　　이상에서 정리한 것처럼 4세기에는 금관가야의 왕족 묘역인 김해 대성동고분군에 외래유물이 집중하는 현상이 뚜렷하다. 중국 동진, 전연, 왜, 서역 등 다양한 계보의 유물이 망라되어 있어 금관가야의 활발한 대외관계를 웅변해 준다. 5세기가 되면 경주의 신라 왕족 묘역에 외래유물이 집중된다. 신라와 밀접한 관계를 유지하였

그림 94 서역계 및 기타 외래 유물(1: 대성동 91호분, 2: 옥전 M4호분, 3: 해남 만의총 1호분, 4: 옥전 M1호분)과 비교자료

던 고구려계 유물의 출토 예가 많으며 원격지에 위치한 서역계 유물의 비중이 높아 주목된다. 같은 시기 가야의 경우 남부 해안과 수계를 중심으로 왜계 유물이 다수 출토되며 후기가야를 구성했던 여러 정치체의 지배층 묘역에서 백제, 왜, 신라계 유물이 산발적으로 출토된다. 영남지역 삼국시대 유적에서 출토되는 외래유물은 지금은 흔적조차 제대로 남아 있지 않은 신라와 가야의 대외교류 양상을 복원해 내는 데 중요한 실마리가 될 전망이다. [이한상]

XVI 주거와 취락

영남지방의 삼국시대 주거와 취락에 대한 연구는 크게 통시적인 관점에서 취락의 분포 정형에 대한 연구와 취락유적 자체에 대한 연구로 이루어져 왔는데, 최근 들어 취락의 지역성에 대한 연구도 이루어지고 있다.

먼저 통시적인 관점에서 취락에 대한 연구는 취락유적 자체만으로는 유적의 수가 절대 부족하므로 주로 고분자료를 이용하여 취락의 분포 유형이나 규모, 위계화 정도, 그리고 '국(國)'으로의 발전과정을 중심지이론에 근거해서 소국의 취락 분포 정형에 대한 다양한 모델을 상정하고, 또 고분유적과 취락유적과의 상호비교 및 그 출토유물들에 대한 분석을 통해 취락 내에서의 교환양상과 취락과 취락 간의 교환양상에 대한 연구로 이루어졌다.

다음은 취락유적 자체에 대한 연구로 1990년 이후 대규모 취락유적들이 발굴되면서 주로 이루어지게 되었다. 유적에는 한두 동의 주거지가 분포하는 것이 아니라 수십 동의 주거지들이 넓은 범위에 걸쳐서 하나의 큰 취락을 이루면서 분포하고 있다. 이러한 유적들에 대한 연구는 주거지의 평면 형태, 내부시설, 기둥배치 형태 등과 같은 구조를 통하여 형식분류하고, 또 출토된 유물의 분석을 통하여 지역성뿐만 아니라 유적 전체에 대한 성격과 변천과정 등에 대한 연구로 진행되었다. 또 주거유적의 특징을 중심으로 사회 성격에 대한 분석, 민속학적인 자료와 고대 문헌사료를 기반으로 당시의 주거지 파악, 건축사적인 관점에서 수혈주거지의 구조적 복원과 공간 형태, 활용에 대해 접근한 연구 등도 이루어지고 있다.

1 신라지역

주거지나 취락은 유적 성격상 이전 시대와 완전히 단절되어 나타나는 것이 아니라 연속선상에서 변화하고 발전하는 형태로 나타나며, 이 지역에서는 청도 봉기리, 포항 호동, 경산 임당동, 김천 모암동, 경주 손곡동·물천리, 월성, 대구 매호동·신당동·시지지구·상동 등에서 당시에 해당하는 유적들이 확인되고 있다. 이 지역에서 확인되는 수혈주거지의 구조는 먼저 평면 형태를 보면 전체적으로 원형, 타원형, 방형, 말각방형, 장방형, 말각장방형 등으로 다양하게 나타나지만, 크게 원형계와 방형계로 나눌 수 있으며, 방형계가 주된 형태라고 볼 수 있다. 이른 시기의 유적으로 볼 수 있는 경산 임당유적이나 김천 모암동유적의 경우 원형계의 주거지도 어느 정도 확인되는 것으로 보아 원삼국시대 후기와 같이 지역성이 보이나 시기가 내려오면서 대구 상동유적처럼 거의 방형계가 주류를 이루고 있다. 수혈주거지의 규모는 경산 임당유적이나 대구 매호동유적처럼 다소 이른 시기의 경우 소형, 중형, 대형뿐만 아니라 50m² 이상의 초대형도 다수 확인되는 등 규모가 다양하게 나타나지만, 경주 손곡동·물천리유적이나 대구 상동유적처럼 시기가 내려오면 24m² 미만의 소형만 확인된다. 노시설은 대구 매호동유적에서 부뚜막과 온돌이 확인되었는데, 부뚜막은 수혈주거지의 가운데에, 온돌시설은 평면 형태가 'ㄱ'자형과 'ㄷ'자형으로 수혈주거지의 벽면에 붙어서 설치되어 있다. 대구 시지지구유적에서는 부뚜막의 경우 주거지의 중앙과 가장자리에서 확인되었고, 온돌은 벽면에서 어느 정도 떨어져서 설치되어 있다. 대구 상동유적에서 확인되는 온돌의 경우 고래 형태가 외줄고래, 두줄고래, 'ㄱ'자형 고래, 'T'자형 고래 등으로 다양하다. 기둥배치 형태는 전체적으로 무주식, 외주식, 벽주식, 4주+벽주식 등 다양한 형태로 나타나지만 늦은 시기가 되면 대구 상동유적처럼 대부분 무주식이거나, 기둥구멍이 일부 확인되더라도 불규칙한 형태가 나타나는데, 이는 수혈주거지의 구조변화에 기인한 것으로, 지상식주거가 주류를 이루어 가는 것으로 보인다.

이 지역 취락의 입지는 포항 호동유적이나 김천 모암동유적처럼 구릉 정상부와 구릉 사면에 주로 분포하는 경우, 경산 임당I지구유적처럼 완만한 능선사면 말단부와 평지에 걸쳐서 분포하는 경우, 대구 시지·칠곡·상동유적처럼 선상지나 하천변의 자연제방, 그리고 평지에 분포하는 경우 등 다양한 입지를 보이고 있다. 이처럼 이 지역 취락의 입지는 이른 시기에는 구릉 정상부와 사면, 그리고 평지 등 여러 곳에 분포하다가 후기가 되면 하천변의 자연제방이나 선상지와 같은 넓은 지역에 주로 분포하는 형태로 변화하는데, 이는 인구증가로 인한 공간부족과 사회환경 및 생업경제방식의 변화 등과 관련이 있을 것으로 보인다.

이 지역 주거와 취락의 시기별 특징을 살펴보면 전기(3세기 말~5세기 전엽)는 수혈주거지가 주로 구릉의 정상부나 사면부 및 말단부에 주로 분포하며, 평면 형태는 방형계가 다수이고 원형계가 소수이다. 규모에 있어서는 소형과 중형이 비슷한 비율로 확인되고, 대형과 초대형도 소수 확인된다. 노시설은 무시설식-온돌-부뚜막식의 순으로 확인되며, 온돌의 평면 형태는 'ㄱ'자형, 'ㄷ'자형이고 주로 점토를 이용하여 축조하였다. 기둥의 배치는 무주식이 많고, 벽주식의 형태는 소수이다.

중기(5세기 중엽~6세기 중엽)에는 주거의 입지가 전기와 크게 차이 없고 곡간평지에 입지하는 경우가 있다. 수혈주거지의 평면 형태는 방형계가 다수이고 원형계가 소수이다. 규모는 소형이 대다수이고 중형은 극소수 확인되고 대형과 초대형은 확인되지 않는다. 노시설은 구릉에 입지하는 주거지의 경우 무시설식이 많고, 부뚜막과 온돌은 소수 확인되는 반면 평지에 입지하는 경우는 온돌이 급증하고 무시설식은 감소하는 경향을 보인다. 온돌의 평면 형태는 'ㄱ'자형, 'T'자형이고 할석으로 축조하면서 자갈과 점토로 보강하였다. 기둥배치 형태는 무주식이 대다수이고 벽주식이 소수로 확인되며, 외주식도 극소수 확인된다.

후기(6세기 후엽~7세기)에는 주거의 입지가 주로 선상지나 하천변의 자연제방에 위치하고, 수혈주거지의 평면 형태는 방형계가 다수이고, 원형계는 소수이며, 규모는 주로 소형만 확인된다. 노시설은 온돌이 대다수이고, 평면 형태는 '1'자형, 'ㄱ'자형, 'T'자형이며, 주로 할석을 이용하여 축조하였다. 기둥배치 형태는 주로 무주식이 확인되며, 일부 확인되는 경우도 기둥구멍이 불규칙적이다.

2 가야지역

이 지역에서는 김해 봉황동, 진주 평거동·내촌리, 창원 가음정동·반계동, 함양 화산리 등 여러 지역에서 삼국시대에 해당하는 다수의 취락유적이 확인되었다. 이 지역에서 확인되는 수혈주거지의 구조를 전체적으로 살펴보면 먼저 평면 형태에 있어서는 앞선 시기부터 축조되어 오던 원형계 수혈주거지는 전 시기에 걸쳐 지속적으로 확인되며 창원 신방리유적, 고성 동외동유적에서처럼 남해안 일부 지역에서는 3세기 후반부터 방형계 수혈주거지가 출현하나 여전히 원형계 수혈주거지가 주류를 이루는데, 이후 김해 부원동·대청·하계리유적, 진해 용원리유적 등에서도 방형계 주거지가 나타난다. 내륙지역인 진주 평거동유적, 거창 양평리유적 등에서는 원형계 수혈주거지의 축조 전통이 보다 오랫동안 지속되다가 4세기 후반에 이르러서야 비로소 방형계 수혈주거지가 나타나는 현상을 보인다. 5세기 중엽에 해당하는 영남지역의 북쪽 경계에 위치한 함양 우명리유적에서는 전부 방형계 수혈주거지가 확인된다. 그리고 5세기 후반부터 7세기 대에 해당하는 산청 하촌리유적의 경우는 원형계가 소수이고, 대부분 방형계이다. 이러한 현상으로 보아 평면 형태의 변화는 시간성과 공간성을 반영하고 있음을 알 수 있다. 수혈주거지의 규모는 삼국시대 전기까지는 소형부터 초대형까지 모두 나타나고 있지만 삼국시대 중기가 되면 초대형은 확인되지 않고, 삼국시대 후기가 되면 소형과 중형만 나타나고 있어 시간의 경과에 따라 수혈주거지의 면적이 점차 축소되는 경향을 보이고 있다. 한편, 초대형 수혈주거지는 원형계 수혈주거지에만 한정적으로 나타나고 있다. 노시설은 앞시기부터 채용되어 온 부뚜막과 온돌은 삼국시대 전기에도 꾸준히 축조되는데 특히 온돌이 급증한다. 삼국시대 중기가 되면 수혈주거지의 감소와 함께 노시설도 급감하고 온돌은 확인되지 않고 부뚜막만 확인된다. 그러나 삼국시대 후기가 되면 온돌과 무시설식의 노지가 다시 확인된다.

시기별 노시설의 지역적 분포양상을 보면 삼국시대 이른 시기에는 부뚜막이 가야지역 전역에서 광범위하게 설치되고 있는 것에 비해 온돌은 남해안지역과 서부 경남지역에서만 나타나고 있다. 전기에는 무시설식 노지와 온돌의 분포범위가 확산되고 특히 남강유역과 서부내륙지역에서 벽면에 붙어서 설치된 온돌이 기하급수적으로 증가된 양상이 관찰된다. 특히 낙동강 하류역의 김해지역에서는 전기에 빈번하게 설치되었던 부뚜막과 온돌이 채용되지 않는 것으로 나타나고 있어 주목된다. 반면, 중기에 이르면 노시설이 급격히 감소하면서 온돌은 더 이상 설치되지 않고 서부내륙지역에서만 부뚜막의 전통이 유지된 것으로 나타났다. 후기는 남해안지역과 서부내륙지역에서 다시 온돌이 등장하고 있으나 그 수는 많지 않은데, 이러한 노시설의 변화는 시간성과 공간성을 반영하는 것임을 알 수 있다. 기둥배치 형태는 전체적으로 무주식이 다수이고, 외주식, 벽주식, 사주식, 첩벽식, 사주식과 벽구가 결합된 형태 등 다양하게 나타나다가 점차 무주식이 대다수를 차지하게 되는데, 이는 주거지의 지상화에 따른 구조의 변화로 보인다.

이 지역 주거유적의 입지는 전 시기에 걸쳐 구릉과 충적평지가 이용된 것으로 나타났지만, 시기별로 차이가 확인된다. 먼저 삼국시대 전기는 원삼국시대와 마찬가지로 구릉 정상부와 사면부를 이용한 비중이 높다가 점차 구릉 정상부와 사면부의 이용이 감소하면서 구릉 말단부와 곡간부의 이용이 증가하는 양상이 확인된다. 그리고 중기 이후로 구릉 정상부 및 사면부에 입지하는 경우는 급속하게 감소하며, 대부분 구릉 말단부 및 곡간부, 충적평야지대에 입지하는 경향을 보인다. 또한 입지의 선정은 시간적인 변화와 함께 공간적인 분포에서도 차이를 보인다. 즉, 구릉의 정상부 및 사면부에 조성된 유적은 삼국시대 중기 이후로 진주 무촌유적 등 한정된 범위에서만 조사되는 반면, 구릉의 말단부 및 곡간부, 충적평지에 조성된 유적은 낙동강 이서지역에 고루 분포하고 유적의 수도 증가하고 있다. 또한 충적평지는 삼국시대 전기까지는 진주, 산청, 거창, 함양 등 주로 내륙지역에 위치한 유적에서 확인되었으나 삼국시대 중기 이후에는 김해지역에서도 조사되었다. 따라서 입지의 변화는 시간성과 공간성을 반영하는 속성임을 알 수 있다.

주거지의 분포 또는 배치양상을 보면 주거지의 배치는 일정 수 이상의 주거지가 군집을 이루는 경우에 관찰되며 크게 환상(環狀)과 열상(列狀)으로 구분된다. 환상배치는 김해, 창원, 사천, 거창, 진주, 함양 등 서부내륙지역 전체에서 확인되는데, 7동 내외의 주거지가 소규모 공지를 형성하면서 환상으로 배치된 것과 소규모 군집을 이루는 주거지군이 취락 중심에 대규모 공지를 형성하면서 환상으로 배치된 것으로 세분된다. 이러한 공지는 취락 내에서 주거지군이 공유하는 마당과 같은 소규모 공지에서부터 취락 구성원 전체가 공유한 것으로 생각되는 대규모 공지로 구분이 가능하다. 특히 대규모 공지는 취락 내에서 주거입지가 양호한 공간을 의도적으로 비워 놓았다는 점에서 공동체 내의 사회적 합의에 의해 형성된 공간이자 공익을 위한 공동체의 행위가 이루어지는 광장의 용도로 추정된다. 배치와 입지의 관계를 보면 독립 구릉의 정상부 및 사면부에 입지한 취락은 마을 중앙에 공지를 두고 전체 주거지가 환상으로 배치되어 있는 반면 구릉 말단부와 충적평지에 위치한 유적에서는 일정 수의 주거지 내부에 소규모 마당을 중심으로 환상배치가 확인된다.

열상배치에 해당하는 유적은 김해와 진주를 중심으로 분포하고 있는데, 주로 취락 내 도로망과 관련된다. 진주 내촌리유적·평거동 3-I지구유적과 같이 취락 내 보행을 위한 소규모 도로망과 관련된 것과 김해 관동리·아랫덕정유적과 같이 취락 내·외부를 연결하는 대규모 도로를 중심으로 주거지가 배치된 것으로 구분된다. 전자는 수혈주거지를 중심으로 하는 취락이며, 후자는 지상건물지를 중심으로 조성된 취락으로서 주거지 형태상에서도 차이점이 확인된다.

이 지역 주거와 취락의 시기별 특징을 살펴보면 전기(3세기 말~5세기 전엽)는 이른 시기의 경우 대부분의 주거지가 구릉 정상부와 사면부에 입지하지만 서부내륙에서는 거창 대야리유적처럼 충적평지에 입지하여 지역차를 보이고 있다. 수혈주거지는 전 지역에서 원형계의 무주·외주식 수혈주거지가 축조되나 남해안지역권에서 특징적인 방형계 수혈주거지가 등장하는데, 이는 타 문화권과 교류가 있었던 것으로 보인다. 즉 벽주식방형주거지는 주로 기장 가동, 포항 호동, 경산 임당동유적과 같이 신라지역에서 많이 확인되는 것으로 보았을 때 남해안지역은 신라지역과 가야지역의 문화적 요소를 모두 포함하는 점이지대로 추정된다. 전기의 늦은 시기는 원형계 수혈주거지로 대표되는 기존 주거문화가 이어져 오지만 주거지의 입지는 점차 구릉 아래쪽으로 확장되어 구릉의 말단부와 곡간부에 입지하는 비율이 높아지고 하천과 인접한 충적대지에 대규모 취락이 조성되는 양상이 나타난다. 수혈주거지는 남해안지역권에서는 앞선 단계에 출현한 방형계 수혈주거지 내부에 4주식 기둥이 설치되고 지상건물지로 구성된 취락이 조영되는 등 지역성이 드러난다. 남강유역권과 서부내륙지역권에서는 4세기 후반 이후에 방형계 수혈주거지가 확산되는 경향이 나타나지만 여전히 원형계 수혈주거지가 주류를 이루고 있다. 무주식과 벽주식의 원형계 수혈주거지 내부에 부뚜막과 구들이 설치된 형태는 남강유역권의 대표적인 주거유형으로 파악된다. 이러한 주거유형은 함양 화산리유적 등 서부내륙지역권에도 분포하고 있어 남강유역권과 서부내륙지역권이 문화상을 공유하였던 것으로 추정된다.

중기(5세기 중엽~6세기 중엽)는 주거의 입지가 대부분 구릉 말단부와 곡간부에 위치하며, 남해안지역에서도 충적평지에 주거지가 입지하기 시작한다. 주거의 배치는 이전과 달리 주거군 내 소형 공지를 중심으로 한 환상배치는 유존하고, 또 대규모 취락이 발달하고 지역 간 교류가 활발해지면서 취락 내·외부를 연결하는 도로망이 구축되고 이를 중심으로 주거지가 열상으로 배치된다. 수혈주거지의 수는 전기에 비해 급격히 감소하는 현상을 보이고, 특히 원형계가 급감하며, 노시설이 없는 벽주식과 벽주+사주식만 남해안지역에서 확인된다. 남해안지역권에서는 수혈주거지가 감소하나 지상식건물지는 다양한 형태의 규모를 띠며 발전한다. 지상식건물지는 발달된 도로와 함께 가마(김해 봉황대유적), 제철로(김해 여래리유적), 접안시설(김해 관동리유적) 등 목적성을 가진 시설물을 동반하고 있어 특수취락의 주거유형으로 판단된다. 특히 이러한 취락은 김해지역에 집중되고 있어 주목된다. 남강유역권에서도 전형적인 원형계 수혈주거지가 감소하고 방형계 수혈주거지와 다수의 지상식건물로 이루어진 취락이 형성된다. 그리고 서부내륙지역권은 원형계 수혈주거지는 축조가 중단되고 부뚜막이 설치된 방형계의 무주식, 4주식 수혈주거지가 이를 대체하고 있다. 방형계 4주식 수혈주거지는 호남지역에서 빈번하게 조사되는 주거유형으로서 5세기 대 서부경남지역이 '친백제계가야'로 칭해지는 맥락에서 이해할 수도 있겠다.

후기(6세기 후엽~7세기)는 주거유적의 조사 예가 소수에 불과하여 해석에는 한계가 있지만 입지는 삼국시대 중기와 비슷하다. 수혈주거지는 지역에 관계없이 원형계와 방형계가 모두 확인되고 있으나 그 유형은 이전 시기에 비해 더욱 단순화되는 경향을 보인다.

3 취락의 성격과 기능

취락의 입지와 주거지의 분포양상, 확인되는 각종 유구, 내부구성요소, 공간활용도, 출토유물 등에 대한 다양한 분석과 주변 유적과의 관계를 통하여 취락의 성격과 기능을 어느 정도 파악할 수 있을 것으로 보인다.

먼저 양산 평산리유적처럼 취락이 구릉의 정상부를 중심으로 집중되어 있고, 주위에 환호와 목책열 및 망루로 추정되는 기둥구멍들이 형성되어 있는 경우나 포항 호동유적처럼 환호와 같은 방어시설은 없지만 주변 지역과 비고차가 많이 나는 구릉 정상부를 중심으로 유구들이 분포하고 있는 경우, 또 창원 남산유적처럼 구릉 정상부를 중심으로 주거지가 집중 분포하고, 그 주위를 감싸고 환구가 설치되어 있으며, 환구 주변의 경사면에 패총과 폐기장이 형성되어 있는 경우 등은 방어적 성격이 강한 취락으로 볼 수 있겠다.

그리고 진주 평거동유적처럼 넓은 충적대지에 입지하고, 자연제방에 주거지, 지상식건물지, 고상창고, 도로 등의 유구가 위치하며, 주위에 경작유구가 광범위하게 분포하는 경우, 또 경작지는 확인되지 않았지만 평거동유적과 비슷한 입지 양상을 보이는 산청 소남리유적과 옥산리유적, 대구매호동유적 등은 농경을 주로 한 취락일 가능성이 크며, 당시 이러한 농경취락이 다수를 차지하는데, 이는 일반적인 취락으로서 사회조직을 구성하는 기층취락으로 볼 수도 있겠다. 그리고 경주 손곡동·물천리유적처럼 수혈주거지와 고상건물지, 요업 관련 공방시설, 토기가마, 목탄가마 등이 대규모로 확인되고, 출토유물 간의 시간폭도 상당히 있는 것으로 보아 오랜 기간 존속한 대규모 토기생산취락으로 볼 수 있겠다. 또 김해 관동리·봉황대·퇴래리, 부산 고촌유적처럼 해안이나 낙동강 하류역에 위치하는 취락에서 수혈주거지는 거의 확인되지 않고 특별히 지상식건물지나 고상식건물지가 집중 조성된 경우가 있는데, 이들 취락은 일반취락과는 달리 선박의 접안시설이나 선착장과 관련된 유구들로 추정되며, 이러한 취락은 해안지역의 특수한 취락으로 보인다.

그리고 고성 동외동유적은 바다와 인접한 소규모 독립 구릉의 정상부에 위치하여 주변을 조망하기에 용이하며, 다수의 의례유구와 유물이 확인되는 점으로 보아 제사와 같은 특수한 기능을 담당한 취락으로 추정해 볼 수 있겠다.

경주 황성동유적은 원삼국시대부터 삼국시대에 걸쳐 형성된 주거지와 분묘 그리고 철생산과 관련된 단야로, 용해로, 폐기장 등이 조사된 곳이며, 특히 유적 내에서 철기제작과 관련된 다양한 유구와 유물이 확인되는 것으로 보아 철기 제작기술을 가진 특수 기능집단으로 볼 수 있겠다. 또, 김해 여래리유적은 충적평지에 위치하며, 지상식건물지, 다양한 수혈, 목탄요, 도로유구 등과 송풍관, 슬래그, 단조철부 등이 출토되는 것으로 보아 철생산과 관련된 특수 기능취락으로 볼 수 있겠다.

또 취락의 내부구성과 주변 유적과의 관계를 통하여 취락의 기능과 성격을 살펴보면 대구 시지취락의 경우 취락과 인접하여 대규모 토기가마와 고분군이 분포하고 취락 내에서 토제박자가 출토되고, 녹로축혈이나 회전대혈로 보이는 기둥구멍, 다수의 부정형 수혈유구들이 확인되는 것으로 보아 토기제작과 관련된 도공집단이 거주하였을 것으로 보인다. 또 취락 내에서 제철과 관련된 송풍관편, 슬래그편, 추정 도가니편 등이 출토되고, 인접한 고분에서 망치, 집게와 같은 단야구가 출토되는 것으로 보아 철과 관련된 사람들도 거주하였을 것으로 보인다. 그리고 취락의 북쪽으로 넓은 충적대지가 형성되어 있고, 강과 조그마한 하천이 흐르고 있어 영농하기에 좋은 조건을 갖추고 있으며, 인접 고분에서 삽날, 살포, 철겸 등과 같은 농경과 관련된 유물이 출토되는 것으로 보아 농사를 짓던 농민들도 거주하였을 것으로 보인다. 이로 보아 시지취락은 여러 성격의 집단이 모여 사는 복합적인 성격의 취락으로 추정된다.

출토되는 유물을 용도별로 분류하여 보면 농공구류, 수렵·무구류, 어로구, 생활용구류 등이 있다. 양산 평산리유적은 농공구류가 다수이고, 주거지에서 탄화곡물이 나오는 것으로 보아 농경을 중심으로 하는 집단으로, 그리고 진해 용원유적처럼 어로구가 상대적으로 많이 출토되고, 패각층에서 강치, 돌고래, 참돔, 소라, 전복 등의 해양성 유체와 백합, 꼬막, 굴, 바지락 등의 패류가 확인되는 것으로 보아 어업 중심의 생활을 한 것으로 추정된다.

이처럼 취락은 주변의 자연환경과 취락 내부의 다양한 요소, 그리고 주변 유적과의 관계 등으로 그 성격과 기능을 어느 정도 파악할 수 있다. [김창억]

XVII 의례와 신앙

1 농경의례

농업이 사회경제력의 근간을 이루던 고대사회는 최대의 생산활동이 농경이었고 이의 성공을 기원하는 제사를 통해 집단의 공동체 의식을 강화시켜 나가기도 하였다. 『삼국지』 위서 동이전 한조에 의하면 "삼한에는 국읍과 별읍이 구별되어 있어 국읍에는 천군을 세워 천신에 제사 지내고, 별읍에서는 귀신을 섬기며 제사를 지냈다"는 기록이 있다. 매년 파종기인 5월과 수확기인 10월에 농경의례를 거행하였는데 이때는 모두 모여 밤낮으로 춤추고 노래하였으며, 그 춤은 마치 탁무(鐸舞)와 유사하다는 내용이 있다. 또 "귀신을 믿어 국읍에는 한 사람씩 제천의식의 주재자를 두는데 이를 천군(天君)이라 한다"는 내용을 통해 볼 때 고대사회에서 제사는 매우 중요한 역할을 하였음을 알 수 있다.

지금까지 확실한 농경 제사유적이 발견된 것은 없지만, 대전에서 출토된 농경

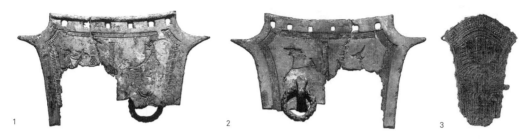

그림 95 대전 출토 농경문청동기(1·2), 고성 동외동 출토 새무늬청동기(3)

문청동기를 통해 간접적으로 고대사회의 농경의례를 유추해 볼 수 있다. 농경문청
동기에는 가장자리 윤곽을 따라 무늬 띠가 돌아가고 그 안쪽 공간에는 그림이 새겨
져 있다. 한쪽 면 오른쪽에는 머리 위에 긴 깃털 같은 것을 꽂고 벌거벗은 채 따비로
밭을 일구는 남자와 괭이를 치켜든 사람이 있고, 왼쪽에는 항아리에 무언가를 담고
있는 사람이 표현되어 있다. 봄에 밭을 갈고 흙덩이를 부수는 장면, 농사도구의 표
현, 가을에 수확한 곡물을 항아리에 담는 과정, 청동기시대 밭의 모습 등은 발굴조사
에서 확인된 내용과 매우 유사한 양상을 보여 주고 있다. 뒷면에는 오른쪽과 왼쪽 모
두 두 갈래로 갈라진 나무 끝에 새가 한 마리씩 앉아 있는 모습이 표현되어 있다(그림
95-1·2). 새는 예로부터 곡식을 물어다 주어 마을의 안녕과 풍요를 가져오고, 하늘의
신과 땅의 주술자를 연결시켜 주는 매개자로 인식되어 왔다. 원삼국시대와 삼국시
대 신라와 가야의 무덤에 이승과 저승을 연결해 주는 매개체로서 새를 형상화한 토
기가 발견되는 것도 이와 같은 의식의 반영이라고 할 수 있겠다.

5~6세기 대 신라와 가야의 농경의례는 경주 쪽샘지구 41호분 출토 철제 농기
구를 통해 짐작해 볼 수 있다(그림 96). 철제 농기구는 이 무덤의 부곽에서 출토되었
는데, 네모난 테두리 모양의 철제 몸체에 편평한 날 부분을 결합시킨 구조로 국내에
서 확인된 삼국시대 철제 농기구 가운데 가장 크다. 몸체에는 나무 자루를 끼울 수
있도록 가로, 세로 8.2cm 크기의 네모난 구멍이 나 있고 뒷면에는 'T', 'ㅂ' 등과 같은
주술적 의미가 있는 기호가 있다. 이 유물은 크기가 매우 크고 문양이 특별한 점과
함께 왕족과 같은 지배층 무덤에서 출토되었다는 점 때문에 6세기 초를 전후한 시기
에 지배층의 농경의례에서 상징적인 용구로 사용되었을 것으로 보인다.

삼국시대의 제사는 그 성격에 따라 개인적 목적에 의한 것과 집단 공동체의 목
적에서 비롯된 것으로 구분이 가능하다. 이를 명쾌하게 구분 지을 수 있는 고고자료

그림 96 경주 쪽샘지구 41호분 전경(좌) 및 부곽 출토 철제 농기구(우)

는 많지 않지만 유적의 입지를 보면 개별 유구의 주변보다는 이 공간에서 거리를 두고 떨어진 독립 구릉에 단독으로 위치하거나, 바다·산 등과 같은 특별한 공간을 이용하는 경우가 많다. 또 제사용 유물은 대전 출토 농경문청동기, 고성 동외동유적 출토 새무늬청동기(그림 95-3), 경주 쪽샘지구 41호분 출토 철제 농기구와 같이 개인이 소지하기 어려운 매우 독특한 모양과 소재의 의기성 유물이 사용되는 것을 통해 볼 때 최상층 혹은 왕권을 중심으로 하는 국가 차원의 제사가 거행되었음을 알 수 있다.

2 장송의례

유력자의 죽음에서 비롯되는 장송의례는 우리가 상상하는 것 이상으로 장엄한 절차와 제도 아래에 있었을 것이다. 역사기록이 존재하는 고대 사회에서『祭祀志』를 구분해 두었다는 사실은 당시 사회가 지녔던 제사 관념의 중요성을 잘 보여 주는 현상이다. 이와 함께 삼국시대에 만들어진 거대한 크기의 무덤은 정치적 기념물이기에 앞서 조상숭배에 기초를 둔 종교적 건조물이라는 점에서 장송의례는 제사적 의미에 기초하고 있다.

영남지방의 무덤은 크게 목곽묘-적석목곽묘·수혈식석곽묘-횡구·횡혈식석실묘로 묘형이 변해 왔으며, 묘형에 따라 다양한 위치에서 제사의 흔적이 발견되고 있다(그림 97). 제사의 흔적이 확인되는 위치는 무덤의 축조과정 중에 이루어진 장엄한 의례의 과정을 보여 주는 증거이기도 하다. 무덤의 다양한 공간에서 발견되는 제사의 흔적은 유물·유체가 사용된 경우와 구조물이 남는 경우로 나누어 정리해 볼 수 있는데 이를 종류별로 살펴보면 아래〈표 5〉와 같다.

영남지방의 무덤에서 최상위 신분자의 장송의례는 빈-봉토-제사-묘사라는 일련의 과정을 거쳤음을 알 수 있다. 빈은 죽은 직후부터 매장지로 가기 전까지 행해지는 의례이고 장송의례는 매장과정에서 행해지는 제사, 또 묘사는 묘의 축조가 완

성된 후 정기 혹은 비정기적으로 묘역
의 보수 및 관리와 함께 이루어지는 제
사를 뜻한다.

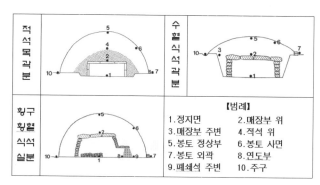

신라와 가야 무덤의 장송의례에
는 공통적으로 상형토기를 이용하고,
소나 말을 비롯한 동물뿐만 아니라 사
람까지도 제사에 이용되는 양상이 확
인된다. 특히 신라의 장송의례는 돌 구
조물과 원통형 구조물을 사용하는 예

그림 97 무덤의 축조공정에 따른 제사 구조물 및 유물 확인 지점

가 많은데 우물형 돌 구조물과 원통형 구조물은 경주지역의 적석목곽묘에서 매장공
간 밖의 호석 주변이나 봉토에 만들어지다가 5세기 말에서 6세기 초가 되면 부산, 안
동, 창녕, 중원 등지와 같은 신라 각지로 분포범위가 확대된다. 가야의 장송의례에는
유자이기·축소모형철기·통형기대 등 특정 유물의 부장 양상이 강조된다. 특히 신라
나 백제보다 뛰어난 조형미를 지닌 가야의 기대는 수장묘에 행해진 장송의례를 화
려하게 장식하는 용도로 제작되었으며, 가야인의 독특한 장송의례 관념을 반영하는
의례용품이기도 하다.

신라와 가야 무덤의 장송의례를 가장 잘 표현해 주는 표지적 유물로 상형토기
가 있다. 상형토기는 인물이나 사물의 모양을 본떠 만든 그릇을 일컫는데, 속이 비어
있거나 귀때나 뿔잔이 붙어 있어 주전자나 잔의 기능을 할 수 있게 만든 것이다. 이
상형토기는 기형적 특수성으로 볼 때 일상생활에 사용된 것이 아니라 장례과정에
술과 같은 액체를 담아 따르는 데 사용되었거나, 죽은 사람의 안식과 영혼의 승천과
같이 사후세계에 대해 어떤 상징적 기원으로 의례에 사용한 후 부장된 것으로 이해
된다(그림 98). 신라와 가야 상형토기의 종류는 오리·말 등과 같은 동물형도 많지만,

유물·유체가 사용된 경우	구조물이 남는 경우
① 토기류(소형토기·기대류·상형토기의 부장, 토기의 특정 부위 훼손)	
② 의기성 금속유물(축소모형철기, 유자이기, 의기성 철모)	① 돌 구조물－우물형
③ 동물 공헌: 말을 대신하는 의미로 마구류	② 수혈
④ 음식물 공헌: 토기 안에 과일, 생선, 패각류 출토	③ 연통형 구조물(장동옹 사용)
⑤ 불을 통한 정화의례: 소토·목탄흔	④ 대호
⑥ 인신 공헌	

표 5 신라와 가야 장송의례의 여러 가지 유형

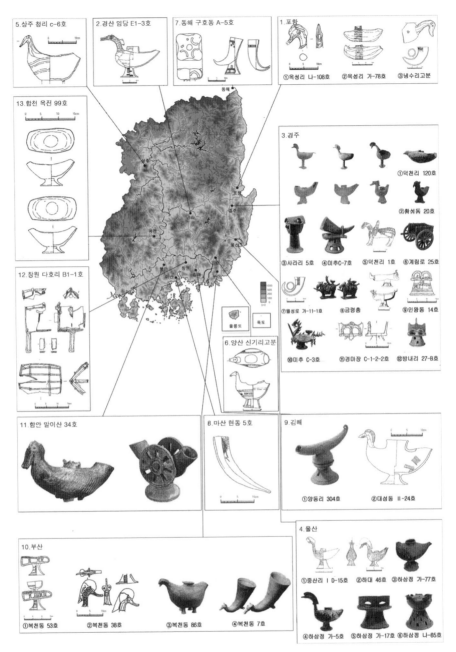

그림 98 신라와 가야의 상형토기 출토유구 분포도

수레·뿔잔·집·신발 등과 같이 물건의 모양을 본떠 만든 것, 그 가운데에서도 뿔잔과
뿔잔받침의 출토 예가 많다.

영남지방의 상형토기는 3세기 대에 경주를 중심으로 하는 진한에서 오리 모양 주자의 형태로 등장한다. 상형토기는 속이 비어 있고 주입구와 주출구가 있어 술과 같은 액체를 넣어 무덤의 장송의례에 사용한 후 부장하였을 가능성이 크다.

3세기 대의 상형토기는 경주와 울산, 포항을 중심으로 하는 진한지역을 중심으로 한정된 분포를 보이다가 4세기 초가 되면 낙동강 하구지역에서도 확인된다. 5세기 대가 되면 신라에서는 기물형의 상형토기가 등장하는데, 그 가운데에서도 뿔잔의 출토 예가 매우 많다. 뿔잔은 6세기 전반 신라 각지에서 성행하다가 6세기 중엽 이후가 되면 감소한다. 가야는 4세기 대에 김해 대성동고분군에서 오리 모양 주자, 또 4세기 중엽에는 김해 양동리고분군과 마산 현동유적에서 뿔잔이 가장 이른 시기에 출현한다. 5세기에는 함안에서, 6세기 대에는 합천 옥전고분군과 창원 다호리유적에서 배 모양 잔과 집 모양의 상형토기가 출토되나 그 수는 매우 제한되어 있다.

3 생활제사

생활제사의 흔적은 집자리 주변, 우물, 마을의 경계에 만들어지는 환호, 구, 광장, 가마·제철유적과 같은 생산시설 등 취락 안팎의 다양한 위치에서 발견된다. 그러나 고고학 자료로 발견되는 제사유적과 유물은 의례행위 후에 버려진 것들, 혹은 폐기된 후 그 흔적만이 남아 있기 때문에 정형화된 구조나 유형을 도출하기가 쉽지 않다. 여기에 결정적 단서를 제공해 주는 자료는 제사에 사용되었을 것으로 보이는 유물의 발견이다(그림 103). 유물의 종류에는 소형 토기류, 상형토기, 복골, 인면토구, 접시형 토제품, 공자형 토제품 등이 있다.

가장 대표적인 가야의 생활제사 유적으로는 김해 봉황동 70호 저습지가 있다. 이 유적에서는 동편의 흑색 목탄 퇴적물층에서 30여 점의 토제품들이 일괄로 출토되었다. 토제품은 발·기대형 모형토기, 인물형토우, 마형토우 등으로 구성되어 있다. 인물형토우들은 모두 말과 모형토기의 2군들이 놓여 있는 곳을 향하고 있고, 허리와 어깨에 휘장을 두르고 있는 인물형토우 한 점은 모형토기군들과 약간 동떨어진 위치에서 단독으로 출토되었다. 이러한 출토위치를 통해 휘장을 두르고 있는 인물형 토우는 제사장을, 팔을 벌리고 선 인물형토우는 조상신을, 그리고 마형토우는 제물(祭物)을, 모형토기들은 제기를 각각 형상화한 것으로 보아 전체적으로 마치 제사를

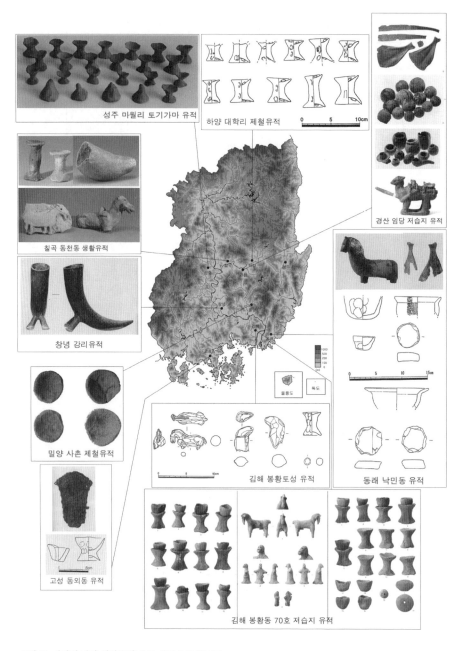

그림 99 신라와 가야 생활유적 출토 제사유물 분포도

지내고 있는 듯한 모습으로 복원이 가능하다.

　이 유적에서 출토된 기대형 모형토기와 유사한 형태의 공자형 토제품은 김해 봉황토성유적 2호 주거지, 하양 대학리 B-야철유구, 성주 마월리 토기가마유적, 칠곡 동천동 생활유적에서 출토되었다. 또 소형 토기류가 출토된 유적으로는 경산 임당 저습지유적, 동래, 낙민동유적, 김해 봉황동 70호 저습지유적, 칠곡 동천동 생활유적이 있다. 이 유적에서는 말 모양, 뿔잔 모양의 상형토기가 공반되거나, 복골·귀면토제품 등이 출토되는 정황으로 보아 생활제사에 사용된 후 주변에서 폐기된 것으로 판단된다.

1) 물과 제사

물은 인간이 살아가는 데 가장 필요한 자원으로, 이를 안정적으로 공급받는 일은 농경과 정주생활에 매우 중요한 수단이 되었다. 따라서 고대 사람들은 물을 얻기 위해 우물을 만들어 식용에 사용하고, 농사에 이용하기 위해 물을 가두기 위한 시설을 만드는 등 여러 가지 노력을 끊임없이 해 왔다. 경산 임당, 대구 동천동유적과 같은 대규모 생활유적에서 물에 관한 제사의 흔적이 발견되는 것은 그만큼 인간의 일상생활에 물이 차지하는 비중이 크다는 것을 의미한다.

한편 우물제사의 흔적은 대구 동천동유적, 시지 31G-1호·20G-1호·I지구 2호, 경주 박물관 연결통로부지·미술관부지 유적에서 확인된 바 있다. 이들 우물 안에서는 단경호, 대부완, 단각고배 등의 토기류 외에도 복숭아씨, 동물뼈, 어린 아이의 뼈가 출토되었다. 우물제사는 바닥과 내부 매립토, 상부 매몰과 같이 제의물의 확인 위치에 따라 축조, 사용, 폐기로 구분할 수 있다. 우물제사는 물이 지니는 생명, 부활, 정화의 의미를 통해 물이 깨끗하게 유지되고 마르지 않기를 기원하는 의미에서 이루어졌다.

2) 의례수혈

의례수혈은 부정형 수혈이 바닥 깊이를 달리하며 여러 기가 겹쳐져서 중복된 상태로 확인되는 것을 말하며 경주 황오동 100, 고성 동외동, 산청 옥산리, 대구 동천동유적에서 확인된 바 있다. 이 가운데 고성 동외동유적은 입지적으로 구릉 정상의 평탄지에 다른 성격의 유구와 공간이 분리되어 있다는 점과 함께 새무늬청동기가 출토되어 최고 권력층이 주도하는 공동체 차원의 제사유적일 가능성이 크다. 또 경주 황오동 100유적에서도 삼국시대의 무덤 주변에서 부정형 수혈이 중복된 상태로

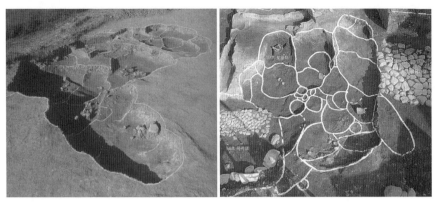

그림 100 고성 동외동유적(좌), 경주 황오동 100유석 의례수혈(우)

확인되었다. 이와 같은 부정형 수혈 외에도 황오동 100유적에서는 말을 매납한 수혈도 조사되었다. 말을 매납한 수혈에서는 말이 마구를 착장한 상태로 발견되었다. 이와 같이 여러 기의 수혈이 중복된 상태로 발견되기도 하지만 경주 신당동유적과 같이 한 기씩 독립적으로 만들어진 수혈도 있다.

3) 진단구

건물지 주변에서는 건물을 만들 때 건물의 안녕을 기원하며 땅의 신에게 제를 올리면서 공헌하는 물품인 진단구를 매납한다. 건물의 기단 축초 전에 공헌되는 물품은 지진구, 기단 축조 후 기단 안에 공헌되는 물품은 진단구로 구분하기도 하지만 고고자료로서 명확하게 양자를 구분하기는 어렵기 때문에 진단구로 통칭하여 부르고 있다. 진단구는 보통 용기에 담아서 건물이 조성될 곳에 매납하기도 하고, 기단 안에 흩뿌리기도 한다.

진단구는 황룡사지와 안압지 외에도 경주 동천동 등지의 신라 왕경유적에서 많은 자료가 확인되었다. 진단구는 기단 안팎 혹은 모서리 등의 위치에서 단경호 혹은 사각편병이 매납되거나 호 위에 기와나 돌, 접시로 뚜껑을 덮은 상태로 출토되기도 한다. 이와 같은 용기류 외에도 금동태환이식 등 장신구류와 청동그릇 생활용구, 은 제고리, 수정 등으로 다양한 종류의 유물이 진단구로 이용되기도 한다. 건물지 외에 산성의 축조에 있어서도 성공적인 건축과 안전을 기원하는 제사가 이루어지기도 하였다.

4) 조업시설에서의 제사

신라와 가야의 조업시설에서 분명하게 제사 관련 자료를 확보한 것은 아직 알려져 있지 않다. 하지만 백제의 진천 석장리 제철유적에서 그 예가 분명하게 확인되었을 뿐만 아니라 하양 대학리 제철유적과 성주 마월리 토기 가마유적에서 공자형 토제품이 다량으로 출토되어 앞으로 조업의 성공을 기원하는 제사유적이 발견될 가능성은 매우 크다고 하겠다. 밀양 사촌 제철유적에서는 접시형 토제품, 경주 황성동과 덕천리 철생산유적에서는 대형의 토기편을 다듬어 만든 원반형 토제품이 수십 점 출토된 바 있어 제사의 흔적을 엿볼 수 있다. 한편 공자형 토제품은 토기가마에서 출토되는 예를 들어 이기재의 한 종류로 분류되기도 하나 토기 가마 이외에 생활유적 나아가서는 제철유적에서 출토되는 예를 통해 볼 때 제사용 유물에 포함시켜야 할 것이다.

5) 철탁과 무속인의 등장

철탁은 삼각형의 철판을 고깔 형태로 만 다음, 윗단을 접어 거기에 구멍을 내어 설(舌)을 메어 달아 흔들 때 쇳소리가 나도록 만든 의례용품이다. 『삼국지』 위서 동이전에 "소도에 큰 나무를 세우고 방울과 북을 매달아 귀신을 섬겼다"는 기록이 있다. 이와 같이 방울과 북은 무속인이 접신행위를 할 때 사용하는 도구로 시베리아 샤먼의 민족지 자료에 의하면 철탁은 무속인의 옷이나 북에 달려 있다.

신라와 가야의 철탁은 무덤에서 피장자의 허리춤 위치에서 출토되는데 주로 3~10점 이상 다량으로 발견된다. 6세기 초에는 주로 신라 영역에 한정되어 분포하지만, 6세기 중엽에는 고성 연당동이나 사천 월성리, 합천 저포리유적과 같이 가야의 고지(故地)에서도 확인된다. 일본의 무덤에서는 주로 합천 저포 E지구와 같이 철제 망치나 모루와 같은 철 생산과 관련된 유물과 공반되는 경우가 많아 철장인 집단의 제사에 사용된 유물로 보고 있다. 신라에서는 퇴화형식의 수지형 대관과 함께 여성의 무덤에서 출토되는 예가 많다는 점을 들어 6세기 대에 전문 무속인이 존재하였음을 보여 주는 상징적인 유물로 이해된다. [김동숙]

참고문헌

姜裕信, 1999, 『韓國 古代의 馬具와 社會』, 學研文化社.

姜玧錫, 1999, 「新羅·伽倻古墳에 나타난 祭祀儀式에 關한 研究」, 漢陽大學校大學院 석사학위논문.

慶山大學校博物館, 1998, 「星州 明浦里遺蹟 發掘調査」, 현장설명회자료.

경상북도문화재연구원, 2008, 『성주 시비실유적』.

_____, 2008, 『성주 장학리 별티유적』.

_____, 2011, 『상주 공검지 복원·정비 사업부지내 문화재 발굴조사 약보고서』.

啓明大學校博物館, 1985, 『高靈古衙洞壁畵古墳實測調査報告書』.

_____, 1995, 『高靈本館洞古墳群』.

_____, 2006, 『星州星山洞古墳群』.

高靈郡, 1979, 『大伽倻古墳發掘調査報告書』.

高正龍, 1986, 「伽倻末期 山城改築에 대한 一考察(상)」, 『伽倻通信』第15·16合輯號.

공봉석, 2008, 「경남 서부지역 삼국시대 수혈건물지의 구들연구」, 『한국고고학보』66(한국고고학회).

곽종철, 2001, 「우리 나라의 선사~고대 논밭 유구」, 『한국농경문화의 형성』, 한국고고학회.

국립경주문화재연구소, 2002, 『신라왕경 발굴조사보고서』.

국립경주박물관, 2001, 『특별전 신라황금』, 씨티파트너.

_____, 2010, 『慶州 鷄林路 14號墓』.

국립김해박물관, 『한국고대의 갑옷과 투구』.

국립대구박물관, 2007, 『한국의 칼』.

國立大邱博物館·高靈郡, 1996, 『主山城地表調査報告書』.

국립문화재연구소, 2010, 『한국고고학전문사전—성곽·봉수편』.

국립중앙박물관, 2010, 『황금의 나라 신라의 왕릉, 황남대총』.

국립춘천박물관, 2008, 『권력의 상징, 관—경주에서 강원까지—』.

權五榮, 2006, 「물의 제사」, 『고고자료로 본 古代 祭祀』, 복천박물관.

권태용, 1999, 「대구 동천동유적 수리시설 발굴조사 개보」, 제10회 조사연구회 발표자료집, 영남문화재
　　　연구원.

金東淑, 2000, 「嶺南地方의 6~7世紀代 墳墓出土 鐵鐸에 관한 研究」, 『慶北大學校 考古人類學科 20周年 紀
　　　念論叢』, 경북대학교 고고인류학과.

_____, 2002, 「新羅·加耶 墳墓의 祭儀遺構와 遺物에 관한 연구」, 『嶺南考古學』30, 嶺南考古學會.

_____, 2008, 「신라·가야의 상형용기와 분묘 제사」, 『단호문화연구』제12호, 2008년 용인대학교박물관
　　　학술대회.

_____, 2011, 「한국 고대 장고형 토제품의 성격」, 『경북대학교 고고인류학과 30주년 기념 고고학논총』.

金斗喆, 2000, 「韓國 古代 馬具의 研究」, 東義大學校大學院 博士學位論文.

_____, 2003, 「부산지역 고분문화의 추이—가야에서 신라로」, 『港都釜山』19.

_____, 2010, 「棺床과 前期加耶의 墓制」, 『한국고고학보』75.

_____, 2005, 4세기 후반~5세기 초 고구려·가야·왜의 무기·무장체계 비교, 광개토대왕비와 한일관

계, 2005 (한일관계사연구논집 편찬위원회, 경인문화사).

_____, 2003, 무기·무구 및 마구를 통해 본 가야의 전쟁, 가야고고학의 새로운 조명(부산대학교 한국민족문화연구소, 혜안).

金羅英, 2007, 「嶺南地域 三韓時代 住居址의 變遷과 地域性」, 釜山大學校 大學院 碩士學位論文.

金世基, 1995, 「大伽耶墓制의 變遷」, 『加耶史硏究─대가야의 政治와 文化─』, 慶尙北道.

金榮珉, 2008, 「금관가야와 양동리고분군」, 『김해 양동고분군과 고대 동아세아』.

金才喆, 2011, 『韓國 古代 土器窯 變遷 硏究』, 慶北大學校 大學院 碩士學位請求論文.

金鍾徹, 1981, 『高靈池山洞古墳群』, 啓明大學校博物館.

_____, 1988, 「北部地域 加耶文化의 考古學的 考察」, 『韓國古代史研究』 1.

金昌億, 2000a, 「三國時代 時至聚落의 展開過程과 性格」, 『嶺南考古學』 27.

_____, 2000b, 「三國時代 聚落의 空間配置 類型」, 『慶北大學校 考古人類學科 20周年 紀念論叢』.

_____, 2001, 「大邱 時至地區 生活遺蹟」, 『6~7世紀 嶺南地方의 考古學』, 第10回 嶺南考古學會 學術發表會.

_____, 2004, 「우물에 대한 祭儀와 그 意味」, 『嶺南文化財研究』 17, 嶺南文化財研究院.

金昌鎬, 2000, 「伽倻의 石城 존부에 대하여」, 『伽倻文化』 第十三號, 伽倻文化研究院.

金鎬詳, 2003, 『韓國의 木炭窯 研究』, 大邱카톨릭大學校大學院 博士學位請求論文.

吉井秀夫, 2008, 「횡혈계 묘제를 통해서 본 6세기의 가야와 주변제국」, 『加耶와 周邊諸國』.

김성태, 2005, 「고대 건물지 지진·진단구의 검토」, 『제18회 조사연구회 발표요지』, 영남문화재연구원.

김세기, 2003, 『고분자료로 본 대가야연구』, 학연문화사.

_____, 2004, 「星州 古墳의 地域性 檢討」, 『啓明史學』 15, 啓明大 史學科.

김영민, 2000, 「영남지방 판갑에 대한 재고」, 『울산사학』 9집.

_____, 2008, 『금관가야의 고고학적 연구』, 부산대학교 박사학위논문.

김옥순, 2000, 「의성 지역집단의 토기양식과 생산체제」, 『한국고대사와 고고학』, 김정학박사송수기념논총.

_____, 2006, 「4~5세기 경주지역 외래유물을 통한 교환방식의 일고찰」, 『신라문화』 28, 동국대학교 신라문화연구소.

_____, 2011, 「대구지역 삼국시대 토기의 생산체계」, 『嶺南文化財研究』 第24輯.

김용성, 1996, 「土器에 의한 大邱·慶山 古代墳墓의 編年」, 『韓國考古學報』 35輯.

_____, 1998, 『신라의 고총과 지역집단』, 춘추각.

_____, 2003, 「皇南大塚 南墳의 年代와 被葬者 檢討」, 『韓國上古史學報』 第42號.

_____, 2009, 『신라왕도의 고총과 그 주변』, 학연문화사.

金有植, 2010, 『新羅瓦當研究』, 동국대학교대학원 박사학위청구논문.

김일규, 2007, 「한국 고대 제철 유적의 조사 현황과 특징」, 『선사·고대의 수공업 생산유적』, 제50회 전국역사학대회 고고학부 발표자료집, 한국고고학회.

김혁중, 2008, 『영남지방 4~5세기 종장판갑의 지역성 연구』, 경북대학교 석사학위논문.

南翼熙, 2008, 「5~6세기 성주양식 토기 및 정치체 연구」, 『嶺南考古學』 49.

_____, 2011, 「5~6世紀 星州地域 墳墓의 特徵과 星州樣式 土器의 分布」, 『韓國上古史學報』 第74號.

대가야박물관, 2004,『대가야의 유적과 유물』.

대동문화재연구원, 2008,『고령지산동 73~75호분 발굴조사 약보고서』.

동국대학교 경주캠퍼스 박물관, 2002,『경주 황남동 376 통일신라시대유적』.

류창환, 2012,『가야마구의 연구』, 서경문화사.

문화재관리국, 1974,『천마총 발굴조사보고서』.

문화재연구소, 1985,『황남대총북분 발굴조사보고서』.

_____, 1993,『황남대총남분 발굴조사보고서(도면·도판)』.

_____, 1994,『황남대총남분 발굴조사보고서(본문)』.

閔德植, 1998,「新羅王京의 防備에 關한 考察」,『史學硏究論選』3-삼국편II, 白山資料院.

박광열, 2001,「II期 積石木槨墳 出土 陶質土器의 檢討」,『新羅學硏究』제5집, 신라학연구소.

朴方龍, 1985,「都城·城址」,『韓國史論』15.

_____, 1992,「新羅王都의 守備—慶州地域 山城을 中心으로—」,『新羅文化』9.

박보현, 1997,「가야관의 속성과 양식」,『고대연구』5, 고대연구회.

朴相佾, 1998,「新羅의 築城事業과 築城術」,『古文化』第52輯, 韓國大學博物館協會.

박순발, 2005,「초두고」,『동아고고논단』창간호, 충청문화재연구원.

朴升圭, 1998,「加耶土器의 地域相에 관한 硏究」,『伽倻文化』11, 伽倻文化硏究院.

_____, 2000,「考古學을 통해 본 小加耶」,『考古學을 통해 본 加耶』, 한국고고학회 학술총서 1, 韓國考古學會.

_____, 2003,「大加耶土器의 擴散과 관계망」,『韓國考古學報』49, 韓國考古學會.

_____, 2006,「加耶土器의 轉換期 變動과 樣式構造」,『伽倻文化』19, 伽倻文化硏究院.

_____, 2010,「加耶土器 樣式 硏究」, 동의대학교대학원 박사학위논문.

박종익, 1993,『三國時代의 山城에 대한 一考察』, 동의대학교대학원 석사학위논문.

박준현, 2013,「한반도 출토 대금식판갑의 편년 연구」,『영남고고학』66.

朴天秀, 1995,「政治體의 相互關係로 본 大伽耶 王權」,『加耶諸國의 王權』, 仁濟大學校 附設 加耶文化硏究所 第2回 國際學術大會發表要旨.

_____, 2007,『새로 쓰는 고대 한일교섭사』, 사회평론.

_____, 2009,「5~6세기 대가야의 발전과 그 역사적 의의」,『고령 지산동44호분—대가야왕릉—』, 경북대학교박물관 외.

_____, 2010,「三國時代 昌寧地域 集團의 性格硏究」,『嶺南考古學報』第13號.

박헌민, 2012,「신라 와요의 조업시스템과 유통방식의 변화」,『생산과 유통』제10회 영남고고학회·구주고고학회 합동고고학대회 발표자료집, 영남고고학회·구주고고학회.

복천박물관, 2001,『고대전사와 무기』.

_____, 2010,『동래복천동고분군—제5차발굴조사 38호분—』.

_____, 2010,『履 고대의 신』.

_____,『고대전사』, 2001.

山本孝文, 2006,『삼국시대 율령의 고고학적 연구』, 서경.

서경민, 2012,「5~6세기대 안동지역 세력의 구성과 그 동향」,『韓國考古學報』83輯.

서영일, 1999, 『新羅 陸上 交通路 研究』, 학연문화사.

孫明助, 1998, 「韓半島 中·南部地方 鐵器生産의 現狀」, 『嶺南考古學報』 22, 嶺南考古學會.

손영식, 1987, 『한국성곽의 연구』, 문화공보부 문화재관리국.

송계현, 1988, 『삼국시대 철제갑주의 연구』, 경북대학교 석사학위논문.

송정식, 2008, 「종장판갑의 제작공정과 기술변화 연구」, 『한국고고학보』 69.

_____, 2009, 「삼국시대 판갑(板甲)의 특징과 성격」, 『학예지』 제16집.

申敬澈, 1992, 「金海 禮安里 160號墳에 대하여」, 『伽倻考古學論叢』.

_____, 1994, 「加耶 初期馬具에 대하여」, 『釜大史學』 第18輯.

_____, 1998, 「금관가야의 성립과 전개」, 『金海의 古墳文化』.

_____, 2000, 「V. 調査所見」, 『金海 大成洞古墳群』 I.

_____, 2012, 「陶質土器의 발생과 확산」, 『考古廣場』 第11號, 부산고고학연구회.

심봉근, 1995, 『韓國南海岸城址의 考古學的 研究』, 學研文化社.

아라가야향토사연구회, 1996, 『安羅國古城』.

안성현, 2007, 「경남지역 고대 석축산성 축조기법에 관한 연구—기단보축을 중심으로—」, 『한국성곽학
        보』 제11집, 한국성곽학회.

安在晧, 1990, 「III. 考察, 1 墓制」, 『東萊 福泉洞古墳群』 II.

嶺南文化財研究院, 1998, 『高靈池山洞30號墳』.

兪元載, 1984, 「「三國史記」 築城記事의 分析」, 『湖西史學』 12, 호서사학회.

이난영, 2012, 『한국고대의 금속공예』, 서울대학교출판문화원.

이보경, 2011, 「약사동 제방유적」, 『고대 동북아시아의 水利와 祭祀』, 학연문화사.

李相吉, 2007, 「祭祀와 勸力의 發生」, 『제사와 권력의 발생』, 제30회 한국고고학 전국대회.

李尙律, 2005, 「三國時代 馬具의 研究」, 釜山大學校大學院 博士學位論文.

李相俊, 2003, 「嶺南地方의 土器窯」, 『도자(陶瓷)고고학을 향하여』, 한국상고사학회.

이성주, 1998, 『신라·가야사회의 기원과 성장』, 학연문화사.

_____, 2005, 「嶺南地方 原三國時代 土器」, 『원삼국시대 문화의 지역성과 변동』, 제24회 한국고고학전국
        대회 발표자료집.

이양수, 2010, 「한반도 삼한·삼국시대 동경의 고고학적 연구」, 부산대학교 박사학위논문.

이인숙, 1999, 「유리와 고대 한국」, 『실크로드와 한국문화』, 소나무.

李在賢, 1994, 「영남지역 목곽묘의 구조」, 『영남고고학』 15.

李柱憲, 2000, 「阿羅加耶에 대한 考古學的 檢討」, 『가야 각국사의 재구성』.

이한상, 2004, 『황금의 나라 신라』, 김영사.

_____, 2005, 「신라울두의 부장방식과 용도」, 『동아고고논단』 1, 충청문화재연구원.

_____, 2010, 「가야 금속공예품의 특색과 변화양상」, 『퇴계학과 한국문화』 46, 경북대학교 퇴계연구소.

_____, 2014, 「외래유물로 본 고신라의 대외교류」, 『고고학탐구』 15, 고고학탐구회.

李炫妡, 2008, 「嶺南地方 三國時代 三繫裝飾具 研究」, 慶北大學校 文學碩士學位論文.

이현주, 2009, 「한국 고대갑주연구의 현황과 과제」, 『한국의 고대갑주』, 복천박물관.

李賢惠, 1996, 「金海地域의 古代 聚落과 城」, 『韓國古代史論叢』 8.

이희준, 1997, 「토기에 의한 新羅 고분의 分期와 편년」, 『韓國考古學報』 36輯.

_____, 1998, 「김해 禮安里 유적과 新羅의 낙동강 西岸 진출」, 『韓國考古學報』 39輯.

_____, 1999, 「신라의 가야 服屬 過程에 대한 고고학적 검토」, 『영남고고학』 25, 嶺南考古學會.

_____, 2000, 「삼한 소국의 형성 과정에 대한 고고학적 접근의 틀—취락 분포 정형을 중심으로—」, 『韓國考古學報』 43.

_____, 2007, 『신라고고학연구』, 사회평론.

張容碩, 2001, 「慶山 林堂遺蹟의 空間構成에 대한 硏究」, 嶺南大學校 大學院 碩士學位論文.

全虎兌, 1994, 「加耶古墳 壁畵에 관한 일고찰」, 『韓國古代史論叢』 4.

井上主税, 2006, 「영남지방 출토 왜계유물로 본 한일교섭」, 경북대학교 박사학위논문.

鄭永鎬, 1990, 「尙州방면 및 秋風嶺 北方의 古代交通路 硏究—山城의 調査를 中心으로—」, 『國史館論叢』 第16輯.

趙晟元, 2012, 「三國時代 嶺南地域 陶質土器 生産體系와 流通—4~5世紀代를 中心으로—」, 『생산과 유통』, 제10회 영남고고학회·구주고고학회 합동고고학대회 발표자료집, 영남고고학회·구주고고학회.

조연지, 2013, 「한반도 출토 중층유리옥연구」, 충북대학교 석사학위논문.

趙榮濟, 1992, 「신라와 가야의 武器·武具」, 『한국고대사논총』 3, 한국고대사회연구소.

_____, 2007, 「西部慶南 加耶 堅穴式石槨의 수용에 관한 연구」, 『嶺南考古學』 40.

_____, 2007, 『옥전고분군과 다라국』, 혜안.

曹永鉉, 1994, 「嶺南地方 橫口式古墳의 硏究(I)」, 『伽耶古墳의 編年硏究』 II.

_____, 2000, 「新羅·加耶의 橫口·橫穴式石室墳」, 『韓國의 橫穴式石室-』 461號, 月刊 考古學シャナル(일본).

_____, 2011, 「大加耶 墓制의 연구현황과 과제」, 『대가야사 연구의현황과 과제』, 계명대학교 한국학연구원.

주경미, 2012, 「고신라고분 출토 공예품을 통해 본 동서교류의 새로운 단면」, 『아시아의 고대 문물교류』, 서경문화사.

朱甫暾, 1996, 「新羅國家形成期 大邱社會의 動向」, 『韓國古代史論叢』 8.

차순철, 1999, 「경주지역 신라공방고」, 『신라학연구 3』, 위덕대학교 신라학연구소.

_____, 2008, 「청동생산유적 발굴조사법」, 『한국 매장문화재 조사연구방법론 4』, 국립문화재연구소.

최병현, 1992, 「신라고분의 연구」, 일지사.

_____, 1998, 『신라고분연구』, 일지사.

_____, 2012, 「신라 조기양식토기의 설정과 편년」, 『嶺南考古學』 63.

최종규, 1983, 「중기고분의 성격에 대한 약간의 고찰」, 『부대사학』 7, 부산대사학회.

_____, 1994, 「陶質土器의 起源」, 『考古學誌』 第6輯.

_____, 2005, 「봉황토성의 특징에 대한 모색」, 『봉황토성』, 경남고고학연구소.

河承哲, 2005, 「伽耶地域 石室의 受用과 展開」, 『伽耶文化』 18.

_____, 2009, 「4-6世紀 昌寧地域 陶質土器의 變遷」, 『경남연구』 제1호.

함순섭, 2002, 「신라와 가야의 관에 대한 서설」, 『대가야와 주변제국』, 한국상고사학회 외.

_____, 2008, 「신라 마립간시기에 이입된 중앙아시아 및 서아시아문물」, 『신라, 서아시아를 만나다』, 국립경주박물관.

_____, 2010, 「皇南大塚을 둘러싼 論爭, 또 하나의 可能性」, 『황남대총 도록』, 국립중앙박물관.

洪潽植, 1990, 「(2)福泉洞古墳群의 竪穴式石槨墓」, 『東萊 福泉洞古墳群』 II.

_____, 1994, 「竪穴式石槨墓의 型式分類와 編年」, 『伽耶古墳의 編年研究』 II.

_____, 2001, 「加耶의 墳墓」, 『東アジアと日本の考古學』 I.

_____, 2003, 『신라 후기 고분문화 연구』, 춘추각.

황수진, 2011, 「삼국시대 영남 출토 찰갑의 연구」, 『한국고고학보』 78.

諫早直人, 2009, 「古代東北アジアにおける騎馬文化の考古學的研究」, 京都大學大學院文學研究科博士學位請求論文.

吉井秀夫, 2002, 「朝鮮三國時代における墓制の地域性と被葬者集團」, 『考古學研究』 49-3.

_____, 2010, 「朝鮮三國時代の墳墓における棺・槨・室構造の特質とその變遷」, 『京都大學校 研究成果報告』.

篠田耕一, 1992, 『武器と防具 中國編』, 新紀元社.

山本孝文, 2001, 「伽耶地域 橫穴式石室의 出現背景」, 『百濟研究』 34.

三木ますみ, 1996, 「朝鮮半島出土の垂飾付耳飾」, 『筑波大學先史學・考古學研究』 7.

張允禎, 2008, 『古代馬具からみた韓半島と日本』, 同成社.

朝鮮總督府, 1924, 『古蹟調査特別報告第三冊 慶州金冠塚と其遺寶 圖版上冊, 下冊』.

_____, 1924, 『古蹟調査特別報告第三冊 慶州金冠塚と其遺寶 本文上冊』.

趙榮濟, 1994, 「玉田古墳群の墓制について」, 『朝鮮學報』 150.

_____, 2004, 「西部慶南地域加耶古墳發見の倭系文物について」, 『福岡大學考古學論集—小田富士雄先生退職記念—』.

통일신라시대

I 총설

1 통일신라시대의 물질문화

통일신라는 신라가 백제·고구려를 통합한 660년대부터 935년 고려에 투항한 10세기 전반까지 250여 년간 존속하였다. 신라는 백제와 고구려를 정복하여 그동안 지속된 삼국 간의 대립과 항쟁관계를 청산하고, 신라의 정치·사회·문화를 기반으로 고구려와 백제의 선진문화를 부분적으로 수용하고, 당·서역·페르시아 등지의 문화를 수용하여 통일된 문화를 꽃피웠다.

통일 이후 신라에서는 일련의 사회변화가 가속적으로 일어났으며, 이것은 물질문화에서도 반영되어 나타났다. 통일 이후 왕경의 도시 범위가 확장되고, 궁궐·관아·저택·사찰 등의 건물과 도로·우물·담장·배수로 등의 생활편의시설, 청동용기 및 불구 제작을 위한 생산시설 등이 도시공간에 배치되었다. 주위의 산록은 왕경 거주민의 생활물자 생산 및 분묘공간으로 재편되었다. 지방에는 거점도시가 만들어졌고, 도성과 지방사회를 지탱하는 각종 사회기반시설이 갖추어졌다.

삼국시대는 거대한 고총고분의 조영과 많은 부장품을 부장한 후장습속이 유행하는 등 분묘조영으로 상징된 사회였으나, 통일신라시대가 되면 계획도시와 이를 지탱하기 위한 수공업 생산시설이 전국 각지에 설치되었다. 중앙과 지방에서 생산한 각종 수공업품의 유통, 조세와 통행을 위한 도로 건설, 인구 증가에 대응하기 위한 식량생산 증대를 위한 제방과 수리시설의 축조 등 대규모 건설 및 토목사업을 시행하였다. 그리고 당과 왜의 침입에 대비하고, 지방지배를 관철하기 위한 관방시설로서의 성곽과 보루를 요충지에 배치하고 지방 통치의 중핵인 관아를 보호하기 위한 치소성을 건설하였다.

왕경과 지방의 관아시설 및 지배층들의 주거형식과 불교사찰이 기와건물로 바뀌면서 기와생산이 현격하게 증가하였고, 불교사찰이 세워지면서 관련 유적과 유물이 늘어났다. 도성과 지방 거점지역에는 토기·기와 등 일상생활용품이나 관아건물의 부재를 생산하는 생산시설이 갖추어졌고, 철 산지에는 철 생산시설이 관영체제로 운영되었다. 불교사원이 각지에 건설되었고, 각종 불교용품도 지방으로 유통되었다. 또 불교식 장법인 화장이 성행하고 그에 따라 화장과 장골기 매장습속의 확산으로 지상에 거대한 무덤은 보기 어렵게 되고 간단한 화장묘가 조영되었다.

관아·성지·취락·사찰 등 광의의 생활유적에서 소비한 토기가 주체를 점하면서 용기로서의 기능이 강화된 기종들로 대체되었다. 장법의 변화로 외형을 화려하게 장식한 토기가 장골기로 사용되기도 하고, 늘어난 도자기 수입과 사용에 자극을 받아 연유도기의 생산이 증가하며, 중국 도자나 금속용기를 모방한 토제와 금속제 용기도 제작되었다. 왕경의 왕족과 귀족, 그리고 지방의 중요 사찰에 기거하는 승려들 일부는 유기제의 식기를 사용하기도 하였다.

이상과 같이 통일신라시대는 삼국시대의 문화를 바탕으로 고대문화를 완성하였고, 나아가 우리 전통문화의 토대를 구축하였으며, 고대에서 중세로 전환하는 과도기로서 매우 중요한 시대였다.

2 연구 주제와 내용

통일신라시대 고고학에서 가장 비중 있게 다루어진 왕경은 건설 시기, 규모와 구조, 방리제와 방의 형태 및 면적, 인구 규모, 주작대로 존부 등의 문제에 대해 문헌사학과 역사지리학에서 다양한 견해가 개진되었으나 고고학적인 조사가 이루어지지 않아 실증적인 연구가 뒷받침되지 않았다. 1990년대 이후 왕경유적에 대한 조사가 부분적으로 이루어지면서 고고학적인 조사 성과를 토대로 도로·담장·배수시설·가옥배치상태·다리 등 도시의 기초구조와 시가지 확장방법, 토지분할, 인구이동의 동향, 주거공간의 분할과 규모, 대소 가옥의 차이, 각종 생활용기를 통한 왕경 거주민들의 생활내용 등에 대한 검토가 이루어지고 있다.

신라 왕경은 6세기 중엽경에 황룡사가 창건되고, 왕릉이 산록으로 옮겨 가면서 본격적인 도시가 설계되고 토목과 건축이 이루어진 것이 확인되었다. 신라 왕경의 도시는 고대 중국이나 일본처럼 특정 왕조에 의해 일정 기간 동안 조성된 계획도시라기보다 장기간에 걸쳐 확장된 고대도시이다. 6세기 후반에서 7세기 전반 사이에는 고대도시로서의 경관을 상당히 갖추게 되었다. 새로운 도시의 형성은 왕권강화를 위한 새로운 정책—궁성·사찰·신료 거주지·시장 등의 계획적 배치—시행과 관련되며, 여기에는 늘어난 인구의 효율적인 통제도 필요하게 되었다. 방리제 시행은 왕경 내부의 가로를 정비하는 차원만이 아니라 지배의 거점인 궁성 및 지배계급과 이를 지탱하는 중하급 관료군의 거주지를 일정한 계획성아래 배치한 고대적인 도시설계 방식으로서 이전보다 한 차원 높은 지배방식의 표현이었다. 왕경유적은 전면적이지는 않지만, 부분적으로 조사되어 사찰·가옥·공방지·도로·배수구·우물 등이 중첩되거나 또는 아주 조밀하게 분포하는 양상을 보여 도시로 규정할 수 있다. 왕경은 왕궁과 각종 관아시설, 사찰 등이 있어 당시의 정치 중심이자 소비도시로서뿐만 아니라 기와·금속용기·토기 등을 생산하는 생산도시이기도 했다.

왕경과 더불어 통일신라시대 연구의 근간이 되는 지방도시의 발굴조사와 고고학적인 연구는 거의 이루어지지 않다가 2005년부터 사벌주 치소로 추정된 상주 복룡동 일대에 대한 발굴조사가 여러 차례에 걸쳐 이루어졌고, 발굴조사를 통해 통일신라의 지방도시 구조를 이해할 수 있는 주요한 정보를 획득하였다. 복룡동유적의 조사 내용과 성과를 통해 통일신라 지방도시의 주거 배치와 구조, 도로 구조와 도로망 등의 양상과 특징, 주거지의 배치와 주거 수를 통해 본 당시의 거주 인구 수, 주거 배치에 고대의 정치구조의 관철 정도와 양상, 도시 경관 등의 복원될 것으로 기대된다.

6세기 후반 이후부터 신라는 도성 주위의 산록에 산성을 축성하여 도성을 방비하고, 백제와 고구려 변경으로 진출하면서 각 지방의 거점과 요충지에 산성을 축조하여 삼국통일에 대비하였다. 산성은 통일 이후에도 지방 지배와 군사 주둔지로서의 역할을 수행하였다. 통일신라시대의 관방시설은 각지에 조영되었는데, 산성이 대부분이고 평지성과 보루도 축조되었다. 평지성은 성이 위치한 지역의 행정치소로서 대부분 토성이며, 통일신라 말인 8세기 후반에서 9세기에 각지의 거점지역에 축성되었다. 통일신라시대 관방체계의 중심을 이루면서 가장 보편적인 관방시설인 산성은 산의 능선 상부를 감싸면서 지형을 이용하여 돌로 쌓은 석성이 대부분이다. 산성 내부에는 각종 건물지·원지·집수정 등의 생활시설이 존재하였다.

통일신라시대 왕릉은 중국 당나라의 능원제를 수용하여 일정한 공간을 묘역으로 설정하고, 묘역 일대를 장엄하게 장식하였다. 중고기의 왕릉이 서천 서쪽의 서악동 일대에 3~4기씩 능선을 따라 배치되었지만, 신문왕릉 이후에는 각각 1기씩 독립된 묘역을 갖추었다. 능을 장엄하게 보이게 하고, 왕릉을 호위하는 상징적 석조 조각품을 설치하거나 배치하였다. 봉분 기저부 표면을 감싸는 치석한 화강암을 벽돌같이 수직으로 쌓고 그 위에 갑석을 올리거나 또는 판석과 판석 사이에 12지상이 조각된 탱주를 배치하고 그 위에 갑석을 올린 호석, 능묘의 봉분 자락 가까이에 설치하여 제수를 진설하고 능묘의 정면을 결정짓는 상석, 호석과 상석 사이의 공간에 능을 일주하는 난간석, 능에서 다소 거리를 둔 4모서리 또는 앞쪽 좌우측에 배치한 석사자상, 능 앞쪽 좌우에 세운 무인(武人)·위졸(衛卒) 등의 석인상, 사자상과 석인상의 앞쪽인 능의 입구에 세워 능임을 알리는 화표석(華表石), 능의 앞쪽에서 어느 정도 이격된 거리의 약간 동쪽으로 치우친 곳에 세운 묘비 등을 세워 왕릉으로서의 격식을 갖추었다.

통일신라시대 매장문화의 특징으로서 큰 규모의 봉분과 화려한 유물을 다량 부장한 고총고분 축조가 현저하게 쇠퇴하고, 횡혈식·횡구식석실이 왕경과 지방 각지에 축조되면서 무덤 규모가 줄어들 뿐만 아니라 추가매장을 통해 혈연 또는 가족을 하나의 석실에 매장하면서 분묘 수가 줄어들었다. 왕경 지배층의 매장시설은 선도산·소금강산·명활산·남산 등 왕경 주위의 산록에 군집하거나 또는 개별로 조영하였다. 통일 이전에 소수 발견되던 장골기는 통일 이후에 들어오면 양이 증가하고, 8~9세기에 이르면 절정을 맞이한다. 왕경에는 왕을 비롯하여 귀족과 승려 등 특수 신분층에서 화려하게 장식한 용기를 장골기로 사용하였다. 8세기 이후 지방에도 화장묘의 예가 나타나고, 9세기에 이르면 화장묘가 군집한다. 9세기에 왕경과 지방에 화장묘가 활발하게 조영되면서 전통적 매장시설은 현저하게 감소되는데, 이는 화장묘의 증가와 어느 정도 상관관계를 지니고 있었다. 9세기에 유행하던 화장묘는 10세기 초반이 되면 줄어들면서 석곽묘와 목관묘가 증가하고, 후반이 되면 석곽묘와 목관묘가 보편적인 매장시설로 정착하면서 화장묘는 특수층의 분묘로 조영되었다.

통일신라시대에는 왕경과 지방 거점도시, 일반 촌락에 철·동·토기·기와·목기 등의 수공업 생산시설이 설치되었다. 왕경에는 왕궁 및 각종 관아와 거주민들에게 공급하는 각종 수공업품 생산을 관장하는 여러 관서를 설치하였고, 지방의 거점도 시에는 관아·사찰·거주민들에게 생활물품을 공급하는 수공업 전문 생산 집단을 두어 관리하였을 것으로 추정된다.

왕경에는 경주 손곡동·물천리·화곡리·망성리·화산리 등의 토기생산유적이 조사되었다. 특히 손곡동·물천리·화곡리 토기생산유적에서 채토장·공방지·건물지· 생산도구 등이 확인되어 통일신라시대 왕경의 토기생산과 공급관계 구명의 중요한 정보를 제공하고 있다. 지방에도 보령 진죽리·영암 구림리·서울 사당동·김해 삼계 동유적 등 거점지와 촌락 단위의 요업생산 유구가 조사되어 지방의 요업시스템 및 토기 공급관계에 대한 연구 토대가 마련되었다.

요업생산시설 조사와 더불어 통일신라시대 토기 연구도 과거의 인화문 분석 위주의 단조로움에서 탈피하여 문양 종류와 시문기법과 더불어 형태 분석을 통해 시기별 특징 또는 개별 기종의 변화 등에 대한 연구가 이루어지면서 새로운 장을 맞이하고 있다. 통일신라시대의 토기는 동시기 생산품의 일괄폐기를 나타내는 분묘 자료가 적고 생활유적 출토품이 대부분으로서 편년과 시기별 변화 양상을 설정하기 어려운 부분도 있어 연구자 간에 토기군의 연대에 상당한 차이가 있지만, 삼국시대 에 비해 역연대를 알 수 있는 자료가 어느 정도 확보되어 있어 비교적 안정된 편년체 계의 수립이 가능할 것으로 기대된다. 일상용기로 사용된 통일신라시대 토기의 시 기별 기종 조성과 형태 변화는 통일신라인들의 색생활 문화를 보여 준다는 점에서 매우 중요하다. 따라서 토기를 편년 자료로서만 아니라 저장·조리·식기의 구성을 통해 통일신라시대의 생활내용을 구명하는 방향으로 나아가야 할 필요가 있다.

가장 다양하고 화려한 통일신라시대 기와는 일찍부터 특징과 변화 양상에 대한 연구가 이루어져 왔다. 통일신라시대의 가장 일반적인 물질자료의 한 부문인 기와에 대해서는 양식학적 측면에 대한 연구와 더불어 제작기법·문양·계통·수급관계 등의 분야에서 연구가 진행되었는데, 편년에 대한 연구는 많지 않고 또 정치성이 결여되었다는 문제가 있다. 기와 편년에 있어 가장 어려운 것은 동시 생산된 제품의 일괄폐기가 거의 확인되지 않는다는 점이다. 예를 들면, 기와를 사용한 건축물의 사용 기간이 지속적인데, 부분적인 지붕 수리 등으로 이전 제품과 수리에 사용된 신제품이 같이 폐기되어 편년을 설정하는 데 한계가 있다. 편년문제와도 결부되면서 기와의 수급관계 구명을 위한 적절한 방법론으로서 막새기와의 동범과의 분포범위와 공반된 기와에 대한 검토가 이루어지고 있다.

그리고 시기별 기와의 종류와 특징 등에 대해 연구자마다 논란이 존재하지만, 삼국시대와 달리 귀면와와 부연와·연목와 등이 유행하였고, 연화문은 단판에서 탈피하여 연꽃잎이 겹치거나 연꽃을 다른 식물 무늬와 혼합하여 다양하면서 화려하게 장식한 막새가 유행하였다. 이와 더불어 당와(唐瓦)로 추정되는 연유와가 생산 사용되었고, 다양한 문양으로 장식한 전이 왕궁과 사찰 등의 건물 내부 바닥판과 벽을 꾸미는 소재로 사용되었다. 승려 양지(良志)가 제작하였다고 전해지는 사천왕사지 출토 녹유소조상은 탑 기단부의 계단 좌우 면석에 도상이 다른 3매를 나란하게 붙여 기단부를 장식하였음이 확인되는 등 통일신라 와요업의 기술 수준을 나타내는 자료로 평가된다. 또한 과거에는 왕경과 그 주변부의 불교 사찰에서 출토된 기와 연구가 중심이었지만, 최근에는 미륵사지·실상사지·성주사지·홍령원선지 등의 지방 사찰과 관방유적 및 생산유적이 조사되어 지방 생산 기와의 특징 및 변화 양상과 공급관계 등에 대한 연구가 이루어지면서 기와 연구의 폭이 상당히 넓어지고 있다.

수공업 생산의 주요한 부분인 철·청동 생산시설과 제작기술에 대한 연구는 구체적으로 진행되지 않았지만, 1990년대 이후 밀양 사촌, 양산 물금유적 등지에서 대규모의 철 생산을 알려 주는 제련시설이 확인되었다. 낙동강 하류 동안지역의 대규모 철 생산시설은 관영으로 운영되면서 무기·생산·생활 도구와 용기를 만드는 데 공급하였을 것으로 추정된다.

통일신라시대의 물질자료는 삼국시대의 그것과 비교할 수 없을 정도로 다양한데, 특히 불교 관련 자료와 식기의 증가가 두드러진다. 불교 관련 자료는 삼국시대 후반기부터 부분적으로 나타나기 시작하고 통일신라시대에 이르면 정점에 이르는데, 사리구·불상·범종·금고·향로·향합·정병·번 등 불교 관련 법음구와 공양구 등의 금속품이 있다. 불상·사리용기·동종·반자 등은 청동제의 생활용기와 더불어 통일신라시대의 활발한 청동원료의 수급 및 생산기술을 포함하고 있는데, 최근 왕경에서 조사된 청동 생산공방 및 도가니 등은 청동기 생산기술과 수준을 이해하는 데 중요한 정보를 제공할 것으로 기대한다.

경주 일대의 지표조사에서는 180여 개의 신라 사찰이 확인되었을 만큼 많은 사찰이 조영되었으나 20여 곳 정도의 사찰만이 발굴되었다. 9세기에는 지방 곳곳에 사찰이 창건되는데, 산골짜기를 비롯한 다양한 장소에 들어서게 된다. 그러나 사찰 전체의 가람배치를 파악할 정도의 발굴은 감은사지·고선사지·황룡사지·분황사지·미륵사지 등 몇몇에서만 이루어졌고, 대부분은 금당지나 탑지 등 일부 조사에 한정되어 전체적인 가람구조와 형식에 대한 정보 획득은 많지 않았다. 그리고 이전의 사원 유적 발굴은 건물지의 확인에 중점이 두어졌고, 건물 구조에 대한 건축학적 연구가 중심을 이루었다. 그러나 최근에는 신앙 주제와 종파 및 사유체계 변화와 가람의 구조 변화를 연계하여 불교사원의 시기별 특징과 내용을 파악하는 연구가 이루어짐으로써 이전보다 한 차원 높은 이해가 가능하게 되었다. 불교 가람 구조의 변화를 신앙 주제가 탑에서 불상으로 바뀐 사례를 제시하면서 통일신라시대 불교 교리에 대한 새로운 접근을 제시하고 있다.

　통일신라시대에 들어와 신앙 주제가 탑에서 불상으로 바뀌면서 많은 수량의 불상이 제작되었다. 통일신라시대의 불상은 금·동·쇠·돌·나무·흙 등 재료뿐만 아니라 자세와 수인 등이 다양하다. 7세기 후반에는 삼국시대 불상의 전통이 계승되지만, 8세기에 들어오면서 당 및 서역과의 교류가 활발해지고 종파가 성립하면서 각 종파에서 숭배하는 불상의 차이는 더욱 다양한 불상을 제작하는 계기가 되었다. 8세기 전반에 제작한 석굴암 조각은 통일신라 조각의 완성된 모습을 보여 준다. 8세기 후반 이후에는 약사신앙이 성행하면서 약사불이 각지에서 많이 조성되었다. 9세기에 선종이 수용되면서 장식이 많지 않은 비로자나불상이 지방 각지에 많이 조성되면서 화려하고 다양한 불상 제작 행위가 쇠퇴하였다.

　신라의 삼국통일을 계기로 백제와 고구려인이 유입되고, 8세기 이후 사회가 안정되면서 인구가 증가하고 새로운 경작지가 확대되면서 안정적인 물을 공급하기 위한 보와 제·저수지 등이 활발하게 만들어졌다. 김제 벽골제, 제천 의림지, 영천 청제, 경주 시제(矢堤) 등 『삼국사기』와 『삼국유사』 등 고대 사서의 수리시설 기록과 함께 실물이 확인되었지만, 축조시기와 공법은 제대로 확인되지 않아 고대의 제방 형태와 구조 및 기술의 실체에 접근하기는 매우 어려웠다. 울산 약사동, 상주 공검유적에서 좌우 구릉을 연결한 제방이 조사되면서 고대의 제방 구조와 구축 토목공법, 시기 등이 확인되어 향후 수리시설의 실체와 연구의 진전을 가져오게 되었다.

　이 장에서 다루는 주제와 내용은 영남지역의 발굴조사를 통해 출토된 통일신라시대의 자료와 성과, 그리고 기왕의 연구 성과를 정리한 것이지만, 통일신라시대의 영남지역은 당시 정치와 문화의 중심지였으므로 영남지역만이 대상이 아니라 전 지역을 포괄하고 있어 향후 통일신라시대의 고고학적 연구에 주요한 역할을 해야 할 것이다.

[홍보식]

II 묘제

1 통일신라시대의 장제와 묘제

『삼국사기』 본기(本紀) 신라전과 『삼국유사』 왕력표(王歷表)에는 매장 시기를 명시하지 않았으나, 왕이 죽은 시기, 장지·장법 등이 기재되어 있어 통일신라 왕릉의 소재 및 구조에 대한 어느 정도의 이해는 가능하다. 현 경주 시가지의 주위를 감싸고 있는 산록과 일부 평지에는 ○○왕릉으로 전해 오는 무덤이 다수 있다. 왕릉의 규모(직경 14~18m, 높이 3.0~4.7m)와 봉분형태(원형) 등으로 보아 매장시설이 횡혈식석실로 추정되므로 통일기의 무덤일 가능성이 높지만, 그 주인공이 확정된 것은 아니다.

왕의 장지는 화장한 경우 동해와 왕경 주위의 산록에서 산골이 행해졌고, 빈장을 거친 한 매장은 왕경 주위에서 행해졌을 것이다. 매장지는 주로 서악동, 남산의 동편과 서편, 조양동 일대에 위치하며, 왕릉은 신문왕릉과 같이 평지에 입지하는 예도 있지만, 대부분은 평지에서 구릉이 시작되는 지점에 입지한다. 통일기 왕의 장지가 대부분 사찰 뒤 봉우리로 기재된 것과는 달리 통일신라시대의 왕릉은 사찰을 기준하여 방위를 표시한 점이 특징이다. 그리고 진흥·진지·문성·헌안왕릉으로 비정된 4기는 서악동의 산록에 줄지어 분포하지만, 그 외의 왕릉들은 각각 1기씩만 입지한다는 특징이 있다.

시신을 안치하는 방식은 매장의 경우 관을 사용하거나 관 없이 안치하기도 하며, 화장을 한 후 뼈를 바다·강·산야 등에 뿌리는 산골과 용기에 담는 장골 등이 있다. 한편 통일신라시대에는 하나의 매장시설에 2구 이상을 안치하는 예도 있는데, 이 경우 매장 시기가 서로 달라서 추가로 매장하였음이 확인된다. 왕경의 횡혈식석실에는 2구 또는 3구의 주검이 안치된 예를 확인할 수 있는데, 추가로 매장된 경우는 부부장 또는 가족장으로 보인다. 그러나 인골이 잔존된 예가 적고, 있더라도 성별과 연령 분석이 되지 않아 피장자의 구성을 알 수 없다는 한계가 있다.

2 봉분과 호석

매장시설로는 횡혈식석실, 횡구식석실, 토광, 장골기 등이 있다. 횡혈식석실과 횡구식석실은 통일기 이전부터 사용되었던 매장시설이며, 토광은 많지는 않지만 통일신라에서도 지속되었다. 횡혈식석실과 횡구식석실을 매장시설로 사용한 무덤은 대부분 봉분이 있는데, 왕경에는 직경 10m 이상의 대형 봉분이 많이 분포한다.

왕경에 소재하는 분묘의 봉분은 그 규모가 전 시기에 비해 현저하게 축소되는 경향이 있다. 지금까지 조사에 의해서 통일기의 것으로 확인된 분묘의 봉분 직경은 대부분 25m를 넘지 않으며, 15~20m 내외이다. 봉분의 높이도 적석목곽묘에 비해 낮아져 5m를 넘지 않으며, 대부분 3~4m 사이이다. 직경에 비해 상대적으로 높이가 높아진 것은 사후관념의 변화에 따른 현상으로 추정된다. 봉분의 형태는 원형과 방형으로 구분된다. 봉분 형태가 방형인 확실한 예는 경주 구정동방형분뿐이지만, 경주 시내의 평지에 위치한 쌍상총(137호분)도 봉분 형태가 방형일 가능성이 있다.

봉분의 주위에 호석을 돌리는 방법은 2가지 형식이 있다. 하나는 할석 또는 괴석을 2~3단 쌓아올린 것이다. 다른 하나는 이전 시기에 보이지 않았던 것으로, 정교하게 가공된 화강암의 판석을 세우고 판석과 판석 사이에 탱주를 세워 그 위에 갑석을 놓은 것이다. 그중에는 탱주에 12지상을 조각한 것도 있다. 정교하게 가공된 석재를 이용한 호석 외에도 귀부와 석비는 이전에 보이지 않던 분묘 장식물이다.

특히 정교하게 가공된 석재를 사용한 호석의 설치, 12지신상 조각, 귀부와 비석 등은 소위 왕릉으로 추정되는 일부 무덤과 전 김유신묘 등 극히 일부 무덤에만 나타나는 것으로, 통일신라시대의 묘제를 파악하는 데 중요한 요소라고 할 수 있다.

12지상은 신라 중고기와 하대의 왕릉으로 전하는 일부 무덤에서 확인되며, 최근 현곡 소현리에서도 확인된 바 있다. 12지상은 주로 탱주에 양각되어 있으며, 사람의 몸에 짐승의 얼굴을 한[인신수수(人身獸首)] 형태로 표현된다. 현재까지 확인된 12지상은 모두 경주와 그 인근에 소재하는 전 왕릉의 호석 또는 일부의 분묘 호석에 조각되었거나 부장품으로 출토되었다. 12지상은 평복을 착용한 예와 갑옷을 착용한

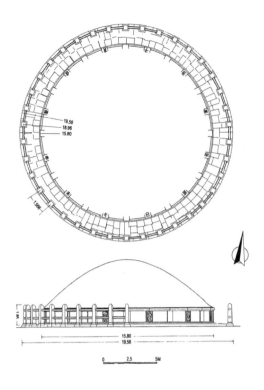

그림 1 전 김유신묘

예로 구분되고, 갑옷을 착용한 12지상은 신장상으로 보기도 한다.

12지상은 7세기 중엽 이후 분묘에 토용을 부장하는 것을 계승하였을 가능성이 높다. 7세기 중엽의 황성동고분에 인물토용이 부장되었고, 8세기대의 용강동고분에 인물토용과 인신수수의 청동제 12지상이 공반되었다. 이 예로 보아 통일신라의 분묘는 앞 시기의 인물토용과 새로이 12지상이 같이 부장되는 병존기가 있었음을 알 수 있다. 8세기 전반 이후가 되면 12지상이 호석에 양각되는 변화를 보이며, 12지는 방향을 가리키는 역할도 하여서 남(南)-오(午, 말), 북(北)-자(子, 쥐)가 조각된다. 이러한 양상과 함께 통일기 왕경지역 횡혈식석실의 주축방향이 이전의 동-서방향에서 남-북향으로 확립되었을 것이다.

3 왕경의 묘제

왕경은 지방과 달리 7세기 이후 8~9세기에 이르기까지 고분이 군집을 이루고 횡혈식석실을 매장주체시설로 하는 등 매우 활발한 조묘활동이 행해졌다. 왕경 주위의 산록에는 6세기 전반부터 고분군이 조영되는데, 경주 서천 서편 선도산 일대의 서악동 장산고분군, 서악동고분군, 충효동고분군, 효현동고분군, 석장동고분군, 소금강산록의 용강동고분군, 동천동고분군, 명활산 일대의 보문동고분군, 낭산고분군, 남산 서록의 용장리 비슬곡고분군, 용장리고분군 등이 알려졌다. 매장주체시설로는 횡혈식석실·횡구식석실·장골기 등이 있다. 횡혈식석실은 보통 수 기 또는 수십 기가 한 곳에 군을 이루거나 또는 1기가 독립된 상태로 존재한다. 횡구식석실은 횡혈식석실이 대부분인 고분군에 포함되어 있고, 규모가 소형이고 수량이 적다. 장골기는 단독으로 조성되며, 때로는 횡혈식석실·횡구식석실로 이루어진 고분군에 포함되어 있는 사례도 있다. 이 고분군에는 통일 전후의 왕릉 또는 왕릉으로 추정되는 능묘가 포함되기도 한다. 보문동고분군에서는 보문동 부부총과 같이 소멸기의 적석목곽묘도 확인되기도 하고, 장산 토우총·용강동고분군 등의 발굴조사 결과 대부분이 횡혈식석실로 확인되었다(그림 2).

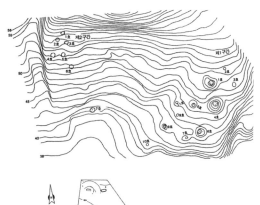

이 가운데 조사 보고된 횡혈식석실로는 충효동 1~10호분과 파괴분·용강동고분·근화여중고교내 고분군·장산 토우총·쌍상총·마총·전 신덕왕릉·전 헌강왕릉·구정동방형분, 황성동고분 등이 있다. 왕경 소재 횡혈식석실의 공통적인 특징은 매장시설의 주축방향이 모두 남-북향이며, 평면형태가 방형이고, 천장이 궁륭형이며, 벽면에 회가 칠해져 있다. 연도는 중앙인 것과 왼쪽에 편재된 예가 대부분이고, 오른쪽으로 편재된 예는 2기뿐인데, 중앙과 좌편 연도가 유행하였다. 연도의 중간 또는 현실 입구 가까이에 문비석이 위치하면서 문비석 전후의 연도가 구분된, 소위

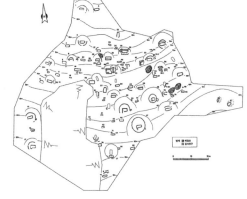

그림 2 왕경의 통일신라 고분군
위: 용강동고분군, 아래: 석장동고분군

2단 연도 구성의 예가 있다. 연도가 2단으로 구분된 횡혈식석실은 시상대가 현실 중앙에 마련되고, 두향이 동쪽이고, 석제로 만든 두침과 족좌가 구비되어 있고, 문비석이 있으며, 연도 2단부에서 할석으로 폐쇄한 공동된 특징이 있다.

구조를 알 수 있는 횡혈식석실 중 12지상이 부장되었거나 호석에 조각된 예, 그리고 출토된 유물을 통하여 그 시기와 변화를 설정해 둔다. 용강동고분은 청동제 인신수수의 평복차림 12지상이 인물토용과 함께 출토되어 인물토용 부장에서 12지상 부장으로 변화하는 과도기의 모습을 보인다. 중국 당나라에서 12지상의 모습이 인신수수로 바뀌는 시기가 당나라에서 8세기 전반 이후라는 연구 성과를 고려할 때, 용강동고분에서 출토된 12지상의 모습이 인신수수이므로 그 시기는 8세기 전엽으로 추정된다.

보문리 방형분의 호석에는 12지상이 조각되어 있는데, 인신인수의 평복 모습이다. 12지상이 매장시설 안에서 밖의 호석으로 표현되는 것은 12지상이 신라화되

그림 3 경주 신당리 1호분

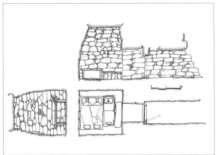

그림 4 장산 토우총

는 시기의 모습일 가능성이 있다. 이와 유사한 예는 전 김유신묘에서도 보인다. 이로 미루어 보문동 방형분은 9세기 전반에 위치시킬 수 있다.

　쌍상총에서는 완·대부완이 출토되었다. 보고서에 게재된 사진에 의하면, 대부완의 구연 바로 아래에 2줄의 침선이 돌아가고, 그 아래에 연속마제형문이 시문되어 있다. 마제문은 좌우가 길고 상하가 작은 형태로, 8세기 후반으로 편년할 수 있다. 마총은 쌍상총보다 더욱 발전된 모습을 보이므로 그 시기가 9세기 이후로 내려올 가능성이 있다(그림 3).

　장산 토우총은 연도 길이가 430cm로 길고, 2단 구획의 연도 중 2단의 길이가 145cm로 쌍상총·마총에 비해 훨씬 긴 연도를 갖고 있다. 현실에는 3개의 시상대가 있어서 최소한 두 차례의 추가장이 이루어졌다. 현실에서 출토된 인화문 완에는 지그재그점열문·파상문·화문+주름문이 시문되었으며, 이러한 문양 구성은 9세기 후반에서 10세기대의 특징이므로 토우총의 조영 시기는 9세기 후반 이후로 보인다(그림 4).

불교 수용 이후 새로운 장법으로 화장이 등장하였다. 불교적 생사관에 입각한 화장은 장례의 간소화로 전통적 매장관념에 혁신을 가져왔다. 화장된 유골의 처리 방식은 산골과 장골이 있다. 산골은 화장유골을 분쇄하여 해수나 산천에 흩어버리는 간소한 장례이고, 장골은 유골을 용기에 담아 지하에 매납하거나 부도에 안치 보존하는 복장으로서의 격식을 갖추기도 하였다. 통일 이전에 소수 발견되던 장골기는 통일 이후에 들어오면 양이 증가하고, 8~9세기에 이르면 절정을 맞이한다. 왕경에는 왕을 비롯하여 귀족과 승려 등 특수 신분층에서 화려하게 장식한 용기를 장골기로 사용하였다. 8세기 이후 지방에도 화장묘의 예가 나타나고, 9세기에 이르면 화장묘가 군집한다.

왕경의 화장묘는 이중형과 단일형으로 구분된다. 이중형은 뼈를 담은 장골기와 장골기를 보호하는 별도의 시설물이 마련된 화장묘로서 장골기를 보호하는 시설물의 재질과 형태 차이에 의해 다시 세분된다. 이중형의 화장묘는 대부분 왕경에 조영되었고, 지방에는 극히 일부만 조영되었다. 왕경에 조영된 이중형 화장묘는 대부분 전용용기를 만들거나 또는 중국에서 수입한 도자기 등을 사용하였는데, 조영층은 왕을 포함한 불승 및 귀족 등 최고 지배층일 가능성이 높다.

왕경 귀족층의 화장묘 전용용기로 연결고리유개호가 사용되었다. 연결고리유개호는 뚜껑과 호가 분리되지 않게 뚜껑과 호에 각각 대칭되게 4곳에 장방형의 귀를 부착하고 귀의 중앙부에 상하로 구멍을 뚫고, 구멍에 철선 또는 끈을 관통시켜 뚜껑과 호를 결박하였다. 연결고리유개호는 일부를 제외하면, 뚜껑과 몸체에 각종의 문양을 시문하여 장식하였다. 연결고리유개호에 내장된 내용기는 토기·녹유도기·중국제 도자기 등이 있다. 내용기 역시 여러 종류의 문양으로 화려하게 장식되었다. 중국 도자기가 고급스러운 수입품인 점 등으로 보아서 이 연결고리유개호의 사용층이 통일신라 당시 최고지배층이었을 것으로 추정된다. 연결고리유개호는 석탑에 매납된 사리용기를 모방하였는데, 현재 알려진 자료 중 직접적인 조형은 김천 갈항사지 동·서 석탑에서 출토된 청동제 사리용기와 같은 형태의 사리용기이며, 토제로의 번안은 빨라야 8세기 후반이다. 청동제 사리기의 요소가 있으면서도 그 보다 발달된 구조로 변화된 가장 빠른 연결고리유개호가 원화십년명 장골기로서 그 시기는 8세기 말에서 9세기 초이다. 9세기 2/4분기가 되면, 청동제 사리기의 형태를 탈피하고, 일부에 인화문이 시문되면서 무문양과 유문양의 연결고리유개호가 병존하였다. 9세기

그림 5 왕경의 화장묘와 장골기

2/4분기 후반 이후가 되면 무문양의 연결고리유개호는 사라지고, 거의 모든 연결고리유개호의 뚜껑과 호의 표면 전면에 각종 인화문이 시문되면서 연결고리유개호 발달의 정점을 맞이하였다. 이 시기부터 뚜껑과 호에 부착된 연결고리의 부착 위치가 달라지면서 뚜껑과 호의 연결고리에 간극이 생기게 되고, 9세기 3/4분기가 이후가 되면 그 간극이 최대로 벌어진다. 이와 더불어 뚜껑과 호의 형태도 합 모양으로 바뀌고, 굽의 높이가 높아지는 형태로 되면서 연결고리유개호는 쇠퇴하게 된다.

화장묘가 장례 및 매장시설의 간소화를 가져온 혁신적인 내용을 지녔지만, 그 구조와 재질이 당시의 최고급품이란 점에서 지배층이 조영한 것으로 그 권력과 경제적 부를 엿 볼 수 있다. 왕경의 귀족층들이 사용한 화장묘 용기가 사리용기를 모방하고, 사리용기의 형식변화를 따르고 있음은 신라 최고 지배층이 예배 대상물인 불사리의 봉안과 그 형식을 따르려는 열망의 표현이었다.

4 지방 묘제

신라가 삼국을 통일한 이후가 되면, 지방에는 이전과 달리 고분의 수가 크게 감소할 뿐만 아니라 불교의 지방 확산에 따라서 왕경으로부터 화장이란 장법이 수용되고 그에 따라 유골의 처리방식도 다양해진다. 지금까지 확인된 매장시설은 횡혈식석실·횡구식석실·수혈식석곽·토광·장골기 등이 있다. 그러나 매장시설의 수는 통일기 이전보다 훨씬 줄어들고, 왕경과는 달리 수십 기 이상으로 이루어진 새로운 고분군의 형성은 확인되지 않고, 1기 또는 2기가 독립적으로 입지하거나 또는 기존의 고분군이 부분적으로 명맥을 유지하거나 수 기로 이루어진 소규모의 고분군이

그림 6 지방의 횡혈식석실묘
위: 진안 오룡리고분, 아래: 홍천 역내리 1호분

조영되었다.

    1기가 단독으로 입지하는 예는 김해 유하리고분·안동 안막동고분·영동 가곡리고분·진안 오룡리고분 등이 알려져 있다. 이들 고분은 구릉에서 평지로 이어지는 곳에 입지하며, 분구의 평면 형태가 원형이고, 할석의 호석이 설치되어 있다. 분구 규모는 15m 내외가 대부분이며, 매장시설은 횡혈식석실 또는 횡구식석실이다. 지방에서 독립묘가 증가하는 현상은 왕경의 일부 왕릉이 구릉 말단부에 독립적으로 입지하는 모습과 유사하다. 지방에서 이러한 양상이 나타나는 현상은 왕경의 요소가 반영되었을 가능성이 높다.

    통일신라 지방 묘제의 특징은 분묘 수가 급격하게 감소하고, 삼국시대의 가장 큰 특징이었던 고분의 대규모 군집 현상이 사라지고, 1기의 단독분, 10기 내외로 된 새로운 소규모 고분군의 형성이다. 이와 함께 통일 전과 직후까지 활발하게 행해진 추가장이 8세기 이후에 들어오면서 줄어들고, 1회의 추가장만 되는 부부장으로 바뀐다. 단독묘, 소규모 고분군, 부부장 등은 모두 매장된 사람의 감소를 나타내는 징표들이다. 석조 매장시설의 감소 및 이 시설물에 매장된 피장자 수의 감소가 새로운 묘제인 화장묘의 증가와 비례하는 것은 아니다. 8세기 이후가 되면, 지방에서도 화장묘가 조영되고, 이후 수 기 또는 수십 기로 이루어진 화장묘군이 나타나지만, 삼국

그림 8 지방의 화장묘 장골기(공주 정지산)

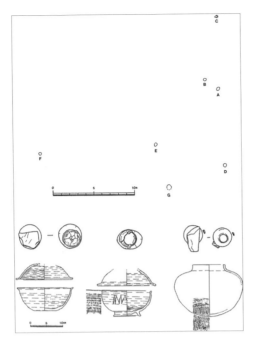
그림 7 진주 무촌리 화장묘군과 장골기

통일 직후까지의 고분 수 및 매장 피장자 수와 비교될 수 있는 것은 아니다. 8세기 이후에 나타나는 고분 수의 감소는 매장 관습에 변화가 있었음을 나타내는데, 그 배경의 한 요소가 화장한 후 산골하였기 때문으로 추정된다.

7세기까지 지방 각지에 수십 기 이상의 횡혈식석실 또는 횡구식석실이 군집을 이룬 고분군의 조영이 보편적이었으나, 8세기에 들어오면 고분군을 이루는 고분의 수가 점차 줄어든다. 8세기 후반이 되면, 분묘 수가 현저하게 감소하는 경향이 두드러지는데, 분묘군을 구성하는 분묘 수가 대부분 10기 이하로 줄어든다. 분묘 수의 감소는 하나의 분묘에 매장되는 주검 수가 증가한 것에 기인할 수도 있지만, 그것은 7세기 후반~8세기 전반에 한정되고, 8세기 후반 이후부터 1인장이 일반적이다. 즉 하나의 분묘에 매장되는 피장자 수의 증가는 주로 7세기 후반에서 8세기 전반에 해당하고, 8세기 후반이 되면 하나의 석실에 매장되는 피장자 수는 1구 또는 2구로 줄어들지만, 고분 수는 증가하지 않고 더욱 줄어든다. 고분 수의 감소는 전통적 매장법의 변화를 나타낸다.

9세기 전반이 되면 횡혈계 매장시설에는 1인만 매장하고 추가매장이 이루어지지 않아 부부장이 사라지고 개인묘로 바뀐다. 이와 연동해서 횡혈계 매장시설에 목관이 사용된다. 9세기 전반부터 횡혈계 매장시설에 목관이 사용된 이후 목관 사용은 더욱 증가하고, 9세기 후반이 되면, 횡혈계 매장시설이 현저하게 줄어들고 목관이 안치된 수혈식석곽 또는 목관이 한강수계권의 광범위한 지역에서 조영된다. 10세기에 진입하면서 수혈식석곽과 목관이 보편적인 매장시설로 되고 횡혈계 매장시설은 특수한 매장시설로 성격이 바뀌어 갔다.

지방에 조영된 화장묘는 이중형도 있지만 대부분은 단일형이고 장골기로 사용된 기종도 일상 생활용기를 사용하였다. 단일형은 원형 또는 장방형의 수혈을 파고 그 안에 뼈를 담은 용기를 외용기나 다른 외피시설 없이 매장하거나 또는 별도의 장골기 없이 석관 내부 또는 토광 내부에 장골한 구조의 화장묘인데, 토기형과 석관형, 토관형으로 구분된다. 중앙의 묘제 변화에 연동하여 8세기 후반 이후 지방에도 화장묘의 수가 증가하고 무리를 이루는 현상이 나타난다. 화장묘의 군집현상은 이 시기 불교의 지방 확산을 나타내는 물적 자료임과 동시에 불교식 장법인 화장을 하고 화장묘를 조영하는 집단이 각지에 존재하였음을 나타낸다.

5 부장품

통일신라시대에 조영된 고분은 삼국시대의 고분과 달리 소량의 유물을 부장한 박장이며 후대의 도굴과 파손 등에 의해 부장된 유물이 반출되어 없어지거나 파손됨으로써 출토된 유물의 수량이 매우 적다. 삼국시대의 고분에 부장된 유물의 종류와 수량에 비하면 단순하고 적다.

통일신라시대 고분의 유물은 소량 출토됨에도 불구하고 종류는 다양하다. 출토된 유물의 종류로는 토기·무기·장신구·식기·토우·십이지상·기와 등이 있다. 토기의 종류는 유개합·완·편구병·단경호·주름무늬병·종병·파수부옹·대부완·사면편병·사이부일면편병·호·장군·일면편병·대호·연질옹 등 다양하다. 고분에서 출토된 토기의 종류와 형태, 문양의 종류는 통일신라시대의 생활유적에서 출토된 토기와 유사하다. 왕경 주위의 산록에서 출토된 유개사이부호·연결고리유개호와 유개완 등만 장골용기의 목적으로 제작되었지만, 이외의 고분 출토 토기는 부장품으로서 생산되지는 않았고, 생활용으로 사용하는 토기를 부장하였다. 도성 주위에 조영된 고분에서 출토된 토기는 표면에 여러 종류의 문양이 장식되어 있지만, 지방의 고

그림 9 통일신라 고분 출토 유물
1: 경주 황성동 출토 토기, 2: 울릉도 천부동 1호분 출토 토기, 3: 경
주 장산토우총 출토 토기, 4: 울산 구수리고분 출토 유물

분에서 출토된 토기는 유개합·편구병·뚜껑 등 종류가 단순하고 시문된 문양도 단순
하다. 울릉도 천부동고분군 출토품을 제외하면, 통일신라시대의 고분에서 출토된
토기의 기종은 유개합·병 등 아주 단순하고 유개합이 절대 다수를 차지하며 출토량
도 적다. 통일신라 고분에 부장된 토기 중 편구병·뚜껑·합에는 대부분 연속마제형
문·점열지그재그재그문·국화문 등이 시문되어 있다.

　　무기는 대도·철촉·도자 등이 알려져 있고 출토된 수량도 매우 적다. 통일신라
시대의 고분에는 거의 무기를 부장하지 않았다. 장신구로는 청동 팔찌·유리제 목걸
이·청동제 방울·금동제 장식판·허리띠 꾸미개 등이 알려져 있다. 특히 중국 당나라
의 허리띠 꾸미개를 모방한 청동과 철제 교구와 순방·심엽형 금구 등이 상당수 출토
되었다. 식기로는 숟가락 등이 알려져 있는데, 출토된 사례는 청주 용정동II유적 7호
묘 1예뿐이다.

　　기와는 주로 도성 주위의 고분에 부장되었는데, 시상 위의 주검을 받치는 받침
또는 좌우의 시상을 구분하는 경계 표시물로 사용되었다. 기와는 대부분 암키와와
수키와이고 수막새는 많지 않다. 기와가 출토된 고분은 경주 충효동고분군, 월산리
고분군, 방내리고분군 등이다.

6 통일신라 묘에서 고려 묘로의 전환

나말여초기인 10세기는 통일신라 묘의 전통이 사라지고 고려 묘의 전통이 수립되는 전환기이다. 이 시기에 나타나는 분묘의 특징은 다음과 같다. 추가장이 되지 않는 횡구식의 매장주체시설 구조가 수혈식의 석곽구조로 바뀐다. 주검 안치시설이 시상대에서 관대로 바뀌고, 고려 초에 들어오면서 관대가 사라진다. 수 점의 토기와 과대의 부장품 구성이 무너지고, 종병·청동발·청동수저 등의 고려묘 부장품 구성으로 바뀌게 된다.

통일신라시대는 삼국시대에 가장 활발하게 그리고 대규모의 토목공사에 의해 축조되던 고분이 쇠퇴하면서 분묘 규모가 축소되거나 간략화의 과정으로 향하는 분묘문화의 전환기에 위치한다. 우리나라의 분묘문화에서 볼 때, 통일신라 고분은 고대적인 분묘문화에서 중·근세적인 분묘문화로의 전환기에 위치한다.　　　　[홍보식]

III 왕경과 지방도시

삼국시대 고구려·신라·백제는 6세기대 이후 왕궁을 중심으로 한 격자형의 도로로 시가지를 구획하고 그 내부에 생활공간을 갖추는 방제(坊制)를 도입하여 수도를 체계적으로 도시화하게 된다. 신라는 기존 수도인 왕경(경주)에 신도시를 건설함에 따라 이미 조영되었던 분묘군과 왕궁인 월성과 공존하면서 확대, 발전하게 된다.

삼국통일 후 신문왕 5년(685년) 전국을 9주로 나누고 5소경을 설치하여 지방 영토를 통치하였으며, 달구벌(達句伐, 대구)로 천도(689년)를 계획하였으나 실행되지는 않았다. 9주의 치소와 5소경이 위치하는 곳에는 현지 지형에 맞추어 도로로 구획하는 계획도시를 조영하였음이 확인되고 있다. 신라는 건국(기원전 57년) 후 멸망(935년)까지 992년간 경주에서 지속적으로 수도를 유지하면서 치수와 도시건축이 탁월하게 발전하였다.

1 왕권 강화와 도시의 발전

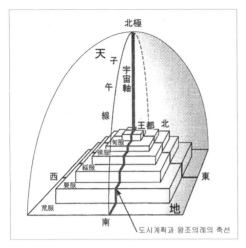

그림 10 우주의 도(都)(妹尾達彦 2001: 139)

그림 11 장안의 중축선과 의례시설(妹尾達彦 2001: 142)
1: 동궁, 2: 액정궁(掖庭宮), 3: 문하성(門下省)과 중서성(中書省), 4: 좌조당과 우조당, 5: 중앙금군의 좌위와 우위, 6: 태묘[左祖], 7: 대사(大社, 右社), 8: 선림사(禪林寺), 9: 보국사(寶國寺), 10: 문묘(공자묘), 11: 무묘(태공망묘), 12: 대흥선사[國寺], 13: 현도관(玄都觀), 14: 명덕문(明德門)

중국의 도성 개념은 『주례(周禮)』, 『고공기(考工記)』의 제도를 기본으로 한 이상적인 왕도 건설이다. 북극성을 중심으로 이루어진 우주론에 따라 왕궁을 건립하는 것은 왕권의 신격화를 의미하며 왕의 정통성, 의례를 통해 국가체제를 정립하는 것이다(그림 10). 궁성의 남북축선상에 맞추어 묘사(廟祀), 시리(市里), 도로의 개념이 적용된 바둑판식 도로구획과 함께 그 내부에 거주지를 마련하는 도시구조는 왕권의 정통성 수립뿐만 아니라 외적과의 차별성을 통한 우월성의 부각이었다.

당시 중국은 북위의 낙양성(洛陽城, 502년 완성), 동위·북제의 업성(鄴城, 535년 완성)이 고대도시의 기틀을 마련하였고, 수나라가 582년 대흥성(大興城)을 건립하여 정형화된 도시 구조를 갖추게 된다. 주변국가인 고구려, 백제, 신라 및 왜에 큰 영향을 끼쳐 동시기에 계획도시 건설이 성행하였다. 가장 정형화된 도시구조가 완성되는 당 장안성(長安城)은 일본 헤이조쿄(平城京) 축조(710년)의 모델이 되었다(그림 11, 12).

신라는 502년 순장 금지, 528년 불교 공인 조치를 취했다. 사상의 변화와 새로운 문물의 유입은 정치적인 부분에서도 파급효과가 크게 작용하였다. 신라가 중국의 도성제도를 신도시 계획에 도입한 시기에 대해서는 여러 의견이 있으나, 지금까지의 발굴 결과, 황룡사 건립 단계인 6세기 중반 이전에 추진된 흔적은 나타나지 않는다. 『삼국사기』에 469년 경도(京都)에 방리명(坊里名)을 정하고, 487년 관도(官道)를 수리했다는 기사가 있어 5세기 후반부터 도로를 구획하고 방제 혹은 방리제(坊里制)로 불리는 도시체제를 갖추었을 것으로 추정할 수 있으나, 이를 증명하는 결정적인 유적은 확인되지 않는다.

궁궐[紫宮] 건립과 도성의 정비는 단계적으로 추진된다. 진흥왕은 553년 월성 동편과 낭산 중앙 정북쪽인 현 황룡사터에 새로운 왕궁을 건립하고자 하였으나, 이곳에 황룡이 나타났다는 보고로 인해 계획을 변경하여 사찰을 건립하게 된다. 이후 월성 동북편지역인 황룡사를 중심으

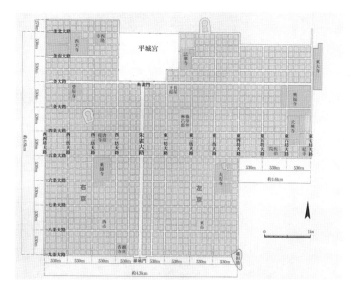

그림 12 일본 평성경 구조

로 새로운 도시 건설이 진행되었고, 약 200년에 걸쳐 지속적으로 도시가 확장되었음이 발굴결과에서 확인되고 있다.

2 왕경 연구 성과

신라 왕경의 도시구조를 최초로 파악한 것은 후지타 모토하루(藤田元春, 1929)로, 신라의 도성이 정전(井田)으로 구성되어 있다는 점을 인식하여 방의 크기를 산정하였다. 이후 후지시마 카이지로(藤島亥治郞, 1930)는 1정을 400척(동위척)으로 보고 1정(町)을 1방(坊)으로 보았다. 월성과 황룡사를 통과하는 남북대로를 중심으로 좌경과 우경으로 나누고, 좌경은 동서 7120척×남북 1만 2860척, 우경은 동서 7280척×남북 1만 3220척으로 복원된다고 하였다(그림 13). 1970년대 초반에 이르러 윤무병(1972)은 북천 남쪽으로 전랑지(북궁지)와 월성을 이어 주는 곳에 주작대로가 있었을 가능성을 제시하였고, 장순용(1976), 김병모(1984), 윤무병(1987), 민덕식(1989), 아즈마(東潮)·다나카 토시아키(田中俊明, 1988), 다나카 토시아키(田中俊明, 1991), 가메다 히로시(龜田 博, 1993) 등은 후지시마 카이지로의 원도를 이용하여 다양한 복원도를 제시하게 된다.

우성훈(1997)은 지적도와 지형도(1917년도)를 겹쳐 1만분의 1로 제작하고 주척(周尺)을 이용하여 복원을 시도하였고, 박방룡(1997)은 후지시마 카이지로가 설정

그림 13 후지시마 이치랑(藤島亥治郎)의 신라 왕경 복원도(1930)

한 좌경과 우경으로 나누어지는 남북도로 위에 주작대로를 설정한다. 이은석(2003, 2004)은 왕경과 선덕여고 556번지, 서부동 19번지의 발굴 결과를 바탕으로 신라 왕경의 단계적 발전론을 제시하게 된다. 황인호(2006, 2007, 2009, 2010)는 방의 규모는 400척(동위척, 고구려척)으로 두고, 시간이 흐르면서 도로의 폭이 60척, 40척, 20척의 규모로 그 폭이 줄어들며, 방의 규모도 축소되는 안을 제시, 중국이나 일본과는 다른 방향으로 추진되었다고 판단하였다.

3 도로와 택지분할

신라 도성의 신도시 계획의 후보지는 황룡사 일대가 지리적으로 가장 부합되었다. 죽은 자의 공간인 서편지역과의 구분이 필요했고, 동고서저인 지형과 세하천의 수해를 극복하기 위해서는 서편 고분군 지역과 명활산, 월성과 낭산의 북쪽 중심지역에 왕궁(황룡사) 건립이 착수되었다. 궁성, 묘사, 시리, 도로의 개념이 적용되고 바둑판 형태의 방장제의 시행은 주민과 피정복민의 효율적 통제와 관리가 가능한 획기적인 제도였다. 또한 왕궁의 건립은 왕권의 신격화를 의미하며 진흥왕의 정통성, 의례를 통한 국가체제의 정립 등 복합적인 발전요소가 동시에 진행되었음을 알 수 있다.

신라 왕경 도시구획의 실제 모습은 1983년부터 추진된 황룡사지 서편과 동남편 도시구획(S1E1) 발굴을 통하여 드러나기 시작하였다. 도로의 배치와 규모, 택지의 분할구조를 통해 최소 행정단위구역인 방(坊)의 개념 파악이 가능하게 되었다. 황룡사지의 규모는 동서 길이가 288m에 이르며, 동남편 S1E1지역에서는 동서도로와 그 아래쪽 동서도로 간의 중심거리가 160m 내외로, 도로를 포함했을 경우 160×160m가 1방의 크기에 속한다고 보았다. 이는 기존의 도로부지를 포함한 것으로, 양쪽 도로부지 10m씩을 제외한다면 실제 담장을 두른 1방의 크기는 140m에 이른다. 즉 1방의 최소단위가 동위척(고구려척) 400척(142m, 1척 35.5cm)에 따라 축조되었음을 나타내고 있는 것이다. 황룡사는 네 개의 방을 조합하여 축조되었고, 1방 주위로는 도로부지 60척(21.3m)을 설정한 기본적인 도시계획구조가 파악되었다. 일제강점기부터 도로의 너비가 대, 중, 소로 구획되었던 개념은 기존 계획된 21.3m의 도로 부지 내에서 필요에 따라 적당한 폭의 도로와 배수로가 설치되는 것으로 볼 수 있다.

	시행 시기	시행 범위	방의 규모	도로부지 규모
1단계	6세기 중반~7세기 전반	구황동, 인왕동 일대	142×142m	21.3m
2단계	7세기 전반~7세기 후반	황룡사 북편과 서부동 일대	142×142m	14.2m
3단계	8세기 이후	성건동과 동천동 일대	152.65×117.15m	7.1m

표 1 단계별 방리구획의 시행 범위 및 규모(황인호의 안)

일본 후지하라쿄(藤原京)의 경우 내부 조방도로의 너비가 16m, 9m, 7m로 정연하게 설치되는 것과는 다르며, 신라는 일률적으로 거주공간과 도로공간을 400척, 60척으로 등분할하여 조성하였던 것이다. 그러나 도시의 발전이 약 200년에 걸쳐 진행되면서 큰 획기에 따라 변화하고 있음을 알 수 있다.

황룡사를 중심으로 월성 중앙 북편지역과 명활산 주변까지, 남쪽으로는 국립경주박물관 인근까지 1차 도시계획이 추진된다(그림 14). 이후 통일기에 이르면 서쪽으로는 서천변까지, 남쪽으로는 국립경주박물관 남쪽인 남천과 사천왕사 부근까지

그림 14 신라 왕경 초기 도성 구획도(이은석 2004 제시)

2차로 확장된다. 또한 8세기 중반 이후에도 일정교, 월정교 건립(760년)과 함께 대규모 도시확장이 이루어지는 것이 발굴을 통해 확인되고 있다.

분황사 북서편에서 현재의 경주읍성지역으로 발전되는, 북천에서 흘러내리는 기존의 수로 방향과 고분군의 배치로 인해 전반적으로 동쪽으로 기울어져 방의 각도가 황룡사지역과는 차이가 있다. 전반적으로 이곳은 통일기 이후 시가지가 조성되면서 방의 1변 길이가 동서는 변함이 없으나 남북이 117m(330척) 전후로 짧아지는 경향이 있다. 8세기대 후반 이후에 조영되는 동천동 일대는 동서가 430척에 남북이 330척의 규모로 변화하고 있다. 그러나 도로의 폭은 경주읍성지역이 약 14.2m(40척) 내외, 동천동 일대는 7.1m(20척) 내외로 줄어드는 경향이 나타난다(황인호 2006). 중심지역에서 나타나는 상징성과 우월성 등 왕궁 도로의 개념보다는 현실적인 활용성이 중시되었던 것으로 볼 수 있다. 신라 왕경의 정비는 크게 보면 3단계 정도로 시기적인 차를 두고 이루어졌던 것이다.

북천 북편 소금강산 일대와 강 남쪽인 분황사 원지유적 주변에서는 자북에서 약 20° 정도 편동한 건물지와 도로 유적은 소금강산 줄기에서 내려오는 하천의 흐름에 맞추어 조성되었다. 서편지역인 흥륜사지와 남천 주변에서도 배수시설의 흐름과 같은 기울어진 도로와 가옥의 배치가 보이고 있다. 이는 신라가 새로운 도시 건설이 아닌, 기존의 수로를 변경하지 않고 지형 구조에 맞추어 자연적인 상태를 그대로 활용하였음을 알 수 있다. 이는 중국이나 일본 후지하라쿄(藤原京), 헤이조쿄(平城京)와 확연히 다른, 중국에서 개념은 받아들였지만 신라 특유의 도시계획이며, 지방도시에서도 그대로 적용되고 있다(그림 15).

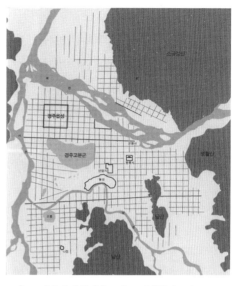

그림 15 신라 왕경 최성기 도성(坊) 구획복원도(이은석 2004)

신라 도로의 기본적인 축조방식은 바닥에 인두대 크기의 돌을 깔아 다지고, 그 위에 직경 10cm 정도의 중자갈 및 3~5cm 내외의 자갈을 깔고 마사를 덮어 마무리하는 형식이다. 황룡사지 주변지역에는 시가지가 300년 이상 유지되는 곳에서는 5~6차례 보수가 이루어지며, 고려시대에 이르러 도로 폭이 축소되지만 그 위에 여전히 잔자갈을 깔아 사용한 흔적이 있다. 이곳에서는 수레가 다닌 흔적이 드러나고 있으며, 대형도로의 경우 양 가쪽으로 직경 1~2cm 크기의 세자갈을 2m 폭으로 깔아 마련한 보도 시설도 나타나고 있다(그림 16·17).

10m 이상 폭의 도로에는 양쪽 혹은 한쪽만 석축배수로가 있는 구조, 양쪽에 수혈식 배수로가 있는 구조, 혹은 도로 중앙에 큰 돌을 깔아 자연적인 암거형 배수구조를 가진 형식이 보이고 있다. 경주가 전반적인 동고서저의 지형이기 때문에 동서도로의 배수로는 축조가 치밀한 반면, 남북도로의 배수로는 필요에 따라 한쪽 혹은 배

그림 16 왕경 동서도로 노출상태

그림 17 왕경 동서도로 축조(중복상태)

수로가 없는 경우도 확인된다.

신라 왕경의 공간적 범위는 『삼국사기』와 『삼국유사』에 남북 3075보, 동서 3018보와 1360방 혹은 360방, 그리고 35리 혹은 55리 등으로 기록되어 있다. 발굴된 유적의 현상으로 볼 때 북쪽으로는 황성동 일대까지, 남쪽으로는 남산 삼릉 일대까지로 남북 6km 내외, 동서로는 명활산 일대에서 서천변까지 약 5.5km 내에서 방의 형태와 도로유구가 조사되고 있어 어느 정도 범위 산정은 가능하다. 그러나 전체적인 도성을 감싸는 성곽 혹은 도성의 범위를 구획할 수 있는 시설은 축조되지 않아 정확한 범위는 파악할 수 없는 실정이다. 특히 신라 전성시절의 규모가 1360방인지 360방인지, 35리와 55리는 방을 포함하는 보다 큰 규모의 행정구역인지, 아니면 중심시가지 외곽의 행정구역인지는 여러 가지로 해석하고 있으나 해답 도출이 어려운 상황이다.

현재 경주시가지 내 구획 도면을 볼 때, 황룡사를 중심으로 월성 동남편지역이 약 130~140방, 고분군 서편지역이 약 30방, 서북편지역(경주읍성을 중심으로 8세기 이후 조성)이 약 80~90방, 남천 서남편(오릉 주변지역)이 40~50방, 북천 북편(동천동지역)이 약 40방 내외로 추산하여, 360방 전후로 산정할 수 있다. 따라서 1360방은 360방의 오기라는 주장이 강했으나, 최근 건천 모량리·방내리 일대에서 120m 간격으로 도로와 주거유적이 발굴되면서 사료의 신빙성이 높아지고 있다. 발굴 결과로 볼 때 7세기 후엽부터 방제에 의한 위성도시가 조성되었을 것으로 판단하고 있다.

경주 시가지 전역에서 도로가 발굴되고 있지만 주작대로로 추정되는 4곳의 남북도로가 모두 문제점을 안고 있어 추론만 하고 있을 뿐, 결정적인 고고자료가 드러나지 않는다.

첫째로, 월성 중앙에서 북궁터인 전랑지 서편을 연결하는 도로이다. 둘째로 후지시마 카이지로가 좌경과 우경으로 구분한 국립경주박물관에서 남북으로 올라가는 도로이다. 셋째로 도성의 우주론에 입각한 주작대로의 개념이 적용된 황룡사의 중심 남쪽으로 내려가는 도로이다. 넷째로는 최근 제시된 월성 중앙과 전랑지를 연결하는 곳으로 선덕여고에서 15m 폭의 도로가 확인된 곳이다.

도로의 폭이 20m라고 해서 주작대로의 개념을 적용한다면 20m 폭의 남북도로가 발굴되었을때 모두 주작대로로 상정해야 하는 문제가 있다. 따라서 도로의 너비로 판단할 수는 없다. 북궁으로 추정하는 전랑지 서편과 월성이 남북으로 연결되는 도로는 도성구조에 대한 사상적 의미—전랑지가 왕궁의 중심이라는 의미 부여가 뒷받침되지 않아, 주작대로로 상정하는 것에는 문제가 있다. 또한 이 도로 동편의 방로인 선덕여고 내 15m 폭의 도로 역시 동일한 문제를 지니고 있다. 국립경주박물관 북편으로 연결되는 남북도로는 최근 월지 동편 발굴현장에서 후대의 건물지가 확장하면서 도로부지를 침범한 것이 확인되어 주작대로의 기능을 가진다고 볼 수 없다.

그렇다면 황룡사지 중심 남쪽으로 축조된 남북도로는 초기 왕궁의 주작대로 개념을 가지고 설치되었다고 추정할 수 있지만, 궁궐이 건립되지 못한 점과 통일 단계에 들면서 시가지의 확장과 함께 과연 그 역할을 할 수 있었는지도 의문이다.

지금까지의 발굴과 연구 결과, 신라 왕경은 중국 장안성이나 일본 헤이조쿄와 같이 전체적인 종합계획으로 진행된 것이 아니라 중심지부터 구획도시가 점차 확대되었음을 알 수 있다. 월성 북편인 황룡사를 중심으로 6세기 중반부터 1차적인 도시가 형성되었고, 이후 통일기 단계까지 점차 확대되어 남쪽으로는 낭산 아래까지, 서쪽으로는 서천변까지, 그리고 북쪽으로는 북천 건너 동천동 일대까지 8세기 중후반까지 지속적으로 확대, 발전되었음이 발굴을 통하여 드러나고 있다.

4 방의 구조와 거주공간

전체적인 방의 구조는 황룡사 동남편지역과, 동천동 7B/L지역 등지에서 전면적 발굴을, 서부동 19번지와 인왕동 556번지, 북문로 일대, 동천동 989번지에서 부분적으로 발굴을 통해 확인되었다. 도로로 구획되는 방은 사방에 담장을 돌린, 방장구조가 모두 나타나고 있다. 그 내부에는 소담장을 경계로 각각의 가옥으로 구획되고 있다(그림 18).

황룡사지 동남편에서 확인된 주택 구조의 기본적인 양상은 방장으로 구획되는 곳에 대문을 두고, 그 대문 앞에는 우물이 축조되어 있고, 이 우물에서 사용한 오수가 소형의 배수시설로 담장을 빠져나가 도로 양쪽의 대형 배수시설로 연결된다. 그리고 대문 안쪽

그림 18 황룡사 동편 도시구획(1방)

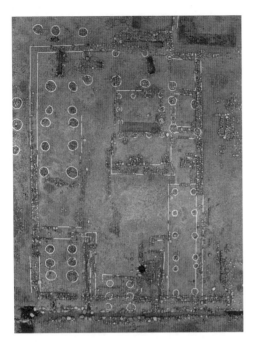

그림 19 황룡사 동편 1방 내 민가구조

에는 작은 규모의 중정이 마련되어 있고, 정면에 중심 건물이, 양쪽으로는 창고와 별채 등이 마련된 구조를 보이고 있는 가장 전형적인 민가 구조가 발굴로 확인되었다. 주택의 전체 넓이는 약 600m²(약 200평)이며, 가장 잘 남아 있는 구조이다(그림 19). 경주 동천동유적에서는 60m² 규모 내에 1동의 건물과 취사시설이 확인되어 신분차와 지역차가 있음을 여실히 보여 주고 있다.

개별 가옥 내에는 건물 축조 시 제사를 지낸 것으로 보이는 소형호나 합 내에 유리구슬 등이 담긴 지진구가 확인되기도 한다. 황룡사지 동남편에서는 개별 가옥 옆에서 목탑과 금당, 석탑 기초가 확인되어 일반 가옥이 아닌 개인 원찰로 여겨진다. 이러한 구조는 전 천관사지에서도 보이고 있어 왕경 내 귀족의 소형 사찰이 다수 존재했을 것으로 추정할 수 있다.

1방의 구조에서 약 20여 개별 가옥이 나누어지고, 1방 내부로 이어지는 골목길을 마련하였으며, 중앙에는 건물이 조성되지 않은 여유 공간을 둔 것이 국립경주박물관 남측부지 발굴에서도 확인되었다. 의도적인 공간 마련은 1방 내부의 중앙정원 역할도 하지만 주민 통제 수단으로도 이용되었을 것으로 추정할 수 있다.

『삼국사기』 옥사조에는 신분에 따라 건축 규모와 사용재료의 제한이 자세하게 기술되어 있다. 진골의 경우 실(室)의 길이와 너비가 24척을 넘지 못하는 사항은 발굴된 건물지와 비교해 볼 때, 집 한 채로 볼 것인지, 아니면 방 1칸으로 판단해야 할지 발굴 결과를 다각도로 분석연구해 볼 필요가 있다.

『삼국유사』 기록의 17만 8936호를 가구수 혹은 인구수로 보아야 할 것인지에 대해서도 다양한 연구 결과가 제시되고 있다. 당 장안성이 최전성기 때 동서 각 20km 범위 내에서 100만 명이 거주했다고 한다. 경주는 동서, 남북이 각각 5km 내외라고 한다면 시가지 내에 거주민이 17만 호(인구는 약 70~90만 명 추산)라고 보기에는 무리가 있다. 따라서 방내리 등 주변 위성도시 규모까지 포함해서 17만호라고 본다면 왕경의 범위를 어디까지 보아야 할 것인지 고려해야 한다. 도시 규모와 당시의 생활상을 복원해 본다면 인구수로 추산하는 것이 타당하다는 견해가 있다. 현재 경주 시가지 내 거주자는 15만 명 내외에 이른다.

5 왕궁 월성

신라 궁성의 명칭에 대한 문헌 기록은 금성(金城), 월성, 신월성, 만월성 등으로 다양하게 나타난다. 박혁거세가 금성을 기원전 32년에 조성하였고, 101년 월성을 축조하여 옮겨 왔다는 기사로 인해 신라 초기부터 월성이 왕궁의 역할을 했다는 사료적 관점에서 해석되어 왔다.

월성은 동서 860m, 남북 250m, 둘레가 2340m, 내부 면적이 19만 8345m²이며, 경사가 완만한 구릉에 가장자리를 따라 토루형으로 성벽이 조성되었다. 현재 성벽은 기저부에서 최고 높이가 18m, 최저가 10m 정도에 이른다. 출입을 위한 성문은 귀정문, 북문, 인화문, 현덕문, 무평문, 준례문 등이 기록에 전하나 그 위치는 알 수 없고 현재 지형상으로 볼 때 11개소 정도로 추정하고 있다. 충담사를 접견하기 위해 경

그림 20 경주 월성 전경

덕왕이 귀정문에 올랐다는 기록으로 보아 중층 구조의 문루가 있었으며, 월상루, 망덕루, 고루 등의 누각이 있었음을 알 수 있다.

발굴을 통해 확인된 동문지는 정면 1칸, 측면 2칸 규모의 한 변 6.7m의 정방형이며 문지 좌우측으로 1.4m 폭의 담장기초가 확인되었다. 동편 출입시설의 경우 월지(동궁) 창건과 함께 조성된 것으로 그 규모가 작으며, 성벽 기저부를 따라 내려오는 수로를 넘나들기 위해 수로의 폭을 좁히고 그 위에 정면 2칸, 측면 1칸의 건물을 세워 다리 기능을 하도록 하였다. 월성 북문으로 연결되는 곳(계림 입구 동편지역)의 해자 외곽과 수로 사이에 5세기 이후~7세기에 조성된 굴립주 건물지 23동은 관이나 군의 방어를 위한 시설로 보고 있다.

월성 내부는 2015년부터 발굴이 시작되었지만, 방어시설인 해자를 중심으로 성벽 외곽지역은 지속적으로 발굴이 추진되어 축조 시기와 주변 건물지와의 관계 등 다양한 정보가 축적되고 있다. 1979년부터 추진한 발굴 결과, 해자에서 출토되는 유물과 그 주변에 축조된 건물지의 양상을 볼 때 5세기대 이후에 들어서야 왕성으로서의 면모를 갖추었던 것으로 보고 있다. 삼국통일 이전 단계까지 사용되던 연못형 해자는 둥근 자연석과 흙을 이용하여 호안을 만들었고, 일부 목주를 박고 판재를 끼워 해자 방벽으로 만든 형태도 있다. 이후 통일기가 되면 이러한 해자는 치석한 석재를 활용한 석축해자 및 월지의 호안석축과 유사한 형태로 나타나는데, 이는 해자 기능의 상실과 함께 조경시설로 변경된 것으로 보인다.

왕의 거주지이자 정무 공간인 월성 내부는 지하 레이더 탐사 결과 14개 구역으로 구분되며 배치 양상이 뚜렷하고 규모가 큰 곳은 4개 구역에 이른다(그림 21). 여러 겹의 담장열이 둘러싸여진 건물지, 20×40m에 이르는 동서 건물지, 2×12칸 회랑식 건물지, '∏'형으로 배치된 정방형 건물지군, 'ㅁ'형의 대형 건물지 등이 배치되어 있다. 이는 중앙 정전을 중심으로 좌우대칭이 아니라 지형을 이용하여 여러 개의 전각을 독립적으로 배치하였고, 평면 장방형의 각 전각은 궁장 혹은 회랑을 둘러 다른 궁전과 분리되어 있는 형태이다.

왕이 정사를 보던 남당, 신하의 조하를 받고 외국사신을 접견하던 조원전을 비롯해 양궁, 사량궁, 대궁 등이 기록에 전하며, 남서쪽에는 '凸'자형에 가까운 동서 40m, 남북 50m 정도의 큰 연못이 탐사에서 확인되고 있어 경덕왕 때 조성한 연못일 가능성이 높다고 보고 있다.

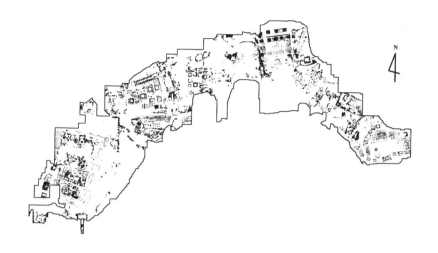

그림 21 경주 월성 탐사결과도(건물지 배치상태)

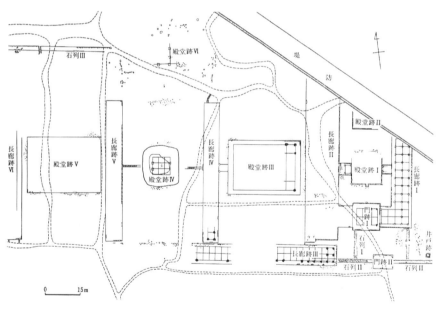

그림 22 전랑지 발굴현황도(1937)

　　월성 외에 『삼국사기』에 등장하는 궁궐은 북궁으로, 진성여왕이 북궁에서 죽었
다는 기사 등을 보아 퇴임한 여왕이나 왕의 어머니를 위한 궁궐로 인식되고 있다. 위
치 비정에 대한 단서가 제공된 곳은 북천변에 위치한 성동동 일대이다(그림 22).

1937년 북천 호안공사 시 일부 장대석이 확인되어 석렬을 따라 건물지를 찾아서 조사한 결과, 전각과 회랑지 형태의 대형 건물지가 드러났다. 장랑지 6개소와 전당지 6개소 및 문지 2개소, 담장 석렬 등이 노출되었으며, 1993년 동편 일부가 재조사되어 장랑지의 규모가 24×4칸(75.4×15.3m, 내부 면적 1154m²)임을 확실히 파악할 수 있었다. 이와 같은 조사 성과에 따라 이 일대가 북궁터로 인식되고 있으며, 현재 경주고등학교 부지가 포함되며, 북천에 의해 상당히 넓은 지역이 유실되었을 것으로 보고 있다.

북궁과 대비되는 남궁은 기록에는 나타나지 않지만 월성 동남편 국립경주박물관 미술관 부지에서 '남궁지인(南宮之印)'의 명문와 출토로 이 일대가 남궁으로 비정되기도 했다. 그러나 동천동에서도 유사 형식의 동일 명문와가 출토되어 그 위치에 대한 문제는 논란이 계속되고 있다.

동궁은 문무왕 19년인 679년에 창건되었다는 기록과 임해전 및 동궁아에 대한 여러 기록으로 보아 현재의 월지(月池, 안압지) 일대로 보는 데는 이견이 없다. 1976년부터 1977년까지 발굴된 건물지와 유물 중 의봉4년개토명 기와(679년), 조로2년명 보상화문전(680년) 등의 출토 유물로 인해 기록과 축조 시기가 부합되고 있다. 헌덕왕 14년인 822년에 동복아우 수종을 부군으로 삼고 월지궁에 들였다는 기사는 이곳이 세자가 거처하는 동궁으로 해석될 수 있다. 동궁아일(東宮衙鎰), 세택(洗宅), 용왕신심(龍王辛審)명 토기 등이 다수 출토되었으며, 이는 삼국사기 직관조에 보이는 동궁관, 동궁아 세택 월지전, 용왕전 등의 주요 관청과 부합하고 있어 동궁임을 확실히 알 수 있는 자료를 제공하고 있다. 2000년대 이후 월지 동편 외곽으로 발굴을 진행한 결과 기존의 구획도시선보다 동궁이 확장되고, 궁장(宮牆)이 두차례 이상 개축되며 출입시설과 각종 부속건물이 위치하고 있음이 확인되었다. 8세기 말 이후가 되면 동편 궁장 바깥으로 각종 건물들이 난립하는 모습도 나타난다. 기존의 발굴 자료로 볼 때 동궁의 범위는 월지를 중심으로 그 주변 방으로 구획되는 범위 내로 추정되었다.

그러나 2012년 국립경주박물관 외곽 남편부지에서 신심동궁세택(辛審東宮洗宅) 명문 청동완과 동궁아(東宮衙)명문 토기가 출토되어 이곳까지 전부 동궁의 관할영역에 속한다고 볼 수 있는 근거가 제공되었다. 현재 국립경주박물관 부지를 포함하여 그 남쪽 일대 전체가 실제의 범위가 될 것인지, 별도로 떨어진 동궁아에 부속된 각종 시설로 보아야 할 것인지 재고할 필요가 있다.

그림 23 계림 북편 진단구 출토상태   그림 24 인왕동 556번지 대형 건물지

6 관청

　왕의 거주 중심지이자 정사를 보는 주 건물이 월성 내에 위치하고 있었다면, 각종 관청과 부속시설은 월성 주변으로 배치되었다. 현재 남아 있는 첨성대는 월성 북문에서 약 300m 거리에 있으며 그 사이 공간에 현재의 도로를 두고 양쪽으로 대형 건물지가 발굴되어 정비되어 있다.

　첨성대와 월성 북문쪽으로 진행되는 도로를 경계로 동서 양쪽으로 대형 건물지가 발굴되었다. 계림 북편에서는 1동의 동서 건물지를 중심으로 장랑식의 건물지가 배치되면서 총 15동의 건물지가 확인되었고, 10호 건물지 적심 내에서는 황칠액이 담긴 인화문유개합이 출토되기도 하였다. 13, 14호 건물지 남쪽 동서방향의 석렬 남쪽으로는 지진구로 보이는 5개의 단경호가 출토되었다(그림 23). 도로 건너편인 첨성대 남편지역에서는 총 34동의 건물지가 조사되었는데, 서편 건물의 부속시설과 연관성이 있다.

　월성 북쪽 580m 지점의 인왕동 556번지 선덕여고 내에서 확인된 대형 적심(주칸거리 360×550cm)의 규모로 보아 관청 건물이 이곳에도 조영되었음을 알 수 있다(그림 24). 이로 볼 때 월성 주변지역인 월지와 동궁, 북편 전랑지에 이르는 지역이 궁궐의 부속 건물과 관청 관련 건물이 자리잡고 있었음을 알 수 있다.

7 다리 건설과 남산

통일 이후 8세기 중반까지 어느 정도 도시구획이 완료되면서, 남산에는 왕족과 귀족을 위한 각종 사찰이 조영되기 시작하였다. 이에 남산으로 이르는 주 교통로의 확보가 절실히 필요함에 따라 월정교, 춘양교(일정교)의 건설(760년)이 진행되었고, 9세기대에 이르러 남산에 150여 개소에 이르는 사찰과 석탑, 불상 등이 조영되었다.

2기의 석교 건립 이전에는 원효(617~686)와 관련 있는 유교(楡橋)로 추정되는 목교가 있었다. 월정교지 서편 약 19m 지점에서 남북 중심거리 4.9m의 등간격을 두고 8개의 목조가구가 확인되어 총 12개의 교각이 있었을 것으로 판단된다. 다리의 전체 길이는 63m로 추정된다(그림 25).

월성 서남편에 위치하는 월정교지는 전체 길이가 60.57m이며, 하상에 4개소의 교각 기초와 교대가 발굴로 확인되었다. 교대의 길이는 13.5m이며, 교각은 남북 길이 12.5~13.6m 규모의 주형교각(舟形橋脚) 4개가 등간격으로 하천과 직교되게 놓여

그림 25 유교 노출상태
그림 26 월정교 노출상태
그림 27 일정교 노출상태

있었다(그림 26). 건너갈 수 있도록 복원이 이루어졌다.

일정교는 춘양교의 다른 이름이며, 발굴 결과 전체 길이는 약 55m, 폭은 12m이며, 월성 동남편 문천상에 3개의 교각 및 교대지 일부가 남아 있다(그림 27).

다리의 교각과 교대의 너비로 볼 때 12~13m에 이르는 연결도로의 너비를 유추할 수 있으며, 이러한 석교의 건설은 교통로 역할뿐만 아니라 건축에 필요한 남산의 석재 공급과도 밀접한 연관이 있다고 볼 수 있다.

8 9주5소경

신라는 효율적인 지방민 관리, 조세 확보 등을 위해서 9주5소경을 설치하여 왕경과 같은 모델로 도시를 건설하게 된다. 소경(小京)은 6세기대부터 지금의 의성에 아시촌소경(阿尸村小京)을 설치(514년)한 이후, 충주에 국원소경(國原小京, 557년)을 두었으나, 신문왕대(685년)에 이르러서야 5소경이 완비된다. 아울러 전국을 9주로 분할하여 신라·가야 지역에는 사벌주(沙伐州, 상주), 삽량주(挿良州, 양산), 청주(菁州, 진주)를, 고구려 지역에는 한산주(漢山州, 경기도 광주), 수약주(首若州, 춘천), 하서주(河西州, 강릉)를, 백제 지역에는 웅천주(熊川州, 공주), 완산주(完山州, 전주), 무진주(武珍州, 전남 광주)를 두었다.

명 칭	소재지	소경 설치시기	소경성 축조시기	소경성 규모	경덕왕대
國原小京	충북 충주시	진흥왕 18(557)	문무왕 13(673)	2,592보	중원경
北原小京	강원 원주시	문무왕 18(678)	신문왕 5(685)	1,031보	북원경
金官小京	경남 김해시	문무왕 20(680)	-	-	김해경
西原小京	충북 청주시	신문왕 5(685)	신문왕 9(685)	-	서원경
南原小京	전남 남원시	신문왕 5(685)	신문왕 11(691)	-	남원경

표 2 5소경 설치 및 소경성 축조시기

9주5소경이 설치된 지역들은 고대부터 교통·군사적인 중심지로, 고대 이후 현재까지 지속적으로 도시가 유지되면서 현상 파악이 어려웠으나, 발굴조사가 증가하면서 지방도시 구조에 대한 연구가 가능해졌다.

사벌주인 상주의 방 구획은 남북 약 1440m, 동서 1400m이며, 북천, 남천, 서천

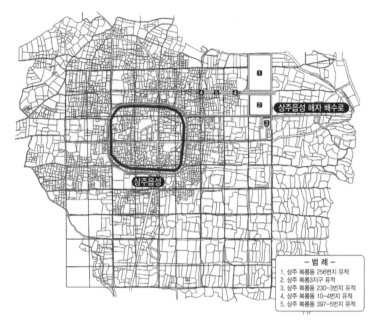

그림 28 상주 방의 구조

의 지형과 남산의 배치는 신라 왕경인 경주의 지형과 유사하다. 다만 동쪽으로 하천이 흘러나가는 것이 왕경과 다른 점이다. 구획된 방의 규모는 9×9로 구등분하여 총 81방이 있었다고 분석하고 있다. 방의 규모와 형태를 보면 중앙 2행의 규모는 120m(동서)×160m(남북)의 종장방형이고 나머지는 160m(동서)×160m(남북)으로 균일하게 구획되어 있으며 중앙부분이 약 40m 정도 좁은 형태를 띠고 있다(그림 28).

　　왕경에서 대표되는 주작대로는 확인되지 않아 지방도시에서도 주작대로에 대한 개념은 의도적으로 배제되었을 가능성이 높다. 동쪽과 북쪽으로는 도시구획이 끝나지만, 상주 복룡동 당간지주의 위치로 보아 방로는 동쪽으로 계속 진행될 수 있다. 이로 볼 때 왕경과 같이 자연적인 조건을 따라 도시가 형성되었음을 알 수 있다. 즉 신라 지방도시의 구조는 정형화된 방형의 틀 속에 갖춰지는 것이 아니라, 왕경인 경주와 마찬가지로 확장되면서 자연 지형에 따라 축조한 것이다. 이는 신라화된 도시 발달 구조로 보아야 할 것이다.

　　복룡동유적에서 확인된 도로는 폭 5m 내외이며, 배수로는 너비가 2m나 0.5m 내외의 것도 있다. 이와 같은 구조는 왕경지역에서 확인되고 있으며, 대부분 큰 차이

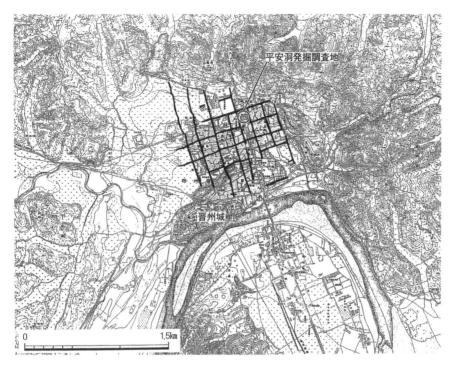

그림 29 진주의 도시구획(山田 2009)

가 없다. 적심건물지가 있지만 수혈주거지가 중심이며, 취사·난방시설의 평면 형태가 'ㄷ'자형, 'L'자형, 'I'자형, 타원형, 노지형 등이 있다.

청주(진주)는 지금까지 도로가 발굴되지 않아 정확한 양상을 알 수 없지만 동쪽의 경우 산지로 확대될 수 없고, 북서쪽의 경우 물흐름의 방향이 이어지고 있어 도로가 연결될 수 있는 가능성이 있다. 남서쪽 하단은 진주성 이전에 둔덕이 위치하던 곳으로 방형의 도시구획이 나타날 수 없지만 구시가지에는 구획된 도로 아래 유적이 잔존할 수 있다(그림 29).

금관소경(김해) 역시 지방도시 구조를 띠고 있으나 지금까지 발굴이 제대로 진행되지 않아 현상을 정확하게 파악할 수 없다. 단 현재의 규격화된 구조를 복원해 본다면 어느 정도 고대도시의 구조를 파악할 수 있을 것으로 보인다.

이상에서 보면 고대도시가 진북 기준이나 정형적인 방격 구획 계획을 추진한 것이 아니라 자연적인 지리구조를 이용하여 지형에 맞게 축조하였다. 이는 신라의 도시 구조의 특징이며, 왕경과 지방도시 축조에 격차를 두거나 주작대로의 존재가 확인되지 않는 것은 사상적 배경도 내재되어 있음을 알 수 있다.

이 외에 함안 성산산성 아래 평지에서 확인된 괴산리유적에서는 진북에 맞추어 축조된 동서도로와 이에 맞추어 축조된 대형의 건물지가 발굴되었다. 9주5소경에 속하지 않는 지방에서도 신라 왕경의 도시구조를 모방한 축조 양상이 드러나고 있어 비슷한 성격의 유적이 다른 곳에서도 더 확인될 수 있을 것으로 판단된다.

삼국시대 이후 영남지역에서 확인되는 도로유적은 간선도로, 지방도 등으로 나누어지며, 일부 생산시설에 부설된 도로 등이 있다. 지금까지 총 75개 도로 유구가 확인되었는데, 경남지역에서 33개소, 울산지역에서 18개소, 대구·경북지역이 24개소에 이른다. 발굴된 도로는 신라 소지마립간 9년(487년) 우역의 설치와 관도의 수리 등의 기사를 뒷받침할 뿐만 아니라, 중앙과 지방이 어떻게 연결되는지를 보여 주는 좋은 자료이다.   [이은석]

IV 토기

삼국통일 후 신라는 영토의 확장, 경제력의 성장, 농·수공업의 발전과 생산량 증대, 인구의 증가, 왕경의 확장 등 정치, 사회, 경제, 문화의 비약적인 번영에 따라 물자의 소비증가와 토기의 대량생산이 이루어진다. 엄밀한 의미에서 통일신라시대 토기는 신라의 수도 경주를 중심으로 통일신라의 영역인 대동강에서 원산만까지를 경계로 한 이남지역에서 생산된 삼국통일기(668년) 이후부터 신라가 고려에 항복한 시기(935년)까지 생산된 토기를 일컫지만, 시기와 지역에 따라 통일신라토기에 대한 정의는 다소간의 차이가 있기도 하였다.

일제강점기에 경주의 평지에서 확인되는 적석목곽묘 출토 파상문, 집선문 등이 있는 선각문토기는 통일 이전의 신라토기로 생각하였고, 횡혈식석실묘 출토품이나 골호로 사용된 각종 인화문토기를 통일신라시대 토기로 인식하였다. 그러나 1970년대 말 이후에는 석실묘와 인화문토기가 이미 삼국통일 이전에 등장했다는 새로운 견해가 나오면서 통일신라토기라는 시대 개념이 포함된 명칭 대신 신라통일기양식, 통일신라양식, 신라후기양식 등 주로 양식 개념의 토기 명칭들이 제시되었다. 2000년대에 들어서는 660년경 이후 백제와 고구려의 토기 생산과 유통망이 붕괴되고, 통일신라의 토기 생산 체제로 전환되며, 대동강 이남 전역에 보편화되는 토기를 일컬어 통일양식토기라는 용어도 생겼다. 현재는 기존 통일신라토기에 대한 다양한 양식구분론에 반하여 660년경 백제의 멸망기에 부여지역의 능산리사지, 정림사지, 부소산성 등지와 670년경 경기도지역에 유입된 신라 인화문토기의 양상을 검토하여 정형화된 마제형종장문(馬蹄形縱長文)이 시문된 토기를 본격적인 통일신라시대 토기로 보는 견해도 있다.

조금씩의 견해 차이가 있지만, 통일신라토기는 신라의 전통적인 토기양식의 변천과정 속에 더욱 실용적, 기능적인 토기가 제작되었으며, 본격적으로 기종과 인화문이 화려하고 다양하게 성행했던 점이 특징적이다. 또한 이러한 토기문화의 자체 발전 과정 속에 고구려 및 백제의 토기와 중국 수·당의 도자기 및 금속기, 중앙아시아의 문양요소, 불교문화 등을 조화롭게 융화시켰다.

1 종류와 특징

통일신라토기의 종류는 크게 일상생활토기, 무덤의 부장용 토기, 불교의식과 관련하여 화장을 한 후 뼈를 담았던 장골기(藏骨器)로 구분되며, 드물게 불탑 안에 사리를 봉안하기 위한 사리 외용기가 있다. 여기에는 공통적으로 인화문토기가 모두 포함된다.

일상생활토기는 식기와 취사용기, 저장 및 운송용기, 문방구, 조명구 등 기능과 용도에 따라 기종이 다양하게 확인되며, 이러한 토기가 출토되는 대표지역으로 경주 동천동 신라왕경유적, 경주 황룡사지 동편 왕경유적, 통일신라의 지방도시인 상주 복룡동유적 등이 있다. 도시유적에서 출토되는 주기 종은 개와 완류, 고배류, 접시류, 옹류, 병류, 호류, 시루, 동이류, 벼루, 등잔, 솥, 주전자 등이고, 세부 속성의 차이에 따라 기종을 다양하게 세분할 수 있다. 특히 통일신라시대에는 환상(環狀) 꼭지와 팔자형(八字形)의 낮은 신부를 가진 개와 낮은 굽이 있는 완이 실생활유적에서 출토 빈도가 가장 많은 점에서 이것의 주 용도가 식기일 가능성이 크다. 이들은 초기에 고온의 도질소성이 많으나, 후기에는 흡수성이 많고 마연기법이 행해지는 저온의 와질소성 토기를 더 선호하였다. 건물지의 부뚜막 내부에서 취사용인 연질 및 와질 옹류와 시루, 동이류가 주로 출토되며, 저장용 및 지진·진단구 등의 매납유구에

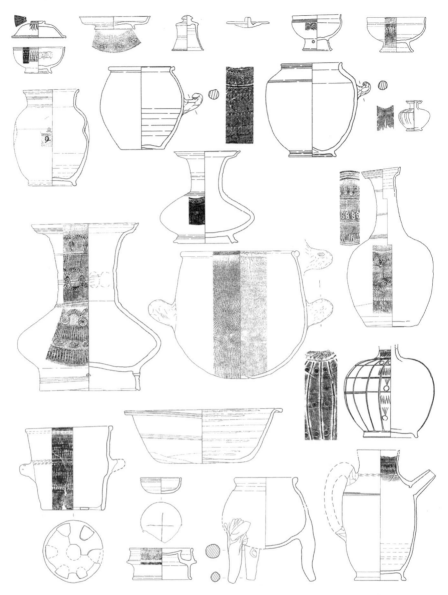

그림 30 통일신라의 각종 실생활토기류(1/5)

서 대호와 파수부옹, 유개완, 병류 등이 자주 확인된다(그림 30).

　　무덤의 부장용 토기는 주로 석실묘에서 확인되며, 주로 유개완, 편구병, 장경호, 파수부소옹 등이 있으며, 대다수에 인화문이 시문되었다. 9세기대 석실묘가 확인된 울릉도 천부동유적에는 무문양의 사이편병(四耳偏瓶), 일면편병(一面偏瓶), 사면

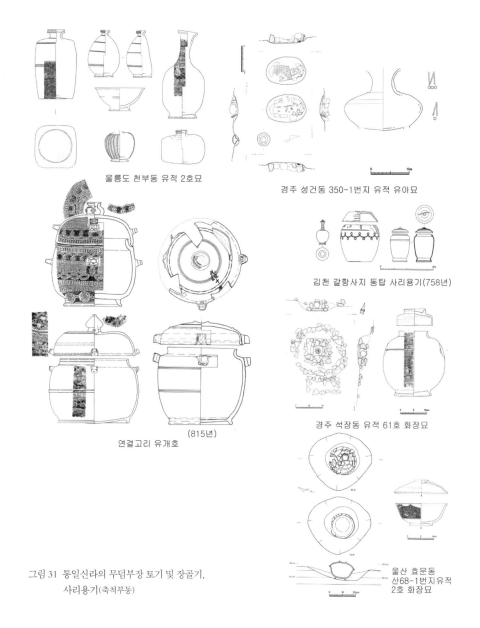

울릉도 천부동 유적 2호묘

경주 성건동 350-1번지 유적 유아묘

김천 갈항사지 동탑 사리용기(758년)

연결고리 유개호

(815년)

경주 석장동 유적 61호 화장묘

그림 31 통일신라의 무덤부장 토기 및 장골기,
사리용기(축척부동)

울산 효문동
산68-1번지유적
2호 화장묘

편병(四面偏瓶), 장군형 토기, 대호 등이 출토되었다. 최근 경주 시내의 무덤지역이 아닌 신라 왕경의 실생활 건물지 유적에 해당하는 경주 성건동 350-1번지 유적에서 이례적으로 7세기 말~8세기 초로 비정되는 유아묘(乳兒墓)에서 인화문 편구병을 사용하였고, 토기 병의 구연부와 굽을 의도적으로 깨뜨려 거꾸로 매납한 의례행위는 특이한 양상이다.

장골기로 사용된 대표적인 토기는 경주 왕경지역의 인접 구릉지에서 주로 출토되었다. 기종은 유개완, 유개발, 연결고리유개호, 유개직구호, 유개파수부옹, 유개호, 유개병 등이 있다. 대부분 인화문이 시문되어 있으며, 녹유와 갈유 등의 저화도 유약을 입혀 소성한 인화문연유도기를 사용한 예도 있다. 중앙도시인 경주에는 장골기를 석관, 석곽이나 석함 속에 안치한 경우가 있는 반면에 지방에는 주로 구릉 정상부와 사면에 유개완을 단독으로 매납한 경우가 많다.

장골기의 출현에 대해서 문헌기록을 살펴보면 신라는 적어도 6세기 후반부터는 장골기가 제작되었을 것으로 추정되지만, 현존품을 통해 볼 때 장골기의 제작은 8세기에 크게 유행하였다. 이 시기에는 토기의 문양을 전체적으로 화려하게 장식한 것이 많다. 이에 반하여 9세기 전반기에는 원화십년명(元和十年銘, 815년) 연결고리유개호(815년)와 경주 배동 출토품과 같이 무문양의 장골기가 나타난다.

사리 외용기로 사용된 토기 중 출토지와 성격이 명확한 것은 김천 갈항사지 동탑(758년) 출토 인화문 유개사리외호가 있다. 개에는 지그재그 수법의 퇴화된 파상종장문과 매미형문이 있고, 호에는 영락문과 화문 등이 시문되어 있다. 이 사리외호를 통해서 전대에 비해 문양이 단조롭게 퇴화된 8세기 중엽경의 인화문토기 양상을 유추할 수 있다(그림 31).

2 토기 문양과 기형의 변천

통일신라시대 토기의 종류는 다양하지만, 세밀한 기종의 분류를 통해 그 계열과 변천을 파악하는 연구는 아직 미진한 편이며, 토기군의 총체적인 시기별 변천양상 파악보다는 특정 기종이나 문양을 통한 편년작업이 이루어졌다. 반면, 통일신라 전역에서 보이는 토기의 지역성에 대한 연구도 아직 초보적이다. 이는 실생활유적에서 토기의 불명확한 층위관계와 역연대 자료 및 일괄유물의 희귀성, 석실분의 구조에 따른 유물의 혼재와 박장, 생산유적의 미조사 등에서 기인된다.

토기편년에 대한 연구는 인화문토기가 주 대상이 되었다. 인화문은 양각으로 새긴 문양도구를 사용하여 도장(스탬프)과 같이 토기 외면에 찍어서 음각문양 효과를 내었다. 특히 토기에 있는 인화문은 가시적인 속성으로서 시간에 따른 문양의 변화양상을 보여 주고 있어서 무덤이나 왕경지역의 궁궐, 사찰, 각종 건물지 등의 유물연대와 유적의 조영시기 파악에 용이하다.

인화문은 신라의 삼국통일 이전에 이미 시문되었으며, 시간에 따라 문양들이 형태의 변이를 거쳐 6세기 후엽~7세기에 토기의 주된 문양이 되어서 이 시기를 인화문의 출현기로 본다. 성행기는 8세기 전반으로 문양의 다양화와 더불어 불교의 장식 문양과 외래계 문양의 유입도 보이다가, 8세기 말~9세기 초부터는 문양이 쇠퇴, 소멸하게 된다는 인식이 일반적이다.

삼국시대 말경, 초현기의 인화문은 삼각집선문과 원문류(◎,◉), 물방울형(◖)의 수적형문, 능형문(◇) 등과 같은 기하학적인 문양이 대부분이고, 기본 단위문을 한 개씩 양각으로 새긴 단일시문구를 주로 사용하였다. 이후 삼국통일 직전에는 이른 시기의 기하학적 모티브를 아직 유지하고 있고, 전대의 단일문양을 한 개씩 반복하여 기면에 밀집되게 시문하거나 종방향으로 1열 3개 정도로 나열시킨 이중반원문류가 많이 시문된다.

통일신라시대 직후에는 이러한 이중반원문이 마제형문(U)으로 변화하며, 같은 단위문을 종방향으로 길게 나열시킨 1열 3개 이상의 종장문과 화문(花文) 등이 유행하는 것이 특징적이다. 이후 8세기 전반은 인화문이 본격적으로 다양하고 화려해지며, 토기 면에 여백 없이 문양을 촘촘히 시문한 것이 다수를 차지한다. 특히 지그재그로 찍은 종장문, 화문 등을 비롯하여 음각기법으로 새긴 영락문, 운문, 조문, 보주형문 등 불교와 관련된 문양이 다수 확인된다. 이러한 인화문의 성행기는 8세기 중엽까지도 여전히 지속되지만, 종장문의 단위문이 퇴화되어 마제형문의 외곽 모티브가 변용된 파상문으로 대체된다. 이 시기에도 지그재그 수법의 파상문과 더불어 영락문이 유행하며, 화문, 운문, 능형문, 매미형문 등 각종 소형의 형상문을 복합적으로 시문하여 다채로운 인화문의 절정기에 달한다. 이후 8세기 후엽에는 인화문이 급격한 퇴화기에 접어든다. 지그재그 수법의 종장문류가 소멸되기 시작하고, 퇴화된 각종 소형의 형상문이 단독으로 간격을 두고 시문되거나 기면에 여백이 많은 토기가 다수 확인된다. 이후 9세기 전반 이후에는 원화십년명 호와 같이 문양을 시문하지 않은 토기가 유행한다. 이에 반해 오히려 9세기 전반 이후에 인화문의 유행기가 시작되다가 9세기 말 이후에 쇠퇴한다는 견해도 있다.

9세기 전반 이후에서 10세기 전반까지는 전대의 기종에 문양을 시문하지 않은 토기가 주로 유행하며, 구연부가 소형으로 축소된 반구형(盤口形)의 편병과 1~4면의 동체부가 각진병, 동체부에 종으로 긴 띠를 붙이거나 점선, 실선을 촘촘하게 찍은 주름무늬병 등 각종 병류가 많이 출현한다. 또한 익산 미륵사지 출토 대중십이년명(大中十二年銘, 858년) 대호와 같이 토기에 문양을 찍는 것이 아닌 다치(多齒)나 단치(單齒)의 나무도구를 사용하여 물결 모양으로 그은 파상선각문(᪥᪥᪥) 등 단조로운 문양을 가진 호와 병류 등이 유행하기 시작한다. 특히 통일신라 말기에 유행한 편구병, 1~4면 편병, 점선이 시문된 소병 등은 고려시대 전기 이후에도 지속적으로 제작되기도 한다.

앞서 언급한 통일신라시대 토기의 변천과정에서 인화문의 소멸기 양상을 발굴조사의 층위별로 확연히 살펴볼 수 있는 곳이 근년에 보고된 경주 화곡리 생산유적이다. 이곳 자연수로에서 출토된 유물은 하층, 즉 오래된 시기에 퇴적된 층에서 화려한 인화문의 토기가 나타나고, 이와 연결된 늦은 시기의 상층으로 갈수록 문양이 없어지거나 그은 파상선각문이 있는 단조로운 문양의 토기를 비롯하여 다양한 병류의 증가 등을 확인할 수 있다.

인화문토기는 다양한 기종에 동일한 문양을 시문하였다. 따라서 이러한 동일 문양을 기준으로 기형의 변화를 유추해 볼 수 있다. 기형 변화의 일정한 방향성을 설정해 볼 수 있는 것은 유개완, 편구병, 연결고리유개호 등이 대표적이다.

통일신라시대 토기의 대표적인 실생활용 기종인 유개완은 뚜껑과 완이 세트 관계에 있어서 기형의 변화에 대한 유추가 가능하다. 뚜껑의 신부는 반타원형에서 후기로 갈수록 더욱 납작해지며, 구연부도 후기에는 안턱이 소멸되어 외구연이 많다. 완은 구연부가 초기에는 직립하다가 후기에는 외반되는 것이 크게 유행한다. 개의 내턱이 소멸된 외구연과 완의 외반구연으로 전환되는 시기는 대체로 7세기 말에서 8세기 초로 파악하고 있다.

편구병은 동체부가 초기의 구형·타원형에서 신라통일기 이후에는 세타원형으로 더욱 납작해지고, 동최대경이 중위에서 하위로 내려가는 경향이 있으며, 후기에는 주판알처럼 동체부가 뾰족한 것이 많다. 구경부도 시기가 늦어질수록 목의 직경이 넓어지고, 길이가 길어진다.

골장기의 외용기로 주로 사용된 연결고리유개호는 뚜껑이 이탈하지 않도록 고리가 부착되어 있는 것이 특징적이다. 8세기에 크게 유행하였고, 전기에는 개의 꼭지에 소형호가 부착된 것과 연결고리가 개와 신부를 조합했을 때 어느 정도 거리가 있는 것이 많다. 후기에는 보주형의 꼭지가 부착된 개가 많고, 개와 신부의 연결고리가

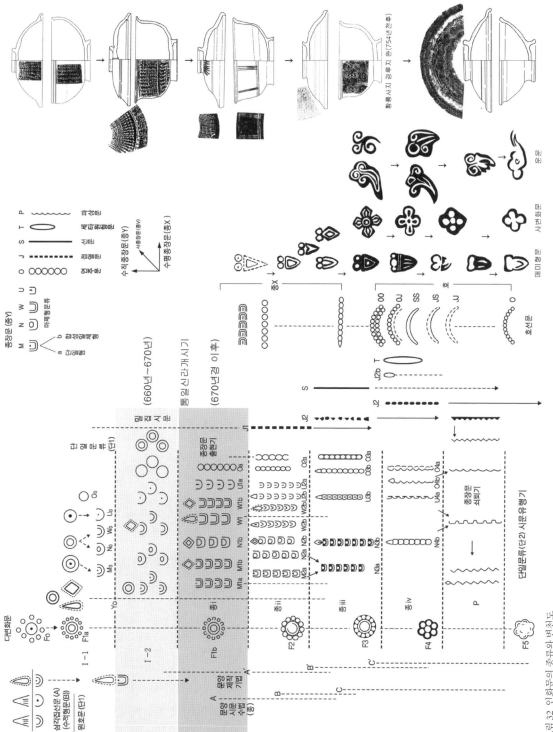

그림 32 인화문의 종류와 변천도

서로 조합했을 때 거의 합쳐지며, 호의 신부도 횡으로 늘어난 기형이 많다(그림 32).

3 토기의 생산과 소비

신라는 삼국을 통일하고 정치·사회적 안정 속에 문화의 번영과 더불어 경제적 발전을 이룩하였다. 특히 각종 수공업 분야의 많은 기술적 발전은 경제력 성장의 큰 토대가 되었고, 이들 중 토기의 생산도 예외가 아니었다. 통일신라의 전역에서 출토되는 토기는 미세한 지역 특색이 확인되지만, 큰 범주에서 토기의 종류와 세부형태, 문양에 있어서 공통성을 인식할 수 있다. 이는 통일 직후 9주 5소경의 지방제도 완비와 연계되어 왕경지역의 토기 생산체계와 유통망이 지방으로 확산되었을 가능성이 크기 때문이다. 특히 서울 사당동유적의 통일신라 토기가마에서 출토된 "…현기촌하지위(縣器村何支爲)…"와 "…사지작(舍知作)…" 등의 명문이 있는 토기를 통해 전업적인 토기 생산의 수공업 마을이 존재했을 가능성과 신라 왕경의 관등을 가진 공인이 지방에 직접 파견되어 중앙의 토기 제작에 따른 규범과 기술이 전해졌을 가능성이 있다. 이러한 관영적인 수공업 운영은 신라의 삼국통일 이전에 조업이 진행된 경주 손곡동·물천리유적을 통해서도 확인할 수 있다.

1) 가마의 분포와 토기 유통

통일신라시대 토기가마는 전국에 분포하고 있지만 여기에는 신라의 주 권역인 영남지방에서 조사된 유적을 주로 소개한다.

통일신라시대 왕경 내부에 직접적으로 공급되었던 대규모 토기의 생산은 경주 시내의 남서쪽과 북동쪽의 양대 요업지에서 주로 이루어졌다. 이들은 신라 왕경 내 반월성을 중심으로 각각 약 8km의 거리를 둔 시내 외곽의 낮은 구릉지에 위치한다. 왕경 중심부와는 원거리이지만, 양질의 점토, 땔감, 풍량, 수계 등을 구하기 위한 최적의 입지 여건을 고려한 것이다.

남서쪽 요업지는 근년에 발굴조사가 이루어진 경주 화곡리 생산유적이 대표적이다. 이곳은 토기 제작과 생산, 점토의 채취 및 저장, 폐기, 공인의 주거 등 총체적인 토기 생산시스템이 구축되어 있었던 대규모의 수공업단지이다. 발굴된 가마 8기의 최후 조업시기가 9세기로 추정되지만, 주변 자연수로에 유입된 방대한 수량의 토

경주 화곡리 2호 가마 및 출토유물

경주 화산리
새터부락요지
지표채집 토기류

경주 화곡리 자연수로 토기류1(상층출토)

경주 화곡리 자연수로 토기류2(하층출토)

그림 33 경주 화곡리·화산리 생산유적의 통일신라 토기류(1/10)

기들을 볼 때 가마 운영의 중심 시기는 7~9세기대로 보인다. 인화문토기를 비롯하여 다양한 기종의 실생활 토기류가 출토되었고, 특수 기종인 타호(唾壺)와 장골기로 사용되었던 연결고리호도 함께 확인되었다. 또한 인화문토기 출현 이전부터 제작된 것으로 보이는 녹유의 연유도기도 출토되었다. 이곳에는 안압지, 황룡사지, 월성 등의 왕실과 관련된 주요 건물지에서 출토된 것과 유사한 기종이 확인되었을 뿐만 아니라, 토기에 새기거나 도장으로 찍은 명문 등을 통해 볼 때 궁중이나 관영으로 운영되었을 가능성이 있다. 한편 경주 동천동유적이나 황룡사지 동편의 왕경도시유적에서 출토된 인화문토기와 동일한 시문구로 찍은 문양(화문, 영락문, 매미형문, 파상문 등)을 가진 토기도 다수 확인된다는 점에서 일반인이 거주한 왕경지역에도 직접 보급되었을 가능성도 다분하다.

북동쪽 요업지는 경주 화산리유적이 해당한다. 이 일대에서는 신라에서 통일신라의 가마터가 확인되었는데, 화산리 산159-4번지 일원에서는 4~5세기의 고식도질토기와 신라토기를 생산한 가마 10기가 확인되었고, 통일신라 토기는 이곳에서 남서쪽으로 약 2km 정도 떨어진 인근 구릉지의 화산리 새터부락요지, 화산리 회유토기요지에서 주로 생산되었다. 지표조사를 통해서 삼각집선문, 반원점문 등의 초기 인화문토기를 비롯하여 마제형 종장문류, 영락문 등 주로 7~8세기의 각종 인화문토기가 다량으로 확인되었다(그림 33).

왕경 주변지역에는 대규모의 토기 생산지가 조성되었지만, 현재까지 지방에서 확인된 영남지역의 토기 생산유적은 소규모로 축소되며, 단기조업의 1~4기 이하 가마군으로 분포한다. 이러한 양상을 통해 지방 가마에서 생산된 토기가 인근의 소규모 특정 가옥 및 관할 거주지에 한정하여 공급되었을 가능성과 중앙지역의 토기 생산조직과 체제에서 나온 토기 생산의 통제와 제한성이 반영되었을 가능성을 유추해 볼 수 있다.

지방의 토기가마 중 대구 서재리, 상주 구잠리, 영천 사천리의 가마들은 삼국통일 직후의 시기인 7세기 말경에 본격적으로 운영되었다. 김해 삼계동, 청도 신원리, 고성 서외리, 부산 두구동 임석, 울산 방리유적 등의 가마는 크게 8~9세기에 걸쳐 조성되었으며, 이들의 중심 조업시기는 8세기로 보인다. 이후 통일신라 말~고려 초기의 가마는 김천 대성리유적에서 조사되었다(그림

그림 34 영남지역 통일신라의 토기가마 분포도

34).

상기한 가마들은 토기소성으로 사용된 것이 다수이나, 신라 통일기 이전부터 보이는 기와와 토기를 함께 생산한 와도겸업의 가마도 확인된다. 한편 김해 삼계동 유적의 가마는 기종별로 소성온도를 조절하여 토기를 구웠다. 여기에서 출토된 인화문토기는 도질소성이 다수를 차지하고 대부완, 개, 병의 기종에 한정하여 문양을 시문하였다. 무문양의 완, 솥, 동이류, 시루 등은 대부분 연질 내지 와질소성으로 생산하였다. 토기의 기능과 사용목적, 규범에 따라 한곳의 가마에서 소성온도의 조절을 통한 기종의 선택적인 생산이 있었던 것으로 보인다. 이 시대 대부분의 가마에서 이러한 조업이 이루어진 것으로 파악되나, 울산 방리유적이나 부산 두구동 임석유적의 가마는 연질 및 와질소성의 완, 옹, 동이류를 주로 생산하였고, 김천 대성리유적의 가마는 병류와 호, 옹류를 중점적으로 소성하였다.

2) 토기가마의 구조

통일신라시대 가마는 이전 삼국시대 가마의 전통을 지속적으로 유지하였다. 완만한 구릉사면에 등고선방향과 직교 내지 사교되게 조성한 등요가 대부분이다. 아궁이는 남쪽, 남동쪽을 향하는 가마가 다수이나, 지형적 여건에 따라 서쪽을 향한 예도 있다. 가마의 평면 형태는 장타원형과 장방형이 모두 있으며, 가마의 크기는 대체로 7세기 말경에 6m 내외, 8세기대는 8m 이하, 통일신라 말기에는 9~10m 내외로 후기로 가면서 가마의 규모가 대형화되는 경향이 있다. 소성실의 축조위치는 삼국시대와 동일하게 지하식과 반지하식이 공존하나, 반지하식 구조가 중심을 차지한다. 아궁이와 연소실의 연결 형태는 전통적으로 아궁이에서 연료를 수평으로 투입하는 수평연소식이 대다수를 차지한다. 가마의 바닥면도 단이 없이 경사를 두고 오르는 무단식 요가 다수이나, 늦은 시기의 김천 대성리 2호요의 경우, 계단상으로 바닥면을 굴착한 유단식 요도 있다. 가마의 아궁이부에 돌을 쌓아 놓는 적석시설은 삼국시대 이래 지속적으로 확인되고 있으며, 8~10세기에 해당하는 청도 신원리, 김해 삼계동, 김천 대성리유적의 가마에서 확인된다.

통일신라시대 가마의 여러 속성 중 구조적인 면에서 이전 시기에 비해 현저하게 차이를 보이는 것은 연도부이다. 삼국시대 가마는 굴뚝이 가마 끝벽[奧壁]을 따라 천장에 설치된 것이 일반적이나, 대구 서재리 1호 가마의 경우, 끝벽 중앙부에 반타

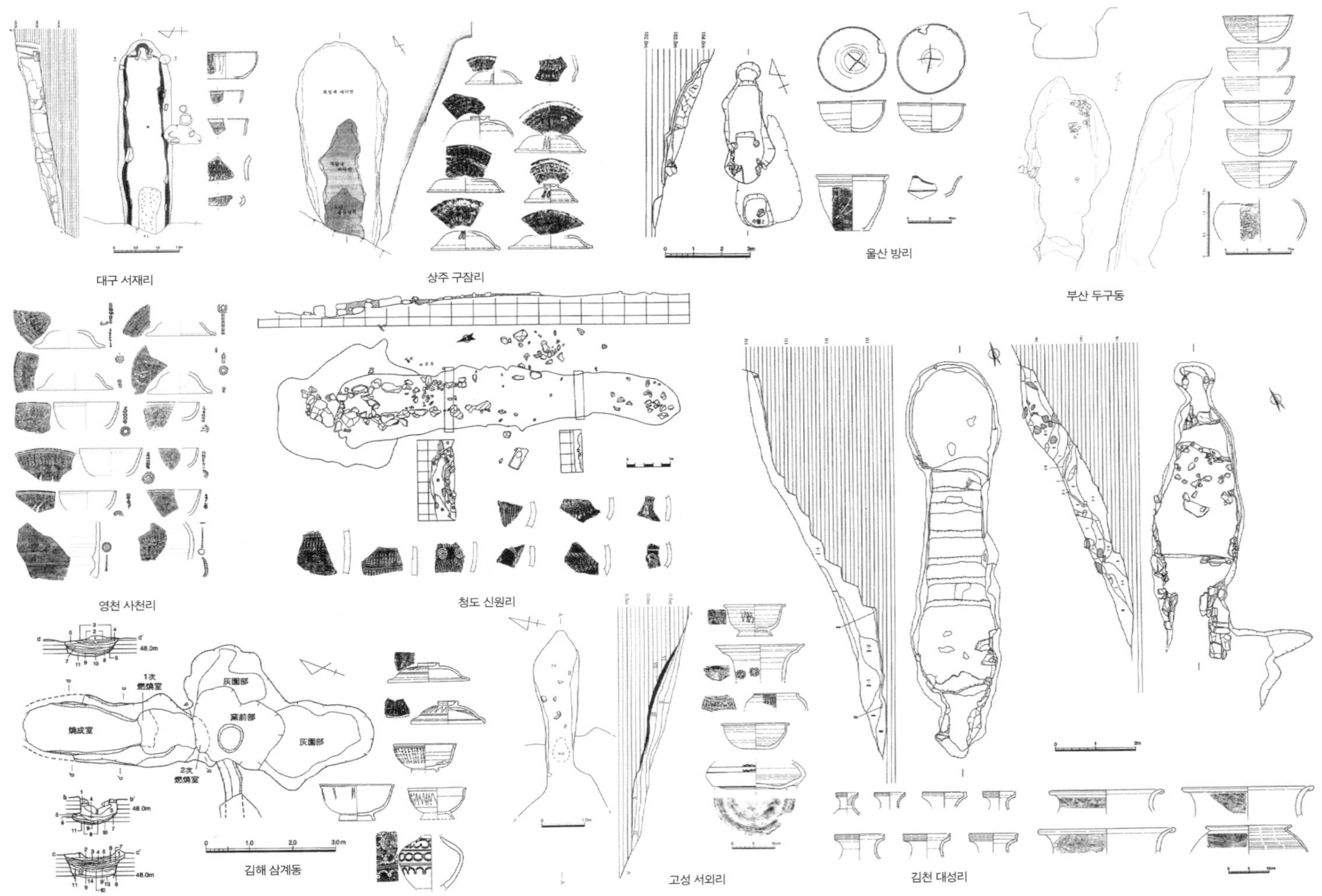

그림 35 통일신라 지방의 가마 및 토기(축척부동)

원형의 돌출부와 적석시설을 하였고, 이는 전라남도 영암 구림리 가마에서 굴뚝을 세우기 위한 구조물과 유사하며, 울산 방리, 김천 대성리유적에서도 굴뚝의 돌출부가 확인되었다. 이러한 연도부의 구조적 변화는 7세기 말에서 10세기 초의 가마에서 발달하여 고려시대 초기에 더욱 개량된다. 따라서 통일신라시대 말기에 보이는 가마의 대형화, 구조적 발전과 더불어 시유도기의 증가, 다양한 중국자기의 수입 등은 다음 시대에 전개될 청자 생산의 토대가 되었을 것이다(그림 35).　　　　　[이동헌]

V 기와와 생산

기와[瓦當]는 건축물의 상부에 위치하여 하늘과 땅, 신과 인간의 세계를 구분 짓는다. 그래서 옛 사람들은 하늘과 맞닿은 건축물의 이 경계선을 다양한 문양이 새겨진 기와로 장식하여 건축물의 위엄을 높였다. 기와는 국가, 지역 혹은 시대에 따라 다양하게 변화하고 발전하며 소멸한다. 그러므로 기와의 문양과 형태 그리고 제반 사항을 이해함으로써 옛사람들의 생각과 당시 사회의 흐름까지도 유추해 볼 수 있다. 그들은 내구성과 방화성이 탁월한 기와 소재를 선택하여 건축물의 안전성을 확보하였고, 또한 염원을 문양에 담아 새김으로써 두려움과 불안감을 떨치고자 하는 주술적인 의미까지 담아내었다.

주지하듯이 한반도의 고대국가는 중국과의 교류를 통해 다양한 문화를 수용하였다. 고대 한반도의 기와도 중국과의 밀접한 관계에서 변화·발전을 거듭하였다. 그렇지만 고구려를 비롯한 삼국의 기와는 중국의 기와를 일방적으로 수용하지 않고, 시대와 국가에 따라 선택적으로 수용, 변용함으로써 새로운 변화를 모색하였다. 특히 백제가 고대 일본에 기와 기술을 전파하여 일본 기와문화의 모태가 된 것은 삼국 기와의 독창성을 반증해 준다.

통일신라시대는 화려한 문양과 다양한 형태의 기와를 제작하여 고대 동아시아 기와 가운데 문양과 기술면에서 최고의 절정기를 맞이하였다. 때문에 통일신라의 기와는 동아시아 건축문화의 수준을 이해할 수 있는 척도이다. 특히 그들이 그렇게 집착하였던 다양한 기와 제작은 불국토를 추구하였던 당시의 염원이기도 하였다.

한편 기와를 생산하였던 기와가마터는 장인조직과 수급관계를 이해하는 보고

이며, 가마터에서 출토된 층위별 기와는 기와의 발달단계 이해를 통한 유적의 편년 연구에 중요한 자료이다. 특히 건축물에 장기간 사용하므로 편년을 설정하는 데 어려움이 있는 기와 편년 연구에서 기와가마터에서 출토된 기와는 제작과 동시에 폐기된 것이어서 편년 추정에 유리하다.

1 연구 현황과 기와의 시기별 특징

1) 연구 현황

신라 기와에 대한 연구가 활성화된 시기는 1980년부터이며, 이와 더불어 기와 가마터에 대한 연구도 본격적으로 진행되었다. 경주 망성리 기와가마터가 발굴(1965년)되었고, 뒤이어 안압지, 금장 기와가마터, 황룡사지 등이 발굴조사되면서 많은 기와들이 수습됨에 따라 기와 연구가 활성화되기 시작하였다. 김성구, 신창수 등이 기와 연구의 기초를 이루었고, 최맹식과 최태선은 평기와 분야의 연구, 이은창은 가마터를 연구하여 방대한 자료를 체계적으로 정리하였고, 박홍국은 가마터 출토 유물을 객관적으로 분석하여 수급관계까지 규명하였다. 김유식은 천북면의 지표조사를 통해 경주 인근에 분포하는 밀집 가마군을 확인하였다. 2000년부터 기와가마터 연구는 정치한 분석으로 이어져 이상준(2000, 2004)을 중심으로 손호성(2010)과 박헌민(2011)에 의한 발굴결과를 토대로 가마의 변화과정을 고찰하였다. 특히 2012년의 경주 화곡리 생산유적의 발굴 결과는 삼국시대부터 통일신라시대까지의 기와 연구에 활력소를 제공하였다.

아울러 2000년, 2002년, 2010년에 개최하였던 국립박물관 특별전 『신라와전(新羅瓦塼)』과 『유창종 기증와전(柳昌宗 寄贈瓦塼)』, 『백제와전(百濟瓦塼)』 도록은 방대한 기와를 체계적으로 정리하여 기와 연구에 도움을 주었다. 그리고 2003년 한국기와학회가 결성되어 매년 연구 성과를 발표하였고, 현재까지 10회의 논문집을 출간함으로써 기와의 정보교환을 위한 장의 역할을 수행하고 있다. 최근에 국립경주문화재연구소에서 간행한 『신라 수막새 분류기준안』은 삼국시대와 통일신라시대 기와 연구를 위한 기와 명칭과 분류기준 그리고 참고문헌 등을 세심하게 정리하였다.

2) 기와의 시기별 특징

신라 기와와 관련된 최초의 기록은 『삼국사기』 신라본기 지마이사금 11년 여름 4월조로, 기록에 의하면, "큰 바람이 동쪽에서 불어와 나무를 부러뜨리고 기와를 날렸는데 저녁이 되어 멈추었다"고 한다.

통일신라시대 기와는 이전 시기에 비해 기능과 형태에서 많은 변화를 보인다. 우선 삼국시대에 유행하지 않았던 내림마루와 귀마루의 끝단에 위치하는 용면와(귀면와)의 유행과 함께 부연과 연목와도 성행하였다. 그리고 암막새는 비약적으로 발전하였고, 벽돌과 녹유와도 다량 제작되었다.

통일신라 기와의 문양은 연화문과 함께 상상의 식물과 동물 등 다양한 소재에서 채택되었다. 이 가운데 연화문은 삼국시대에 유행하였던 단판을 탈피하여 연꽃잎이 겹치거나(중판) 혹은 연꽃을 다른 식물과 혼합한(혼판) 형식으로 나타난다. 또한 문양은 홑잎에서 복엽 혹은 자엽이 생겨나고, 양감이 현저히 약화되는 현상을 보인다. 태토와 제작에서도 삼국시대 기와는 바탕흙이 진흙 위주에 고온으로 소성되지만, 통일신라 기와는 사립을 다량 함유하고 온도가 낮아지는 현상을 보이며, 기와 두께는 삼국시대에 비해 현저히 두껍게 변화한다.

삼국시대 말부터 통일신라시대 초기에는 수막새의 문양과 테두리 사이에 보인 홈(구상권)이 사라지고, 테두리에는 연주문이 유행하였다. 이 연주문은 삼국시대와 통일신라시대 기와를 구분하는 요소이다. 암막새는 사천왕사지, 안압지에서 발달한 형식들이 사용되었으므로 통일신라 초기 산물로 보는 견해는 검토를 요한다. 연유와는 통일신라 초기부터 궁궐과 일부 사원에서 사용되었는데, 연유 막새를 당와(唐瓦)로 보는 견해도 있다. 이는 법당 바닥용, 탑 장식용과 장골기와 부장품, 일부 막새에 한정하여 사용한 귀한 품목이었다. 또한 안압지에서 다량 출토된 흑색 기와들과 관련하여 훈요(燻窯) 연구도 진행되어야 할 것이다.

통일신라시대 연화문과 연화문수막새, 평기와의 시기별 특징은 다음과 같이 정리할 수 있다.

통일신라 기와의 태동기인 7세기 중엽은 연주문의 편년과 자엽 및 제작기법에서 연구자마다 견해를 달리한다. 그러나 연주문이 삼국시대부터 유행하였던 점을 감안할 때, 연주문 자체가 연주문과 연화문수막새의 시기 구분의 기준이 되기는 어렵다.

연화문은 꽃잎의 형태에 따라 단판·복판·중판(단엽·복엽·단복엽 혼용)으로 분류하거나 꽃 모양에 의해 단판(협판계·세판계·활판계)·복판·세판·중판·혼판으로 구분하기도 한다. 연꽃잎을 세분하여 18형식으로 구분하기도 하고, 연꽃잎의 형태에 따라 분류하기도 하지만, 오히려 합리적인 편년을 위해 형식의 단순화와 함께 세밀한 편년체계가 마련될 필요가 있다.

연화문수막새는 7세기 중엽경 복엽의 출현과 꽃잎 끝단이 안으로 들어간 현상이 보이며, 또한 꽃잎 끝단이 위로 들려져 삼국시대 기와보다 양감의 현저한 약화현상을 보인다. 특히 이 시기에는 주연부가 돌출하거나 자엽의 배치 혹은 자방 주위나 주연 내측의 홈 부분에에 연주문이 출현한다. 다만 이전 시기에 비해 바탕흙에 사질 혼입이 증가하고 소성온도가 낮아진다. 그러나 8세기 중엽에는 자방과 연화문의 비례가 어색하여 시각적으로 불안정한 상태이고, 자방이나 연화문의 외측을 양각으로 묘사하는 경향을 띤다. 8세기 후반에는 연꽃잎이 마치 국화꽃잎(일명 호박씨 혹은 국판상)처럼 보이는 모양이 크게 유행하는데, 자방을 축소, 생략하여 어색한 구도를 이룬다. 그 이후에는 반달 모양의 연꽃잎으로 변화한다.

평기와는 이전에 유행하였던 무와통과 모골와통이 원통와통으로 교체되면서 타날판은 길이에 따라 단판(6~8cm), 중판(15~20cm), 장판(30~40cm)을 사용하였다. 이러한 타날판은 삼국시대부터 679년까지 단판시기, 통일신라전기부터 후기(828년)까지 중판시기, 그리고 장판은 통일신라 후기로 구분한다. 또한 표면 문양은 통일신라 전기에는 삼국시대 선문, 격자문, 승문이 유행하였고, 후기에는 전술한 문양과 함께 기하학문이 출현하였다는 견해가 제시되었다. 이렇듯 타날판 연구는 기와 연대를 1세기 이상으로 제시함으로써 편년의 한계점을 가진다. 그리고 평기와 연구는 많은 평기와를 중심으로 구조적 분석을 해야 하고 또한 유적지별, 층위별 연구를 병행해야 보다 보편적이고 타당한 편년이 도출될 것으로 판단된다.

3 가마터와 생산체계

신라는 삼국을 통일한 이후 역역(力役)체계를 정비하면서 본피궁(本彼宮)을 수반으로 하는 궁중수공업 체제를 구축하였다. 그리고 경덕왕대 관호개혁을 전후하여 궁중수공업은 기술적인 발전을 하여 관사를 증치·정비함으로써 생산 공정별로 세분·분업화를 이룩하였다. 이 시기 궁중수공업의 간(干)-사(史) 계열의 관사로는 마전·석전(席典)·궤개전(机槪典)·양전(楊典)·와기전(瓦器典)을 들 수 있다. '간'은 대체로 중고기 이전부터 있었던 관직명이라 할 수 있는데, 간이란 관직을 가지고 있는 내성 관사는 촌도전(村徒典)·육전(肉典) 등이다. 그 직원은 간-궁옹(宮翁)-대척(大尺)-사로서 간은 대사에 버금하는 지위였던 것으로 밝혀졌다.

신라 수공업 연구에 의하면, 국왕이나 왕실의 수요를 충당하기 위한 생산체제인 궁중수공업과 국가재정과 관아에 필요한 물품을 생산하였던 관영수공업이 운영되었다고 한다. 기와의 생산도 궁중 혹은 관영수공업 체계에 포함되었을 것이다. 특히 성전사원(成典寺院)은 사원의 영선 및 경제적 관리를 담당하고 국왕의 능원을 관리하거나, 혹은 불교 통제기관으로 관사적 기능을 가진 수공업 관청으로 보는 견해도 있다.

신라 기와를 관리하였던 국가 조직에 관하여는 다음의 2가지 자료가 있다. 우선 『삼국사기』에 "와기전은 경덕왕이 도등국(陶登局)으로 고쳤다가 이후 명칭을 원래대로 하였다. 간 1명과 사 6명이 있다."라는 기록이 있다. 와기전과 도등국은 관부의 이름으로 보아 기와 혹은 토기 제작과 밀접한 관련이 있는 기관임을 짐작할 수 있다. 또한 안압지 출토 쌍록 보상화문전의 "(당나라) 조로(調露) 2년(680), 한지벌부(漢只伐部) 사람 소사(小舍) 군약(君若)이 3월 3일 만들다."라는 명문도 관영에서 기와를 제작하였음을 보여 주는 자료이다.

통일신라시대 7세기에는 흙을 다루던 장인과 승려들이 평소에 기와 혹은 여러 분야의 공교한 기술을 습득하였다. 특히 승려들이 기술을 익힌 것은 『유가사지론(瑜伽師地論)』 권38에 의하면 보살이 되기 위하여 오명(五明)을 체득하는 것이 필요하다는 내용이 있다. 전술한 사항과 관련하여 승려 양지(良志)는 선덕여왕 시기부터 활동하였던 흙을 전문으로 다루었던 승장(僧匠)으로, 사천왕사에 사용된 녹유전을 비롯하여 전탑과 소조상을 숙련된 기술로 완성하였다.

1) 통일신라시대의 기와가마터

기와가마터에는 작업장과 기와를 소성하는 가마, 건조장과 장인들이 거주하는 생활공간이 있으므로 당시의 수공업사 전반을 복원하는 중요한 유적이다. 기와가마는 대부분 반지하식이며, 굴가마와 평가마가 있다. 특히 기와를 제작하던 장인 집단의 조직, 수급관계 등 생산관계를 규명하는 데 결정적인 증거를 제공하는 곳이다. 통일신라시대에는 풍부한 물과·태토·땔감 그리고 공급거리를 고려하여 최적지에 가마를 배치하였다. 특히 가마는 구릉의 사면에 집중적인 분포를 보인다.

기와가마터는 경주의 내남 망성리, 현곡면 금장리·하구리, 안강 육통리, 천북면 물천리·손곡동유적 등지에서 확인되었는데 통일 이전부터 운영되었다. 이 가마터들은 수도와 인접한 약 10km 내외에 위치하여 완성품 공급이 용이할 뿐 아니라 주위에 물과 땔감·연료·태토 등이 풍부하였다. 이 가운데 금장리·하구리·망성리 가마터는 통일신라시대도 조업이 성행하였다.

왕경 동북쪽의 천북면, 남쪽의 내남면, 서북쪽의 금장면 서남쪽의 화곡리 일대에는 대단위 토기 및 기와 생산시설을 배치하였다. 그리고 상기 가마터 가운데 망성리유적에서는 '의봉사년개토(儀鳳四年皆土)'명 암키와가 수습되었고, 다경리 가마터에서도 쌍록보상화문전과 무악식암막새가 출토되어 왕궁에 공급하였던 것으로 밝혀졌다. 그러나 나머지 생산지의 생산품들이 어디로 공급되었는지는 구체적으로 알 수 없지만, 왕경의 주요 관아와 귀족층에게 공급되었을 것으로 추정된다.

통일신라시대에는 지방에도 기와가 보급되었는데, 그것을 알려 주는 기와가마가 여러 곳에서 확인되었다. 보령 천방, 익산 미륵사지, 청양 본의리, 상주 청리, 안동 정상동, 대구 용수동, 진안 월계리유적의 지방 기와가마터 등이 그것이다. 가마가 동일한 장소에서 전 시기에 걸쳐 있는 공주 천방가마터는 삼국시대부터 통일신라시대를 거쳐 고려 조선시대까지 기와를 생산하였다. 금장리와 미륵사지의 가마터에서는 기와들과 함께 토기가 출토됨으로써 와도겸업이 확인되었다.

2) 기와가마의 구조

기와가마는 아궁이, 연소실, 소성실, 연도 등 4부분으로 구성되고, 앞과 측면에 재를 처리하는 회구부가 있다. 회구부는 퇴적물과 불량품을 폐기하는 장소이므로 기와 연구에서 중요한 곳이기도 하다. 가마터 주위에는 채토장과 작업장, 주거공간도 있었다.

가마는 구조적으로 연도의 개수에 따라 다공식(多孔式)과 단공식(單孔式)으로 구분한다. 그리고 단공식가마는 연소실과 소성실의 경계 및 소성실의 계(階) 크기와 단의 유무에 따라 유계유단식과 유계무단식으로 나눈다. 유계유단식은 정암리 가마에서 1기가 확인되고, 그 외는 모두 유계무단식으로 추정한다.

기와가마는 기물, 입지, 요상 경사도의 유무, 외형에 따라 분류하거나, 천장 구축 상태 혹은 원지반의 이용 상태를 기준으로 지하식, 반지하식, 반지상식, 지상식 등으로 구분하기도 한다. 통일신라시대 기와가마는 반지하식이 많은 것으로 나타났다. 또한 연도는 다공식과 단공식으로 나누는데 전자는 평요, 후자는 등요가 일반적이다. 토기와 함께 가까이에서 생산되는 생산품의 내용에 의해 토기와 함께 기와를 제작하였던 와도겸업 가마, 기와 단독 가마, 특수 가마로 구분하였다.

삼국시대부터 통일신라시대까지 가마의 경사도는 시대에 따라 변화한다. 경주 손곡동 B지구 5호 가마와 C지구 3호 가마에서 기와편과 토기편이 함께 수습되어 기와와 토기를 겸업해서 생산하였음을 알 수 있다. 그리고 3기는 소성부에 시설물 없이 11°~15°의 완만한 경사를 이루는데 3호는 계단식으로 28°의 급한 경사를 이루는 등 차이가 있다.

통일신라시대 가마는 소성실과 연소실 그리고 경사도에 따라 구분된다. 먼저 소성실은 평면 형태, 바닥 경사도, 바닥면 시설 유무에 따라 나누어진다. 평면 형태는 선저형이 많고, 경사도는 10°를 기준으로 평요와 등요로 구분한다. 바닥은 유계단식과 무계단식 그리고 연소실은 평면과 단시설 유무로 구분하는데, 평요는 반원형·역제형·방형이 있고, 등요는 바닥에 단이 지는 계단식과 단이 없는 무계단식이 있다. 아궁이는 구축방법과 단면 형태에 따라 구분하는데, 구축방법은 생토면을 이용하는 방식과 돌 혹은 기와를 적재하는 식이 있다. 또한 아궁이는 연소실과 동일한 높이인 내외평탄형과 연소실보다 아궁이가 높은 곳에 위치하는 외고내저형이 있다. 그리고 소성실은 바닥의 경사도는 6~8세기에는 10° 이하가 유행하였고, 10° 이상은 8세기 이후부터 증가한다.

기와가마터 연구는 대부분 지표조사 내용을 근거로 하므로 한계가 있다. 기와가마터는 당시의 사회구조와 생활상의 범주까지 포함하므로 모든 기와편들을 층위와 문양에 따라 분류하여 속성분석을 실시하여야 한다.

향후 기와 연구는 문양의 분석과 수급관계, 기와의 관리직과 장인집단의 실체 규명, 기와 제작체제, 공인집단과 그에 따른 제작기법 규명, 기와 문양의 변천 등 수공업 분야와 사회상을 규명하는 방향으로 나아가야 한다. 이와 더불어 화엄경과 아미타경 등 불교경전에 보이는 장엄 세계에 대한 관심, 기와 문양의 특징을 이해하는 작업을 병행할 필요가 있다. 지금보다 세분되고 안정된 기와 편년을 위해서는 기와 요소와 함께 공반유물의 검토를 병행할 필요가 있다.

[김유식]

VI 왕릉

1 왕릉의 비정 문제

현재 경주에서 신라 왕릉으로 불리고 있는 것은 모두 36기이고 경주를 벗어난 지역에서는 경남 양산시에 있는 전 진성여왕릉과 경기도 연천군에 있는 경순왕릉이 전해진다. 그 가운데 발굴조사가 행해진 것은 전 신덕왕릉과 전 헌강왕릉 두 기로, 모두 왕릉으로 인정할 만한 시설물이나 유물이 출토되지 않아서 왕릉 비정에 문제가 제기된다. 뿐만 아니라 전 헌강왕릉에서 출토된 토기는 7세기 혹은 8세기의 것이어서 왕력의 연대와도 부합되지 않는다. 조사를 하지 않은 나머지 왕릉의 경우에도 남아 있는 기록상의 위치나 능의 시대적 형식과 차이가 있어 주인공 비정에는 의문이 있다.

이는 『삼국사기』와 『삼국유사』 편찬 이전부터 왕릉의 주인공이 불확실하였고, 그 후 억측과 구전이 사실화되어 전승되고 있는데다 해방 후 정부에서 법정지정 시에는 주인공의 고증보다는 법적 보호의 측면이 더 강조되었기 때문으로 보인다. 이러한 문제점은 일찍이 화계 유의건(1687~1760)이 「나능진안설(羅陵眞贋設)」에서 전혀 문헌에 의하지 않고 일시에 무식한 촌한의 말만 듣고 결정하였다고 개탄하고 있으며, 추사 김정희(1786~1856)가 「진흥왕릉고(眞興王陵攷)」에서 왕릉으로 전해지지 않고 있던 서악동고

그림 36 경주 서악동 왕릉군

왕	재위기간	장지 기록(본기=『삼국사기』, 왕력·기이=『삼국유사』)	비정안		
			강인구	이근직	김용성 외
23대 법흥왕	514~540 (중고기-)	葬於哀公寺北峰(본기) 陵在哀公寺北(왕력)	서악동 1호	서악동 4호	서악동 4호
24대 진흥왕	540~576	葬于哀公寺北峰(본기)	서악동 2호	서악동 2호	서악동 3호
25대 진지왕	576~579	葬于永敬寺北(본기) 陵在哀公寺北(왕력)	서악동 3호	서악동 1호	서악동 2호
26대 진평왕	579~632	葬于漢只(본기)	전 헌덕왕릉		전 헌덕왕릉
27대 선덕여왕	632~647	葬于狼山(본기) 葬於狼山之陽(기이)	선덕여왕릉	선덕여왕릉	선덕여왕릉
28대 진덕여왕	647~654	葬沙梁部(본기)	전 지마왕릉		전 효공왕릉? 전 아달라왕릉?
29대 무열왕	654~661 (중대~)	葬永敬寺北(본기) 葬於哀公寺東有碑(기이)	무열왕릉	무열왕릉	무열왕릉
30대 문무왕	661~681	葬東海口大石上(본기) 陵在感恩寺東海中(왕력)	문무왕릉	문무왕릉	문무왕릉
31대 신문왕	681~692	葬狼山東(본기)	전 진평왕릉	전 진평왕릉	전 진평왕릉
32대 효소왕	692~702	葬于望德寺東(본기) 陵在望德寺東(왕력)	전 신문왕릉	전 신문왕릉	전 신문왕릉
33대 성덕왕	702~739	葬移車寺南(본기) 陵在東村南一云楊長谷(왕력)	전 정강왕릉	전 성덕왕릉	전 성덕왕릉
34대 효성왕	739~742	(화장)燒柩於法流寺南散骨東海(본기) 法流寺火葬骨散東海(왕력)			
35대 경덕왕	742~765	葬毛祇寺西岑(본기) 陵後移葬楊長谷中(왕력)	전 헌강왕릉	전 김유신묘	전 효소왕릉?
36대 혜공왕	765~780	(시해)	전 민애왕릉		전 민애왕릉
37대 선덕왕	780~785 (하대~)	(화장) -依佛制燒火散骨東海(본기)			
38대 원성왕	785~799	擧柩燒於奉德寺南(본기) 陵在吐含岳西洞鵠寺(今崇福寺)(기이)	전 성덕왕릉	괘릉	괘릉
39대 소성왕	799~800			전 경덕왕릉	
40대 애장왕	800~809	(시해)		전 민애왕릉	
41대 헌덕왕	809~826	葬于泉林寺北(본기) 陵在泉林村北(왕력)		전 헌덕왕릉	
42대 흥덕왕	826~836	合葬章和王妃之陵(본기) 陵在安康北比火壤與妃昌花合葬(왕력)	흥덕왕릉	흥덕왕릉	흥덕왕릉
43대 희강왕	836~838	葬于蘇山(본기)		능지탑십이지	전 경덕왕릉
44대 민애왕	838~839	群臣以禮葬之(본기) (시해)		구정동방형분	구황동왕릉지
45대 신무왕	839~839	葬于弟兄山西北(본기)	괘릉	전 진덕왕릉	전 김유신묘
46대 문성왕	839~857	葬于孔雀趾(본기)		전 헌강왕릉	전 진덕여왕릉
47대 헌안왕	857~861	葬于孔雀趾(본기)		전 정강왕릉?	진덕여왕릉 뒤
48대 경문왕	861~875		전 경덕왕릉		구정동방형분
49대 헌강왕	875~886	葬菩提寺東南(본기)			

표 3 장지 기록과 신라 왕릉 비정안

50대 정강왕	886~887	葬菩提寺東南 (본기)	
51대 진성여왕	887~897	葬于黃山 (본기) 火葬散骨于牟梁部西岳一作未黃山 (왕력)	
52대 효공왕	897~912	葬于獅子寺北 (본기) 火葬~骨藏于仇知提東山脇 (왕력)	
53대 신덕왕	912~917	葬于竹城 (본기) 火葬藏骨于箴峴南 (왕력)	
54대 경명왕	917~924	葬于黃福寺北 (본기) 火葬~散骨于省等仍山西 (왕력)	
55대 경애왕	924~927	葬南山蟹目嶺 (본기) (시해)	전 일성왕릉

표 3 장지 기록과 신라 왕릉 비정안 (계속)

분군의 무열왕릉 뒤에 있는 대형분들을 진흥왕릉을 비롯한 김씨의 왕릉으로 비정한 것에서도 찾을 수 있다. 왕릉에 대한 이러한 문제의 해결은 확실한 역사적인 기록의 고증과 고고학적인 연구 성과를 연계시켜 검토해야 할 것으로 보인다.

적석목곽분이 소멸되면서 6세기 중엽 이후가 되면(법흥왕 이후) 왕릉은 경주 시내의 평지를 떠나 산지나 왕경 바깥으로 이동하였다. 왕릉이나 그에 버금가는 귀족의 묘로 추정되는 고분들의 주인공 비정은 호석(護石)의 시간에 따른 변화가 기준이 되곤 하며, 특히 통일신라시대의 십이지가 부조된 호석을 가진 왕릉의 경우는 그 형식이 참조가 되고 있다.

6세기 중엽 이후의 신라 왕릉을 비정한 견해는 〈표 3〉과 같다. 여러 견해 가운데 의견이 일치하는 것은 서악동 무열왕릉 뒤편의 초대형 고분 4기 가운데 서로 간 순서에 차이는 있으나 6세기의 법흥왕(514~540년)의 능, 진흥왕(540~576년)의 능, 진지왕(576~579년)의 능이 포함되었다는 것이다. 또 피장자가 확실한 것으로 추정되는 것은 비가 잔존하는 7세기의 무열왕(654~661년)의 능, 비편이 조사된 9세기의 흥덕왕(826~836년)의 능이다. 또 기록과 현재 위치에 대한 고증이 거의 확실하다고 믿어지는 것은 7세기의 선덕여왕(632~647년)의 능과 통일신라 초 문무왕(661~681년)의 능, 신문왕(681~692년)의 능(전 진평왕릉), 8세기의 효소왕(692~702년)의 능(전 신문왕릉) 등 모두 4기이다. 이외에도 괘릉은 신무왕릉으로 보기도 하나 대부분은 최치원이 찬한 숭복사비에 근거하여 8세기 원성왕(785~799년)의 능으로 비정하고 있다.

2 왕릉과 능역시설의 변천

신라 왕릉은 발굴조사가 이루어진 것이 많지 않아서 봉분과 그 표식시설, 입지 등이 왕릉의 변천을 살피는 요소가 되고 있다. 이외에도 능침(陵寢)이라 할 수 있는 봉분 이외에 제사를 위한 공간, 능침으로 진입하는 신도(神道), 그 신도 좌우에 여러 종류의 석물이 시설되어 능역을 이루고 있어 이의 변천상을 살펴볼 수 있으므로, 봉분의 표식시설과 능역시설을 결합하여 형식을 설정하면 왕릉의 변천을 읽어 낼 수 있다.

먼저, 왕릉비정에 안정적인 왕릉을 살펴보면, 선덕여왕릉은 산의 정상부 가까이에 봉분을 세우고 전면에 배례공간을 둔 것으로, 호석은 원래 괴석을 돌담식으로 쌓고 큰 돌을 부석(扶石)으로 기댄 것으로 추정된다. 문무왕릉은 감포의 동해 바다에 있는 수중릉으로 알려져 있다. 무열왕릉은 선덕여왕릉과 같은 봉분의 앞쪽에 상석이 배치되어 배례공간을 가졌고, 신도의 좌측에 묘비와 배장분 2기를 배치하였다. 효소왕릉으로 추정되는 전 신문왕릉은 다듬은 사괴석(四塊石)을 품(品)자형으로 쌓고 사다리꼴로 다듬은 부석으로 받친 호석을 가지고 있고, 앞쪽에 상석과 배례공간을 두었다. 원성왕릉으로 추정되는 괘릉은 호석이 십이지신장상이 부조된 탱석(撑石)과 판석의 면석(面石)으로 축조된 불탑의 기단식이고 거기에 석난간(石欄干)을 둘렀고, 능역시설로 석사자·관검인석(官劍人石)·호인석(胡人石)·화표석(華表石)을 신도 좌우에 배치하였다. 흥덕왕릉은 석사자가 능침의 사방에 배치된 외에 원성왕릉과 같은 시설을 가졌고, 문비(問碑)도 설치되었다.

살핀 바를 기준으로, 신라 왕릉을 분류하고 변화과정을 추정할 수 있다. 왕릉의 시간 변화를 잘 보여 주는 것은 봉분의 표식시설인 호석과 그에 부대된 시설물이다. 천석을 사용하여 돌담식으로 호석을 마련하던 것(무부석천석담장형)(그림 37-1)에서 서악동고분군과 같이 괴석으로 호석을 쌓은 것(무부석괴석담장형)(그림 37-2), 여기에 부석을 기댄 무열왕릉과 같은 것(유부석괴석담장형)(그림 37-3), 지대석을 놓고 치석한 블록형의 사괴석으로 호석을 쌓고 갑석을 얹은 전 헌강왕릉과 같은 것(무부석치석담장형)(그림 37-5)과 여기에 부석을 기댄 전 신문왕릉과 같은 것(유부석치석담장형)(그림 37-4), 지대석 위에 면석과 탱석으로 구성된 호석을 축조하고 갑석을 얹었으며 난간을 마련한 것(판석면석형) 가운데 전 성덕왕릉과 같이 탱석에 부석을 기댄 것(그림

1. 황남대총   2. 서악리 1호   3. 무열왕릉

4. 전 신문왕릉   5. 전 헌강왕릉   6. 전 성덕왕릉

7. 괘릉   8. 전 진덕여왕릉   9. 구정동방형분

그림 37 신라 왕릉의 봉분과 시설

37-6), 괘릉, 흥덕왕릉과 같이 부석을 생략한 것(그림 37-7)과 이에서 난간을 생략한 전 진덕여왕릉(그림 37-8), 이를 변화시켜 면석을 정연하게 치석한 장대석으로 바꾼 구정동방형분(치석면석형)(그림 37-9)으로 형식을 나눌 수 있으며, 무부석천석담장형 에서 치석면석형으로 변천하였음을 알 수 있다.

봉분의 호석과 표식시설을 기준으로 보면, 능역시설은 8개의 형식으로 나눌 수 있다. 그 형식은 공동 배례공간을 가진 왕릉군집형인 6세기의 형식(법흥왕릉형: II형 식), 독립된 능역에 배례공간만을 가지는 7세기 중엽의 형식(선덕여왕릉형: III형식), 거 기에 상석이 등장하는 7세기 후반과 8세기의 형식(무열왕릉형: IV-1형식, 전 민애왕릉형: IV-2형식), 더하여 석사자와 석인 등 능역시설이 완비되는 8세기 말과 9세기 전반의 형식(흥덕왕릉형: V형식), 상석과 배례공간만 남고 능역시설이 생략되는 9세기 중엽의 형식(전 경덕왕릉형: VI형식), 상석마저 소멸하고 배례공간만 남는 진성여왕 이전 9세 기 후반의 형식(구정동방분형: VII형식)으로 나눌 수 있다. 적석목곽분의 왕릉을 제외 한 이 능역시설의 형식을 앞의 봉분 표식시설과 결합하여 모식도로 나타내면〈표 4〉

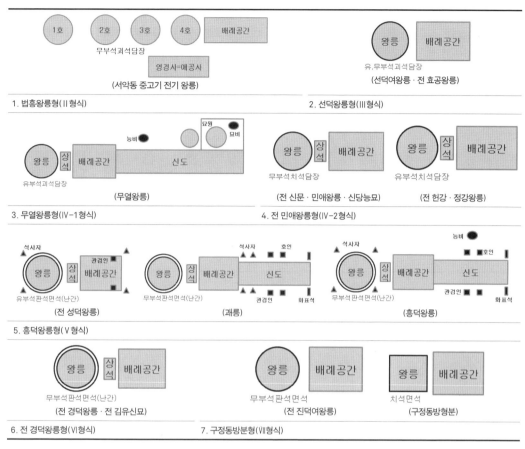

표 4 신라 능원의 형식과 변천 모식도

와 같다.

한편, 신라 왕릉으로 전해지는 것 가운데는 십이지를 호석 바깥에 세우거나 호석의 탱석에 부조로 새긴 것이 6기 있고, 전 김유신묘와 구정동방형분도 십이지가 부조되었다. 신라 왕릉의 십이지는 무기를 잡고 능침을 수호하고 있는 모습으로 배례형인 중국의 십이지용과는 달라 십이지신장상(十二支神將像)으로 부르기도 한다(그림 38). 십이지신장상에 대해서는 많은 연구가 있었으나 연구자 간에 시간의 변화에 대해서는 견해가 일치되지는 않았다. 최근에는 십이지를 가진 왕릉 봉분의 외표시설, 호석의 단면 형태, 호석에서 십이지신장상을 새긴 탱석의 배치, 신장상의 머리 방향 등을 형식 분류하여 그 서열을 전 성덕왕릉→괘릉(원성왕릉)→흥덕왕릉·전 헌

자(子)	축(丑)	인(寅)	묘(卯)	진(辰)	사(巳)
오(午)	미(未)	신(申)	유(酉)	술(戌)	해(亥)

그림 38 흥덕왕릉의 십이지신장상

덕왕릉→전 경덕왕릉→전 김유신묘·구황동왕릉지→전 진덕여왕릉→구정동방형분으로 보는 견해가 제출되었다.

3 왕릉의 변천 배경

신라 전 시대의 능묘형식을 보면, 적석목곽분형을 시원기, 법흥왕릉형과 선덕여왕릉형을 형성기, 무열왕릉형과 전 민애왕릉형을 발전기, 흥덕왕릉형을 전성기, 전 경덕왕릉형과 구정동방형분형을 쇠퇴기로 구분하여 살필 수 있고, 왕릉과 능역시설은 지속적으로 외래요소가 개입되면서 재창출되어 변화한 것이 확인된다.

먼저, 능역시설의 형성기인 법흥왕릉형에는 남조와 북위의 요소인 가족장제(聚族而葬), 풍수, 사찰의 등장을 찾을 수 있다. 북위 풍태후의 능과 효문제의 수릉이 있는 방산(方山)의 능역에 사찰이 등장하여 유사한 모습이다. 그리고 백제의 송산리와 능산리 능역에서도 유사한 원리가 확인된다. 그 후인 선덕여왕릉형에서는 수(隋) 문제의 태릉, 당(唐) 고조의 헌릉 등 수와 당나라 초기의 산을 뒤에 배경으로 한 봉분으로 축조된 능침제도의 영향을 볼 수 있다.

발전기인 무열왕릉형에서는 상석이 등장하고, 신도가 확립되며 전면 좌측에

그림 39 괘릉(원성왕릉)의 능역과 시설

배장분이 배치되는 모습에서 당 태종의 소릉과 고종과 무측천의 건릉에서 완성된 당 능침제도의 영향을 읽을 수 있다. 좀 더 늦은 효소왕릉(전 신문왕릉)에서는 호석을 건축물의 기단과 같이 축조하여 불탑을 모방하기 시작한 현상이 보인다.

　전성기인 흥덕왕릉형은 호인(胡人)이 등장한 점, 양당개(裲襠鎧)를 걸친 관검석인(官劍石人) 등으로 보아 당 현종의 태릉 이후 당의 제도를 모방하였으나 앞 시기 왕릉을 불탑으로 꾸미려는 의도를 완벽하게 실현하여 인도의 산치대탑과 같은 불탑을 모방한 신라 왕릉의 특수한 형식을 완성시켰다. 또 능전의 시설도 당의 석물배치를 모방하였으나 십이지신장상을 호석에 부조하여 능침을 수호하는 시설로 삼은 특징이 있다. 관검석인과 호인의 형상 등에서도 신라만의 독특한 형식을 창출하여 완성된 통일신라 왕릉 능역시설이 형성되었다.

　쇠퇴기의 전 경덕왕릉형에서는 다시 역으로 능역시설이 생략되어 상석과 배례공간만 남아 있고, 구정동방형분형에서는 호석 바깥의 난간과 상석이 생략되었다. 그리고 구정동방형분에는 이전 능전의 석물이었던 호인상과 석사자가 호석에 부조되기도 하였다.

[김용성]

VII 사찰유적

삼국시대부터 한반도에 불교가 전래된 이후로 고구려·백제·신라 삼국의 수용 과정에서 차이는 있으나, 공인된 이후 불교는 삼국의 통치이념 및 왕권 강화 수단으로 곧바로 자리매김하였다. 통일신라시대가 되면서 지역적으로 왕도 중심의 불교에서 한반도 전체가 공유하는 종교로 확산되며, 계층적으로도 왕족에서 지방귀족 및 일반민에까지 확대되는 현상을 보인다. 이와 함께 삼국통일 후 사회구조의 재편성 과정과 함께 불교계의 성전사원이 승정기구의 기능을 담당하는 등 체계화가 이루어지면서 불교는 지배층 및 기층문화 전반에 영향을 끼치게 된다.

불교사상적 면에서도 기존 삼국의 불교사상이 집약되어 유식계층의 사상이 유행하면서 중국에서 일찍이 성행한 천태종, 그리고 당 이후 신유식사상을 바탕으로 하는 법상종, 화엄종이 한반도에도 성행하게 된다. 이와 관련하여 법상종 계열을 중심으로 아미타신앙·미륵신앙·지장신앙이 성행하며, 원효의 정토신앙, 의상의 일승법계도를 중심으로 하는 화엄신앙과 관음신앙 등 다양한 형태로 발전해 나간다.

통일신라 후기(780~935년)에는 기존의 교학불교계에 선종이 새롭게 수용되면서 기존의 신앙 외에 조사숭배 및 일반 민중으로 확대된 밀교신앙·지장신앙·약사신앙·신중신앙 등 다양한 형태의 신앙이 발달한다. 특히 선종사상은 당시 혼란스런 정치권의 새로운 지도이념으로 등장하게 되며, 도성을 벗어나 지방을 중심으로 정착되어 가는 양상을 보인다. 이러한 과정에서 가람구조 또한 크게 변화되는 계기가 되기도 한다.

이상과 같은 한반도 통일신라기의 다양한 불교양상에도 불구하고, 한반도에 불교가 유입되는 4세기 도입기 관련 사찰유적은 고고학적으로는 명확하게 인지하기 어렵다. 고구려는 평양천도 후인 5세기 무렵, 백제는 웅진기 이후의 상황부터 유적을 통해 확인되며, 신라는 6세기를 지나서야 사찰유적에서 고고학적인 현상을 확인할 수 있다.

따라서 고고학적 자료로 볼 때 5세기 후반에서 7세기 중반까지 짧은 기간의 몇몇 유적을 제외하고는 대부분 통일신라시대의 불교유적들이며, 이 유적들의 기본구조는 가장 늦게 불교를 공인한 신라불교에 의해 주도되는 현상이 특징이다.

1 조형적 특징

사찰유적, 가람 터를 사지(寺址)라고 사전에서는 정의하고 있다. 또한 불교의 주체인 승도들의 계율에도 가람의 정의는 물론 가람을 구성하는 방식을 명시하고 철저하게 유지하고 있었던 것을 알 수 있다. 그 중 초기 율장(律章)인 마하승기율(摩訶僧祇律)의 내용에서 일반적으로 교학가람 이라 불리는 내용을 찾아볼 수 있다.

이 율장에서의 가람에 대한 의미는 신앙주체인 불(佛)의 공간과 이를 숭배하는 승(僧)의 공간으로 구분되며, 이러한 구조는 인도는 물론 서역지역과 중국을 거쳐 한반도에 이르는 시기와 지역에서까지 엄격하게 지켜지고 있었다고 볼 수 있다.

불과 승을 구분하는 율장의 내용은 유적에서 회랑으로 표현되고 있는 것으로 생각된다. 즉, 신앙주체의 공간인 불의 영역은 회랑 또는 담으로 구분되며, 이 공간 내부에는 신앙대상을 위한 구조물을 제외하고는 다른 시설은 배치되지 않는데, 통일신라시대까지의 가람은 모두 이러한 특징을 보이고 있다.

다만 초기에 탑만이 신앙주체이었던 것이 기원 연간을 전후하여 탑과 불상 두 종류가 신앙의 대상으로 확대되었다. 중국과 한반도에 불교가 전래되던 시기는 신앙의 대상이 탑과 불상 두 종류이고, 이 신앙대상의 변화에 따라 규모나 중심공간의 변화가 있기는 하지만, 종교대상을 안치하는 공간과 승려의 공간이 구분되고 있음은 통일신라시대까지의 가람배치에서 확인할 수 있다.

통일신라시대는 기존의 삼국시대 가람 틀에서 크게 두세 번 정도의 변화를 보이는 특징을 보인다.

첫째, 삼국시대 이래부터 유지되어 온 성역공간인 불지의 공간구성에 대한 변화이다. 삼국시대의 주요 신앙대상은 불탑과 불상을 모신 전각(금당)으로 두 구조물 모두 동등한 규모와 위격으로 조성되는 것이 삼국시대 가람의 특징이다. 즉, 탑과 금당의 규모가 거의 같은 형태로 회랑 또는 담으로 구획된 방형, 장방형 공간상에 두 신앙구조물이 공간의 꼭지점을 상하, 또는 좌우로 양분하고 있는 평면구조를 보인다. 이러한 틀은 흔히 일탑 삼금당, 일탑 일금당이라는 용어로 학계에서 통용되기도 한다.

이러한 삼국시대의 사찰구조에서 통일신라시대가 되면서 불상신앙이 강조되고 불탑신앙이 축소되면서 탑의 규모가 축소되고 중심축선의 좌우에 배치되는 구조로 바뀌게 된다. 쌍탑식가람이라는 용어로 불리는 이 구조는 교리상으로는 『법화경』, 「보현품」의 내용을 인용한 형태로 이해되기도 한다.

이렇듯 통일신라시대의 가장 두드러지는 점은 탑이 양쪽으로 분리되어 금당의 기능과 역할이 확대되고 있는 점을 특징으로 들 수 있다. 이는 회랑으로 구획된 공간 중앙에 금당이 배치되기 시작하는 것과도 통하며, 금당의 좌우에 익랑이 배치된 구조도 이 시기의 특징이다.

둘째, 통일신라 중기에 두드러지는 현상으로 불국사의 사례처럼 회랑으로 둘러싼 중심사역의 틀은 유지하되 신앙형태의 다양화에서 기인하는 다불전 구조의 등장이다. 삼국시대의 삼금당 구조와는 다른 별도의 전각이 별도의 담장(회랑)으로 구분되어 중심공간의 주변에 산발적으로 배치하는 현상으로 불국사의 가람이 시작 사례로 볼 수 있다.

끝으로 또 하나의 특징은 통일신라시대 후기에 도입되는 선종의 영향을 받은 가람구조이다. 문헌사에서 구산선문으로 표현되는 신앙형태로 지역적으로는 도성을 벗어난 지방, 자연지리상으로는 산지 속에 위치하는 것이 특징이다.

국내에서는 그 개념이 명확하지 않으나 '선종 7당가람'으로 표현되는 선종계 가람은 선을 수행하는 승려그룹의 공간이 중심영역에 포함되는 형태로, 담장으로 불지와 승지를 구분하던 교학가람의 틀에서 변화된 모습이다.

실상사·굴산사지·성주사지 등이 대표적인 구산선문의 개창사원 또는 중창사원이지만, 고고학적으로는 통일신라와 고려시대 초기까지는 교학적 틀을 유지한 가람구조 속에서 선 사상을 펼쳤던 것으로 확인되며, 금당 좌우 회랑이 허물어지고 승려의 수행에 필요한 전각이 중심사역에 배치되기 시작하는 것은 12세기 전후한 시점부터 나타나는 것으로 추정된다.

2 유적별 특징

통일신라 사찰유적의 특징을 공간적으로 구분하면 왕도 중심에 건립된 사찰과 지방에 세워진 사찰로 대별할 수 있으며, 문헌기록이나 고고학적으로 통일신라시대에 창건되어 주요 유구를 남기고 있는 대표적인 사찰은 다음과 같다.

통일신라시대의 주요 사지 중, 왕경에서는 위의 사지를 포함 황복사지(1968, 1969)·흥륜사지(영묘사지)(1972, 1977~81, 2011)·곤원사지(1973)·미탄사지(1980, 2013)·영

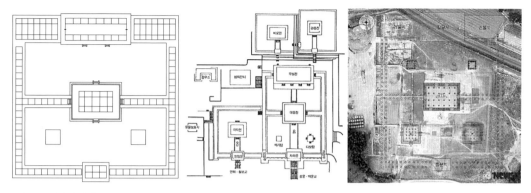

그림 40 통일신라 가람배치의 변화과정(왼쪽부터 감은사지, 불국사, 사천왕사지)

홍사지(1980)·굴불사지(1981, 1985)·원원사지(1985)·석장사지(1986, 1992)·전 염불사지(2003, 2008)·천룡사지(1990, 1996)·천관사지(2000, 2011~12)·인용사지(2002~11)·창림사지(2011)·정혜사지(2012) 등이 발굴 조사되어 통일신라시대 가람의 특징을 어느 정도 찾을 수 있다. 이외 지방 사찰 유적으로는 위의 예 외에도 안동 조탑리사지, 군위 인각사지, 울산 영축사지 등이 조사되었거나 조사 중에 있다.

　　이 중 앞에서 언급한 통일신라 가람의 특징들에 대해 확인할 수 있는 몇몇 유적을 통해 그 변화과정을 확인해 보면 다음과 같다.

　　① 사천왕사지는 불탑신앙 중심에서 불상신앙 중심으로 변화한 가람 배치를 보이는 사찰이다.

　　경주 시내 동남쪽에 위치한 낭산 구릉 남단의 평탄 대지에 위치하고 있으며 전 신문왕릉과 인접해 있다. 삼국유사에 당군의 침입을 막기 위해 명랑법사가 문두루 비법을 행한 곳으로, 문무왕 19년(679)에 절을 완성하였다고 한다.

　　전체적인 가람구조는 중심사역 중앙부에 배치한 금당을 중심으로 앞쪽으로는 목조 쌍탑을 배치하고 뒤쪽에는 2동의 추정 단석지를 배치한 구조로, 마치 밀교의 오방위 형태 건물 배치구조를 갖추고 있으며, 그 북쪽으로 추정 강당지가 위치한다. 금당 좌우에는 익랑시설이 마련되어 있다.

　　이 사지의 특징은 기존 삼국시대의 목탑양식이 금당 남쪽 좌우에 배치되기 시작하는 현재까지의 첫 사례로서 의미를 가지며 사방의 회랑을 중심으로 금당이 점차 중앙 꼭지점 가까이에 배치되는 구조를 보이는 점이다. 또한 통일신라시대의 여러 교학적 사상과 함께 밀교가 전래되고, 밀교적 호국도량 기능을 하였다는 점에서 특징을 찾을 수 있다. 기존까지 일인 학자가 추정한 종루 경루 구조물이 밀교수행의 단석지로 추정하고 있는 근래의 해석은 주목할 만하다. 회랑으로 에워싸인 중심공간 서편은 미발굴되었으나, 승방시설로 추정되는 담장과 건물지들이 일부 확인되고 있어 회랑으로 구분된 승지와 불지를 확인할 수 있다.

그 외 유물로는 목탑 기단을 장엄한 통일신라의 대표적 불교조각인 양지의 녹유소조상이 있는데 고고학뿐만 아니라 미술사적으로도 중요한 의의를 지닌다.

② 감은사지는 금당 중심의 중심사역 가람구조를 보인다.

이 사지의 특징은 쌍탑양식으로 변화된 통일신라 가람구조와 함께 탑의 부재도 목재에서 한국탑의 특징인 석조로 바뀌는 사례를 보이는 점이다. 이와 함께 회랑으로 구획된 중심사역 중심점에 금당이 위치하며, 쌍탑은 중앙의 앞쪽에 치우친 공간에 배치되어 있는 구조가 특징이다. 사천왕사 단계부터 확인되는 금당 중심의 배치는 감은사 단계에 더욱 명확해지는 구조를 보인다. 익랑을 갖춘 금당의 기초구조는 지하구조를 갖춘 지상기단 시설인 점도 특이하다.

③ 다불전 가람구조의 시작을 보이는 불국사는 삼국시대 신라의 동악(東岳)이었던 토함산 서쪽 기슭에 남향으로 자리하고 있는 사찰로, 북측이 높은 북고남저와 동측이 높은 동고서저의 산지지형에 석축을 쌓아 평탄화하여 사역을 조성하였다.

창건 당시의 불국사 사세는 대웅전 25칸, 다보탑·석가탑·청운교·백운교, 극락전 12칸, 무설전 32칸, 비로전 18칸 등을 비롯하여 무려 80여 건물이 약 2000칸을 이룬 장대한 가람이었다고 문헌에 전해지고 있다.

불국사의 중심사역은 현재의 대웅전을 중심으로 하는 공간으로 중문·금당·강당이 남–북으로 배치되어 있고, 축소된 쌍탑은 대웅전과 중문 사이에 좌우로 배치되어 있다. 금당인 대웅전은 익랑을 갖추고 있으며 회랑으로 구획된 중심사역 중앙에 배치되어 있는 구조는 감은사와 동일하다.

그러나 불국사는 이 중심공간 외에도 서편의 극락전 구역을 별도의 회랑으로 구획하여 배치하여, 대웅전 영역 뒤편으로도 담장으로 구획된 비로전과 관음전·법화전을 배치한 것과 아미타신앙관을 구현하기 위한 연지를 조성한 점이 특징이다. 즉 삼국시대까지의 불전을 중심으로 한 하나의 중심구역에서 8세기에 들면서 다불전식의 공간구성을 보이기 시작하는 첫 사례라는 점이 불국사 가람 배치의 또 다른 특징이다.

④ 성주사의 선종가람 구조

보령 성주산 자락에 위치하며, 백제 무왕 17년(616)에 '오합사(烏合寺)'로 개창되었으나 신라 문성왕(839~857년)대에 낭혜화상이 절을 크게 중창하면서 성주사라 개칭하였다고 한다. 중심사역의 구조는 중문·5층석탑·금당과 그 뒤에 중앙과 동서로 나란히 서 있는 석탑과 그 뒤에 강당을 배치한 구조이다. 이러한 구조는 고려시대에 대대적인 중창 과정에서 변형된 형태로 추정된다.

앞에서도 언급하였듯이 선종 칠당가람의 구조는 통일신라시대 사역에서는 확인되지 않고 고려시대 중건 과정에서 동측의 담장부분이 다른 부속건물지로 대체되는 현상을 보인다.

이러한 동측 시설은 문헌에서 언급하는 동측의 후원(식당) 같은 구조가 있었던 것으로 추정할 수 있으며, 교학가람의 틀이 붕괴되고 선종사찰인 승을 중심으로 하는 구조로 변화되는 사례로 중요성을 지닌다.

성주사의 사례와 강릉 굴산사, 남원 실상사 등 초기 주요 산문가람의 자료를 종합할 때, 선종사상은 통일신라 하대부터 성행하였으나, 실제 가람에서 선종형 구조가 등장하는 것은 고려시대 전기를 지나는 시기부터이다. 즉, 선종사상을 중심으로 하는 구조물의 표현은 선종 수용 이후 약 1~2세기 지나서야 나타나는 것으로 추정된다.

이상과 같이 통일신라시대의 불교사찰 가람 배치를 개괄하여 보았다.

삼국시대에 유입된 불교가 통일신라시대를 통해 교리적으로 확대되고 정립되면서 복잡한 신앙구조를 갖게 되고 이러한 사상을 반영한 가람 배치는 약 300년 동안 다양하게 변화하고 있음을 몇몇 유적을 중심으로 언급하여 보았다.

요약하면, 삼국시대의 기본틀인 중문 강당과 회랑으로 경계되는 중심공간에 탑과 금당을 배치한 구조에서 통일신라시대가 되면서 탑의 사상적 기능이 축소돼, 가람 구조에서도 법화경에 근거한 쌍탑식의 가람이 등장하는 것이 가장 큰 특징이다.

그리고 불상 중심의 신앙의궤에 따라 금당이 중심공간의 중앙에 위치하며, 익랑을 갖춘 구조로 발전되었다. 8세기 무렵부터 중심신앙의 다양화로 다불전이 가람 안에 배치되는 현상도 확인된다. 또한 선종이 통일신라 말기에 유입되면서 교학가람의 틀이 붕괴되는 현상을 가져오지만 가람의 변화는 고려 전기가 지나는 시점부터이다.

불교유적은 한 공간에서 여러 시기에 걸쳐 확장, 축소되는 경우가 대부분이므로 한 시기의 유적 현상을 파악하기란 쉽지 않으며, 층위조사 없이 평면구조만으로 기술되는 가람 현상의 오류는 혼돈을 가중시킨다. 예를 들어 문헌상에 통일신라시대 초기에 건립된 것으로 확인되는 부석사·화엄사·통도사·해인사의 구조가 현재의 사찰 모습으로 해석되는 부분은 바로잡을 필요가 있다.

지방에 건립된 통일신라시대의 가람은 부석사의 경우 무량수전을 중심으로 한 중심사역 일원인데, 현재의 사역은 고려시대 이후의 구조물이었던 것으로 축대부 조사에서 드러났다. 이러한 사례를 통해서 해인사·화엄사·통도사의 창건기 가람의 범위와 구조를 파악하려는 시도는 필요하며, 정비를 위한 부분조사에서도 항상 염두에 둘 필요가 있는 부분이다. 불교유적은 불교의 사상을 반영한 구조물이므로 사상에 따른 변화상을 파악하려는 노력도 또한 필요하다.

예를 들어, 건물기단 조사에서 확인되는 지진구, 진단구의 실체도 7세기경 중국에서 통용되었던 것으로 판단되는 『불설다라니집경』의 작단법에 그 위치와 진단의 불교적 납입의례에 대해서 기술되어 있으며 이러한 사상기반 위에 진단구에 대한 의미 부여가 시도될 필요가 있음을 강조해 둔다.   [최태선]

VIII 대외교류와 외래계 유물

1 대외교류

신라는 통일전쟁 직후 당과 일시적으로 대립하였으나, 8세기 이후부터 활발한 교류를 하였다. 신라는 당에 사신을 파견하고, 불승과 학자 등 많은 신라인들이 당에 유학하였는데, 이들이 중심이 되어 당의 선진문물을 입수하였다. 이처럼 당과 밀접한 교류관계를 유지하면서, 서역·일본 등과도 교류를 하였음이 통일신라시대에 조영된 각종 유적과 유구에서 출토된 유물을 통해 알 수 있다.

이러한 사정은 『삼국사기』잡지 차기·옥사조의 내용에서 잘 드러난다. 기록에 의하면, 골품에 따른 금제 규정의 물품항목들 중에는 신라에서 생산되지 않는 품목들이 다수 확인된다. 그리고 일본 쇼쇼인(正倉院)에 소장된 「매신라물해(買新羅物解)」의 목록에도 신라에서는 생산되지 않는 물품목록들이 기재되어 있었다. 그러나 이러한 품목들이 발굴조사에서 확인되지 않아 그 내용을 정확히 알 수 없고, 국제 교류 관계를 알 수 있는 자료로는 백자·청자 등의 당과 오대의 자기와 동경·사리장엄구·마구장식품 등의 반입품과 중국 수·당의 도자기와 금속용기를 모방한 토기나 금속기 등의 용기와 문양 등이 있다. 이외에도 방위·연·월·일·시 등을 나타내는 12지지, 능침제 등의 사상과 능원 조각물과 출토품 등에서도 외래문화의 수용 모습을 확인할 수 있다.

2 당나라와의 교류와 중국 문물 수용과 모방

선덕여왕대부터 신라의 지배층 사이에는 차를 마시는 풍습이 유행하면서 중국으로부터 자기가 수입되었을 가능성이 있지만, 이 시기의 유구에서 중국 자기는 지금까지 출토 사례가 알려져 있지 않았다. 중국 도자기는 8세기부터 출토되기도 하지만, 집중하는 시기는 중국의 만당 및 오대인 9세기 중엽 이후부터 10세기 초까지이다.

중국 도자기는 왕경을 비롯해 관방유적과 사찰, 장골용기 등 다양한 성격의 유적과 유구에서 출토되었다. 통일신라 왕경에서 중국 자기가 출토된 유구로는 안압지·황룡사지·황룡사 전시관 건립부지·왕경유적·북문로·동천동·성건동 360-3번지

그림 41 수입 중국 자기

전 조양동 　　　　　　 월성 해자 　　　　　　 왕경

그림 42 수입 중국 당삼채

우물·분황사지·구황동 원지·사천왕사지·인용사지 등을 들 수 있다. 왕경에서 출토한 중국 도자기는 중국 장강 하류지역의 월요계 청자와 하북성의 형요계 백자가 대부분이고, 동관진 장사요의 청자와 삼채도기가 소량 출토되었다. 중국으로부터 수입한 도자기는 왕경 귀족들의 사치스러운 생활상을 보여 주는 유물이다.

　익산 미륵사지, 보령 성주사지, 남원 실상사, 광양 옥룡사지·순천 금둔사지·영월 흥령선원지 등 지방의 불교사찰에서도 다수의 중국 자기가 출토되었다. 보령 성주사지, 광양 옥룡사지, 순천 금돈사지, 남원 실상사, 영월 흥령선원지는 통일신라시대 지방의 거점 사찰로서 대부분 창건 시기가 9세기 중엽 이후이고, 개창자가 중국 당에 유학한 선종 승려로서 중국의 다기문화를 직접 체험한 인물이었다. 중국의 다문화를 체험한 선종 승려가 개창한 사찰에서 중국 자기가 출토된 점은 귀국할 때 가져왔거나 귀국한 이후에도 중국의 자기를 입수하였음을 나타낸다.

　자기 이외에도 귀족들의 사치품 또는 위세품으로서 동경이나 마구 장식품 등이 중국으로부터 수입되었다. 광양 마로산성에서 출토한 해수포도방경은 당나라 고종~측천무후대에 유행한 거울이다. 당나라에서 이런 유의 거울은 7세기 후반~8세기 전반에 유행하였으나 광양 마로산성 출토품은 9세기 전반 이후에 소비되었다.

　통일신라시대 토기는 삼국시대에 유행한 기종과 계통이 연결되지 않는 기종이 다수 사용되었는데, 대표적인 예로는 사이부호, 굽이 없는 유개합, 세경의 장동병, 수각삼족호, 주름문병·주전자, 굽이 없는 유개합, 수각다족연 등이다. 이 기종들의 대부분은 신라 왕경유적에서 출토되어 왕경의 지배층들이 사용한 일상용기였다. 상기 기종들과 유사한 형태가 중국 당나라의 도자기 또는 금·은기에 존재하여 당의 도자기 또는 금·은기의 영향을 받아 만들어진 통일신라토기의 사례들이다.

그리고 통일신라시대 토기의 가장 큰 특징은 인화기법에 의한 다양한 문양으로 표면을 장식한 점인데, 통일신라에서 자체적으로 창안하거나 사물을 본떠서 만든 문양도 있지만, 중국 당대의 도자기 또는 금·은기에 시문된 문양과 같거나 또는 유사한 문양이 있고, 문양배치 방식의 공통성도 보인다. 인화문은 신라가 삼국을 통일하기 전인 7세기 초부터 찍은 이중원문이 시문된 완이 사용되었는데, 이와 아주 유사한 도자기가 중국 강서성(江西省)의 홍주요에서 출토한 수~당 초의 인화문 청자와 완이다. 이중원문보다 약간 늦은 시기에 등장하는 국화문도 수대의 갈유인화자세에 표현되어 있다. 홍주요에서 출토한 수~당 초의 청자에 시문된 인화문의 시기가 6세기 말~7세기 초이고, 신라토기에 영향을 미친 시기는 7세기 전반의 어느 시기로 볼 수 있으므로, 신라토기에 인화기법으로 문양을 시문한 시기가 7세기 전반부터임을 알 수 있다. 8세기 이후부터 다양한 종류의 문양이 토기 표면을 장식하는데, 다변화문·사변화문·류운문·비조문·포도엽문·대엽문 등은 수·당대의 도자기 또는 금·은기의 문양과 유사하다. 통일신라토기에서 다변화문이 유행하는 시기는 8세기 전반부터이고, 9세기까지 시문되었다. 류운문은 8세기 초(719~720)의 감산사 석조아미타불의 광배에 조각되었고, 8세기 후반부터 통일신라 토기의 문양으로 시문되고, 9세기에도 유행한다.

금은평탈보상화문경

해수포도문경(광양 마로산성)

그림 43 수입 동경

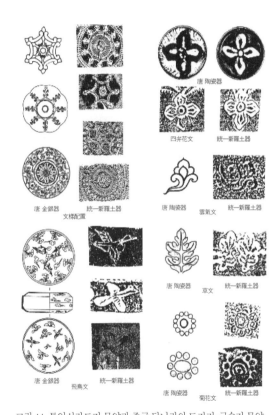

四弁花文　統一新羅土器

唐 陶瓷器

唐 金銀器　統一新羅土器
文樣配置

唐 陶瓷器　雲氣文　統一新羅土器

唐 陶瓷器　草文　統一新羅土器

唐 金銀器　飛鳥文　統一新羅土器

唐 陶瓷器　菊花文　統一新羅土器

그림 44 통일신라토기 문양과 중국 당나라의 도자기·금속기 문양

이외에도 7세기 초부터 연유의 도기와 와전을 생산·사용하였는데, 『삼국사기』 잡지 제2 옥사조의 '당와'에 대한 규제조항으로 볼 때, 이 당와가 연유와를 지칭하는 것으로 추정되는 만큼, 통일신라와 당과의 관계는 상당히 밀접하였음을 알 수 있다.

연유도기는 7세기 초부터 신라에서 생산되기 시작하여, 통일 이후에는 중국 도자기와 함께 고급 용기로 소비되었다. 연유도기는 유약을 시유한 후 등요에서 850℃ 이하의 저온에서 소성하였고, 소성 시 아래에 도침을 놓아 유약이 유리질화하면서 다른 기물과 용착하는 것을 방지하였다. 연유도기에 사용된 도침은 제품 표면의 접촉을 최소화할 수 있도록 고안된 것으로, 경주 손곡동·물천리 토기가마에서 출토된 왕관형·이차형·삼차형·사차형 등과 같은 도침이 사용되었다. 이들 중 삼차형·사차형 도침은 신라뿐만 아니라 위진남북조~수·당대의 중국의 연유도기와 일본의 나라·헤이안시대의 연유도기에도 사용되었다. 연유를 생산하는 기술과 함께 소성방식과 기술 등도 중국으로부터 수용하였을 것으로 추정된다.

이외에도 얇은 금판이나 은판을 문양대로 재단한 다음, 이 문양판을 칠한 표면 위에 접착시키고 그 위에 다시 칠을 하여 표면에 고정시킨 뒤, 문양 위의 칠을 벗겨내는 평탈기법을 적용한 동경이 제작되었다. 그리고 감은사 동탑 출토 수정병의 형태와 뚜껑과 받침의 금제장식, 현실 장송의례의 상여를 불교식으로 번안하여 제작한 법문사 석조영장(石造靈帳, 708년명)과 감은사 동탑에서 출토된 전각형 사리내함의 형식이 매우 유사하다. 모죽임 천장의 형태, 2단의 역사다리꼴 천개, 번과 영락장식, 안상이 마련된 방형대좌, 죽절형의 모서리 기둥 등 전체적인 형태가 유사한 점 등으로 볼 때, 중국의 사리장엄의 형태와 제작기법을 수용하였음을 나타낸다. 9세기 후반 이후에 제작되는 육각 또는 팔각원당형 사리용기의 형태는 9세기 중엽부터 등장하는 중국의 원당형 사리용기와 유사하다.

이외에도 12지상을 수용하여 분묘를 장식하거나 또는 시간이나 출생을 알려주는 기준으로서의 일상생활과 밀접한 관련을 지니게 되었다. 그리고 일상용기의 형태뿐만 아니라 보상화문, 비조문 등 와전과 토기 등의 문양에도 영향을 받았다.

통일신라와 당나라 간의 교류관계를 보여주는 물질자료는 토기뿐만 아니라 신라인의 복식과 헤어스타일에도 나타난다. 신라가 삼국통일을 이룩하기 직전에 조영한 황성동고분에서 출토한 토용의 남자상은 머리에 복두를 쓰고, 두 손으로 홀을 들고, 장포 아래자락에만 주름을 표시하였다. 용강동고분에서 출토된 문관상은 복두를 쓰고, 턱 아래 수염이 길게 표현되어 있다. 여자 인물상은 가슴이 파여진 겉옷을 입고, 치맛자락이 발까지 덮고, 어깨에서 양 겨드랑이 쪽으로 숄을 둘렀다.『삼국사기』잡지 색복조에는 문무왕 4년(664)에 중국 여복제가 수용되었음을 보여 주는 기

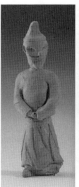

| 용강동석실 | 황성동석실 | 서역인 토용(용강동고분) | 서역인 토용(황성동석실) | 서역인 석상(괘릉) |

그림 45 중국 당의 복식을 한 신라 토용

사가 있고, 이 토용들과 『삼국사기』의 기사 내용과 연계하면, 7세기 중엽 이후 신라의 귀족들이 복식 및 헤어스타일 등 당나라의 문화를 수용하였음을 알 수 있다.

통일신라의 국도 왕경에 거주하는 귀족들은 국내 생산품뿐만 아니라 중국이나 일본은 물론 동남아시아 또는 서역·이슬람 등지에서 생산된 제품들도 사용하였는데, 그 품목들은 『삼국사기』 잡지 차기·옥사조에 나오는 물품과 「매신라물해」의 품목들을 통해 알 수 있다.

흥덕왕 9년(834)에 신분질서의 동요와 사치 풍조를 막기 위해 내린 교서를 보면, 진골 이하의 백성들에게 슬슬·비취모·공작미·대모(玳瑁)·자단(紫檀)·침향(沉香)·구모(毬氈)·구등(毬㲪)·대당담(大唐毯)·호피·중국 담요·백옥·조서(鳥犀) 등 통일신라에는 생산되지 않고, 주로 서역이나 동남아시아 또는 인도·이란 등지에서 서식하거나 생산되는 수입품의 사용을 금하거나 제한하는 금제가 실시되었다. 외국에서 생산된 사치품의 사용을 금하는 금제가 실시된 것은 신라의 귀족들이 외국 사치품을 사용하여 사회문제가 되었음을 나타낸다.

3 서역과의 교류

신라는 당나라뿐만 아니라 서역과도 교류하였음이 서역인상의 토용과 양모로 짠 양탄자 등을 통해 알 수 있다. 신라와 서역의 교류는 당을 통한 간접적인 교류도 행해졌지만, 서역과 신라의 직접적인 교역과 이주도 있었을 것으로 추정된다. 통일

유리잔(송림사지)

흙벽돌 담장(경주 동천동)

유리잔(안압지)

적향목 사리병
(불국사, 복원품)

그림 46 사산조 페르시아산 유리용기와 서역인 토용과
석상, 흙벽돌집

이전의 자료이지만, 경주 황성동석실분에서 호인상의 토용, 통일 이후의 용강동고분
출토 호인상 토용, 경주 동천동 7B/L 내의 장방형 점토 벽돌을 이용한 담장, 전 원성
왕릉인 괘릉과 전 흥덕왕릉 전면 좌우에 세운 호인 무사상 등이 그것이다. 황성동석
실분 출토 남자상은 주름이 있는 장포의 허리에 느슨하게 띠를 두르고 옷자락 위로
뾰족하게 발이 비어져 나왔고, 머리에 호모(胡帽)를 쓰고 있다. 용강동고분 출토 남자
용은 머리에 복두를 쓰고 홀을 잡은 문관상과 턱수염이 길게 뻗친 서역인 모습이다.

　서역인들이 상업활동에 탁월한 재능이 있었음은 이미 잘 알려져 있는 사실이
다. 고려사에 의하면, 고려 현종 15·16년에 대식국의 열라자(悅羅慈), 하선(夏詵), 나
자(羅慈) 등 100인이 와서 방물을 바쳤다 한다. 고려시대의 기사이지만, 대식국, 즉
서역인들이 고려까지 와서 활동을 하였음은 분명하고, 이들은 주로 상인이었음을
알 수 있다. 그런데 서역인들이 고려시대에 처음으로 한반도에 오지는 않았을 것이
다. 이미 이전부터 한반도에 대한 정보를 가지고 있었으며 신라인들과도 접촉을 하
였을 것이다. 특히 당나라의 수도인 장안에 왕래하는 신라인 또는 재당 신라인들을
통해 신라에 대한 정보를 숙지하였을 것이다. 그리고 100인으로 기록되었듯이 한 번
에 올 때 많은 사람이 왔으며, 동일 인물이 반복해서 왔을 것으로 추정된다. 한반도
에 온 서역인들이 그들의 목적을 수행한 후, 대부분은 돌아갔을 것이지만, 일부는 한
반도에 남아 정주하였을 개연성도 있다. 동천동 7B/L 내의 장방형 점토 벽돌을 사용

해 만든 담장 안은 서역인이 거주한 공간일 가능성이 있다. 이외에도 칠곡 송림사지 전탑에서 출토한 사리용기로 사용한 녹색제 유리잔은 사산조 페르시아에서 생산된 제품이다. 이와 같이 신라인들은 중국의 장안 등을 위시한 중국 내에서 또는 신라에 들어온 서역인과 교역하였음을 알 수 있다.

4 일본과의 교류

일본 쇼쇼인 보관의 752년에 작성된 「매신라물해」는 당시 일본에 온 신라인에

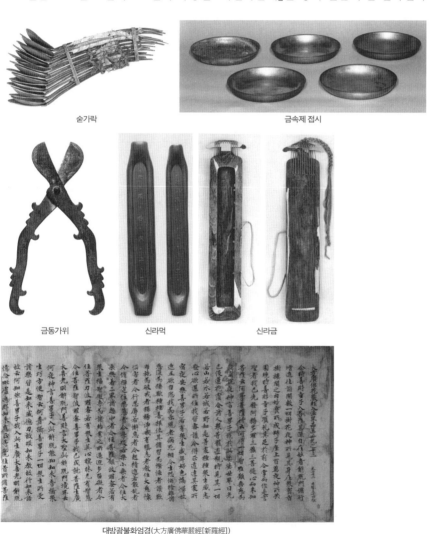

숟가락

금속제 접시

금동가위

신라먹

신라금

대방광불화엄경(大方廣佛華嚴經[新羅經])

그림 47 일본 쇼쇼인(正倉院) 소장 통일신라 유물

게 물건을 사기 위해 일본인들이 매입 예정 품목과 가격을 적어 정부에 제출했던 문서이다. 이 품목 중에 대부분의 향료와 약재·안료·염료는 중국 남·서부·동남아시아·인도·아라비아·북아프리카에서 생산되는 물품이다. 신라에서 생산되지 않는 물품을 신라로부터 구입하기 위해 일본 지배층들이 사전에 구입을 요청한 품목들이었다는 점을 볼 때, 신라 정부와 신라인들이 중국 당을 매개로 다양한 형태의 교역망을 구축하였음을 추정할 수 있다.「매신라물해」와 일본열도에서 출토한 신라 유물들을 볼 때, 신라와 일본 사이에 교류가 활발하였고, 신라의 선진문물들이 일본에 상당량 수출되었음을 알 수 있다. 대립관계에 있던 신라와 일본은 7세기 초부터 사절을 파견하고 교섭관계를 개시한 이후 삼국통일 종료 이후가 되면 활발한 교류관계가 유지되면서 각종의 신라 물품이 일본으로 수출되었다. 쇼쇼인에 소장된 금동가위·신라먹·신라금·숟가락 등은 신라로부터 입수한 물품이다.

통일신라와 당·서역·일본과의 교류를 보여 주는 실물자료는 꽤 많이 알려져 있지만, 이를 체계적으로 연구한 사례는 거의 없다. 이들 실물자료의 검토에 기초한 통일신라와 당과의 교류관계를 단계적으로 파악하거나 또는 구체적으로 설정하여 통일신라의 교류사를 재정립할 필요가 있다.   [홍보식]

IX 금동불과 소조불

통일신라시대에 불교가 번창하면서 사찰이 대대적으로 건립되었고 그 내부에 봉안된 크고 작은 불상이 많이 조성되었지만, 신라 불교사찰과 그 속에 안치된 불상이 오늘날까지 원형의 모습 그대로 전래되어 오는 예는 찾아볼 수 없다. 경주지역을 중심으로 하여 현존하는 대다수의 통일신라시대 불상은 석불상이고, 흙을 이용한 소조상, 금과 동을 주조하여 제작한 금동상은 전쟁으로 인한 화재가 빈번하였던 우리나라에서는 전래 수량이 적을 뿐만 아니라 크기가 작다.

그간 불상 연구는 미술사학에서 조각양식을 중심으로 한 특징과 연대를 구하는 것에 집중되어 왔다. 그러나 최근 신라고고학의 비약적인 성과로 인해 사원유적 이외의 유적에서도 금동불상과 소조상 등이 출토되었고, 정확한 출토지점을 알 수 있기 때문에 유적의 성격 규명과 봉안원형(奉安原形)을 복원하는 데 결정적인 자료가 되고 있다.

영남지역의 각종 유적에서 출토된 금동상·소조상을 중심으로 자세·존상격(尊像格)·배치방식·주조기법에 대한 분석과 함께 출토된 유적의 성격과 봉안원형에 대해 살펴보자.

1 금동불상의 주조기법과 출토지의 성격

1) 출토지와 출토 상황

경주에서 출토된 금동불상의 출토유적과 출토내용물을 간략하게 정리하면 〈표 5〉와 같다.

〈표 5〉를 통해 보면, 금동불상은 크게 불교사원지와 왕경유적에서 출토되었다. 왕경유적 중 월지에서 금동불상이 대량으로 출토된 것 이외에 월성 부근, 전랑지, 구황동 원지, 신라 왕경(S1E1)에서는 1점 혹은 3점 정도 산발적으로 출토되었다. 즉 1992~1993년 조사된 월성의 교각 부근, 1993년 전랑지 건물지 라와 마 사이, 전랑지 건물지 바 앞쪽, 1999~2004년 조사된 구황동 원지 2차 축대 북편 석축, 구황동 원지 연못 최상층 뻘, 1991~2002년 발굴조사된 왕경(S1E1) 제6가옥, 왕경 중형 배수로, 왕경 서편과 북편 도로에서 각각 1점의 불상이 출토되었다. 특히 1975~1976년 발굴조사된 월지에서 불입상 7점, 판불 10점이 출토되었다.

불교사원지에서는 금당, 강당, 탑, 회랑, 공방지 등 다양한 유적에서 출토되었다. 특히 1976~1983년 발굴된 황룡사지, 2006~2011년 발굴조사된 사천왕사지, 1975년 조사된 분황사지에서는 금동불상이 금당지에서 출토되었다. 그러나

재질	출토지	출토지명	존상격(尊像格)	자세	배치방식	유적성격
금동	왕경유적	월성 교각유구 부근, 전랑지, 안압지, 구황동 원지, 신라 왕경(S1E1)	불상, 보살상, 신장상	입상, 좌상	단독상, 삼존상	교각, 궁전, 주택, 관아, 원지
	불교사원지	황룡사지, 분황사지, 사천왕사지, 감은사지, 석장사지, 인용사지, 황복사지, 굴불사지, 천룡사지, 천관사지, 고선사지	불상, 보살상, 역사상, 공양자상	입상, 좌상	단독상, 이불병좌상	불교사찰
소조	불교사원지	황룡사지, 석장사지, 사천왕사지, 능지탑지	불상, 보살상, 신장상, 공양자상	입상, 좌상	단독상, 불명확	불교사찰

표 5 경주 출토 통일신라시대 불상의 출토유적과 분석내용

1979~1980년 발굴조사된 감은사지 공방지, 2002~2011년 조사된 인용사지 중문 등 원래 불상이 봉안된 장소가 아닌 곳에서도 출토된 경우가 있다.

2) 금동불상의 분석과 주조기법

경주에서 출토된 통일신라시대 금동불상 중 자세, 존상명을 구체적으로 확인할 수 있는 수량은 66점 정도로, 불상이 차지하는 수량은 48점, 보살상은 13점, 신장상 2점, 역사상 2점, 공양자상 1점으로, 불상과 보살상이 주로 주조되었다. 불상의 경우 단독 불좌상은 5점, 단독 불입상은 40점으로 단독 불상이 다수이며, 단독 불상은 전체 불상과 보살상 61점 중 73%를 차지한다. 단독 보살상 중 좌상은 9점이고 입상은 4점이며, 이불병좌상과 삼존상은 각 1점, 2점으로 작은 비중을 점한다.

금동불상의 자세는 입상이 절대다수를 차지하며, 입상은 신라, 통일신라시대 전 기간에 걸쳐 성행한 불상 자세이다. 소금동상 중 단독상은 협시상을 소유하지 않은 일주식의 단독상이 절대다수이다. 삼국시대 소금동불상에서는 단독상 혹은 불상 1구, 협시상 2구의 삼존상이 하나의 큰 광배를 공유하는 것과 달리 불상과 보살상은 별주식으로 주조된 경우가 많고, 월지에서 출토된 금동판삼존상을 제외한 나머지 불상과 보살상은 단독으로 별주되었기 때문에 각각의 불상, 보살상이 하나의 세트를 이루었는지 아니면 단독상으로 봉안되었는지에 대해 정확하게 규명하기는 쉽지 않다. 봉안 방식을 알 수 없지만 현재 자료로 볼 때 단독상 혹은 삼존상 배치방식이 었을 가능성이 높다.

경주지역에서 출토된 금동상은 전체 높이가 30cm에 이르지 못하는 예가 절대다수를 차지한다. 30cm 이하의 작은 불상의 주조기법과 불신, 대좌, 광배의 결합방법, 주조 구멍 등으로 나누어 볼 수 있는데, 통일신라시대에는 통주식·중공식과 더불어 판불의 주조기법이 활용되었다. 그 가운데 이전시대의 주조 전통을 계승한 통주식의 금동상도 여전히 많은 수량이 발견된다.

금동불은 실랍법(失蠟法)의 주조기술로 제작하였는데, 실랍법은 안틀을 두지 않은 통주식과 안틀을 둔 중공식으로 구분된다. 통주식은 초보적인 제작기법으로, 완성된 불상 속이 차 있다(그림 48). 중공식 주조법은 공정이 추가된 진전된 재적기법이다(그림 49). 판불은 동판을 틀에 대고 두들겨 만든 중국, 일본의 압출기법과는 달리 정면에 형상을 조각한 밀랍판을 만들어 진흙으로 앞뒤를 감싼 이후 끓는 동을 부어 넣어 만든 실랍법을 이용하였다.

소금동상은 다시 불신·대좌·광배 등 조각상의 각 부분이 동시에 주조되는 일주식과 각각의 요소들이 독립적으로 주조된 이후 하나의 상으로 결합되는 별주식으로 구분된다. 통주식은 삼국시대 이래 통일신라시대에는 크기가 작은 금동상의 제작에 여전히 많이 이용되었다. 불상 높이가 5cm 미만의 경우 통주식으로 조성되며, 일주식은 5~10cm 크기에서 많이 사용되지만, 통일신라시대 불상의 다수는 통주식+일주식으로 제작되었다. 중공식 기법은 삼국시대 금동상에서는 확인되지 않는 것으로 통일신라시대 금동불상 제작기법의 특징이다.

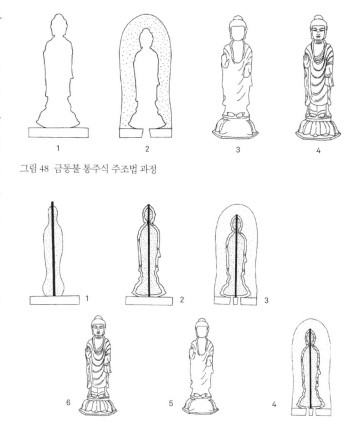

그림 48 금동불 통주식 주조법 과정

그림 49 금동불 중공식 주조법 과정

3) 출토지 성격

통일신라시대 금동상은 출토지의 성격에 근거하여 왕경유적과 불교사원지로 구분할 수 있다. 왕경유적에서 출토된 통일신라시대 금동상은 크게 궁전지, 궁전 혹은 사찰과 관련된 원지, 가옥 건물지로 구분된다. 전랑지·월지·구황동 원지 등은 각각 궁전지, 동궁과 원지, 용궁의 원지 혹은 분황사 원지로 추정되고 있다. 월지는 신라 동궁의 원지로서 정무와 유희를 위해 건립되었고, 월지의 서남쪽에 위치한 건물지들의 성격에 대해서는 최근 월지에서 출토된 목간을 연구하는 과정에서 월지의 동궁에서는 근시(近侍)업무, 궁중 잡역, 궁중 경비 등 궁정 업무와 관련된 내용들이 구체적으로 확인되었다. 전랑지는 신라 월성의 북쪽에 위치한 북궁 혹은 별궁으로 추정되고 있다.

금동불은 월지의 제1·2·3·4·5 건물지에서 출토되었다. 제2·5건물지에서는 불교 장식물, 제1·4건물지에서는 전체 높이 35cm 이하의 불좌상·불입상·판보살좌상이 출토되었다. 제3건물지에서 출토되었다고 보고된 금동제 귀 한 쌍은 테두리가 형성되어 있고 4~6개의 구멍에 못이 꽂혀 있어서 불상 얼굴에 부착되었던 것으로 추정된다. 이 귀의 길이는 15cm이고 폭은 0.7~1.5cm이므로 불상의 전체 복원 높이는 월지에서 출토된 불상 중 가장 큰 것으로 보인다. 이는『삼국사기』권39 잡지8 직관 중의 동궁관(東宮官) 중 "승방전(僧房典)에 대사(大舍) 2인, 종사지(從舍知) 2인"이 배치된 내용과 결부시켜 볼 때 동궁에 승려들이 거주하였거나 적어도 불교와 관련된 행사가 거행되었음을 시사하며 불상이 발견된 곳은 궁전에 설치된 내불당으로 추정된다. 한편, 진평왕대(579~632년) 내제석궁(天住寺)이 건립되었는데 제석상을 모신 궁궐 내 내불당으로 추정되고 있다. 궁전지 혹은 궁전과 관련이 있는 유적에서 금동불상·금동보살상 등이 출토된 사실은 궁전 건축물 중 불상이 봉안된 내불당 혹은 궁전 속의 불교사찰 건축물의 존재 가능성이 높다는 것을 의미한다.

궁전 내불당과 관련이 있을 가능성이 있는 또 다른 예로 구황동 원지와 이곳에서 출토된 불교 유물을 들 수 있다. 발굴 결과 2차 축대는 연못의 최종 호안 석축, 건물지 영역의 각종 건물지와 더불어 8세기 중엽 이후 다시 축조된 것으로 추정되고 있는데, 2차 축대 북편 석축 배수로 상부 와퇴적층(N360E160)에서 금동판보살좌상이, 연못 뻘층(N330E200)에서 금동신장상이 출토되었다. 금동판보살좌상은 보살상의 양식이 월지에서 출토된 금동판보살좌상과 유사하다. 월지 출토품이 7세기 말로 편년되고 있어서 보살좌상의 양식에 미루어 볼 때 구황동 원지 출토품은 8세기 중엽, 원지가 2차로 조영되었을 당시 제작된 것으로 추정된다. 구황동 원지에 대해서는 분황사의 사원지로 보기도 하고, 용궁의 궁원지로 추정하기도 하는데, 원지의 성격이 어떠하든지 간에 불교 유물이 봉안되었던 건물이 존재하였음은 인정된다.

중국의 경우 수나라부터 승려가 궁중에 거주하면서 경전을 설법하고 불상과 경전이 궁전에 설치된 진정한 의미의 내도량이 조성되기 시작하며, 내도량은 특히 측천무후기에 이르러 번성한다. 한편, 당나라 황성(皇城), 대명궁(大明宮), 동궁에서도 덕업사(德業寺)·봉경사(奉敬寺)·불당원(佛堂院)·복수사(福壽寺)·호국천왕전(護國天王殿) 등을 포함한 사찰과 내불당이 10여 개소 알려진다. 특히 대명궁 내에서는 금동불상과 석연화대좌 등 불교 유물들이 출토되어서 대명궁 내에 소재하였던 내불당의 존재를 확실하게 해 주는 자료가 되고 있다. 이러한 점으로 미루어 당나라와 빈번한 교류가 있었던 신라 월지의 동궁·월성·전랑지 등의 궁전에 내불당 혹은 불교 관련 건축물이 존재하였을 가능성은 아주 높다고 추정된다.

불교사원지에서 발견된 금동상은 금당·탑 등 사찰의 중심사역과 회랑, 공방지, 기타 건물지 등 사찰 내부와 외곽지에서도 출토된다. 감은사지에서 출토된 불입상은 공방지로 추정되는 곳에서 출토되었고, 황복사지와 천룡사지에서는 석탑에서 불상이 출토되어 석탑 내부에 매납된 사리공양품이었음을 알 수 있다. 황룡사지에서는 강당지 주변에서 소금동상들이 발견되어서, 강당 내부에 불상이 봉안되었던 것으로 추정된다. 금당에서 출토된 불상으로는 황룡사지와 사천왕사지 출토품이 있다. 황룡사지 중금당에서는 나발편과 불입상, 서금당 주변에서는 불입상, 사천왕사지 금당지에서는 금동입상이 출토되었다. 이들은 크기가 작은 불상들로서 주된 예배대상은 아니었을 것이다.

결국 신라와 통일신라시대 불교사찰 내부에서 출토된 소금동상 중 금당, 강당 등의 주 건축물에서 출토된 예들은 건물 내부에 봉안된 본존상의 주위에 안치되었을 것으로 추정된다. 탑 내부에 안치된 소금동상은 사리공양품의 성격을 지니고 공방지에서 발견된 예는 예배대상이 아닌 주조과정에서 폐기되었거나 공방건물 내부에 안치되었다.

2 소조상의 출토양상과 제작기법

1) 소조상의 출토지와 특징

통일신라 소조상은 황룡사지·석장사지·사천왕사지·능지탑지 등에서 출토되었다. 황룡사지에서는 중문지 부근(S60W8)·서회랑 서편·남문지·동금당·강당 서편 건물지·외곽지역에서 소조상편이 출토되었다. 석장사지는 1986년과 1992년 발굴조사에서 소조상편, 벽전편들이 출토되었으며, 이들은 양지스님과 관련 있을 것으로 추정되고 있다. 사천왕사지는 2006년부터 진행된 발굴조사를 통해 목탑지에서 녹유소조상이 확인되었다. 녹유소조상의 형태는 3종류이며 동서 목탑의 기단부에 안치되었는데 모두 24구였다(그림 50).

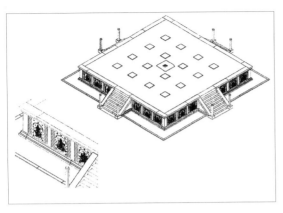

그림 50 사천왕사 목탑지 기단부 복원도

능지탑 소조상은 방형 단 아래의 기단부 네 면에 각각 1구씩 배치한 소조좌상의 편들이다. 1969~1979년 삼산오악학술조사단은 이 유적을 발굴조사하고 복원작업을 하였다.

경주에서 출토된 통일신라시대 소조상은 형태에 따라 사각형의 틀을 가진 벽전과 일반 조각상의 소조상으로 구분할 수 있다. 황룡사지에서는 벽전과 소조상, 능지탑지에서는 소조상이, 석장사지와 사천왕사지에서는 벽전이 확인되며, 특히 석장사지의 벽전에는 탑상문전, 연기법송명전, 천부상전 등이 있다.

소조상의 크기는 사천왕사 목탑지에서 출토된 벽전의 경우 전체 높이는 90cm, 폭 70cm, 두께 약 6~9cm으로 규격화된 크기를 갖고 있고, 나머지 소조상과 벽전들은 모두 파편이어서 크기 복원이 어렵다. 황룡사지와 석장사지에서 출토된 벽전은 잔존 크기를 통해 볼 때 그 복원된 전체 크기는 사천왕사지 출토품보다 작을 것으로 추정된다. 반면 능지탑 소조상은 복원 높이 250cm에 이르는 대형 불상에 속한다.

소조상의 존상격을 살펴보면, 능지탑에서 4구의 불좌상이 확인된 것 이외에 다른 유적에서는 불상이 발견되지 않았다. 능지탑에 안치된 4구의 불좌상은 장대석으로 쌓아올린 6층의 방형 단 아래에 위치한다. 그러나 능지탑이라고 불리는 방형의 단은 체계적인 발굴조사 없이 복원이 이루어졌기 때문에 그 성격을 구체적으로 밝히기는 쉽지 않다. 황룡사지 출토품에서는 인물상, 역사상이 조사되었고 석장사지의 예는 보살상, 신장상, 천왕상, 역사상, 인물상, 사자상이 확인되었다. 사천왕사지의 경우 신장상으로 명명되지만, 이견도 있다. 사천왕사 신장상벽전은 동서 목탑의 기단부에서 면석으로 사용되어서, 당초문전과 함께 탑의 기단부를 형성하였다는 점에는 이견이 없다.

이처럼 주로 환조로 제작된 소조상의 예들은 불상, 공양자상 등이며, 벽전에 표현된 존상은 신장상, 역사상 등 불법을 수호하는 역할을 담당한 예가 많다. 그러나 통일신라 불교사원지에서의 주 불상의 출토수량이 극히 적은 반면, 벽전의 출토수량이 많아서 존상격을 현재의 출토품을 기준으로 단정하기에는 무리가 있다. 뿐만 아니라 능지탑, 사천왕사의 소조상은 유적의 원 위치에서 발견되었지만 황룡사, 석장사지의 경우 사원 외곽 혹은 불교존상이 안치되었을 가능성이 높은 지점이 아닌 여러 곳에서 분산 출토되어서 원래의 봉안처에 대해 추정하는 것은 어려운 작업이다.

2) 제작기법

소조상의 제작기법과 제작순서는 일반적으로 ① 성형, ② 건조, ③ 채색으로 구분된다. 중국 남북조시대 북위 영녕사에서 출토된 소조상은 이러한 제작과정을 거친 것으로 유명하지만 북위 조양(朝陽)북탑 출토 소조상, 백제 소조상은 일반적으로 ② 건조와 ③ 채색 사이에 '소성' 과정이 추가된 것으로 확인되었다. 심지어 남경에서 출토된 남조 소조상에서는 갈유, 녹유 등의 시유 과정이 조사되기도 하였다.

경주지역 통일신라 유적에서 출토된 소조상의 제작기법은 크게 두 유형으로 나뉜다. 첫째, 불좌상, 보살상, 공양자상 등 환조의 소조상은 손빚기로 성형한 후 건조, 소성, 채색을 거쳤다. 둘째, 벽전은 틀찍기로 성형한 후 건조, 소성, 채색 혹은 건조, 시유, 소성의 순서를 보인다. 전체적인 제작과정에서 환조의 조각상과 벽전은 성형 단계에서 큰 차이점을 보인다. 즉 환조상은 형상을 손으로 만드는 손빚기 기법이 채용되었고 벽전은 틀을 이용해 찍어 내었다. 이를 정리한 것이 〈표 6〉이다.

석장사지에서는 역사상 도제(陶製) 틀편(13×10×6cm, 그림 51)이 출토되었을 뿐만 아니라 사천왕사지 출토 벽전 역시 출토품을 통해 최근 동일한 크기의 모형 제작이 실시되기도 하였다. 이를 통해 보면, 통일신라시대 벽전은 틀에 점토를 채워 찍어내는 성형기법이 보편적으로 채용되었음이 확인된다. 특히 사천왕사 벽전에

유적지명	소조상의 종류	제작기법				
		성형		소성	채색	시유
		손빚기	틀찍기			
황룡사지	인물상	◎		◎	◎	
	역사상벽전		◎	◎	◎	
	손, 장식편	◎	◎	◎		◎
석장사지	각종 벽전		◎	◎	◎	
사천왕사지	신장상벽전		◎	◎		◎
능지탑	불좌상	◎		◎	◎	

표 6 경주 출토 신라 소조상의 제작기법

그림 51 석장사지 출토 역사상 도범

시유된 녹유는 초벌소성 이후 다시 소성된 것으로 밝혀져서 흥미롭다.

능지탑 불좌상의 제작은 기타 다른 소조상 제작법과 비교하여 좀 더 복잡하고 치밀한 기술을 필요로 하였다. 다시 말해, 목심(木心)에 점토를 몇 겹으로 바른 후 신체 각 부위를 분할한 후 그 내면에 명칭과 위치 등을 표기하였으며, 이후 건조를 거쳐 가마에서 소성하였다. 소성 완료된 각 부위는 다시 접합되었으며 표면은 백토와 채색을 거쳐 완성되었다.

불좌상이 분할된 후 가마에 소성된 이유는 전체 높이가 2m 이상이었기에 가마안에서 소성이 쉽지 않았기 때문이다. 이러한 제작기법은 백제 청양 본의리 소조대좌상과 비교되기도 하며, 더 나아가 통일신라 소조상의 제작기술에 대한 백제 영향설을 제기하기도 하였다. [양은경]

X 금속공예

1 불사리장엄구

불사리장엄구(佛舍利莊嚴具)란 불교에서 신앙의 대상으로 존숭되는 '사리'를 공양하기 위해서 갖추어 꾸미는 모든 조형물을 뜻한다. 불교의 전래 이후, 신라 왕실에서는 다양한 형식의 불사리장엄구를 제작하여 탑 안에 봉안하였다. 탑 안에 봉안되는 사리는 크게 신사리와 법사리로 나누어진다. 신사리는 직접적인 인체의 일부에 해당하는 이빨이나 머리뼈, 손가락뼈 등의 형태를 가진 골아형사리와 기적을 일으키는 신비하고 빛나는 구슬 모양의 보주형사리 등이며, 법사리는 성물(聖物)로서 봉안된 경전이나 다라니, 게송(偈頌) 등이다. 불사리장엄구는 보통 여러 개의 용기를 다중으로 겹쳐서 구성하는데, 가장 안쪽에 직접 사리를 안치하는 용기는 가장 귀한 재질로 만들고, 바깥쪽 용기는 견고한 재질로 만드는 것이 일반적이다.

신라에서는 불교의 전래 이후 왕실을 중심으로 다양한 사리신앙과 장엄방식이 발달했으며, 영남지역의 여러 탑에서 출토된 신라 왕실 발원 사리장엄구들은 당시의 공예기술 및 미술양식, 불교사상 등을 종합한 중요한 불교미술품이다. 영남지역에서 출토된 신라의 불사리장엄구는 약 40여 세트 이상으로, 이 중에서 기년명이 알려진 예들은 약 10여 세트이다. 그중에서도 가장 오래된 것은 634년 선덕여왕이 창건한 경주 분황사 모전석탑 출토 사리장엄구이다. 분황사탑은 1915년 일본인들에 의해서 해체되었는데, 당시 2층 탑신에서 석함과 은제원형합, 유리병으로 구성된 사리장엄구와 은제 이전(耳栓), 청동제 편병, 중국 북제시대 오수전 등의 공양구가 출토되었다.

현존 신라 사리장엄구 중에서 고고학적으로 가장 주목되는 것은 645년 신라 왕실의 후원으로 창건된 경주 황룡사 목탑지 출토품이다. 황룡사 목탑지 사리공 안에서 출토된 유물은 창건 이후 여러 시대의 것이 혼재되어 있는데, 이것은 황룡사 목탑이 여러 차례에 걸쳐 중수되면서 사리공의 유물들도 여러 차례에 걸쳐서 꺼내졌다가 다시 재매납되는 과정을 반복했기 때문이다. 이 중에서 중국제 백자 사리호와 금동제 태환이식(그림 52), 동제합 및 각종 공양구와 같은 심초석 하부 출토 유물들은 목탑 창건기에 봉안된 것으로, 같은 시기의 분묘 매장품과 상통하는 부분이 많다.

황룡사 목탑지 사리공 내부의 유물은 창건기의 청동제 외함과 9세기 후반에 새로 매납된 금동제 내함이 중심이며, 그 안에는 여러 가지 장엄구 및 공양구가 매납되어 있었다(그림 53). 특히 내함의 사방 벽에 새겨진 〈황룡사찰주본기〉에는 탑의 창건 및 872년 경문왕 연간의 탑 중수 과정에 대한 내력을 음각으로 새겨 놓아서, 역사적으로 매우 중요한 가치를 가지고 있다. 그 외에 은판을 두드려 만들고 얕은 점렬문과 축조기법으로 연화문과 당초문을 장식한 납작한 은제 원형합과 금동제 방형합, 금은제합, 각종 장신구 및 구슬류, 은제 및 금동제 팔각사리탑 등 사리공에서 출토된 여러 유물들은 오랜 기간에 걸쳐 행해진 신라 왕실의 다양한 사리장엄 방식을 보여 준다.

통일신라 초기의 사리장엄구 중에서 가장 대표적인

그림 52 금동제 태환이식(645년, 경주 황룡사 목탑지 심초석 하부 출토, 국립경주박물관 소장)

그림 53 황룡사 목탑지 심초석 사리공 내부 유물 봉안　　　그림 54 감은사 서탑 출토 사리장엄구(682년경, 국립경주박물관 소장)
　　　　추정도

것은 682년 문무왕의 원찰로 창건된 경주 감은사 동서 쌍탑 출토 사리장엄구이다. 서
탑은 1959년 해체조사 도중 3층 탑신 윗면의 사리공에서 사리장엄구 일괄이 출토되
었으며, 동탑은 1996년 해체조사되어 같은 위치의 사리공에서 사리장엄구 가 출토되
었다. 출토 당시 사리장엄구는 완전히 부식된 상태였으며, 현재의 모습은 보존처리를
통해 복원된 것이다. 두 사리장엄구는 도상 배치 및 보존처리 방식 등의 차이로 인해,
현재는 다소 달라 보이는 부분도 있지만, 금동제 외함, 금동제 내함, 수정제 사리병 등
3중으로 구성된 기본적인 장엄방식은 같다(그림 54). 외함은 방추형의 뚜껑이 있는 금
동제 방형함으로, 사방에 동판을 타출해서 만든 사천왕상을 장엄하였다. 사천왕상의
배치는 당시 『금광명경』 및 호국불교 사상의 영향을 받을 것이다.

　　내함은 수미좌 형태의 기단부와 사방의 기둥, 꼭대기의 2중 천개(天蓋)로 이루
어진 '보장(寶帳)', 즉 '보배로운 장막'의 형태를 따른 독특한 형식이다. 통일신라 초
기에 새롭게 유행한 보장형 사리기 형식은 관을 옮기는 상여나 고귀한 인물을 모시
는 장막, 혹은 사리를 이운할 때 사용하는 가마의 형태에서 기원한 것으로, '전각형',
'상여형' 등으로 불리기도 한다. 장막의 중앙에 놓인 보주형 구조물 안에는 사리를
봉안한 수정제 사리병이 봉안되어 있었다. 사리병 아래·윗부분의 마개는 누금세공
기법으로 장식한 금관으로 만들었다. 이 보주형 구조물의 주위는 밀납주조기법으로
제작한 천인상, 혹은 승려와 사천왕상 등이 호위하고 있다. 내함은 주조기법과 판금
기법, 어자문기법 및 축조기법 등 다양한 제작기법을 복합적으로 응용하여 제작한
정교하고 뛰어난 금속공예품으로, 통일신라시대의 수준높은 금속공예 양식을 대표

그림 55 금제 보장형 사리기와
유리발, 유리병(7~8세기,
칠곡 송림사 전탑 출토,
국립대구박물관 소장)

그림 56 경주 황복사지 사리장엄구 일괄 금동제 외함, 은제합,
금제합(706년, 국립중앙박물관 소장)

한다.

이러한 보장형 사리기 형식은 경북 칠곡 송림사 전탑에서도 출토되었는데, 송림사탑 사리장엄구의 외함은 거북이 모양의 석함이었다. 송림사탑 보장형 사리기 안쪽에는 별다른 구조물 없이 금제연화 대좌 위에 초록색 유리병과 유리발을 포개어 사리를 봉안하였다(그림 55). 전반적인 구조와 제작기법은 감은사탑 출토품에 비해서 단순하며 고식을 따르고 있다.

8세기 전반에는 중국에서 704년에 새로 번역된『무구정광대다라니경(이하 무구정경)』이 통일신라로 전래되면서, 이 경전의 의례에 따라 다라니경과 99개의 소탑을 법사리로 봉안하는 독특한 법사리장엄 방식이 통일신라에서 새롭게 창안되었다. 706년 통일신라 왕실에서 재건한 경주 황복사지 삼층석탑은 1943년 해체수리되면서 2층 탑신 윗면의 사리공에서 금동함, 금합, 은합, 유리병 등으로 구성된 사리장엄구가 출토되었다. 이 중 외함인 금동함의 외면에는 무구정경의 다라니작법(陀羅尼作法)을 따라서 99개의 소탑을 점각으로 새겨 놓았다(그림 56). 즉 무구정경에 의한 법사리장엄 방식이 당시 통일신라 왕실을 중심으로 처음으로 행해졌음을 알려 주는 것이다. 또한 외함 안에서는 금제 불상 2점, 금은제 고배, 각종 구슬 등이 함께 공양구로서 봉안되어 있었다.

8세기 중반경의 무구정경 관련 유물로는 경주 나원리 오층석탑 출토품, 불국사 석가탑 출토품 등이 있다. 8세기경 창건된 나원리 오층석탑은 1996년 해체수리 때에

그림 57 전 대구 동화사탑 출토 사리장엄구 일괄 석제 소탑
및 납석제 사리호(9세기, 국립경주박물관 소장)

3층 옥개석 상면 사리공에서 사리장엄구가 출토되었는데, 금동제 외함 안에서 금동제 불상 및 금동제 소탑, 다수의 목조 소탑과 무구정경의 다라니를 필사한 종이조각 등이 발견되었다. 742년 창건된 불국사 석가탑은 1966년 2층 탑신에서 사리공이 발견되었는데, 여기에서는 창건기인 통일신라시대와 11세기 전반 고려시대의 중수기의 유물들이 혼재된 상태로 출토되었다. 그중 창건기의 유물로 추정되는 금동제 방형함은 사방 측면이 당초문 형상으로 투각되어 있어서 내부를 들여다볼 수 있는 독특한 형식이다. 이러한 투각 방형함 형식의 사리용기는 통일신라에 유행한 독특한 사리장엄구 형식으로, 의성 빙산사지 오층석탑에서도 출토된 바 있다.

9세기 이후가 되면 정교하고 값비싼 금속제 사리장엄구가 점차 사라지고, 대신 무구정경의 경권이나 다라니, 혹은 소탑 99개를 유리제 사리병과 석제 항아리 등으로 구성된 사리장엄구와 함께 사리공 안에 봉안하는 독특하면서도 단순한 법사리장엄 방식이 널리 유행한다. 이러한 법사리와 신사리의 공동봉안 및 무구정경에 의한 법사리장엄의 유행은 통일신라의 독자적인 불사리장엄 방식이다(그림 57). 현재까지 무구정경에 의한 법사리장엄 의례가 확인된 9세기 이후의 예는 대구 동화사 비로암 삼층석탑 출토품(863년), 축서사 삼층석탑 출토품(867년), 해인사 길상탑 출토품(895년), 봉화 서동리 동삼층석탑 출토품 등 10여 곳 이상에서 확인되었다.

그림 58 금동제 육각사리함
(9세기, 선산 도리사
세존부도 출토,
직지성보박물관 소장)

이들에서 보이는 사리장엄구의 재질 및 양식의 간소화 및 정형화 경향은 당시 금속공예의 기술적 쇠퇴에 의해 나타난 현상이라기보다는, 부처님의 법을 중시한 법사리신앙의 본질에 대한 근본적인 성찰과 이해를 통해서 일어난 필연적인 불교문화적 양상으로 해석된다. 무구정경의 다라니작법 의례에 의거한 99개의 소탑 봉안 및 다라니 안치와 같은 독자적인 통일신라시대의 법사리장엄 방식은 이후 고려 및 중국 요나라의 사리장엄 방식에도 큰 영향을 미쳤다.

한편, 문경 내화리 삼층석탑 및 선산 도리사 세존부도, 황룡사 목탑지 등에서 발견된 다각탑 형식의 금속제 사리장엄구는 당시 중국에서 전래된 육각, 혹은 팔각탑 형식의 영향을 받아서 만들어진 사리장엄구 형식으로서, 통일신라시대 탑형 사리장엄구의 중요한 예이다(그림 58).

2 기타 불구

사찰에서 사용하는 대표적인 불구(佛具)에는 범종, 금고(金鼓)와 같은 범음구(梵音具)와 향로, 향합, 광명대(光明臺), 정병(淨甁), 번(幡) 등 각종 공양구 등이 있다. 사찰에서 계속 사용해 온 범종은 대부분의 현존 유물이 전세품이지만, 향로나 향합, 광명대 등 소형 기물은 폐사지를 비롯한 여러 유적에서 발굴조사를 통해 출토되는 유물이 많다. 이러한 불구들은 탑에 매납된 불사리장엄구와는 달리 사찰의 의례에서 계속 사용되면서 전해지는 것이기 때문에, 용도에 따른 독자적인 형식을 오랜 기간 보수적으로 유지하는 경향이 강하다.

불구의 수입은 7세기경부터 각국 승려들의 교류를 통하여 활발하게 이루어졌는데, 수입 직후부터 국내에서도 같은 형식의 불구가 제작되었다고 추정된다. 통일신라시대의 불구 형식은 고려 및 조선시대까지 큰 변화 없이 꾸준히 지속된다. 이러한 형식의 보수성으로 인하여, 일부 유물 중에는 국적이나 시대에 대한 논란이 있는 경우도 있다.

통일신라시대의 범종은 다른 나라와는 달리 윗부분에 한 마리의 용으로 구성된 종고리, 즉 단룡뉴(單龍紐)와 음향 효과를 높이기 위한 음통(音筒, 혹은 龍筒)이 있는 점이 특징이다. 국립경주박물관 소장의 성덕대왕신종은 771년 신라 왕실에서 발원해서 만든 것으로, 원래 왕실의 원찰인 경주 봉덕사에 봉안되었던 것이다. 구리와 주석 합금의 청동제 범종으로, 매우 정교하고 섬세한 밀랍주조기법과 비천 및 당초문, 연화문 등의 뛰어난 조형양식을 보여 주는 신라 금속공예의 대표작이다. 이러한 범종을 주조한 통일신라시대의 주종유구(鑄鍾遺構)는 아직까지 확인된 예가 없지만, 최근 울산 약사동에서 고려시대의 수혈식 원형 주종유구가 출토되어 주목된다.

향로와 향합, 광명대, 정병과 같은 불구들은 대체로 불단에 올려놓는 공양구들로서, 폐사지에서 종종 출토된다. 통일신라시대의 불구들은 고려시대 유적지에서 출토되는 경우도 종종 있는데, 이것은 한번 제작된 불구들이 오랜 기간 계속 사용되

그림 59 동제 광명대(8세기,
경주 전 인용사지 출토,
국립문화재연구소 소장)

그림 60 금동제 수각형 향로 (8-9세기,
창녕 말흘리 출토, 국립김해박물관
소장)

그림 61 동제 사자장식 병향로(9세기, 군위 인각사지 출토, 불교중앙박물관 소장)

었기 때문에 나타나는 현상이다. 최근 영남지역 통일신라시대 사찰지에서 발굴된 비교적 중요한 금속제 불구는 경주의 전 인용사지에서 출토된 청동으로 주조해서 만든 광명대이다(그림 59). 광명대는 초와 기름등잔을 놓아서 불을 밝힐 수 있는 등촉구(燈燭具)의 일종으로, 금속 혹은 도자로 제작되었다.

향을 피워 공양할 때 사용하는 향로와 향합은 이미 삼국시대부터 사용되었다고 추정되지만, 현존하는 유물들은 대부분 통일신라시대 이후의 것이다. 향로는 불단에 올려놓는 향로와 긴 손잡이가 달려서 행향(行香) 의례 등에 사용하는 병향로(炳香爐) 등 종류가 다양하며, 현존유물은 대부분 청동 주조품이다. 창녕 말흘리에서 출토된 금동제 수각형(獸脚形) 향로 2점은 발굴에 의해서 출토된 보기 드문 통일신라시대의 불단용 향로이다(그림 60). 이 향로에는 뚜껑이 남아 있지 않지만, 비슷한 형식의 익산 미륵사지 출토 금동제 수각형 향로에는 연꽃 모양의 손잡이가 달린 커다란 뚜껑이 함께 발견되기도 했다. 그 외에도 통일신라시대의 불상이나 승탑의 기단부, 와당 등에는 다양한 형태의 불단용 향로가 표현되어 있는데, 현존하는 향로 실물 유품은 많지 않다. 손잡이가 달린 병향로는 창녕 말흘리와 군위 인각사지, 경주 구황동 원지 유적 등에서 출토되었다(그림 61). 창녕 말흘리 출토품은 손잡이 끝부분의 장식이 단순한 꽃봉오리 모양이며, 군위 인각사지와 경주 구황동 원지 유적 출토품은 손잡이 끝부분 장식이 사자 모양인 점이 특징이다.

통일신라시대 불구들이 다량으로 출토된 창녕 말흘리유적과 군위 인각사지에서는 여러 종류의 불구들이 한꺼번에 같이 폐기된 상태로 발견되어서 통일신라시대

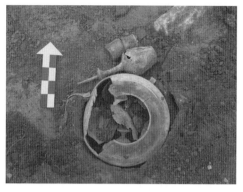

그림 62 금동제 불상문 투조장식판(8-9세기,   그림 63 각종 청동제 불구 출토상태(9세기, 군위 인각사지,
     창녕 말흘리 출토, 국립김해박물관 소장)   불교중앙박물관 소장)

불교 금속공예를 이해하는 데에 매우 독특하고 중요한 유적이다.

　2003년 조사된 창녕 말흘리유적에서는 건물지 구석의 구덩이에서 금동제품들이 가득 들어 있는 철제 솥이 발굴되었다. 철편으로 덮인 철제 솥의 안과 밖에서는 모두 500여 점 이상의 금동제품들이 발견되었는데, 이들은 각종 향로 및 금속제 풍탁, 금동제 투조 장식판, 금동제 자물쇠, 금동제 구, 각종 장식 등 종류가 다양하다. 그중에서도 2장의 금속판을 맞붙이고 그 사이에 비단을 부착했던 흔적이 남아 있는 각종 투조 장식판들은(그림 62) 불단 및 사찰 내부를 장식하는 장엄구의 일종인 번의 일부로 추정된다. 또한 함께 발견된 다량의 풍탁과 금속제 장식, 자물쇠 등의 유물 구성으로 볼 때, 이들이 당시 사찰에서 사용했던 대형 불감(佛龕)을 장식했던 장엄구의 일부로 추정된다. 양식적 특징으로 볼 때, 말흘리 출토품들은 8세기 중후반에서 9세기에 이르는 통일신라시대 후기의 유물들로서, 갑작스러운 사찰의 폐사로 인하여 급하게 매납된 일괄유물로 추정된다.

　2008년 군위 인각사지 중심사역의 동편에 있는 방형집석유구의 북동 모서리 부근에서는 평기와로 만든 함 모양의 매납 공간이 발견되었고, 그 안에서 청동제 금고, 탑 모양의 뚜껑이 덮인 향합, 청동제 정병, 청동제 원통형 2단합, 금동제 병향로, 해무리굽청자, 청동발 및 각종 청동기 등이 일괄품으로 출토되었다(그림 63). 청동제 금고는 측면에 두 개의 고리가 있고, 몸체 한가운데에 연화형 당좌를 중심으로 여러 겹의 동심원이 새겨진 단순한 형식으로 통일신라시대 후기의 작품이다. 함께 발견된 향합, 원통형 2단합, 정병 등은 표면에 별다른 문양이 없는 일반적인 형식으로, 통일신라시대부터 고려시대까지 꾸준히 사용된 불구 형식이다. 이들과 유사한 유물들이 765년 매납된 중국 하남성 낙양의 승려 신회(神會)의 묘탑에서도 일괄유물로 출토되었기 때문에, 인각사지 출토품들도 역시 승려의 묘탑에 매납된 유물로 해석되는 경향이 강하다. 인각사지 출토 일괄불구들은 9세기 이후 고려로 이어지는 불교공예품의 양식변천 및 의례 연구에 매우 귀중한 자료이다.

3 일상생활용품

고분의 구조 변화 및 불교식 화장의 유행과 함께 통일신라시대 고분에서는 금속공예품의 출토 예가 드물어진다. 이 시기의 금속공예품들은 궁궐지 및 산성, 폐사지 등 각종 생활유적에서 출토되는 예들이 많은 편이며, 일상생활에서 사용한 식기류나 자물쇠 등 생활용품이 중심이다. 통일신라시대 유적에서 금속제 장신구, 특히 금은제품이 출토된 예는 매우 드문 편이며, 현존하는 통일신라시대의 장신구들은 대부분 청동제 혹은 금동제이다. 경주 왕경 유적에서는 청동제 혹은 금동제 뒤꽂이와 허리띠 장식들이 다수 출토되었으며, 용도를 알 수 없는 방울이나 장식품들도 다수 출토되었다. 뒤꽂이와 허리띠 장식 등의 장신구들은 지방의 산성유적에서도 종종 출토되고 있어서, 지배계층의 일상생활에서 널리 사용되었던 장신구로 생각된다.

1975년 경주 월지의 정비과정에서 출토된 각종 금속공예품들은 통일신라 왕실의 일상생활을 알려주는 중요한 유물들이다. 월지는 674년 문무왕이 왕궁 안에 만든 궁원지이며, 월지 앞의 임해전지는 679년에 문무왕이 세운 동궁의 정전 자리이다. 월지에서 출토된 각종 금속제 그릇 및 숟가락 등의 식기류(그림 64), 초 심지를 자르는 가위 등은 당시 통일신라와 일본 왕실의 교류 관계를 알려 주는 중요한 유물들이다. 756년 일본 천왕가에서 봉헌한 일본 나라 도우다이지(東大寺)의 쇼쇼인 소장 금속기 중에는 월지 출토품과 유사한 재질과 형식의 통일신라산 금속공예품, 특히 그릇과 숟가락 등의 예가 상당수 전하고 있어서 주목된다. 또한 목조 건축물의 장식을 위해 사용된 문고리와 손잡이, 자물쇠, 마구리 장식 등 각종 건축 부자재 및 판불(板佛)을 비롯한 불교 공예품 등이 발견되어 통일신라시대 금속공예품의 다양한 활용례를 확인할 수 있다. 특히 낮은 굽이 있으며 둥글고 넓은 몸체를 가진 청동제 대접이나 이러한 대접 위에 보주형의 손잡이가 달린 뚜껑이 덮이는 합 등은 통일신라시

그림 64 각종 동제 대접 및 합(8-9세기, 경주 월지 출토,　　　　그림 65 철제 솥 (통일신라 8-9세기, 창녕 화왕산성 출토,
　　　　국립경주박물관 소장)　　　　　　　　　　　　　　　　　국립해양박물관 소장)

대의 대표적인 일상용 그릇 형식이다.

　　1990년대 이후 경주지역의 발굴조사가 활발해지면서, 국립경주박물관 관내 통일신라 우물지, 구황동 원지유적, 왕경유적 등에서는 다양한 통일신라시대의 금속기, 특히 청동제 그릇류와 철기가 다수 출토되었다. 또한 경주시내의 동천동·황남동·서부동·성동동·성건동유적 등 여러 지역에서는 일상용 청동기, 즉 청동제 대접이나 합 등을 제작했던 소규모의 청동 공방지가 꾸준히 발굴조사되어 당시 금속공예의 제작 및 생산방식을 이해하는 데에 매우 중요한 자료가 되었다. 그중에서도 청동기, 철기, 유리, 칠기 공방지가 복합적으로 발견된 경주 황남동 376번지유적과 대표적인 청동기 공방지인 동천동 681-1번지유적은 당시 일상용 금속공예품의 제작과 유통을 이해하는 데에 매우 중요하다. 이러한 공방 유적에서는 일반적으로 노지와 공방지 유구가 함께 발견되며, 도가니 및 슬래그, 주조용 거푸집 등의 생산 관련 유물들이 출토된다.

　　현존하는 통일신라시대의 일상용 금속제 식기는 대부분 구리와 주석을 합금한 유기질의 청동을 주조하여 만들었는데, 일본에서는 이러한 통일신라시대의 유기를 '사와리(佐波理)'라고 부른다. 공방지에서 발견되는 통일신라시대 청동제 그릇의 거푸집은 내외 2개의 틀을 각각 흙으로 만들어서 사용하는데, 숟가락이나 뒤꽂이의 제작에 사용되었던 거푸집은 돌을 이용하여 새겨서 만든 석범인 경우가 많다. 아직까지 정식 발굴조사 과정에서 출토된 통일신라시대의 금은제 일상용 기명의 예는 알려진 바가 없다.

　　통일신라시대에는 청동기뿐만 아니라 철제 도구 및 그릇들도 상당히 널리 사용되었다. 철제품은 못이나 도끼, 낫, 집게와 같은 철제 공구류와 마구류가 중심이지만, 철제 솥이나 철제 그릇과 같은 일상용 그릇도 종종 출토된다. 철제 솥이나 그릇들은 청동기 기형과 상통하는 형식이 많아서, 철제와 청동제 기명의 형식적 상관관계를 확인할 수 있다. 통일신라시대의 철제 솥은 보통 중앙에 넓은 전이 달려서 마치 가마솥과 비슷한 형태의 몸체에 다리가 세 개 달린 정(鼎) 형식으로, 한쪽 부분에 짧은 손잡이가 달린 초두 형식으로 변화된 경우도 종종 보인다. 창녕 화왕산성에서는 다양한 형식의 통일신라시대 철제솥이 6점 이상 출토되었는데(그림 65), 이들은 음식을 만드는 데에 사용한 조리기구였던 것으로 보인다. 창녕 화왕산성에서는 그 외에 각종 청동제 그릇들과 항아리, 철제 칼과 공구류 및 철로 만든 다연(茶銀), 금속제 자물쇠 등이 출토되어, 통일신라 후기의 지방에서 사용되었던 다양한 일상용 금속공예품의 예들을 보여 준다.   [주경미]

XI 제사와 의례

1 제의

신라는 건국에서부터 천자강림을 비롯한 난생설화, 성인이 우물에서 나타나는 지하출현 설화인 나정, 그리고 계림, 말 등 천손민족으로 신성한 정당성과 정통성을 나타내는 내용들이 많이 있다. 이러한 설화를 기반으로 한 신라가 삼국을 통일한 이후 당시 동아시아에서 강력한 국가였던 당의 영향을 전반적으로 받을 수밖에 없는 상황에 놓이게 되었다.

이러한 과정에서 통일신라가 국가와 관련한 각종 의례행위를 시행한 기록을 『삼국사기』와 『삼국유사』에서 확인할 수 있다. 중국의 제도를 직접 수용한 주작대로를 중심으로 한 도시계획과 궁성의 종묘나 사직의 설치, 능원제도의 도입, 그리고 신라만의 특수한 의례로 발전한 시조묘·신궁·용궁·신유림 등의 제의제도 및 우물·천변·생산 기원제사 등의 제의제도를 시행하였다.

2 왕릉의 제의

1) 왕릉 제의

능묘 제의와 관련하여 고구려의 왕릉 주변에는 장군총의 경우처럼 제단과 배총이 있고 아울러 제의와 관련된 예제 건축물과 그리고 독립적으로 신하의 묘가 배장되어 있다. 신라의 경우에도 5~6세기 대의 월성을 기점으로 남동-북서 간으로 뻗은 마립간기의 왕릉으로 추정되는 대형의 적석목곽분 주변에도 크고 작은 독립된 배장으로 추정되는 묘가 수축되어 있는 것을 볼 수 있다. 그러나 현재까지 조사된 바에 의하면 배장묘라는 고고자료가 확인되지 않아 정확히 군신관계를 증명하는 배장제도를 도입하였는지는 명확하지 않다.

그러나 6세기 이후 중고기에 조성된 서악동 추정 왕릉의 능원체제를 보면 확실히 독립된 공간을 확보하고 있다. 즉 당의 문물과 제도를 도입한 진덕여왕 이후부터 조성된 무열왕릉은 초기 능원구조를 볼 수 있는데, 능을 중심으로 전방에 상석, 배례공간, 신도가 갖추어져 있으며, 북쪽 아래에 둘째 아들인 김인문묘와 9세손인 김양묘가 배장되어 있다.

통일기 능원제도에서 가장 중요한 구성요소는 호석의 구조와 능역에 배치된 의례용 능석물이라 할 수 있다. 능석물은 왕릉을 호위하는 기능을 가지는 동시에 이곳에서 행해지는 의식과 관련한 상징적 성격을 띤 것으로 대개 석사자상, 관검석인상, 능비, 호인상, 화표석을 구비하고 있다. 현재 통일신라시대의 왕릉 중에서 거의 완벽하게 구비한 곳은 성덕왕릉·원성왕릉·헌덕왕릉·흥덕왕릉 4기이다.

통일기 왕릉의 제의와 관련하여 가장 명확히 확인할 수 있는 시설은 상석으로 후손들이 매년 정기 혹은 부정기적으로 제사를 지낸 표지석이다. 최초로 무열왕릉에 설치된 후 전 신문왕릉 단계에서 발전하여 성덕왕릉에 이르러 완성되며 황복사지 동편릉, 김유신장군묘, 원성왕릉, 전 경덕왕릉, 전 헌덕왕릉, 흥덕왕릉까지 계승되고 그 이후는 설치된 왕릉이 없지만 차후 세밀한 연구가 필요하다. 그러나 이후 전 헌

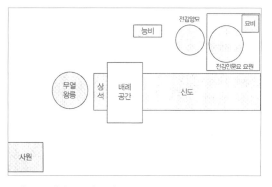

그림 66 무열왕릉 능원 모식도(김용성, 2012)

강왕릉과 전 정강왕릉에서는 동쪽에 단순한 형태의 상석이 보이기는 하나 후대에 조성되었을 가능성이 크다.

2) 능사 제의

삼국시대 고구려의 경우 평양의 전 동명왕릉 주변에 창건된 정릉사는 많은 연구 결과 그 명칭과 부합되게 능사(陵寺)로서의 기능을 하였을 것으로 여겨지고 있다. 또한 백제도 부여의 사비시대 왕과 그 일족의 능묘인 능산리고분군 서편 약 300m지점에서 사지를 발굴조사한 결과 목탑지 사리공에서 발견된 '창왕명사리감'에 새겨진 명문에 554년 관산성 전투에서 전사한 성왕의 능을 조성한 후 공주가 사찰을 불사하고 부왕의 추복을 기원한다는 내용으로 보아 이를 능사로 판단할 수 있다.

신라는 5세기 초반에 초전불교가 도입된 것으로 추정할 수 있는 유물군이 황남대총 남분에서 출토된 연화문 도상의 금제령을 비롯하여 다수 있었지만, 이 시기는 능사와 관련된 기록이나 유적이 확인되지 않았다. 그러나 고고자료에 의하면 지증왕(514년 훙[薨])대 평지의 적석목곽분 조영시대가 끝나고 법흥왕(539년 훙)부터 왕릉은 산지로 이동하여 축조되었다. 이때부터 왕릉의 장지를 표기함에 있어 사원명이 자주 나타나게 되는데 이 절들이 왕릉의 원찰로 기능하였을 것으로 보인다.

통일신라시대는『삼국사기』,『삼국유사』에서 확인되는 바와 같이 6세기 중엽 이후 왕의 화장지나 장지와 관련하여 사찰명을 기록한 예는 12왕으로 이 모두를 원찰로 판단하기 어렵지만, 해당 왕 이전에 법등을 밝혔던 왕릉 주변의 사찰 혹은 당대나 후대에 건립하여 죽은 왕의 추복과 제사를 담당하였을 가능성이 크다. 이러한 예는 ① 법흥왕릉과 진흥왕릉은 애공사, ② 진지왕릉과 무열왕릉은 영경사, ③ 문무왕릉은 감은사, ④ 효소왕릉은 망덕사, ⑤ 성덕왕릉은 이거사, ⑥ 효성왕 화장지는 법류사, ⑦ 경덕왕릉은 모지사, ⑧ 원성왕의 화장지는 봉덕사, ⑨ 헌덕왕릉은 천림사, ⑩ 헌강왕릉과 정강왕릉은 보리사, ⑪ 효공왕의 화장지는 사자사, ⑫ 경명왕의 화장지는 황복사로 기록되어 있다. 그러나 문헌기록과 고고학적 자료를 검토한 결과, 태종무열왕·문무왕·신문왕·성덕왕·원성왕 등 다섯 왕릉만 원찰의 기능을 하였을 것으로 생각된다.

3 왕경의 제의

1) 종묘와 사직 제의

통일신라의 종묘와 사직제도는 『삼국사기』 잡지 제사조에 보면 제36대 혜공왕대(765~780년)에 비로소 5묘를 제정하였는바, 미추왕을 시조로 태종대왕, 문무대왕, 조부 성덕대왕, 부 경덕대왕을 합해 시행하였다는 기록이 있다. 사직단은 제37대 선덕왕대(780~785년)에 세웠다고 하였다.

종묘는 황제나 왕의 조상에 대한 제사를 행하는 장소와 관련 건축물을 의미하며, 그 어원을 보면 종(宗)은 '존조묘야(尊祖廟也)', 묘(廟)는 '존선조아야(尊先祖兒也)'라 하여 선조의 형상을 안치한 곳이라 풀이할 수 있어 종과 묘가 독립된 공간을 의미하기도 하지만 대체로 일체화된 공간으로 보는 것이 일반적이다. 중국에서 천자는 칠묘공일당제(七廟共一堂制)를 채택하였고 왕과 제후는 오묘제(五廟制)를 시행하였다. 사직은 『설문해자』에 사(社)는 '토지신을', 직(稷)은 식을 대표하는 신격을 의미한다. 사직단의 구조는 방단으로 오색토로 구성되며, 사방에 원장을 두르고 사방색으로 치장하며, 내부는 태사단과 태직단을 설치하며, 남쪽에 1문과 나머지 방향에 3도를 낸다.

이러한 종묘와 사직은 고대 동북아시아 국가들의 고대 도성을 구성하는 최고 의례공간인 동시에 최고 지배자의 정통성을 구현하는 장소이다. 도성의 설계원리가 기록된 『시경』에는 우선 종묘를 짓고 이어서 사직을 세운 후 궁전을 건축한다 하였으며, 또한 『주례』 고공기에 주대부터 좌묘우사(左廟右社)의 설계원칙을 적용한다고 하였다. 이러한 예제건축의 원리는 춘추전국시대의 도성 건축부터 적용되며, 이후 진시황대는 종묘와 사직이 모두 궁성의 남쪽에 위치하고 있었으며, 남북조시대는 좌묘우사의

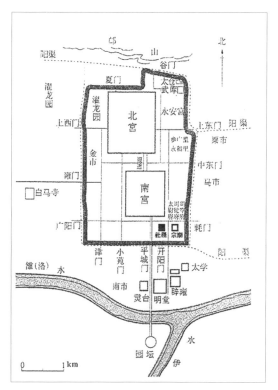

그림 67 낙양성 예제건축(박순발, 2013)

원칙이 철저히 지켜졌다. 북주기에는 일시적으로 좌사우묘가 적용되었다가 수가 통일한 이후에 남북조의 예제를 통합하여 새로운 예제를 확립했다. 궁성 밖 황성 동남에 종묘가, 서남에 사직이 세워지는 것은 당을 거쳐 청대까지 이어졌다.

(1) 시조묘

『삼국사기』 신라본기는 시조 혁거세 거서간 즉위조의 건국신화부터 시작된다. 혁거세는 나정에서 탄생하여 왕위에 올랐으므로 박씨왕 시대에 나정이 신성한 공간으로 여겨졌고 또한 숭배의 대상이 된 것은 자명한 사실이다. 그리고 신라인들은 나정을 신라의 시조인 혁거세왕의 탄생지로 인식하였다.

『삼국사기』 제사 조에는 남해왕 3년(6) 봄에 시조 혁거세왕의 묘를 처음 세우고 1년에 제사를 사시 4번 드렸고 친누이 아로가 제사를 주관하였다는 기록이 있다. 이때의 시조묘는 혁거세왕을 모신 사당으로 보아야 한다. 이후 역대 왕들은 재위 원년에서 3년 사이 시조묘에 제사를 지냈으며, 그것은 새로 즉위한 왕은 전왕 및 신라 건국과 관련된 시조묘에 제사를 지내는 것으로서 왕위계승에 대한 정당성 확보 차원이 되었을 것으로 생각된다. 이러한 제의 절차는 석씨왕들도 예외없이 행하였으며,

그림 68 나정 1, 2차 건물지

김씨왕 시대에도 제21대 소지왕까지 지속되었다. 그러나 제13대 미추왕 2년(263) 2월에 국조묘에 제사를 지냈다는 기록이 있어 미추왕은 혁거세왕을 김씨의 시조가 아닌 신라를 건국한 국조로 본 것으로 이해할 수 있다.

현재까지 문헌이나 고고학 자료에 의하면 시조묘의 경우 탄생지인 나정 주변이 가장 유력한 위치라 볼 수 있다. 2005년 발굴조사 결과 선축된 원형건물지는 외곽의 목주열로 이루어진 목책 내에 있으며 폐기된 시기는 6세기 초로 판단된다. 후축된 팔각 초석건물지와 석렬 담장은 연대측정 결과와 출토유물로 판단했을 때, 문무왕 19년(679)으로 생각된다. 결론적으로 의례용 예제건축물의 구조인 팔각건물지는 나정과 시조묘 혹은 국조묘로 이루어진 것으로 생각된다.

(2) 신궁과 오묘제

소지왕 9년(487) 2월 나을(奈乙)에 신궁(神宮)을 설치하였는데, 나을은 시조가 처음 탄생한 곳이라 하여 그곳에 신궁을 세워 제사를 지낸 것으로 기록되어 있다. 지증왕과 후대 왕들이 시조묘가 아닌 신궁에서 제사를 지냈다는 사실을 미루어 볼 때, 이때의 신궁은 시조인 혁거세왕과 무관한 김씨 시조인 김알지의 탄생지를 가리키며, 그곳에는 김알지를 비롯하여 김씨의 역대 왕과 그 일족이 모셔져 있었을 것이다.

오묘의 경우 신문왕 2년(682)에 신궁에서 제사를 지내고 죄수를 사면하였으며, 동왕 7년 조묘(祖廟)에 제사를 드리는 제문을 보면 왕이 절을 하고 태조대왕, 진지대왕, 문흥대왕, 태종대왕, 문무대왕 영전에 아뢰는 내용에서 최초로 오묘의 범위를 알 수 있다. 그리고 원성왕 원년(785) 2월에 성덕대왕과 개성대왕의 두 사당을 헐어 버리고 시조대왕, 태종대왕, 문무대왕, 조부 흥평대왕, 부 명덕대왕으로 오묘를 삼은 기록이 있다. 또한 애장왕 2년(801) 시조묘에 참배를 하고 별도로 태종대왕과 문무대왕의 2묘를 세우고, 시조대왕, 고조 명덕대왕, 증조 원성대왕, 조 혜충대왕, 부 소성대왕을 5묘로 삼은 기록이 있다. 오묘의 제사는 1년에 여섯 번씩 지내는데 정월 2일과 5일, 5월 5일, 7월 상순, 8월 1일과 15일, 12월 인(寅)일에 시행한다고 기록되어 있다.

통일신라는 왕성을 중심으로 도성을 구획하여 정궁인 월성 북문을 기점으로 북쪽의 전랑지까지 주작대로를 개설하고 북천변에 위치한 이곳을 신성한 의례공간으로 보이는 북궁을 건립하였으며, 서쪽으로는 태후나 왕녀들의 거궁으로 현재 요석궁 주변에 서궁을 설치하였다. 태자와 왕자들의 거궁으로 동쪽의 황룡사와 월지

그림 69 월성과 추정 주작대로와 동서대로

사이에 동궁을 건립하였으며, 궁궐의 수축 및 관리 기능을 가진 궁으로 추정되는 남궁은 현재 경주박물관 부지에 설립하였던 것으로 생각된다. 이처럼 계획된 왕경과 왕궁을 중심으로 볼 때, 당의 종묘와 사직제도를 받아 들였다면, 남천 건너 전 인용사지 주변에 종묘를 설치하고, 천관사 앞들 주변에 사직을 설치하였을 가능성이 높다고 판단된다.

2) 우물 제의

우물은 식수를 공급하는 인공시설이지만 예로부터 신성시하는 관습이 있었으며, 우물을 천지를 연결하는 공간으로 보기도 하였다. 우물에서 위대한 성인이 탄생하는 지하출현의 대표적인 설화가 혁거세왕의 건국신화이다. 우물의 공간구조는 '위(囲)'의 형태로 나타나며 대부분 석조나 나무, 토기를 이용하기도 한다. 통일신라기 왕경 유적에서 보이는 우물 형태는 대부분 첨성대를 지하에 안치한 형상으로 내부는 상협하광이나 통형의 형태이며, 지상부는 지표에서 약 1m 내외로 높여서 상면에 우물 정(井) 형태로 석재를 짜 맞춘 것이나 원형으로 보호시설을 한 것이 대부분이다.

우물은 예로부터 영적인 장소로 다양한 제의행위가 이루어진 것을 고고자료를 통해서 확인할 수 있다. 우물 제사의 단계는 첫째, 축조 당시에 이루어지는 제사로 바닥의 수원이 있는 곳에 주로 토기를 정치한 형태로 나타나며, 둘째, 우물을 사용하면서 이루어지는 제사는 건강, 다산, 가뭄 등 다양한 연유로 행해지고, 셋째, 우물을 폐기하면서 이루어지는 제사로 원인은 수원의 고갈, 오염원의 유입, 자살이나 실족사 및 적군에 의한 시신 유기 등이다. 이 경우 우물을 폐기하고 제사를 지낸 후 새로운 우물을 축조하였을 것으로 판단된다.

우물에 제사를 지낸 증거로는 다양한 토기와 기와류, 청동이나 금동으로 된 금속기류, 목제품으로 제사에 사용되었을 만한 물건들과 토기류에서도 특히 의도적으로 구연부를 훼손한 흔적, 제사음식이나 희생물의 동물유체, 그리고 위생과 벽사의 기능을 한 다량의 복숭아씨류 등을 들 수 있다. 그리고 특히 국립경주박물관 미술관 부지나 전 인용사지 우물에서 출토된 '용왕'명 목간, 법흥왕이 신궁에 제사를 지낼 때 용이 나타났다는 양산정 기록, 진흥왕이 자궁을 축조하기 위해 공사를 하던 중에 황룡이 나타난 기사 등을 볼 때, 물과 관련한 기도 및 제사의 대상은 용이었을 것으로 생각된다.

그림 70 경주 분황사 우물

4 제천 및 명산대천 제의

1) 명산과 대천 제사

고고학적으로 명산대천에 제사를 지낸 흔적을 찾기는 대단히 어렵다. 그 이유는 문헌기록으로 정확한 장소가 남아 있지 않고 또한 현저하고 특별한 시설이 있어서 지속적으로 유지되지 않아 천년 이상 세월이 지난 지금은 흔적을 찾을 가능성이 거의 없기 때문이다. 중국에서 제천행사는 황제가 천자 관념을 가지고 있으므로 독점했다. 기록에 의하면 대대로 한인 왕조는 주로 남교제천(南郊祭天)의식을 행하였으나, 호인 왕조인 북위는 서교제천(西郊祭天)을 통하여 단합과 결속력을 다졌다. 그러나 통일신라에서 제천행사를 지내지 않은 것은 『예기』의 왕제에 "천자는 천지신명과 천하의 명산대천에 제사를 지내며 제후는 사직과 그의 국내에 있는 명산대천에 지낸다"라는 것을 따랐음을 알 수 있다.

『삼국사기』에 신라는 삼산오악(三山五岳) 및 명산대천에서 대사, 중사, 소사로 구분하여 지냈다. 첫째, 대사(大祀)는 습비부에 위치한 나려산, 절야화군의 골화산, 대성군의 혈례산에서 지내고, 둘째, 중사(中祀)는 동쪽 대성군의 토함산, 서쪽 웅천주의 계룡산, 남쪽 청주의 지리산, 북쪽 나이군의 태백산, 중앙 압독군의 부악에서 지냈다. 사진(四鎭)으로는 동쪽 아곡정의 온말근, 서쪽 마시산군의 가야압악, 남쪽 추

그림 71 경주 신당리 추정 수변제사 유적

화군의 해치야리, 북쪽 비렬홀군의 웅곡악에서 지냈다. 사해(四海)로는 동쪽 퇴화군의 아등변, 서쪽 시산군의 미릉변, 남쪽 거칠산군의 형변, 북쪽 실직군의 비례산에서 지냈다. 사독(四瀆)은 동쪽 퇴화군의 토지하, 서쪽 웅천주의 웅천하, 남쪽 삽량주의 황산하, 북쪽 한산주의 한산하에서 지냈다. 셋째, 소사(小祀)는 상악과 설악, 화악과 감악을 비롯하여 24곳의 산악에서 지냈다. 이러한 제사의 목적은 주로 수재나 한재 때문에 지낸 것으로 기록되어 있다.

최근 경주 신당리유적에서 의례유구로 추정되는 수혈이 다수 조사되었다. 이 유구들은 타 유적에서 확인되지 않는 수혈유구에 의도적으로 부가구연장경호·기대편·방추차·원통형토제품·토구·파수·소호·단경호·단각고배·배·대부완·시루·평배 등과 제기형토기 및 기와 등 완형 유물을 다량으로 매납하였으므로 의례적 목적과 관련된 유적임을 알 수 있다. 이 특수한 수혈군의 지형적 입지를 보면 형산강과 신당천이 합수되는 지점에 위치하고 있어 수변제사 혹은 천변제사 행하였던 곳으로 볼 수 있다.

2) 생산 관련 제의

생산과 관련한 제의시설로 조사된 예는 많지 않다. 그러나 화곡리유적은 외형상 청동기시대 지석묘와 유사하나 하부에 매장주체부가 확인되지 않는 특이한 구조로 주변에 산재한 토기 및 기와 생산과 관련된 제단유적으로 판단된다. 이와 같은 유형은 밀양 살내·신안유적, 밀양 교정시설 예정부지 유적 등에서 확인되며, 축조기법과 외형이 거의 동일한 점, 매장주체부가 확인되지 않는 점 등으로 보아 특수한 기능과 성격을 가진 유구로 생각된다.

화곡리 제단유적은 청동기시대에 축조된 시기와 상관 없이 신라토기를 매납하거나 깨뜨려 뿌리는 등 제의행위가 확인된다. 이러한 행위는 청동기시대의 묘역식지석묘에서 행하여진 양상과 유사하지만 제단시설 내에서 출토된 유물을 볼 때,

삼국시대에서 통일신라시대까지 이르는 토기들이다. 이와 관련된 유적은 북쪽에 위치한 화곡리 생산유적 및 분묘유적과 시기가 동일하여 유적의 성격을 추정해 볼 수 있다.

화곡리 제단유적은 청동기시대에 축조되어 집단의 삶과 관련한 의례 구조물로 유존해 오다 삼국시대와 통일신라시대에 들어서면서 토기 및 기와 제작과 관련된 장인집단의 안녕과 순조로운 생산을 기원하기 위한 제의공간 및 구조물로 재사용되었다. [박광열]

그림 72 경주 화곡리 생산관련 제단유적

참고문헌

강우방, 1990, 『원융과 조화』, 열화당.

_____, 1996, 「능지탑 사방불 소조상의 고찰」, 『신라 문화제 학술발표 논문집』 17.

강인구, 2000, 『고분연구』, 학연문화사.

경남고고학연구소, 2005, 『창녕 말흘리 유적』, 경남고고학연구소.

慶州文化財研究所, 1995, 『學術研究叢書 9―殿廊址南古壘』, 發掘調査報告書.

경주시·한국전통문화대학교, 2013, 『신라왕릉 학술조사 연구보고서』.

郭東錫, 1992, 「製作技法을 통해 본 三國時代 小金銅佛의 類型과 系譜」, 『佛教美術』 11.

국립경주문화재연구소, 2008, 『慶州 九黃洞 皇龍寺址展示館敷地內 遺蹟 發掘調査報告書』.

_____, 2011, 『경주지역 발굴출토품―신라의 금동불』.

_____, 2012, 『사천왕사 녹유신장벽전』.

_____, 2013, 『신라 수막새 분류기준안』.

국립경주문화재연구소 편, 2010, 『국립경주문화재연구소 20년의 발자취』, 국립경주문화재구소.

국립경주박물관, 1991, 『경주와 실크로드』 도록.

_____, 2010, 『신라, 서아시아를 만나다』 도록.

_____, 2011, 『우물에 빠진 통일신라 동물들』.

국립경주박물관 편, 1999a, 『성덕대왕신종 종합논고집』, 국립경주박물관.

_____, 1999b, 『성덕대왕신종 종합조사보고서』, 국립경주박물관.

_____, 2011, 『땅 속에 묻힌 염원―창녕 말흘리 유적 출토유물 대공개』, 국립김해박물관.

국립대구박물관, 2004, 『우리 문화속의 中國 陶磁器』, 특별전 도록.

국립문화재연구소, 2000, 『감은사지 동삼층석탑 사리장엄』, 국립문화재연구소.

국립문화재연구소·미륵사지유물전시관, 2007, 『미륵사지 출토 금동향로』, 국립문화재연구소.

국립중앙박물관 편, 1991, 『불사리장엄』, 국립중앙박물관.

_____, 2003, 『통일신라』, 국립중앙박물관.

국사편찬위원회, 2007, 『신앙과 사상으로 본 불교전통의 흐름』, 국사편찬위원회 편.

김동숙, 2008, 「신라·가야의 象形容器와 분묘 제사」, 『상형토기의 세계』, 용인대학교박물관 학술대회.

김동욱, 1983, 「신라의 제전」, 『신라민속의 연구』, 新羅文化祭學術發表會論文集 4.

김성구, 1983, 「多慶瓦窯址出土 新羅瓦塼小考」, 『美術資料』 第33號, 國立中央博物館.

김시환·구민정·이성호, 『창녕 화왕산성내 연지』, 창녕군·경남문화재연구원, 2009.

김용성, 2012, 「경주 서악동 능원과 그 의의」, 『영남대학교 문화인류학과 40주년 기념논총』.

_____, 2012, 「신라 십이지신장상 호석 능묘의 변천과 의의」, 『한국고대사탐구』 11, 한국고대사탐구회.

김용성·강재현, 2012, 「신라 왕릉의 새로운 비정」, 『야외고고학』 제15호, 한국문화재조사연구기관협회.

김유식, 2004, 「통일신라시대 기와 연구의 현황과 과제」, 『통일신라시대 고고학』, 한국고고학회.

_____, 2007, 「삼국~통일신라 와요지 조사현황과 연구방향」, 『제50회 전국역사학대회 발표집』.

김재철, 2011, 「韓國 古代 土器窯 變遷 硏究」, 慶北大學校 文學碩士學位論文.

김창억, 2004, 「우물에 대한 祭儀와 그 意味」, 『嶺南文化財硏究』 第17輯.

김현희, 2011, 「古代의 우물과 祭祀」, 『國立慶州博物館內 우물 出土 動物遺體』, 國立慶州博物館.

나희라, 2003, 『신라의 국가 제사』, 지식산업사.

동국대학교 경주캠퍼스 박물관, 1994, 『錫杖寺址』.

文化公報部 文化財管理局, 1978, 『雁鴨池』, 發掘調査報告書.

박광열, 2001, 「新羅 積石木槨墳 出土 黃金遺物과 初轉佛敎」, 『文化史學』 第27輯, 韓國文化史學會.

박순발, 2013, 「동아시아 고대 도성 廟墻의 기원과 전개 」, 『한국 고대 도성의 의례공간과 왕권의 위상』, 한국고대사학회.

박헌민, 2011, 「慶州地域 古新羅~統一新羅時代 瓦 연구—瓦窯의 構造와 出土瓦의 流通을 中心으로—」, 『기와의 생산과 유통』, 한국기와학회.

박홍국, 1986, 「三國末~統一初期 新羅瓦塼에 대한 一考察—月城郡 內南面 望星里 瓦窯址와 그 出土瓦塼을 中心으로—」, 東國大學校 美術史學科 碩士學位請求論文.

불교중앙박물관 · 불국사, 2010, 『불국사 석가탑 사리장엄구』, 불교중앙박물관.

山本孝文, 『三國時代 律令의 考古學的 硏究』, 서경.

성림문화재연구원, 2008, 『慶州 花谷里 祭壇遺蹟』, 학술조사보고 제18책.

孫昌武, 1996, 「唐長安佛寺考」, 『唐硏究』 2.

손호성 · 유지현, 2010, 「영남지역 와요에 관한 연구」, 『경주사학』 31집.

梁銀景, 2007, 「遼寧省 朝陽 北塔 出土 塑造像 硏究」, 『美術史學硏究』 256.

_____, 2011, 「강당의 불상봉안 검토와 백고좌회」, 『황룡사 불상 조성에 관한 연구』, 국립문화재연구소.

_____, 2013, 「남경 출토 남조 소조상의 제작기법과 생산체계」, 『백제연구』 58.

윤상덕, 2010, 「6~7세기 경주지역 신라토기 편년」, 『한반도 고대문화속의 울릉도—토기문화』, 동북아역사재단연구총서.

윤선태, 2006, 「雁鴨池 出土 '門號木簡'과 新羅 東宮의 警備」, 『韓國古代史研究』 44.

이강근, 2005, 「蘿井 八角建物址에 대한 고찰」, 『慶州 蘿井』, 중앙문화재연구원.

이경섭, 2010, 「雁鴨池 木簡과 新羅 宮廷의 日常」, 『新羅文化』 35.

이근직, 2007, 「新羅의 喪葬禮와 陵園制度」, 『신라 왕경인의 삶』, 新羅文化祭學術論文集 第28輯.

_____, 2012, 『신라왕릉연구』, 학연문화사.

이난영, 1992, 『한국고대금속공예연구』, 일지사.

_____, 2012, 『한국 고대의 금속공예』 개정판, 서울대학교 출판문화원.

李東憲, 2008, 『印花文 有蓋盌 硏究—慶州地域 出土遺物을 中心으로—』, 釜山大學校 碩士學位論文.

_____, 2011, 「統一新羅 開始期의 印花文土器—曆年代 資料 確保를 위하여」, 『韓國考古學報』 81, 韓國考古學會.

_____, 2013, 「경주 화곡리 출토 통일양식토기 문양 도상의 변화—통일신라 인화문토기를 중심으로」, 『경주 화곡리 생산유적과 신라왕경의 요업 "신라토기 연구의 새 지평을 열다"』, 盛林文化財研究院.

李文基, 2005, 「雁鴨池 출토 木簡으로 본 新羅의 宮廷業務」, 『韓國古代史研究』 39, pp. 157-205.

李炳鎬, 2005, 「扶餘 定林寺址 出土 塑造像의 製作技法과 奉安場所」, 『美術資料』 72 · 73.

이상준, 2004, 「통일신라시대의 생산유적」, 『통일신라시대의 고고학』, 한국고고학회.

_____, 2004, 「통일신라시대의 생산유적—토기, 기와, 철·철기, 유리」, 『통일신라시대의 고고학』, 제28회

한국고고학전국대회자료집, 한국고고학회.

이용현, 2007, 「월지 목간과 동궁(東宮) 주변」, 『역사와 현실』 65.

이한형 외, 2012, 「경주 사천왕사지 녹유전의 녹유 특성 연구」, 『문화재』 44.

장인성, 2002, 『백제의 종교와 사회』, 서경문화사.

재단법인 불교문화재연구소 편, 2011, 『인각사―군위 인각사 5차 발굴조사 보고서』, 재단법인 불교문화
　　　　재연구소·군위군.

鄭吉子, 1980, 「新羅藏骨容器研究」, 『韓國考古學報』 8, 韓國考古學會.

_____, 1989, 『新羅時代의 火葬骨藏用土器 硏究』, 崇實大學校大學院 博士學位論文.

정호섭, 2011, 『고구려 고분의 조영과 제의』, 서경문화사.

주경미, 2002, 「한국 고대 불사리장엄에 미친 중국의 영향」, 『미술사학연구』 235.

_____, 2003, 「통일신라시대의 금공기법 연구―불사리장엄구를 중심으로」, 『신라문화제학술논문집』 24.

_____, 2004, 「한국 불사리장엄에 있어서 『무구정광대다라니경』의 의의」, 『불교미술사학』 2.

_____, 2005, 「통일신라시대 전성기 공예양식의 변화와 발전」, 『신라문화』 25.

_____, 2008, 「황룡사 구층목탑의 사리장엄 재고」, 『역사교육논집』 40.

차순철, 2005, 「경주지역의 청동생산 공방운영에 대한 일고찰」, 『문화재』 38.

_____, 2013, 「삼국시기 도성의 의례공간과 사찰 그리고 궁성」, 『한국 고대 도성의 의례공간과 왕권의 위
　　　　상』, 한국고대사학회.

차윤정, 2011, 「황룡사지 출토 불교조각」, 『신라사학보』 23.

채미하, 2008, 『신라 국가제사와 왕권』, 해안.

채상식, 1984, 「신라통일기의 성전사원의 구조와 기능」, 『부산사학』 8.

채해정, 2001, 「통일신라 금속 및 칠공예품의 기법과 문양 연구」, 『미술사연구』 1.

천진기, 2011, 「신라 토우의 민속학적 연구」, 『신라토우』, 국립경주박물관.

최광식, 1994, 『고대 한국의 국가와 제사』, 한길사.

최병현, 2011, 「신라후기양식토기의 편년」, 『嶺南考古學報』 59, 嶺南考古學會.

최성은, 2012, 「통일신라 녹유소조신장의 연구성과와 향후과제」, 『신라사학보』 26

_____, 2012, 「통일신라 녹유소조신장의 연구성과와 향후과제」, 『신라사학보』 26.

_____, 2013, 「백제 소조상의 양상과 그 전파」, 『백제 불교문화가 일본열도에 끼친 영향』, 한일학술 심포
　　　　지움 발표자료집.

최응천, 2010, 「군위 인각사 출토 불교 금속공예품의 성격과 의의」, 『선사와 고대』 32.

최진열, 2011, 「북위황제의 순행과 호한사회」, 서울대학교출판부.

최태선, 2010, 「선종유입에 따른 가람구조의 변화 시고」, 제4회 굴산사지와 범일국사 학술세미나.

한국문화재보호재단, 2009, 『慶州 神堂里 遺蹟』, 학술조사보고 제210책.

韓炳三, 1979, 「統一新羅の土器」, 『韓國古代』, 世界陶瓷全集 17, 小學館, pp. 257~259.

홍보식, 2004, 「통일신라의 장·묘제」, 『통일신라시대고고학』, 한국고고학회 제28회 전국대회.

_____, 2005, 「통일신라 연결고리유개호의 발생과 전개」, 『韓國上古史學報』 第50號.

_____, 2007, 「통일신라의 화장묘 조영층과 지방 확산」, 『考古廣場』 창간호, 釜山考古學硏究會.

_____, 2012, 「9세기 국내 자기 생산설 비판」, 『연구논집』, 부산박물관.

_____, 2013, 「경주 화곡리유적과 월지 출토 토기의 비교 연구─통일신라시대 토기의 공급관계」, 『경주 화곡리 생산유적과 신라왕경의 요업 "신라토기 연구의 새 지평을 열다"』, 盛林文化財研究院.

上海人民出版社, 2000, 『中國陶瓷全集』, 隋唐, 中國美術分類全集.
齊東方, 1999, 『唐代金銀器研究』, 中國社會科學出版社.

森本徹, 1992, 「火葬墓と火葬遺構」, 『大阪文化財研究』 3, 大阪文化財センタ─.
_____, 1998, 「韓國にける初期火葬墓の研究」, 『靑丘學術論集』 13, 財團法人韓國文化研究振 興財團.
重見泰, 2012, 『新羅土器からみた日本古代の國家形成』, 學生社.

고려·조선시대

I 총설

영남지역을 중심으로 고려시대와 조선시대 고고학에서는 묘제와 성곽·사찰·관아 그리고 도자기·기와·공예·무기·제사 등이 연구되고 있다. 이 가운데 분묘와 도자기·기와 등은 비교적 연구 자료가 많이 남아 있어서 당시의 사회상 복원에 유리한 편이며, 무기와 제사 등의 주제는 관련 유물이나 유적이 많지는 않으나 무기는 외침에서 자유로울 수 없었던 고려와 조선의 상황을 대변하는 자료이며, 제사유적은 고려·조선시대 사람들의 의식세계가 유물과 유적에 어떻게 반영되어 나타나는가를 살펴볼 수 있는 자료이다.

고고학 연구에서 고려시대나 조선시대가 다른 시대에 비해 활발하지 못한 이유는 당시 사회를 이해하는 데 있어서 물질자료보다는 문헌자료에 의존하는 경향이 크다보니 고려·조선시대의 고고학 연구는 문헌연구에 비해 그 입지가 좁다고 할 수 있다. 그러나 고고학 조사의 증가로 고려·조선시대 유적·유물들이 상당량 축적됨에 따라 고고학은 문헌연구의 보조 분야가 아닌 적극적인 연구가 필요하게 되었고 여기에 역사·민속학·인류학 등 인접 학문 간의 학제적 연구가 더해짐으로써 보다 생생한 역사 해석이 가능하게 될 것이다.

1 고려·조선시대 고고학 연구 성과

1) 묘제

그동안 고려·조선시대의 무덤을 '민묘'라는 애매한 용어로 표현하였으나, 최근 20년간의 발굴조사를 통해 고려시대와 조선시대의 분묘를 구별하게 된 것은 커다란 성과이다.

그러나 고려시대의 묘제에서 중앙과 지방의 차별성 또는 지방의 독립성 등이 지적되고 있지만 이와 같은 상황이 유물로서는 어떻게 증명되는지 밝히지 못한 한계가 있다. 특히 고려시대에 다양한 부장품을 동반하는 장법의 등장 배경에 대해서 중국이나 북방문화와의 관련성이 아직 충분히 설명되지 못하고 있고, 통일신라시대의 장법이 고려시대에 들어서면서 경주지역의 위상 변화와 함께 영남지역에서 어떤 변화를 보이고 있는지에 대하여 충분한 설명을 하고 있지도 못하다. 이러한 문제는 조선시대도 마찬가지여서 고려시대의 묘제가 조선시대 전기까지 이어지다가 조선시대 후기가 되면 완전히 변모하게 되는데, 묘장제의 변화상과 변화의 배경에 대한 구체적인 연구가 진행되지 못하고 있다. 특히 조선 전기부터 지역에 따라 변화를 보이던 부장품은 후기에 이르러 주자가례에 따른 장법으로 그 내용이 완전하게 변화하게 되었을 것이므로 차후 이에 대한 연구가 요구된다.

고려시대와 조선시대 묘제 연구에 있어서 커다란 장애가 되는 것은 한 유적에서 1000여 기 이상의 무덤이 확인되는데도 정확한 편년적 위치를 판단하기 어렵다는 점이다. 동일한 장법이 장기간에 넓은 지역에서 이용되기 때문이다.

2) 성곽

성곽 연구는 문헌사료에 보이는 성곽 관련 기사와 연관시킨 역사지리적 접근이 주가 되었고, 특히 1990년대 이후 진행된 성곽 지표 및 시·발굴조사에 의한 고고학적 연구로 그 성과를 쌓아 왔다. 따라서 체성이나 문지 등의 축조수법과 부속시설 등 구조와 출토유물에 대한 분석은 성의 축조시기와 배경을 밝히게 되었고, 영남지역의 읍성과 관련한 연구는 문헌사료에 의한 성곽 연구의 한계에서 벗어나 남해 연안에서 고고학적으로 발굴조사된 성지의 체성 축조수법과 구조·규모·축성재료 등 제 요소를 정리하여 성곽의 시기별 특징을 밝히는 성과를 거두었다.

그러나 성곽이 돌이나 흙으로 쌓아 외부와 차단된 공간을 확보하고자 하는 것이 주된 목적이므로 성곽의 축조수법이나 시기에 대한 질문을 넘어서 과연 그 내부에서는 무슨 일이 벌어졌는가 하는 것을 고고학적인 자료로서 설명하고 해석하는 것이 성곽고고학이 지향하여야 할 바라고 할 수 있다. 다수의 성곽이 고려시대 이후 조선시대를 거치면서 지속적으로 행정과 군사, 주거 등 다양한 역할을 수행하였으므로 이를 고고학적으로 증명할 수 있는 조사와 연구가 수행되어야 할 필요가 있다.

통일신라시대 이래의 치소가 고려시대가 되면서 평지 토성으로 옮겨 가고 이것이 조선시대에 들어서면서 읍성으로 옮겨 가는 경향이 확인되고 있는 점을 감안해 볼 때 차후 각 지역의 치소이동 연구에 고려하여야 할 사항이다. 또한 삼국시대 이래 성곽의 전통이 유지되고 있다고 하여도 성곽의 축조에 있어 중국의 영향을 간과할 수는 없을 것이다. 고려시대에 들어 영남지역에서 토성의 축조가 증가하고 있는 것이나 고려 말~조선 초에 들어서서 읍성 축조가 활발하게 된 이유도 중국의 영향이라는 점 등을 고려하면 중국과의 비교연구는 반드시 필요하다.

3) 무기

무기는 성곽과 함께 고려해야 할 유물이다. 삼국시대 고분에 자주 부장되었던 것과는 달리 고려시대의 무기는 남아 있는 예가 많지 않고 일부 문헌기록이나 회화 자료에서만 그 모습을 엿볼 수 있다. 다행이 여몽연합군의 일본원정과 관련된 응도 해저유적에서 화살촉·포탄·도검 등이 출토되고 있으므로 무기 연구가 불가능한 것만은 아니다.

무기 구성이 수성전과 원사무기를 기본으로 하고 고려 말부터는 왜구의 침입으로 화약무기의 개발이 이루어졌다. 조선시대 서북변 개척으로 화약무기의 개발이 더욱 촉진되었으며, 임진왜란 이전에 화약무기는 완성된다. 화약무기가 임진왜란을 거치면서 해전에서 큰 위력을 발휘하지만 막대한 재원을 충당하기 어려운 탓으로 그 이후로는 별다른 발전을 보지 못한 듯하다. 그러나 활과 칼·창 등의 기본적인 병기 구성을 보여주는 것이 동래읍성의 해자에서 출토되어서, 이러한 병기구성이 조선 후기까지 이어지고 있음을 알 수 있다.

무기 연구의 어려운 점은 자료의 부족에 있는데, 이는 병자호란 이후 커다란 전쟁이 없었고 성리학을 국가이념으로 하는 사대부의 나라 조선에 있어 무기는 상서

롭지 못한 물건으로 인식되어 보존되거나 관리되어야 할 대상은 아니었기 때문인 것으로 보인다.

그렇지만 고려시대와 조선시대의 방어체계 연구와 전술의 변화라는 측면 그리고 각 시대적 상황을 극복하기 위하여 개발된 각종 무기-병기의 연구는 소홀히 할 수 없다. 따라서 무기는 전통과 지형·전술·시대환경을 반영하는 결과물이므로 일조일석에 변화할 수는 없다는 전제하에 일부 전장이 남아 있는 해저 조사와 그림을 포함한 여러 기록들을 종합한 연구가 필요하다.

4) 도자기

유약을 바른 도자기 생산기술이 중국으로부터 유입된 이후 고려시대의 자기로는 청자와 백자가 있다. 청자는 11세기경에 완성되고 13세기에 들어서면 비색의 상감청자가 생산되었으며, 고려 말에는 백자도 생산되었다. 조선시대 들어오면서 청자를 계승한 분청사기와 함께 백자가 도자기의 중심을 이룬다. 영남지역에서 백자의 생산은 15세기 중반을 넘어서면서 시작된 것으로 보고 있다. 이처럼 그동안 도자기는 미술사 영역에서 주로 제작수법과 편년 연구에 치중된 경향이 있고, 발굴조사를 통해 수집되었음에도 불구하고 고고학적 방법론의 활용도 그다지 많지 않았다.

영남지역에서의 도자기가 그다지 주목을 끌지 못하였지만 최근 건물지와 사지 그리고 생산유적 등이 조사되고 있으므로, 도자기의 생산과 수급, 활용이라는 종합적인 접근이 불가능하지만은 않게 되었다. 진해·울산·부산 등지의 청자 가마터, 칠곡·합천·고령·울산 등지의 분청사기 가마터, 경상도 여러 지역에서 백자를 생산하였던 가마터와 함께 분묘에서 도자기가 확인되고 있을 뿐 아니라 건물지나 사지에서도 도자기가 출토되어 도자기의 제작이나 편년에서 벗어나, 생산과 수급·용처에 대한 종합적인 시각에서의 연구가 필요하다.

5) 기와

기와의 연구는 막새기와와 평기와에 대한 제작수법과 형태, 그리고 문양 등을 분석하여 편년을 시도하는 연구가 주를 이루고 있지만, 여러 시기에 걸쳐 재사용되거나 한 유구에서 층위 구별 없이 여러 시기에 걸친 기와들이 출토되는 경우도 적지 않아서 기와의 전체적인 흐름을 파악하는 데에는 어려움이 있다. 따라서 막새기와

나 기와의 제작기법과 문양·편년 등에 대한 단편적인 연구가 진행되고 있을 뿐이다.

고려시대의 막새는 통일신라 후기의 전통을 계승하지만 시간의 흐름에 따라 고려적인 특징을 가진 것이 증가하면서 일휘문·단판 연화문·범자문 등의 여러 기와사 사용되었다. 평기와도 통일신라 후기의 전통을 계승하지만 고려 중기가 되면서 타날판의 문양이 다양화되는 경향을 보인다. 아울러 사지·성지·와요지 등지에서 문자와가 확인되었다. 문자와는 사찰명과 연호·지명·기와 제작과 관련된 것이다.

조선시대의 기와는 고려 기와의 전통 위에 있으나, 영남지역의 조선시대 기와 연구는 전무하다 하여도 과언이 아닐 정도로 연구가 부진하였다. 최근 사지와 기와 가마가 조사됨에 따라 조선시대의 막새기와는 고려 후기 양식을 계승하였으나 전 시기에 비해 도식화, 생략화되는 경향을 보이고 있음이 확인되었다. 평기와도 고려시대의 어골문이 지속적으로 이어지고, 직선계 집선문의 타날판이 새로 등장하면서 조선 중기의 중심문양이 되었다.

기와가 사지와 성곽의 여러 건물지·관아 등 여러 유구에서 출토되고 있으므로 건축 부재로서 기와는 건물지와 함께 연구될 필요가 있다. 따라서 기와 가마와 기와 소용처를 결부시킨 기와의 수급관계, 제작배경은 물론 건물지의 성격, 나아가 당시 지방 도시의 구조와 경관 등을 밝힐 수 있는 종합적인 시각에서의 연구가 필요하다.

6) 금속공예

고려·조선시대의 영남지방 금속유물들은 대부분 분묘에서 출토되었거나 사찰에서 전해지는 전래품이다. 특히 분묘에 부장된 숟가락과 젓가락·청동합과 도자기 등의 식도구, 가위·귀이개 등의 실용구, 반지·비녀·동곳·구슬 등의 장신구들은 거란과 여진 등 북방지역에서 유행하던 장속이다. 이전 시대의 부장품과는 달리 고려시대에 들어서면서 이러한 장속을 보이는 것은 북방족과의 교류가 원인이 될 것이다.

고려시대 금속공예품의 다수를 점하는 것은 불교 관련 용구로 범종·반자·향완·정병 등으로, 범종은 비천상, 불·보살상을 장식하는 것이 고려시대의 특징으로 대개는 통일신라시대의 양식을 계승하였으나, 반자·향왕·정병 등은 고려시대 들어와서 유행하였다.

그러나 영남지역에서 금속공예품에 대한 연구는 그다지 활발하였다고 보기 어렵고 분묘에 부장되었던 일상용구나 사지에서 출토되었거나 전해지는 불교용구 등에서 영남지역만의 지역색이 관찰되지도 않는다. 이러한 경향은 조선시대의 금속공예품에서도 마찬가지이다.

다만, 고려시대에서 조선시대 전기까지 분묘에 부장되던 가장 대표적인 기물인 숟가락은 중국 송·요·금·원나라의 숟가락과 변화양상이 다르지 않고 철제 가위는 고려의 원나라 지배기에 들어서면서 크게 변화하는 등 당시 고려의 국제적인 교류를 보여 주기도 하며, 조선시대에 들어서면 중앙과 영남, 그리고 영남 각 지방에서는 묘제와 부장품의 구성에 있어 차이를 보이기도 한다. 따라서 최근 고려·조선시대의 유적 조사가 급증하고 있음을 감안해 볼 때 금속공예품들을 공예사 연구의 대상에서 벗어나 고고학적 연구대상으로 보는 인식의 변화가 필요하다. 특히 분묘의 경우 부장품의 조합상과 배치, 각각의 부장품이 가지는 상징성 연구 등은 당시의 시대적 상황이나 유적의 조성과정을 이해하는 데 유용한 근거가 될 것이다.

7) 제사

영남지역에서 고려시대의 제사유적은 건물지에서 확인되는 진단구나 그 성격을 알 수 없는 수혈유구에서 특별한 시설 없이 여러 점의 토기와 자기 등이 출토되고 있어서 제사를 지낸 결과로 해석되고 있다. 이러한 고고학적 현상은 매납된 기물의 재질에서 차이를 보일 뿐 고려시대나 조선시대에서 공통적으로 관찰된다. 이처럼 고고학적으로 확인되는 것은 제사를 지낸 결과에 불과하기 때문에 그 결과를 통하여 제사와 관련된 여러 관념과 그 과정을 추론하는 것은 한계가 있을 수밖에 없다.

그러나 국가적인 제사나 지방의 마을 단위 제사, 가계나 집안 단위의 제사 등 여러 형태의 제사가 있었을 것이므로, 고고학 조사 결과와 문헌기록·그림 등을 통하여 영남지역에서 행해진 제사의 종류와 특징을 파악하는 것이 필요하다. 그런 점에서 볼 때 양산 가야진사유적은 용신을 모시는 곳에 사묘를 지어 제사를 지내고 있었음을 밝혀 준 중요한 자료라고 할 수 있으며, 대구 노변동유적이나 창녕의 사직단 유적이나 소뼈가 매납된 함안 39사단 이전 부지의 토취장 등의 유적은 당시 사람들의 관념과 신앙세계를 유물과 유적으로 복원하는 데 있어서 중요한 자료이다.

2 연구 과제

고려·조선시대 영남지역의 고고학 연구 성과는 부진한 실정인데, 이는 문헌자료에 비해 고고학 자료가 충분하지 못한 데서 오는 한계이기도 하지만, 그동안 영남지역 역사시대 고고학 연구가 주로 신라와 통일신라에 치중된 결과이기도 하다. 그러나 최근 영남지역 각지에서 고려·조선시대의 분묘·성곽·건물지와 사찰 등 다양한 유적들이 조사되고 있어서 고고학적 접근이 불가피하게 되었다. 특히 문헌자료만으로는 충분히 설명하기 어려운 관념이나 정신세계와 관련된 해석에서 고고학적 접근과 해석은 유의하다고 할 수 있는데, 유적이나 유물에서 관찰되는 상징체계를 탐구하려는 노력도 고고학의 연구 분야에 해당될 것이다.

따라서 고려·조선시대 고고학 연구는 먼저 통시적 관점에서 고려·조선시대 영남지역의 고고학적 정체성을 명확히 할 필요가 있으며, 시간에 따른 물질문화의 변화가 사회 문화적으로 어떠한 의미를 부여할 수 있을지에 대한 고고학적 고민과 유적·유물에서 관찰되는 상징에 대한 민속학·인류학 등 학제적 연구를 통하여 보다 생생한 고려·조선시대의 삶을 구성하려는 노력이 요구된다. 아울러 중세 혹은 근대 고고학의 범주에서 고려·조선시대를 접근할 것인가 하는 점도 고민해야 할 문제이다.

[정의도]

II 묘제

1 고려시대

고려시대의 묘제는 크게 묘역시설이 설치된 묘역시설 분묘(墓域施設 墳墓)와 무묘역시설 분묘(無墓域施設 墳墓)로 구분된다. 묘역시설 분묘는 매장주체부와 이를 보호하는 호석과 곡장, 그리고 별도로 마련된 비석과 문인석이 놓이는 참배단의 조합으로 구성된다(그림 1). 무묘역시설 분묘는

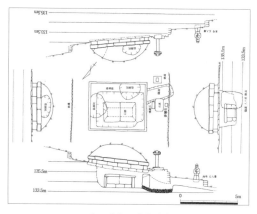

그림 1 밀양 고법리 벽화묘

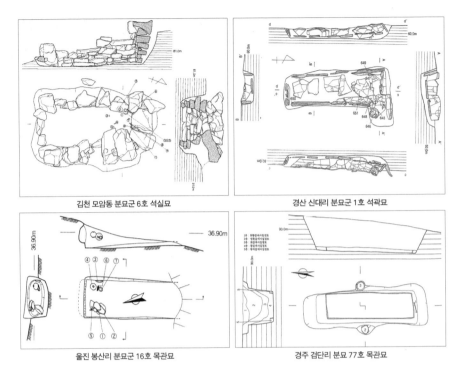

김천 모암동 분묘군 6호 석실묘

경산 신대리 분묘군 1호 석곽묘

울진 봉산리 분묘군 16호 목관묘

경주 검단리 분묘 77호 목관묘

그림 2 무묘역시설 분묘

지역에 상관없이 석실묘·석곽묘·목관묘가 조영되며 소수의 토광묘와 화장묘도 확인된다(그림 2).

묘역시설 분묘와 무묘역시설 분묘의 특징 중에서 주목되는 것은 요갱·소혈·감실이 묘광 내부에서 확인되는 점이다. 감실은 전적으로 유물의 매납을 위한 공간으로 활용된 반면, 요갱은 유물이 매납되는 공간이자 제의와 관련된 행위를 보여 주는 시설이며, 소혈은 전적으로 제의와 관련된 요소이다.

영남지역의 고려시대 묘제도 묘역시설 분묘와 무묘역시설 분묘로 나눌 수 있다. 고려 전기에 해당되는 경주 물천리 분묘군 I-6호 토광묘와 I-9호 토광묘는 곡장과 매장주체부만을 가진 무덤으로, 중앙의 곡장과 1, 2단의 참배단을 가진 중앙의 무덤과 구별되며, 피장자는 입사(入仕) 가능한 상급 지방 향리인 호장(戶長)층으로 추정된다. 무묘역시설 분묘의 매장주체부는 석실묘와 석곽묘가 주를 이루고 소수의 목관묘가 확인된다. 석실묘나 석곽묘는 경상권역을 비롯한 모든 지역에서 보편적으로 축조되며, 경산 신대리 분묘군 석곽묘 1호에 석곽의 북동 모서리 쪽에 감실이 조영되고 있어 지역성을 보인다. 목관묘는 석실묘와 석곽묘에 비해 소수이고, 경상권역을 제외한 경기와 충청지역에서는 요갱이 설치된 1단굴광식 목관묘가 확인되는데, 그 중 소혈이 설치된 것도 소수가 확인된다.

부장품은 10세기 후기를 기점으로 변화가 일어나서 11세기에 접어들면 분묘에서 도기로 제작된 음식기가 확인되지 않는 반면, 11세기 전기에 실용기인 주자(酒子)와 잔탁(盞托)과 같은 자기가 새롭게 확인되어 자기의 기종조성이 점차 완비되었던 것을 알 수 있다.

고려 초기의 김천 모암동, 대구 내환동, 고령 지산동, 진안 수천리, 장흥 하방촌, 공주 봉암리분묘군의 분묘 개수는 10기 내외로, 단일구릉 위에 선형 군집을 이루고 있으나, 11세기경의 울산 효문동 죽전곡 분묘군에서는 목관묘가 순차적으로 조영되어 11세기에 접어들면서부터 군집 형태는 일자형으로 변화되고, 분포 구릉의 수도 단일에서 복수로 확대되어서 피장자 간의 혈연적 동질성 내지는 공동의 이해를 가진 집단임을 짐작해 볼 수 있다.

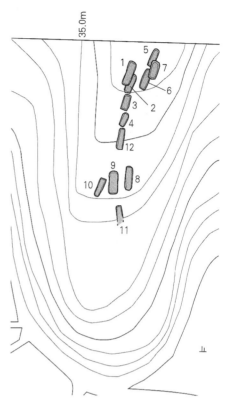

그림 3 울산 효문동 죽전곡 분묘군 유구배치도

고려 중기에 들어서면서 석실묘는 사라지고 석곽묘가 주 묘제가 되고, 목곽묘의 조영이 증가한다. 12세기 중기부터 소형 기명의 자기가 감소되기 시작한다. 아울러 11세기에 형성되기 시작한 집단 내에서의 동일한 조영의식과 계층성이 일부 분묘군에서는 찾을 수 없다. 경산 임당유적은 분묘군 내에서 점차 목관묘의 비율이 높아지고 분묘의 군집 형태가 이전 시기에 비해 선형으로 무질서하게 조영되는 경향을 보인다.

고려 말이 되면 곡장을 갖춘 묘역시설 분묘가 사라지지만 밀양 고법리 벽화분은 3단의 참배단을 갖춘 묘역시설 분묘로 예외라고 할 수 있다. 밀양 박익 벽화묘로 명명된 이 무덤은 밀양 고법리의 밀성박씨 묘역의 능선 경사면에 위치하고 있으며, 석인상·갑석·호석을 갖춘 방형 평면의 봉토석실분으로 석실 네 벽에 그림을 그렸다. 화강암 판석 위에 백회를 바르고 그 위에 먼저 검정선으로 벽화 내용을 소묘한 뒤 마르기 전에 주요 부위를 적·남·흑색으로 채색하였는데, 인물·말·도구 등 당시의 생활풍속이 선명하게 그려져 있다. 피장자인 송은(松隱) 박익(朴翊, 1332~1398)은 고려 말의 문신으로 중앙에서 낙향한 귀족의 경우 당시 중앙에서 사용되었던 묘제를 채택하였음을 보여 준다. 이외에도 고려 말이 되면 합장묘가 증가되며, 2단 굴광식 목관묘도 채택된다. 분묘의 군집은 13세기 중기 이후부터는 군집 형태가 일자형을 유지하며 분포 구릉 수도 늘어난다. 안동 옥동, 울산 범어, 경주 검단리, 창원 창곡동 분묘군에서는 40기 이상의 분묘들이 확인된다.

2 조선시대

조선시대 묘제는 고려시대의 묘제를 계승발전시켜서 묘역시설이 설치된 분묘와 묘역시설이 생략되고 매장주체부만 설치된 분묘로 구분된다. 매장주체부는 회곽을 조영하는 수법이 본격적으로 등장하고 있어서 고려시대와 차이를 보인다.

조선시대 묘제의 특징은 조선시대 사회가 성리학을 표방하였던 만큼 신도비와 묘비에 있으며, 묘역시설 분묘는 곡장과 매장주체부 전방에 2~3단의 참배단이 설치되는 형태로 고려시대 분묘와 대동소이하다. 다만 고려시대의 분묘가 훼손이 심해 각 단에 설치되었던 시설물을 파악하기 어려운 반면 조선시대 묘역시설 분묘의 참배단은 온전한 것이 많이 남아 있어서 잘 알 수 있다. 석물 배치는 봉분을 중심으로 바로 앞에 묘비가 있고, 묘비 옆으로 혼유석(魂遊石)·상석·향로석이 연접하여 있다. 동자석은 상석에 근접하여 좌우에 설치된다. 상석 전방 단의 앞쪽 중간에는 장명등(長明燈)이 설치되고 좌우 뒤에 망주석(望柱石)·문인석 혹은 무인석이 설치된다. 신도비는 분묘에 이르는 마을 입구나 분묘가 있는 능선하단에 세운다. 매장주체부는 조선 초기에는 주로 석실묘·석곽묘·목관묘로 조영되지만 점차 『주자가례』에 따라 회격묘가 주로 사용된다.

무묘역시설 분묘인 목관묘와 토광묘는 조선 전기에 이단굴광식이 다수를 점하다 점차 일단굴광식으로 바뀌게 되며, 피장자를 격납한 목관은 전기에는 관정식이 일부 사용되기도 하지만 결구식목관을 주로 사용한다.

목관묘는 지면을 굴착하여 마련한 묘광에 시신을 목관과 곽에 넣어 안치한 분묘로, 묘광의 굴광방식이 1단인 것과 2단인 것이 있고, 감실을 설치하여 유물을 매납한 것이 확인된다.

회격묘는 지면을 굴착하여 묘광을 만들고 석회와 가는 모래, 황토를 섞어 매장 주체부를 만드는데 그 모습이 목곽의 형상과 같아 회격묘라 부르며, 주로 묘역시설 분묘의 매장주체부로 조영된다. 이러한 회격묘의 축조방법은『국조오례의』와『주자가례』에 명기되어 있다. 연구자에 따라서 두 문헌 사이의 축조방법을 놓고 전자

그림 4 진주 신안동 정설 부부묘

는 회격묘로 후자는 회곽묘로 구분하기도 하는데, 회벽과 재를 같이 쌓아올리는 방식은 회격묘로, 회벽을 먼저 쌓고 후에 재를 채우는 방식은 회곽묘로 구분한다.

영남지역에 유존하고 있는 조선 전기의 대표적인 묘역시설 분묘로는 진주정씨(晉州鄭氏) 공대공파(恭戴公派) 파조(派祖) 정척(鄭陟)의 아버지 설(舌)과 부인 강씨(姜氏)의 묘가 있다(그림 4). 탱주에 새긴 명문에 따르면 정설은 영락계묘(永樂癸卯, 1423년)에 부인인 강씨는 홍무을해(洪武乙亥, 1395년)에 장사지냈다고 적고 있어 분묘의 조영연대를 알 수 있다. 묘역은 여러 단으로 만들어졌는데, 가장 윗단에 횡으로 긴 장방형의 둘레돌을 돌리고 갑석을 덮은 봉분을 조성하여 부부를 합장하였다. 둘레돌의 양쪽 모서리와 중앙에는 우주(隅柱)와 탱주(撐柱)를 세우고, 탱주에 명문을 새겼다. 봉분 앞에는 상석과 향로석을 놓고 뒤쪽으로는 곡장을 돌려 묘소를 보호하고 있으며, 그 사이에 박석을 깔았다. 다음 단에는 장명등 등의 석물이 설치되어 있었을 것이나 지금은 망실되었고, 바로 아래쪽에 묘표 1기와 망주석 2기를 세웠다.

이보다 다소 늦은 시기의 묘역시설 분묘로는 조선 태종 때 개성유수를 지낸 강수명(姜壽明)과 그의 부인 하동정씨(河東鄭氏)의 묘가 있다. 이들 부부의 묘역은 2단으로 만들어져 있는데 상단 가로 7.6m, 세로 7.2m, 하단 가로 12.5m, 세로 7.3m로, 상단에는 분묘를 설치하고 그 앞쪽에 상석을, 하단에는 장명등을 세웠다. 분묘의 외형은 장방형으로 지대석·면석·갑석으로 마련된 둘레돌 위에 흙으로 봉토를 쌓고 있으나 장방형의 곡장은 생략되어 있다(그림 5).

최근 고성군 회화면 봉동리 114-1번지 일원의 노벨컨트리클럽 조성사업부지

그림 5 강수명(좌)과 부인 하동정씨(우) 묘역

그림 6 노벨컨트리클럽 조성사업부지 내 묘역시설 분묘

그림 7 진주(사봉)일반산업단지 조성공사부지 내 묘역시설 분묘

내 발굴조사에서 조선초의 묘역시설 분묘 1기가 확인되었다. 조사지역은 한밭안산에서 남쪽으로 뻗은 구릉 완사면의 남단에 위치하며, 해안가로부터 100m 정도 이격되어 있어 바다를 조망할 수 있는 배산임수의 탁월한 입지를 점하고 있다. 분묘의 외형은 장방형으로 매장주체부에 둘레돌을 쌓고 장방형의 곡장을 쌓아 묘역을 보호하고 있다. 묘역시설의 평면 형태는 남–북으로 긴 장방형이며, 잔존 규모는 길이 13m, 너비 7m 정도이다(그림 6). 이밖에도 동일한 형태의 묘역시설 분묘가 진주시 사봉면 사곡리 산 127-1번지 일원의 진주(사봉)일반산업단지 조성공사(2단계)부지 내 유적에서도 발굴조사되었다.

경남지역의 함안조씨 묘역에서는 당시의 분묘 조영 원칙을 엿볼 수 있다. 함안조씨 묘역은 조선 단종 때 생육신인 어계 조려(1420~1489)선생의 부친 조안(趙安)을 비롯한 장자 동호 부부의 분묘와 동호의 아들 순(舜), 순의 아들 건(騫), 건의 아들 정

그림 8 함안조씨 묘역

그림 9 조안 분묘

견(庭堅) 등 4대에 걸쳐 다섯 부부의 분묘 10기가 산기슭을 따라 일자형으로 배치되어 있고(그림 8), 조안과 정견 부부의 분묘에는 곡장이 설치되어 있어(그림 9), 이 묘역은 조선 초기에서부터 중기에 이르기까지 영남지역 사대부의 가족묘제를 연구하는 데 중요한 학술적 가치가 있다.

[주영민]

III 조선시대 관아

관아는 국가의 위엄이 반영된 건축물로, 수령의 정청인 동헌, 국왕의 위패를 모시는 객사, 고을 양반들의 대표자인 좌수와 별감이 있는 향청, 아전들의 근무처인 질청, 기생과 노비들이 사용하는 관노청, 군사를 관장하는 군기청 등으로 이루어졌으며, 가장 중심 건물은 동헌과 객사이다.

1 관아유적

영남지역에서 고려시대 관아유적은 확실하게 남아 있지 않지만, 조선시대 관아유적은 경상감영·동래도호부·울산군 관아·장기현 관아·진해현 관아·거제현 관아가 남아 있다.

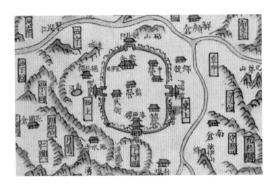

그림 10 대구읍성(여지도)

1) 경상감영

경상감영은 본래 달성에 설치되었다가 안동으로 잠시 이전했던 것을 선조 34년(1601)에 지금의 위치인 대구로 옮겨 왔다. 경상감영을 옮겨오면서 정청인 선화당을 비롯하여, 징청각·객사·군창·형장 등의 많은 부속건물을 두었다.

고지도를 통해 보면, 경상감영은 읍성 내부의 중앙에 위치하고 감영의 서편에 내아가 위치한다. 객사는 북쪽에 위치하는데 북문의 이름이 공북문인 것과 같이 임금을 우러러 숭상하는 형태를 띠고 있다. 이외에도 중영·문루 등이 위치한다. 경상감영을 대구로 옮겨 올 때 선화당·응향당·제승당·응수당 등 지도에도 표현되지 않은 여러 채의 건물과 함께 지어졌으나, 현재는 선화당과 징청각·관풍루가 남아 있다.

선화당은 경상감영의 정청으로 쓰이던 관아건축이며 관찰사가 집무를 맡아 보던 곳으로, 정면 6칸, 측면 4칸인 단층 목조건물로 공포는 주심포 양식과 익공식을 절충한 형태를 띠고 지붕은 화려한 겹처마 팔작지붕이다. 징청각(澄淸閣)은 선화당 뒤편에 위치하며, 경상감영의 관찰사 처소로 쓰이던 것으로 안동에 있던 감영을 대구로 옮겨 올 때 선화당과 함께 지어졌다. 이 건물은 1730년 두 차례의 화재를 입었으며, 지금의 건물은 정조 13년(1789)에 새로 지은 것이다. 정면 8칸, 측면 4칸의 목조건물로 2고주 7량의 가구로 구성하였다. 팔작지붕을 올린 익공계 건축이다. 관풍루는 선조 34년(1601) 옛날 경상감영의 정문으로 건립되었다. 대구에 감영이 설치되면서 선화당의 정남쪽에 포정문을 세우고 그 위에 관풍루를 만들었다. 정면 3칸, 측면 2칸의 2층 누각이며, 겹처마 팔작지붕을 올린 5량가 이익공 건물이다. 1906년 대구 읍성이 헐리면서 달성공원 내로 이전하였으며, 건물이 노후되어 1970년 해체하였다가 1973년 복원하였다.

2) 동래도호부

동래도호부는 좌수영과 부산진영이 설치되어, 부산 일대의 정치·경제·군사의 중심지였던 곳이다.

동래읍성은 동래부를 지키기 위한 관방의 두 번째 방어선으로, 삼한시대에 처음 축조되기 시작해 고려 말에서 조선 초기에 초축되었으며 임진왜란 이후 방치되었다가 1731년 동래부사 정언섭(鄭彦燮)에 의해 현재의 규모로 커졌다. 동문·서문·남문·암문 등 4개의 문이 있고 그 위에는 루를 두었으며 동·서·북쪽 높은 곳에는 장대를 두어 적의 침입에 대비하였다.

그림 11 동래읍성

보물 제392호로 지정된 동래부순절도와 1834년 이와 유사한 구도와 구성으로 변곤이 그린 동래부순절도를 보면, 읍성 내에는 객사를 중심으로 동헌·누정·향청·무청 등 성을 관리하고 백성을 다스리는 기관들과 총 여섯 개의 우물이 있다. 임진왜란 이후 방치되었다가 영조 7년(1731) 당시의 동래부사 정언섭이 다시 축조하면서 5칸으로 된 보루 15개소와 인화문을 건립하였고, 고종 7년(1870)에는 동래부사 정현덕이 일본의 침입에 대비하여 다시 성벽과 문루를 수축하였다는 사실이 전해지고 있다. 현대에 들어서서 1979년부터 보수에 착수하여 성곽·북문·옹성·동장대·서장대·여장 등을 복원한 바 있다. 현존하는 동래도호부의 건물은 동헌·망미루·독진대아문·장관청·군관청 등이다. 동헌은 정면 7칸, 측면 4칸, 익공식겹처마 팔각지붕이고, 망미루는 동헌 앞에 세웠던 문루로서 팔작지붕 겹처마인 이 건물은 정면 3칸, 측면 2칸의 높은 주초석 위에 놓인 2층 누각이다. 독진대아문은 동헌의 대문으로 정면 3칸, 측면 1칸이며 홑처마에 지붕이 좌우 협간보다 높게 꾸며진 솟을삼문이다. 장관청은 정면 7칸, 측면 2칸의 팔작지붕으로 무익공 민도리집으로 평면은 ㄱ자형이다. 군관청은 정면 6칸, 측면 2칸의 팔작지붕이다.

3) 울산군 관아

울산군 관아는 동헌과 내아만 현존한다. 병마절도사가 머물던 관청, 수군절도사가 머물던 관청과 더불어 울산의 대표적인 관청이었다. 동헌의 규모는 정면 6칸, 측면 2칸으로, 익공계(翼工系) 겹처마 팔작지붕 건물이다. 또한 관청의 안채인 내아는 정면 6칸, 측면 1칸의 ㄱ자형 건물로 홑처마 맞배지붕을 올린 목조와가이다.

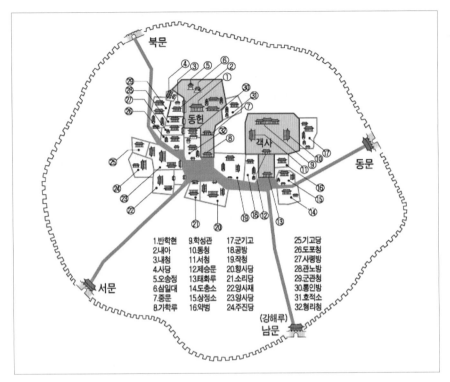

그림 12 울산군 관아의 배치도

1.반학현	9.학성관	17.군기고	25.기고당
2.내아	10.동청	18.공방	26.도포청
3.내청	11.서청	19.작청	27.사령방
4.사당	12.제승문	20.황사당	28.관노방
5.오송정	13.태화루	21.소리당	29.군관청
6.삼일대	14.도총소	22.양사재	30.통인방
7.중문	15.상정소	23.양사당	31.호적소
8.가학루	16.약벙	24.주진당	32.형리청

4) 장기현 관아

사적 제386호로 지정된 이 읍성은,『고려사』기록에 의하면, 고려 현종 2년 (1011)에 여진족의 해안 침입에 대비하여 쌓은 토성(土城)이었으나 조선 세종 21년 (1439)에 왜구에 대비하기 위하여 석성(石城)으로 재축되었다. 이후 동해안의 군사기지 및 관아로 이용되었다. 장기읍성은 산성적 역할을 겸한 읍성으로서 해발 252m인 동악산(東岳山)에서 해안쪽인 동쪽으로 뻗어 내려오는 지맥 정상(해발 약 100m)의 평탄면에 지정면적 12만 4936㎡, 둘레 1.3km로 축성된 동서가 긴 마름모꼴 형태의 읍성이다.

『신증동국여지승람』등의 기록에 의하면, 읍성의 둘레는 2980척(약 1392m), 높이 10척으로, 성내에 우물 4개소, 못 2개소가 있었다고 한다. 그러나 읍성의 둘레는 약 1.3km, 성벽 높이 약 3.7~4.2m, 성벽 두께는 하부가 약 7~8m, 상부가 약 5m이고 3개소(동·서·북)의 문지와 수구 1개소, 12개소의 치성, 성내에 5개의 우물과 3개소의 못이 남아 있다.

장기현읍지 등의 기록에 의하면 성내에는 무인의 무술연습도장인 양무당, 포교·군교 등 장교들의 집무소인 군관청, 이속·아전·이방들의 집무소인 인이청, 현감·군수의 직인과 각종 인장을 관리하던 지인청, 부역 등을 징발하던 차역청 등의 건물이 있었다고 한다. 성 안쪽에는 교육기관이었던 장기향교와 관청이었던 동헌 터가 남아 있는데 동헌은 현재 면사무소 안으로 옮겨 보호하고 있다. 군사적 기능과 행정적 기능을 모두 수행해야 하는 읍성의 기능을 극대화하여 산과 연해라는 지리적 이점을 활용한 읍성이라는 점에서 건축사적 의미가 크다.

5) 진해현 관아

진해현 관아 및 객사는 경상남도 창원시 마산합포구 진동면 진동리에 있는 조선 후기 관아건물이다. 조선 순조 32년(1832) 진해현감 이영모가 세운 관아건물로 지방업무를 보던 곳이다. 형방소·사령청·삼문·객사·마방 등 부속건물과 함께 동헌을 건립하였다.

현존 건물들이 각각 다른 구역에 나뉘어 위치하지만, 원래는 동헌을 중심으로 왼쪽에는 조정에서 파견된 관리들의 숙소였던 객사, 오른쪽에는 군령을 출납하는 사령청, 앞쪽에는 말을 사육하는 마방과 지방의 형사를 담당하는 형방소 등의 부속건물이 같이 배치되었던 것으로 추정된다.

동헌은 정면 7칸, 측면 3칸의 일자형 평면 건물로 양측에 1칸 방과 가운데에 우물마루를 펴 놓은 대청을 두었는데 개축과 보수로 인해 건립 당시와는 다른 형태이다. 객사는 정면 11칸, 측면 3칸, 77평 규모의 솟을지붕 목조건물로 왕의 전패를 모시고 배례하며 조정에서 파견된 관리들의 숙소로 사용되었다. 사주문 앞에는 역대 현감의 공덕비 16기가 있다.

조선 후기에 지어진 관아건축 중에서도 동헌 및 부속건물의 대부분을 갖추고 있는 드문 예로서 건물의 배치나 건물형식, 기능 등을 고찰하는 연구 자료로서 큰 가치를 지니고 있다.

6) 거제현 관아

경상남도 거제시 거제면에 있는 조선시대의 관아건축으로 배산구조와 안산,

관아 배치와 진입로 구조가 시각적으로 뚜렷한 축을 형성하여 한양의 광화문-경복궁-백악산의 축과 매우 흡사한 시각 이미지를 형성하고 있는 곳이다.

세종 4년(1422) 왜구를 방어하기 위하여 남해안 일대 옥포·조라·가배·영등·장목·지세포·율포 등 기성(岐城) 7진(鎮)을 둠으로써 1489년에는 거제현이 거제부로 승격 개편되면서 문무를 통합하게 되었고, 고현성(경남기념물 46)에 거제 7진의 통할영(統轄營)으로 기성관을 건립했다.

기성관은 거제부의 행정과 군사를 통괄하는 중심 건물로, 층단식(層檀式) 건물이다. 팔작지붕이며, 바닥에 우물마루를 깔았고, 국내에서 유일하게 남아식(南亞式) 불화단청(佛畵丹靑)이 되어 있어서 화려하고 웅대해 보인다. 진주 촉석루·밀양 영남루·통영 세병관과 함께 영남 4대 누각으로 불린다. 이후 삼도수군통제영의 설치로 이 건물은 거제현의 객사로 사용되어 왔다.

관아 건물이 잘 남아 있지는 않지만 고지도 등의 자료가 많아 조선 후기 읍치의 전형적 경관과 구조를 볼 수 있어 그 역사적 가치가 높은 유적이다.

2 영남지역 관아유적의 성격 및 의의

영남지역 관아 건축은 지리적으로 해안가나 전략적 중심지에 위치하고 있어 군사적인 요충지로서의 역할을 함께 수행하는 경우가 대부분이었다. 뿐만 아니라 관아의 원래 목적인 지방 통치를 위해 읍의 가장 가운데 위치하여 위엄을 상징하는 대표성과 접근성을 용이하게 하는 실용성이 돋보인다. 더불어 지방 사회의 정치·경제·사회·문화의 중심지로서의 역할을 충분히 하고 있었던 것으로 보인다. 지방의 관아에 파견되어 내려온 지방관의 사적인 생활을 위한 공간이 공적인 공간과 더불어 구성되어 있고, 사적인 공간은 양반가의 배치와 일맥상통한다.

현존하는 영남지역 관아 건축은 그 위계에 따른 형태, 배치를 살펴볼 필요가 있으나, 남아 있는 것이 많지 않기 때문에 더욱 귀중한 자료이며, 이에 대한 연구를 계속해야 할 것이다.

[이정옥]

IV 성곽

성곽은 국경지대나 전술상의 요충지에 설치하는 일종의 장애물 시설이며 외부 침입을 막기 위하여 흙이나 돌로 높이 쌓아 올린 큰 담과 내부 공간으로서 내성과 외성을 전부 일컫는 말이며, 외적의 침입이나 자연적 재해로부터 인명과 재산을 스스로 보호하기 위한 인위적인 시설을 의미한다.

영남지역의 성곽유적은 삼한시대 성지를 비롯하여 전국에서 가장 큰 산성인 조선시대 금정산성 등이 문헌에 기록되어 있으며 현재 잔존하는 성곽의 수는 약 418개소에 이른다.

이 가운데 읍성·진성·산성·왜성은 시·발굴조사로 그 규모와 축조수법이 파악된 것만 50여 곳에 이르며, 지표조사가 이루어진 것을 포함하면 대략 70여 곳이 조사되었다. 특히 이 중에는 축성시기와 주체에 따라 그 명칭이 다양하게 불리는 예도 있고, 문헌에 보이지 않는 예도 있다.

영남지역에 축조된 고려·조선시대 성곽은 가장 기본적인 구조인 체성부(성벽)를 비롯하여, 성문과 기타 부대시설인 치성·옹성·수구·여장·해자 등으로 축조되어 있다. 이러한 부대시설 이외에도 관아·객사·창고·연못 등의 내부시설이 배치되어 있다.

1 고려시대

영남지역의 고려시대 성곽은 크게 평지성과 산성으로 구분할 수 있다. 이를 좀 더 세분하면 평지성의 경우는 치소성인 읍성과 해안과 강안의 수비를 담당한 진보수성으로 세분된다. 읍성은 당시 행정구역의 관청 및 관리들이 상주하던 곳으로 고려 말에 주로 축조되었다. 영남지역에서 현재까지 고고학적 조사가 이루어진 읍성은 김해고읍성, 동래고읍성, 동평현성지, 회원현성지, 장기읍성, 청도읍성, 진주성 등이다. 그 외 연일읍성, 흥해읍성, 영덕읍성 등이 고려시대에 축조된 고읍성으로 확인되고 있다. 해안과 강안의 수비를 담당한 성으로 울산 화산리성지·반구동성지, 부산 구랑동성지, 사천 선진리성 등이 조사되었다.

축조시기는 일부 성곽의 경우 초축시기를 통일신라시대까지 올려볼 수도 있으

그림 13 고려시대 판축토성의 분포도

나 각 유적의 중심 연대는 모두 고려시대이다. 입지는 평지 유형과 구릉성 산지 유형으로 나눠진다. 특히 군현의 치소로 사용하기 위해 내륙 혹은 강안 내륙에 축성된 성곽과 해안경계의 목적으로 조망이 유리한 해안가에 축성된 성곽으로 나눠 볼 수 있다.

축조수법은 기단석을 배치한 판축토성이다. 판축토성은 대부분 해발 50m 이하의 비교적 낮은 지대에 분포하며 평면 형태는 방형이 다수이며, 타원형과 제형도 일부 확인된다. 방형 성곽으로는 김해 고읍성, 제형의 성곽으로는 동래 고읍성, 화산리성지, 구랑동성지, 선진리성, 타원형의 성곽으로는 당감동성지, 반구동토성 등이 확인된다.

판축토성들의 체성 둘레는 최대 5400m부터 최소 190m까지 다양하다. 각 성곽들의 둘레는 김해 고읍성 약 5400m, 마산 회원현성지 약 1300m(추정 구간 포함), 사천 선진리성 약 1300m(추정 구간 포함), 동래 고읍성 1400m, 당감동성지 1350m, 화산리성지 약 450m, 울산 반구동토성 약 400m, 구랑동성지 190m 등이다. 평면둘레 약 1300m 이상의 치소성은 동래 고읍성, 김해 고읍성, 부산 당감동성지, 마산 회원현성지 등이 있다. 동래 고읍성은 고려시대에도 부산지역의 치소로 기능을 한 곳이고, 고려 성종 때 금주 안동도호부 치소의 기능을 담당했고, 당감동성지는 동평현의 치소였고, 회원현성지는 고려시대 합포현, 회원현의 치소로 사용되었다.

축조수법의 특징은 기본적으로 판축을 이용한 판축토성이다. 전체적으로 경

그림 14 마산 회원현성 기단 축조 상태(좌: 초축 수평 기단, 우: 수축 사직선 기단)

사를 이루는 생토층을 'L' 자상으로 정지한 후 적갈색 점토를 깔고 2~3단의 돌을 쌓고 그 위에 판축으로 쌓았다. 이후 이러한 초축 단계의 기단부 위로 5~6단의 석재를 수직으로 쌓아올려 내부의 판축면 겉을 피복한 듯한 형태의 석축을 축조하였다. 약 30~50cm의 치석한 석재를 이용한 기단석을 기저부에 시설하는데, 이때 토성의 기단에 사용된 석재의 가공 정도는 이전 시기 석성에서 보이는 정연한 형태는 아니다. 즉 정연한 형태의 '品'자 쌓기같이 절석가공한 석재들로 줄눈을 맞추어 빈틈을 최소화하여 쌓은 형태가 아닌 허튼층쌓기를 하며 석재의 두께 : 길이의 비가 1 : 4 정도인 세장방형 석재들의 활용빈도가 높다. 이러한 외벽 면석의 형태는 방형 혹은 장방형에 가까운 형태의 할석을 정연하게 가공한 삼국시대 성곽 수법과도 차이가 있다. 이는 울산 화산리성지의 일부 구간과 마산 회원현성지, 그리고 부산 구랑동유적에서 확인된다. 이 성곽들의 일부에서는 초축 단계에 수평기단을 배치하였다가 수축 단계에서 기단을 사직선화하는 축조수법이 확인된다.

성곽의 체성부 폭은 약 450~980cm 사이로 편차가 다소 크나 치소성으로 사용된 것으로 추정되는 동래고읍성, 김해고읍성, 당감동성지(동평현성지) 등은 약 9m에 가까운 너비가 확인된다. 그러나 보루성인 구랑동성지, 화산리성지, 반구동토성은 각각 550cm, 520cm, 450cm로 치소성 폭의 약 50~60%의 비율에 불과하다.

판축토성의 내벽 축조수법은 크게 두 가지로 토축 구간에 축조된 계단식 내벽과 석축으로 축조된 수직으로 쌓은 형태로 나눌 수 있다. 판축토성 중 산성의 경우 체성 너비는 영정주 간격의 약 1.5배에 해당한다. 평산성 혹은 평지성의 체성 너비는 영정주 간격의 약 2배에 가까운 예도 있다. 일반적으로 영정주 간격은 1~2m의 좁은 것에서 4~5m로 넓어지는데 이는 지형과 관련 있는 것으로 파악된다.

따라서 영남지역 고려시대 판축토성은 토성의 축조수법상 모두 판축 또는 유사판축으로 축조되었다. 성곽사적 위치에 있어 무기단식 토성에서 점차 기저부에 석축을 쌓아올리는 기단석축형 토성으로 발전하였다.

산성은 과거 삼국시대 이전부터 축조되어 고려시대에도 계속적으로 증·수개축이 이루어져 사용된 예와 새로이 축조된 예로 나눠진다. 고려 말에는 주로 왜구에 대비하여 각 도의 요충지에 방호를 설치하고 유민을 막으면서 연해주군에 산성을 수축토록 하였다.

산성의 예는 구미 숭신산성, 밀양 추화산성, 부산 갈마봉산성, 의령 벽화산성, 상주 포성산성, 사천 성황당산성, 양산 신기산성, 영주 금강산성, 포항 구룡성, 하동 정안산성, 합천 미타산성, 백마산성 등이 있다.

2 조선시대

1) 읍성

조선시대 읍성은 군현 주민의 보호와 군사적·행정적인 기능을 함께 한 성이다. 읍성은 입지한 지형에 따라 평지성·평산성·산성형으로 나누어지며, 산성과 평지성의 장점을 취한 평산성이 대부분이다.

조사가 이루어진 영남지역의 읍성은 고성읍성, 고현성지, 경주읍성, 김해읍성, 기장읍성, 동래읍성, 밀양읍성, 성주읍성, 사등성, 사천읍성, 영산읍성, 웅천읍성, 언양읍성, 장기읍성, 진주성, 창원읍성, 청도읍성, 칠원읍성, 하동읍성 등이다.

체성부는 크게 내외 협축식·계단식·외축 내탁식으로 구분된다. 계단식과 사직선 기단의 축조는 고려시대에 축조된 판축토성의 축조수법을 읍성 축조에 적용한 결과로 기단 축조수법이 고려에서 조선으로 이어짐을 알 수 있다. 체성의 기단부에서는 보축이 확인되는데 박석 혹은 퇴박석으로 불리며 외벽의 하단에 보도처럼 설치되어 체성부의 하단을 순찰할 수 있는 순찰로로 사용되거나 성 내외로의 출입을 위해 설치한 것으로 추정된다. 체성의 기저부에서 확인된 각재 및 통나무 원형의 말뚝 및 말뚝흔은 기초를 안정되게 지지하기 위하여 기초를 보강하거나 내력을 증대시키는 지반 보강용의 말뚝을 박은 흔적이다. 또한 체성부 및 치성 하단에 열상으로 나타나는 말뚝은 체성부 및 치성을 보호하기 위한 목익 내지는 치성 축조 시 사용된 결구재의 용도로 추정되는데, 조선 전기 동래읍성, 고성읍성, 하동읍성, 밀양읍성, 사천읍성 등에서 확인되었다.

읍성에는 부대시설로 옹성·치성·해자 등이 축조되었다. 영남지역의 읍성에서 확인된 옹성의 둘레는 40m를 상회한다. 조선 전기에는 옹성 체성부의 폭이 읍성 체성부의 폭보다 1~1.5m 정도 더 넓은데, 이후 폭이 같아졌다가 조선 후기로 가면서 옹성 체성부의 폭이 읍성 체성부의 폭보다 좁아진다. 옹성의 성문과 개구부 폭은 3~4m 내외로 확인된다. 읍성의 옹성 배수로는 적석식과 측구식이 확인되며, 성문의 중앙을 관통하여 축조된 적석식 배수로가 성문 측벽 하단에 축조된 측구식 배수로보다 선행한다.

치성은 평지 방형 읍성인 경우는 기본적으로 4성우를 구비하고 동-서, 남-북간에 대칭되게 배치하였다. 주형은 읍성 사방에 배치된 것이 3~4개소로 비교적 비슷한 수치를 보이는 반면 제형은 서쪽, 남쪽에 배치된 치성이 동·서쪽, 성우에 배치된 치성에 비해 많이 설치된 것으로 확인된다. 따라서 제형 평면 형태를 가진 읍성 치성은 체성이 평직하지 않고 지형상 외향으로 돌출된 지점에 다수가 축조된 데다 특히 완만한 지형과 구릉이 꺾이는 곳에 다수의 치성을 배치한 것은 읍성 전체에서 가장 완만한 지형으로 외부의 침입이 용이함을 염두에 둔 것이다. 또한 읍성 정문을 기준으로 좌우에 동일한 간격으로 치성이 배치되었다. 치성 간의 거리는 90m인 예가 절반을 차지한다.

치성의 평면 형태는 방대형·정방형·장방형으로 분류되고, 축조수법에 따라 수평 기단화 작업 후 기저부를 축조한 치성과 이중으로 축대를 구성하여 축조한 치성, 기반암층을 정지하고 다짐한 후 정방형의 치석한 지대석을 설치하고 성벽을 축조하는 치성 등 3가지 유형이 있다. 이것은 지형에 기인하는 것으로 구릉 정상부나 평탄면에는 세번째가 많고 경사가 심할수록 첫째, 둘째가 교대로 축조되어 있다.

해자는 대부분 석축이나 예외적으로 하동읍성 해자의 경우는 황이다. 체성부 및 해자와의 간격을 기준으로 문지와 해자 사이에서는 체성부와 해자의 간격에 비해서 반으로 감해져서 축조되고 있다. 또한 해자의 축조 시 상하부 폭의 비율이 1.5:1의 비율을 유지하며 축조되고 있다.

그림 15 하동읍성 양마장 절개면

해자 내 목익은 해자 전면에 설치한 예와 중심 부분에 집중적으로 설치한 예, 양안 석축에 연한 가장자리 부분에 설치한 예가 확인된다. 이 가운데 해자 전면과 양안에 걸쳐 목익을 설치한 예로는 고현읍성, 웅천읍성 등이 있고, 해자 내부 중앙에 설치한 예로는 언양읍성에서 확인되었다. 목익의 두께는 5~7cm 사이가 다수를 이루고 있고, 원형 통나무재가 각재보다는 두께나 길이에 있어서도 더 큰 편이다. 이는 해자를 은폐하기 위해 사용한 결구재의 기둥 역할 내지 해자 내 목익의 중심열의 용도로 추정된다. 해자에 설치한 출입시설과 관련하여 웅천읍성 동문지 옹성 바깥 해자 내에서 목주가 2열 4조로 확인되었다. 이 목주는 목재로 만든 교량시설로 추정된다.

조선시대에 축조된 읍성 중 하동읍성은 성벽 전체에 양마장이 둘러져 있는 것으로 확인되었다. 하동읍성에서 조사된 양마장은 북벽과 동벽지역이며, 북벽의 경우 양마장 뒤의 해자와 연결되어 길이 10m, 높이 1.8m가 남아 있으며, 동벽의 경우는 폭 14m, 잔존 높이 6.2m에 이르고 있다. 하동읍성의 양마장은 생토층인 자갈모래층 위에 형성된 점토층에 정지작업을 실시하여 기저부를 형성하고 그 위에 본격적인 성토작업을 진행하였다. 전체적으로 사다리꼴 형태를 하고 있으며, 축조방법이 각기 수직에 의한 정연한 판축이 아니고 경사면을 유지한 채 점질토와 사질토를 교대로 부어 가며 성토하거나 돌과 흙을 섞어 다진 흙을 쌓아 올렸다. 하동읍성의 양마장은 조선 전기에 사용되던 해자가 일정 기간 후 폐기되고 토사가 퇴적된 상태에서 임진왜란·정유재란을 전후한 시기에 해자 부분의 토사를 다시 굴착하여 양마장을 설치한 것이다.

2) 영진보성

영남지역의 영진보성은 울산 병영성지, 경상좌수영성지, 마산합포성지, 거제오양성지, 거제장목, 당포성, 금단곶보성지, 소비포진성, 통영 삼덕항 내 당포수중유적, 거제옥포진성, 다대진성, 개운포진성, 구조라성, 제포진성, 두모포진성, 서생포진성 등이 조사되었다.

영진보성은 해발고도 40m 이하의 저지성 해안구릉 정상부와 산사면 끝 해발고도 20m 이하의 평지에 가까운 해안에 근접하여 위치한다. 이는 영진보성이 해안 도박처(到泊處)에 위치하여 적의 상륙을 저지하고 내륙으로의 진출을 차단하고 교통의 편리와 식수 확보, 군수품의 보급과 관리를 위한 기능을 고려하였기 때문이다. 성의 정면은 반드시 바다와 접해 있고 성문은 사방에 두거나 최소한 삼면에 설치하며, 옹성과 치성을 설치하여 방어력을 높였고 해자를 설치하였다.

영진보성은 읍성에 비해 규모가 조금 작다. 경상좌수영성과 경상우수영성, 제포진성, 부산포진성, 울산 병영성, 합포성 등 첨절제사와 절도사영이 설치된 영진보성은 성 둘레가 2000척을 상회하지만 대부분의 영진보성은 2000척 이하이며 보의 경우에는 대략 1000척 이하가 대부분이다.

영진보성의 평면 형태는 연해읍성과 동일하게 방형과 원형·제형·주형이 있는데, 주형이 가장 많다. 영진보성은 해안평야형·내륙형·도서형·해안선형의 네 유형으로 분류된다. 해안평야형은 울산 화산리성지·병영성·서생포성·두모포진성·마산합포성·좌수영성·염포성이 있다. 내륙형은 금단곶보성이 있다. 도서형은 고성 소을비포성·가배량성·오량성·옥포성·구율포성·안골포성·다대포성·당포성·삼천진·천성진 등이 있다. 해안선형은 부산포성·제포성·통영 삼덕항성 등이 있다.

영진보성 가운데 체성부가 조사된 것은 개운포진성·구조라진성·울산 병영성·마산 합포성·금단곶보성·옥포진성·거제 오양성지·당포성·두모포진성·고성 구소을비포성지·다대포진성·통영성 등이다. 체성부는 대부분 외석축 내탁식으로 축조되었다. 기단부 조성에 있어서는 사직선 기단과 수평기단이 혼용되고 있으나 수평기단의 빈도가 더 높다. 외벽 축조에 사용된 석재는 지대석의 경우 세장형 내지 장대형이며 기단석의 경우 방형 내지 장방형의 할석이다. 특히 영진보성의 체성부는 압도적으로 외석축 내탁식이 축조되고 있는데 금단곶보성이나 소을비포진성처럼 계단식 축조법을 비롯하여 1.5~2m의 장대석을 입수적한 것과 이중기단 등 전반적으로 읍성의 축조수법에 의거하여 축조한 경우도 있으나 15세기 말부터 임진왜란 직전인 16세기 후반으로 갈수록 읍성의 장대석 입수적의 축조방식보다 위아래 성석을 포개서 쌓거나 막돌쌓기를 하였으며 외벽에 기단보축을 하였다.

영진보성 가운데 옹성이 고고학적 조사로 확인되는 곳은 경상좌수영성, 금단

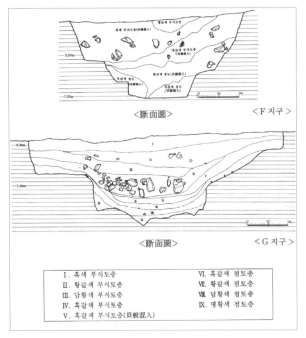

그림 16 소을비포진성 해자 토층단면도

곳보성, 울산 병영성 등이다.

영진보성 부대시설 가운데 울산병영성과 합포성지와 같은 육군병마절도사영이 설치된 내상성의 치성이 진보성과 수군절도사영성보다도 더 길게 축조되어 있다. 발굴조사에서 확인된 치성의 길이는 7m 이상이 대부분이며 영진보성의 경우는 5m 내외이다.

영진보성 조사에서 확인된 해자 가운데 울산 병영성 해자는 조사지역이 해발 45~52m 사이에 위치하고 북쪽에서 남쪽으로 능선이 이어지면서 낮아지는 지형이다. 성벽의 서쪽은 완만한 경사를 이루지만 동쪽은 해자까지 3단의 계단을

그림 17 제포 수중 목책시설

이루고 있다. 해자 바깥은 단애를 이루거나 주택지로 이용되면서 옹벽이 설치되어 있다.

　소을비포진성의 해자는 서문지의 바깥쪽에 해당하며 이 일대는 평탄한 구릉 정상부 지역이다. 유적이 위치하는 곳에는 대형 민묘가 위치하며 지형상 성의 가장 전면에 해당하는 부분이며, 지형이 평탄하여 외부로부터의 접근이 용이하므로 지형을 고려한 특수방어시설로서 해자를 설치한 것으로 보인다.

　영남지역의 조선시대 관방유적 가운데 바다에 설치된 목책시설이 경남 진해 제포진성과 통영 당포진성에서 조사되었다. 목책시설은 남해안지역 가운데 방어에 긴요한 곳에 왜구의 침입으로부터 병선을 보호하는 방책을 수립하는 과정에서 임시로 끝을 뾰족하게 한 나무를 박고 이를 쇠사슬로 연결하고 또한 동아줄에 돌을 달아 그 나무를 수면 아래 한자쯤 되게 잠기게 하여 적선이 오지 못하게 한 수중시설이다.

3) 산성

　영남지역에서는 조선시대 전 기간에 걸쳐 기존의 성을 비롯하여 많은 산성들이 수개축되었고, 신축된 산성도 있는 등 성곽이 다양하다. 지금까지 잔존하는 산성은 금정산성·가산산성·화왕산성·독용산성·금오산성·천생산성·미타산성·황석산성·미숭산성·악견산성 등을 포함하여 대략 70~80여 개소에 이른다. 이 가운데 최근까지 지표조사를 포함하여 고고학적 조사가 이루어진 산성으로는 금정산성과 가산산성·화왕산성·독용산성·금오산성·가야산성·석현산성·천생산성·진례산성·남해 대국산성·고현산성·산청 백마산성·의령 호미산성·미타산성·창녕 구진산성·하동 고성산성·함양 황석산성·합천 미숭산성·악견산성 등이 있다.

　최근 조사된 금정산성의 축조수법을 통해서 조선시대 영남지역 산성의 특징을 살펴볼 수 있다. 금정산성은 부산시 금정구 금성동 금정산 일대 해발 600m 내외의 봉우리들을 연결하여 축조한 성으로 총면적은 약 1300여 만 평에 이른다. 성벽 길이가 18,845(17,337)km로서 국내에서 가장 규모가 큰 산성이다. 체성부 축조수법은 체성벽에서 여장의 기초석인 미석까지 높이는 낮은 곳은 표토에서 150cm, 높은 곳은 180~210cm이다. 미석은 두께 10cm 내외의 판석을 사용하였으며 체성벽에서 20cm 정도 내어 설치하였다. 기저부에서 상부 150cm 높이까지는 주로 80~110×25~70cm 크기의 대형 할석으로 잔돌을 끼운 허튼층쌓기를 하였고, 상부에 30~50×15~30cm 크기 판석상의 할석으로 잔돌을 끼워 허튼층쌓기를 하였다. 중성벽의 경우는 40~120×50~70cm 크기의 비교적 큰 석재를 사용하였고, 대형의 할석 사이에 잔돌을 끼워 가며 세워쌓기하는 수법도 있다. 또한 아문 주변의 성 외벽 및 남문 동쪽 성벽에서 약 5m 구간마다 수직줄눈이 보이고 있어 일정한 구간별로 순차적으로 성벽을 축조해 나간 것으로 추정된다.

경사지에서의 축조수법은 경사면 성벽 상부에서 2.1~3m 간격으로 체성벽과 직교하는 석축 또는 석축열이 곳곳에서 확인되고 있어 2~3m 구간마다 계단식으로 축대를 덧붙여 쌓아 경사지 성벽의 안정화를 꾀한 것으로 추정된다. 성벽석은 대부분 주변의 자연암반에서 떼어 내어 사용하였으며, 제4망루와 동성벽 사이, 문지 주변, 중성벽은 비교적 큰 사각형 할석을 사용하였다. 체성의 폭은 대체로 3.5m 내외이며, 대부분 내탁식으로 축조되어 외벽에서 1.1~2.1m 안쪽까지 잡석채움하였고 그 안쪽으로는 토사로 뒷채움하였다. 부분적으로 문지 주변이나 경사지에는 내벽의 안쪽을 따라 자연배수가 되도록 폭 약 5~15m, 깊이 5m 정도의 'V'자상의 내황과 같은 구를 이루고 있다. 한편 성벽의 부속시설물로 추정되는 호형의 치상유구가 동쪽 성벽과 북쪽 성벽에서 다수 확인되었다. 이 유구들은 주로 금정산성의 동벽과 북벽에서 확인되며 성벽 상부가 훼손된 외벽 기저부에 덧붙여 축조한 것으로 가장 후대에 성벽의 보강이나 성벽의 보수 등과 관련된 것으로 보인다.

여장의 잔존 높이는 대체로 20~80cm 정도이며, 북벽 일부의 경우 내벽 바닥에서 여장 상부까지가 일반적인 여장의 높이와 같은 120cm이다. 따라서 금정산성 여장은 외벽의 미석을 기준으로 했을 때는 높이가 80cm이며 미륵암 북쪽 암반 주위에서는 약 1m 정도가 잔존한다. 따라서 여장을 포함한 체성의 전체 높이는 대략 3m 전후일 것으로 추정된다.

4) 왜성

왜성이란 임진·정유왜란 때에 왜군이 국내에 축조한 성을 말하는데, 남해안지역에 축성한 것으로 가장 동쪽에 위치하는 울산성으로부터 서쪽 끝의 순천성에 이르는 중간지역에 주로 분포한다.

남해안에 위치한 왜성은 남부지방 전체 29곳 중 14곳으로서 대부분의 왜성은 그 흔적이 비교적 잘 남아 있다. 남해안에 분포한 왜성의 경우 울산성에서 순천성까지 분포되어 있지만 실제로 낙동강 하류의 좌우 지역을 중심으로 가덕도와 웅천에 이르기까지 경남 남해안지역에 밀집되어 분포한다.

왜성은 구포왜성, 자성대왜성, 사천 선진리왜성, 기장 임랑포왜성, 김해 죽도왜성·농소리왜성, 서생포왜성, 안골포왜성 일부 등이 조사가 이루어졌다.

남해안지역에 입지하는 왜성은 조선의 거점성을 그대로 사용한 형, 축성재료를 구하기 편리한 읍성, 진·보의 주변에 위치한 형, 전략적 요충지를 확보하기 위한 형으로 크게 나누어진다. 이러한 왜성의 위치는 작전상 선박의 출입이 용이한 강안이나 해안에서 200~300m 떨어진 독립된 구릉으로 높이는 해발 50~300m로 비교적 급경사를 이루고 있어 주변을 한눈에 조망할 수 있고 해안으로 드나들기 위한 통로를 설치하고 있다는 특징을 구비하고 있다. 따라서 왜성은 시계확보와 방어에 주안점을 두어 독립 구릉의 정상부에 위치하며 방어기능을 강조하고 있음을 알 수 있다.

왜성의 성내 각부의 구조 즉 곽의 형상과 배치는 방어를 중심으로 구축하였다. 따라서 본성의 주변에 이지환(二之丸), 삼지환(三之丸)의 외곽을 설치하고 성곽의 각부는 성벽·참호·누문·성문 등으로 구성하였다. 성벽은 토축과 석축으로 축조되어 있으며, 평면 형태는 대체로 각형을 이루고 있어 일부분이 무너지더라도 전부 혼란에 빠지지 않도록 구획되어 있다.

왜성 체성부의 축조수법과 관련하여 울산왜성 석축 체성부의 경우 적심석을 그냥 무질서하게 채운 것이 아니라 성벽의 폭대로 잡석을 줄지은 계단 형태로 쌓아 외벽이 무너져도 내부 적심석까지 훼손되지 않도록 하였다. 이 축조수법은 조선 전기에 축조된 읍성 및 영진보성의 적심 축조수법과 동일한 것으로 왜성에 우리의 성곽 축조술이 반영된 요소이다. 또한 우리의 성벽을 기단으로 그대로 사용하고 있음이 사천 선진리왜성에서 확인되었다.

이외에 웅천 명동왜성에서는 철슬래그가 출토되고, 울산 서생포왜성에서는 대규모의 초석건물지가 확인되었다. 임랑포왜성에서도 철의 제련과 관련된 유구가 조사되었고, 구포왜성과 죽도왜성에서도 문지와 해자 그리고 각종 굴립주 건물지가 확인되었다.

5) 봉수

봉수는 국경과 해안의 안위를 약정된 신호전달 체계에 의해 본읍·본영·본진이나 중앙의 병조에 전하던 군사 통신수단이었다. 삼국시대부터 활용되기 시작한 후 고려시대에 이르러서 정례화되었다. 이후 조선 세종대에 크게 정비되어 1895년까지 운영되었다. 봉수는 일반인의 접근이 용이하지 않은 곳에 위치하고 있는데, 봉수의 구조·형태에 따라 연변·내지 등으로 구분되며, 중앙으로 연결되지 않고 해당 지역에서 자체적으로 운용하였던 권설봉수는 거화와 방어에 필요한 최소한의 시설과 인원으로 운용되었다.

영남지역의 봉수는 18개소의 연변봉수가 지표조사되었고, 지표조사 후 발굴조사된 봉수가 2개소, 시굴조사만 이루어진 봉수가 12개소이다. 내지봉수는 1991년 양산 위천봉수를 시작으로 문경 탄항, 창녕 여통산, 대구 마천산봉수를 비롯하여 총 23개소가 조사되었는데 지표조사된 봉수가 12개소, 지표조사 후 발굴된 봉수가 2개소, 시굴조사만 이루어진 봉수가 8개소이다.

영남지역의 봉수는 연대와 거화시설인 연조 외에 방호시설인 호와 방호벽을 갖춘 전형적인 형태가 확인되었다.

연변봉수는 내지봉수와 달리 국경 연안의 최일선 지역에 위치하였던 만큼 다수의 부속시설을 갖추고 있었는데 이 부속시설의 유무와 차이에 따라 규모와 구조·형태를 달리한다. 특히 2011년과 2012년에 걸쳐 2차의 발굴조사가 이루어진 기장 남산봉수는 연대와 연대 상부의 방형 연소실뿐만 아니라 연대를 둘러싸고 있는 방호벽과 방호벽 내 고사지(庫舍址)가 추가로 확인되었다.

영남지역에서 고고학적 조사가 이루어진 봉수의 유형을 살펴보면 먼저 연대가 장방형 석실처럼 빈 형태인 고성 좌이산, 통영 미륵산봉수 등이 있다. 다음으로 해안 연변에 위치하며 타원형의 방호벽 내에 연조를 갖추며 내지봉수의 구조·형태를 띠고 있는데 고성 천왕점·곡산봉수 등이 해당된다. 해안과 멀리 떨어져 해발고도가 높은 내지지역임에도 연변봉수의 연대를 갖춘 함안 파산·안곡산봉수·광제산봉수·미타봉수 등이 있으며, 타원형 혹은 방형의 방호벽만 갖추고 있어 봉수로서의 기능이 다소 의문시되는 거제 지세포·능포, 하동 두우산, 통영 한배곶봉수도 확인된다. 그리고 영덕 광산봉수는 연변과 내지봉수의 결절점에 위치한 만큼 양 봉수의 특징을 고루 갖춘 것으로 파악되었다.

이외에 문경 탄항봉수·영천 성산봉수는 내지봉수임에도 연변봉수에서 확인되는 연대를 갖추고 있다. 또한 김천 감문산봉수에서는 산성의 성벽을 방호벽으로 삼아 5기의 연조를 갖추고 있고 내지봉수로서 연조를 방호벽 내에 갖추지 않고 외부에 설치한 청도 남산봉수와 연변봉수로서 연조를 방호벽 상부에 갖추고 있는 포항 뇌성봉수 등이 있다. [이일갑]

V 도자

도자기는 흙을 빚어 유약을 발라 가마에서 구워 생산하는 기물의 총칭으로 태토와 유약, 그리고 굳기, 기능에 따라 토기·도기·자기·옹기 등으로 나눌 수 있다. 1990년대 이전까지의 도자기는 미술사 분야에서 주로 연구가 이루어져 왔으나 2000년 이후 다수의 발굴조사 결과로 기종·기형·문양 등을 파악하는 양식(형식)적 연구에서 생산유적으로 연구가 확대되고 있다. 최근에는 생산지뿐 아니라 도자기를 사용한 소비지, 유통과정, 과학기술적 분석, 사회·경제사적인 접근 등 여러 방면에서 연구가 진행되고 있다.

1 고려시대

1) 청자

청자는 점토로 형태를 제작한 후 표면에 유약을 씌워 1200~1250℃의 고온에서 구운 자기를 말한다. 환원염으로 구워지는 과정에서 유약 속 미량의 철분과 결합되어 있던 산소의 일부가 분리되면서 녹색을 띠게 되는데 일부 환원이 제대로 이루어지지 않거나 점토나 유약 속에 불순물이 많으면 갈록색을 띠는 것이 일반적이어서 갈색이나 황색, 적색 등 다양한 색깔을 띠기도 한다.

고려청자는 제작된 시기에 따라 형태와 장식 등이 다양하게 변화되는데 장식기법은 음각·양각·철화·퇴화·상감·동화·화금청자 등으로 나눌 수 있으며, 특히 비색과 상감기법은 당시 중국에서도 유례를 찾아볼 수 없는 고려인의 독창적인 기술이었다.

영남지역의 청자 생산유적은 강진에서 대규모로 생산된 것에 비해 그 수가 많지는 않다. 지금까지 지표조사나 발굴조사를 통해 확인된 8개 생산유적과 그 외 건물지·사지·분묘 등의 소비지에서 확인된다.

먼저 청자의 변천 시기는 고려시대 왕의 재위 시기와 도자 양식의 변천에 근거하여 크게 3시기로 구분된다.

초기는 918~1071년으로 이 시기 요업은 중국 월주요 등에서 볼 수 있는 벽돌로 축조하고 길이가 40m를 넘는 대규모 전축요로 출발하여 10세기 대에 중심을 이루며 11세기 초 전축요가 사라지거나 혹은 토축요로 전환된다. 이 시기의 특징적인 자기로는 (선)해무리굽 완·대접·접시·병이 다수를 차지하고 유색은 갈록색이나 암록색을 띠며 표면에는 장식이 없는 무문청자가 거의 대부분이지만 드물게 음각 혹은 양각기법으로 연판을 장식한 예가 일부 나타난다. 김해 덕산리 사지·경주 불굴사·부산 용당리·울주 길천 건물지 등에서 (선)해무리굽 등의 초기 청자가 출토되었는데, 영남지역의 청자는 지역 내에서 생산하였다기보다는 중서부지역 전축요에서 제작된 것이 유입된 것으로 추정된다.

중기는 11세기 말~13세기 후반(1071~1274년)으로 고려청자가 발달하였던 시기이다. 11세기 중·후반은 고려청자의 특색이 발현하는 시기로, 연록·담록·비색 등의 대접·접시·병·호·합·장고·향로·제기 등 순청자를 비롯하여 음각·양각·압출양각·철화·퇴화기법 등 다양한 종류, 형태, 장식기법 등이 나타난다. 12세기는 맑고 푸른 비색이 주를 이루며 대접·접시·잔·호 등 일상용기 이외에 베개·인장·벼루·기와·의자·화분·장식품 등 음각·양각(압출양각), 상형청자가 주를 이루고 상감, 동채 장식 등이 나타나는 고려청자의 최성기라고 할 수 있다. 13세기는 상감청자가 크게 유행하였던 시기로 12세기의 비색에서 연록·회록색으로 변화되며 사실적이고 회화적인 상감장식이 유행하였다.

한편 고려 중기에는 녹청자라 불리는 조질 청자가 다량 만들어지기 시작하였다. 조질 점토로 성형한 후 유약을 얇게 씌워 구워 낸 것으로, 영남지역에서 발굴조사로 확인한 조질 청자 출토 유적은 진해 태평동, 울산 삼정리, 부산 미음동, 칠곡 봉계리유적 등이 있다.

1997년에 조사한 진해 태평동 청자가마에서는 대접·접시·완·병 등 조질 청자가 확인되었다. 대부분이 무문청자이며 1점만이 철화로 초문이 그려져 있다. 암록색의 유색을 가지며 점토 섞인 내화토 받침을 받쳐 번조하였으며, 기형의 특징으로 11세기 후반경으로 편년이 가능하다.

울산 삼정리유적에서 출토된 청자 또한 태토 및 유태가 조질인 청자로 12세기에 제작되었다. 대접은 내만하며 내저원각을 가지는 형태와 완만한 곡면으로 이어지는 형태, 접시는 구연이 외반하면서 전을 형성하는 형태로 내화토 받침을 받쳤으며 무문으로 12세기에 집중적으로 생산되었던 양상과 일치한다.

부산 미음동유적에서는 음각·양각·철화 등 다양한 기법으로 발·접시·완·병 등의 반상기를 비롯하여 호·반 등의 대형 기종, 장구·벼루 등을 대량 생산했던 가마가 확인되었다.

칠곡 봉계리유적에서도 대접·접시·잔 등의 일상생활용기와 아울러 장고 등이 확인되며, 압출양각·양각·음각·철화·상감·상형 등의 장식기법과 당초문·연판문·앵무문·수파문 등이 소수 확인되었다. 그 외에도 남해 이어리·부윤리, 양산 화제리 유적 등에서 11~12세기의 조질 청자가 출토되었다. 대부분이 전면 발굴한 것이 아니어서 정확한 요장의 범위와 조업시기, 성격 규명에 어려움이 있지만, 12세기에 전국에서 강진 유형 청자가 생산되어 전성기를 누린 것은 민간 수공업 발전에 따른 도자생산 및 경제발전을 의미한다고 볼 수 있다.

가마 외에도 대구 내환동·욱수동고분군, 경산 임당, 상주 청리, 김천 모암동, 부산 덕천동, 기장 방곡, 김해 구산동, 울산 범어, 진주 무촌유적 등 고려시대 분묘에서 중심 연대가 11~12세기, 13~14세기 대로 추정되는 조질 청자들이 다수 확인되었다. 강진에서 제작된 혹은 그것을 모방하여 제작한 청자도 확인되는 등 공반 유물인 청동제품과 아울러 유물의 편년 및 분묘 매장자의 신분 등도 추론해 볼 수 있는 자료로 중요하다. 강진지역의 양질 청자와는 별개로 지방요에서는 포개구이 방식의 청자를 대량 생산하는데 이는 강진과 지방 간에 수요처가 달랐기 때문으로 생산품의 질적·기술적 격차는 분명 존재했으리라 생각된다.

후기는 1274~1392년으로 도자기는 대량생산에 따른 분업화로 양은 증가하나, 수요계층의 확대에 따른 질적 하락을 가져오게 된다. 실생활용기 중심으로 바뀌게 되며 대접·접시류의 생산이 증가하였다. 중국 원나라의 영향을 받은 도자기 기형이 생겨나며, 문양장식 기법들은 간단하게 시문하는 방식으로 바뀐다. 꼼꼼한 조각기법은 사용되지 않고 대부분 도장을 이용하여 쉽게 시문하는 인화기법을 많이 사용하게 되었으며 인화기법을 포함한 상감청자의 제작비중이 높았으나 무문청자도 대량으로 생산하였다. 대접은 내만형이 주류를 이루고 각 접시가 유행하며 모래받침이 보편화된다. 앞 시기에 유행하던 무늬는 답습되지만 점점 변형되거나 생략되는 특징이 있다. 이 시기 특징의 하나는 접시와 대접 등의 안바닥 중앙에 간지(己巳·庚午·壬申·癸酉·甲戌·壬午·丁亥·乙未 등)를 상감하는 것인데, 연대를 파악하는 데 중요한 단서를 제공한다. 부산 고읍성지에서 출토된 '청자상감초문임신명접시'는 외면 기벽 중상단부에 가는 띠 모양의 돌출선대가 장식되어 있고 안바닥에 간지명이 있어 그 시기가 14세기 전반으로 파악된다. 이 접시의 두드러진 특징인 돌기문은 중국 원대 용천요에서부터 나타나는데 이는 14세기 원의 영향으로 보고 있어 14세기의 중요한 표지유물이다. 후기의 제작지로는 예천 황지리, 김해 봉림리, 기장 신리, 양산 화제리, 울산 천전리유적 등이 있는데 청자를 제작하던 가마 등을 확인할 수 있다. 예천 황지리 가마에서는 봉황문·이중원권문대+국화문·원권·육원문·초문·당초문대·포류수금문 등이 상감장식된 대접·접시·잔 등을 모래를 받쳐 번조한 14세기에 제작된 유물을 확인할 수 있었다. 김해 생림면 봉림리 청자는 기종에 관계없이 상감·상감+인화기법을 사용하여 다양한 문양을 장식하였다. 출토되는 유물은 대부분 고려 말기 상감청자의 퇴화된 형태로 문양은 연당초문·봉황문·유문·노문·수금문·운문·인화문·육원문·변형당초문·뇌문·초문·선문·여의두문·연판문·연주문 등이 있다. 울산 천전리 집현 압골유적에서 확인된 가마에서는 육원문과 당초문대를 상감한 대접, 팔각 접시 등 태토빚음을 받쳐 번조하였으며 고려 말~조선 초로 편년될 수 있다. 이는 전라도 강진이 중심이었던 청자 제작이 고려 말 강진 요장이 해체되면서 지방화되어 가는 과정과 시기·변화·특징을 살펴볼 수 있는 유적으로 중요하며 수요층의 변화에 따라 생산체제의 이해에 큰 도움을 주리라 여겨진다. 또한 강진지역 청자 요장의 해체는 이미 상당한 기술과 수요처를 확보하고 있었던 지역 자기생산 장인들에게 오히려 지역의 도자기술을 발전시킬 수 있는 기회가 되었을 것으로 생각된다. 이러한 상황은 조선시대 초기 도기소와 자기소가 설치 운영되고 경상도에는 많은 사기장이 조업으로 이어지는 발로를 마련한 것이라고 생각된다.

2 조선시대

조선시대의 도자기는 분청사기와 백자로 대표되는데, 백자는 채색이나 무늬, 안료에 따라 순백자·청화백자·철회백자 등으로 세분되며, 영남지역에서도 여러 종류의 분청사기와 백자가 가마터와 건물지, 무덤 등에서 출토되었다.

1) 분청사기

분청사기는 분장기법이 가미된 회청색의 자기라는 의미인 분장회청사기(粉粧灰青沙器)를 줄인 말로 분청자(粉靑磁) 혹은 분청으로 부르기도 한다. 그러나 분청사기 중에는 분을 바르지 않은 것도 있어서 이를 청자와 구별하여 회청사기 또는 무문분청사기로 부르기도 한다. 고려 말 상감청자를 제작하던 전통을 바탕으로 출발하여 태토는 청자 태토와 같으나 종류와 형태 그리고 상감·인화·조화·박지·철화·귀얄·덤벙 등의 장식기법이 다양화되고 변화되어 발전하다가 16세기 전반 백자에 의해 흡수 소멸되었다.

분청사기의 시기 변천은 왕조 재위, 세종실록지리지 도·자기소 기록, 관요설치 시기 등에 따라 총 4시기로 나누어 살펴볼 수 있다.

1기 태동기(1365~1400년)는 고려 상감청자 문양이 해체·변모되고 강진 자기소의 해체로 가마가 전국으로 확산되는 고려청자 후기와 맞물리는 시기이다. 장식기법이나 소재, 색 등에서 고려청자와 분청사기를 명확하게 구분 지을 수 없기도 하는 유물이 출토된다. 울주 직동리 분청사기 요지에서는 대접·접시 등 일상생활용기를 중심으로 상감·인화기법을 이용하여 유문·연판문·여의두문·당초문을 장식하였으며 받침은 태토빚음 받침 등 14세기 상감청자의 전통을 충분히 따르며 발전한 분청사기 편이 확인된다.

2기 성립기(1400-1432년)는 세종실록지리지의 도·자기소에 관한 내용이 1424~1432년 조사 결과라는 점에 근거하여 14세기 말에 유행하던 상감기법과 인화기법의 듬성듬성한 문양이 중심 문양대로 정착하는 현상을 보이는 시기이다. 한편 관아에 납품하는 경우 이름을 새기게 하여서 장흥고·공안부·경승부·인녕부·내섬시 등 관사명이 등장하며, 아울러 장인명·지명 등을 새겨 생산과 수급에서의 책임과 관리를 시사한다. 장흥고와 인수부에서 지명과 관사명이 함께 보이는데, 지명은 주로 경상도를 나타내어서 공납의 유통문제와도 연관시켜 볼 수 있을 것이다.

2기를 대표하는 생산유적은 칠곡 학하리·합천 장대리유적 등이 있다. 칠곡 학하리유적에서 출토된 가마는 무단 단실요 구조로 말기 상감청자의 특징적인 형태가 일부 확인되며 문양의 시문기법에서서 상감기법이 퇴화된 형태로 소량 확인되고, 인화기법은 초기의 성긴 인화기법으로 기면에 인화문이 듬성듬성 시문되어 있다. 인근의 학상리 가마터에서 지표 수습한 유물 중에는 집단연권문 등의 인화기법이 기면에 가득 시문된 대접과 접시, 인동장흥고·인동인수부 등의 명문 등이 확인되어서 요업이 학하리에서 학상리까지 계속 지속되었던 것을 알 수 있으며 공납용 분청사기를 제작했던 것으로 판단되는 유적이다. 합천 장대리 가마터는 무단 단실요로 대접·접시·병·항아리 등이 국화문·연당초문·연판문·집단연권문·중원문 등 상감과 인화기법으로 나타나며 삼가·사선·인수·삼가장흥고 등의 명문 분청사기편이 확인된다. 장대리 또한 세종실록지리지에 기록된 중품을 제작하던 도·자기소로 밝혀져 당시 요업 및 공납체제를 밝힐 수 있는 중요 유적으로 알려져 있다.

3기 발전기(1432~1469년)는 분청사기의 다양한 기법이 사용되며, 특히 인화분청사기가 절정에 달하고 박지와 조화기법이 출현하는 시기이다. 인화분청사기에는 일정하게 규격화한 장흥고·인수부·예빈시·내섬시를 새긴 예가 많아서 각 지방의 공납자기가 철저한 체계에서 제작되었음을 말해 준다. 인화장식은 절정기를 맞이하는 데 단순한 형태의 문양이 새겨진 도장을 그릇 표면에 찍은 후 홈에 백토를 채워 장식효과를 내는 기법으로 넓은 의미의 상감과 동일하다. 전국 각지에서 유행하였으며 특히 경상도에서 오랫동안 사용되었다. 국화·동그라미·꽃잎 등의 문양은 몇 종류에 지나지 않으며, 도장은 반복적으로 조밀하게 표면을 장식한 것이 특징이다.

그러나 경기도 광주에 관요가 설치되고 백자가 생산됨에 따라 1466~1469년 사이의 분청사기는 지방의 관아용이나 민수품으로 변화되고 수요가 줄어들면서 분청사기의 질과 장식이 거칠어지는 한편, 장식의 표현이 다양해지고 지역별로 서로 다른 기법이 개발되어 개성이 뚜렷해진다. 영남지역에서 인화장식은 지속되지만 도장에 새긴 문양의 크기가 커지고 장식의 짜임새나 찍힌 상태가 거칠며, 장식이 차지하는 공간도 줄고 백토의 감입도 지저분한 것들이 많다. 고령 사부리, 울산 고지평 요지에서 집단연권문 등의 인화기법이 전성기를 볼 수 있는 분청사기 등이 제작되었으며 각종 명문을 통해 공납자기를 생산하던 도자기소로 비정할 수 있다. 또한 기장 상장안유적에서는 명문이 새겨진 분청사기 외 귀얄 분청이 다수 제작되어 공납자기를 생산하다가 관요 설치 후에는 지역 내 수요를 목적으로 조업활동을 한 것으로 생각된다.

한편 조선시대에는 국가제사체제에 따라 지방에서도 사묘가 조성되는데 그 중 양산 가야진사로 비정되는 용당리유적에서는 제기를 보관하던 제기고가 확인되었다. 인화·귀얄·박지기법으로 15세기 중후반에 제작된 보·궤·희준·세·작 등의 분청사기 제기는 『세종실록』, 「오례」, 『국조오례의』, 「길례」 '祭器圖說' 사료와 일치하는 유물로 전세품이 발굴조사에서 출토된 예가 드물어 그 학술적 가치가 크다고 할 수 있다.

4기는 변화·쇠퇴기(1469~1550년 이전)로 15세기 후반이 되면 왕실과 관아에서 필요한 그릇을 충당했던 지방 토산 공물로서의 자기, 즉 분청사기는 제작지의 수가 대폭 줄어들어 일부 지방관아와 서민들의 일상생활 용기로만 생산되었던 것으로 생각된다. 그릇의 특징은 종류가 줄고 장식이 더욱 간략해져서 그릇의 일부 혹은 전면에 귀얄로 표면에 백토를 살짝 칠하는 정도로 마무리되었다. 귀얄기법과 아울러 덤벙기법도 제작량이 증가하였다. 결국 분청사기는 15세기 중반까지 왕실이나 지배층의 취향에 맞추어 제작되었지만 관요에서 백자를 생산함에 따라 15세기 후반부터는 지방의 수요에 따른 새로운 장식기법과 소재로 급격하게 변화된 것을 알 수 있다. 칠곡 다부동, 고령 가산리, 진해 웅천도요지 등에서 퇴색된 인화기법에서 귀얄·덤벙 분청이 주를 이루고 분청과 형태, 제작기법이 거의 같은 연질백자를 함께 생산하기도 하였다. 분청사기에서 백자로의 변화양상은 산청 방목리, 경산 음양리, 하동 백련리 유적 등의 백자가마에서 제작된 분청사기에서 확인할 수 있다.

2) 백자

조선시대 분청사기와 함께 제작된 백자는 고려시대부터 이어온 기술을 바탕으로 중국 명나라 선진기술의 영향을 받아 15세기부터 본격적으로 제작되었으며 조선시대 도자기의 중심으로 자리 잡아 발전하였다. 순백자·상감·청화·철화·동화·양각·상형 등 다양한 제작기법으로 만들어졌다. 백자 생산은 주로 궁실용 자기를 생산하는 분원으로 통칭되는 관요를 중심으로 이루어졌으나, 영남지역을 비롯한 지방에서도 조선 전기 본격적으로 백자를 생산하게 되었다.

초기(1392~1599년) 분청사기와 함께 소량 제작되던 백자는 15세기 중반부터 본격적으로 제작되었다. 고령 사부리요지와 같이 분청사기와 함께 전국 각지에서 제작된 소량의 백자를 공납의 형태로 받아 사용했을 것으로 추정되며, 이 시기에 제작된 백자는 회백색 혹은 담청백색의 유색에 굽은 다소 높고 밖으로 벌어진 형태이거나 대나무의 마디 모양을 한 죽절 형태가 대부분이다. 또한 순백자 이외에도 고려시대 상감청자의 장식기법을 계승한 상감백자가 제작되어 당초·모란·간략한 풀꽃 등이 장식된 대접과 병·항아리 등이 요지에서 발견되기도 한다.

1467~1468년 사이 왕실과 관청용의 백자를 전담하여 제작하는 사용원의 분원이 경기도 광주에 설치되면서 백자의 질·형태·제작체계 등에 이전과는 다른 새로운 변화가 생겼다. 상감백자와 함께 담청백색의 순백자가 제작되는 한편, 중국 명나라의 영향으로 눈처럼 희고 질이 좋은 순백자와 청화백자를 본격적으로 제작하였는데, 중국과 구분되는 매화와 대나무·소나무·인물·용 등의 그림을 그려 넣기도 한다. 16세기 중후반에는 일부 철화백자가 나타난다. 산청 방목리, 하동 백련리요지 등에서 분청에서 백자로의 전환이 이루어진 이후 본격적으로 백자를 제작하였고, 안동 신양리, 경산 음양리, 상주 호음리요지 등 백자가 영남지역 여러 곳에서 다수 생산되었음을 알 수 있다. 그 가운데 경북 영주시 이산면 운문리에 있는 김흠조(1461~1528)의 무덤에서 출토된 분청사기 항아리·백자 병·항아리·완 등은 16세기의 특징을 보여 주는 편년자료로 활용될 수 있으며, 김해 구산동, 진주 무촌리의 조선시대 분묘에서 출토된 분청사기와 백자는 청동숟가락·합과 함께 유물의 연대를 파악할 수 있는 중요한 자료이다.

17세기 전반은 임진왜란과 병자호란 등을 겪으며 이전과는 다른 제작상황을 보인다. 청화안료를 구하기 어려워 이를 대신한 철화백자가 주로 제작되었으며, 색도 연회백색을 보이는 백자가 주류를 이룬다. 대접과 접시 등 일상생활용 그릇이 주로 제작되었으며, 그릇의 종류도 이전만큼 다양하지 못하다. 17세기 백자요지에서는 공통적으로 굽 안바닥을 오목하게 깎은 예가 발견되며, 바닥에는 입자가 굵은 모래를 받쳐 번조한 예가 대부분이다. 철화의 장식소재로는 난초·운룡(雲龍)·초화(草花) 등이 많다.

18세기 전반에는 백자의 제작이 급속히 발전하여 이전과는 다른 독특한 백자문화가 나타난 시기이기도 하다. 분원에서는 궁평리, 오향리, 금사리(1726~1751년) 등에서 제작활동을 벌였으며, 대체적으로 우유처럼 흰빛의 유색을 띠며, 굽의 높이가 다소 낮고 직립환 형태가 공통적으로 만들어진다. 특히 금사리에서는 이 시기를 대표할 만한 백자들이 제작되었는데, 달처럼 둥근 백자 달항아리나 굽이 높은 제기가 등장하였고, 표면을 육각 혹은 팔각으로 모깎이 장식을 한 병과 항아리·대접 등이 발견된다. 또한 청화백자의 제작이 다시 본격화되면서 금사리에서는 문인화풍의 생략적이고 함축적인 그림장식이 유행한다. 장식소재로는 난초·대나무·매화·운룡 등이 즐겨 그려졌다.

18세기 후반에 분원이 1752년부터 경기도 광주 남종면 분원리에 정착하면서 분원리 가마 특유의 담청백색을 보이는 백자가 제작되었다. 이전에는 드물었던 음각·양각·투각·상형 장식이 사용되었으며, 필통·연적과 같은 문방구의 제작이 증가하였다. 한편 이전에는 거의 찾아볼 수 없었던 붉은색의 동안료로 표면을 장식한 동채백자(銅彩白磁)가 만들어졌다.

19세기 전반에는 분원리 가마의 제작활동뿐만 아니라 순백자와 청화백자를 중심으로 한 음각·양각·투각·상형 장식의 백자가 더욱 활발하게 만들어졌다. 민화에 사용되던 십장생·운룡·운봉·모란 이외에 잉어·박쥐·포도·국화·산수·문자(文字) 등 매우 다양한 소재가 장식되었다. 음각·양각·투각·상형 장식이 사용되는 한편 푸른색의 청화안료의 그림을 바탕으로 붉은색의 동안료를 칠하거나 적갈색의 철안료를 함께 칠하여 이전에는 거의 볼 수 없었던 채색자기가 다수 만들어졌다.

19세기 후반에는 전반의 제작전통이 답습되지만, 1883년 이후 분원이 민영화되어 민간경영체제로 전환된다. 이후 조선왕실의 몰락으로 왕실백자의 제작전통이 사라지고 일본에서 제작된 왜사기의 유입으로 경쟁력을 잃은 분원이 마침내 제작활동을 중단하게 된다. 또한 각지에서 제작되던 투박한 조선백자 역시 왜사기의 영향으로 변화되거나 사라지며, 조선왕조 500년의 제작전통은 단절의 위기를 맞게 된다.

영남지방에서 출토되는 유물은 15세기 분청사기에서 19세기 백자까지 다양하게 나타난다. 기종은 대접과 접시 등 일상용기가 대부분을 차지하고 있으며 왕실용 백자를 제작하던 분원에서 특별한 의식용기나 다양한 기종을 제작하던 것과는 다른데 이것은 지방가마의 특징이라 생각된다. 기형은 일상생활용기 외 전접시·마상배·귀잔 등이 출토되어 관요에서 생산된 유물과 비교를 통해 시기도 확인할 수 있다. 안바닥의 내저원각의 유무는 시간이 경과하며 나타나는 변화된 모습일 뿐만 아니라 조선시대 전기나 중기에 걸쳐 지방가마에서 제작되던 백자의 특징이라 할 수 있다. 장식기법은 대부분 장식이 없는 무문의 백자가 주를 이루었으며 상감·철화장식 등이 백련리와 방목리 등에서 일부 확인되기도 하였다. 태토는 소위 연질백자로 불리는 미백색의 잡물이 없는 백토를 비롯하여 잡물이 혼입된 회백색 등 다양하게 나타나며 방목리와 백련리에는 15~16세기의 양질과 조질 백자가 동시에 출토되고 있어 조선 전기의 중요한 자료를 제공해 주었다. 한편 17세기 후반에서 18세기 초에 경주와 하동·곤양에서 백토가 왕실 백자 제작에 사용되었다. 그러나 지방의 가마에서 생산된 것은 수비, 정제가 제대로 되지 않은 철분 함량이 높은 태토의 백자가 다수이다.

굽은 대체적으로 깎음새가 거칠고 세부를 꼼꼼하게 다듬지 않았다. 형태는 15~16세기 경기도 광주 및 지방 백자 가마터의 파편에서 볼 수 있는 죽절 모양 굽의 특징이 남아 있지만 대체적으로 전형적인 모습에서는 다소 변화되어 있다. 또한 17세기로 편년되는 사촌리와 방리에서는 오목굽이 나타나기도 한다. 유물을 번조하는 방법은 갑번과 상번으로 크게 구분할 수 있는데 분원 중 일부에서는 갑번을 이용하여 소량의 최상품을 제작하였다. 그러나 그 외 대부분이 가마 천정의 높이만큼 그릇을 중첩하여 쌓아올려 질은 다소 저하되더라도 다량을 짧은 시간에 제작할 수 있는 상번을 선택하였다. 이는 경상도지역뿐 아니라 지방가마에서 공통적으로 확인된다. 받침에 있어서 굽바닥 3~5곳에 사질내화토를 손톱만한 크기로 만들어 받쳐 번조하고 태토비짐과 모래비짐 등 다양하게 번조하였는데, 이를 통해 시간의 흐름에 따라 태토비짐에서 사질내화토, 모래비짐, 굵은모래받침으로 변화되는 것을 알 수 있었다. 또한 15~16세기 다른 지역에서 발견되는 백자의 다수가 태토를 빚어 사용하던 것과는 구분되는데, 경상도 각 유적의 주변 곳곳에 암반이 매우 고운 입자로 풍화된 토양이 형성되어 있다. 굽받침에 사용된 사질의 내화토와 풍화토가 매우 유사하므로 적당한 점력이 있는 풍화토를 그대로 사용하거나 점토와 혼합하여 받침으로 사용하였을 가능성이 있을 것으로도 생각된다.

한편 요도구에 있어서 가장 많이 확인되는 것이 도지미이다. 도지미는 그릇의 재임 시 사용되는 것으로 가마의 경사도 변화와 관련하여 형태변화를 살펴볼 수 있다. 분청사기와 백자가마에서 확인되는 이전의 원통형·원반형 도지미를 대신하여 17세기 백자가마 이후부터는 단면 삼각형의 경사진 도지미가 주로 사용되며 18~19세기에 제작된 하동 서황리 백자요지에서까지 확인된다.　　　　　[김윤희]

VI 기와

1 고려시대

1) 막새

고려시대 막새는 특정 지역이나 유적을 중심으로 제작기법과 문양·편년 등에 대한 단편적인 연구는 이루어지고 있으나, 전체적인 변화양상에 대한 구체적인 검토는 아직 부족한 편이며, 영남지방의 고려시대 막새 연구는 거의 전무한 실정이라고 할 수 있다. 그러나 최근 들어 군위 인각사지·경주 황룡사지, 합천 영암사지, 창원 봉림사지, 부산 만덕사지, 김해 덕산리사지 등 사찰유적에 대한 발굴조사가 증가함에 따라 전체적인 변화양상은 어느 정도 파악할 수 있게 되었다.

영남지방의 수막새는 고려 초기에는 다른 지역과 마찬가지로 통일신라 후기 전통을 계승한 것과 고려적인 특징을 가진 형식이 병존한다. 통일신라 후기 전통을 계승한 형식은 연자형자방 또는 반구형자방을 배치한 세판 또는 복판연화문수막새로 통일신라 후기와 양식적으로 같은 특징을 보인다. 고려적인 형식의 복판연화문수막새는 통일신라 후기 형식보다 자방이 연판문보다 막새면에 넓게 배치되면서 연판의 폭이 넓고 끝이 반전되는 등 전체적으로 입체감이 강조된 것이 특징이다. 이러한 형식의 복판연화문수막새는 동래고읍성지, 만덕사지, 김해 덕산리사지, 영암사지에서 출토되었는데, 이는 초창 또는 중창 연대가 확실한 고려 초의 충주 숭선사지 (935)·안성 봉업사지(고려 광종)·여주 원향사지(고려 광종) 등지에서도 출토된다.

고려 중엽이 되면 앞 시기에는 볼 수 없었던 새로운 형식의 일휘문(日輝文)수막새가 전국적으로 성행하게 된다. 일휘문수막새는 돌출된 반구형자방을 중심으로 원권문이 동심원으로 시문된 형식으로 연구자에 따라 귀목문(鬼目文)수막새·휘안문수막새 등으로 불리며, 원권수에 따라 단원권·중원권·다원권으로 분류된다. 일휘문수막새는 절대연대를 알 수 있는 황룡사지(1105) 및 혜음원지(1122)에서 출토되나 하한 연대가 분명한 정림사지(1028)에서 확인되지 않는 것으로 보아 그 출현 시기는 12세기 초로 추정된다. 출현 배경에 대해서는 귀면와의 눈과 연화문수막새의 반구형자방에서 유래하였다고 보는 자체발생설과 당시의 국제관계를 볼 때 북송의 영향을 받았던 것으로 보는 외래설 그리고 불교사상의 영향으로 보는 견해 등이 있다. 영남

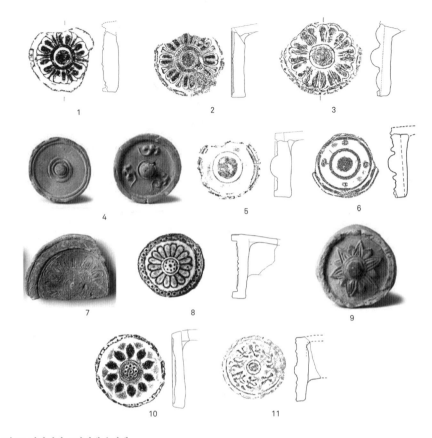

그림 18 영남지역 고려시대 수막새

1: 동래 고읍성지, 2 · 10: 봉림사지, 3: 만덕사지, 4 · 9: 황룡사지, 5: 지곡사지, 6: 영암사지, 7: 김해 덕산리사지, 8: 합천 죽죽리폐사지,
11: 사천 본촌리폐사지

지방의 일휘문수막새는 황룡사지, 사천 본촌리폐사지, 지곡사지, 인각사지, 영암사
지, 봉림사지, 만덕사지 등 대부분 사찰유적에서 출토되고 있다.

　　단판·복판연화문수새의 문양은 양감이 줄어든 평면적인 형태로 변하는데 이러
한 변화는 봉림사지, 합천 죽죽리 폐사지, 영암사지, 인각사지, 지곡사지, 김해 덕산
리사지에서 출토되었으며, 황룡사지에서는 반구형자방이 강조된 단판연화문수막
새도 확인된다.

　　몽고 침입 후 고려 후기가 되면 반구형자방에 양감이 있는 단판연화문수막새
가 성행하고 범자문(梵字文)이 새로이 출현한다. 단판연화문수막새의 경우 주연부
에 장식되었던 연주문이 연판과 연판 사이에 시문되거나 주연부가 소문(素文)이거

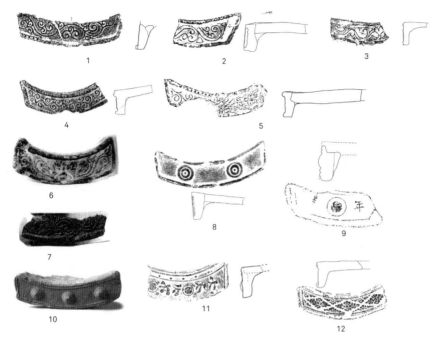

그림 19 영남지역 고려시대 암막새

1: 만덕사지, 2: 단속사지, 3: 부인사지, 4: 합천 죽죽리폐사지, 5: 천룡사지, 6·10: 황룡사지, 7: 불국사 경내, 8: 봉림사지, 9·12: 영암사지, 11: 사천 본촌리폐사지

나 돌대선으로 표현하는 등 다양한 변화양상이 나타난다. 특히 이 시기에 처음 출토되는 범자문수막새는 원나라의 영향을 받은 것으로 밀교의 성행과 함께 유행한 것으로 보인다. 기와에 표현된 범자는 옴자를 형상화한 것으로 사천 본촌리 폐사지에서는 같은 모양의 범자가 시문된 암·수막새가 세트로 출토되었다. 인각사지, 영암사지, 팔공산 북지장사지 등지에서 범자문수막새가 확인되는 것으로 보아 조선시대까지 사용되었음을 알 수 있다. 또한 수막새의 제작방법에서도 변화가 나타나며, 수막새 뒷면에 포목흔이 확인되고 수키와의 접합각도도 90°에서 120° 전후의 둔각으로 바뀐다.

암막새는 통일신라 후기 양식을 계승한 당초문암막새가 고려 초기에 주로 제작되나 통일신라시대에 비해 당초문의 시문 형태가 단순화하고 간략화·평면화되는 형식적인 특징을 보인다. 이러한 형식의 암막새는 만덕사지, 인각사지, 영암사지, 황룡사지 등 영남지방 전역에서 확인된다.

통일신라시대에는 주로 수막새에 장식되었던 귀면문(鬼面文)도 고려 초기에 시문된다. 귀면문암막새는 경주지역을 중심으로 불국사지·황룡사지·인용사지·천룡사지 등에서 많이 출토된다. 귀면문은 주로 평면적인 선으로 표현되며 단순화·추상화 특징을 보이며, 익산 미륵사지나 충주 정토사지 등지에서도 확인된다. 시문 형태에 따라 암막새 전체에 귀면문만을 배치하는 것과 암막새 중앙에 귀면문을 배치하고 좌우로 외향 또는 내향하는 당초문을 배치한 형식으로 구분된다.

그리고 앞 시기에 볼 수 없었던 일휘문암막새와 고사리문암막새가 새롭게 출현한다. 일휘문암막새는 일휘문수막새와 같이 12세기 초부터 전국적으로 성행하며, 영남지방 대부분의 사찰유적에서 출토된다. 일휘문은 암막새면에 2~3개 이상 장식하거나 다른 문양과도 함께 시문된다. 만덕사지에서는 일휘문만 장식한 암막새와 일휘문 사이에 화문(花文)을 장식한 암막새, 간월사지와 합천사지에서는 일휘문 사이에 명문이 있는 것이 확인된다. 일휘문수막새는 고려 후기가 되면 거의 제작되지 않지만, 일휘문암막새는 조선시대 명문암막새에 반구형 돌기 형태로 잔존한다.

고사리문암막새는 영암사지와 간월사지 등지에서 출토되는데, 충주 김생사지·정토사지·미륵리사지·논산 개태사지 등 다른 지역에서도 확인되고 있다. 초화문 또는 초문암막새도 영암사지와 동래 고읍성지·간월사지 등지에서 출토되는데, 특히 영암사지 출토 초화문암막새의 문양은 다른 지역에서는 보이지 않는 형태로 마름모꼴의 초화문을 연속적으로 배치한 것이 특징이다.

고려 후기가 되면 암막새는 형태와 제작방법에 있어 여러 가지 변화가 나타난다. 암막새의 평면 형태는 장방형에서 역삼각형에 가깝게 변하고, 암키와의 접합각도도 90°에서 120° 전후의 둔각으로 바뀐다. 암막새 뒷면에도 수막새와 마찬가지로 앞 시기에 볼 수 없었던 포목흔이 관찰되고 막새면의 주 문양이 당초문·일휘문·귀면문·초화문 등에서 문자문으로 변화된다. 암막새의 평면 형태가 장방형에서 역삼각형으로 변화한 것은 고려 말 중국 원대 또는 명대에 제작되었던 적수와(滴水瓦)의 영향을 받은 것으로 보인다.

2) 평기와

평기와는 지붕을 이루는 가장 기본적인 기와로 암키와와 수키와로 구분되며, 수키와는 다시 미구의 유무에 따라 토수기와와 미구기와로 세분된다. 통일신라시대 이전에는 토수기와와 미구기와가 모두 확인되고 있으나 고려 중기 이후에는 미구기와만 사용된다.

고려시대 평기와는 점토판 소지를 원통 와틀에 부착하고 장판 타날판을 사용하여 점토판을 횡방향으로 두드리는 방법으로 제작된다. 타날판의 문양, 하단 내면 조정방법, 포목흔, 기와의 크기 및 두께 등의 속성에 따라 변화양상을 살펴볼 수 있다. 특히 타날판의 문양은 평기와 편년과 변천과정을 이해하는 데 중요한 속성이 되고 있다.

고려 초기의 평기와는 통일신라시대의 제작방법을 기본적으로 사용하지만 하단 내면 조정방법과 측면 와도질 방향 등에서 차이도 보인다. 이러한 특징을 갖는 기와는 동평현성지·만덕사지·동래 고읍성지·인각사지, 영암사지, 봉림사지, 김해 덕산리사지, 천덕사지 출토품에서 확인된다. 타날판의 문양은 주로 선조문이나 사격자문·어골문 등 단독문이 많이 사용되며, 특히 ×자문이 추가된 선조문이 성행한다. 동평현성지나 울산 화산리성지, 영암사지 출토품이 고려 초기의 특징적인 선조문이라고 볼 수 있다.

고려 중기에는 제작방법상 앞 시기에 비해 큰 변화는 없으나 타날판의 문양이

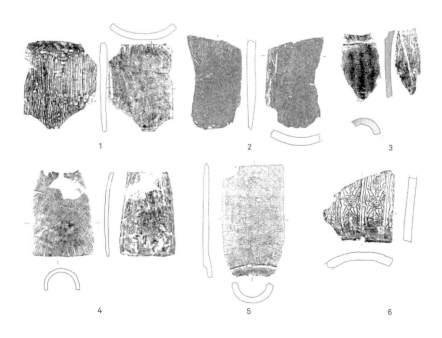

그림 20 영남지역 고려시대 평기와
1: 울주 화산리 성지, 2: 영암사지, 3: 울산 개운포 성지, 4: 동래고읍성지, 5: 만덕사지, 6: 봉림사지

다양화되는 특징을 보인다. 수키와는 토수기와가 거의 소멸하고 미구기와가 주로 사용되며, 암키와 내면에는 윤철흔(輪綴痕)이 나타난다. 윤철흔은 암키와의 내면에서 확인되는 횡방향의 홈으로, 이에 대해 여러 의견이 있으나 와통에 포목을 붙이는 과정에서 생겨난 것으로 보는 것이 일반적인 견해이다. 타날판 문양은 어골문이 중심 문양으로 성행하며, 타날판 문양 가운데의 횡대를 중심으로 상하대칭되는 단독문이나 복합문이 주로 시문된다. 복합문의 문양으로는 초화문(草花文)·차륜문(車輪文)·타래문 등이 사용되며, 만덕사지·천덕사지·울주 화산리성지·부인사지·석장사지 등지 출토품에서 확인된다.

고려 후기 평기와의 제작방법은 앞 시기와 거의 동일한 양상을 보인다. 문양 형태는 앞 시기에 유행하였던 어골문이 지속적으로 시문되나, 단순화되는 경향이 있으며 단독문보다 복합문이 더 많이 나타난다. 암키와 내면에서 확인되었던 윤철흔은 폭이 좁아지거나 나타나지 않는 것도 있으며 이러한 변화양상은 부인사지·봉림사지·단속사지·인각사지 등지에서 확인된다.

3) 명문와

명문와는 문자가 기록된 기와를 의미하며, 삼국시대부터 확인되고 있으나 그 수량은 많지 않다. 고려시대에는 전 시기에 걸쳐 다량의 명문와가 제작·사용되며, 명문의 내용도 사찰명·연호명·간지명·지명·인명 등 다양하다. 이들 명문와는 금석문적 가치뿐만 아니라 사찰의 축조 시기와 존속기간, 유적과 유물의 편년작업에 중요한 정보를 제공해 준다.

기와의 명문은 와범이나 타날판(인장)에 명문을 새겨 막새면이나 기와 외면을 타날하여 양각으로 나타나는 경우와 직접 기와에 음각하는 방법이 있다. 고려시대에는 타날판에 문자만 새겨 타날하는 경우와 문양과 같이 새겨 타날하는 경우가 있으며, 주로 평기와 외면에 명문을 타날하였다. 문양과 함께 타날하는 경우에는 타날문양의 횡대로 명문을 새겨 명문을 중심으로 상하대칭되는 단독문이나 복합문을 시문한다.

고려시대 영남지방에서는 다양한 문자가 새겨진 명문와가 사지·성지·기와가마 등에서 출토된다. 고려시대 명문와는 명문의 내용에 따라 크게 사찰명·연호(간지)명·지명·인명(관직명) 등으로 구분된다. 사찰명이 있는 명문와로는 부인사(符仁寺),

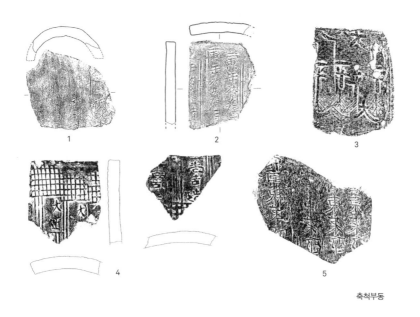

축척부동

그림 21 영남지역 고려시대 명문와
1: 만덕사지, 2. 사천 본촌리폐사지, 3 · 5: 부산 담감동성지, 4. 단속사지

기비사(祇毗寺), 월천사(月川寺), 봉림사(鳳林寺), 자복사(資福寺) 등이 있다. 연호나 지명이 있는 명문와로는 대평(大平)·정유(丁酉)·병인(丙寅)·동래(東萊)·구어일(仇於日) 등이 있다. 그 밖에도 삼품(三品)·대근상길조(大近尙吉造) 등 기와제작과 관련된 명문와도 있다.

4) 기와가마

기와 가마는 기와의 수요와 공급뿐만 아니라 당시의 장인집단과 수공업 양상을 이해하고 가마에서 소성된 기와를 통해 궁궐·사찰·관아 등 건축물의 건립 현황과 제작 시기 등을 파악할 수 있다는 점에서 중요한 유적으로 평가된다. 특히 당시의 사회상을 복원하는 데에도 아주 중요한 자료이다.

기와 가마는 연료의 공급 및 기물의 출납이 이루어지는 공간인 화구, 땔감을 쌓아 불을 지피는 연소실, 기와를 구워 내는 소성실, 화기와 연기를 배출하는 연도로 구성된다. 그 밖에 기와를 적재한 부속공간과 회구부가 있다. 일반적으로 기와 가마

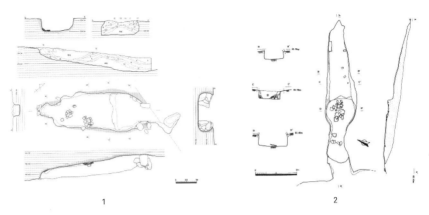

그림 22 영남지역 고려시대 기와가마
1: 울산 덕현리 2호 와요, 2: 상주 청리 1호 와요

는 형태에 따라 굴가마와 평가마로 구분되며, 축조 위치에 따라 지하식·반지하식·지상식으로 나누어진다.

가마의 입지는 점토·물·연료 채취·노동력·교통로와 같은 조건들을 고려하여 선정되며, 일반적으로 완만한 구릉 사면의 말단부나 능선부와 접하고 있는 선상지 등지에 조성된다. 그러나 대규모 건축으로 많은 기와가 필요한 경우에는 인접한 곳에 가마를 만들고 건축에 필요한 기와만을 생산하는 한시적인 용도로 조성되기도 한다. 대표적인 유적으로는 분황사, 구미 인덕리, 부산 용당동, 기장 동부리, 울산 청송사지, 포항 지곡동 기와가마 등이 있다.

영남지방의 기와가마 구조는 화구에서 연소실까지의 경사도, 연소실의 평면형태, 측벽단 유무, 소성실 평면형태, 바닥의 경사도 등 속성에 따라 형식적인 특징과 시기적인 변화양상을 파악할 수 있다.

고려 전기 기와가마는 통일신라시대의 전통을 계승한 형식과 새로운 소성실의 평면 형태를 갖는 형식이 병존한다. 통일신라시대의 전통을 계승한 형식은 규모가 400cm 이하로 대체로 작고 아궁이에서 연소실까지의 단면 형태는 내외평탄형을 이루며, 소성실의 평면 형태는 종형(鐘形)이다. 대표적인 유적으로는 대구 각산동, 울산 덕현리 2호, 상주 청리 4호 기와가마 등이 있다. 소성실의 평면 형태가 선형(船形)인 기와가마는 고려시대에 출현한 새로운 형식으로 방내리 1·2호, 상주 지산리 1·3·5호, 경주 월산리 B-1호, 대구 봉무동 기와가마에서 확인되며 여기서는 선문·격자문·어골문 등 단독문의 타날판 문양이 새겨진 평기와가 주로 출토된다.

고려 중기에 접어들면 소성실의 평면 형태가 종형인 기와가마는 거의 소멸되고 선형의 가마가 주로 축조된다. 그리고 아궁이에서 연소실까지의 단면 형태는 내외 평탄형에서 아궁이가 연소실보다 높은 외고내저형으로 바뀌는데, 그 원인은 연소실의 화력을 높이기 위한 것으로 추정된다. 이러한 구조는 고려 후기까지 지속된다. 대구 범어동·상주 청리 1호·경산 옥산동 기와가마가 대표적인 유적이며, 여기서는 어골문을 중심으로 한 복합문 계통의 타날판 문양이 새겨진 평기와가 주로 출토된다.

2 조선시대

1) 막새

조선시대 영남지방 막새 연구는 거의 전무한 실정으로 최근 들어 군위 인각사지, 울산 운흥사지·장천사지, 대구 부인사지, 경주 분황사지·천룡사지·석장사지 등 발굴조사가 증가함에 따라 전체적인 변화양상을 어느 정도 파악할 수 있게 되었다.

수막새는 화문수막새와 세판연화문수막새가 제작되며, 수막새 뒷면에서 포목흔이 확인되고 수키와의 접합각도는 둔각으로 변한다. 화문수막새는 석장사지, 부

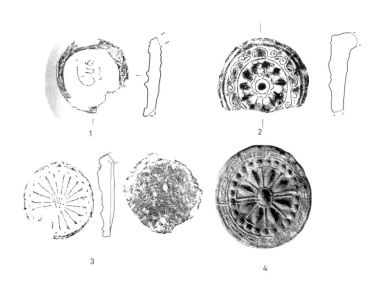

그림 23 영남지역 조선시대 수막새
1: 영암사지, 2: 거제 상동유적, 3: 천룡사지, 4: 석장사지

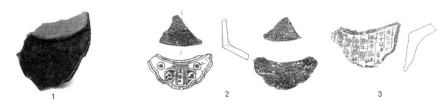

그림 24 영남지역 조선시대 암막새
1: 울산 운흥사지, 2: 영암사지, 3: 부인사지

인사지, 울산 개운포성지 등지에서 출토된다. 부인사지에서는 다량의 화문수막새가 확인되었는데 반구형자방에 첨형의 화판을 배치하고 주연부는 사선문으로 장식하였다. 울산 개운포 성지 출토 화문수막새는 반구형자방을 중심으로 화판을 배치하고 화판과 화판 사이에는 연주문을 장식하고 주연부는 돌대선으로 표현하였다.

세판연화문수막새는 경주 천룡사지, 거제 상동동유적, 산청 지곡사지 등지에서 확인된다. 천룡사지에서 반구형자방을 중심으로 세장한 연판문을 배치하였으며, 거제 상동동 유적 출토 수막새는 암막새와 세트 유물이다. 중앙에 연자형자방을 배치하고 자방 주위에 일조의 원권대를 장식하고 세장한 9엽의 연판을 표현하였다.

조선시대 수막새는 고려 후기 수막새의 양식을 계승하나 전 시기에 비해 도식화·생략화·투박화되는 특징을 보인다.

암막새의 평면형태가 조선시대에 접어들면서 더욱 뚜렷하게 장방형에서 역삼각형으로 변화되고, 암키와의 접합각도도 둔각으로 바뀐다. 조선 초에 제작된 것으로 보이는 영암사지 출토 귀면문 암막새는 조선 초기 암막새의 특징을 잘 보여 준다. 귀면문을 막새 전면에 배치하고 귀면문 좌우에 반구형 돌기를, 귀면문 중앙에는 세로로 '화주○계(化主○戒)'라는 명문을 시문한 형태이다.

조선 중기 이후가 되면 암막새의 굴곡이 2회 이상으로 하단부가 길어지고, 막새면을 세로로 구획하여 명문을 배치하는 형식으로 변화된다. 명문의 내용은 화주(化主)나 시주(施主)와 관련된 인명·기년명(紀年銘) 등이며, 천룡사지, 인각사지, 부인사지, 팔공산 북지장사지, 합천 죽죽리 폐사지, 거제 상동동유적 등지에서 출토된다.

2) 평기와

조선 초기의 평기와 제작방법은 고려 후기와 거의 동일한 양상을 보인다. 문양 형태는 앞 시기에 유행하였던 어골문이 지속적으로 시문되며, 직선계 집선문의 타

그림 25 영남지역 조선시대 평기와
1: 울산 개운포 성지, 2: 인각사지

날판 문양이 새로운 타날판 문양으로 나타난다. 포항 원동 3지구, 성주 만귀정지, 부산 두구동유적, 양산 소토리, 울산 병영성, 창녕 여초리, 창원 상곡리 가마 등지에서 확인된다.

조선 중기 타날문양은 어골문이 거의 사라지고 곡선계 집선문인 창해파문(蒼海波文)이 주 문양으로 사용된다. 창해파문이 단독문으로 사용되는 경우도 많으나 선문과 함께 복합문을 구성하는 경우도 있다. 대구 노변동 사직단, 경산 중산동 건물지 유적, 울산 개운포성지 등지에서 확인된다.

조선 후기 타날문양은 창해파문이 지속적으로 사용되며, 화문이 창해파문과 함께 복합문으로 장식된다. 제작기법상의 변화는 거의 없으며, 경주 동방동, 사천 유천리가마터 등지에서 확인된다

3) 명문와

조선시대 명문와는 역삼각형 암막새면을 종선으로 구획한 다음 기년명과 시주·화주·별좌(別座)·범자문 등을 새긴 형태이다. 천룡사지, 팔공산 북지장사지, 인각사지, 영암사지 등지에서 확인된다.

천룡사지에서는 5종의 명문암막새가 출토되어 시주와 화주뿐만 아니라 모두 4차례에 걸쳐 번와(燔瓦)가 있었음을 알 수 있다. 인각사지에서는 3종의 명문암막새가 출토되었는데, 1종의 양각선으로 구획하여 정해년(丁亥年) 삼월에 기와를 얹었다는 내용과 시주·공양주 등을 양각하였다. 2종은 중앙에 2조의 양각선으로 명문대를 구획하여 기년명과 화주를 양각하였으며 좌우에 범자문을 장식하였다.

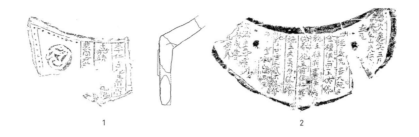

그림 26 영남지역 조선시대 명문와
1: 천룡사지, 2: 부인사지

4) 기와가마

　　조선 초기의 가마는 앞 시기의 가마 구조를 유지하면서 규모가 더 커지는 경향을 보인다. 소성실의 평면 형태도 선형에서 제형으로 변화되고 연소실에 측벽단이 조성된다. 부산 두구동 1·2호요, 진주 장흥리 3·6호요, 포항 원동 II-3호요 등지에서 측벽단이 확인된다. 이 공간은 기와 소성량의 증가와 공기 순환의 목적으로 설치되며, 고려 후기의 옥천 삼양리 1·2호요에서 초현하여 조선 전기까지 지속된다. 여기서는 주로 어골문과 직선계집선문 계통의 타날판 문양이 새겨진 평기와가 출토된다.

　　조선 중기 이후가 되면 아궁이에서 연소실의 경사도가 15° 이상으로 높아지면서 아궁이와 연소실 사이에 단이 마련된다. 이러한 구조적인 변화는 화력 상승과 더불어 이물질 및 재의 소성실 유입을 차단시키는 것과 관련이 있다. 그리고 소성실 평

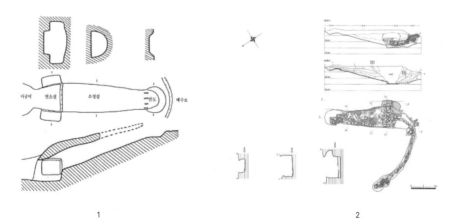

그림 27 영남지역 조선시대 기와가마
1: 부산 두구동 1호 와요, 2: 진주 장흥리 3호 와요

면 형태는 제형은 거의 사라지고 일자형으로 바뀌게 되며, 바닥에도 단이 생성되어 거의 일반화된다. 이러한 구조는 대구 봉무동, 기장 삼성리 3호, 함안 모곡리 2호, 창녕 여초리, 칠곡 오산리유적 등지에서 확인된다. 여기서는 곡선문계 창해파문의 타날판 문양이 새겨진 평기와가 주로 출토된다.

[최정혜]

VII 금속유물

1 고려시대

1) 일상용구

고려·조선시대 금속유물에 대해서는 그동안 공예품 위주로 연구가 되었으나, 최근 들어 분묘 발굴조사 증가에 따른 금속유물의 종류와 양이 늘어나고 있다. 따라서 고려·조선시대 금속유물은 일상용구와 불교용구로 대별하여 볼 수 있다.

고려시대 일상용구를 대표하는 것은 청동완·병·잔 등의 청동용기와 숟가락·거울 그리고 철제 가위·동전 등이 있다.

청동용기는 동의 기벽이 얇은 것이 특징으로 대부분이 구리와 주석을 합금해 단조기법으로 제작하였으나 주조품도 있다. 단조기법은 유연성이 높아 잘 깨지지 않는 장점이 있으나 대량생산이 곤란하다는 것이 단점인 반면, 주조품은 대량생산이 가능하다는 장점이 있다.

형식명	도면	형식정의	출토유적	형식명	도면	형식정의	출토유적
단조 l a	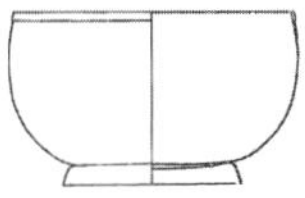 청도대전리 l-44호	단조품으로 대각의 높이는 2cm 미만, 동최대경이 구연경보다 크다.	청도 대전리, 경주 검단리, 김해 송현리, 대구 봉무동, 산청 평촌리, 달성 매곡리, 경주 물천리	단조 l b	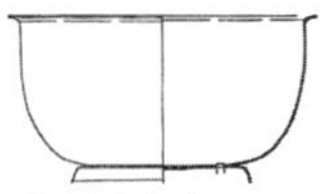 경주검단리3호	단조품으로 대각의 높이는 2cm 미만, 동최대경이 구연경보다 작다.	청도 대전리, 경주 검단리, 대구 신당동, 산청 평촌리, 진주 무촌리, 경주 물천리
주조 l c	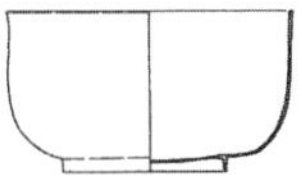 고령지산동Ⅵ l-1호	주조품으로 대각의 높이는 2cm 미만, 동최대경이 구연경과 같다.	김해 송현리, 구포 덕천동, 창원 가음정동, 고령 지산동Ⅵ				

그림 28 고려시대 청동대부완 형식분류표

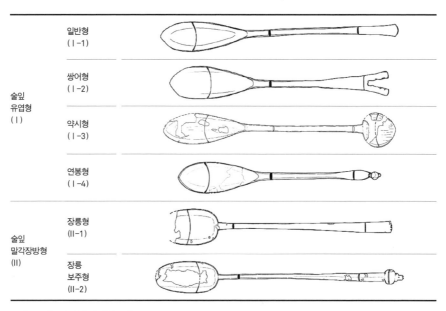

술잎 유엽형 (I)	일반형 (I-1)	
	쌍어형 (I-2)	
	약시형 (I-3)	
	연봉형 (I-4)	
술잎 말각장방형 (II)	장릉형 (II-1)	
	장릉 보주형 (II-2)	

그림 29 청동순가락 형식분류안

청동완은 청동기 중에 가장 많은 비중을 점하는 것으로 완 외에도 병·잔 등이 있다. 청동완은 대나무 발이나 포목으로 감싼 채 청동시저와 함께 출토되기도 하며, 청동완에 보수 흔적이 있거나 내부에서 유기물이 검출되기도 하여서 부장용기라기 보다는 피장자가 생전에 사용하던 일상식기일 가능성이 있다.

분묘 출토품으로 미루어 볼 때 청동완과 함께 출토되는 순가락은 크게 두 가지 형태로 나뉘지만 시간에 따른 변화를 보여 주는 것은 아니다. 고려시대 이후의 순가 락은 단조하여 제작하는데 보통 긴 봉 형태의 청동을 두드려 만들게 된다. 이때 음식 물을 뜨는 술잎 부분과 순가락을 잡는 자루 부분은 얇고 편평하게 늘려야 하는데 발 굴조사에서 순가락의 술잎이나 술총이 손상되거나 탈락되어 출토되는 원인이 여기 에 있다.

이외에도 고려시대 금속유물을 대표하는 것으로 동경을 들 수 있다. 고려시대 에는 동경의 제작이 가장 활발했던 시기로 현존하는 동경의 대부분은 출토지나 출 토상태가 거의 알려지지 않은 것이며 분묘에서 동경이 출토된 예도 극히 드물다. 고 려시대의 동경은 중국에서 수입된 것과 방제경(倣製鏡), 독자 생산품 등 여러 가지가 있고 사용 시기도 길다. 대개 화조문계(花鳥文系)·서수문계(瑞獸文系)·용어문계(龍魚文

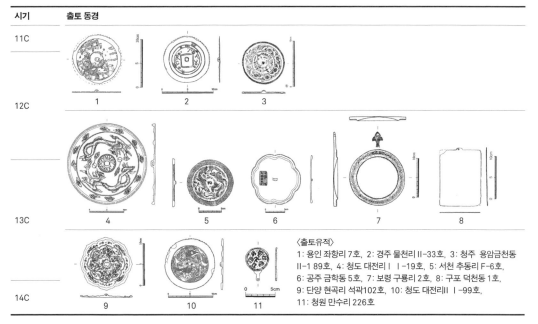

시기	출토 동경
11C	
12C	
13C	
14C	

〈출토유적〉
1: 용인 좌항리 7호, 2: 경주 물천리 II-33호, 3: 청주 용암금천동
II-1 89호, 4: 청도 대전리 I I-19호, 5: 서천 추동리 F-6호,
6: 공주 금학동 5호, 7: 보령 구룡리 2호, 8: 구포 덕천동 1호,
9: 단양 현곡리 석곽102호, 10: 청도 대전리II I -99호,
11: 청원 만수리 226호

그림 30 동경의 시대적 변화

系)·인물고사문계(人物故事文系)·보화당초문계(寶花唐草文系)·문자계(文字系)·기타 등
으로 분류할 수 있다.

고려시대 분묘 출토 동경은 12세기를 중심으로 부장되며 단뉴경+원형+화조
문, 단뉴경+원형+보화당초문, 단뉴경+능형+화조문이 주를 이루고 있어 12세기에
유행하였던 것으로 보인다. 또한 12세기 중반에는 현경, 13세기 후반 이후에는 소형
의 병경이 등장하게 되면서 새로운 형식의 동경이 출현하고 있음을 알 수 있다(그림
30).

철제품으로 분묘에서 출토되는 대표적인 기종으로 가위를 들 수 있다. 분묘에
서 출토된 철제 가위는 출토상태가 양호하지 못하다. 고려시대 전기까지의 가위는
원형의 기부에서 교차되어 양날을 마주보는 '8'자형이며 원 간섭기를 지나면서 사
용되는 것이 2개의 날을 X자형으로 교차시켜 중간에 고정못을 박은 'X'자형 가위이
다. 8자형은 기부의 원형이 절단 공간의 복원력을 제공하게 되지만 X자형은 고정못
을 기점으로 한 지레 작용으로 손가락의 힘으로 절단 공간을 복원하게 하여 구조적
으로 현격한 차이를 보이고 있다.

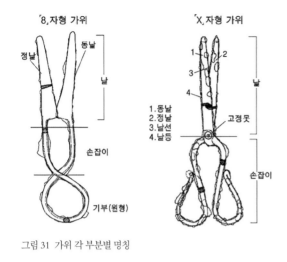

그림 31 가위 각 부분별 명칭

8자형 가위는 원형의 기부와 손잡이 부분, 그리고 날 부분으로 나누어 볼 수 있는데 손잡이와 날이 이어지는 부분이 호선을 이루는 것과 직각을 이루는 것으로 다시 나누어 볼 수 있다. 13세기 중반 이전까지 분묘에서 출토된 가위는 8자형이며 이를 손잡이에서 날이 이어지는 부분이 호선형으로 이어지는 것과 직각으로 이어지는 것으로 분류할 수 있고 직각형보다 호선형이 시기가 앞서는 것으로 추정된다. X자형 가위에서는 날의 단면과 손잡이 형태 등이 형식 요소에 포함될 수 있고 고정못의 위치 등도 고려하여 형식분류가 가능하겠으나 현재 남아 있는 자료만으로는 어려운 실정이다.

2) 불교용구

고려시대 불교용구로는 범종과 반자, 그리고 향완과 정병이 있다.

범종은 일찍부터 가장 중요하게 사용된 불교의식 법구의 하나로 고려시대의 범종은 통일신라의 전통을 이어받았으나, 시간의 흐름에 따라 그 형태와 장식면이 다양하게 변화되었다. 현재 영남지역의 고려시대 동종으로는 경북 영일, 진주 삼선암, 영일 오서사 동종이 알려져 있다(그림 32).

고려시대에는 종구 쪽이 좁아지는 경향이 점차 사라져 직선화되며, 종신의 용뉴는 머리가 떨어져 앞을 보고 있거나 입 안에 표현되던 여의주가 용의 발 위나 음통(音筒) 윗부분에 부착되기도 한다. 특히 고려 후기에는 전기 종에서 볼 수 없었던 천판(天板)과 이어지는 상대 위를 돌아가며 입상화문대(立狀花文帶)라는 장식이 새로이 첨가된다. 한편 음통 궁에는 구멍이 뚫려 있지 않거나 종소리에 큰 관계가 없는 고려 후기 40cm 내외의 작은 종에까지 부착된 점으로 미루어 나중에는 그 기능을 상실하고 의미만을 강조한 장식으로 변화된 것으로 추정된다.

종신의 상부와 하부에는 당초문·보상화문·연화문·뇌문으로 구성한 예가 많으며, 상대 바로 아래 네 방향으로 사다리꼴의 연곽대(蓮廓帶)를 만들고 각각의 연곽 안에 3×3열로 배열된 아홉 개씩의 돌기 장식인 연꽃봉오리 모양의 연뢰가 배치되어

경북 영일(1086)   진주 삼선암(12세기)   영일 오어사(1216)

그림 32 영남지역 고려시대 출토 범종

있다. 당좌는 통일신라시대에는 반드시 앞뒤 두 곳이지만 고려시대의 범종은 네 개로 늘어나기도 한다. 이 당좌와 당좌 사이의 빈 공간에는 비천상, 불·보살좌상을 장식하는 것이 일반적이다.

고려 말이 되면 두 마리의 용으로 구성된 용뉴와 음통, 당좌가 없어지는 대신 종신에 여러 줄의 띠를 두르고 팔괘문과 범자문 등이 장식되는 중국 종 양식이 들어오게 된다.

반자는 금속으로 만든 북의 일종으로 금고(金鼓)·금구(金口)·금구(禁口)등으로도 불리며 일정한 장소에 고정해 두지만 경우에 따라서는 들고 다니며 사용할 수도 있다. 고려시대의 반자로 양산 내원사, 고성 옥천사, 경주 감은사지 출토품이 알려져 있다(그림 33).

고려시대 반자의 형상은 징 또는 바라와 같이 원형인데 전면은 막혀 있고 후면은 트여 있거나 전·후면이 막혀 있고 옆 측면에 구멍이 있는 형태이다. 또한 측면에는 걸 수 있도록 2~3개의 고리를 부착하였으며 이 측면이나 후면 구연부에는 반자를 만든 날짜와 절 이름, 발원문과 제작자, 무게 등 반자의 제작과 관련된 명문을 기록한 경우가 많다.

고려시대에 들어 반자의 제작도 크게 늘어났고 통일신라시대와 비교해 고면(鼓面) 중앙의 연판문과 연밥을 장식한 당좌구(撞座區)가 완전히 독립되면서 당좌구 주

양산 내원사 소장 금인사명 반자(1091)　　고성 옥천사 소장 안양사명 반자(1252)　　경주 감은사지 출토 감은사명 반자(1351)

그림 33 영남지역 고려시대 출토 반자

위로 두세 줄의 융기동심원을 두르고 그 구획마다 당초문이나 운문·연화문을 화려하게 장식한 예가 많다. 고려 초기 반자는 당좌를 중심으로 바깥쪽에 한해서만 간략한 운문이나 당초문이 표현되지만, 후기로 가면서 점차 고면 전체에 다양하고 화려한 문양이 빠짐없이 장식된다.

고려 후기에 와서는 반자의 크기가 축소되는 한편 당좌구나 외구의 구획이 분명치 않게 되며 연판문과 당초문 장식은 도식화되어 별문양이나 파상문으로 바뀌는 등 주조기술의 급격한 퇴락을 엿볼 수 있다. 13세기 초~중엽에 제작된 유물이 가장 많은 수를 차지하고 있으며 이 시기의 유물이 가장 우수하게 평가되고 있다.

향완(香垸)은 범어인 간다(gandha)를 의역한 것으로 고려시대의 향완은 청동제에 은입사 기법을 이용한 고배형(高杯形)이다. 표면에는 문양을 파내고 얇은 은사를 박아 넣어 문양을 장식하는 은입사 기법을 이용하여 범자문·당초문·용문·봉황문 등을 시문하였고, 간혹 풍경을 묘사한 회화적인 문양이 장식되기도 한다. 고려 전기의 향완은 문양이 곳곳에 간략하게 묘사되었고, 후기에 이르면 신부와 각부 할 것 없이 전면을 가득 채우며 복잡하고 화려한 문양들로 장식된다. 대부분의 향완에는 반드시 원형의 범자문이 배치되어 있다.

정병은 범어로는 쿤디카(kuṇḍika)라고 하며, 정병의 재료는 주로 청동과 도자기가 널리 애용되었다. 고려시대의 청동정병은 향완과 함께 중요한 불교용구의 하나로 많이 제작되었다. 정병은 동체 표면에 문양을 선각하고, 여기에 얇은 은실을 박아넣은 은입사 기법으로 물가 풍경이나 운학문·용문·초문 등을 시문한 예가 많다. 영남지역에서는 양산 통도사 정병이 유일한데 동체를 3개의 원으로 구획하여 그 안에 각각 용을 한 마리씩 은입사하였으며, 첨대 아래 가장자리에는 두 마리의 용이 팔각으로 모를 준 첨대를 둘러싸고 있다. 정병에 용을 입사한 것은 드문 예이다. 경부에는 연화당초문, 견부와 굽에는 여의두문을 시문하였다.

2 조선시대

1) 일상용구

조선시대의 청동완은 15세기 중반부터 대각이 부착된 새로운 기형이 제작되었고, 완은 대각의 높이와 동최대경과 구경의 크기에 따라 두 가지 형태가 있다. 양자는 16세기 병존하였다(그림 34).

그림 34 창원 가음정동 74호 주조기법 청동완

청동순가락은 고려시대 전통이 지속되었으나 출토 예가 많지 않을 뿐 아니라 변형된 것도 적지 않아서 순가락의 여러 변화상을 고찰하기에는 쉽지 않다. 술목에서 술자루로 이어지는 부분의 두께가 얇아지는 것

은 고려 후기부터 조선시대 전기 말에 이르기까지 일반적인 경향이며, 술목이 얇아지는 것과 동시에 점차로 직선화된다.

조선시대의 동경은 고려시대에 비해 남아 있는 수가 매우 적으며 문자문과 범자문을 시문한 동경 정도가 알려져 있다. 특히 조선 후기에 이르면 수은을 입힌 서구식 거울이 들어오게 되어 그 수효가 급격히 줄어들면서 소멸하였다.

철제 가위는 조선시대에는 규중칠우 가운데 하나로 옷을 짓는 기본적인 도구로 인식되어서 옷을 상징하는 기물로 판단하기도 하였으나, 단순히 옷을 짓는 도구뿐만이 아니라 종이를 자르고 수염이나 손톱을 다듬거나 꽃을 자르는 등 집안의 일상사에서 빼 놓을 수 없는 중요한 도구로 피장자의 성별을 구별하는 기준이 되지는 않는다.

2) 동전

조선시대는 여러 종류의 화폐가 발행되었다. 세종대 조선통보, 효종대 십전통보 등을 만들었으나 조선 전기에는 화폐의 유통 보급에 대체적으로 실패했다. 상평통보가 발행(1633)된 조선조 후기부터는 전국적으로 상평통보 발행이 확대되고 1678년 정부가 국정화폐로 발행을 선포하였다. 상평통보의 의미는 '누구나 일상생

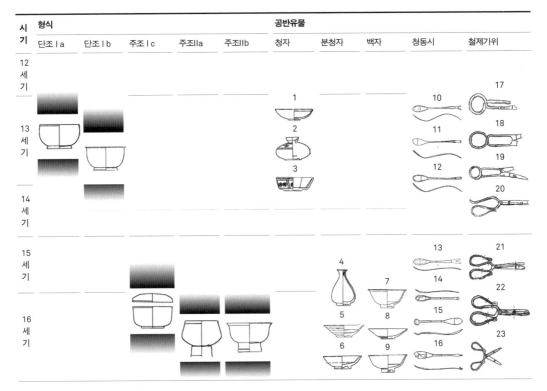

시기	형식					공반유물				
	단조 I a	단조 I b	주조 I c	주조 IIa	주조 IIb	청자	분청자	백자	청동시	철제가위
12 세 기										
13 세 기						1, 2, 3			10, 11, 12	17, 18, 19, 20
14 세 기										
15 세 기						4, 5, 6		7, 8, 9	13, 14, 15, 16	21, 22, 23
16 세 기										

〈출토유적〉
1: 경주 검단리 36호, 2: 청도 대전리 I −37호, 3: 청도 대전리 I −145호, 4: 구포 덕천동 45호, 5: 구포 덕천동 13호, 6: 대구 신당동 9호,
7: 고령 지산동Ⅵ I −1호, 8: 진주 무촌리(2) 3구3호, 9: 창원 가음정동 69호, 10: 청도 대전리 I −85호, 11: 김해 송현리(2) 4호, 12: 청도 대전리 I −88호,
13: 창원 가음정동 41호, 14: 진주 무촌리(2) 3구3호, 15: 울산 효문동 율동 39호, 16: 김천 대신리 50호, 17: 청도 대전리 I −91호, 18: 산청 평촌리 58호,
19: 청도 대전리 I −44호, 20: 청도 대전리 I −99호, 21: 진주 무촌리(2) 3구26호, 22: 사천 선인동 67호, 23: 구포 덕천동 24호

그림 35 고려·조선시대 분묘 출토 청동완 편년표

활에서 공평하게 쓸 수 있는 돈'이며, 법화로서 270여 년간 같은 전명의 화폐로는 최
장기간 유통되다가 1908년 신구화폐 교환이 이루지면서 매각처분 용해되었다.

　　조선시대의 분묘에서 출토되는 동전 가운데에는 중국 것도 적지 않아서 대략
50여 종에 이른다. 다수를 점하는 것은 북송전이고, 그 외 남송전·당전·명전·청전
등이 있다. 그중 원풍통보·개원통보·황송통보·희령원보는 전체의 약 45%를 차지할
만큼 국내 출토량의 비중이 높은 편이다.

　　북송전은 송의 9세 흠송(欽宋)이 금에 이르기까지 168년간 발행한 전화로 송원
통보(宋元通寶)·순화통보(淳化通寶) 등 여러 종이 있으며, 당오(當五)·당십전(當十錢)도
발행하여 주화제조의 전성기를 이뤘다. 남송전은 송 고종 이후 152년간 주조 발행된

조선전	전명	초주년	조선전	전명	초주년	독순
	조선통보 해서체전 (朝鮮通寶 楷書体錢)	세종 5년 (1423)		상평통보 당이전천자문전 (当二錢千字文錢)	영조 18년 (1742)	대독
	조선통보 팔분서체전 (朝鮮通寶 八分書体錢)	인조 11년 (1633)		상평통보 중형전 (中形錢)	영조 28년 (1752)	대독
	십전통보 (十錢通寶)	효종 2년 (1651)		상평통보 당일전 (當一錢)	순조 9년 (1809)	대독
	상평통보 무배자전 (常平通寶 無背字錢)	인조 11년 (1633)	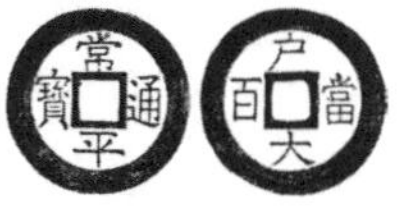	상평통보 당백전 (當百錢)	고종 3년 (1866)	대독
	상평통보 단자전 (單字錢)	인조 13년 (1635), 효종 2년 (1651)	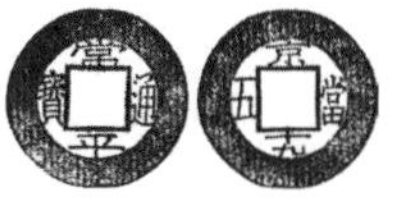	상평통보 당오전 (當五錢)	고종 20년 (1883)	대독
	상평통보 당이전 하부이자전 (当二錢 下部二字錢)	숙종 5년 (1679)				대독

그림 36 조선전의 종류

화폐로 건염통보(建炎通寶)·소흥원보(紹興元寶) 등이 있고 배면에 연호를 넣기도 했다. 청전은 중국의 명에 이어 중화민국까지 296년간 청조에서 발행한 동전으로 천명황보(天命皇寶)가 처음 발행된 후 만자(滿字)로 된 것도 있다. 조선시대 고종 4년(1867) 처음으로 청전을 수입할 때 들여온 동전은 도광통보(道光通寶)·가경통보(嘉慶通寶)·동치통보(同治通寶) 등이 수입되어 7년간 유통되었다가 동왕 11년 유통이 금지되었다.

3) 불교용구

조선시대의 범종은 토착 불교 및 중국의 영향으로 다양한 형태와 양식의 범종이 주조되는 한편, 중국 종의 영향으로 종신이 점차 바깥으로 벌어지거나 원추형·삼각형과 같은 다양한 모습으로 변모되어서 전형적인 한국 종 양식에서 벗어나 중국 종을 모방하거나 중국 종과 우리나라 종이 혼합된 새로운 모습의 범종으로 바뀌게 된다. 가령 종신의 상부와 하부에는 같은 크기의 문양대를 범자문으로 구성한 예가 많으며 상대가 생략된 범종의 예도 확인된다. 당좌가 생략되기도 하며 이 당좌와 당좌 사이의 빈 공간에 보살입상을 배치하는 것이 조선시대 범종의 일반적인 특징이다. 영남지역에는 안동 광흥사·양상 통도사·경주 기림사 범종이 대표적이다(그림 37).

영남지역의 조선시대 범종은 음통이 없어지고 용뉴는 쌍룡으로 변한다. 또한 입상화문대가 없어지고 상대 아래에는 별도의 범자문이 장식되며 연곽은 점차 상대에서 멀어져 보다 아래로 내려온다. 당좌는 아예 없어지거나, 있다 해도 그 수나 위치가 일정치 않다. 종신의 중간에는 중국 종에서 볼 수 있는 두세 줄의 융기선문이 돌려지고, 종신의 빈 공간에 불상이나 비천상 대신 보살입상이 배치되기도 한다.

반자는 대부분이 임진왜란 이후인 조선 후기의 유물로 후면이 넓게 뚫린 징 형태를 하고 있다. 부산 국청사와 창령 청령사 반자가 알려졌다. 조선시대의 반자는 고려시대와 달리 당좌구의 구별이 없는 경우가 많으며 고면의 융기동심원 장식이 사라지며, 있다 해도 1~2줄로 지극히 간략화된다. 화려한 연화문·당초문·운문이 사라지는 대신 범자문이 새롭게 등장한 것도 조선시대 반자의 주요한 특징 가운데 하나이다. 조선 후기로 가면서 더욱 문양이 간략화되거나 전혀 장식이 되지 않은 단순한 형태의 반자가 많이 제작되었다.

조선시대의 향완은 부석사 철제은입사향완에서 볼 수 있는 것처럼(그림 38) 직

| 안동 광흥사(1583) | 양산 통도사(1686) | 경주 기림사(1793) |

그림 37 영남지역 조선시대 출토 범종

선으로 처리된 신부와 투박해진 각부에 투각된 팔괘문, 도식화된 문양 등에서 고려시대의 고배형 향완은 이미 자취를 감추었다. 조선시대의 향완은 은입사 기술의 변화와 함께 재질도 청동제에서 철제로 바뀐 점이 주목된다.

진주 청곡사(1397)　　부산 범어사(1651)　　영주 부석사(1739)

그림 38 영남지역 조선시대 출토 향완

고려시대의 전형적인 정병의 형태는 고려 말부터 점차 사라지고, 조선시대에는 고려시대 수병의 양식과 정병의 모습을 혼합하거나 보다 간략화된 주전자형의 수병이 계승·제작된 것으로 보인다.

[구자경]

VIII 무기

1 고려시대

고려시대의 무기는 실물로 전하는 것은 정지장군의 갑 1벌이 남아 있을 뿐 병장기는 거의 없다. 고려시대 정규군이 사용한 일반무기는 군기시의 공장명칭을 통해 알 수 있는데 장병기인 모, 단병기인 장도, 투사무기인 궁과 노가 있다. 그리고 패검·죽전·창 등의 전통무기와 검차와 혁차·대포차·뇌등석포·대우포 등이 사용되었다고 하나 남아 전하는 고려시대의 무기는 거의 없다.

고려가 원과 강화를 맺은 이후 원의 요청으로 충렬왕 즉위년과 7년에 걸쳐 2차례의 일본원정에 나서게 되는데, 여몽연합군의 일본원정 당시를 그린 그림이 전해진다. 일본 복견천황 영인원년(1293)에 제작된「몽고내습회사(蒙古來襲繪詞)」로, 원군과 함께 고려군이 그려져 있고 고려군은 갑주를 착용하고 칼을 찬 채로 활을 들고 있고 있는 한편 만자문의 방형방패를 사용하고 있다.

고려 말에 최무선이 염초를 자체 생산하여 흑색 화약을 제조할 수 있게 되었다. 당시 화통도감에서 대장군포(大將軍砲)·이장군포(二將軍砲)·삼장군포(三將軍砲)·육화석포(六花石砲)·화포(火砲)·신포(信砲)·화통(火㷱)·화전(火箭)·철령전(鐵翎箭)·피령전(皮翎箭)·질려포(蒺藜砲)·철탄자(鐵彈子)·천산오룡전(穿山五龍箭)·유화(流火)·주화(走火)·

그림 39 「몽고내습회사(蒙古來襲繪詞)」에 보이는 고려군(日本 宮內廳 三の丸 尙藏館 소장)

촉천화(觸天火) 등의 화기를 제작하였고, 이런 화기 등을 실을 수 있는 전함의 감독·건조에도 힘썼다. 그러나 이러한 무기들이 남아 전하는 것은 없다.

2 조선시대

조선시대의 무기는 고려와 마찬가지로 수성전을 기본으로 하는 전통무기인 창과 방패·칼·활·시·궁대와 시복, 그리고 찰갑·경번갑·쇄자갑·투구 등의 갑주, 그리고 총통·모·극·월 등이다. 상당한 화약무기도 개발되었다. 이상과 같은 무기류는 『국조오례의』를 살펴보면 시는 철전·박두·대전·편전과 통으로 세분하였고 갑의 또한 두정갑과 황동두정갑·두두미갑이 더해져 있어 『세종실록』 편찬 이후의 변화를 읽게 한다.

이외에도 『세종실록』에서는 총통이라는 제목하에 간단한 각 총통과 그에 상응하는 발사체의 그림만 제시하였던 것을 『국조오례의』 군례에서는 총통완구·장군화통·일총통·이총통·삼총통·팔전총통·사전총통·사전장총통·세총통·철신포·대발화통·중발화통·소발화통·대질려포통·중질려포·소질려포·대신기전발화통·대신기전·중신기전·소신기전·화전·신제총통 등의 화기와 발사체의 명칭, 그리고 제원도

그림 40 동래읍성 해자 출토 무기　　　　　　　　　그림 41 동래읍성 해자 출토 무기

함께 소개하고 있어 세종 이래 서북지방의 개척으로 주력해 온 화기의 발달 상황과 강화된 조선군의 화기에 대한 자신감을 보여 주고 있다.

　　화약무기는 서북방의 외적을 방어하는 데 효과적인 것은 분명하였으나 세조 이후 재정의 악화로 쇠퇴기에 들었다가 삼포왜란을 계기로 다시 제작하게 되고 임진왜란이 발발하자 수군의 전략무기로 큰 전과를 거두는 계기가 되었다.

　　이상과 같은 조선시대 무기의 실물이 확인된 바 있는 유적은 임진왜란 당시 최초의 격전지였던 동래읍성의 해자와 하동 고현읍성·사천 조명군총·창녕 화왕산성 집수지·남해안 일원 등이고, 보물로 지정된 서애 류성룡의 피갑과 동아대박물관 소장 지자총통도 특기할 만하다. 아울러 임진왜란 당시에 의병장 곽재우와 권응수가 사용하였던 칼 두 점이 보물로 지정되어 있다.

　　동래읍성은 세종 28년(1446)에 축조된 것으로 해자 내부에서는 임진왜란 당시 실전에 사용하였던 다수의 무기와 자상이 남아 있는 100여 구에 가까운 인골이 출토되었다. 이 가운데는 우리나라에서는 유일한 조선시대 철제 찰갑과 첨주·환도·창·깎지·목궁·화살촉·도자 등의 전통무기와 장군전촉 1점, 그리고 왜군의 무기였던 국지창(菊池槍) 1점이 포함되어 있다.

　　류성룡의 갑주는 피갑과 투구로 구성된 것으로 보물 460호로 일괄 지정된 류성룡종가 유물에 포함되어 있다. 피갑은 원래의 형태를 유지하고 있지는 않으나 피혁으로 제작한 장방형의 미늘(찰)에 흑칠을 하여 가죽끈으로 엮은 것이다. 그리고 우리나라에 보물로 지정된 문화재 가운데 도검류는 이순신장검(보물 326-1호), 권응수장검(보물 668-4호, 국립진주박물관장), 곽재우장검(보물 671-1호, 국립진주박물관장), 통영 충렬사 귀도와 참도(보물 440호)뿐이다. 이들은 모두 임진왜란 관련 유물이며 이 중 실

그림 42 지자총통(동아대학교 소장)   그림 43 거제 고현 앞바다 출토 현자총통

전에 사용한 것이 권응수장검과 곽재우장검이다. 권응수장검은 왜장에게서 빼앗은 것으로, 손잡이에 대영원년(大永元年, 1521)이라는 명문이 있다. 곽재우장검은 칼과 칼집이 한 쌍으로 칼의 형태나 길이, 비녀가 부착되어 있는 구조 등으로 미루어 보아 왜군의 칼이었을 가능성이 높다. 그리고 가덕도왜성과 죽성리왜성 등 왜군 주둔지에서는 왜도의 부속물인 비녀[笄]가 각각 1점씩 출토되었다.

하동 고현읍성에서는 경작 도중 사전총통 3점, 팔전총통 2점, 삼총통 52점, 철제총통 10점, 철주형철기 5점, 용도미상철기 33점, 대장군전촉 1점, 비격진천뢰 1점 등 모두 107점이 출토되었다. 출토 화기에는 팔전총통·사전총통·삼총통 등의 화기 명칭과 일부 사전총통과 팔전총통에는 무진명(선조 2년, 1568?)의 간지가 음각되어 있고 하동과 사천이라는 지명과 총통의 크기 단위인 홍자(洪字)와 주(宙)가 새겨져 있고 제작자 이름도 남아 있다.

창녕 화왕산성 집수지에서는 우리나라에서 처음으로 실전에 사용한 비격진천뢰가 발굴되었고 사천 선진리에 위치한 조명군총 일대의 조사에서는 탄환이 장착된 철제 소승자총통이 발견되었다. 창녕 화왕산성과 조명군총은 임진왜란 당시의 격전지로 당시의 무기가 발견되는 것은 당연하다고도 하겠으나 실제로 전장이 발견되는 경우는 거의 없다.

동아대학교박물관에 소장된 지자총통은 주철로 제작한 유통식 중화기로서 명문(嘉靖三十六年四月 日 金海都會 鑄成地字 重壹百肆拾肆斤陆兩 監造官前權管李大胤 匠人金連)이 남아 있다. 이 총통의 제작 시기는 을묘왜변을 지난 지 얼마 되지 않아 왜구 토벌을 위하여 김해 현지에서 제작된 것으로 볼 수 있다.

임진왜란 당시 수송로를 확보하기 위한 왜군과 이를 저지하려는 조선 수군 사이에 치열한 해상전이 치러졌다. 이를 증명하듯 남해 일원에서는 다수의 화기가 발견되었는데 남해 노량 앞바다 출토 현자총통, 거제 고현 앞바다 출토 현자총통(보물 제885호), 통영 미등부락 앞바다 출토 현자총통, 통영 미남리 앞바다 출토 중완구(보물 제859호) 등이 있다. 남해안 일원에서 현자총통과 중완구 등이 발견되는 것은 이들 화기가 군선에 탑재되었기 때문이다. 임진왜란 당시 조선 수군은 군선들에 배치된 대형 화포들을 잘 이용하여 조총만으로 무장한 일본 수군을 제압하는 데 적극 이용하였다.

임진왜란 당시에는 경남 남해안 일원에서 크고 작은 해전이 벌어졌으나 지금까지 해전 관련 선박이 직접 발견된 적은 아직 없고 인양되는 화포 또한 대부분 인근 해역에서 조업을 하던 어부들에 의하여 발견되고 있다.

조선시대에 실전에서 사용된 무기가 그려진 회화자료로서는 변박의 〈부산진순절도〉와 〈동래부순절도〉(이상 육군박물관 소장), 이시눌의 〈임진전란도〉(서울대학교 규장각 한국학연구원 소장), 〈평양성탈환도〉(국립중앙박물관 소장)가 있고, 일본측 자료로서는 〈동래임진전란도〉(일본 화가산현립박물관 소장), 〈울산성전투도〉(일본 坂本五郞 소장), 중국측 자료인 〈정왜기공도병〉(국립중앙박물관 소장) 등이 전하고 있다. 이 중 〈부산진순절도〉와 〈동래부순절도〉에 그려진 조선군의 무기는 갑주에 전복을 입고 활과 칼, 창으로 무장한 것이 전부이다.

왜군의 임진왜란에 대한 기억으로 제작된 〈울산성전투도〉에는 말을 타고 활을 쏘는 조선군이 주로 그려져 있기도 하지만 성 주위를 둘러싼 목책과 성벽을 오르는 사다리도 함께 그려져 있어 당시의 전투양상을 전하고 있다. 다만 조선에서 제작된 〈부산진순절도〉나 〈동래부순절도〉, 일본에서 제작된 〈울산성전투도〉 등은 제작 시기가 임진왜란 당시의 것도 아니고 제작 목적이 전투장면을 묘사하는 데 있지 않아 정확하게 부산진성과 동래성, 울산성의 함락 당시의 전황과 사용된 무기 등을 그대로 묘사하였다고 보기는 어렵다.

이상과 같이 영남지방에서 임진왜란 당시에 사용한 것으로 판단되는 무기는 도검류와 활과 화살촉, 창, 그리고 현자총통, 중완구 등과 같은 화기류로 나누어진다. 이것은 당시 조선의 기본적인 전술과 북방개척을 염두에 두고 개발한 화기의 발전을 반영하고 있는 것으로 볼 수 있다.

조선에 막대한 피해를 남긴 임진왜란이 끝나고 얼마 되지 않아 일본측과 국교

교섭이 타결되었고 광해군 원년(1609)에는 기유약조가 체결되었다. 이때 설치된 동래부 두모포왜관이 유일한 대일통교 무역의 장이 되었으며 동래부가 대일교섭 창구의 최일선이 되었다. 어쨌든 이후로 구한말에 이르기까지 조선이나 일본에서는 전쟁을 원하지 않아 조선에서는 통신사를 막부장군의 습직이 있을 때마다 파견하였고 왜관을 중심으로 통상이 이루어져 평화상태를 유지하였다. 이와 같은 상황을 반영하여 영남지방에서 임진왜란 이후의 무기가 발굴조사 등을 통하여 출토된 예는 아직 없는 듯하다. 오늘날 영남지역의 박물관에 남아 있는 갑주는 대부분 황동두정갑, 두두미갑이며 도검류 가운데 삼인검이나 사인검 등은 실전용이 아니라 벽사의 기능을 지녔다고 믿어 제작된 것이다.

[정의도]

IX 제사유적

제사유적은 제사행위가 치러진 결과가 남아 있는 장소로 일반유적과는 달리 장소의 특수성과 유구 내용의 특이성을 지니게 된다. 그러나 제사유적을 통하여 제사행위 자체와 그 배경을 설명하기란 쉽지 않다.

1 고려시대

영남지역의 제사 흔적은 건물지의 진단구와 분묘에서 찾아볼 수 있다.

먼저 상주 무양동 152번지유적에서는 주거지 주변에서 수혈 9기가 동 시기의 주거지와 인접하거나 주변에서 확인되는데, 평면 타원형·방형이고 장축 2.6~3.7m, 깊이 0.17~0.5m 내외로 수혈 간의 중복은 없다. 수혈 내 시설은 없으나 편평하게 정지된 바닥에서 청자발·청자접시·청자잔·철화청자 등이 출토되었다.

청송 안진리유적의 건물지 2동에서 기단석축의 일부와 적석시설, 수혈과 주혈군이 확인되었다. 이 두 건물지는 화재로 동시에 폐기된 것으로 보이며, 타호·향완·벼루 등의 유물이 출토되었다. 주변 경과와 유물 등으로 보아 화재로 인한 단순 폐기보다는 제의와 관련된 것으로 추정된다.

김천 교동 건물지는 김산군 관아지로 다수의 매납유구가 확인되었다. 특히 건물지 6호에서 20기의 매납유구가 확인되었고, 그 내부에서는 토기와 분청사기·백자 등이 출토되었는데, 토기완·토기호·토기편호·양면편호·장동호 그리고 장동호와 분청자 화형접시·백자대접과 장동호·옹·대호, 분청자대접과 양면편호, 백자대접과 백자호, 녹청자잔과 녹청자접시 등이 조합을 이루었다. 따라서 교동 건물지의 진단구로 보이는 이 매납유구가 고려뿐 아니라 조선시대의 것이 포함되어 있어서 고려시대에 유행하였던 진단구를 설치하는 의례가 조선시대까지 이어지고 있음을 보여 주는 좋은 자료이다.

부산 동래고읍성은 통일신라시대에 축조되어 고려시대 말까지 동래현의 치소로 고려시대의 건물지·보도·담장·매납갱군·우물지·수혈·제방·폐와무지 등이 조사되었다. 그 가운데 매납갱군은 해발 27m 선상에서 일정한 열상으로 5~8개소 정도가 소군을 이루며 배치되어 있었다. 매납갱에 사용한 토기는 사면편병·일면편병·단경호로 한정되어 있었고 기와 매납갱과 토기 매납갱이 조합을 이루는 양상도 보이고 있다. 대다수 매납갱 내부에는 성격을 알 수 없는 유기물과 목탄이 출토되었다.

양산 물금 가촌리유적에서 출토된 고려시대 건물지에서는 다수의 진단구가 확인되었다. 고려시대 건물지 1호에서는 2개의 진단구가 출토되었는데 수혈을 판 후 소형 옹을 정치하고 청자접시를 뚜껑으로 사용하거나 수혈 없이 지면 위에 호를 설치하였다. 그리고 6호 건물지에서는 건물지 중앙에서 2개, 서쪽 기단열의 내측에 붙여서 1개의 진단구를 조성하였고 II지구 축대의 서쪽 ㄱ자로 꺾이는 부분에도 진단구가 확인되었다.

사천 방지리유적에서는 고려시대 건물지 16동, 수혈 24기, 구 6기, 패총 1개소가 확인되었다. 이 중 132호 수혈에서는 상면까지 크고 작은 할석들로 채워져 있었고 할석들 사이에는 무문토기편·석기·병 구연부, 경부편·대부완·도기 구연부, 저부 등 고려시대 도기편이 다수 출토되었다. 192호 수혈은 벽면이 경사면을 따라 비스듬히 단이 져 있는 형태인데 내부에서는 크고 작은 할석들의 무더기가 265×128cm의 규모를 이루고 있었다. 할석들 사이에는 도기편과 무문토기편이 다수 포함되어 있었고 목탄알갱이도 일부 혼입되어 있었다.

통영 달골유적은 해발 93m의 달골산 정상에 당목과 건물지가 있으며, 너비 약 5m의 석축에 의해 둘러싸여 있다(그림 44). 석축은 동·서 양쪽에 문지가 있고, 서문지에서 철마 4점과 건물지 남쪽 기단 틈 사이에서 철마 1점이 출토되었다. 철마는 제사

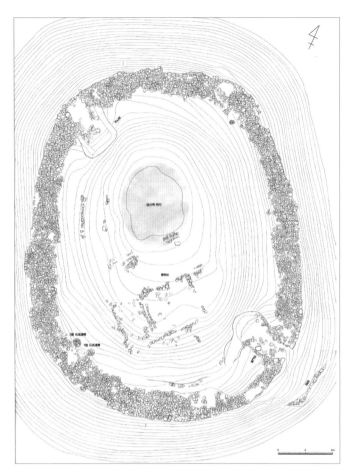

그림 44 통영 달골유적

유물로 추정되며, 이와 유사한 양상은 영암 월출산유적(토제마 11점과 철마 3점), 이천 설봉산성(1지구 철마 3점, III지구의 토제마가 5점)에서도 확인된다.

분묘에서의 제사는 도자기나 숟가락을 비롯한 식도구, 가위나 동경 등의 일용구·장신구·문방구·동전 등 부장품을 통해서 그 흔적을 찾아볼 수 있다. 창원 가음정동, 김해 죽곡리, 마산 진북 덕곡리, 창녕 초곡리, 진주 무촌분묘군, 구포·덕천동, 청도 대전리 고려묘군, 김천 모암동유적 등을 들 수 있다.

발굴조사 결과 고려시대의 제사유적으로 판단된 것에 대해서는 건물지의 진단구 또는 매납갱과 일부 수혈유구와 제사, 분묘 등에서 확인된 자료와 『고려사』, 『고려도경』, 『동국이상국집』 등의 문헌에 보이는 교외나 지방에서 치러진 제사 관련 기록을 검토한 종합적인 연구가 필요하다. 가령 산천제사는 『고려사』의 「길례 소사」와 『고려도경』의 「사우(祠宇)」에 남아 있고, 『동국이상국집』의 「애사제문」·「도량재」·「초소제문」·「불도소」·「초소」·「석도소제축」·「석도소」 등을 보면 기우제를 지낸 장소는 천상제(川上祭)라는 명칭에서 알 수 있듯이 주로 냇가에서 지내며, 제물은 술·채소·과일·앵두·햇곡식으로, 폐백으로는 옷 또는 말을 올리는 경우가 있었고, 제사에는 음악이 있어 금슬·종고·창우의 기악을 사용하였다고 한다. 제단의 높이와 너비, 시설은 모시는 신위에 따라 정해져 있다. 따라서 기록과 고고학자료의 결부는 제사유적의 연구에 있어 채워야 할 부분이다.

2 조선시대

조선시대의 제사유적도 고려시대와 크게 다르지 않아서 진단구와 매납유구, 그리고 수혈 등을 들 수 있다. 다만 임진 왜란 이후 제단이나 사묘 등의 유적이 증가한다.

매납유구 또는 진단구는 대구 신서 동 대림 사복동·매곡리, 경주 덕천리, 김 천 지좌리(그림 45)·교동유적에서 출토되 었는데 원형의 수혈 내부에 분청이나 백 자대접, 옹기 및 토기 등을 매납하였다. 일부 내부에서 출토되는 유물 중에는 어

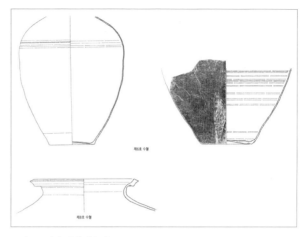

그림 45 김천 지좌리유적

망추나 숯이 출토되기도 하지만 대부분은 확인되지 않는다. 수혈에는 천석과 할석 이 소량 포함되어 있는 경우도 있고, 동물뼈와 유기물질이 소수 확인되기도 한다.

대구 동호동 원형석축유구는 북에서 남으로 경사면을 이루는 자연암반층에 축 조되었다(그림 46). 규모는 남북 직경 11.6m, 동서 직경 11.8m이고 원형석축유구의 정남향으로 출입구를 내었다. 유물은 병편 1점과 어망추 1점이 출토되어 이 유적은 조선시대의 여단이거나 성황단일 가능성이 높다.

양산 가야진사는 사독 중의 하나에 해당되어 중사에 올라 있는 곳으로 조정에 서 향축을 내려주어 용신에게 제사를 모시던 곳으로 우리나라에서는 유일하게 남아 있다(그림 47). 여기서는 건물지 1기와 제단으로 추정되는 석축유구, 그리고 제기를 보관하던 제기고가 쓰러지면서 다수의 분청사기 제기가 출토되어 당시 중사의 규모 와 구조, 당시 사용된 제기의 실체를 보여 주었다. 낙동강을 사이에 두고 가야진사와 마주한 김해의 용산은 용이 살고 있다고 전해지는 곳으로 이곳에는 가뭄이 들면 돼 지를 강에 던지는 침하돈이라는 기우제를 지내는 곳이기도 하다.

조선 태종대에 지방에 사직단을 세우게 됨에 따라 사직단이 확인되기도 한다. 대구 노변동 사직단유적은 조선조 경산현의 사직단으로 대덕산에서 길게 뻗어 내린 구릉의 정상부에 위치하는데 정상부는 해발 101.3m 정도로 비교적 넓고 평평하다

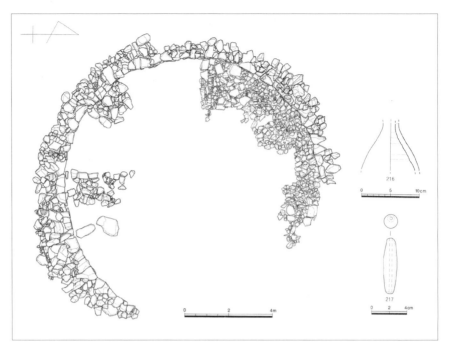

그림 46 대구 동호동 석축유구

(그림 48). 사직단은 구릉 정상부의 자연지형을 이용하여 만든 장방형의 기초단 위에 남북방향으로 축조되었다. 제단은 중앙에서 북으로 약간 치우친 곳에 위치하고 평면 형태는 방형이다. 담장은 단 전체를 감싸고 도는데 출입문지는 담장의 남쪽을 제외한 3면의 중앙에서 출토된다. 유물은 암키와와 수키와, 백자와 분청사기가 출토되었는데 백자의 제작 시기는 18세기 전후에 편년된다.

창녕 사직단유적은 해발 102m의 작은 구릉 정상부를 정리하여 평평한 대지를 만들고, 그 가운데에 제단을 만들었다. 제단을 쌓지 않고 구릉을 깎아서 만든 점, 북측에는 돌로 쌓은 담장이 없는 점, 구릉 전체에 단을 조성한 점 등은 다른 지방에서 볼 수 없는 창녕만의 특징이다.

이 밖에도 제사를 위해 조성한 것은 아니지만 조성과 폐기과정에서 제사를 지낸 흔적이 발견되는 경우가 다수 있다. 대표적인 예가 분묘로 김해 구산동, 진주 무촌, 창녕 초곡리, 의령 운암리, 김천 문당동, 청도 대전리, 달성 문양리유적 등의 자기나 청동용품은 고려시대 이래 자기나 생활도구 등을 부장하는 의례 전통이 조선시

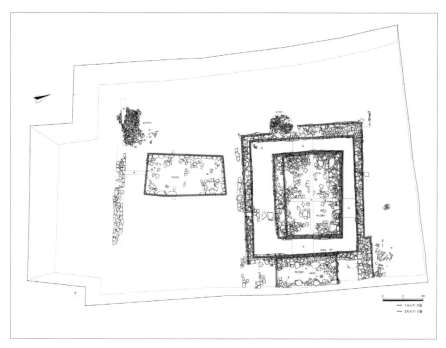

그림 47 양산 가야진사유적

대 전기까지 이어지는 것을 보여 주고 있다. 그러나 조선시대 후기에 들어서는 부장품이 아예 없거나 동전이나 도자기 1~2점에 불과하게 된다. 이러한 상황은 경기지역 분묘의 부장품의 구성에서는 예견되던 것으로 조선시대 후기에 들어서면 지방에서도 성리학적 기준에 부응하는 의례가 상장에도 적용되게 된 결과로 볼 수 있다.

한편, 우물의 폐기과정에서나 토취장, 기와나 도자기 가마의 축조와 폐기에서도 제사가 치러졌는데 함안 39사단 이전부지의 토취장에서는 소뼈가 매납되어 있었고(그림 49), C6grid 우물 1호 내부에서는 반파된 墓誌, 기와 1점과 백자접시 완형 1점, 건물지1호의 내부 중앙에 위치한 수혈 22호에서는 분청사기 대접, 접시 뚜껑 등이 출토되었다.

또한 상주 복룡동 256번지유적 A4 Grid 우물 5호 벽석 내부토에서 용문암막새가 출토되었고 수혈은 크기와 평면 형태가 다양한데 내부에 도자기·기와·어망추 등이 출토되었다. 이외에도 하천에 인접한 제사유적으로 추정되는 곳에서 어망추가 빈번하게 출토되고 있어서, 풍성한 어획이나 물길의 안녕 등을 기원하면서 매납한

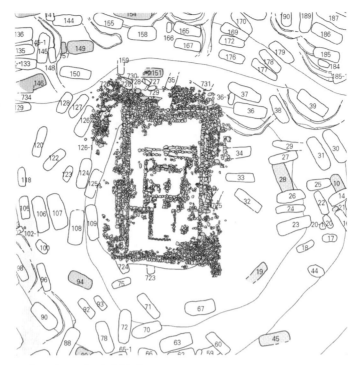

그림 48 대구 노변동 사직단유적

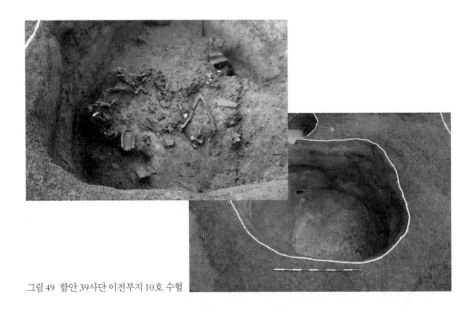

그림 49 함안 39사단 이전부지 10호 수혈

것으로 볼 수 있을 것이다.

조선시대가 성리학으로 국가 지배질서를 삼았음을 감안해 볼 때 각 군현마다 사직단과 문묘, 여단 등을 두어 유교제사의 근본으로 삼았을 것이다. 『신증동국여지승람』에 의하면 각 군현에 성곽항(城郭項)이 없는 고을은 있어도 사묘항(祠廟項)이 없는 고을이 없을 정도로 조선은 유교적 제사를 확립하려고 노력한 것을 짐작할 수 있다. 그러나 실제로 사묘에 대해서는 구체적인 자료가 축적되어 있지 못하나, 최근에 알려진 양산 가야진사, 대구 노변동 사직단·동호동유적 등은 전통적인 산천숭배의식과 성리학적 제사관념이 결합된 조선시대의 대표적인 제사유적으로 보아도 크게 틀리지 않을 것이다.

[정의도]

참고문헌

『慶尙道地理志』.

『高麗圖經』.

『高麗史』.

『國朝五禮儀』.

『祈雨祭謄錄』.

『東國李相國集』.

『新增東國輿地勝覽』.

『輿地圖書』.

『朝鮮王朝實錄』.

『增補文獻備考』.

『春官通考』.

『經國大典』.

『朱子家禮』.

강경숙, 2000, 『한국 도자사의 연구』, 시공사.

강릉대학교박물관, 1999, 『양양 동해신묘』학술총서 22책.

경남고고학연구소, 2002, 『통영 안정리유적—고려역지 조사보고서』.

경남발전연구원 역사문화센터, 2006, 『양산 물금가촌리유적』 조사연구보고서 제50책.

경상남도, 1995, 『경남문화재대관』.

계명대학교박물관, 2006, 『김천교동유적Ⅰ』유적조사보고 제14책.

고용규, 2009, 「고려시대성곽의축성법」, 『한국성곽학회2009년도추계학술대회발표요지』, 한국성곽학회.

구자경, 2011, 「고려후기~조선전기 영남지역 분묘 출토 청동완의 연구」, 『문물』 창간호, 한국문물연구원.

국립경주문화재연구소, 2006, 『특별전 분황사 출토유물』특별전 도록 제2책.

국립대구박물관, 2007, 『한국의 칼—선사에서 조선까지』.

국립중앙박물관, 2006, 『다시 보는 역사편지 고려묘지명』.

국방군사연구소, 1994, 『한국무기발달사』.

기장 장관청, 부산광역시 기장군, 2011

김동욱, 2003, 『한국건축의 역사』, 기문당.

김병희, 2001, 「안성 봉업사지 출토 고려전기 명문기와 연구」, 단국대학교대학원 석사학위논문.

김성구, 1992, 『옛기와』, 빛깔있는책들 122, 대원사.

김성진, 2004, 「조선전기 경남지역 와요 및 평기와 전개양상」, 동아대학교대학원 석사학위논문.

_____, 2011, 「조선시대 영남지역 와요의 전개양상과 변화요인」, 『기와의 생산과 유통』, 한국기와학회
　　　　제8회 정기학술대회.

金龍善, 2006, 『高麗墓誌銘集成』, 翰林大學校 出版部.

김우림, 2007, 「서울·경기지역의 조선시대 사대부 묘제 연구」, 고려대학교대학원 박사학위논문.

김유성, 2007, 「불국사경내출토귀면문암막새의변천과정」, 경주대학교대학원 석사학위논문.

김윤희, 2007, 「사천 사천리 요지 출토 백자연구」, 『경문논총』 창간호.

김인철, 1996, 「고남리 일대에서 드러난 고려평민무덤에 대하여」, 『조선고고연구』 96 - 4, 사회과학출판사.

_____, 2002, 「고려무덤에 관한 연구」, 『평양일대의 벽돌칸무덤, 고려무덤, 삼국시기 마구에 관한연구』,
    사회과학출판사.

김일환, 2000, 「조선초기 군기감의 무기제조연구」, 홍익대학교대학원 사학과 박사학위논문.

김주홍, 2011, 『朝鮮時代의 內地烽燧』, 忠北大學校大學院史學科 文學博士學位論文.

김철웅, 2007, 『한국중세의 길례와 잡사』, 고려사학연구총서 17, 경인문화사.

김한상, 2009, 「영남지방조선시대평기와에대한고찰」, 『문화사학』 제32집, 한국문화사학회.

김해영, 2003, 『조선초기 제사전례 연구』 집문당.

나동욱, 2001, 「경남지역의 토성 연구」, 『박물관연구논집 5』, 부산광역시립박물관.

류환성, 2007, 「라말여초 경주 출토 사찰명 평기와 연구」, 경주대학교대학원 석사학위논문.

리창언, 1990, 「고려돌칸흙무덤의 몇 가지 문제」, 『조선고고연구』 90 - 3, 사회과학출판사.

박가영, 2003, 「조선시대의 갑주」, 서울대학교대학원 박사학위논문.

박은경, 1988, 「고려 와당문양의 편년연구」, 동아대학교대학원 석사학위논문.

박현민, 2008, 「영남지방 고려~조선시대 와요의 구조와 분류」, 『영남문화재연구』 제21집, 영남문화재연
    구원.

박형순, 2000, 「조선시대 무덤양식」, 『금강고고』 2집.

배영동, 1996, 「한국 수저[匙箸]의 음식문화적 특성과 의의」, 『문화재』 29호, 문화재관리국.

부산박물관, 2012, 『임진왜란』.

서장호, 2008, 「고려말 조선초 조선시대 암막새의 변천과정에 대하여」, 경주대학교대학원 석사학위논문.

심봉근, 1995, 『한국남해연안성지의 고고학적 연구』, 학연문화사.

안귀숙, 2002, 『유기장』, 화산문화.

_____, 2004, 「高麗時代 金屬工藝의 對中 交涉」, 『高麗 美術의 對外 交涉』, 韓國美術史學會, 예경.

안호룡, 1989, 「조선시대 상제의 변천과 그 사회적 의미」, 고려대학교 박사학위논문.

엄기표, 2011, 「고려~조선시대 범자진언이 새겨진 석조물의 현황과 의미」, 『역사민속학』 36, 역사민속학회.

영남문화재연구원, 2005, 『대구 노변동 사직단유적』, 학술조사보고 86책.

울산발전연구원 문화재센터, 2006, 『울산 남창 · 합수유적』, 학술연구총서 제18집.

이강칠, 2004, 『한국의 화포』, 동재.

이난영, 1975, 「한국시저의 형식분류」, 『역사학보』 67, 역사학회.

_____, 1992, 『한국 고대 금속공예 연구』, 일지사.

_____, 2003, 『고려경 연구』, 신유.

_____, 2012, 『한국고대의 금속공예』, 서울대학교 출판문화원.

이승일, 2006, 「고려시대 출토 중국전의 용도에 대한 연구」, 『석당논총』 제37집, 동아대학교 석당학술원.

_____, 2011, 「조선후기 청전의 용도에 관한 연구」, 『문물』 창간호, 한국문물연구원.

이인숙, 2004, 「통일신라~조선시대평기와제작기법의변천」, 경북대학교대학원 석사학위논문.

이인숙 · 최태선, 2011, 「평기와 용어 검토」, 『한국고고학보』 제80집, 한국고고학회.

이일갑, 2007, 『경남지역 연해읍성에 대한 연구』, 동아대학교대학원 박사학위논문.

이창근·차선재, 1988, 「경남 하동 고현성지출토 총통의 보존처리」, 『보존과학연구』.

이호경, 2007, 「고려시대막새기와제작기법연구」, 단국대학교대학원 석사학위논문.

鄭吉子, 1983, 「高麗時代 火葬에 대한 考察」, 『역사와 경계』 7호, 부산경남사학회.

정의도, 2007, 「제장으로서 산성 연구:진산을 중심으로」, 『문물연구』 제12호, 재단법인 동아시아문물연구학술재단.

_____, 2007, 「고려시대 철제가위(鐵鋏) 연구」, 『경문논총』 창간호, 경남문화재연구원.

_____, 2007, 「한국고대청동시저연구―고려시대―」, 『석당논총』 제38집, 동아대학교 석당학술원.

_____, 2008, 「임진왜란 관련 유적과 출토유물 연구」, 『석당논총』 제40집, 동아대학교 석당학술원.

_____, 2009, 「송·요·금·원묘 시저 및 철협 출토 경향―고려묘 부장품과 관련하여―」, 『문물연구』 제15호, 재단법인동아시아문물연구학술재단.

_____, 2011, 「경남지역 조선전기 숟가락 연구―지역성과 상징성―」, 『문물』 창간호, 한국문물연구원.

_____, 2012, 「조선시대 분묘 출토유물의 지역성-김해 구산동유적과 은평 진관동유적의 비교연구」, 『문물』 제2호, 한국문물연구원.

정종수, 1998, 「려말선초 상장제도와 문화」, 『단호문화연구』 6.

정진술, 1995, 「임란기 조선수군의 무기체계」, 『학예지』 4, 육군박물관.

朱榮民, 2005, 「高麗時代 支配層 墳墓研究」, 『지역과 역사』 17.

_____, 2011, 「고려분묘 출토 동경 연구」, 『영남고고학』 제56호, 영남고고학회.

_____, 2011, 『고려 지방 분묘연구』, 경상대학교대학원 박사학위논문.

_____, 2011, 「高麗墳墓 出土 陶器의 性格」, 『충북문화재연구』 5.

_____, 2011, 「高麗時代 地方墳墓 研究」, 경상대학교대학원 박사학위논문.

지두환, 1994, 『조선전기 의례연구』, 서울대학교 출판부.

차용걸, 1995, 「한국고고학의반세기―성곽―」, 『한국고고학의 반세기』, 한국고고학회.

최응천·김연수, 2003, 「금속공예」, 『한국미의 재발견 8』, 솔.

최정혜, 2012, 「고려~조선시대중원지방수막새편년」, 『중원문화와기와』, 한국기와학회 제9회 국제학술대회.

_____, 1996, 「고려시대평기와의편년연구」, 『박물관연구논집』 5, 부산광역시립박물관.

최종석, 2007, 「고려시대 치소성연구」, 서울대학교대학원 국사학과 박사학위논문.

최종성, 2002, 『조선조 무속국행의례연구』, 일지사.

_____, 2007, 『기우제등록과기후의례』, 서울대학교 출판부.

최태선, 1993, 「평와제작법의 변천에 대한 연구」, 경북대학교대학원 석사학위논문.

한국건축역사학회, 2003, 『한국건축사연구 1 분야와 시대』, 발언.

한국문화재보호재단, 2004, 『울산 상북유적』, 학술조사보고 제154책.

_____, 2006, 『대구신서동,대림·사복동유적/경산평사리유적』, 학술조사보고제172책.

황정숙, 2006, 「고려 중·후기 사상을 통해본 동경 문양의 상징성 연구」, 대구카톨릭대학교 예술학과 박사학위논문.

內蒙古自治區 文物考古研究所·哲里木盟博物館, 1993, 『遼陳國公主墓』, 文物出版社.

東京國立博物館, 1997,『特別展 日本のかたな』.

文物編輯委員會, 1950년~2010년,『文物』, 文物出版社.

長崎縣松浦市敎育委員會, 2008,『松浦市鷹島海底遺蹟』, 平成13·14年度 鷹島町神崎港改修工事に伴う緊
　　急調査報告書, 松浦市文化財調査報告書 第2集.

長崎縣鷹島町敎育委員會, 2002,『鷹島海底遺蹟 II~VIII』, 鷹島町文化財調査報告書 第2集~8集.

中國社會科學院 考古硏究所 主辦, 1955년~2010년,『考古』, 科學出版社.

河北省文物硏究所, 2001,『宣化遼墓 1974~1993년 發掘調査報告書』上·下, 文物出版社.

찾아보기

집필자

구석기시대

장용준(국립대구박물관)

신석기시대

신종환(대가야박물관), 이동주(동아대학교), 임상택(부산대학교), 최종혁(부경문물연구원),
하인수(부산근대역사관)

청동기시대

강인욱(경희대학교), 고민정(경남발전연구원), 김광명(경상북도문화재연구원), 김권구(계명대학교),
김병섭(극동문화재연구원), 배덕환(동아세아문화재연구원), 배진성(부산대학교),
안재호(동국대학교 경주캠퍼스), 유병록(우리문화재연구원), 이수홍(울산문화재연구원),
천선행(전북대학교박물관), 하진호(영남문화재연구원)

초기철기·원삼국시대

김권일(신라문화유산연구원), 김나영(울산대학교박물관), 김도헌(동양대학교),
박진일(국립중앙박물관), 우병철(영남문화재연구원), 윤호필(중부고고학연구소), 이성주(경북대학교),
이양수(국립김해박물관), 이재현(신라문화유산연구원), 정인성(영남대학교), 홍보식(복천박물관)

삼국시대

김도헌, 김동숙(성림문화재연구원), 김두철(부산대학교), 김세기(대구한의대학교),
김영민(울산대학교박물관), 김옥순(경상북도문화재연구원), 김용성(한빛문화재연구원),
김창억(세종문화재연구원), 류창환(극동문화재연구원), 박광열(성림문화재연구원),
박승규(영남문화재연구원), 박천수(경북대학교), 이상율(부경대학교박물관),
이상준(국립나주문화재연구소), 이한상(대전대학교), 이희준(경북대학교), 조영제(경상대학교),
조영현(대동문화재연구원), 조효식(국립중앙박물관), 홍보식

통일신라시대

김유식(국립경주박물관), 박광열, 양은경(부산대학교), 이동헌(동국대학교 경주캠퍼스박물관),
이은석(국립부여문화재연구소), 주경미(부산외국어대학교), 최태선(중앙승가대학교), 홍보식

고려·조선시대

구자경(전 한국문물연구원), 김윤희(한국문물연구원), 이일갑(국보학술문화연구원),
이정옥(경상대학교), 정의도(한국문물연구원), 주영민(일제강제동원역사기념관), 최정혜(부산박물관)